제17개정판

IFRS하의

경영의사결정과 회계원리

이호영 · 오명전 · 윤인경

法 文 社

2023년 1월 제16개정판이 출간된 지도 벌써 2년 6개월이 경과되었다. 제17개정판은 그동안 저자들이 강의하면서 보충이 필요하다고 느꼈던 부분에 대해 보완하고, 전체적으로 내용의 연관성 및 선후관계를 고려하여 독자들의 이해도를 높이고자 수정하였다. 구체적으로는 다양한 회계 개념들을 보다 쉽게 이해할 수 있도록 우리 실생활에서 쉽게 접할 수 있는 예시들을 "비유로 이해하기" 코너로 추가하였고, 각 장마다 간단한 의사결정 사례를 제시함으로써 회계가 경영의사결정에 어떻게 활용되는지 이해할 수 있도록 하였다. 그리고 "개념 더하기" 코너를 통해 논리적 이해에 도움을 주고자 하였다.

본 교재는 회계학을 처음으로 접하게 되는 경영학 전공 학생뿐 아니라 회계의 실무와 이론에 관심을 가지고 있는 기업인 및 일반인들도 이해할 수 있도록 주제별로 상세한 설명과 예제를 포함하고 있다. 또한 경영대학원의 재무회계 과목으로도 사용될 수 있도록 5단계 수익인식, 재고자산 평가, 어음의 할인, 유형자산 평가, 현금흐름표, 재무제표 분석 등 다소 심층적인 내용도 다루고 있어 수업의 목적에 따라 이러한 내용을 제외해도 좋을 것이다.

경영대학원(MBA) 수업의 경우 본 교재를 기본서로 하고, 한국회계학회에서 발간하는 회계저널의 사례연구나 한국경영학회의 Korea Business Review(KBR) 사례연구, Western University of Canada의 Ivey Business Case Studies, Harvard Business Review Case Studies 등에 게재된 재무회계 사례들을 활용하여 수업을 진행하면 회계학의 기본적인 개념을 이해하고 동시에 회계적 주제들을 실무적인 이슈와 연결하여 생각해 보는데 많은 도움이 될 수 있을 것으로 판단된다.

이 책은 1985년 송태영, 송자 교수님으로부터 시작하여 1995년 주인기 교수님이 공저자로 참여하였고, 2003년에는 손성규 교수님이, 2010년에는 이호영 교수가 공저자로 참여하였다. 2020년에는 회계법인 감사부문 실무를 거쳐 학계에서 영향력 있는 연구와 강의를 진행하고 있는 숙명여자대학교의 오명전 교수가 공저자로 참여하였고, 이번 제17판 개정부터는 전통을 이어받아 회계법인 감사부문 실무를 거친 가천대학교 윤인경 교수가 공저자로 동참하게 되었다. 본 저자들은 이 책의 유구한 전통을 이어가고, 회계학에 입문하는 독자들을 위해 보다 좋은 책을 만들려는 노력을 끊임없이 하고자 한다.

이번 개정을 위하여 많은 도움을 주신 법문사의 노윤정 차장님과 권혁기 차장님, 그리고 도헌수, 조태진, 김성철, 최동준, 지은상, 문태곤 교수님의 도움에 감사를 표한다.

2025년 8월
신촌과 백양로의 열정과 젊음이 내려다보이는 연구실에서
이호영, 오명전, 윤인경

머리말

이 책은 두 가지 이유 때문에 출판된다고 볼 수 있다. 첫째는, 1964년 3월에 많은 사람들이 「부기원리」라는 용어를 쓸 때 처음으로 「회계원리」라는 이름을 주장하신 우리들의 송태영 선생님의 영전에 이 책을 바치기 위한 것이다. 너무나 빨리 가셨기에 몹시 서운한 마음을 감출 수가 없다.

둘째는, 계속되는 「기업회계기준」의 개정 때문에 이 책의 출판이 불가피하게 되었다. 개정된 「기업회계기준」에 맞추어 책의 내용을 구성하였고, 또 변화하는 교과과정에 적응할 수 있는 차례와 제목으로 나열하였다.

회계학이 기업언어로서 주는 영향력과 회계정보이용자의 입장을 고려하여, 전통적으로 쓰여지고 있는 이름들을 바꾸어 경영인이 적극적인 정신태도를 가지는 데 도움이 되고 회계정보의 의미를 알기 쉽게 하는 용어를 사용하였다. 따라서 대차대조표는 재무상태표, 손익계산서는 이익계산서 등으로 고쳐 사용하였다.

제1편의 프로그램 장은 텍스트에 의한 방법을 대체시키는 것이 아니라 보완하고 더 완전하게 하기 위한 것이다. 프로그래밍은 학생들이 공부하는 데 직접적으로 참여할 수 있도록 조직되어 있지만 시험형태의 교육방법이 아니다. 교육자들은 프로그래밍 방법이 다음과 같은 장점이 있다고 믿는다.

(1) 전 단계에서 배운 지식을 가지고 다음 단계의 것을 논리적으로 생각해 낼 수 있다.
(2) 학생들이 항목을 공부해 나가면서 자기들이 얼마나 이해하고 있는지를 알 수 있다.
(3) 학생들이 공부하는 동안에 집중력을 갖도록 도와준다.

물론 어떻게 프로그램을 사용하느냐에 따라 결과는 달라질 것이다. 그러므로 본문 옆에 있는 답을 보지 말고 본문을 자세히 읽은 후 답을 생각해 내어 책의 답과 비교해서 정말로 본문을 완전히 이해하였는지를 스스로 판단해야 한다.

끝으로 이 책이 나올 수 있도록 수고를 아끼지 않은 우리들의 학생들에게 진심으로 감사한다. 그러나 저자의 미숙과 충분한 시간적 여유를 가지지 못하여 불비한 곳이 적지 않은 것을 자인하는 바이므로 내일의 완성을 위하여 노력할 것을 다짐하는 바이다. 항상 좋은 책을 출판하기 위하여 애쓰시는 법문사 제위의 노고에도 감사의 말씀을 드리고자 한다.

1985년 2월
저자

[회계원리 개정과 참여저자 약사]

1985년 초판	송태영 · 송자
1987년 개정판	송자
1995년 제3개정판	송자 · 주인기
2003년 제6개정판	송자 · 주인기 · 손성규
2009년 제8개정판	주인기 · 손성규
2010년 제9개정판	주인기 · 손성규 · 이호영
2014년 제12개정판	손성규 · 이호영
2019년 제15개정판	손성규 · 이호영 · 오명전

차 례

P·A·R·T

1

회계원리 총론

P·A·R·T

2 회계원리 각론

P·A·R·T 1

회계원리 총론

CHAPTER 01 회계의 개념과 구조
CHAPTER 02 회계의 순환과정(1): 거래의 식별
CHAPTER 03 회계의 순환과정(2): 거래의 기록
CHAPTER 04 회계의 순환과정(3): 거래의 조정
CHAPTER 05 재무상태표
CHAPTER 06 수익인식과 포괄손익계산서

회계는 기업 경영의 언어라고 일컬어진다. 즉 회계는 기업내부의 경영에 필요한 정보들을 제공해주는 중요한 매체로 활용될 뿐 아니라 기업외부의 이해관계자들에게 정보를 제공해주는 중요한 수단으로 이용된다. 경영학자 피터 드러커에 따르면, 오늘날의 경영자는 항상 두 가지 선택에 직면한다고 한다. 첫째는, 여러 대안들 중 무엇을 선택할 것인가(what to do?)이며, 둘째는, 어떤 것을 하기로 결정했다면, 어떻게 할 것인가(how to do?)를 선택하는 것이라고 언급했다. 기업과 관련된 '무엇을' 그리고 '어떻게' 할 것인가의 선택에 필요한 정보의 70퍼센트 이상이 다양한 형태의 회계정보로 주어지고 있다고 한다. 미국 네브래스카 주의 오마하에 살고 있어 오마하의 현인(sage of Omaha)이라고 불리는 버크셔 헤서웨이(Berkshire Hathaway)의 워렌 버핏(Warren Buffett)회장은 재무제표에 내재된 정보의 품질과 회계정보에 대한 이해가 투자의사결정에 가장 중요함을 강조하고 있다. 본 교재의 전반부인 총론에서는 제1장 회계의 개념과 구조에 대한 소개에서 시작하여, 거래의 인식과 분석을 거쳐 재무제표 중 제5장 재무상태표와 제6장 수익인식과 포괄손익계산서까지의 주요 사항들에 대한 이해를 통해 기업회계의 핵심개념 및 구조와 재무제표의 작성과정을 체계적으로 학습한다.

Business Decision Making under IFRS

Principles of Accounting

들어가며… 여러분은 지금, 서울에서 가장 맛있는 빵을 만드는 '신촌 빵집'의 사장님이 되기로 결심했습니다. 하지만 열정만으로는 부족하죠. 빵집의 성공을 위한 설계도, 즉 '사업 계획'이 필요합니다. 이번 장에서는 그 설계도의 언어인 회계가 무엇인지, 그리고 기업의 건강진단서인 재무제표에는 어떤 것들이 있는지 배우며 성공적인 창업의 첫발을 내디뎌 봅니다.

summary

회계는 기업의 언어이다. 기업의 수많은 경제 활동을 숫자로 표현하고, 이를 통해 기업이 어떤 상황에 처해 있고 어떤 성과를 내고 있는지 보여주는 것이 바로 회계이다. 이 장에서는 회계가 무엇인지, 어떤 기능을 하는지, 그리고 회계를 구성하는 요소들과 그 결과물인 재무제표에 대해 살펴볼 것이다.

CHAPTER

01

회계의 개념과 구조

01 회계의 개념과 기능

02 회계의 구성요소

03 재무제표의 전반적 이해

보론 회계의 업무분야

01 회계의 개념과 기능

CHECK POINT

- 회계
- 관리회계
- 재무회계

회계는 기업의 이해관계자, 즉 내부 및 외부의 이해관계자들에게 그들이 필요로 하는 정보를 제공해주는 수단이다.

관리회계
기업의 내부경영자의 의사결정에 필요한 유용한 정보를 제공하기 위한 수단

회계는 기업의 이해관계자들이 합리적인 경제적 의사결정을 내릴 수 있도록, 기업의 경제 활동에 대한 정보를 식별, 측정, 기록, 분류, 요약하여 전달하는 과정이다. 기업을 둘러싼 다양한 사람들이 기업에 대해 궁금해할 때, 그 궁금증을 풀어주는 정보의 핵심적인 수단이 바로 회계이다.

회계의 기능은 크게 두 가지로 나눌 수 있다. 회계 정보가 누구에게 제공되고 어떤 목적으로 사용되는가에 따라 달라지기 때문이다.

첫 번째 회계 기능은 기업 내부의 경영자가 필요로 하는 정보를 제공하는 것이다. 이를 **관리회계**(managerial accounting)라고 한다. 경영자는 주주로부터 위임받은 자산을 효율적으로 관리하고 운용해야 하며, 기업의 영업, 투자, 재무 활동에서 수많은 의사결정을 내려야 한다. 예를 들어, '어떤 제품을 생산해야 하는가?', '얼마나 생산해야 하는가?', '어떤 투자를 해야 하는가?'와 같은 질문에 답하기 위해 관리회계 정보가 필요하다.

관리회계는 기업 내부에서 경영자들이 스스로 필요한 대로 정보를 만들고 활용한다. 따라서 정보의 신뢰성(reliability)보다는 의사결정에 얼마나 유용한지, 즉 목적적합성(relevance)이 더 중요하다. 외부 보고의 의무가 없으므로 정해진 규칙에 얽매이지 않고 기업의 특성과 경영진의 필요에 따라 유연하게 정보를 생산할 수 있다.

비유로 이해하기 **회계는 기업의 '종합 건강진단서'**

회계는 기업의 언어입니다. 하지만 더 와 닿는 비유는 회계가 바로 기업의 '종합 건강진단서'라는 것입니다. 우리가 매년 건강검진을 통해 키, 몸무게, 혈압 등을 확인하고 건강 상태를 진단받듯, 회계는 기업의 경제 활동에 대한 정보를 식별, 측정, 기록, 요약하여 기업이 얼마나 튼튼한지, 성과는 어떠한지를 알려줍니다. 이 건강진단서(재무제표)를 통해 투자자나 채권자 같은 이해관계자들은 기업의 상태를 정확히 파악하고 합리적인 경제적 의사결정을 내릴 수 있습니다.

보충설명

기업 경영의 세 가지 활동

회계에서는 기업경영을 다음과 같이 세 가지 활동으로 구분한다.

- **영업활동**(Operating Activities): 공급자에게 원재료를 구매하고, 제품을 생산하고, 고객에게 배달하고, 판매대금을 회수하고, 공급자에게 구매대금을 지불하는 활동
- **투자활동**(Investing Activities): 제품을 생산하기 위해 필요한 공장과 설비를 구입하거나 처분하는 활동
- **재무활동**(Financing Activities): 채권자에게 자금을 차입하거나 상환하는 활동, 그리고 주주들에게 투자를 받고 배당금을 지급하는 활동

재무회계

기업외부의 이해관계자들에게 필요한 정보를 제공하기 위한 수단

두 번째 회계 기능은 기업 외부의 이해관계자들에게 필요한 정보를 제공하는 것으로, 이를 재무회계(financial accounting)라고 한다. 재무회계 정보를 이용하는 기업 외부의 이해관계자는 매우 다양하다. 주주(투자자), 채권자(은행 등), 정부(세금 부과, 규제 목적), 임직원, 금융기관, 경쟁사, 노조 등이 대표적이다. 이들은 기업의 투자 여부, 대출 여부, 세금 부과, 급여 협상 등 각자의 목적에 맞는 의사결정을 위해 기업의 재무 정보를 필요로 한다.

경영자들은 기업의 내부에 대한 정보를 외부 이해관계자보다 훨씬 많이 알고 있다. 이를 정보 비대칭성(information asymmetry)이라고 한다. 이러한 정보 비대칭성으로 인해 경영자들이 자신들에게 유리한 정보만을 제공하거나 불리한 정보를 숨길 유인이 발생할 수 있다. 예를 들어, 투자 유치를 위해 기업의 좋은 점만 부각하거나, 대출을 위해 부채 규모를 축소해서 보여주고 싶을 수도 있다.

따라서 외부 이해관계자들이 기업의 재무 상태와 성과를 객관적으로 파악하고 합리적인 의사결정을 내릴 수 있도록, 경영자의 정보 조작을 방지하고 정보의 신뢰성과 비교 가능성을 확보하기 위해 일정한 기준이 필요하다. 이러한 통제 목적으로 제정된 것이 바로 회계기준(accounting standards)이다. 회계기준은 재무회계 정보의 신뢰성을 높이고, 회계 정보 이용자들이 정보를 일관되게 이해하고 비교할 수 있도록 만들어진 일종의 약속이다. 이와 같은 회계기준은 일반적으로 인정된 회계원칙(generally accepted accounting principles: GAAP)이라고도 불린다.

일반적으로 인정된 회계원칙

특정회계사항에 관하여 회계원칙 제정권을 가진 기관이 회계원칙을 정하거나, 오랜기간에 걸처 특정한 회계처리 관습이 실무에서의 광범위한 지지를 받아 사용된 결과 이제는 하나의 원칙으로 형성됨

보충설명

재무회계와 관리회계의 비교

재무회계와 관리회계의 특징을 비교하면 다음과 같다. 외부이용자는 불특정 다수인 반면 내부이용자는 특정인으로 한정되어 있다는 측면에서 이해하자.

구 분	재무회계	관리회계
주요 이용자	투자자 및 채권자 등 외부이용자	경영자(내부이용자)
작성기준	일반적으로 인정된 회계원칙(GAAP)	특정한 기준이 없음
보고서 성질	일반목적용 보고서(재무제표)	주로 특수목적용 보고서
정보의 특성	주로 과거의 재무적 정보	재무적·비재무적 정보
정보주기	보통 1년, 6개월(반기), 3개월(분기)	필요할 때마다 수시로 제공

한편, 기업이 스스로 작성한 재무정보가 과연 이러한 회계기준에 따라 객관적이고 신뢰성 있게 만들어졌는지를 확인하는 과정이 필요하다. 이것이 바로 **외부감사제도**(external auditing)이다. **공인회계사**(certified public accountant: CPA)와 같은 독립적인 외부 전문가들이 기업의 재무정보가 회계기준, 즉 일반적으로 인정된 회계원칙(GAAP)에 따라 작성되었는지를 인증하는 기능을 수행함으로써, 정보 이용자들이 기업의 재무제표를 더욱 신뢰할 수 있도록 돕는다. 공인회계사는 기업이 제시한 재무제표에 대해 전문가로서의 의견을 표명하며, 이 의견은 재무제표의 신뢰성을 판단하는 중요한 지표가 된다.

비유로 이해하기 **공정한 게임을 위한 규칙(회계기준)과 심판(공인회계사)**

전 세계 기업들이 참여하는 '자본시장'이라는 거대한 월드컵 경기를 상상해봅시다.

- **회계기준**(GAAP): '게임의 규칙'

  만약 축구 경기에 규칙이 없다면 어떻게 될까요? 손으로 공을 던지고, 상대방 골대를 옮기는 등 경기는 아수라장이 되고 승패를 가릴 수 없을 겁니다. 회계기준(GAAP)은 모든 기업(선수)이 재무제표(성적표)를 작성할 때 따라야 하는 '공통된 게임의 규칙'입니다. 이 규칙이 있기에 투자자들은 여러 기업의 성적표를 공정하게 비교하고 분석할 수 있습니다.
- **외부감사**(공인회계사): '공정한 심판'

  월드컵 결승전에 심판이 없다면 어떨까요? 선수들이 반칙을 해도 잡아낼 사람이 없고, 경기 결과를 아무도 믿지 못할 겁니다. 공인회계사(CPA)는 바로 이 경기의 '독립적이고 공정한 심판'입니다. 회사가 규칙(회계기준)에 따라 정정당당하게 재무제표를 작성했는지 검토하고, “이 재무제표는 믿을 만합니다”라고 도장을 찍어주는 역할을 하죠. 이 ‘감사의견’이 있어야 정보이용자들은 재무제표를 신뢰하고 의사결정에 활용할 수 있습니다.

본 교재에서는 재무회계의 기초 개념과 원리에 대해 집중적으로 다룰 것이다.

보충설명

우리나라 회계기준의 종류

우리나라 기업들에 적용되는 회계기준은 한국채택국제회계기준, 일반기업회계기준, 중소기업회계기준이라는 3가지 종류가 있다.

(1) 한국채택국제회계기준(K-IFRS): 국제회계기준(International Financial Reporting Standards: IFRS)를 번역한 것으로, 2011년부터 우리나라 상장기업(유가증권시장이나 코스닥시장에서 주식이 거래되는 기업)과 금융기관에 대해 의무 적용되고 있다. 또한 비상장기업의 경우에도 자발적으로 선택하여 적용할 수 있다.

(2) 일반기업회계기준: 중소기업이 아닌 비상장기업에 대해 적용되는 회계기준으로, 한국채택국제회계기준에 비해 요구되는 회계처리가 다소 덜 복잡하여 그 적용이 상대적으로 수월하다.

(3) 중소기업회계기준: 외부감사를 받지 않는 소규모기업에 적용되는 회계기준으로, 회계인프라가 체계적으로 갖추어져 있지 않은 중소기업의 회계처리 부담을 경감시켜 주기 위해 제정되었다.

비유로 이해하기 **관리회계는 ‘개인 다이어리’, 재무회계는 ‘공식 성적표’**

회계라는 건강진단서는 누구에게 보여주느냐에 따라 두 종류로 나뉩니다.

- **관리회계**: 경영자가 ‘어떤 제품을 얼마나 생산할까?’와 같은 내부 의사결정을 위해 작성하는 회계입니다. 마치 우리가 식단이나 운동 계획을 나만 알아보는 방식으로 자유롭게 기록하는 다이어리와 같죠. 정해진 규칙에 얽매이지 않고, 오직 의사결정에 유용한 정보(목적적합성)가 중요합니다.
- **재무회계**: 투자자, 은행, 정부 등 외부 사람들에게 “우리 회사 상태는 이렇습니다!”라고 보여주는 공식 보고서입니다. 모든 사람이 오해 없이 이해하고 기업 간 비교를 할 수 있도록, ‘일반적으로 인정된 회계원칙(GAAP)’이라는 약속된 규칙에 따라 엄격하게 작성되어야 합니다. 또한 이 성적표가 진짜인지 독립된 전문가(공인회계사)에게 검증받는 ‘외부감사’ 과정도 거쳐야 그 신뢰성을 인정받습니다.

02 회계의 구성요소

CHECK POINT

- 인식 및 측정
- 기록
- 분류
- 요약
- 해석

회계는 경제적 실체(entity), 즉 기업에 관하여 회계 정보 이용자에게 그들의 경제적 의사결정에 유용한 정보를 제공하는 기능을 수행한다. 이러한 기능을 수행하기 위하여 회계는 수많은 경제적 사건들을 재무적 정보(financial information)로 전환하는 과정을 거친다. 이 과정 속에 포함되는 회계의 구성요소들은 다음과 같으며, 이 모든 과정은 서로 연결되어 회계의 순환과정(accounting cycle)을 이룬다.

1. 인식(recognition) 및 측정(measurement)

기업에서는 영업, 투자, 재무 활동을 수행하면서 수많은 경제적 사건이 발생한다. 예를 들어, 상품을 판매하거나, 건물을 구입하거나, 은행에서 돈을 빌리는 등의 사건들이다. 그러나 회계 담당자는 수많은 경제적 사건 중에서 미래 경제적 효익의 개연성 및 측정의 신뢰성 등 특정 요건[1]을 충족한 거래와 사건만을 식별하여 기록하며, 이를 화폐금액으로 표시한다. 이와 같이 회계상 기록의 대상이 되는 경제적 사건을 식별하는 것을 인식(recognition)이라고 한다.

인식과 측정
수많은 경제적 사건 중 재무제표에 반영할 사건인 경우에는 이를 인식하고, 추정이나 판단 등을 통하여 화폐가치로 측정하여 재무제표에 반영해야 한다.

한편, 회계에서는 화폐금액으로 표시된 재무적 정보를 제공하므로 인식한 경제적 사건에 대해 인식과 동시에 화폐금액을 결정해야 한다. 이와 같이 경제적 사건의 화폐금액을 결정하는 것을 측정(measurement)이라고 한다. 대부분의 경제적 사건은 정확한 금액으로 측정이 가능하다. 예를 들어, 100만원짜리 상품을 팔면 100만원이라는 정확한 금액으로 측정된다. 그러나 어떤 경우에는 경제적 사건을 정확히 화폐가치로 표시할 수 없는 것이 있다. 이러한 경제적 사건들은 추정이나 판단을 통하여 화폐가치로 측정되기도 한다.

---

1) 제2장에서 살펴보겠지만, 기업에서 일어나는 경제적 사건 중 ① 화폐금액으로 객관적으로 측정가능하고, ② 기업의 재무상태(자산, 부채, 자본)를 변동시키는 사건만이 기록의 대상이 된다. 이러한 사건을 회계상 거래(회계적 사건)이라고 부른다.

보충설명

추정이나 판단을 통하여 측정하는 경우

기업이 상품을 판매하면서 수년 이내에 상품에 하자가 발견되면 교환해 준다는 판매보증계약을 소비자와 체결했다고 가정해 보자. 이 경우 판매보증계약으로 인한 기업의 잠재적인 부담을 화폐금액으로 측정해야 할 때가 발생한다. 그러나 판매 시점에서 미래에 하자 발견으로 교환해 주어야 할 가능성을 정확히 측정하는 것은 매우 어렵다. 상품의 불량률은 어느 정도 측정할 수 있다고 할지라도, 소비자가 하자 있는 상품을 가지고 교환을 요구할 가능성까지 측정하는 것은 쉬운 일이 아니다. 이런 경우, 과거의 경험치나 합리적인 추정을 통해 금액을 측정한다.

2. 기록(recording)

회계 담당자는 인식되고 측정된 경제적 사건에 대하여 거래의 특성을 분석하고 이를 체계적으로 기록한다. 예를 들어, 기업이 상품을 판매하면 '매출액'이라는 수익 계정에 기록하고, 동시에 현금을 받았다면 '현금'이라는 자산 계정에 기록한다. 이러한 기록 절차는 재무회계의 가장 기본적인 단계이며, 제2장에서 자세히 다룰 것이다. 회계에서는 다른 요소들도 존재하지만, 인식 및 측정과 기록이 가장 핵심적인 요소이다.

3. 분류(classification)

회계 담당자는 기록된 재무적 자료들을 논리적이고 유용한 정보가 되도록 분류(classification)해야 한다. 아무리 회계 자료가 많더라도 만일 이들 자료 간의 상호관계와 구분이 적절하지 않을 경우에는 별로 의미가 없다. 수많은 거래들이 발생했을 때, 현금 계정은 현금 거래만 모아서, 외상매출금 계정은 외상으로 판매한 거래만 모아서 정리하는 것이 바로 분류이다. 다음 장에서 설명하는 회계등식(자산=부채+자본)[2]은 재무회계 자료를 분류하는 기본적인 토대가 된다. 특히 많은 항목의 수치가 나열될 때, 이 많은 항목들이 적절히 대분류, 중분류되어 있지 않다면 회계 정보를 일목요연하게 파악하기는 여간 어렵지 않을 것이다.

---

2) 부채는 채권자의 몫이며, 자본은 주주(출자자)의 몫이다. 이런 의미에서 부채와 자본을 각각 채권자지분, 주주지분이라고 부르기도 한다. 따라서 회계등식을 '자산=지분(채권자지분+주주지분)'으로 표현할 수 있다.

4. 요약(summarization)

기록되어 분류된 재무 정보는 주기적으로 재무제표(financial statements; F/S)와 같은 회계 보고서에 요약(summarization)되어야 한다. 기업과 관련된 수많은 회계 정보가 정리되지 않고 회계 정보 이용자에게 전달된다면 이용자들은 혼란을 겪을 것이다. 따라서 회계 정보는 재무제표라는 회계 보고서에 일정한 형식에 따라 정리되어 이용자들에게 전달되어야 한다. 한 해 동안의 모든 거래를 일일이 확인할 수는 없으므로, 재무상태표나 포괄손익계산서와 같이 정해진 형식에 따라 정보를 집약하여 보여주는 것이 요약이다.

5. 해석(interpretation)

회계 보고서에 재무 정보를 표시하는 것만으로는 충분하지 못하나. 추가적으로 회계 과정에 대한 설명, 즉 회계 과정의 의미, 효용, 한계 등이 재무제표 이용자에게는 매우 중요하다. 회계 보고서의 본문에 완전하고 자세한 모든 정보를 기입할 필요는 없다. 이러한 상세한 부분은 주석(footnotes)[3]에 기술하게 된다. 이 절차를 통하여 회계 정보 이용자는 회계의 결과를 해석(interpretation)하고 기업의 재무 상태와 성과를 더 깊이 이해할 수 있다.

이러한 다섯 가지 회계 요소들은 회계 담당자가 경제적 사건들을 측정하고 이를 기록하고 보고하는 과정에서 수행해야 하는 필수적인 과정들이다. 이러한 업무 수행 과정을 회계의 순환과정(accounting cycle)이라고도 한다. 회계의 순환과정을 간략히 표시하면 [그림 1-1]과 같다.

3) 주석은 회계보고서 본문에 기입하지 않은 상세한 정보를 기입한 것으로, 일종의 회계보고서 본문에 대한 각주에 해당한다.

그림 1-1

회계의 순환과정

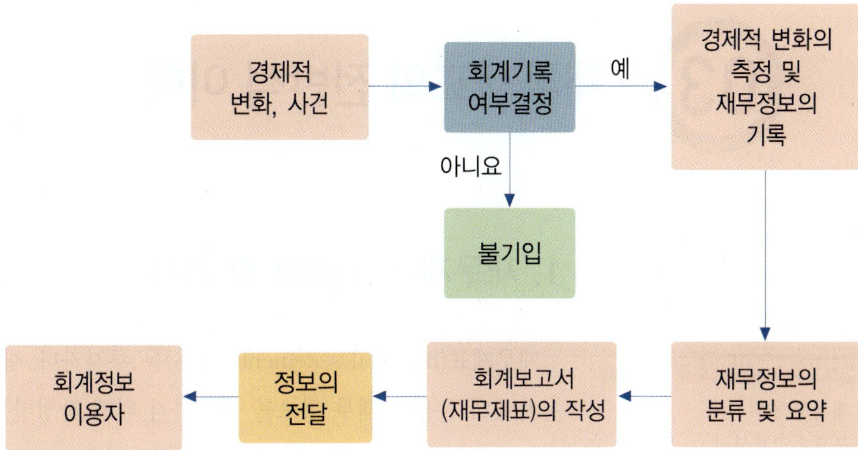

우선 회계 담당자는 상품 판매나 매입 등과 같은 경제적 사건을 관찰하거나, 이에 관한 정보를 얻는다. 다음에는 이러한 경제적 사건이 회계 기록(accounting entry)의 대상이 되는 거래들이어서 회계 기록을 해야 하는지를 판단해야 한다. 만일 경제적 사건이 회계 기록의 대상이라고 판단되면 회계 담당자는 그 경제적 사건으로 인한 경제적 변화를 측정하고 기록하여 종전의 회계 기록에 새로운 경제적 사건이 반영되도록 해야 한다.

경제적 사건에는 측정이 가능하지 않아 기록되지 않는 사건도 존재한다. 예를 들어, 기업이 제조한 상품에 대해서 손해배상소송 중에 있으며 기업이 소송에서 패소할 위험이 있다고 가정해 보자. 그러나 소송에서 패소할 위험을 화폐가치로 정확히 측정하는 것이 어려운 경우에는 이와 같은 경제적 사건을 객관적으로 회계 정보 이용자에게 전달할 수 없다. 따라서 이러한 사건은 경제적인 사건일 수는 있으나, 회계상의 거래는 아니다. 재무제표(financial statements)라고 불리는 회계 보고서의 본문에 보고되는 모든 정보는 수치화된 정보여야 하며, 수치화되지는 않았지만 정보 이용자의 의사결정에 영향을 미치는 중요한 정보는 주석(footnotes)에 서술식으로 보고되기도 한다.

03 재무제표의 전반적 이해

1. 재무제표의 의의 및 종류

CHECK POINT

- 재무상태표
- 포괄손익계산서
- 현금흐름표
- 자본변동표
- 주석

재무제표(financial statements; F/S)는 투자자나 채권자와 같은 기업의 외부 정보 이용자에게 유용한 재무 정보를 전달하기 위해 작성하는 보고서로서, 재무회계의 핵심적인 보고 수단이다. 재무제표는 제공하는 재무 정보의 경제적 특성에 따라 다음과 같이 구성된다.

표 1-1 주요 재무제표의 구성 및 역할

재무제표 명	나타내는 정보	보고 시점
재무상태표 (Statement of Financial Position)	특정 시점의 기업의 재산 상태 (자산, 부채, 자본)	특정 시점 (예: 12월 31일)
포괄손익계산서 (Statement of Comprehensive Income)	일정 기간 동안 기업의 경영 성과(수익, 비용, 이익)	일정 기간 (예: 1월 1일~12월 31일)
현금흐름표 (Statement of Cash Flows)	일정 기간 동안 기업의 현금 유입/유출 정보	일정 기간 (예: 1월 1일~12월 31일)
자본변동표 (Statement of Changes in Equity)	일정 기간 동안 소유주 지분 (자본)의 변동 내역	일정 기간 (예: 1월 1일~12월 31일)
주석 (Footnotes)	재무제표 본문의 보충 설명 및 추가 정보	해당 재무제표와 함께 제시

여기서 주의할 점은 재무제표에 대한 주석(footnotes)도 재무제표의 일부라는 점이다. 왜냐하면 주석에는 재무제표 본문에 보고되지 않지만 기업의 내용을 이해하는 데 매우 중요한 정보가 포함되기 때문이다. 예를 들면, 특수관계자와의 거래 등을 들 수 있는데, 특수관계자와의 거래가 부정이나 횡령 등의 단초가 되는 경우도 있다. 또한 일부의 사항은 덜 중요해서가 아니라 서술적으로만 기술할 수 있는 내용이라 주석에 포함될 수도 있다.

비유로 이해하기 **기업 건강진단서의 4+1 세트**

기업의 건강진단서, 즉 재무제표(Financial Statements)는 크게 4가지 보고서와 1개의 보충 설명서로 구성된 한 세트입니다.

1. 재무상태표: 특정 시점의 '인바디(In-Body) 측정 결과'입니다. 특정 시점에 기업의 재산 상태(자산, 부채, 자본)를 보여주는 스냅사진과 같습니다.
2. 포괄손익계산서: 1년간의 '운동 및 식단 영상'입니다. 일정 기간 동안 기업의 경영 성과(수익, 비용, 이익)가 어떠했는지를 보여줍니다.
3. 현금흐름표: 1년간의 '혈액 순환 기록'입니다. 기업의 생명줄인 현금이 일정 기간 동안 어디서 들어오고(유입), 어디로 나갔는지(유출)를 추적한 보고서입니다.
4. 자본변동표: '주인(주주)의 몫' 변화표입니다. 일정 기간 동안 소유주 지분(자본)이 어떻게 변동했는지 상세히 보여주는 보고서입니다.
5. 주석: '의사의 상세 소견서'입니다. 위 4가지 보고서에 숫자로 다 담지 못한 중요한 이야기들을 글로 풀어쓴 보충 설명서로, 재무제표의 일부입니다.

재무제표의 각 구성요소는 하나의 거래를 다른 각도로 반영한다. 따라서 재무제표의 각 구성요소가 각각 다른 정보를 제공하지만, 그렇다고 각 보고서가 특정 목적에 따라 개별적으로 이용되는 것은 아니다. 예를 들어, 포괄손익계산서가 재무상태표나 현금흐름표와 함께 연계되어 이용되지 않으면 그 유용성이 반감될 것이다. 주석에서도 재무상태표와 포괄손익계산서상 항목에 관한 부가적인 정보, 위험요소 및 재무제표 이용자의 요구에 따른 기타 정보가 공시되므로 재무제표 본문과 연계하여 함께 이용하여야 한다. 이러한 측면에서 재무제표의 각 구성요소는 서로 연계되어 있으며, 이를 재무제표의 상호관련성(Interrelationship of Financial Statements)이라고 한다.

그림 1-2

재무제표 간의 상호관련성

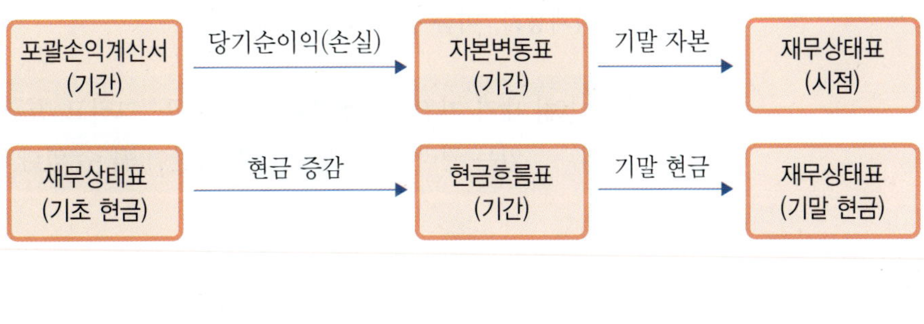

(1) 재무상태표의 이해

재무상태표
특정시점 현재 기업의 자산, 부채 및 자본의 잔액을 보고하는 보고서. 오랫동안 대차대조표(B/S: balance sheet)로 불리어 왔다.

재무상태표(statement of financial position)는 기업의 재무 상태를 나타내는 재무제표로서, 기업이 소유한 전체 재산과 갚아야 할 채무 및 소유주 지분이 표시된다. 이들 항목을 의미하는 회계 용어는 자산, 부채, 자본이다. 재무상태표를 정확하게 이해하기 위해서는 우선 이 세 가지 항목에 대한 이해가 필요하므로 이 장에서는 각 항목에 대해 간단히 알아보고, 자세한 내용은 재무상태표(제5장)에서 다룰 것이다.

비유로 이해하기 **'나의 재무상태표'로 이해하는 자산, 부채, 자본**

재무제표의 기본 요소인 자산, 부채, 자본은 사실 우리 삶과 매우 가깝습니다. 지금 당장 '나의 재무상태표'를 만들어볼까요?

- **자산**(assets): "내가 가진 모든 것"
  지갑 속 현금, 은행 예금, 내가 타는 전동 킥보드, 노트북, 전세 보증금 등 현재 내가 가지고 있는 모든 재산이 바로 자산입니다.
- **부채**(liabilities): "남에게 갚아야 할 모든 빚"
  이번 달 카드값, 학자금 대출, 부모님께 빌린 돈 등 미래에 내가 갚아야 할 모든 빚이 부채입니다.
- **자본**(equity): "진짜 내 돈, 나의 순자산"
  내가 가진 모든 것(자산)을 다 팔아서, 갚아야 할 모든 빚(부채)을 갚고 최종적으로 내 손에 남는 돈이 바로 자본입니다. 자본=자산−부채라는 공식이 바로 이런 의미입니다.

① 자 산(assets)

자산이란 과거 사건의 결과로 현재 기업이 통제하고 있는 미래경제적 효익이 기업에 유입될 것으로 기대되는 자원이다. 즉, 자산이란 기업이 소유권을 가지고 지배하면서 미래의 여러 효익을 얻을 수 있는 자원을 말한다. 예를 들어, 현금, 상품, 토지, 건물, 기계장치, 비품 등이 자산에 해당한다.

[예] 내가 가진 돈, 컴퓨터, 스마트폰, 그리고 친구에게 빌려준 돈(나중에 받을 수 있는 권리) 등이 모두 나의 자산이 될 수 있다.

② 부 채(liabilities)

부채란 일상적으로 말할 때 기업이 미래에 상환해야 할 빚을 말한다. 부채를 보다 정확히 정의하자면, 과거 사건에 의하여 발생하였으며 경제적 효익이 내재된 자원이 기업으로부터 유출됨으로써 이행될 것으로 기대되는 현재의무이다. 예를 들어, 외상으로 물건을 사 와서 갚을 의무가 있는 외상매입금(매입채무)이나 직원에게 급여를 지급하지 못한 미지급급여 등이 부채에 해당한다.

[예] 친구에게 빌린 돈, 카드 할부금(나중에 갚아야 할 의무) 등이 부채의 좋은 예시이다.

③ 자 본(stockhoders equity)

자본이란 자산총액에서 부채총액을 차감한 잔액을 말하는 것으로 순자산(Net Assets)이라고도 한다. 자본은 기업의 자산 중 주주 또는 출자자 몫에 해당하는 것으로 기업 자산에 대한 소유자의 청구권을 의미한다. 다시 말해 자본은 자산총계에서 부채총액을 차감한 잔여 지분으로 특정 시점 현재 기업의 소유자, 즉 주주에게 귀속되어야 하는 소유주 지분 또는 주주 지분을 의미한다. 예를 들어, 자본금과 이익잉여금 등이 자본에 해당한다.

[예] 만약 내가 가진 자산(돈, 컴퓨터 등)에서 갚아야 할 부채(빌린 돈)를 모두 갚고 남는 것이 있다면 그것이 바로 나의 순수한 재산, 즉 자본이 된다.

보충설명

자본금과 이익잉여금

재무상태표상 자본은 주주지분 즉, 주주의 몫이다. 자본은 크게 자본과 이익잉여금으로 구분할 수 있다. 자본금(paid in capital)은 기업의 소유주인 주주가 기업에 투자한 돈 즉, 본전에 해당하는 부분이다. 그에 반해 이익잉여금(retained earnings)은 주주가 투자한 돈인 자본금과 채권자로부터 조달한 부채를 이용한 영업활동을 한 결과, 지금까지 벌어들인 이익 중에서 아직 주주에게 배당금 등으로 분배하지 않고 기업 내에 남아있는 부분을 의미한다.

재무상태표의 양식은 계정식(T-account form)과 보고식(reporting form)으로 구분할 수 있다. 일반적으로 회계원리 학습목적을 위해서는 계정식을, 실무에서는 보고식을 사용한다.

그림 1-3

재무상태표 양식 (계정식 vs 보고식)

재무상태표(계정식)

자산	×××	부채	×××
		자본	×××

재무상태표(보고식)

자산	×××
부채	×××
자본	×××

재무상태표(계정식)

제×기 20×1년 12월 31일 현재

(주)신촌 (단위: 원)

자 산		부채(채권자 지분)	
현 금	×××	매입채무	×××
상 품	×××	차 입 금	×××
토 지	×××	자본(주주지분, 소유주지분)	
건 물	×××	자 본 금	×××
기계장치	×××	이익잉여금	×××
비 품	×××	부채와 자본 총계	×××
...			
자산총계	×××		

재무상태표(보고식)

제×기 20×1년 12월 31일 현재

(주)신촌 (단위: 원)

자 산	
현 금	×××
상 품	×××
토 지	×××
건 물	×××
기계장치	×××
비 품	×××
...	
자산총계	×××
부채(채권자 지분)	
매입채무	×××
차 입 금	×××
부채 총계	×××
자본(주주지분, 소유주지분)	
자 본 금	×××
이익잉여금	×××
자본 총계	×××

(2) 포괄손익계산서의 이해[4)]

포괄손익계산서
일정기간 동안에 기업이 얻은 경영 성과를 요약하여 나타내는 보고서

포괄손익계산서(statement of comprehensive income)란 일정 기간 동안 발생한 모든 수익과 비용, 당기순이익(손실) 등을 나타내는 재무제표이다. 정보 이용자는 포괄손익계산서를 통해 기업의 당해 회계연도에 대한 경영 성과를 파악할 수 있을 뿐만 아니라 기업의 미래 현금 흐름이나 수익 창출 능력 등을 평가해 볼 수 있다.

① 수 익(revenue)

수익은 기업이 영업 활동을 수행하여 번 돈에 해당하는 것으로, 상품을 판매하여 얻은 매출액, 부동산을 임대하고 받은 임대료, 서비스를 제공하고 받은 용역 수수료 수익 등을 예로 들 수 있다. 수익은 자산을 증가시키거나 부채를 감소시켜 기업의 재무 상태에 좋은 방향(자본의 증가)으로 영향을 준다.

> [예] 아르바이트를 해서 번 돈, 가지고 있는 물건을 팔아서 생긴 돈 등이 개인적인 수익에 해당한다.

② 비 용(expenses)

비용이란 기업이 영업 활동을 통해 수익을 창출하는 과정에서 소비하거나 지출한 원가, 즉 희생된 재화나 용역의 가치를 의미한다. 판매한 상품의 원가나 직원에게 지급한 급여, 사무실 임차료, 차입금에 대한 이자 비용 등이 대표적인 항목이다. 비용이 발생하면 자산이 감소하거나 부채가 증가하여 기업의 재무 상태에 나쁜 방향(자본의 감소)으로 영향을 준다.

> [예] 밥을 사 먹은 돈, 옷을 산 돈, 교통비 등이 비용이다.

③ 포괄손익(comprehensive income/loss)

포괄손익이란 기업이 일정 기간 동안 소유주와의 자본 거래를 제외한 모든 거래나 사건에서 인식한 자본의 변동액을 말한다. 이 포괄손익은 ① 당기 수익에서 비용을 차감해서 산출되는 당기순이익(손실)과, ② 소유주와의 자본 거래 이외에서 발생한 자본의 변동액이기는 하지만 회계기준에서 아직 당기손익에 포함시키지 않은 항목인 기타포괄

4) 포괄손익계산서는 수익, 비용, 당기순이익(손실)을 나타내는 손익계산서와 당기순이익(손실)과 기타포괄손익 그리고 포괄손익을 나타내는 포괄손익계산서로 구분할 수 있다. 본서에서는 주로 당기순이익(손실)을 산출하기 위한 개념을 다루고 있기 때문에, 포괄손익계산서가 아닌 손익계산서를 주로 언급하여 기술되어 있다.

손익으로 구성된다.

포괄손익계산서의 양식도 계정식과 보고식으로 구분할 수 있다. 그러나 포괄손익계산서는 회계원리 학습 목적 및 실무 모두 보고식을 사용한다.

그림 1-4

포괄손익계산서 양식[5]

손익계산서(계정식)

비용	×××	수익	×××
당기순이익	×××		

손익계산서(보고식)

수익	×××
(−)비용	×××
(=)당기순이익	×××

포괄손익계산서(보고식)

제××기 20×1년 1월 1일부터 20×1년 12월 31일까지

(주)신촌 (단위: 원)

매출액	×××
매출원가	(×××)
매출총이익	×××
판매비와관리비	(×××)
영업이익	×××
기타수익	×××
기타비용	(×××)
금융수익	×××
금융비용	(×××)
법인세차감전순이익	×××
법인세비용	(×××)
당기순이익	×××
기타포괄손익	×××
총포괄이익	×××

보충설명

손익계산서의 계산구조

손익계산서에서는 여러 단계로 나누어 이익을 계산하는데, 이를 다단계(multi-step) 손익계산서라고 부르기도 한다. 구체적으로 손익계산서에서는 다음과 같이 단계별로 이익을 계산한다.

(1) 매출총이익 = 매출액 − 매출원가
(2) 영업이익 = 매출총이익 − 판매비와 관리비
(3) 법인세비용차감전순이익 = 영업이익 + 기타수익 − 기타비용 + 금융수익 − 금융비용
(4) 당기순이익 = 법인세비용차감전순이익 − 법인세비용
(5) 총포괄이익 = 당기순이익 + 기타포괄이익 − 기타포괄손실

5) 회계에서는 차감(minus) 또는 음(−)을 괄호로 표시한다. 그리고 중간합계를 구할 때는 밑줄 하나를, 최종 합계 아래에는 밑줄 두 개를 표시한다.

(3) 현금흐름표의 이해

현금흐름표
당해 회계기간에 속하는 현금의 유입과 유출 내용을 적정하게 표시하는 보고서

현금흐름표(statement of cash flows)는 한 회계 기간 동안의 현금 변동 내용을 명확하게 보고하기 위하여 당해 회계 기간에 속하는 현금의 유입과 유출 내용을 적정하게 표시하는 보고서이다. 현금도 재무상태표에 보고되는 자산 중의 한 항목이지만, 현금이 다른 자산에 비하여 기업 운영에 매우 중요한 자산이므로 이 자산만을 분리하여 자세하게 변동 상황을 보고한다. 따라서 현금흐름표와 재무상태표의 현금 항목은 상호 보완적이다. 특히나 경제 위기 등의 상황에서의 현금 흐름은 기업의 생존과 직결된다.

그림 1-5

현금흐름표 양식

현금흐름표

+/−	영업활동 현금흐름	×××
+/−	투자활동 현금흐름	×××
+/−	재무활동 현금흐름	×××
(=)	현금의 증감	×××
(+)	기초 현금	×××
(=)	기말 현금	×××

현금흐름표

제××기 20×1년 1월 1일부터 20×1년 12월 31일까지

(주)신촌 (단위: 원)

영업활동 현금흐름		
현금 유입	×××	
현금 유출	(×××)	
...		
영업에서 창출된 현금	×××	
영업활동 순현금흐름		×××
투자활동 현금흐름		
유형자산의 처분	×××	
유형자산의 취득	(×××)	
...		
투자활동 순현금흐름		×××
재무활동 현금흐름		
...	×××	
재무활동 순현금흐름		×××
현금및현금성자산의 순증가		×××
기초[6] 현금및현금성자산		×××
기말[6] 현금및현금성자산		×××

6) 회계에서는 일반적으로 1월 1일부터 12월 31일까지를 하나의 회계기간(accounting period)으로 정하고 재무제표를 작성한다. 여기서 1월 1일을 회계기간의 처음을 의미하는 기초, 12월 31일을 회계기간의 끝을 의미하는 기말이라고 부른다. 그리고 회계기간 중을 나타낼 때는 기중이라는 표현을 사용한다.

(4) 자본변동표의 이해

자본변동표
한 회계기간 동안 발생한 소유주 지분의 변동을 표시하는 재무제표

자본변동표(statement of changes in equity)는 한 회계 기간 동안 발생한 소유주(주주) 지분의 변동을 표시하는 재무제표이다. 기업의 소유주인 주주에게 한 회계기간 동안 소유주의 몫이 어떻게 변동했는지를 상세하게 보고하기 위해 작성하는 것이다.

자본변동표는 재무제표 간의 연계성을 제고시키며 재무제표 간의 이해 가능성을 높인다. 재무상태표에 표시되어 있는 자본의 기초 잔액과 기말 잔액을 모두 제시함으로써 재무상태표와 연결할 수 있고, 자본의 변동 내용은 손익계산서와 현금흐름표에 나타난 정보와 연결할 수 있어 정보이용자들이 더욱 명확히 재무제표 간의 관계를 파악할 수 있게 된다. 자본을 구성하고 있는 자본변동표에는 자본금, 자본잉여금, 자본조정, 기타포괄손익누계액 및 이익잉여금(결손금)의 변동을 나타낸다.

그림 1-6

자본변동표 양식

자본변동표

	자본금	이익잉여금
기초잔액	×××	×××
+ 증가	×××	×××
− 감소	(×××)	(×××)
(=) 기말잔액	×××	×××

자본변동표

제×기 20×1년 1월 1일부터 20×1년 12월 31일까지

(주)신촌 (단위: 원)

구 분	자본금	자본잉여금	자본조정	기타포괄손익누계액	이익잉여금	총계
20×1. 1. 1	×××	×××	×××	×××	×××	×××
배당금 지급					(×××)	(×××)
유상증자	×××	×××				×××
자기주식 취득			(×××)			
...						
당기순이익					×××	×××
20×1. 12. 31	×××	×××	×××	×××	×××	×××

위의 네 가지 재무제표 구성요소를 시간의 흐름에 따라 어떻게 상호 관련되어 있는가를 나타내면 [그림 1-7]과 같다.

그림 1-7

시간의 흐름에 따른 재무제표 상호관련성

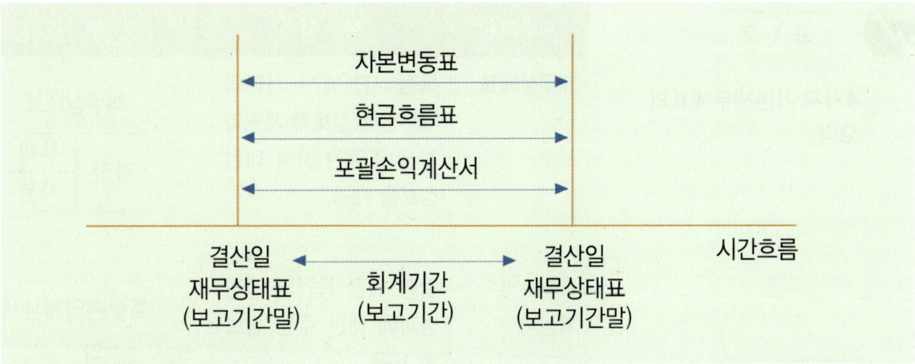

(5) 재무제표 표시와 관련한 전반적인 고려사항

유사한 사항은 각 주요 종류별로 구분하여 표시하고 상이한 성격이나 기능을 가진 항목은 구분하여 표시하되, 중요하지 않은 항목은 통합하여 표시할 수 있다. 자산과 부채 그리고 수익과 비용은 상계(서로 같은 액수를 소멸)하여 표시할 수 없다. 단, 회계기준에서 요구하거나 허용하는 경우에는 상계가 가능하다. 재무제표 항목을 표시하고 분류하는 방법은 사업 내용의 중요한 변화가 있는 경우 또는 다른 표시나 분류 방법이 더 적절한 것이 명백한 경우를 제외하고는 매 회계 기간 동일해야 한다. 즉, 재무제표 항목의 표시와 분류는 가능하면 계속적이어야 한다.

2. 재무제표 요소들의 인식(recognition)

재무상태표는 자산, 부채, 자본으로 구성되고 포괄손익계산서는 수익과 비용으로 구성된다. 재무제표 요소들의 인식이란 아래의 인식 기준들을 충족하는 항목을 재무상태표나 포괄손익계산서에 구체화하는 과정을 말한다. 재무제표 요소를 인식하기 위해서는 해당 항목을 언어적으로 어떻게 서술할지(계정과목)와 금액을 얼마로 할지에 대한 결정이 필요하다.

자산, 부채, 자본, 수익 혹은 비용의 정의에 부합하며, 미래 경제적 효익의 개연성이 있고 신뢰성 있는 측정가치가 있는 경우 재무제표에 인식된다.

인식 기준을 충족하는 항목들은 재무상태표나 손익계산서상에 반드시 인식되어야 하며, 사용된 회계원칙의 공시나 주석 또는 설명으로서 이를 대신할 수 없다.

자산, 부채, 자본, 수익, 비용의 정의에 맞고 다음의 조건에 맞는 항목은 재무제표에 인식되어야 한다.

표 1-2

4가지 기본재무제표의 요약

재무제표	목 적	구 조	구성요소의 예
재무상태표	특정 시점에서 기업의 재무상태(경제적 자원과 자금 조달원천)에 대한 정보를 제공	**재무상태표** 자산 | 부채 자산 | 자본	현금, 매출채권, 기계장치, 비품, 장기차입금, 자본금, 이익잉여금
포괄손익계산서	일정 기간 동안의 경영성과에 대한 주된 정보를 제공	**포괄손익계산서** 수익 −비용 당기순이익 (+/−)기타포괄이익(손실) 포괄이익	매출, 매출원가, 판매비, 관리비, 이자비용
자본변동표	일정 기간 동안 자본의 변동(자본금과 이익잉여금의 변동)에 대한 정보를 제공	**자본변동표** 기초 잔액 +증가 −감소 기말 잔액	기초자본, 보통주 발행, 당기순이익, 배당금, 기말자본
현금흐름표	영업활동, 투자활동, 재무활동과 관련한 현금의 유입과 유출에 대한 정보를 제공	**현금흐름표** +/−영업활동 +/−투자활동 +/−재무활동 현금의 증감 (+) 기초현금 기말현금	고객으로부터의 현금 유입(영업활동), 공급자에 대한 현금 유출(영업활동), 비품 구입을 인한 현금 유출(투자활동), 은행으로부터의 차입을 통한 현금 유입(재무활동)

(1) 미래 경제적 효익의 개연성(probability of future economic benefit): 특정한 항목과 관련된 어떤 미래의 경제적 효익이 기업으로 유입되거나 기업으로부터 유출될 가능성이 높은지 고려하여 결정한다.

[예] 아직 계약이 확정되지 않은 잠재적인 매출은 미래 경제적 효익의 유입 가능성이 낮으므로 수익으로 인식하지 않는다. 하지만 이미 상품을 인도하고 대금을 받을 권리가 확정되었다면 수익으로 인식할 가능성이 높다.

(2) 측정의 신뢰성(reliability for measurement): 해당 항목이 신뢰성을 가지고 측정할 수 있는 비용이나 가치를 가지고 있는지 검토한다.

[예] 기업이 소송에 휘말렸을 때, 패소할 가능성은 있지만 배상액을 정확히 예측하기 어렵다면(측정의 신뢰성 부족), 부채로 인식하기보다는 주석으로 공시한다.

어떤 항목이 위의 기준에 부합하여 재무제표에 인식하여야 하는지의 여부를 판단함에 있어서, 제6장 〈보론〉에서 논의할 중요성(materiality)[7]을 고려해야 한다. 그러나 관련 항목들 중 그 금액으로나 내용으로 볼 때 중요하지만, 위의 인식 기준에 맞지 않는 경우에는 주석, 설명서, 부속명세서 등에 기재하여 공시할 수 있다. 이러한 공시는 재무제표 이용자들이 그 항목에 대해 인지하고 있는 것이 그 기업의 재무 상태, 영업 활동, 현금 흐름의 변동을 평가하는 데 유용하다고 인정될 때 타당하다.

(1) 자산의 인식

자산은 미래 경제적 효익이 기업에 유입될 가능성이 높고, 해당 항목의 원가 또는 가치를 신뢰성 있게 측정할 수 있을 때 재무상태표에 인식한다. 지출이 발생하였으나 당해 회계 기간 후에는 관련된 경제적 효익이 기업에 유입될 가능성이 높지 않다고 판단되는 경우에는 재무상태표에 자산으로 인식하지 아니한다. 대신에 그러한 거래는 포괄손익계산서에 비용으로 인식한다.

(2) 부채의 인식

부채는 현재 의무의 이행에 따라 경제적 효익을 갖는 자원의 유출 가능성이 높고, 결제될 금액에 대해 신뢰성 있게 측정할 수 있을 때 재무상태표에 인식한다. 실무에서는

7) 어떤 정보가 누락되거나 잘못 기재된 경우 해당 기업의 재무정보에 근거한 정보이용자의 의사결정에 영향을 줄 수 있다면 그 정보는 중요한 것이다. 중요성은 획일적인 개념이 아니며, 개별기업마다 적용되는 중요성은 달라질 수 있다.

주문 후 아직 인도되지 않은 재고자산에 대한 부채와 같이 동일한 비율로 미이행된 계약상의 의무는 일반적으로 재무제표에 부채로 인식하지 아니한다. 그러나 그러한 의무도 때로는 부채의 정의에 부합할 수 있으며 특정한 상황에서 인식 기준이 충족된다면 재무제표에 인식될 수 있다. 이와 같은 상황에서는 부채의 인식과 동시에 관련 자산이나 비용도 인식된다.

(3) 수익의 인식

수익은 자산의 증가나 부채의 감소와 관련하여 미래 경제적 효익이 증가하고, 이를 신뢰성 있게 측정할 수 있을 때 포괄손익계산서에 인식한다. 이는 실제로 수익의 인식이 자산의 증가나 부채의 감소에 대한 인식과 동시에 이루어짐을 의미한다. 예를 들어, 재화나 용역의 매출에 따라 자산의 순증가가 인식되며 미지급채무의 면제에 따라 부채의 감소가 인식된다.

(4) 비용의 인식

비용은 자산의 감소나 부채의 증가와 관련하여 미래 경제적 효익이 감소하고, 이를 신뢰성 있게 측정할 수 있을 때 포괄손익계산서에 인식한다. 이는 실제로 비용의 인식이 부채의 증가나 자산의 감소에 대한 인식과 동시에 이루어짐을 의미한다. 예를 들어, 직원 급여의 발생에 따라 부채의 증가가 인식되며, 설비의 감가상각에 따라 자산의 감소가 인식된다. 비용은 관련된 수익의 인식에 대응하여 포괄손익계산서에 인식하는데, 이를 수익비용대응의 원칙(matching principle)이라고 한다. 그러나 수익비용대응의 원칙을 적용하더라도 자산이나 부채의 정의를 충족하지 못하는 항목을 재무상태표에 자산 혹은 부채로 계상해서는 안 된다.

(5) 발생기준(accrual based accounting)인식

발생기준이란 현금의 수수시점이 아닌 그 거래가 발생한 시점에 재무제표에 인식하는 것이다.

재무제표는 그 목적에 부합하기 위하여 발생기준을 적용하여 작성한다. 발생기준 하에서 거래나 기타 사건의 결과는 현금의 수수 시점이 아니라 발생한 시점에 인식한다. 이 기준 하에서 거래 효과는 발생 당시에 인식, 기록되어 그 기간에 보고되며, 재무제표는 현금의 유입/유출이 포함된 거래뿐만 아니라 미래 현금 지급 의무, 미래 지급받을 현금을 나타내는 사건도 관련 자산·부채로 표시하여 정보 이용자에게 제공한다. 단지 거래 발생 시점에서 현금이 지급되거나 회수되지 않은 것이지, 거래로 인해 현금을 지급할 의무나 회수할 권리가 포함된 경제적인 사건이 발생하였다면 이를 회계적인 사건으로 기록하는 것이다.

회계 정보 이용자에게 현금의 유입/유출도 중요한 정보이나, 미래 시점의 현금의 유입/유출을 거의 확실하게 유발시키는 경제적 사건이 발생하였는지가 더욱 중요한 사건이므로 이를 회계상의 거래 발생 시점에서 인식한다. 따라서 현금을 회수할 권리가 발생한 시점에 수익을 인식하며, 현금을 지급할 의무가 발생한 시점에 비용을 인식한다. 발생기준은 현금의 실제 유입/유출 시점과 관계없이 경제적 사건이 발생한 시점에 이를 기록함으로써, 기업의 경제적 자원과 의무, 그리고 그 변동을 보다 정확하게 파악하여 기업의 재무 성과와 미래 현금 흐름을 예측하는 데 더욱 유용한 정보를 제공한다.

발생기준에 반대되는 개념으로 현금기준(cash based accounting)이 있다. 즉, 모든 사건을 기록하는 시점을 현금이 유입/유출되는 시점으로 간주하는 방법이다. 물론, 이 방법은 일반적으로 인정되는 회계기준은 아니지만 발생기준과 대비하여 이해할 필요가 있다. 발생기준이 회계에서의 대원칙이지만 현금 회수가 불투명할 경우에는 현금 수취 시점에 수익을 인식할 수 있는 예외적인 대안이 채택될 수도 있다.

3. 재무제표 요소들의 측정(measurement)

측정이란 재무제표 요소들을 얼마만큼의 금액으로 인식하여야 하는지 결정하는 과정을 말한다. 측정기준은 크게 역사적원가와 현행가치로 나눌 수 있다.

측정이란 재무제표 요소들을 얼마만큼의 금액으로 인식하고 재무상태표와 포괄손익계산서에 기재되어야 하는지 결정하는 과정을 말한다. 재무제표 요소들을 어떤 가치로 표시할 것인가에 대해 다양한 측정기준이 있는데, 크게 역사적 원가와 현행가치로 나눌 수 있다. 회계기준에서는 개별 재무제표 항목별로 정보의 유용성 측면에서 적합한 측정기준을 달리 정한다.

비유로 이해하기 **10년 된 내 자동차 소개하기: 측정기준의 딜레마(믿을 수 있는 정보 vs. 유용한 정보)**

자산을 얼마로 기록할지를 정하는 측정기준의 선택은, 회계정보가 추구하는 두 가지 중요한 가치, 즉 신뢰성과 목적적합성 사이의 균형을 맞추는 과정입니다.

- **역사적 원가(신뢰성** 100점): 10년 전 자동차를 3,000만원에 산 '구매 영수증'을 보여주는 것과 같습니다. 이 가격은 누구도 부인할 수 없는 100% 믿을 수 있는(신뢰성 있는) 정보입니다. 하지만 "그래서 이 차가 지금 얼마인데?"라는 질문에는 전혀 유용하지 않은(목적적합하지 않은) 낡은 정보일 뿐입니다.
- **공정가치(목적적합성** 100점): 오늘 자 중고차 사이트에 올라온 시세가 250만원이라고 말해주는 것과 같습니다. 이 가격은 지금 당장 차를 팔지 말지 의사결정하는 데 매우 유용한(목적적합한) 정보입니다. 하지만 중고차 시세는 계속 변하고 주관이 개입될 수 있어, 영수증보다는 신뢰성이 조금 떨어질 수 있습니다.

이처럼 어떤 측정기준이 절대적으로 우월한 것은 없으며, 회계기준은 자산의 성격에 따라 두 가치의 균형을 맞추는 합리적인 방법을 계속해서 고민하고 있습니다.

(1) 역사적 원가(historical cost, 취득원가)

재무제표 구성요소의 가능한 측정기준

자산	부채
1. 역사적 원가 2. 현행가치 1) 공정가치 2)-1 사용가치(자산) 2)-2 이행가치(부채) 3) 현행원가	

자산을 취득하거나 부채를 발생시켰을 때 실제로 주고받은 금액을 기준으로 측정하는 방법이다.

[예] • **자산**: 1년 전 5억 원에 집을 샀다면, 지금 시장에서 그 집값이 7억 원이 되든 4억 원이 되든, 장부에는 5억 원으로 기록하는 것이다. 즉, 내가 과거에 이 자산을 얻기 위해 얼마를 썼는지가 핵심이다.
• **부채**: 1년 전 은행에서 1억 원을 빌렸다면, 지금 이자율이 아무리 변동해도 장부에는 1억 원으로 기록하는 것이다. 즉, 내가 과거에 이 부채가 생겼을 때 얼마를 받았는지가 핵심이다.

자산과 부채를 역사적 원가로 측정하면 다음과 같은 장점과 단점이 있다.

① 장점

- 객관적이고 검증 가능: 실제로 발생한 거래 금액이므로 증빙하기 쉽고, 누가 봐도 동일하게 측정할 수 있다.
- 측정이 용이: 복잡한 추정이나 가정을 할 필요가 없다.

② 단점

- 정보의 목적적합성 부족: 시간이 흐르면 시장가치와 장부상 가치 사이에 괴리가 발생하여 현재의 경제적 가치를 제대로 보여주지 못할 수 있다. 예를 들어, 옛날에 산 땅값이 엄청나게 올랐어도 장부에는 예전 가격으로만 기록되어 실제 기업의 가

치를 제대로 반영하지 못한다.

(2) 현행가치(current value)

자산이나 부채를 측정일(재무제표 작성일) 현재의 가치로 측정하는 방법이다. 과거의 거래가격보다는 현재 시점의 시장 상황이나 미래 기대치를 반영한다. 현행가치는 다시 여러 가지 하위 개념으로 나뉜다.

[예] • **자산**: 지금 내가 가지고 있는 집이 현재 시장에서 얼마에 팔릴지(공정가치), 또는 이 집을 계속 사용했을 때 앞으로 나에게 얼마의 이익을 가져다줄지(사용가치), 혹은 지금 다시 똑같은 집을 사려면 얼마가 필요한지(현행원가) 등을 기준으로 가치를 매기는 것이다.
• **부채**: 내가 갚아야 할 빚을 지금 당장 갚으려면 얼마가 필요한지(공정가치), 또는 이 빚을 갚기 위해 앞으로 얼마를 지급해야 할지(이행가치) 등을 기준으로 가치를 매기는 것이다.

자산과 부채를 현행가치로 측정하면 다음과 같은 장점과 단점이 있다.

① 장점

- 정보의 목적적합성 높음: 현재 기업이 보유한 자산과 부채의 실제 가치를 더 잘 보여주어 의사결정에 유용한 정보를 제공한다.

② 단점

- 객관성 부족 및 측정의 어려움: 시장 가격이 없거나 추정해야 하는 경우, 측정이 어렵고 주관성이 개입될 여지가 있다.

이하에서는 현행가치의 세부 항목들을 살펴본다.

1) 공정가치(fair value)

측정일 현재 시장 참여자들 사이의 정상적인 거래에서 자산을 매도할 때 받거나, 부채를 이전할 때 지급하게 될 가격을 말한다. 쉽게 말해, "현재 시장에서 이 자산을 팔면 얼마를 받을 수 있을까?", "이 부채를 남에게 넘기면 얼마를 줘야 할까?" 이다.

[예] • **자산**: 내가 가지고 있는 주식이 오늘 주식시장에서 얼마에 거래되는지 그 가격을 그대로 장부에 쓰는 것이다. (가장 이상적인 공정가치)
• **부동산**: 전문가의 감정 평가를 통해 현재 시장에서 이 부동산이 얼마에 팔릴지 추정하는 가격이다.

공정가치는 다음과 같은 특징을 가진다.

- 시장 기반 측정: 기업 특유(firm-specific)의 가치(내가 이 자산을 사용했을 때 얻을 가치)가 아니라, 일반적인 시장 참여자들이 합의할 만한 가격을 기준으로 한다.
- 유출 가격(exit price): 자산을 "팔 때"의 가격, 부채를 "이전할 때"의 가격을 의미한다.

2) 자산의 사용가치(value in use) 및 부채의 이행가치(fulfilment value)

이 두 가지는 미래 현금흐름을 예측하여 현재가치로 할인하는 방식이다.

① 자산의 사용가치(value in use)

기업이 해당 자산을 계속 사용하다가 결국 처분할 때까지 얻을 것으로 기대하는 미래 현금흐름의 현재가치이다. 즉, "내가 이 자산을 계속 가지고 있으면서 벌어들일 수 있는 총 이익을 현재가치로 따지면 얼마일까?" 이다.

[예] 공장 기계를 가지고 있다면, 이 기계를 앞으로 몇 년 동안 사용해서 제품을 만들고 팔아서 얼마의 돈을 벌고, 나중에 이 기계를 폐기할 때 얼마가 들 것인지를 모두 고려하여 현재시점의 가치로 계산하는 것이다. 사용가치는 기업 특유의 관점에서 측정된다.

② 부채의 이행가치(fulfilment value)

기업이 해당 부채를 이행할 때 이전해야 하는 미래 현금이나 그 밖의 경제적 자원의 현재가치이다. 즉, "내가 이 빚을 갚으려면 앞으로 얼마를 지급해야 할까? 그걸 지금 당장 갚는다고 생각하면 얼마일까?" 이다.

[예] 나중에 갚아야 할 보증금이나 연금 부채가 있다면, 미래에 지급될 금액들을 현재시점의 가치로 계산하는 것이다. 이 역시 기업 특유의 관점에서 측정된다.

자산의 사용가치 및 부채의 이행가치는 다음과 같은 특징을 가진다.

- 기업 특유의 측정: 공정가치와 달리 시장 참여자의 관점이 아닌, 해당 기업이 이 자산/부채를 사용/이행할 때의 예상 현금흐름을 기준으로 한다.
- 미래 현금흐름의 현재가치: 미래에 발생할 현금흐름을 현재 시점으로 할인하여 계산한다.

3) 현행원가(current cost)

측정일 현재, 동등한 자산을 취득하거나 동등한 부채를 발생시킬 때 필요한 원가를 말한다. 쉽게 말해, "지금 똑같은 자산을 다시 사려면 얼마가 들까?", "지금 똑같은 부채를 다시 빌린다면 얼마를 받고 빌릴 수 있을까?" 이다.

[예] • **자산**: 5년 전에 산 컴퓨터가 고장 나서 똑같은 성능의 새 컴퓨터를 지금 사려면 얼마가 들까를 따져서 장부에 반영하는 것이다. 즉, "이 자산을 다시 얻기 위해 지금 얼마를 써야 하는지"가 핵심이다.
• **부채**: 1년 전에 1억 원을 빌렸는데, 지금 똑같은 조건으로 1억 원을 빌리려면 이자를 얼마 더 줘야 하는지 등을 고려하여 현재가치로 측정하는 것이다. 즉, "이 부채를 다시 발생시키면 지금 얼마를 받고 빌릴 수 있는지"가 핵심이다.

현행원가는 다음과 같은 특징을 가진다.

- 유입가격(entry price): 자산을 "다시 살 때"의 가격, 부채를 "다시 빌릴 때"의 가격을 의미한다.
- 측정일의 조건 반영: 과거의 거래 가격이 아닌, 현재 시장의 원가를 반영한다.

회계에서는 이러한 다양한 측정 기준 중 기업의 특성과 재무제표 요소의 성격에 따라 가장 목적적합하고 신뢰성 있는 정보를 제공할 수 있는 기준을 선택하여 재무제표를 작성한다.

표 1-3

측정기준의 비교

측정 기준	기준 시점	핵심 질문	관점	예시
역사적 원가	과거	내가 이 자산을 얼마에 샀지?/이 부채로 얼마를 받았지?	실제로 발생한 거래 금액	1년 전 5억에 산 집, 1년 전 빌린 돈 1억
현행가치	현재	지금 기준으로 얼마일까?	현재 시장 상황 또는 미래 기대치 반영	
1. 공정가치	현재	이 자산을 지금 팔면 얼마 받을까?/이 부채를 넘기면 얼마 줘야 할까?	일반적인 시장 참여자 관점(유출 가격)	오늘 주식시장 주가, 부동산 감정 평가액
2-1. 사용가치	현재	이 자산을 내가 계속 써서 얼마나 이익을 낼까?	기업 특유의 관점(미래 현금흐름의 현재가치)	공장 기계로 미래에 벌어들일 돈의 현재가치
2-2. 이행가치	현재	이 부채를 내가 갚으려면 앞으로 얼마를 줘야 할까?	기업 특유의 관점(미래 현금흐름의 현재가치)	미래에 지급할 보증금, 연금 부채의 현재가치
3. 현행원가	현재	지금 똑같은 자산을 다시 사려면 얼마 들까?/똑같은 부채를 다시 빌린다면 얼마 받을까?	시장에서 다시 취득/발생 시의 원가(유입가격)	지금 똑같은 컴퓨터를 사면 드는 금액, 다시 빌릴 때 금액

보론 회계의 업무분야

CHECK POINT

- 공인회계사업무
- 기업회계
- 정부회계

회계정보를 다루는 회계담당자들은 그들이 어떠한 업무를 수행하는가에 따라 공인회계사업무(public accounting), 기업회계(private accounting) 및 정부회계업무를 포함한 비영리기관회계(non-profit accounting)로 나눌 수 있다.

1. 공인회계사업무

공인회계사(certified public accountants: CPA)는 변호사나 의사와 마찬가지로 의뢰인에게서 보수를 받고 회계업무를 수행하는 독립된 직업전문가이다. 공인회계사 자격증은 엄격한 시험을 통하여 국가가 독립된 직업전문가로서의 자격을 인정한 증서로서, 회계업무를 수행할 능력이 있음을 증명한다. 공인회계사는 공적으로 인정받는 직종이므로 이를 인정하는 각 국가 단위에 의해서 자격이 부여된다. 따라서 한국의 공인회계사는 금융감독원이 주관하는 시험을 치르게 되며 미국은 각 주의 주관기관에서 자격증을 관장한다. 아직까지는 전 세계적으로 인정되는 공인회계사 자격증은 없으며 WTO 체제하에서 국가간에 완전한 상호 자격증 인정 체제가 도입된다면 국제회계사라고 지칭될 수도 있겠으나 아직까지는 이와 같은 용어의 사용은 적절하지 않다. 다만 자격증이 인정되는 범위를 떠나 다국적기업이나 세계적인 회계법인 등에서 회계업무에 종사하는 공인회계사를 지칭하여 국제회계사라는 용어가 통상적으로 사용된다. 공인회계사는 다음과 같은 업무를 수행한다.

(1) 회계감사(auditing)

회계감사
기업회계기준에 의해서 작성된 회계정보가 왜곡되지 않았는지를 확인하는 과정

공인회계사만의 고유의 업무는 회계감사이다. 기업의 회계담당자가 제공하는 정보가 기업회계기준에 의해서 작성된 신뢰성있는 회계정보이며 정보가 왜곡되지 않았는지를 확인하는 과정이 회계감사이다. 여기에서 주지하여야 할 점은 재무제표는 그 작성 및 제공의 주체가 기업이라는 점이다. 회계감사인의 역할은 이 정보를 감사하고 인증하는 것이다. 기업이 작성한 재무제표를 감사하기 위해서 공인회계사는 의뢰회사(감사대상회사)의 회계조직을 주의 깊게 검토한 다음, 기업내부와 기업외부에서 증거를 수집한다. 이러한 증거를 토대로 하여 기업이 작성한 재무제표가 기업의 재무상태와 경영성과를 적정하게 나타내고 있는지에 대하여 전문가로서의 의견을 표명한다. 은행이나 투자자와 같이 기업외부에서 기업에 관한 정보로서 재무제표를 이용하는 사람은 회계감사인으로서의 공인회계사가 표명한 감사의견에 크게 의존하고 있다. 회계감사인의 전문가적 능력뿐만 아니라 감사대상회사와의 독립적 관계(이해관계 ×)는 피감사인이 작성한 재무제표가 목적적합한 정보(관련정보)를 모두 공시하고 있고, 기업의 재무상태와 경영성과를 적정하게 나타내고 있다는 것을 외부이용자에게 확신시켜 주는 중요한 요인이다. 공인회계사는 적절하지 않은 회계처리를 발견하였을 경우는 일차적으로 이의

수정을 기업에 요구하며 이러한 요구를 기업이 수용하지 않을 경우는 이 사실을 의견을 통하여 회계정보이용자에게 알릴 의무가 있다. 회계감사는 회계감사기준(GAAS: generally accepted auditing standards)에 의해서 진행되어야 한다.

(2) 세무업무(tax services)

최고경영자가 해결해야 할 문제 중의 하나는 의사결정시에 각각의 대체안에 대한 법인세효과를 고려하여 대체안을 선정하는 일이다. 이 경우에 공인회계사는 기업으로부터 세무계획(tax planning)을 의뢰받게 되는데, 세무계획을 수립할 때에는 새로운 기계설비의 구입과 같은 미래의 거래대안을 고려해 이로 인한 법인세가 가장 적은 대안을 기업에 제시한다. 공인회계사는 이외에도 법인세신고를 위하여 위촉받기도 하며 개인의 세무업무를 대행하기도 한다. 따라서 공인회계사는 회계학에 대한 깊은 지식 이외에도 세법, 세무관련규정 및 판례를 알고 있어야 한다. 단 세무업무는 절세에 국한되어야 한다.

세무
의사결정시에 법인세효과를 고려하여 각각의 대체안을 선정, 단 절세에 국한하여 의사결정을 하여야 함.

(3) 경영자문(management advisory services)

경영자문
회계, 재무, 정보시스템 조직구조 등 경영전반에 걸친 문제의 인식과 원인규명 및 대안을 제시함.

회계감사업무와 세무업무는 종전부터 공인회계사가 수행해 왔던 업무인데 반하여, 경영자문은 최근 들어서 급격히 업무가 증가하고 있는 분야이다. 공인회계사가 피감사기업의 재무제표를 감사하는 중에 경영활동상의 문제점이 발견되면 경영자에게 이를 시정하도록 제안한다. 이 경우에 피감사회사는 흔히 공인회계사에게 의뢰하여 문제의 원인을 규명하며, 문제점을 해결할 수 있는 개선방안을 찾는다.

회계법인(public accounting firm)은 점점 경영자문분야로 활동영역을 넓혀가고 있다. 경영자문서비스 중 대부분은 회계와 재무적 활동에 관한 것이지만, 때때로 회계와 직접적인 관련이 없는 조직구조, 통계조사, 경영(회계)정보시스템 등의 업무를 수행하기도 한다. 회계감사인은 대부분의 경우는 피감사기업에 대하여 회계감사를 수년에 걸쳐서 지속적으로 수행할 경우가 많으므로 기업이 처한 환경에 익숙하게 될 뿐만 아니라 회계법인별로 전문성을 띤 산업분야가 있으므로 공인회계사는 경영자문을 적절하게 수행할 수 있는 좋은 위치에 있다. 또한 동일산업 분야의 다른 기업의 회계감사를 수행하기 때문에 기업의 운영에 적절한 제안을 제시할 수 있다.

회계전문가로서의 공인회계사에 대한 사회의 수요는 점점 다양해지고 있다. 최근에는 감사원이나 기획재정부를 포함한 정부의 각 부처에서 공인회계사들을 채용하여 회계감사업무가 아닌 정부의 회계관련 전문적인 업무에 이들을 배치시키고 있다. 이상과 같이 사회 전반적인 분야에서 회계전문가로서의 공인회계사들을 필요로 하고 있으므로 공인회계사자격증에 대한 필요성 또한 증가일로에 있다. 다양한 경영자문 활동 중, 특히 재무관련된 자문서비스/활동만을 분리하여 FAS(financial advisory service)라고 지칭한다.

2. 기업회계업무

기업회계업무

회계담당자는 재무회계, 원가회계, 재무예측, 세무회계, 내부감사 및 관리회계업무를 수행

많은 회사를 상대로 하여 회계서비스를 제공하는 공인회계사에 비하여 기업 회계담당자는 하나의 기업에 고용되어 회계업무를 수행한다. 대기업의 경우에 회계부서의 책임자를 콘트롤러(controller)라고 한다. 콘트롤러는 회계부서의 업무를 관장하고 경영자의 일원으로 회사의 목표를 설정하며 회사의 목표에 일치되게 경영활동이 수행되고 있는가를 평가하는 업무를 수행한다. 최근에는 재무와 회계 담당임원으로서의 재무담당이사(CFO; chief financial officer)의 역할이 강조된다.

사기업에 고용된 회계담당자는 거래를 기록하여, 회계자료로부터 정기적으로 재무제표를 작성해야 한다. 이러한 업무 이외에 회계담당자가 수행하는 주요한 업무를 들면 다음과 같다.

(1) 재무회계업무(financial accounting)

일반적으로 인정된 회계원칙은 모든 유형의 기업에 적용될 수 있지만, 기업은 자기회사의 경영활동에 맞는 회계조직을 설계하여 회계업무를 수행하여야 한다. 회계조직에는 회계자료의 양식, 회계장부, 자료의 작성방법, 자료의 흐름도, 회계보고서 등이 포함된다. 회계조직을 설계하여, 이에 따라 회계업무를 수행하는 것도 기업회계 담당자 업무의 일부분이다.

(2) 원가회계업무(cost accounting)

특정 제품의 원가, 재공품(work-in-process)의 원가에 관한 정보는 기업을 능률적으로 관리하는 데에 매우 중요하다. 이와 같은 원가자료의 수집과 해석에 관한 회계분야가 원가회계이다. 원가를 계산함은 단순하지 않다. 왜냐하면 원가라는 용어는 여러 가

지 의미를 가지고 있어서 이를 사용하는 목적에 따라 여러 가지 종류의 원가가 있기 때문이다. 정확한 원가의 계산은 가격결정 등의 의사결정에 직접적으로 영향을 미치며 각 개별 상품의 경제성을 측정하는데 필수적인 요소이다. 이러한 개별 상품의 경제성이 어떠한 상품에 중점을 두어야 하는지를 결정하는 정보의 원천이기도 하다.

(3) 재무예측업무(financial planning and analysis)

재무예측 또는 예산(budget)은 미래의 재무활동에 관한 계획을 화폐단위로 나타낸 것이다. 예산을 이용하여 경영자는 계획과 실적을 비교할 수 있다. 따라서 경영자는 예산을 통하여 실제로 경영활동을 수행하기 전에 경영활동의 결과를 미리 예측할 수 있다. 기업의 각 부서는 예산을 보고 부서의 세부목표를 설정하고, 경영자는 예산을 보고 각 부서의 업적을 평가할 수 있기 때문에 예산은 매우 가치있는 정보이다. 실제와 예측치와의 차이는 어떠한 이유 때문에 계획하였던 성과를 달성할 수 없었는가에 대한 업적평가의 문제로까지 발전될 수 있어 통제의 수단으로 사용될 수 있다.

(4) 세무회계업무(tax accounting)

법인세법이 점점 복잡해짐에 따라 법인세를 계산하는 업무가 복잡하게 되었다. 이에 따라 회계담당자나 공인회계사들은 세무업무에 많은 시간을 할애하고 있다. 많은 회사들은 세무계획, 법인세신고문제를 공인회계사에게 의뢰하고 있으며 대기업에서는 세무전담부서를 운영하기도 한다.

(5) 내부감사업무(internal auditing)

대기업에서는 내부감사인을 스탭으로 두고, 이 내부감사인에게 회사의 정책과 업무절차에 따라 각 부서가 일관된 경영활동을 수행하는가를 검토할 책임을 부여하고 있다. 독립된 회계감사인(외부감사인)과는 대조적으로 내부감사인은 회사가 작성한 재무제표가 재무상태와 경영성과를 적정하게 나타내고 있는가에 관한 감사의견을 표명할 권한이 없다. 최근에 와서는 공인회계사가 내부감사업무에 종사하는 경우가 늘고 있다. 내부감사는 부정적인 방법에 의한 자원의 유출 등을 감시하는 역할도 수행한다. 단, 내부감사기능은 최고경영자 포함 모든 임직원을 감시하는 역할을 수행해야 하므로 내부 직원이 제약없이 독립적으로 이 업무를 수행할 수 있는지에 대한 의문이 있다.

(6) 관리회계업무(management accounting)

앞에서 설명한 바와 같이 회사에서는 공인회계사에게 경영자문업무를 의뢰한다. 그러나 대기업에서는 회계스탭을 이용하여 관리회계업무를 수행하게 한다. 회계조직은 경영자와 같은 내부이용자와 투자자, 채권자 등의 외부이용자에게 회계정보를 제공한다. 회계조직의 외부보고기능은 외부감사인에 의한 재무제표감사에서 이미 설명하였다. 회계조직의 내부보고기능은 경영자에게 일상 업무에 관한 계획수립과 통제에 필요한 정보를 제공한다. 또한 장기계획의 수립에 필요한 정보뿐만 아니라 신제품의 도입, 공장의 폐쇄 등에 관한 의사결정에 필요한 정보를 제공한다.

관리회계에서는 장단기계획의 수립, 계획의 수행에 관한 업적측정, 경영자의 주의를 요할 경영활동상의 문제점 지적 및 회사의 목표를 달성하기 위한 대체방안의 선정 등의 문제점을 해결하기 위하여 원가회계와 재무예측의 기법을 활용한다. 이와 같이 기업내부의 의사결정을 위해서 사용되는 여러 가지 정보 중에 많은 부분이 수치화된 회계정보이며 이와 같은 정보를 제공하는 것이 관리회계담당자의 역할이다.

3. 정부회계업무

정부회계는 이익창출을 목적으로 하지 않은 정부기관에 대하여 주어진 목적을 얼마나 잘 달성하는가를 측정하는 것이다.

정부회계는 기업회계와는 달리 영리를 목적으로 하는 것이 아니기 때문에 비영리회계(accounting for not-for-profit organization)와 비슷한 점이 많다. 대학, 병원, 교회와 같은 비영리기관은 이익을 창출하는 것이 목적이 아니고 기관 설립목적에 맞는 서비스를 사회에 제공하는 것을 목적으로 하기 때문에 회계접근방법도 목적 사업을 얼마나 효율적으로 달성하였는가에 초점이 맞추어져 있다. 정부회계도 이익창출을 목적으로 하지 않는 정부기관에 대하여 주어진 목적을 얼마나 잘 달성하였는가를 측정하는 것이므로 영리를 목적으로 하는 기업회계와는 다르다.

정부회계와 기업회계를 비교하면 〈표 1-4〉와 같이 요약할 수 있다.

정부회계는 2007년에 지방재정법에 의한 지방자치단체회계기준이, 2009년부터 국가회계법에 의한 국가회계기준이 시행됨에 따라 발생주의와 복식부기 회계시스템이 도입되었다. 정부기관에서 회계를 담당하는 대표적인 기관은 세무당국, 감사원, 금융감독원 등이 있다.

표 1-4

정부회계와 기업회계

구 분	정부회계	기업회계
실체의 목표	• 양질의 행정서비스 제공 ✓ 당기순이익이 중요하지 않음 ✓ 정부의 행정서비스별 원가산출 및 평가 등이 중요 ✓ 수익, 비용이 반드시 대응되지 않음	• 이윤극대화 ✓ 당기순이익이 중요 ✓ 수익과 비용을 적절히 대응
재무제표	• (국가) 재정상태표, 재정운영표, 현금흐름표, 순자산변동표 • (지자체) 재정상태표, 재정운영표, 현금흐름표, 순자산변동표	• 재무상태표, 포괄손익계산서, 자본변동표, 현금흐름표
정보이용자	• 국민 등 국가와 간접적으로 관련	• 주주, 채권자 등 기업과 직접적으로 관련
자산의 정의	• 행정서비스를 제공하는 자산(사회기반시설 등) 포함	• 미래 경제적 효익을 창출하는 경우만 포함

(1) 세무당국

정부기관 중에서 많은 회계업무를 수행하는 기관 중의 하나는 세무당국이다. 세무당국은 개인이나 기업이 제출한 세금신고를 검토하고 세금신고문제와 관련된 감사업무를 수행하기도 한다. 세무회계와 재무보고용 기업회계가 차이가 있기는 하지만 법인세 계산 등의 많은 부분이 회계정보가 기초가 된다.

(2) 감사원

감사원은 헌법 제97조와 감사원법 제20조의 규정에 따라 국가의 세입·세출의 결산을 검사하고, 국가기관과 법률이 정한 단체의 회계를 상시 검사·감독하여 그 집행에 적정을 기하며 행정기관의 사무와 공무원의 직무를 감찰하여 행정운영의 개선·향상을 도모하는 기관이다. 결산의 확인 기능으로 감사원은 국가의 세입·세출의 결산을 해마다 검사하여 확인하고 그 결과를 대통령과 다음 연도 국회에 보고하며, 회계검사 기능으로 국가, 지방자치단체, 정부투자기관 등의 회계를 검사하여 그 집행에 적정을 기한다.

(3) 금융감독원

금융감독원

금융회사 감독 및 검사기능으로 금융감독원은 금융회사의 영업활동, 재무상태 및 리스크 관리능력 등을 분석·평가하는 기관

금융감독원은 전 은행감독원, 증권감독원, 보험감독원, 신용관리기금 등 4개 감독기관이 통합되어 1999년 1월 2일 설립되었다. 금융감독원의 주요업무는 금융회사 감독 및 검사, 자본시장 감독, 회계 감독 기능을 들 수 있다.

금융회사 감독 및 검사기능으로 금융감독원은 금융회사 설립 및 금융상품 인·허가, 리스크 감독 등을 통해 금융회사의 건전성 및 경쟁력을 강화하며, 금융회사의 영업활동, 재무상태 및 리스크관리능력 등을 분석·평가하는 한편, 금융회사의 관계법규 준수여부를 확인하여 금융회사의 건전성을 확보하고 금융소비자를 보호하는 역할을 수행한다. 자본시장 감독기능으로 주식, 채권 등 유가증권 발행시장과 유통시장의 건전한 운영을 위하여 투자자의 투자판단에 중요한 영향을 미치는 정보들이 적절히 공시될 수 있도록 하며, 시세조작 및 내부정보 이용 등 금융시장의 안전성을 저해하는 불공정거래행위를 근절하여 건전한 투자환경을 조성한다. 회계 감독기능으로 회계정보의 투명성 강화를 위해 국제적 수준의 투명한 기업회계기준 등 회계제도를 정비하고, 외부감사제도의 공정한 운영을 위한 회계감리업무를 수행한다.

(4) 회계기준원/회계기준위원회

회계기준원/회계기준위원회

한국회계기준원은 우리나라 기업재무보고와 외부감사인 감사가 통일성과 객관성을 유지할 수 있는 회계처리기준의 제정에 관한 업무를 수행하는 민간기구

한국회계기준원(KAI)은 우리나라 기업재무보고와 외부감사인의 감사가 통일성과 객관성을 유지할 수 있는 회계처리기준의 제정에 관한 업무를 수행하기 위하여 1999년 9월에 독립된 민간기구인 한국회계연구원으로 설립되었으며 2006년 3월 한국회계기준원으로 명칭을 변경하였다. 2000년 7월부터 주식회사의 외부감사에 관한 법률에 의거하여 금융위원회의 위탁으로 기업회계기준을 제정, 개정, 해석하고 회계 및 외부감사제도와 관련한 주요제도 및 정책 등에 관한 연구를 수행하고 있으며, 회계처리기준에 관한 사항을 심의·의결하기 위하여 관계전문가로 구성된 회계기준위원회(KASB)를 두고 있다.

한국회계기준원은 2007년 11월 23일 한국채택국제회계기준을 제정하였고, 2009년 11월 27일 일반기업회계기준을 제정하였다. 이에 따라 2009년 결산시 6개의 코스피 상장사와 4개의 코스닥 상장사가 국제회계기준을 조기적용하였고, 2011년부터 우리나라의 모든 상장회사는 국제회계기준을 적용하고 있으며, 비상장기업은 일반기업회계기준을 적용하고 선택적으로 국제회계기준을 적용할 수 있다.

(5) 그 외 기관들

정부기관은 아니지만 회계와 관련된 유관기관으로는 한국거래소, 상장회사협의회 등이 있다. 이들은 각기 회계정보의 사용자와 회계정보의 제공자로서 여러 가지 의견을 제시하며, 특히 상장회사협의회는 회계정보 제공자로서의 대표적 역할을 수행하기도 한다. 또한 한국경제인협회, 상공회의소, 중소기업중앙회, 은행연합회 등의 거의 모든 경제기관이 회계정보에 많은 관심을 보이며 관련된 이슈가 제기될 때에 각 기관의 의견을 개진한다.

또한 이익단체인 금융투자협회, 생명/손해보험협회, 건설업협회 등과 같은 산업별 모임들도 회계와 관련되어 그들 협회의 의견을 제시한다.

한국공인회계사회는 공인회계사들의 윤리강령 준수여부 감독, 회계감사 품질관리, 회계감사기준 제정 및 회계·감사·조세 등과 관련된 연구 등을 수행하고 있다. 위에 분류된 정부기관 이외에도 기획재정부의 관련 부서가 사안별로 회계와 관련된 업무를 수행한다.

연습문제

01 다음 문제를 읽고 적절한 용어를 괄호 안에 기입하시오.

(1) 기업의 내부 경영자가 의사결정을 하는 데 필요한 정보를 제공하는 회계를 (　　)라고 한다.

(2) 기업 외부의 이해관계자들에게 필요한 정보를 제공하기 위해, 일반적으로 인정된 회계원칙(GAAP)에 따라 작성되는 회계는 (　　)이다.

(3) 과거 사건의 결과로 기업이 통제하고, 미래에 경제적 효익을 가져다줄 것으로 기대되는 자원을 (　　)이라 한다.

(4) 과거 사건에 의해 발생했으며, 경제적 효익을 갖는 자원의 유출을 통해 이행될 것으로 기대되는 현재의 의무는 (　　)이다.

(5) 특정 시점의 기업의 재산 상태, 즉 자산, 부채, 자본의 잔액을 보고하는 재무제표는 (　　)이다.

(6) 일정 기간 동안 기업의 경영 성과(수익, 비용, 이익)를 요약하여 나타내는 재무제표는 (　　)다.

(7) 현금의 수입과 지출 시점이 아닌, 경제적 사건이 발생한 시점에 거래를 인식하고 기록하는 회계 원칙을 (　　)이라 한다.

(8) 자산을 취득할 때 실제로 지급한 대가를 기준으로 자산을 측정하는 방법을 (　　)라고 한다.

02 다음 문제를 읽고 옳으면 T, 틀리면 F로 답하시오.

(1) (T/F) 재무회계는 경영자의 내부 의사결정에 필요한 정보를 제공하는 것이 주된 목적이므로, 정보의 신뢰성보다는 목적적합성이 더 중요하며, 정해진 규칙 없이 기업의 필요에 따라 유연하게 정보를 생산할 수 있다.

(2) (T/F) 재무제표를 구성하는 요소에는 재무상태표, 포괄손익계산서, 현금흐름표, 자본변동표가 있으며, 재무제표 본문의 내용을 보충 설명하는 주석(footnotes)은 재무제표의 일부로 간주되지 않는다.

(3) (T/F) 자본은 기업의 자산 총액에서 부채 총액을 차감한 잔여지분으로, 기업의 자산에 대한 소유주(주주)의 청구권을 의미하기 때문에 순자산(Net Assets) 또는 주주지분이라고도 불린다.

(4) (T/F) 포괄손익계산서는 특정 시점(예: 12월 31일)을 기준으로 기업이 보유한 자산, 부채, 자본의 상태를 보여주는 정태적 보고서인 반면, 재무상태표는 일정 기간(예: 1월 1일~12월 31일) 동안의 경영성과를 나타내는 동태적 보고서이다.

(5) (T/F) 회계에서 비용은 관련된 수익이 인식되는 시점에 함께 인식하는 '수익·비용대응의 원칙'에 따라 처리되는 것이 원칙이지만, 수익과의 직접적인 관련성을 찾기 어려운 경우에는 체계적이고 합리적인 기간 배분을 통해 비용으로 인식될 수 있다.

(6) (T/F) 자산을 역사적 원가로 측정하는 방법은 자산 취득 시점의 실제 거래 금액을 사용하므로 객관적이고 검증 가능하다는 장점이 있지만, 시간이 지남에 따라 자산의 현재 경제적 가치를 제대로 반영하지 못하여 정보의 목적적합성이 떨어질 수 있다는 단점이 있다.

정답과 해설

01 (1) 관리회계(Managerial Accounting)

해설: 관리회계는 기업 내부의 경영자가 생산량 결정, 투자 결정 등 수많은 의사결정을 내리는 데 필요한 맞춤형 정보를 제공하는 회계이다.

(2) 재무회계(Financial Accounting)

해설: 재무회계는 투자자, 채권자, 정부 등 기업 외부의 정보이용자들이 합리적인 의사결정을 내릴 수 있도록, '일반적으로 인정된 회계원칙(GAAP)'이라는 공통된 기준에 따라 작성되는 회계이다.

(3) 자산(Assets)

해설: 자산은 과거의 사건의 결과로 기업이 현재 통제하고 있으며, 미래에 경제적 효익을 가져다줄 것으로 기대되는 자원이다. 현금, 상품, 건물 등이 이에 해당한다.

(4) 부채(Liabilities)

해설: 부채는 과거 사건으로 인해 발생한 현재의 의무로, 미래에 자원의 유출을 통해 이행될 것으로 기대되는 빚을 의미한다. 매입채무(외상매입금), 미지급급여 등이 부채의 예이다.

(5) 재무상태표(Statement of Financial Position)

해설: 재무상태표는 특정 시점(예: 12월 31일 현재)을 기준으로 기업이 소유한 자산, 갚아야 할 부채, 그리고 소유주 지분인 자본이 얼마인지를 보여주는 재무보고서이다.

(6) 포괄손익계산서(Statement of Comprehensive Income)

해설: 포괄손익계산서는 일정 기간(예: 1월 1일부터 12월 31일까지) 동안 기업이 얼마의 수익을 올리고 얼마의 비용을 지출하여 최종적으로 얼마의 이익(또는 손실)을 냈는지를 보여주는 경영 성과 보고서이다.

(7) 발생기준(Accrual Basis)

해설: 발생주의 회계는 현금의 유입이나 유출과 관계없이 경제적 사건의 효과가 발생한 기간에 기록하는 원칙이다. 예를 들어, 상품을 외상으로 판매했다면 현금을 받지 않았더라도 판매 시점에 수익으로 인식한다.

(8) 역사적 원가(Historical Cost)

해설: 역사적 원가는 자산을 취득했을 당시 실제로 지불한 금액으로 자산을 측정하는 방법이다. 이 금액은 객관적이고 검증이 쉽다는 장점이 있다.

02 (1) F(거짓)

해설: 제시된 설명은 '관리회계'에 대한 것이다. '재무회계'는 투자자 등 외부 이해관계자를 위한 회계로, 정보의 신뢰성과 비교가능성을 확보하기 위해 일반적으로 인정된 회계원칙(GAAP)이라는 정해진 기준에 따라 엄격하게 작성되어야 한다.

(2) F(거짓)

해설: 주석(footnotes)은 재무제표 본문에 숫자로 다 담지 못한 중요한 보충설명 및 추가 정보를 제공하며, 재무제표의 일부로 명확히 포함된다.

(3) T(참)

해설: 자본은 자산에서 부채를 뺀 순수한 소유주의 몫을 의미한다. 따라서 '순자산', '소유주지분', '주주지분' 등 다양한 용어로 사용된다.

(4) F(거짓)

해설: 재무상태표가 특정 시점의 재무 상태를 보여주는 '스냅사진' 같은 정태적 보고서이고, 포괄손익계산서가 일정 기간 동안의 경영성과를 보여주는 '비디오' 같은 동태적 보고서이다.

(5) T(참)

해설: 비용은 수익을 창출하는 과정에서 발생한 희생이므로, 관련 수익이 인식될 때 대응하여 인식하는 것이 원칙이다(수익 · 비용대응의 원칙). 예를 들어, 판매된 상품의 원가(매출원가)는 상품이 팔려 매출이 발생했을 때 비용으로 처리된다.

(6) T(참)

해설: 역사적 원가는 과거 거래 금액이라는 명확한 근거가 있어 신뢰성이 높다는 장점이 있다. 하지만 물가 변동이나 시장가치 변화를 반영하지 못해, 현재 시점의 의사결정에 유용한 정보(목적적합성)를 제공하는 데는 한계가 있을 수 있다.

들어가며… '신촌 빵집' 프로젝트가 드디어 시작되었습니다! 가게 자리를 알아보고, 인테리어 업체와 계약하고, 제빵사를 채용하기로 약속했죠. 그런데 이 모든 활동을 장부에 다 기록해야 할까요? 회계 탐정의 첫 번째 임무는 바로 진짜 '회계상 거래'를 찾아내는 것! 이번 장에서는 수많은 사건 속에서 회계 탐정의 눈으로 장부에 기록해야 할 진짜 '거래'를 식별하는 방법을 배웁니다.

summary

회계 탐정의 첫 번째 임무: 진짜 '거래'를 찾아라!

기업에서는 매일 수많은 사건이 벌어진다. 직원을 새로 뽑고, 신제품 아이디어가 번뜩이며, 때로는 화재가 발생하기도 한다. 하지만 회계 탐정은 이 모든 사건을 기록하지 않는다. 탐정의 임무는 이 사건들 속에서 기업의 재산에 실제 변화를 가져온 '결정적 단서', 즉 '회계상 거래'만을 정확히 찾아내어 장부라는 사건 파일에 기록하는 것이다. 이번 장에서는 회계 탐정의 눈으로 진짜 '거래'를 식별하는 방법을 배워보자.

C·H·A·P·T·E·R

02

회계의 순환과정(1): 거래의 식별

01 경제적 사건과 회계적 사건

02 거래의 분석

03 수익적 거래와 발생주의

01 경제적 사건과 회계적 사건

CHECK POINT

- 회계적 사건
- 기업 내부사건
- 회계거래

우리 주변에서 수많은 일이 일어나듯, 기업에서도 매일 셀 수 없을 만큼 다양한 '사건'들이 벌어진다. 직원을 새로 뽑기도 하고, 신제품 아이디어가 떠오르기도 하고, 심지어 갑자기 화재가 발생하기도 한다. 하지만 이 모든 사건이 다 회계장부에 기록되는 것은 아니다. 회계는 마치 기업이라는 거대한 배에서 꼭 필요한 정보만을 골라내는 '똑똑한 선별기'와 같다.

그렇다면 회계가 기록하는 '꼭 필요한 정보'는 무엇일까? 회계 기록의 대상은 기업에서 발생하는 수많은 경제적 사건 가운데, 다음 두 가지 조건을 모두 만족시키는 것들이다. 이러한 경제적 사건을 **회계적 사건**(accounting events) 또는 **회계상 거래**(accounting transactions)라고 한다.

회계적 사건
기업에서 일어나는 경제적 사건 중 화폐단위로 객관적으로 측정가능하고, 기업의 재무상태를 변동시키는 사건

1. 화폐 단위로 객관적으로 측정 가능해야 한다.
   ➜ 숫자로 정확히 얼마인지 계산할 수 있어야 한다. '이익이 많이 날 것 같다' 같은 추측은 회계 기록의 대상이 될 수 없다.
2. 발생된 경제적 사건이 기업의 재무상태(자산, 부채, 자본)를 변동시켜야 한다.
   ➜ 기업의 재산(자산), 빚(부채), 혹은 주주의 몫(자본)에 실제로 변화가 생겨야 한다.

회계 담당자는 기업에 경제적 사건이 발생하면, 이 사건이 위의 두 가지 조건을 만족하는 회계적 사건인지를 가장 먼저 판단해야 한다. 만약 회계적 사건이라고 판단되면, 그때 비로소 이 사건은 화폐금액으로 측정되어 회계장부에 기록되고, 최종적으로 회계보고서(재무제표)가 만들어져 회계정보이용자에게 제공된다.

비유로 이해하기 **회계는 클럽의 까다로운 문지기!**

'회계 클럽'이라는 아주 인기 있는 장소에 '회계'라는 까다로운 문지기가 있다고 생각해 봅시다.

이 문지기는 수많은 사건(사람) 중에서 다음 두 가지 입장 조건을 모두 통과한 '회계상 거래'라는 VIP 손님만 클럽(회계장부) 안으로 들여보냅니다.

1. **입장권**(화폐 측정 가능성): "얼마짜리 손님인가?"
   이름만 대서는 안 됩니다. 반드시 금액으로 정확히 얼마인지 보여줄 수 있어야 합니다. '대박 날 것 같은 아이디어'는 아쉽지만 입장이 거절됩니다.
2. **신분증**(재무상태 변동): "그래서, 재산에 변화가 생겼는가?"
   클럽에 들어옴으로써 회사의 재산(자산, 부채, 자본)에 실제 변화를 가져와야 합니다. '사장님의 점심식사'나 '직원 채용 계약'은 회사의 분위기를 바꿀 수는 있어도, 당장 재산을 바꾸지는 않으므로 문지기가 돌려보냅니다.

이 두 조건을 모두 만족해야만 비로소 '회계상 거래'라는 VIP 자격을 얻어 회계장부에 기록될 수 있는 것입니다.

그럼 어떤 사건이 회계적 사건이 되고, 어떤 사건은 그렇지 않은지 구체적인 사례를 통해 알아보자.

사 례 1

상품을 현금으로 구입하는 경우

기업이 현금을 주고 거래처로부터 상품을 구입했다고 해보자.

1. 화폐 단위 측정 가능한가?
   (○) 상품을 구입하는 데 '얼마'의 현금을 지급했는지 정확히 알 수 있다.
   (예: 100만원)
2. 재무상태를 변동시키는가?
   (○) '현금'이라는 자산이 감소하고, '상품'이라는 자산이 증가했으므로 재무상태에 변화가 있다. 따라서 상품을 현금으로 구입한 것은 위의 두 가지 조건을 모두 충족하므로 회계상의 거래가 된다.

사 례 2

고객이 대량의 상품을 주문만 하는 경우

고객이 우리 회사에 전화해서 "상품 1,000개 주문할게요~"라고 말했다고 해보자.

1. 화폐 단위 측정 가능한가?
   (○) 상품 1,000개면 판매가격이 얼마인지 측정할 수 있다.

2. 재무상태를 변동시키는가?

(×) 고객이 '주문만' 한 상태에서는 아직 우리 회사의 '상품'재고가 줄어들지도 않았고, 고객에게서 '돈을 받을 권리(매출채권)'가 확정되지도 않았다. 또한 '현금'이 들어오지도 않았다. 단지 미래에 판매가 일어날 수 있는 약속일 뿐, 지금 당장 회사 재산에 변화가 없다. 마치 우리가 물건을 사기로 '마음만 먹었다고' 해서 지갑에서 돈이 나가지 않는 것과 같다. 따라서 고객의 단순 주문은 회계상의 거래가 되지 않는다.

현금을 미리 받았다든지, 상품을 실제로 제공했거나 외상 대금에 대한 법적 청구권이 확정될 때 비로소 회계상의 거래가 된다. (예: 주문과 동시에 계약금을 현금으로 받았다면, 그 계약금만큼은 현금 자산이 증가하므로 회계상의 거래가 된다.)

비유로 이해하기 **인터넷 쇼핑 장바구니 vs. 결제하기**

고객의 단순 주문이 회계상 거래가 아니라는 점, 혹시 헷갈리시나요? 여러분의 인터넷 쇼핑 경험을 떠올려 보세요.

- **장바구니에 담기**(단순 주문, 계약): 사고 싶은 옷을 장바구니에 10개를 담아도 내 통장 잔고는 1원도 줄어들지 않습니다. 그저 '사고 싶다는 마음의 약속'일 뿐이죠. 이것이 바로 '거래가 아닌 사건'입니다.
- **'결제하기' 버튼 클릭**(계약금 수령, 상품 인도): 하지만 '결제하기' 버튼을 누르는 순간! 내 통장에서 돈이 빠져나가고(자산 감소), 판매자는 나에게 옷을 보내줄 의무(부채)가 생깁니다. 이때 비로소 양쪽 모두에게 재무상태의 변화가 생기므로 '회계상 거래'가 성립됩니다. 고객에게 계약금을 미리 받았다면, 그 금액만큼은 '결제하기'를 누른 것과 같으므로 회계상 거래로 본답니다.

사 례 3

직원이 신제품을 발명하는 경우

공장에서 근무하고 있는 직원이 획기적인 신제품을 발명했다고 해보자. 회사의 입장에서는 엄청난 가치를 가진 노하우(know-how)이며 중요한 경제적 사건이다.

1. 화폐 단위 측정 가능한가?

(×) '발명' 그 자체의 가치를 객관적으로 화폐 단위로 측정하기는 매우 어렵다.

2. 재무상태를 변동시키는가?

(×) 당장 이 발명으로 인해 회사의 자산, 부채, 자본이 직접적으로 변동하지는 않는다. 따라서 신제품 발명은 당장 회계상의 거래로 기록되지 않는다.

이 신제품이 특허청에 특허로 출원되어 법적 권리가 생기고, 그에 대한 가치평가가 어느 정도 가능해지면 무형자산으로 인식할 수도 있다. 또는 이 신제품이 실제로 판매되어 매출이 발생할 때 그 가치가 객관적으로 측정되므로 회계상의 거래로 기록하게 된다.

마찬가지로 회사나 제품에 대한 고객의 태도가 변하는 것(예: 고객 만족도 상승)도 회사의 재무상태에 미친 영향을 객관적으로 측정할 수 없기 때문에 회계상의 거래가 되지 않는다.

개념 바로잡기

일상 속 '거래'와 회계의 '거래'는 달라요!

회계 탐정은 일상적인 상식과 다른 기준으로 거래를 판단합니다. 다음 사건들이 회계상 거래일지 아닐지 함께 추리해볼까요?

Q. 유능한 직원을 채용하기로 '계약'했다. 회계상 거래일까?

A. 아닙니다. 계약 자체만으로는 아직 월급이 나가거나 직원이 일을 시작(자산/부채 변동)하지 않았으므로 회계상 거래가 아닙니다.

Q. 창고에 '화재'가 발생해 상품이 모두 불탔다. 회계상 거래일까?

A. 맞습니다. 누군가와 계약을 맺은 것은 아니지만, '상품'이라는 회사의 재산(자산)이 사라지는 명백한 재무상태의 변동이 발생했으므로 중요한 회계상 거래입니다.

이처럼 회계는 계약서의 유무가 아니라, '그래서 결국 회사 재산에 변화가 있었는가?'를 기준으로 거래를 판단합니다.

표 2-1

경제적 사건과 회계적 사건의 차이

구분	설명	회계장부 기록여부	예시
경제적 사건	기업에서 발생하는 모든 경제적 활동 (광범위)	× (일부만 기록)	직원 채용, 신제품 개발, 물품 주문 접수, 태풍 피해, 사장님 점심 식사 비용, 경쟁사의 신제품 출시
회계적 사건 (회계상 거래)	① 화폐 단위로 측정 가능하고, ② 기업의 재무상태(자산, 부채, 자본)를 변동시키는 사건	○	현금으로 상품 구입, 직원 급여 지급, 외상 판매, 은행 대출, 공장 화재로 인한 자산 손실

결론적으로, 기업에서 일어나는 수많은 경제적 사건들이 전부 회계 장부에 기록되는 것이 아니라, 이 중에서 재무상태를 변동시키면서 동시에 객관적으로 측정 가능한 경제적 사건만이 회계상의 거래가 된다는 사실을 회계정보이용자들은 재무제표를 분석하기에 앞서 분명히 알고 있어야 한다. 이는 회계정보가 모든 정보를 다 담을 수 없다는 한계점이기도 하다.

회계의 출발점은 기업에서 일어난 경제적 사건들에 대한 자료를 수집하고, 그중에서 '회계상의 거래'인지 여부를 판단하는 것이다. 여기서 경제적 사건들은 크게 기업 내부사건(internal events)과 기업 외부사건(external events)으로 나누어 볼 수 있다.

기업 내부사건
기업의 내부에서만 일어나는 사건

기업 외부사건
기업과 기업외부와의 사이에서 일어나는 사건

- **기업 내부사건**: 기업의 내부에서만 일어나는 경제적 사건을 말한다. 그 대표적인 예로는 생산활동이 있다. (예: 원재료를 투입하여 제품을 만드는 과정에서 재료비가 제품원가로 바뀌는 것)
- **기업 외부사건**: 기업과 기업 외부 사이에 일어나는 경제적 사건을 말한다. 그 예로는 기업과 외부 간에 가치있는 재화(goods)나 용역(services)을 주고받는 거래(transactions)나 홍수, 태풍과 같은 자연재해를 들 수 있다.

비유로 이해하기 **우리 몸에서 일어나는 일**

기업의 경제적 사건을 우리 몸에 일어나는 일에 비유해 볼까요?

- **기업 내부사건**: 우리 몸이 음식을 소화시켜 에너지로 만드는 과정과 같습니다. 외부와의 교환 없이, 내 몸 안에서 일어나는 변화죠. 회계에서는 원재료를 투입해 제품을 만드는 활동이 여기에 해당합니다.
- **기업 외부사건**: 우리가 음식을 사 먹거나(구입), 다른 사람에게 서비스를 제공하고 돈을 버는(판매) 활동과 같습니다. 외부와의 상호작용이 반드시 필요하죠. 회계에서는 상품을 매입하거나 판매하는 거래가 대표적입니다.

거래란 기업 외부사건의 한 형태로서, 그 특징은 기업과 기업 외부 사이에 경제적 가치가 있는 재화나 용역을 주고받는 행위를 말한다. 이때 기업이 기업 외부에게 주는 경제적 가치는 비용(expense)이라는 용어로 표시되고, 기업이 기업 외부로부터 받는 경제적 가치는 수익(revenue)이라는 용어로 표시된다.

그러나 기업 외부사건들 중 홍수, 태풍, 도난 등은 기업이 기업 외부에 의해 일방적으로 경제적 가치를 상실하는 것이기 때문에, 이를 '자연재해손실', '도난손실'과 같이 손실(loss)이라는 용어가 사용된다.

다시 말하면, 비용이란 기업이 궁극적으로 반대급부(수익)를 얻기 위하여 소비하거나 포기하는 경제적 가치를 말하는 데 반해, 손실이란 기업이 아무런 반대급부(대가) 없이 일방적으로 경제적 가치를 잃게 되는 것이다.

표 2-2

비용과 손실의 차이

구분	발생 원인	반대급부(대가) 유무	예시
비용	수익 창출을 위한 자원의 소비 또는 희생	있음 (수익 발생 목적)	상품 원가, 직원 급여, 임차료, 전기료, 광고비
손실	기업의 통제 밖에서 발생하는 일방적인 가치 감소	없음	홍수 피해, 도난, 화재 손실, 시장 가치 급락

비유로 이해하기 **스토리로 이해하는 비용 vs. 손실**

비용과 손실은 둘 다 내 자산을 감소시키지만, 그 성격은 하늘과 땅 차이입니다. 여기 두 학생의 이야기에 귀 기울여 보세요.

- **비용**(expense): 학생 '성실이'는 더 나은 미래(수익)를 위해 500만원의 등록금(비용)을 냈습니다. 당장 500만원이 지출되었지만, 졸업장이라는 '대가(반대급부)'를 얻기 위한 합리적이고 목적이 있는 지출입니다. 이처럼 수익 창출을 위해 의도적으로 자원을 사용하는 것이 바로 비용입니다.
- **손실**(loss): 학생 '건망증이'는 아르바이트 월급 50만원이 든 지갑을 통째로 잃어버렸습니다. 50만원이 사라졌지만, 그 대가로 얻는 것은 아무것도 없습니다. 그저 황당하고 일방적인 가치의 감소일 뿐이죠. 이처럼 수익 창출 활동과 관계없이, 아무런 대가 없이 일방적으로 자산이 감소하는 것이 손실입니다. (예: 화재나 홍수로 인한 피해)

1. 회계상 거래란 무엇일까?

기업이 자산의 취득, 비용의 지급, 자금의 차입 등과 같은 경영활동을 하면 기업의 재무상태에 변동이 생긴다. 이와 같이 기업의 재무상태에 변화를 일으키는 경제적 사건을 회계상의 거래라고 한다.

회계상 거래로 인식하기 위해서는 그 거래가,

1. 회사의 재무상태에 영향을 미쳐야 하고
2. 그 영향을 화폐 금액으로 측정할 수 있어야 한다.

이 경우 거래의 영향을 금액으로 측정 가능해야 한다는 요건이 필요한 이유는, 자산, 부채, 자본에 발생하는 변화의 크기를 금액으로 측정할 수 없다면 장부에 기록하고 싶어도 할 수가 없기 때문이다.

주의해야 할 점은, 기계장치를 사기 위해 주문만 한 경우나, 건물을 매각하기 위해 계약만 하는 경우는 모두 회계상의 거래로 보지 않는다는 것이다. 왜냐하면 주문이나 계약 자체의 행위만으로는 회사의 자산이나 부채, 자본에 아무런 영향을 주지 못하기 때문이다. 즉, 주문이나 계약으로 인해 재무상태가 직접적으로 변화하지 않기 때문에 회계상의 거래로 보지 않는다. 다만, 주문하거나 계약하면서 계약금을 주고받는 경우에는 그 금액만큼 재무상태(현금 자산)에 변화가 발생하기 때문에 회계상의 거래로 보게 된다.

보충설명

회계상 거래와 일상생활에서의 거래 비교

회계상의 거래와 일상생활에서의 거래를 비교하면 다음과 같다. 일상생활에서의 거래에 해당하지 않지만 회계상 거래에 해당하는 부분과 반대로 일상생활에서의 거래에 해당하지만 회계상 거래에 해당하지 않는 부분에 주의하기 바란다.

회계상 거래 ○		회계상 거래 ×
• 도난 및 분실 • 화재 및 재해에 의한 손실 • 건물 등의 기간 경과 및 사용으로 인한 가치감소(감가상각) • 수취채권의 회수불능(대손상각)	• 상품의 매입과 매출 • 현금의 수입과 지출 • 채권·채무의 발생과 소멸 • 자산의 구입 및 처분(매각) • 종업원 급여 또는 퇴직급여 지급	• 상품의 주문 • 상품 매매 계약 • 종업원 채용 계약 • 건물의 임대차 계약 • 은행 차입시 담보제공
일상생활에서의 거래 ×	일상생활에서의 거래 ○	

2. 회계상 거래에는 어떠한 종류들이 있을까?

회계상 거래는 재무상태에 변화를 주는 사건이기 때문에, 결국 자산, 부채, 자본의 변동을 가져오는 사건과, 수익이나 비용이 발생해서 결과적으로 자본의 변동을 가져오는 사건을 의미하게 된다. 따라서 회계상의 거래는 다음과 같이 총 8가지 사건의 조합으로 이루어지게 되며, 이를 **거래의 8요소**라고 부른다.

보충설명

거래의 8요소: 모든 거래는 '주고받기'다!

회계상 거래는 결국 자산, 부채, 자본, 수익, 비용의 변동을 가져오는 사건이다. 중요한 점은, 어떤 거래든 반드시 '주는 것'과 '받는 것'이 동시에 존재하며, 이 둘의 균형이 맞아야 한다는 것이다. 이를 복식부기에서는 왼쪽(차변)과 오른쪽(대변)으로 나누어 기록한다. 이 '주고받기'의 조합은 [표 2-3]의 8가지 요소로 정리할 수 있다.

예를 들어, 현금(자산 감소, 주는 것)을 주고 상품(자산 증가, 받는 것)을 사 오는 것처럼 말이다. 이제 거래의 8요소를 통해 어떤 것들을 주고받을 수 있는지 자세히 살펴보자.

회계에서는 거래를 기록할 때 왼쪽과 오른쪽, 즉 차변(debit)과 대변(credit)이라는 약속된 위치를 사용한다. 거래의 8요소도 이 위치에 따라 다음과 같이 나눌 수 있다.

표 2-3

회계상 거래의 8요소

차변(Debit) – 왼쪽	대변(Credit) – 오른쪽
① 자산의 증가	② 자산의 감소
③ 부채의 감소	④ 부채의 증가
⑤ 자본의 감소	⑥ 자본의 증가
⑦ 비용의 발생	⑧ 수익의 발생

참고: 위 표에서 '차변(왼쪽)'과 '대변(오른쪽)'이라는 용어는 다음 장(제3장)에서 배울 복식부기 원리에 따라 회계상 거래를 기록할 때 사용하는 약속된 위치를 의미한다. 예를 들어, 현금이라는 자산이 증가하면 왼쪽(차변)에 기록하고, 감소하면 오른쪽(대변)에 기록하는 식이다. 이렇게 기록하는 이유는 다음 장에서 복식부기를 배우면서 더 자세히 설명하기로 한다.

02 거래의 분석

1. 회계등식과 복식부기

CHECK POINT

- 회계등식
- 복식부기

회계등식

자산 = 부채 + 자본

재무상태표의 가장 기본적인 특징 중 하나는 자산총액은 항상 부채 및 자본총액과 일치한다는 것이다. 이것은 회계의 가장 중요한 원칙이자, 재무제표의 핵심 구조를 이루는 **회계등식**(accounting equation)이라고 부른다.

그렇다면 어떤 이유 때문에 자산총액은 항상 부채 및 자본총액과 일치하는 것일까? 그 이유는 다음과 같이 간단히 설명할 수 있다. 재무상태표의 자산 측과 부채 및 자본 측은 기업의 동일한 재산을 두 가지 측면에서 본 것에 불과하기 때문이다.

- 자산: 기업이 무엇을 가지고 있는지를 보여준다. (예: 현금, 건물, 기계 등)
- 부채+자본: 기업이 가지고 있는 그 '무엇'을 마련하기 위해 어디서 돈을 조달했는지를 보여준다.
  - ▸부채: 채권자(은행 등)로부터 빌린 돈 (남의 돈)
  - ▸자본: 소유주(주주)가 투자하거나 기업이 벌어들인 돈 (내 돈)

결국 기업이 소유하고 있는 자산은, 채권자나 소유주가 제공한 자금으로 취득한 것이다. 즉, 기업이 소유하고 있는 자산에 대하여 채권자나 소유주는 청구권(지분)을 가지고 있다는 것을 의미한다. 따라서 기업의 자산에 대한 채권자의 청구권(부채)과 소유주의 청구권(자본)을 합한 청구권의 총액은 항상 기업의 자산총액과 일치하게 된다.

비유로 이해하기 **내 꿈은 푸드트럭 사장님!**

제가 5,000만원짜리 근사한 푸드트럭을 장만해 사업을 시작했다고 해봅시다. 이 트럭은 어떻게 마련했을까요? 제 돈만으로는 부족해서, 지난 3년간 모은 내 돈(쌈짓돈) 2,000만원에 부모님께 빌린 돈(대출금) 3,000만원을 보탰습니다.

이 상황을 회계의 언어로 표현하면 다음과 같습니다.

- 자산(asset): 내가 사업에 쓸 수 있는 재산. 바로 푸드트럭(5,000만원)입니다.
- 부채(liability): 나중에 갚아야 할 남의 돈. 부모님 대출금(3,000만원)입니다.
- 자본(equity): 갚을 필요 없는 순수한 내 돈. 내 쌈짓돈(2,000만원)입니다.

자, 이 관계를 하나의 등식으로 표현해볼까요?

푸드트럭(5,000만원) = 부모님 돈(3,000만원) + 내 돈(2,000만원)

이것이 바로 모든 회계의 뼈대를 이루는 회계등식, "자산=부채+자본"입니다. 기업이 가진 모든 재산(자산)은 결국 남의 돈(부채)과 내 돈(자본)으로 이루어져 있다는, 아주 단순하고도 중요한 진리랍니다.

이러한 관계는 다음과 같은 등식을 통해 나타낼 수 있는데, 이를 회계등식(accounting equation)이라고 한다.

자산 = 부채 + 자본

예를 들어 신촌주식회사의 재무상태가 자산 ₩300,000, 부채 ₩180,000, 자본 ₩120,000으로 구성되어 있는 경우, 회계등식으로 나타내면 다음과 같다.

₩300,000(자산) = ₩180,000(부채) + ₩120,000(자본)

결국 재무상태표는 단순히 회계등식을 좀더 자세하게 표로 만든 것에 불과하다.

일반적으로 채권자는 소유주에 비해 자산에 대해 우선적인 청구권을 지닌다. 즉, 회사가 망했을 때 자산을 처분하면 빚을 갚는 데 먼저 사용하고, 남은 돈이 있다면 그때서야 주주(소유주)가 가져갈 수 있다는 뜻이다. 따라서 소유주는 자산에서 채권자의 청구권(부채)을 차감한 잔액에 대해 청구권을 가지게 된다.

이처럼 자산에 대한 소유주의 청구권(자본)은 자산에서 채권자의 청구권(부채)을 차감한 잔액이라는 것을 강조하기 위하여 위의 회계등식을 다음과 같이 변화시킬 수 있다. 이는 곧 자본이 순자산(net asset)의 개념과도 일치한다는 의미이다.

자산 − 부채 = 자본(순자산)

₩300,000(자산) − ₩180,000(부채) = ₩120,000(자본)

복식부기
기업의 재무상태에 변동을 일으키는 거래를 회계등식의 관점에서 보았을 때 두 가지 측면에서 영향을 일으키는 점을 모두 기록하는 방법

기업에서 이루어지는 모든 거래는 그것이 아무리 복잡하더라도 이 회계등식에 어떤 영향을 미쳤는지의 관점에서 기록될 수 있다. 회계등식을 완전히 이해하고, 이 회계등식이 회계 실무에 어떻게 사용되고 있는가를 파악하는 것은 재무제표를 이해하는 데 필수적이다.

재무회계에서는 회계등식을 분석의 틀로 하여 회계상의 거래를 기록하는데, 이를 복식부기(double entry bookkeeping)라고 한다. 복식부기란, 기업의 재무상태에 변동을 일으키는 거래를 회계등식의 틀 속에서 반드시 두 가지 측면에서 동시에 영향을 일으키는 점을 기록하는 회계 기록 방법을 말한다.

하나의 거래가 두 가지 측면에 영향을 일으킨다는 사실은, 회계등식을 항상 균형 있게 유지하기 위해서는 하나의 거래가 반드시 두 개 이상의 항목에 변동을 초래한다는 것을 의미한다. 예를 들어, 은행 대출을 받아 자동차를 구입했다면, '차입금'이라는 부채는 증가하고 '자동차'라는 자산도 증가하여 결국 회계등식인 '자산=부채+자본'의 등식이 계속 유지되게 된다.

보충설명

거래의 이중성 (dual effects)

거래의 이중성이란 모든 회계상 거래는 회계등식에서 최소한 두 가지에 영향을 미친다는 것을 의미한다. 기업 외부와의 거래 중 대부분은 교환의 형태로 이루어진다. 즉, 어떤 한 기업이 거래상대방으로부터 무엇인가를 받고 그에 대한 대가로 무엇인가를 주는 형태이다. 예를 들어, 기업이 기계장치를 현금으로 구입했다고 가정하자. 이 교환거래에서 기업은 기계장치를 받고(자산의 증가), 동시에 그 대가로 현금을 지급(자산의 감소)한다.

이와 같이 모든 회계상 거래는 회계등식에서 최소한 두 가지에 영향을 미치게 되며, 회계등식(자산=부채+자본)이 항상 성립하기 위해서라도 회계상 거래가 회계등식에 미치는 영향은 두 가지 이상이어야 한다는 사실을 명심하기 바란다.

복식부기에서는 이와 같이 하나의 거래를 두 가지 이상의 항목에서 기록한다. 복식부기에 의하여 거래를 기록하는 목적은 단순히 거래를 두 번 기록하는 데 있는 것이 아니라, 각각의 거래를 완전하게 기록하는 데 있다. 이처럼 복식부기를 수행하면, 마치 자체적인 오류 검증 시스템을 갖춘 것과 같다. 만일 한 항목의 기입에 오류가 발생하더라도, 다른 항목이 올바르게 기입되었다면 이와 같은 오류를 쉽게 발견하고 수정할 수 있는 장점이 있다. 즉, 복식부기의 가장 큰 장점은 이와 같은 확인(검증) 작업을 가능하게

하는 것이다.

03 수익적 거래와 발생주의

핵심원칙 **수익·비용 대응의 원칙: 짝을 맞춰주세요!**

발생주의 회계의 심장에는 수익·비용 대응의 원칙(matching principle)이라는 중요한 규칙이 있습니다. 이는 "수익을 기록할 때는, 그 수익을 얻기 위해 희생된 비용도 반드시 같은 기간에 함께 기록해야 한다"는 원칙입니다.

비유로 이해하기 **유튜브 영상 하나의 진짜 이익 계산하기**

인기 유튜버가 이번 달에 광고 수익으로 1,000만원을 벌었다고 해봅시다. 이 1,000만원이 전부 순이익일까요? 아닙니다. 이 영상을 만들기 위해 들어간 편집자 인건비, 촬영 장소 대여비 등 '비용'을 빼야 진짜 이익이 나오겠죠.

이때, 이번 달 광고 수익(수익)에 대응해야 할 것은 바로 '이번 영상을 만드는 데 들어간 비용'입니다. 지난달에 만든 다른 영상의 편집비를 빼는 것은 합리적이지 않죠. 이처럼 수익과 비용의 짝을 정확히 맞춰 같은 기간의 성적표(손익계산서)에 보고해야만, 기업의 진정한 경영 성과를 올바르게 평가할 수 있습니다.

CHECK POINT
- 수익적 거래
- 자본적 거래
- 발생주의

수익적 거래
기업의 이익잉여금을 증가시키는 거래로서 상품 또는 서비스의 판매와 같이 기업의 경영활동과 관련이 있는 거래

1. 수익적 거래

소비자에게 상품 또는 서비스를 판매하는 거래 등을 수익적 거래(revenue transaction)라고 한다. 기업 내에서 이루어지는 거래에는 수익적 거래 이외에도 보통주 발행, 원재료나 비품 등의 구입, 부채의 상환 등과 같은 자본적 거래(capital transaction)도 있다.

비유로 이해하기 **카페의 일상과 창업 준비**

수익적 거래와 자본적 거래의 차이는 동네 카페의 활동에 비유할 수 있습니다.

- **수익적 거래**: 카페에서 커피와 케이크를 파는 활동입니다. 오늘의 매출(수익)과 재료비(비용)에 직접 영향을 주며, 매일 반복되는 핵심 영업 활동이죠.
- **자본적 거래**: 카페 사장님이 가게를 확장하기 위해 은행에서 큰돈을 빌리거나(부채 증가), 동업자에게 투자를 받는(자본 증가) 활동입니다. 이는 매일의 이익에 직접 영향을 주진 않지만, 카페의 근본적인 재산 구조를 바꾸는 중요한 사건입니다.

표 2-4

수익적 거래와 자본적 거래 비교

구분	정의	주요 특징	재무제표 영향	예시
수익적 거래	수익 또는 비용을 발생시켜 기업의 이익에 영향을 주는 거래	기업의 핵심 영업 활동과 관련, 이익잉여금(자본)에 직접적 영향	포괄손익계산서(수익/비용)에 기록, 최종적으로 재무상태표 (이익잉여금) 변동	상품/서비스 판매, 직원 급여 지급, 사무실 임차료 지급
자본적 거래	기업의 이익잉여금 증감 없이 자산, 부채, 자본 계정에 직접적인 변화를 주는 거래	자금의 조달 및 운용과 관련	재무상태표(자산/부채/자본) 변동	주식 발행, 은행 대출, 건물 구입, 부채 상환, 현금 출자(개인 돈 넣기)

수익적 거래만이 기업의 이익과 직접적으로 관련되어 있기 때문에 경영 활동 중에서도 매우 중요한 위치를 차지한다.

수익적 거래가 이루어지면 고객으로부터 일정한 금액의 돈을 받거나, 받을 권리(매출채권)가 생기기 때문에 보통 현금이나 매출채권 등의 자산이 증가한다. 동시에 수익적 거래는 기업이 돈을 벌었다는 의미이므로 자본(정확히는 이익잉여금)이 증가한다.

하지만 수익적 거래에 의해 인식된 판매금액 전액이 자본(이익잉여금)에 그대로 귀속되는 것은 아니다. 왜냐하면 그 판매금액을 얻기 위해 발생된 비용은 다시 자본을 감소시키기 때문이다. 비용은 수익을 창출하기 위해 소비되거나 희생된 자원의 원가이다.

예를 들어, 3,000원에 사 온 상품을 5,000원에 팔아 현금 5,000원이 들어왔다면, 일단 현금 자산이 5,000원 증가하고, 동시에 이익잉여금(자본)도 5,000원 증가한다. 하지만 이 5,000원의 수익(매출액)을 얻기 위해, 우리는 원래 3,000원에 사 왔던 상품을 고객에게 넘겨주었기 때문에 상품이라는 자산이 3,000원 감소한 것이다. 이처럼 수익을 창출하기 위해 소모된 상품의 원가를 '매출원가'라는 비용이라고 부르며, 이 매출원가만큼 이익잉여금(자본)도 감소한다. 결국, 5,000원 벌어서 3,000원 썼으니 순수하게 이익잉여금은 2,000원만 늘어나는 셈이다.

이제 신촌주식회사의 실제 거래를 통해 재무상태에 어떤 변화가 생기는지 자세히 살펴본다.

[예시] 신촌주식회사의 20×1년 1월 한 달 간 주요 거래와 재무상태 변화

- 신촌주식회사는 20×1년 1월 1일에 현금 20,000원, 자본금 20,000원으로 회사를 시작했다. (단, 부채는 없다고 가정)
- 상품을 ₩3,000에 구입한 후, ₩5,000에 판매했다.
- 판매직원의 1월분 급여는 ₩750인데, 이 중 ₩500만 먼저 지급하고 나머지 ₩250은 다음 달에 지급하기로 약속했다.
- 사무실 임차료는 한 달에 ₩300인데, 1월 1일에 1년분 임차료 ₩3,600을 한꺼번에 미리 지급했다.
- 1월 1일에 차량을 ₩12,000에 구입했는데, 이 차량은 60개월(내용연수) 정도 운행이 가능할 것으로 기대된다.

위 예시에서 볼 수 있듯이, 고객에게 상품 또는 서비스를 제공하고 받은 대가의 화폐적 가치가 수익의 측정치이고, 이러한 수익을 얻는 과정에서 감소된 자산(예를 들면 매출원가, 급여, 임차료, 감가상각비 등)을 비용이라고 한다. 일정기간 동안에 획득한 수익과 이러한 수익을 얻기 위하여 발생된 비용과의 차액을 이익(income)이라고 한다.

이와 같이 이익이 측정되는 과정에서 수익은 수익을 창출하기 위해서 소비된 자원의 원가인 비용과 대응된다. 이를 수익-비용 대응의 원칙(matching principle)이라고 한다. 수익이 비용과 제대로 대응되어야 기업이 일정기간 동안 창출한 진정한 부가가치(이익)를 측정할 수 있다. 이는 마치 어떤 물건을 팔아 100원을 벌었다면(수익), 그 물건을 만드는 데 든 40원(비용)도 함께 계산해서 '진정한 이익은 60원'이라고 말하는 것과 같다.

표 2-5

신촌주식회사 1월 거래의 재무상태표 영향(단계별)

날짜/거래 내용	자산 계정	= 부채 계정	+ 자본 계정	비고
20×1년 1월 1일: 현금 ₩20,000으로 회사 설립	현금 ₩20,000	₩0	자본금 ₩20,000	합계: 자산 ₩20,000 = 부채 ₩0+자본 ₩20,000
1. 상품 현금 구입 ₩3,000	현금 (−)₩3,000 상품 (+)₩3,000			현금 → 자산(상품) 전환
2. 상품 현금 판매 ₩5,000	현금 (+)₩5,000		이익잉여금 (+)₩5,000	(매출액) 수익 발생
3. 판매된 상품 원가 ₩3,000	상품 (−)₩3,000		이익잉여금 (−)₩3,000	(매출원가) 비용 발생
4. 급여 현금 지급 ₩500	현금 (−)₩500		이익잉여금 (−)₩500	(급여) 비용 발생
5. 급여 미지급분 ₩250		미지급급여 (+)₩250	이익잉여금 (−)₩250	(급여) 비용 발생
6. 1년 임차료 선지급 ₩3,600 (1/1)	현금 (−)₩3,600 선급임차료 (+)₩3,600			현금 → 자산(권리) 전환
7. 1월 임차료 경과분 ₩300 (1/31)	선급임차료 (−)₩300		이익잉여금 (−)₩300	(임차료) 비용 발생
8. 차량 구입 ₩12,000	현금 (−)₩12,000 차량운반구 (+)₩12,000			현금 → 자산(차량) 전환
9. 1월 차량 감가상각 ₩200 (1/31)	차량운반구 (−)₩200		이익잉여금 (−)₩200	(감가상각비) 비용 발생
20×1년 1월 31일: 최종 재무상태	현금 ₩5,900 (₩20,000−₩3,000+₩5,000−₩500−₩3,600−₩12,000) 상품 ₩0 (₩3,000−₩3,000) 선급임차료 ₩3,300 (₩0+₩3,600−₩300) 차량운반구 ₩11,800 (₩0+₩12,000−₩200) **총자산: ₩21,000**	미지급급여 ₩250 (₩0+₩250) **총부채: ₩250**	자본금 ₩20,000 이익잉여금 ₩750 (₩0+₩5,000−₩3,000−₩500−₩250−₩300−₩200) **총자본: ₩20,750** **총부채+총자본: ₩21,000**	합계: 자산 ₩21,000 = 부채 ₩250+자본 ₩20,750 **(균형 유지!)**

2. 현금을 아직 안 받았는데 벌었다고? (발생기준)

앞의 예에서 직원이 실제로 일을 했지만 아직 급여를 현금으로 지급하지 않았다고 가정해 본다. 이 경우에는 직원에게 급여를 지급할 의무(미지급급여)가 있다는 것을 나타내기 위해서 부채(미지급급여)를 기록해야 한다. 이렇게 하면 현금의 지급 여부와 관계없이 일정 기간의 비용을 인식할 수 있다. 이와 같이 현금의 수취/지급 여부와 관계없이 수익과 비용을 인식하는 것을 발생기준(accrual basis accounting)이라고 한다.

발생기준

현금의 유입/유출과 관계없이 일정 기간 동안 발생한 거래를 수익/비용으로 인식하는 방법

용어 꿀팁 발생주의, '사건 발생'으로 기억하세요!

발생주의의 핵심은 돈(현금)이 오고 간 시점이 아니라, 거래나 사건이 실제로 일어난(발생한) 시점에 수익과 비용을 인식하는 것입니다.

- 수익: 고객에게 물건을 '넘겨준 시점'에 인식 (돈을 나중에 받아도!)
- 비용: 내가 서비스를 '제공받은 시점'에 인식 (월급을 나중에 주더라도!)

즉, '현금의 움직임'이 아닌 '경제적 사건의 발생'을 기준으로 기록하는 것이 발생주의의 본질입니다.

생각해보기: 병원에 가서 진료를 받았을 때, 아직 병원비를 내지 않았어도 우리는 '빚(미지급금)'이 생겼다고 생각한다. 그리고 병원 입장에서는 진료비를 아직 받지 못했어도 '수익(진료비)'이 발생했다고 본다. 이것이 바로 발생기준의 쉬운 예시이다!

이에 반대되는 개념으로 현금기준(cash basis accounting)이 있다. 현금기준은 현금의 유입/유출이 있을 경우에만 수익과 비용을 인식하는 방법이다. 즉, 병원비를 실제로 '결제'했을 때만 비용이 발생했다고 보는 방식이다.

현금의 유입/유출이 있을 경우에만 수익/비용을 인식하는 방법을 현금기준이라 한다.

일반적으로 인정된 회계원칙(GAAP)에서는 발생기준을 채택한다. 발생기준에 근거한다면, 현금이 아직 회수되지 않고 다만 미래 시점에 현금이 회수될 권리만이 생성되었다고 해도 이를 수익으로 인식하고, 비용이 현금으로 지급되지 않았다고 해도 미래 시점에 현금을 지급할 의무가 생성되었다고 하면 이를 비용으로 인식한다. 따라서 이는 수익과 비용 인식의 시점을 결정하는 중요한 회계원칙이다.

발생기준에 따라 회계처리하면 일정기간 동안에 사용되어 소멸된 자산의 원가도 인식할 수 있다. 다음의 선급임차료와 감가상각비의 발생기준 인식 사례를 통해 좀 더 자세히 알아본다.

사 례 1

선급임차료 (미리 낸 임차료) 예시

신촌주식회사가 20×1년 1월 1일에 1년 동안의 사무실 임차료 ₩3,600을 미리 지급했다고 가정한다. 임차료를 미리 지급할 때는 앞으로 1년 동안 건물을 사용할 수 있는 '권리'가 생긴 것이므로, ₩3,600은 선급임차료라는 자산으로 기록된다. (마치 1년치 헬스장 이용권을 미리 끊어놓는 것과 같다. 아직 다 사용하지 않았지만, 사용할 권리(자산)는 이미 생긴 것이다.)

이 회사가 매월 말에 이익을 측정한다고 하면, 한 달이 지날 때마다 선급임차료라는 건물을 사용할 수 있는 권리가 1/12만큼(₩3,600/12개월=₩300) 소멸되는 셈이다. 따라서 매월 말에는 이익을 올바르게 계산하기 위해 선급임차료라는 자산을 ₩300만큼 감소시키고, 이 ₩300을 임차료라는 비용으로 인식한다. 이 비용만큼 이익잉여금(자본)도 감소한다.

표 2-6

선급임차료의 월별 회계 처리(발생기준)

날짜	거래 내용	자산(선급임차료)	자본(이익잉여금)	비용(임차료)
1월 1일	1년분 임차료 현금 지급 (₩3,600)	(+)₩3,600	–	–
1월 31일	1월분 임차료 경과 (₩300)	(−)₩300	(−)₩300	₩300
2월 28일	2월분 임차료 경과 (₩300)	(−)₩300	(−)₩300	₩300
…	…	…	…	…
12월 31일	12월분 임차료 경과 (₩300)	(−)₩300	(−)₩300	₩300

비유로 이해하기 **비싼 노트북, 120만원에 샀지만…**

120만원짜리 노트북을 샀다고 해서, 첫 달에 120만원을 전부 비용으로 처리하는 것은 합리적이지 않습니다. 왜냐하면 이 노트북은 앞으로 몇 년간 우리를 위해 열심히 일하며 수익 창출에 기여할 테니까요.

감가상각(Depreciation)은 이 노트북의 가치가 시간이 지남에 따라 조금씩 닳아 없어진다고 보고, 그 가치 감소분을 매 기간의 비용으로 나누어 인식하는 과정입니다. 마치 120만원짜리 거대한 피자를 사서, 12개월 동안 매달 한 조각씩(10만원) 먹어 치우는 비용을 계산하는 것과 같습니다. 이는 자산의 원가를 사용 기간에 걸쳐 체계적으로 배분하는 가장 합리적인 방법입니다.

사 례 2

감가상각(depreciation) 예시

사용 가능 연수가 1년 이상이고, 정상적인 경영활동 과정에서는 바로 팔아서 현금화하지 않는 설비자산(유형자산)도 위와 유사하게 회계처리된다. 예를 들어, 신촌주식회사가 5년 동안 사용할 수 있는 트럭을 ₩12,000에 구입했다고 가정한다. 이 트럭은 영업활동을 수행하는 데 사용할 목적으로 보유하는 자산이다.

구입 당시에는 트럭이라는 자산이 증가하였으므로, 트럭이라는 자산에 구입금액(₩12,000)을 기록한다. 여기에서도 한 달마다 이익을 측정한다면, 한 달 동안 수익을 얻기 위해 트럭이라는 자산의 가치가 1/60 (즉, 5년×12개월=60개월)만큼 소멸되는 셈이다. (₩12,000/60개월=₩200)

따라서 월말에는 트럭의 가치를 ₩200만큼 감소시키고, 이 ₩200을 감가상각비라는 비용으로 인식한다. 물론 이 설비자산이 소비되는 정도가 매달 균등하지 않을 수도 있으나, 이 예에서는 균등하게 가치가 소멸된다고 가정한다.

일정 기간 동안 소멸된 설비자산의 원가를 계산하고 기록하는 과정을 감가상각(depreciation)이라고 한다.

감가상각의 회계처리에 관해서는 뒤에서 자세히 설명하겠지만, 위와 같이 소멸된 자산의 원가를 감가상각비(depreciation expense)라는 비용으로 인식하고, 자산의 차감항목인 감가상각누계액(accumulated depreciation)을 인식하여 감가상각된 자산의 가치를 간접적으로 감소시킨다. 즉, 감가상각 시 직접적으로 설비자산의 금액을 줄이는 대신, 별도의 '감가상각누계액' 계정을 통해 자산의 순장부금액을 표시하는 방식이다.

■ 신촌주식회사의 1월 종합 거래 요약 및 손익계산서

이제 위에서 설명한 발생기준에 따른 비용 인식 문제들을 포함하여 신촌주식회사의 1월 한 달간 모든 거래를 다시 한번 정리해보고, 이를 바탕으로 1월의 손익계산서를 작성해 본다.

20×1년 1월 31일: 1월 중 발생한 비용 요약

- 1월분 임차료 경과분(선급임차료 감소): ₩300
- 1월분 차량 감가상각비: ₩200
- 1월 발생 급여 ₩750 (현금 지급분 ₩500+미지급분 ₩250)
- 총비용(1월): ₩300+₩200+₩750=₩1,250

이러한 비용들은 재무상태표가 작성되기 이전에 먼저 포괄손익계산서에 인식되어야 한다. 대부분의 회계기간은 분기(3개월), 반년 또는 1년간의 기간으로 설정되나, 본 예제에서는 이해를 돕기 위해 한 달간의 회계기간을 가정한다.

표 2-7

신촌주식회사 20×1년 1월 포괄손익계산서 (간략)

손익계산서

제×기 20×1년 1월 1일부터 20×1년 1월 31일까지

신촌주식회사 (단위: 원)

매 출		₩5,000
비 용		
매출원가	₩3,000	
급 여	750*	
임 차 료	300	
감가상각비	200	4,250
당기순이익		₩ 750

* ₩500 발생/지급, ₩250 발생/미지급

위 표에서 '급여 ₩750'은 실제로 현금으로 지급된 ₩500과 아직 지급되지 않은 ₩250으로 구성된다. 하지만 발생기준 하에서는 이 두 형태의 급여는 손익계산서에서 구분이 되지 않으며 구분할 필요도 없다. 왜냐하면 '이번 달에 발생한 급여'는 총 ₩750이기 때문이다. 다만 현금기준 원칙이 적용된다면, 현금 지급된 ₩500만이 급여로 인식될 것이다.

손익계산서에 계상된 당기순이익 ₩750은 1월에 증가된 이익잉여금과 동일한 금액이다. 즉, 자본인 이익잉여금은 일정기간 동안의 수익과 비용의 차액(당기순이익)만큼 증가된다. 이는 제1장에서 설명했던 재무제표 간의 연관성을 다시 한번 보여준다. 영업활동의 결과로 이익이 발생한다면, 이 이익의 증가는 기업의 소유주인 주주지분(이익잉여금)의 증가를 유발하며, 이는 재무상태표에 보고될 것이다.

Focus on Decision Making

[상 황]

'신촌 빵집'의 첫 달 영업이 끝났습니다. 나사장은 과연 첫 달에 성공적인 성과를 냈는지 확인하고 싶습니다. 장부를 보니 다음과 같은 사실을 발견했습니다.

- 이번 달 현금 매출은 100만원, 현금으로 지급한 비용(월세, 인건비 등)은 70만원이다.
- 하지만, A대학교 축제에 빵 50만원어치를 납품했고, 대금은 다음 달에 받기로 했다.
- 또한, B제분에서 밀가루 20만원어치를 외상으로 가져와 전부 사용했고, 대금은 다음 달에 주기로 했다.

"나사장님, 이번 달 우리 빵집의 진짜 이익은 얼마일까요? 어떻게 계산해야 할까요?"

[선택지 분석]

1. 선택 A: '통장 잔고' 기준 (현금주의)

- 계산법: 실제로 들어온 현금에서 실제로 나간 현금을 뺍니다.
- 계산: 현금 수입 100만원－현금 지출 70만원＝30만원 이익
- 장점: 계산이 간단하고 이해하기 쉽다.
- 단점: 힘들게 일해서 납품한 50만원의 성과가 전혀 반영되지 않고, 밀가루 비용 20만원도 누락되어 정확한 성과를 왜곡한다.

2. 선택 B: '발생주의' 기준 (회계의 원칙)

- 계산법: 현금의 움직임이 아닌, 경제적 사건의 발생을 기준으로 수익과 비용을 짝지어 줍니다. (수익비용대응의 원칙)
- 계산:
- 총수익: 현금 매출 100만원＋외상 매출 50만원＝150만원
- 총비용: 현금 비용 70만원＋외상 매입 재료비 20만원＝90만원
- 이익: 총수익 150만원－총비용 90만원＝60만원 이익

[나사장의 의사결정]

만약 나사장이 '선택 A'의 결과만 보고 "이번 달엔 30만원 벌었네. 다음 달에도 이 정도 벌면 되겠다"라고 생각한다면, 올바른 의사결정을 할 수 있을까요? 아닐 겁니다. '선택 B'의 결과는 우리 빵집이 실제로는 60만원의 이익을 창출할 만큼 훌륭한 성과를 냈다는 것을 보여줍니다.

이처럼 발생주의는 당장의 현금 흐름보다 기업의 진정한 경영 성과를 더 정확하게 보여주기 때문에, 더 합리적인 의사결정을 가능하게 합니다. 이것이 바로 기업회계기준이 현금주의가 아닌 발생주의를 채택하는 이유입니다.

연습문제

01 다음 문장 중에서 회계 보고의 대상이 되는 경제적 사건 여부를 판단해보라. 즉, 회계거래이면 "○", 그렇지 않으면 "×"로 표기하시오.

(1) 토지를 ₩200,000,000에 매입하기로 하고 계약하고 계약금 명목조로 ₩1,000,000을 지급하였다.
(2) 은행차입금 ₩150,000,000을 상환하지 못할 경우 회사 건물의 소유권을 넘겨주기로 하고 담보 설정계약을 체결하였다.
(3) 화재로 인하여 회사 소유의 상품(원가 ₩2,000,000)이 완전 소실되었다.
(4) 사업확장으로 인하여 새로운 기계장치를 주문하였다.
(5) 유능한 경영자를 CEO로 영입하였다는 사실이 경제계 및 이해관계자들에게 알려지면서 약 10억 이상의 경제적 파급효과를 주식시장에서 보았다.
(6) 회사에 도둑이 들어와 현금 ₩3,000,000을 가져갔다.
(7) 상품 ₩10,000,000을 매출하기로 하고 현금 ₩2,000,000을 미리 받았다.
(8) 홍수로 인해서 건물의 경제적 가치가 ₩30,000,000만큼 감소하였다.
(9) 사무실을 임차 후 1개월 동안 사용하였으나 아직 대금 ₩1,000,000을 지불하지 않았다.
(10) 신규 종업원을 매월 ₩3,000,000 지급하기로 하고 고용계약을 체결하였다.

02 거래의 영향

다음의 거래가 어떤 재무상태표 항목에 영향을 미치는지 결정하고, 거래번호를 아래의 예와 같이 기입하라.

(0) 30일 이내에 대금을 지급하기로 하고 상품을 외상으로 구입하였다(다음의 표에 기재되었음).
(1) 단기투자목적으로 주식을 현금으로 구입하였다.
(2) 주식을 발행하고 전액 현금으로 받았다.
(3) 원가 ₩5,000의 상품을 ₩7,000에 외상으로 판매하였다.
(4) 건물과 교환으로 주식을 발행하여 지급하였다.
(5) 은행에서 ₩10,000을 차입하였다.
(6) 건물이 화재에 의하여 소실되었다.

물음

<table>
<tr><th>구분</th><th>증가</th><th>감소</th><th>구분</th><th>증가</th><th>감소</th></tr>
<tr><td rowspan="2">자산</td><td rowspan="2">(0)</td><td rowspan="2"></td><td>부채</td><td>(0)</td><td></td></tr>
<tr><td>자본</td><td></td><td></td></tr>
</table>

03 회계등식

회계등식을 이용하여 아래의 빈칸에 들어갈 금액을 각각 계산하라. (단위: 원)

물음

회사명	현금	매입채무	상품	비품	차입금	자본금	매출채권
A회사	80,000	180,000	300,000	260,000	200,000	600,000	(①)
B회사	60,000	(②)	130,000	240,000	220,000	250,000	160,000
C회사	(③)	240,000	290,000	560,000	380,000	660,000	330,000
D회사	20,000	400,000	(④)	310,000	460,000	500,000	480,000

04 회계등식

아래에 열거된 각각의 경제적 사건을 회계등식을 이용하여 기록하여라.

〈예〉 차입금 ₩3,000을 상환하다.

자산	=	부채	+	자본
현금(−3,000)	=	차입금(−3,000)	+	0

물음 (1) 현금 ₩5,000을 투자하여 사업을 개시하다.

(2) ₩8,000의 상품을 외상으로 매입하다.

(3) 급여 ₩270을 현금으로 지급하다.

(4) ₩4,000의 상품을 ₩5,000에 외상으로 판매하다.

(5) 외상매입금 ₩2,000을 지급하다.

(6) 보험료 ₩100이 발생하였으나, 지급하지 못하였다.

(7) 은행으로부터 ₩5,000을 30일 상환조건으로 차입하다.

(8) 비품 ₩3,300을 현금으로 매입하다.

(9) ₩4,000의 상품을 ₩6,000에 현금으로 판매하다.

(10) 차입금에 대한 이자 ₩250을 현금으로 지급하다.

05 **회계등식**

다음은 투자컨설팅업을 주업으로 하는 (주)연경컨설팅에서 발생한 거래이다. 다음의 각 거래가 자산, 부채, 자본에 어떤 영향을 미치는지 설명하라. 즉, 자산의 증가 및 부채의 증가라는 식으로 설명하라.

(1) 현금을 출자하여 회사를 설립하다.
(2) 사무실 임차료를 현금지급하다.
(3) 사무용 복사기를 외상으로 구입하다.
(4) 컨설팅용역을 제공하고 대금을 청구하다.
(5) 컨설팅용역 제공시 청구했던 대금을 현금으로 수령하다.
(6) 사무용 복사기 구입시 발생한 외상대금을 현금지급하다.
(7) 광고선전비가 발생하였으나 나중에 지급하기로 하다.
(8) 급여지급일이 도래하였으나 자금부족으로 직원급여를 지급하지 못하였다.
(9) 동일한 거래처에 대해 동일한 금액의 받을어음과 지급어음이 동시에 발생하였다.
(10) 다음 주까지 납부하라는 전화료 고지서를 받았다.
(11) 은행으로부터 자금을 차입하였다.
(12) 사무용 복사기를 1년 동안 사용하였다.
(13) 영업활동에 사용하고 있는 토지를 매각하는 계약을 체결하였다.
(14) 차입금에 대한 이자를 수표를 발행하여 지급하였다.
(15) 유능한 최고경영자의 사임 소식이 경제계 및 이해관계자들에게 알려지면서 당 회사의 주가가 10억원 이상 하락한 것으로 판단된다.

06 **회계등식**

다음의 물음에 답하라.

(1) 자산총액은 ₩10,000이고 부채총액은 ₩4,000이다. 자본총액은 얼마인가?
(2) 자산총액은 ₩10,000이고 자본총액은 ₩7,000이다. 부채총액은 얼마인가?
(3) 부채총액은 ₩3,000이고 자본총액은 ₩6,000이다. 자산총액은 얼마인가, 또 지분총액은 얼마인가?
(4) 기말 현재 회사의 총부채는 총자산의 1/3이다. 이 회사의 자본이 ₩40,000이라면 총부채는 얼마인가?

(5) 기초자산은 ₩100,000이고 기초부채는 ₩50,000이다. 기말 현재 이 회사의 자본은 ₩20,000 증가했고 부채는 ₩5,000 감소했다. 기말 현재 자산총액은 얼마인가?

07 거래의 추정

다음에 4기의 재무상태표가 열거되어 있다. 이것은 거래가 이루어진 순서대로 작성된 것이다.

(1) 20×1년 9월 30일 현재

자산		부채 및 자본	
현금	₩10,000	자본금	₩10,000
	₩10,000		₩10,000

(2) 20×1년 10월 31일 현재

자산		부채 및 자본	
현금	₩10,000	매입채무	₩4,000
상품	4,000	자본금	10,000
	₩14,000		₩14,000

(3) 20×1년 11월 30일 현재

자산		부채 및 자본	
현금	₩9,000	매입채무	₩3,000
상품	4,000	자본금	10,000
	₩13,000		₩13,000

(4) 20×1년 12월 31일 현재

자산		부채 및 자본	
현금	₩15,000	매입채무	₩3,000
상품	3,000	자본금	10,000
	₩18,000	잉여금	5,000
			₩18,000

물음 위의 재무상태를 보고 각 월에 발생한 거래를 추정하라.

정답과 해설

01 (1) O (2) × (3) O (4) × (5) × (6) O (7) O (8) O (9) O (10) ×

02

	증가	감소		증가	감소
자산	(0)(1)(2)(3)(5)(4)	(1)(3)(6)	부채	(0)(5)	
			자본	(2)(3)(4)	(6)

03

① ₩340,000
② ₩120,000
③ ₩100,000
④ ₩550,000

04

	자 산		부 채		자 본
(1)	현금(+5,000)	=	0	+	자본금(+5,000)
(2)	상품(+8,000)	=	매입채무(+8,000)	+	0
(3)	현금(−270)	=	0	+	이익잉여금(−270)
(4)	매출채권(+5,000) 상　　품(−4,000)	=	0	+	이익잉여금(+1,000)
(5)	현금(−2,000)	=	매입채무(−2,000)	+	0
(6)	0	=	미지급보험료(+100)	+	이익잉여금(−100)
(7)	현금(+5,000)	=	단기차입금(+5,000)	+	0
(8)	비품(+3,300) 현금(−3,300)	=	0	+	0
(9)	현금(+6,000) 상품(−4,000)	=	0	+	이익잉여금(+2,000)
(10)	현금(−250)	=	0	+	이익잉여금(−250)

05

(1) 자산의 증가, 자본의 증가
(2) 자산의 감소, 자본의 감소
(3) 자산의 증가, 부채의 증가
(4) 자산의 증가, 자본의 증가
(5) 자산의 증가, 자산의 감소
(6) 자산의 감소, 부채의 감소
(7) 부채의 증가, 자본의 감소
(8) 부채의 증가, 자본의 감소
(9) 자산의 증가, 부채의 증가
(10) 부채의 증가, 자본의 감소
(11) 자산의 증가, 부채의 증가
(12) 자산의 감소, 자본의 감소
(13) 회계상의 거래가 아님. 아무런 변화 없음
(14) 자산의 감소, 자본의 감소
(15) 회계상의 거래가 아님. 아무런 변화 없음

06

(1) ₩6,000
(2) ₩3,000
(3) ₩9,000
(4) 자본은 총자산의 $\frac{2}{3}$이므로 자본이 ₩40,000일 때 총자산은 ₩60,000, 총부채는 ₩20,000이다.
(5) ₩100,000 + (₩20,000 − ₩5,000) = ₩115,000

07

(1) 보통주 ₩10,000을 발행하여 전액 현금을 받아 회사를 설립한다.
(2) 상품 ₩4,000을 외상매입하다.
(3) 매입채무 중 ₩1,000을 현금으로 변제하다.
(4) 원가 ₩1,000인 상품을 현금 ₩6,000을 받고 매출하다.

들어가며… 드디어 '신촌 빵집' 오픈! 빵 굽는 냄새가 진동하고, 손님들이 몰려옵니다. 현금이 들어오고, 밀가루가 사라지고, 아르바이트생에게 일당을 지급합니다. 이 정신없는 상황을 어떻게 체계적으로 정리할 수 있을까요? 이번 장에서는 모든 거래의 양면을 파악하여 차변과 대변, 복식부기의 원리에 따라 거래를 정확히 기록하는 방법을 익힙니다.

summary

회계의 순환과정은 회계의 대상인 거래의 식별에서 출발하여 일련의 기록과정을 거치게 된다. 회계 상의 기록을 이해하기 위해서는 우선 이와 관련된 용어를 알 필요가 있다. 이 용어들을 열거하면 계정, 원장, 분개, 전기, 시산표, 수정분개, 재무제표의 작성, 결산분개와 같은 일련의 용어에 익숙해 질 필요가 있다. 본 장에서는 특히 거래의 회계적 분석절차인 복식부기에 따른 분개의 개념을 소개하고 다양한 실제거래를 분석해 봄으로써 분개의 개념을 이해한다. 또한 분석된 거래를 총계정원장에 전기하고 계정잔액을 산출하는 일련의 과정을 학습한다.

C·H·A·P·T·E·R

03

회계의 순환과정(2): 거래의 기록

01 회계의 순환과정

회계상의 거래를 기록하는 데에는 여러 단계를 거쳐야 한다. 마치 요리를 할 때 재료를 준비하고, 다듬고, 끓이는 등의 순서가 있는 것과 같다. 회계에서는 증빙서류 입수 → 분개 → 총계정원장에 전기 → 계정잔액 산출 → 시산표 작성 → 수정분개와 전기 → 재무제표 작성 → 결산분개와 전기의 순서로 진행된다.

비유로 이해하기 한눈에 보는 요리와 회계의 순환과정

요리순서	설 명	회계순환과정	설 명
1. 장보기	신선한 재료(정보)를 구해온다.	증빙서류 입수	영수증, 청구서 등 거래의 증거를 수집한다.
2. 재료 다듬기	재료를 요리에 맞게 썰고 다듬는다.	분개	거래를 차변과 대변으로 나누어 기록할 준비를 한다.
3. 냄비에 넣기	다듬은 재료를 종류별로 냄비에 넣는다.	총계정원장 전기	분개한 내용을 각 계정(계정과목별 냄비)에 옮겨 적는다.
4. 중간 간 보기	요리 중간에 맛을 보며 점검한다.	수정전시산표 작성	기록에 큰 오류는 없는지 양쪽 합계를 맞춰본다.
5. 추가 양념하기	부족한 간을 맞추기 위해 양념을 추가한다.	수정분개	기간 경과 등 누락된 내용을 반영하여 장부를 최신화한다.
6. 완성된 요리	멋진 그릇에 요리를 담아낸다.	재무제표 작성	정리된 정보를 재무상태표, 손익계산서 등으로 완성한다.
7. 주방 정리	다음 요리를 위해 냄비와 그릇을 비운다.	결산분개	임시 계정(수익, 비용)을 마감하여 0으로 만든다.

기업 내에서는 거래가 끊임없이 일어나고, 이 거래들은 회계장부에 차례대로 기록되어야 하므로, 이 단계들은 마치 물이 순환하듯 매 회계기간마다 반복된다. 이처럼 거래를 매 회계기간마다 식별하고, 기록하고, 요약하여 재무제표를 작성하는 순환적인 회계

절차를 흔히 **회계의 순환과정**(accounting cycle)이라고 한다. 회계상의 거래는 다음 그림과 같은 회계의 순환과정을 거쳐 회계장부에 기입되고 재무제표에 보고된다.

02 계정설정

CHECK POINT

- 계정
- 복식부기
- 복식부기의 자기검증기능

회계시스템 안에는 재무제표에 나타나는 각각의 항목들을 위한 별도의 회계장부가 준비되어 있다. 예를 들어, 현금 거래로 인해 발생하는 현금의 증감액을 보여주기 위해 '현금'이라는 자산 항목에 대한 특별한 장부가 마련되어 있는 것이다. '현금'뿐만 아니라 재무상태표에 보이는 모든 자산, 부채, 자본 항목들의 변동액은 각각 다른 회계장부에 기록된다. 포괄손익계산서에 나타나는 모든 수익과 비용 항목도 마찬가지이다.

이렇게 재무제표의 각 항목의 증감액을 기록하기 위해 사용되는 **회계장부**를 **계정**(account) 또는 **원장 계정**(ledger account)이라고 부른다. 이 계정들은 보통 한곳에 모여 있는데, 이 모든 계정을 통틀어서 **총계정원장**(general ledger)이라고 한다. 마치 우리 집의 모든 통장과 가계부를 한 권의 커다란 장부에 모아 놓은 것과 비슷하다고 생각하면 된다.

1. 계정의 구성요소

계정(account)이란 기업의 경영자들이 회사를 운영하는 데 필요한 정보를 모으는 도구이다. 예를 들어, '현금' 계정을 통해 사장님은 직원 월급을 줄 돈이나 회사를 운영하는 데 필요한 돈이 얼마나 있는지, 앞으로 돈을 어떻게 쓸지 계획하는 데 필요한 정보를 얻을 수 있다.

비유로 이해하기 **SNS 계정으로 이해하는 회계 계정**

'계정(account)'이라는 말, 어렵게 느껴지시나요? 사실 우리는 이미 매일 계정을 사용하고 있습니다. 바로 인스타그램, 유튜브 같은 SNS 계정이죠.

여러분의 인스타그램 계정에 '맛집 폴더', '여행 폴더', '반려동물 폴더'를 만들어 사진을 주제별로 정리하듯이, 회계에서도 각각의 항목에 전용 공간을 만들어 줍니다. 예를 들어, 현금이 들어오고 나간 내역만 기록하는 '현금' 계정, 상품을 사 오고 판매한 내역을 기록하는 '상품' 계정처럼 말이죠.

그렇다면 총계정원장(general ledger)은 무엇일까요? 이는 마치 흩어져 있는 나의 모든 SNS 계정과 은행 앱, 가계부 앱을 한곳에 모아 놓은 '슈퍼 통합 앱'과 같습니다. 이 앱 하나만 보면 나의 모든 자산과 부채 현황을 한눈에 파악할 수 있는 것이죠.

회계적 사건은 회계등식에 다음과 같은 세 가지 방식으로 영향을 미친다. 첫째, 어떤 계정에 영향을 미치는가? 둘째, 어떤 방향으로 영향을 미치는가? (증가 또는 감소) 셋째, 얼마만큼의 영향을 미치는가? (금액의 크기)

따라서 계정은 기본적으로 다음 세 가지 요소를 가진다.

① 계정과목: 특정 자산, 부채, 자본, 수익, 비용 항목의 이름 (예: 현금, 외상매출금, 자본금, 매출, 급여 등)
② 계정의 왼쪽 또는 오른쪽: 증가 또는 감소를 기록하는 위치
③ 금액: 증가하거나 감소한 금액

계정의 구성요소
- 계정과목
- 왼쪽 또는 오른쪽
- 금액

계정의 왼쪽과 오른쪽에 기록된 금액을 종합하여 최종적으로 결정되는 금액이 계정의 잔액이 된다.

이 세 가지 요소를 담고 있는 가장 간단한 형태가 T계정인데, 그 모양이 영어 대문자 'T'와 닮았다고 해서 붙여진 이름이다. ① 계정과목명은 T자 위쪽에 적고, ② 증감을 표시하기 위해 왼쪽(차변)과 오른쪽(대변)을 나누어 사용한다. ③ 증가 또는 감소 금액은 해당되는 왼쪽 또는 오른쪽에 기록한다.

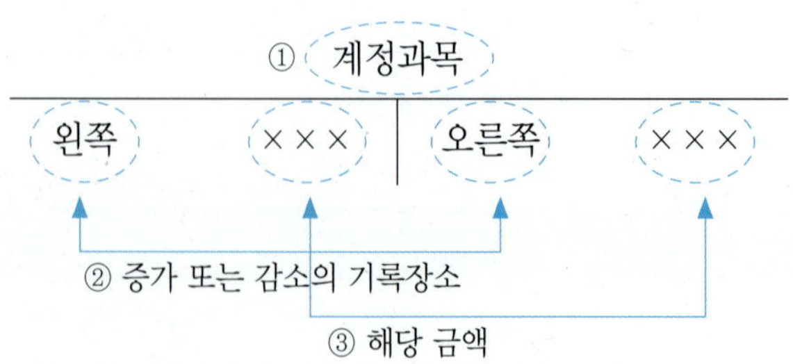

보충설명

일반적인 계정과목

회계에 있어 계정과목은 우리가 일상생활에서 사용하는 단어에 해당하는 것이다. 따라서 기업의 언어인 회계를 원활하게 학습하기 위해서는 아래의 계정과목들을 반복을 통해 숙지해 주기 바란다. 대부분의 회사에서 이용되고 있는 공통적인 계정의 명칭을 예시하면 다음과 같다.

'채무' 또는 '미지급'이라는 표현이 포함되면 항상 부채이다. 이는 기업이 미래에 지급해야 할 돈을 의미한다.

매출원가를 제외한 대부분의 비용 계정에는 '비'가 붙는다.

자산	부채	자본	수익	비용
현금	매입채무	자본금	매출액	매출원가
당기손익-공정가치측정금융자산	미지급비용	주식발행초과금	수수료수익	급여
매출채권	단기차입금	이익잉여금	이자수익	임차료
미수금	미지급법인세		임대료	이자비용
상품	선수수익		유형자산처분이익	감가상각비
소모품	장기차입금		금융자산평가이익	광고선전비
선급비용	사채		금융자산처분이익	보험료
기타포괄손익-공정가치측정금융자산				수선유지비
비품				법인세비용
건물				
토지				
무형자산				

'채권' 또는 '미수'라는 표현이 포함되면 고객 또는 외부에서 받을 돈이 있음을 의미하므로 자산이다.

선급비용은 항상 자산이다. 이는 회사가 미래의 효익을 위해 미리 지급한 돈을 의미한다. 예를 들어 미래의 보험료, 임차료, 광고비 등을 미리 지급한 것들을 의미한다.

'선수'라는 표현이 포함되면 항상 부채이다. 이는 기업이 미래에 상품이나 서비스를 제공하기로 약속하고 미리 받은 돈을 의미한다.

대부분의 수익 계정 과목들은 '수익'이라는 표현이 붙는다.

Focus on Decision Making

[상 황]

'신촌 빵집'의 나사장은 한 달간의 거래 기록을 정리하며 고민에 빠졌습니다. "이번 달 이익이 지난달보다 줄었는데, 도대체 왜 줄어든 건지 한눈에 알 수가 없네…" 나사장의 장부에는 비용 계정이 '재료비', '인건비', '기타운영비' 단 세 개뿐이었기 때문입니다.

"비용 계정을 어떻게 설계해야 우리 빵집 경영에 도움이 될까?"

[선택지 분석]

1. 선택 A: '통합' 계정 방식 (현재 방식)

- 방법: 재료비 계정 하나에 밀가루, 버터, 설탕 값을 모두 기록하고, 기타운영비 계정 하나에 전기요금, 수도요금, 포장비, 광고비 등을 모두 기록합니다.
- 장점: 계정과목 수가 적어 기록하기 간편하고, 손익계산서가 단순해 보입니다.
- 단점: 이익이 감소했을 때, 버터 가격이 급등해서인지, 아니면 광고를 너무 많이 해서인지 그 원인을 상세히 파악하기 어렵습니다.

2. 선택 B: '세분화' 계정 방식 (개선안)

- 방법: 재료비를 밀가루, 버터, 설탕으로 나누고, 기타운영비를 전기요금, 수도요금, 광고선전비, 포장비 등으로 나누어 기록합니다.
- 장점: 특정 비용의 변동 원인을 쉽게 추적할 수 있어, 원가 관리에 매우 유용합니다. (예: "아, 이번 달엔 버터 가격이 많이 올랐으니, 다음 달엔 거래처를 바꿔봐야겠다.")
- 단점: 계정과목 수가 많아져 기록과 관리가 조금 더 복잡해집니다.

[나사장의 의사결정]

만약 나사장이 단순히 이익이 났는지 여부만 확인하고 싶다면 '선택 A'로도 충분할 수 있습니다. 하지만 나사장이 비용을 효과적으로 통제하고, 합리적인 의사결정을 통해 빵집을 더 성장시키고 싶다면 반드시 '선택 B'를 택해야 합니다.

이처럼, 회계 계정과목을 어떻게 설정하고 분류할지는 단순히 기록의 문제가 아니라, 경영자가 무엇을 중요하게 관리하고 싶은지에 대한 의도가 반영된 중요한 전략적 의사결정입니다.

2. 차변과 대변

계정의 왼쪽: 차변
계정의 오른쪽: 대변

곧 배우겠지만, 거래가 발생하면 이 거래를 계정의 왼쪽 또는 오른쪽에 기록해야 한다. 매번 '계정의 왼쪽에' 또는 '계정의 오른쪽에'라고 말하는 것은 번거롭기 때문에, 회계 담당자들은 계정의 왼쪽 대신 차변(Debit: Dr.)이라는 용어를 사용하고, 계정의 오른쪽 대신 대변(Credit: Cr.)이라는 용어를 사용한다. 재무상태표의 예전 이름인 '대차대조표'도 대변과 차변을 합친 '대차'라는 용어에서 비롯된 것이다.

영어에서 Debit과 Credit이라는 단어는 각각 고유한 의미를 가지고 있지만, 회계에서의 Debit/Credit은 그러한 의미와는 전혀 상관없이 단순히 '왼쪽'과 '오른쪽'을 나타내는 약속된 단어일 뿐이다. 따라서 영어 단어의 원래 의미와 억지로 연결 지으려고 할 필요는 없다. '차변'과 '대변'이라는 표현도 한자어이지만, 그 한자어의 의미와도 직접적인 관련 없이 '왼쪽', '오른쪽'의 의미로만 이해하는 것이 적절하다. 마치 우리가 '좌회전', '우회전'이라고 할 때, '왼쪽 바퀴가 돈다', '오른쪽 바퀴가 돈다'는 의미가 아닌, 방향을 나타내는 약속된 용어로 사용하는 것과 같다.

3 회계의 순환과정(2): 거래의 기록 Principles of Accounting

비유로 이해하기 **게임 캐릭터로 차변과 대변 정복하기**

회계가 하나의 게임이라고 상상해 봅시다. '회계 월드'의 모든 거래는 내 캐릭터의 왼손(차변)과 오른손(대변)에 아이템을 장착하는 규칙을 따릅니다.

- **왼손**(차변 Debit): 이 손에는 주로 '획득한 것'이나 '사용한 것'을 장착합니다.
  - 현금, 상품, 건물 같은 자산의 증가
  - 급여, 이자비용, 임차료 같은 비용의 발생
- **오른손**(대변 Credit): 이 손에는 주로 '획득한 것의 출처'나 '갚아야 할 것'을 장착합니다.
  - 은행 대출금, 외상값 같은 부채의 증가
  - 주주 출자(투자금) 같은 자본의 증가
  - 상품 판매, 서비스 제공 같은 수익의 발생

왜 하필 이름이 차변, 대변이냐고요? 그건 이 게임의 개발자가 그렇게 정한 것일 뿐입니다. 중요한 것은 "자산이 늘면 왼쪽(차변)!" 이라는 핵심 규칙을 기억하고 거래라는 몬스터를 하나씩 물리치는 것입니다.

한편, T계정 외에 좀 더 자세한 형태의 계정양식도 존재한다. 하지만 학습 목적상 T계정이 작성하기에 더 편리하므로, 이 책에서는 T계정을 주로 사용하기로 한다.

[T-계정]

계정과목

차변	×××	대변	×××

[상세 계정양식]

계정과목

일자		적요	차변	대변

3. 복식부기의 원리

복식부기

회사의 경영활동으로 인한 재무상태의 변화, 구체적으로 자산, 부채 및 자본의 증감과 수익, 비용의 발생내역을 회계등식에 따라 각각 차변과 대변으로 나누어 이중으로 기록하는 방법

복식부기(double entry bookkeeping)란 회사의 경영활동으로 인한 재무상태의 변화, 즉 자산, 부채, 자본의 증감과 수익, 비용의 발생 내역을 회계등식에 따라 각각 차변과 대변으로 나누어 이중으로 기록하는 방식이다. 다시 말해, 복식부기는 재무상태표의 구성요소인 자산, 부채, 자본과 손익계산서의 구성요소인 수익, 비용의 변화 내역을 기록하는 것이며, 이러한 기록을 요약하면 결국 재무제표가 완성되는 것이다.

복식부기를 이용하여 거래를 기록하는 방법은 재무상태표와 손익계산서의 구조에서 힌트를 얻을 수 있다. 재무상태표에서 자산은 왼쪽에, 부채와 자본은 오른쪽에 표시된다. 손익계산서에서는 비용이 왼쪽에, 수익이 오른쪽에 표시되는 것을 기억하면 복식부기의 기록 원리를 쉽게 이해할 수 있다.

재무상태표

(차변)	(대변)
자산	부채
	자본

손익계산서

(차변)	(대변)
비용	수익

복식부기를 통해 거래를 기록하는 방법은 앞서 배운 거래의 8가지 요소들을 각 재무제표에서 표시된 구성요소의 위치에 맞추어서 기록하면 된다. 즉, 자산이 증가하면 차

변에, 부채나 자본이 증가하면 대변에 기록하는 것이다. 또 반대로 자산이 감소하면 대변에, 부채나 자본이 감소하면 차변에 기록하면 된다. 그리고 수익의 발생은 대변에, 비용의 발생은 차변에 기록하면 된다. 왜냐하면 수익은 결과적으로 이익잉여금을 증가시키므로 자본의 증가와 동일하게 대변에 기록하고, 비용은 결과적으로 이익잉여금을 감소시키므로 자본의 감소와 동일하게 차변에 기록하면 되기 때문이다.

보충설명

증가/감소를 차변/대변에 구분하여 기록하는 이유

회계에서 거래를 기록하는 기본적인 분석틀은 회계등식이라고 하였다. 즉 거래를 '자산=부채+자본'이라는 회계등식을 이용하여 기록할 때에는 자산의 증감은 등식의 왼쪽에, 부채와 자본의 증감은 등식의 오른쪽에 기입하였다. 계정을 이용하여 거래를 기록할 때에는 감소를 나타내는 (−)부호가 사용되지 않기 때문에, (−)부호를 없애기 위해서는 등식을 중심으로 좌우로 기입하여야 한다. 즉 자산이 증가되었을 경우에는 회계등식에서와 같이 자산계정의 왼쪽(차변)에 기입하였지만 자산이 감소될 경우에는 (−)부호를 없애기 위하여 오른쪽(대변)에 기입하여야 하기 때문에 자산계정의 오른쪽(대변)에 기록된다. 마찬가지로 부채와 자본이 증가될 때에는 회계등식에서와 같이 부채와 자본계정의 오른쪽(대변)에 기록된다. 부채와 자본이 감소될 때에는 (−)부호를 없애기 위하여 왼쪽에 기입하여야 하기 때문에 부채계정과 자본계정의 왼쪽(차변)에 기록한다.

보충설명

회계등식을 이용한 계정기입 방법

자 산 = 부 채 + 자 본

자산:
① 등식의 왼쪽에 있으므로 계정의 왼쪽(차변)에 증가를 기록하고 반대편에 감소를 기록함
② 차변잔액이 발생함

부채, 자본:
① 등식의 오른쪽에 있으므로 계정의 오른쪽(대변)에 증가를 기록하고 반대편에 감소를 기록함
② 대변잔액이 발생함

자 산	
증가	감소

부 채	
감소	증가

자 본	
감소	증가

비 용	
발생	(감소)

수 익	
(감소)	발생

거래의 8가지 요소들은 회계등식에 따라 차변에 해당하는 요소와 대변에 해당하는 요소가 결합하여 나타나게 된다. 또한, 하나의 차변요소와 여러 개의 대변요소가 결합

된 거래가 발생하기도 하고, 여러 개의 차변요소와 하나의 대변요소가 결합해서 나타나기도 한다. 이를 거래요소의 결합관계라고 한다. 그러나 주의할 점은 차변요소끼리만 결합되거나, 대변요소끼리만 결합되는 경우는 없다는 것이다. 그 이유는 회계등식이 성립하지 않는다는 점을 통해 이해할 수 있을 것이다.

<거래요소의 결합관계>

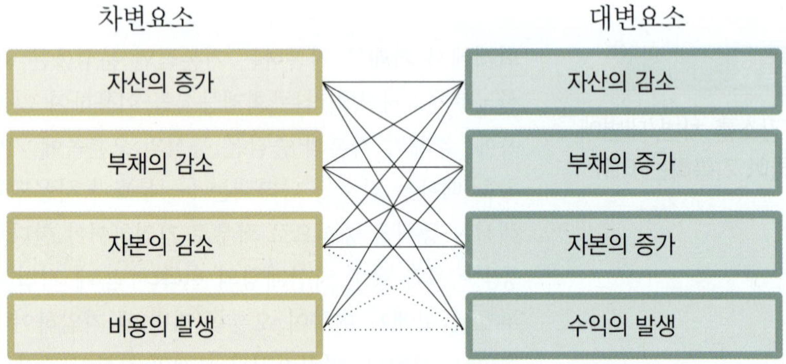

*점선은 현실적으로 발생하지 않는 조합임.

보충설명

거래요소의 결합관계 예시

왼쪽의 거래요소	오른쪽의 거래요소	거래의 예
자산의 증가	① 자산의 감소	① 건물을 현금으로 구입함
	② 부채의 증가	② 상품을 외상으로 매입함
	③ 자본의 증가	③ 현금을 출자받아 주식회사를 설립함
	④ 수익의 발생	④ 상품을 현금을 받고 매출함
부채의 감소	① 자산의 감소	① 빌린 돈을 상환함
	② 부채의 증가	② 외상매입금을 약속어음으로 지급함
	③ 자본의 증가	③ 전환사채의 전환권을 행사하여 주식으로 전환함
	④ 수익의 발생	④ 채권자로부터 채무를 면제받음
자본의 감소	① 자산의 감소	① 상법에 따라 현금을 지급하고 자본금을 감소시킴
	② 부채의 증가	② 주주총회에서 현금배당을 선언함
	③ 자본의 증가	③ 이익잉여금을 자본금에 전입함
	④ 수익의 발생	④ 거래 예 없음
비용의 발생	① 자산의 감소	① 종업원에게 급여를 현금으로 지급함
	② 부채의 증가	② 사무실 임차료를 지급하지 아니함
	③ 자본의 증가	③ 거래 예 없음
	④ 수익의 발생	④ 거래 예 없음

비유로 이해하기 **힘의 균형을 맞추는 줄다리기!**

모든 회계상 거래는 '차변'과 '대변'이라는 두 가지 측면에서 동시에 발생하며, 이때 차변의 총합계와 대변의 총합계는 반드시 일치해야 합니다. 이는 마치 양쪽의 힘이 똑같아야 팽팽하게 유지되는 '줄다리기'와 같습니다.

- 차변(왼쪽) 팀: 자산의 증가, 부채의 감소, 자본의 감소, 비용의 발생
- 대변(오른쪽) 팀: 자산의 감소, 부채의 증가, 자본의 증가, 수익의 발생

[줄다리기 규칙]

중요한 것은 양 팀의 선수 '수'가 아니라, 양 팀이 동원한 힘의 총합(금액)이 항상 같아야 한다는 점입니다. 한 명의 장사가 여러 명을 상대할 수도 있고, 여러 명이 힘을 합쳐 한 명의 장사를 상대할 수도 있습니다.

〈거래 예시로 규칙 확인하기〉

1. 1 vs 1 경기: "현금 100원을 주고 비품 100원어치를 사다"
   - 차변 팀: 비품(자산↑) 선수 출전! (힘: 100)
   - 대변 팀: 현금(자산↓) 선수 출전! (힘: 100)
   - 결과: 양 팀의 힘의 총합이 100으로 동일하여 균형을 이룹니다. 경기 성립!

2. 2 vs 1 경기: "토지(70원)와 건물(30원)을 합쳐 100원을 현금으로 사다"
   - 차변 팀: 토지(자산↑) 선수(힘: 70)와 건물(자산↑) 선수(힘: 30)가 함께 출전! (총 힘: 100)
   - 대변 팀: 현금(자산↓) 선수 출전! (힘: 100)
   - 결과: 차변 팀 2명의 힘의 총합(100)과 대변 팀 1명의 힘(100)이 동일합니다. 경기 성립!

3. 1 vs 2 경기: "직원 급여 100원 중 80원은 현금으로, 20원은 외상(미지급)으로 하다"
   - 차변 팀: 급여(비용↑) 선수 출전! (힘: 100)
   - 대변 팀: 현금(자산↓) 선수(힘: 80)와 미지급비용(부채↑) 선수(힘: 20)가 함께 출전! (총 힘: 100)
   - 결과: 차변 팀 1명의 힘(100)과 대변 팀 2명의 힘의 총합(100)이 동일합니다. 경기 성립!

이처럼 거래를 '힘의 균형을 맞추는 줄다리기'로 이해하면, 복잡한 거래도 차변과 대변의 합계 금액만 일치시키면 된다는 대차평균의 원리를 더 명확하게 파악할 수 있습니다.

4. 거래의 기입절차

회계상의 거래가 이루어지면 두 개 이상의 재무상태표 항목에 영향을 미쳐 회계등식이 성립하는 것과 마찬가지로, 두 개 이상의 계정에 영향을 미치고, 한 계정의 차변에 기입된 금액은 다른 계정의 대변에 기입된 금액과 반드시 일치되어야 한다. 이것은 하

나의 거래를 두 가지 측면에서 기록하는 **복식부기**(double-entry bookkeeping)의 성격 때문이다. 따라서 거래가 이루어져도 차변에 기록된 금액과 대변에 기록된 금액이 일치하게 되어 자산 총액과 부채 및 자본 총액은 항상 일치하게 된다. 회계기록에서는 개별 거래를 적어도 두 개 이상의 계정과목을 사용하여 차변과 대변에 기입하는데, 이를 복식부기회계라고 한다.

회계담당자는 거래를 기입하기 전에 거래가 어떤 계정에 어떤 영향을 미치는가를 분석해야 한다. 회계담당자가 거래를 분석할 때 거쳐야 할 단계는 다음과 같다.

① 거래에 의하여 어떤 계정이 영향을 받았는지 결정한다. (예: 현금 계정, 자본금 계정 등)

② 해당된 계정이 자산, 부채, 자본, 수익, 비용 중 어디에 속하는지를 결정한다. (예: 현금 계정은 자산, 자본금 계정은 자본에 속한다.)

③ 영향을 받은 각각의 계정이 어떤 영향을 받았는지 결정한다. 즉, '각 계정이 얼마만큼 증감되었나?'를 판단한다.

④ 판단기준은 '자산=부채+자본'이라는 회계등식을 이용하면 명확하다. 즉, 등식을 중심으로 왼쪽에 있는 자산이 증가하면 해당 자산 계정의 차변(왼쪽)에, 오른쪽에 있는 부채와 자본이 증가하면 해당 부채 계정과 해당 자본 계정의 오른쪽(대변)에 기입한다. 반대로 등식을 중심으로 왼쪽(차변)에 있는 자산이 감소하면 반대쪽인 자산 계정의 오른쪽(대변)에 기입하고, 오른쪽에 있는 부채와 자본이 감소하면 반대쪽인 왼쪽(차변)에 기입한다. 예를 들어, 자산 항목인 현금이 ₩100,000 증가되었으면 회계등식에서 등식의 왼쪽에 있는 자산이 증가되었기 때문에 현금 계정의 차변(왼쪽)에 ₩100,000을 기입하고, 자본 항목인 자본금이 ₩100,000 증가되었으면 회계등식의 오른쪽에 있는 자본이 증가되었기 때문에 자본금 계정의 대변(오른쪽)에 ₩100,000을 기입한다.

⑤ 해당 계정에 차변에 기입된 금액과 대변에 기입된 금액이 일치하는지를 확인한다.

[그림 3-1]에서는 회계담당자가 거래를 분석할 때 거쳐야 할 거래분석 및 기록의 5단계를 요약하고 있다. 만일 정확하게 위의 단계에 따라 거래를 기입하였으면 각 계정들의 차변 총액과 대변 총액은 항상 일치하게 되며, 이를 대차평형의 원리라고 한다. 물론 회계등식도 성립한다.

그림 3-1

거래분석 및 기록의 5단계

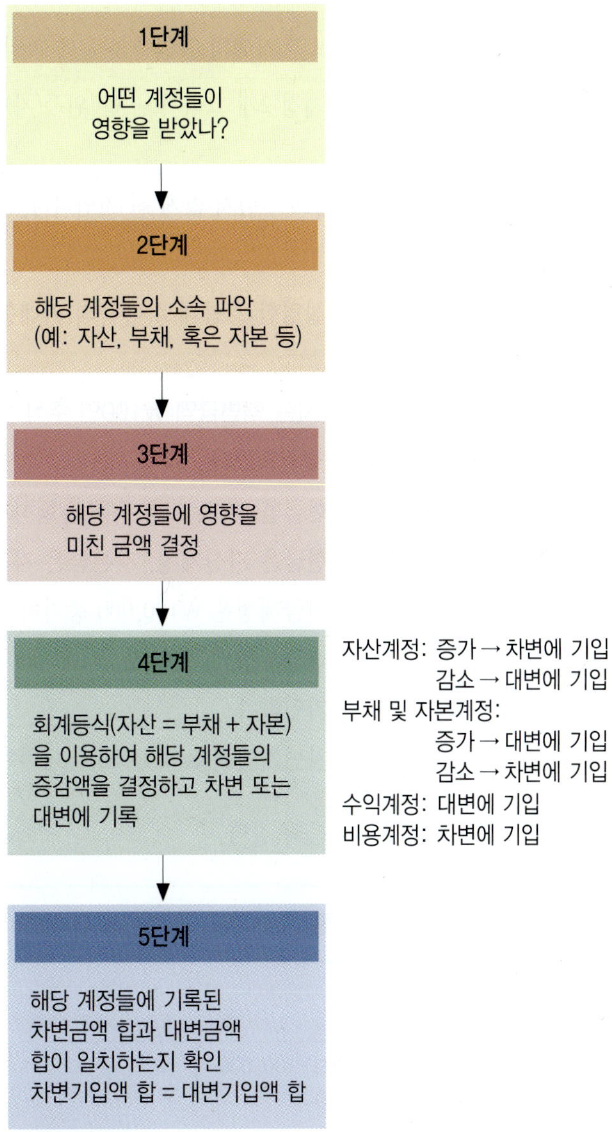

5. T계정을 통한 거래의 분석(예시)

꿀 팁 **T계정은 최고의 '연습장'이다!**

이제 실제 거래를 분석하고 T계정에 기록해보겠습니다. 이때 T계정을 단순히 결과를 보여주는 장부라고만 생각하지 마세요. T계정은 회계 초보자에게 최고의 '연습장'이자 '스케치북'입니다. 복잡한 거래를 만났을 때, 정식으로 분개하기 전에 T계정에 간단히 그림을 그려보면 거래의 양면을 한눈에 파악하고 실수를 줄일 수 있습니다.

① 관련된 계정과목 생각하기 → ② T계정 2개 그리기 → ③ 왼쪽(차변)과 오른쪽(대변)에 금액 넣어보기 → ④ 양쪽이 균형을 이루는지 확인하기!

이 '스케치' 과정에 익숙해지면 어떤 거래도 두렵지 않게 될 것입니다.

지금까지 설명한 흐름대로 다음의 거래를 분석하고 T계정에 기입해 본다.

거래 1. 신촌주식회사는 액면금액 ₩100인 주식 1,000주를 주당 ₩100에 발행하고 전액을 현금으로 받아 설립되었다.

1단계: 현금을 받고, 보통주를 발행하다.
2단계: 현금은 자산계정, 자본금은 자본계정이다.
3단계: 현금계정은 ₩100,000 증가하고, 자본금계정도 ₩100,000 증가하다.
4단계: 현금계정의 차변에 ₩100,000 기입하고, 자본금계정의 대변에 ₩100,000 기입하다.
5단계: 차변기입액(₩100,000) = 대변기입액(₩100,000)

분개는 다음과 같다.[1)]

(차) 현 금	100,000	(대) 자 본 금	100,000

현 금	
(1) 100,000	

자 본 금	
	(1) 100,000

거래 2. 건물을 현금 ₩50,000으로 구입하였다.

1단계: 현금을 지급하고 건물을 구입하다.
2단계: 현금은 자산계정, 건물도 자산계정이다.
3단계: 현금계정은 ₩50,000 감소하고, 건물계정은 ₩50,000 증가하다.

1) 분개에 대해서는 뒤에 자세히 설명하겠지만, 거래로 인해 영향을 받는 계정과 해당 계정의 차변 또는 대변에 기입할 금액을 계정에 기록하기 전에 적는 과정으로 이해하면 된다.

4단계: 현금계정의 대변에 ₩50,000 기입하고, 건물계정의 차변에 ₩50,000 기입하다.

5단계: 차변기입액(₩50,000) = 대변기입액(₩50,000)

분개는 다음과 같다.

(차) 건 물	50,000	(대) 현 금	50,000

현 금	
(1) 100,000	(2) 50,000

건 물	
(2) 50,000	

거래 3. 상품 ₩10,000을 외상으로 구입하다.

1단계: 상품을 구입하고, 거래처에 갚아야 할 매입채무(외상매입금)가 발생하다.

2단계: 상품은 자산계정이고, 매입채무는 부채계정이다.

3단계: 상품계정은 ₩10,000 증가하고, 매입채무계정도 ₩10,000 증가하다.

4단계: 상품계정의 차변에 ₩10,000 기입하고, 매입채무계정의 대변에 ₩10,000 기입하다.

5단계: 차변기입액(₩10,000) = 대변기입액(₩10,000)

분개는 다음과 같다.

(차) 상 품	10,000	(대) 매 입 채 무	10,000

상 품	
(3) 10,000	

매입채무	
	(3) 10,000

거래 4. 회사는 위 거래 3의 외상대금을 지급일이 되어 지급하였다.

1단계: 현금을 지급하여 매입채무를 갚다.

2단계: 현금은 자산계정이고, 매입채무는 부채계정이다.

3단계: 현금계정은 ₩10,000 감소하고, 매입채무는 ₩10,000 감소하다.

4단계: 현금계정의 대변에 ₩10,000 기입하고, 매입채무 차변에 ₩10,000 기입하다.

5단계: 차변기입액(₩10,000) = 대변기입액(₩10,000)

분개는 다음과 같다.

(차) 매 입 채 무	10,000	(대) 현 금	10,000

현 금

차변	대변
(1) 100,000	(2) 50,000
	(4) 10,000

매입채무

차변	대변
(4) 10,000	(3) 10,000

거래 5. 원가 ₩10,000의 상품을 현금 ₩15,000에 판매하다.

1단계: 이 거래는 소비자에게 상품을 제공한 수익적 거래로서 수익과 비용이 동시에 발생하였다. 수익계정과 비용계정은 다음 절에서 설명할 것이기 때문에 여기에서는 재무상태표 항목인 이익잉여금계정을 이용하여 분석한다. 이익잉여금 계정은 기업의 이익(즉, 수익−비용)을 쌓아두는 항목이라고 생각하면 편리하다. 상품판매를 통한 현금의 유입은 벌어들인 수익이므로 이익잉여금을 증가시키며, 수익을 벌어들기기 위한 상품의 제공은 비용이므로 제공된 상품의 원가만큼 이익잉여금을 감소시킨다.

2단계: 현금과 상품은 자산계정이고, 이익잉여금은 자본계정이다.

3단계: 현금계정과 이익잉여금 계정은 ₩15,000 증가하고, 상품계정과 이익잉여금 계정은 ₩10,000 감소한다.

4단계: 현금계정의 차변에 ₩15,000, 이익잉여금계정의 대변에 ₩15,000 기입한다. 그리고 이익잉여금계정의 차변에 ₩10,000, 상품계정의 대변에 ₩10,000 기입한다.

5단계: 차변기입액(₩15,000+₩10,000)=대변기입액(₩15,000+₩10,000)

분개는 다음과 같다.

(차) 현 금	15,000	(대) 이익잉여금	15,000
(차) 이익잉여금	10,000	(대) 상 품	10,000

현 금

차변	대변
(1) 100,000	(2) 50,000
(5) 15,000	(4) 10,000

상 품

차변	대변
(3) 10,000	(5) 10,000

이익잉여금

차변	대변
(5) 10,000	(5) 15,000

비유로 이해하기 **인기 유튜버 '신촌쿠키'의 하루로 배우는 복식부기**

'신촌주식회사'의 거래는 잠시 잊고, 우리에게 더 친숙한 유튜버의 사례로 복식부기의 원리를 파헤쳐 봅시다.

거래 1: 치킨 PPL 광고 수익으로 50만원을 현금으로 받다.

- 분석: 유튜버의 주머니가 두둑해졌습니다. 왜일까요? 광고라는 '수익' 활동을 했기 때문입니다. 이처럼 모든 거래에는 원인(수익 발생)과 결과(현금 증가)가 함께 나타납니다.
- 분개:

(차변) 현금 500,000 (자산의 증가) (대변) 광고수익 500,000 (수익의 발생)

거래 2: 새 방송용 마이크를 20만원에 외상으로 구입하다.

- 분석: 방송의 질을 높여줄 마이크(비품)가 생겼습니다. 하지만 돈은 나중에 주기로 했으니 '빚(부채)'도 함께 늘어났네요.
- 분개:

(차변) 비품 200,000 (자산의 증가) (대변) 미지급금 200,000 (부채의 증가)

이처럼 복식부기는 하나의 거래를 두 가지 측면에서 동시에 바라보고 기록하는 매우 합리적인 방법입니다. 덕분에 우리는 기업의 재산 변화와 그 원인을 훨씬 더 풍부하게 파악할 수 있습니다.

6. 계정잔액의 산출

여러 가지 목적을 위하여 계정잔액(account balances)을 산출할 필요가 있다. 계정잔액을 산출하기 위해서는 우선 각 계정의 차변 금액과 대변 금액을 각각 합산한 다음 각각의 차이를 계산하면 된다.

만일 차변 기입액의 합계가 대변 기입액의 합계보다 크면 그 계정은 차변잔액을 갖는다고 하고, 반대로 대변 기입액의 합계가 차변 기입액의 합계보다 크면 그 계정은 대변잔액을 갖는다고 한다. 앞에서 설명한 계정 중에서 현금계정에는 다음과 같이 기입되었다.

현 금	
(1) 100,000	(2) 50,000
(5) 15,000	(4) 10,000

여기에서 차변 기입액의 합계는 ₩115,000이고, 대변 기입액의 합계는 ₩60,000이기 때문에, 현금 계정은 ₩55,000의 차변 잔액을 가진다.

이것은 다음과 같은 '마감 절차'라고 불리는 회계 절차를 통해 계산되기도 한다. 즉, 계정의 차변 총액과 대변 총액을 일치시키는 금액을 산정하여 그 금액을 차변 총액과 대변 총액이 일치될 수 있도록 적절히 차변 또는 대변에 추가적으로 기입한다. 차변 총액과 대변 총액을 일치시키기 위하여 추가적으로 기입한 잔액은 차기이월이라고 기입한다. 양변이 일치되었으면 일치되었다는 뜻으로 차변 총액과 대변 총액의 밑에 두 줄을 그어 계정을 마감한다.

앞에서 T계정을 이용하여 기록한 각각의 거래에 대하여 각 계정마다 계정 잔액을 산출하면 다음과 같다.

현 금	
(1) ₩100,000	(2) ₩50,000
(5) 15,000	(4) 10,000
	차기이월* 55,000
₩115,000	₩115,000

자 본 금	
차기이월* ₩100,000	(1) ₩100,000
₩100,000	₩100,000

건 물	
(2) ₩50,000	차기이월* ₩50,000
₩50,000	₩50,000

이익잉여금	
(5) ₩10,000	(5) ₩15,000
차기이월* 50,000	
₩15,000	₩15,000

상 품	
(3) ₩10,000	(5) ₩10,000

매입채무	
(4) ₩10,000	(3) ₩10,000

* 차기이월은 마감절차에서 해당 계정의 차변총액과 대변총액을 일치시키기 위한 목적으로 잔액이 존재하는 반대편에 표시한다. 예를 들어, 현금 계정의 잔액은 차변에 ₩55,000이 존재하지만, 마감절차에서는 반대편인 대변에 차기이월 ₩55,000을 표시한다.

위와 같이 계정들을 마감한 후에 계정잔액들을 집합하여 보면 다음과 같이 재무상태표를 작성할 수 있다. 각 계정의 차기 이월액이 바로 그 계정의 잔액이기 때문에 이 금액을 모두 모으면 재무상태표를 작성할 수 있다.

재무상태표

(차변)		(대변)	
현 금	₩55,000	자 본 금	₩100,000
건 물	50,000	이익잉여금	5,000
	₩105,000		₩105,000

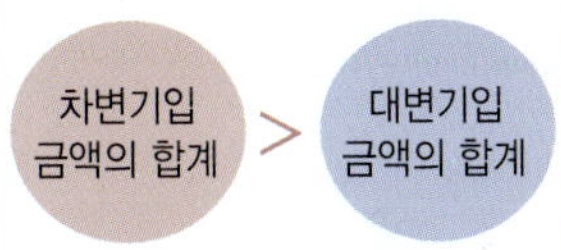

차변잔액을 가짐

[예] 자산계정, 비용계정

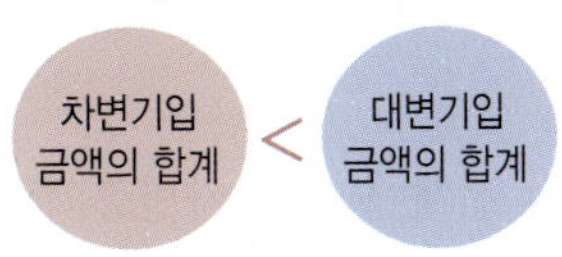

대변잔액을 가짐

[예] 부채계정, 자본계정, 수익계정

거래를 직접 재무상태표에 기입하지 않고 계정을 이용하여 기록하는 이유는 장부기록업무의 효율성을 높이고 어떤 거래가 이루어졌는가를 역사적으로 확인 및 추적할 수 있기 때문이다. T계정을 이용하는 장점은 각 개별 계정의 변동을 쉽게 식별할 수 있도록 정리함에 있다. 이와 같은 방법은 매번 거래 때마다 영향을 받는 항목을 재무상태표에 직접 변동시켜 회계등식을 완성시키는 방법에 비하여 매우 간편하며 효과적이다. 이러한 회계기록은 종이에 수행할 수도 있고, 컴퓨터 파일 상에서 기록될 수도 있다. 동일한 기록이며 단지 도구의 차이만 있는 것이다.

보충설명

계정의 정상적인 잔액 (평상잔액)

자산계정은 정상적인 상태에서는 차변잔액을 가진다. 왜냐하면 자산이 증가되면 차변에 기입되기 때문에 자산이 존재하기만 하면 당연히 차변잔액을 가진다. 따라서 대변잔액을 가지는 자산계정은 더 이상 자산이 되지 못한다. 예를 들어서 매출채권이란 자산계정이 대변잔액을 가지고 있다고 하면, 이것은 회사가 고객에게 돈을 지불해야 할 의무가 있다는 것을 나타내기 때문에 부채계정으로 분류되어야 한다. 반대로 부채계정이나 자본계정 등의 지분계정은 정상적인 상태에서는 대변잔액을 가진다. 이를 정상적인 잔액(normal balance) 또는 평상잔액이라고 한다.

그러나 경우에 따라서는 각 계정은 회사의 회계처리절차 등의 이유 때문에 일시적으로 비정상적인 계정잔액을 가질 때가 있다. 이 경우에는 재무상태표를 작성할 때 그 계정의 속성을 잘 나타내도록 계정과목을 바꾸어서 보고하여야 한다. 예를 들어, 일시적으로 −(마이너스) 현금을 보유할 수 있다.

그렇다고 계정잔액만을 보고 자산계정인지 부채 및 자본계정인지를 모두 판단할 수 없는 경우가 있다. 왜냐하면 대변잔액을 가진 계정에는 부채 및 자본계정뿐만 아니라 자산의 차감계정(contra account)에 해당되는 것이 있기 때문이다. 예를 들면 감가상각누계액계정은 정상적으로 대변잔액을 가지지만 이 계정은 부채 및 자본계정이 아니라 자산계정의 차감계정이다. 마찬가지로 차변잔액을 가지는 계정이라고 해서 반드시 자산계정에 해당되는 것은 아니고, 이 중에는 자본계정의 차감계정에 속하는 것이 있다. 이들에 대하여는 나중에 각 계정과목들에 대하여 구체적으로 설명하게 될 때 자세히 다루도록 하겠다. 또한 현금이 과부족한 상태에서는 현금계정이 대변잔액을 보일 수도 있다.

7. 복식부기의 자기검증기능

지금까지 회계상의 거래를 기록하는 데 사용되는 기본적인 복식부기절차에 대하여 살펴보았다. 절차를 이해하는 것 못지않게 왜 거래를 다른 방법이 아닌 복식부기절차에 의하여 회계기입 하는지를 이해하는 것도 중요하다.

위의 거래를 차변과 대변으로 분리하여 기록하였을 때 계정 전체에 대한 차변총액과 대변총액이 일치되었는데 이것은 우연한 결과가 아니다. 만일 거래가 정확하게 복식부기절차에 의하여 기록되었다면 차변총액과 대변총액은 반드시 일치되어야 한다. 이를 대차평형의 원리라고 한다. 만일 일치되지 않았을 경우에는 회계기입상에 오류가 있음이 틀림없다. 따라서 차변기입액과 대변기입액이 일치되고 있는지를 검토하면 회계기입상의 오류가 있는지를 확인할 수 있다.

복식부기의 자기검증기능
차변기입액과 대변기입액이 일치되고 있는지를 검토하면 회계기입상의 오류가 있는지를 확인할 수 있음.

차변기입액과 대변기입액의 불일치가 회계기입상의 오류를 나타낸다고 해도, 차변기입액과 대변기입액의 일치가 반드시 정확하게 회계기입 되었음을 나타내는 것은 아니다. 물론 대부분의 회계기입상의 오류는 차변기입액과 대변기입액의 일치여부에 의하여 밝혀지지만 거래에 대한 기록 자체가 생략되었다거나 계정과목이 잘못 설정되었을 경우(계정오분류) 이에 대한 오류는 복식부기에서 검증되지 않는다. 따라서 차변의 합과 대변의 합의 일치는 적절한 회계처리에 대한 필요조건이지 충분조건은 아니다. 예를 들어 현금에 ₩1,000이 차변에 기록되어야 하는데 잘못해서 매출채권에 ₩1,000이 차변에 기록되었어도 회계방정식은 성립한다. 이 경우는 계정오분류에 해당한다.

03 수익적 거래의 기록

CHECK POINT
- 수익적 거래
- 임시계정
- 선급임차료
- 미지급임차료

여기에서는 소비자에게 상품 또는 서비스를 판매하는 수익적 거래를 회계등식을 통해 살펴본대로 자산과 부채 및 자본에 직접 기록해 보고, 다음에는 수익과 비용 등의 임시계정을 사용하여 기록하는 방법을 살펴보겠다.

1. 자산과 부채 및 자본계정에 의한 수익적 거래의 기록

수익적 거래가 이루어지면 대개 현금 또는 매출채권과 같은 자산이 증가되고, 동시에 여러 가지 자산이 감소된다. 자산의 감소는 다음의 두 가지로 분류된다. 첫째는 상품이 팔려서 소비자에게 제공되기 때문에 상품이란 자산이 감소된 경우이고, 둘째는 차량이나 선급임차료와 같은 원가요소가 수익을 얻는 과정에서 소멸되어 자산이 감소되는 경우이다. 물론 급여가 발생되었으나 아직 지급되지 않았을 경우에는 부채가 증가된다. 또한 수익적 거래에 의하여 자산이 증가되면 그 금액만큼은 수익이 되어 자본항목 중 이익잉여금을 증가시키고, 자산이 감소 또는 부채가 증가하게 되면 그 금액만큼은 비용이 되어 자본항목 중 이익잉여금을 감소시킨다. 따라서 유리한 수익적 거래가 이루어졌다면 해당 금액만큼 이익잉여금을 증가시킨다. 반대로 불리한 수익적 거래가 이루어졌다면 해당 금액만큼 이익잉여금을 감소시킨다.

사 례

다음은 (주)신촌의 20×1년 1월 1일 현재의 재무상태표이다.

자 산		부채 및 자본	
현 금	₩15,000	미지급급여	₩4,000
선급임차료*	1,000	자 본 금	20,000
상 품	19,000	이익잉여금	11,000
	₩35,000		₩35,000

* 임차료를 미리 지급하고 해당 기간 동안 건물을 사용할 권리

(주)신촌의 20×1년 중 거래는 다음과 같다.

거래 1 20×1년 1월 1일부터 시작하는 회계기간 중에 ₩12,000의 상품을 ₩20,000에 현금으로 판매하였다.

거래 2 20×1년 중 ₩3,000의 급여가 발생되었는데 이 중 ₩2,600만 현금으로 지급하였다.

거래 3 20×1년분 임차료는 ₩1,000이며, 현금으로 지급한 금액은 없다.

위의 수익적 거래를 회계등식을 이용해 기록하면 다음과 같다.

자 산		부채 및 자본	
(1)현 금	+₩20,000	(2)미지급급여	+₩400
(2)현 금	−2,600	(1)이익잉여금	20,000 (상품판매−수익)
(3)선급임차료*	−1,000	(1)이익잉여금	−12,000 (상품원가−비용)
(1)상 품	−12,000	(2)이익잉여금	−3,000 (급여−비용)
		(3)이익잉여금	−1,000 (임차료−비용)
순 변 화 액	+₩4,400	순 변 화 액	+₩4,400

* 시간의 경과로 건물을 사용할 권리가 경과한 기간만큼 소멸됨.

이익잉여금에 영향을 주는 항목은 ₩20,000의 수익과 ₩12,000, ₩3,000, ₩1,000의 비용이다. 즉 이익에 영향을 주는 항목이 모두 이익잉여금 계정에 모아진다. 결과적으로 20×1년 12월 31일의 재무상태를 다음과 같이 나타낼 수 있다.

자 산		부채 및 자본	
현 금	₩32,400	미지급급여	₩4,400
선급임차료	−	자 본 금	20,000
상 품	7,000	이익잉여금	15,000
	₩39,400		₩39,400

이렇게 수익적 거래를 자산과 부채 및 자본에 직접 기록하는 방법은 거래를 기본적인 재무상태표 구성요소, 즉 자산계정, 부채계정 및 자본계정으로 분리하여 기록한다는 이점이 있다. 그러나 이와 같은 방법의 단점은 이익잉여금이 어떠한 이유 때문에 증감

되었는지에 대한 설명이 없이 증감만이 기록되었다는 데 있다. 즉, 수익과 비용 항목이 명시되지 않은 단점이 있다. 따라서 이익잉여금의 증감이 직접 이익잉여금 계정에 기록되기보다는 별도의 수익, 비용과 관련된 항목을 이용하여 기록될 필요성이 있다.

2. 임시계정을 사용한 수익적 거래의 기록

지금까지는 수익적 거래를 자산과 부채 및 자본에 직접 기록하고 이익잉여금의 증감액을 가지고 이익을 측정하였다. 수익적 거래를 이익잉여금에 직접 기록하는 것이 개념적으로 타당하지만, 이 방법은 이익잉여금에 너무나 많은 거래기입이 이루어져야 한다는 이유 때문에 실무에서는 사용되지 않는다. 대신 회계실무에서는 수익계정, 비용계정 등의 임시계정(temporary accounts)을 이용하여 수익적 거래를 기록한다. 수익, 비용과 관련된 임시계정이 바로 손익계산서와 관련된 계정이다. 수익계정이나 비용계정을 임시계정이라고 하는 이유는 이들이 회계기간 중에만 수익적 거래를 기록하기 위하여 임시로 설정되었다가 회계기말에는 결산기입절차(closing entry)를 통하여 수익합계에서 비용합계를 뺀 순잔액이 이익잉여금으로 전기(posting)되고, 수익과 비용의 각 계정잔액이 0이 되어 재무상태표에는 나타나지 않기 때문이다. 이와 같은 임시계정, 즉 수익과 비용을 나타내는 계정은 손익계산서를 보고할 때만 필요한 정보를 제공한다. 반면에 임시계정의 반대적 성격을 보이는 영구계정(permanent account), 즉 자산계정, 부채계정 및 자본계정은 소멸되지 않고 본장의 앞에서 설명하였듯이 계정의 잔액이 다음 회계연도로 이월된다. 따라서 영구계정이 잘못 기록되면 이 영향은 계속 누적되어 이월되게 된다.

임시계정
회계처리에서 편의상 임시로 설정한 계정으로 가계정이라고도 함.

비유로 이해하기 **스코어보드(임시계정) vs. 개인 신기록(영구계정)**

회계 계정은 그 역할에 따라 '임시계정'과 '영구계정'으로 나뉩니다.

- **임시계정**(수익, 비용): 축구 경기의 '스코어보드'와 같습니다. 오직 이번 한 경기의 득점과 실점만 기록하죠. 경기가 끝나면 최종 스코어를 기록한 뒤, 다음 경기를 위해 스코어보드는 깨끗하게 '0'으로 리셋합니다. 이처럼 수익과 비용 계정은 한 회계기간의 성과만 보여주고, 기간이 끝나면 0이 되어 사라집니다.
- **영구계정**(자산, 부채, 자본): 선수의 '개인 통산 기록'과 같습니다. 선수의 키나 몸무게(자산, 부채)는 경기가 끝난다고 리셋되지 않습니다. 통산 득점 기록처럼 계속 누적되어 다음 시즌(회계기간)으로 이어지죠.

회계실무에서는 수익계정, 비용계정 등의 임시계정을 이용하여 수익적 거래를 기록한다.

소비자에게 상품이나 서비스를 판매하여 그 대가로 자산이 유입되면 증가된 자산 금액을 해당되는 자산계정의 차변에 기입하고, 수익적 거래에 의한 자산의 유입으로 이익잉여금이 증가되었다는 것을 나타내기 위하여 동일한 금액을 해당 수익계정의 대변에 기입한다. 또한 수익을 얻는 과정에서 유출된 자산을 기록하기 위해서 감소된 자산금액을 해당 자산계정의 대변에 기입하고, 동시에 자산의 유출로 인하여 감소된 이익잉여금을 기록하기 위하여 동일한 금액을 비용계정의 차변에 기록한다. 따라서 수익과 비용의 발생과 관련된 계정의 차변과 대변 금액의 변화는 자산과 부채 및 자본의 차변과 대변에 대한 약속에서부터 논리적으로 추정이 가능한 것이지 새로운 약속이 필요한 것은 아니다.

(1) 수익계정과 비용계정을 사용하는 이유

수익적 거래를 직접 이익잉여금계정에 기록하는 것보다 수익계정과 비용계정을 사용하여 기록하면 기업의 영업성과에 관하여 좀 더 상세하고 잘 분류된 정보를 많이 얻을 수 있다. 주주, 채권자, 경영자, 기타 회계정보이용자들은 일정기간 중에 얻은 이익에 관한 단순한 정보 이외에도 어떻게 그 이익을 얻었는가를 판단할 수 있는 정보를 필요로 한다. 즉 얼마나 많은 자산이 상품의 판매, 투자자산에 대한 이자, 임대한 건물에 의한 임대료 등에 의하여 증가되었는지, 판매수익을 얻기 위하여 소비자에게 제공한 상품의 원가는 얼마인지, 일정기간 동안에 발생된 판매비와 당기의 총판매액과는 어떤 관계인지, 당기에 소멸된 자산은 어떤 것이 있고, 그 금액은 얼마인지 등과 같은 의문을 가질 수 있다. 이와 같은 의문들에 대한 답은 수익적 거래를 이익잉여금계정에 직접 기록하였을 경우에는 수익과 비용의 계정과목들이 체계적으로 정리가 되지 않기 때문에 쉽게 얻을 수 없다. 또한 경영자의 업적평가에 필요한 상세한 정보도 얻을 수 없다. 그러나 수익계정과 비용계정 등의 임시계정을 이용하여 수익적 거래를 기록하면 위의 의문에 필요한 정보를 상세하게 기록하고 잘 분류할 수 있다.

(2) 임시계정에 의한 수익적 거래의 기록방법

소비자에게 상품 또는 서비스를 제공하는 수익적 거래가 이루어지면 일단 현금 또는 매출채권 등의 자산이 증가되고, 동시에 상품 등의 자산이 소비되어 감소한다. 또한 수익적 거래에 의하여 자산이 증가되면 이 금액만큼 이익잉여금이 증가되기 때문에 수익계정이 증가되고, 자산이 감소되면 이 금액만큼 이익잉여금이 감소되기 때문에 비용이 되어 비용계정을 증가시켜야 한다. 그러면 수익적 거래에 의하여 수익과 비용이 발생되었을 경우에 수익계정과 비용계정을 이용하여 어떻게 기록할 것인가?

수익은 자본계정인 이익잉여금을 증가시키고, 비용은 이익잉여금을 감소시킨다. 따라서 수익이 증가된 경우에는 이익잉여금을 증가시키고 이익잉여금이 증가되면 대변에 기록되기 때문에 해당 수익계정의 대변에 기입된다. 반대로 수익이 감소된 경우에는 이익잉여금이 감소되고, 이익잉여금이 감소되면 차변에 기록되기 때문에 수익계정의 차변에 기입된다. 따라서 수익이 발생한 경우에 수익계정의 계정잔액은 정상적으로 대변잔액을 갖는다. 비용이 발생된 경우에는 이익잉여금을 감소시키고, 이익잉여금이 감소되면 차변에 기록되기 때문에 비용계정의 차변에 기입된다. 반대로 비용이 감소된 경우에는 이익잉여금이 증가되고, 이익잉여금이 증가되면 대변에 기록되기 때문에 비용계정의 대변에 기입된다. 따라서 비용이 발생될 경우에 비용계정의 계정잔액은 정상적으로 차변잔액을 갖는다. 자산, 부채, 자본 계정의 차변과 대변에 각각 증가/감소가 기록됨은 회계정보이용자간의 약속에 의한 것이지만 수익과 비용계정의 차/대변 기입은 영구계정, 즉 재무상태표 관련 계정 과목의 차/대변의 증감으로부터 논리적인 추론이 가능하다.

결국 수익계정과 비용계정 등을 이용하여 수익적 거래를 기록하기 위해서는 일단 매출(판매수익), 이자수익, 임대료 등의 수익계정과 매출원가, 임차료, 급여 등의 비용계정을 설정한 다음, 수익의 증가는 해당 수익계정의 대변에, 감소는 차변에 기입하고, 비용의 증가는 해당 비용계정의 차변에, 감소는 대변에 기입한다.

수익계정		비용계정	
감 소 (−)	증 가 (+)	증 가 (+)	감 소 (−)

* 수익계정과 비용계정은 자산, 부채, 자본과 달리 증가/감소라는 표현 대신 발생/소멸이라는 표현을 사용하는 것이 개념상 더 적절하다. 그 이유는 수익계정과 비용계정은 한 회계기간 동안만 존재하는 임시계정이기 때문이다. 그러나 본서에서는 이해를 돕기 위해 증가/감소라는 표현을 사용한다.

본 절 초반에 제시한 〈사례〉를 거래분석 및 기록의 5단계에 따라 수익계정과 비용계정을 이용하여 기록하여 보자.

① 거래에 의하여 어떤 계정이 영향을 받는지 고려한다.

② 해당된 계정이 자산, 부채, 자본, 수익, 비용 중 어디에 속하는지 확인한다.

③ 영향을 받은 계정이 얼마만큼 증감되었는지 확인한다.

④ 해당계정의 차변 또는 대변에 기입할 것인지를 결정한다.

⑤ 차기(차변기록)금액과 대기(대변기록)금액의 일치여부를 검토한다.

거래 1. ₩12,000의 상품을 ₩20,000에 현금으로 판매하였다.

1단계: 이 거래는 소비자에게 상품을 제공한 수익적 거래로서 수익과 비용이 동시에 발생하였다. 수익과 관련되어 영향을 받은 계정은 현금계정과 매출이고, 비용과 관련되어 영향을 받은 계정은 상품계정과 매출원가계정이다.

2단계: 현금은 자산계정에 매출은 수익계정에 속하고, 상품은 자산계정에 매출원가는 비용계정에 속한다.

3단계: 현금계정과 매출계정은 각각 ₩20,000 증가되었고, 상품계정은 ₩12,000 감소된 반면, 매출원가계정은 ₩12,000 증가되었다.

4단계: 현금계정의 차변에 ₩20,000, 매출계정의 대변에 ₩20,000 기입하고, 상품계정의 대변에 ₩12,000, 매출원가계정의 차변에 ₩12,000 기입한다.

5단계: 차변기입액(₩20,000+₩12,000)=대변기입액(₩20,000+₩12,000)

분개는 다음과 같다.

(차)	현 금	20,000	(대)	매 출	20,000
	매출원가	12,000		상 품	12,000

비유로 이해하기 **유튜버 '신촌쿠키'가 굿즈를 팔았다면?**

앞서 PPL 광고를 했던 '신촌쿠키'가 이번엔 자신의 로고가 박힌 티셔츠(상품)를 팔았다고 상상해봅시다.
거래: 원가 1만원짜리 티셔츠를 팬에게 1만 5천원에 현금 받고 팔다.
이 거래는 두 가지 사건이 동시에 일어난 것입니다.
1. 수익 발생: 1만 5천원을 벌었습니다.
2. 비용 발생: 수익을 얻기 위해 1만원짜리 티셔츠를 희생했습니다.

이를 복식부기로 기록하면 다음과 같습니다.

- (수익 부분) (차) 현금 15,000 / (대) 매출 15,000
  해석: 현금(자산)이 1만 5천원 늘었고(차변), 그 원인은 티셔츠 판매(수익)가 1만 5천원 발생했기 때문이다(대변).
- (비용 부분) (차) 매출원가 10,000 / (대) 상품 10,000
  해석: 판매한 상품의 원가(비용) 1만원이 발생했고(차변), 그 결과 창고에 있던 티셔츠(자산) 1만원어치가 사라졌다(대변).

이처럼 하나의 판매 거래를 수익과 비용의 발생으로 나누어 보면, 우리가 얼마를 벌었고(매출) 그 과정에서 얼마를 썼는지(매출원가)를 더 명확하게 파악할 수 있습니다.

이를 회계순환과정에 따라 원장에 전기하면 다음과 같다.

현 금	
✔ ₩ 15,000	
(1) ₩20,000	

매 출	
	(1) ₩20,000

상 품	
✔ ₩ 19,000	(1) ₩12,000

매출원가	
(1) ₩12,000	

확인표시(✔)는 지난 회계기간으로부터 이월된 금액을 표시한다. 즉, 영구계정의 당기의 기초금액이다. 수익/비용의 임시계정에 기초금액이 존재하지 않는 이유는 임시계정은 그 성격상 매 회계기간 말에 잔액이 0으로 마감되는 임시계정이므로 다음 회계기간으로 이월되는 금액이 없기 때문이다. 이는 뒤에서 자세하게 설명된다. 거래 1에서 두 개의 금액이 존재하는데 ₩20,000은 판매금액이며 ₩12,000은 판매한 상품의 원가이다.

거래 2. ₩3,000의 급여가 발생되었는데 이 중 ₩2,600만 현금으로 지급하였다.

1단계: 급여가 발생되고, 미지급급여계정과 현금계정이 영향을 받았다.

2단계: 급여는 비용계정, 미지급급여는 부채계정, 현금은 자산계정에 속한다.

3단계: 급여계정은 ₩3,000 증가되었고, 미지급급여계정은 ₩400 증가되었으며, 현금계정은 ₩2,600 감소되었다.

4단계: 급여계정의 차변에 ₩3,000, 미지급급여계정의 대변에 ₩400, 현금계정의 대변에 ₩2,600 기입한다.

5단계: 차변기입액(₩3,000) = 대변기입액(₩400 + ₩2,600)

분개는 다음과 같다.

(차) 급　　여	3,000	(대) 현　　금	2,600
		미지급급여	400

현　금

차변	대변
V ₩ 15,000	(2) ₩2,600
(1) ₩20,000	

미지급급여

차변	대변
	(2) ₩400

급　여

차변	대변
(2) ₩3,000	

거래 3. 당기의 임차료는 ₩1,000이며, 현금으로 지급한 금액은 없다. 참고적으로, 이미 선급된 임차료가 존재한다면 임차료 비용의 지출이나 지출할 의무의 증가없이 선급된 부분만 정리하면 된다.

1단계: 임차료계정과 선급임차료계정이 영향을 받는다.

2단계: 임차료는 비용계정, 선급임차료는 자산계정이다.

3단계: 임차료계정은 ₩1,000 증가되었고, 선급임차료계정은 ₩1,000 감소되었다.

4단계: 임차료계정의 차변에 ₩1,000 기입, 선급임차료계정의 대변에 ₩1,000 기입한다.

5단계: 차변기입액(₩1,000) = 대변기입액(₩1,000)

분개는 다음과 같다.

(차) 임　차　료	1,000	(대) 선급임차료	1,000

선급임차료
임차료는 현금은 지출되었으나 다음 연도의 임차료 비용으로 해당되는 금액

선급임차료

차변	대변
V ₩ 1,000	(3) ₩1,000

임 차 료

차변	대변
(3) ₩1,000	

원가는 처음에 상품이나 선급임차료와 같은 **자산계정**에 집계되었다가 상품이 판매되어 소비자에게 제공될 때, 또는 선급임차료 같은 경우에는 시간이 경과됨에 따라 원가

미지급임차료

기중에 임대용역을 제공받고도 현금을 지급하지 않아서 아직 비용을 장부에 기록하지 않은 미지급분을 미지급임차료라 한다. 당연히 부채계정이다.

가 소멸되어 비용으로 인식된다. 따라서 원가라는 개념은 자산의 형태를 띨 수도 있고 비용의 개념을 띨 수도 있다. 그러나 비용 중에는 급여와 같이 자산계정에 집계되지 않고 직접 비용화하는 항목도 존재한다.

예를 들어 회사가 전기를 소비하는데 전기 자산을 창고에 보관하였다가 소비(비용화)하는 것이 아니라 받는 즉시 소비(비용화)한다.

보충설명

선급임차료와 미지급임차료의 기록

위의 내용은 이월된 선급임차료가 존재할 경우의 회계처리 절차이다. 일반적으로 임차료가 발생하였는데 현금이 지급되지 않았다면 다음 두 가지 분개가 가능하다.

(1)(차) 임 차 료	×××	(대) 선급임차료	×××
(2)(차) 임 차 료	×××	(대) 미지급임차료	×××

(2)의 경우는 발생한 임차료에 대하여 이를 지급할 의무(부채)가 생성되는 것이며 (1)의 경우는 이미 임차료를 지급하였기 때문에 임차료가 발생하여도 이를 지급하지 않아도 될 권리가 소멸되므로 자산의 감소로 기록이 되었다. 어느 경우에 어느 분개를 수행하여야 하는지는 거래가 발생한 시점의 선급임차료의 잔액이 존재하는지에 따라 결정된다. 즉, 선급임차료 계정의 원장을 검토하여야 한다.

따라서 분개를 수행할 때는 관련된 계정의 존재와 동시에 잔액을 확인하는 것이 매우 중요하다. 분개를 수행하는 시점에 미지급임차료계정에 잔액이 존재한다고 하여도 추가적으로 발생한 임차료에 대한 현금의 지급이 되지 않았다고 하면 미지급임차료계정이 추가로 증가한다. 반면에 이미 지급한 임차료가 있었다면 임차료 비용이 인식될 때, 당연히 미리 지급한 임차료가 소진된 후에 미지급임차료가 증가되어야 한다.

위의 예제에서 거래가 발생한 시점에 선급임차료가 ₩1,000 잔액으로 남아 있었고 발생한 임차료가 ₩2,000라면 다음과 같은 분개가 수행된다.

(차) 임 차 료	2,000	(대) 선급임차료	1,000
		미지급임차료	1,000

선급임차료가 먼저 소진되고 임차료를 지급할 의무, 미지급임차료가 생성된다. 선급한 부분으로는 발생한 임차료를 정산하기에 부족하므로 부족한 부분이 부채의 증가로 나타난다. 따라서 분개가 수행될 경우는 관련된 계정이 존재하는지와 그 계정의 잔액이 얼마인지를 확인하여야 한다.

보충설명

미수임대료와 선수임대료의 기록

이와 같은 예제를 건물을 임대하는 건물주의 입장에서 살펴보자. 건물주에게 ₩1,000의 임대료(수익)가 발생하였으며 현금이 유입되지 않았다면, 이는 위와 유사한 두 가지 방법으로 분개가 가능하다.

(1)(차) 미수임대료	1,000	(대) 임 대 료	1,000
(2)(차) 선수임대료	1,000	(대) 임 대 료	1,000

우선 (1)의 경우와 같이 선수임대료 계정이 존재하지 않을 경우에는 인식되는 수익이 모두 미수임대료라는 권리, 즉 자산으로 기록된다. 또한 (2)의 경우와 같이 선수임대료의 잔액이 당기에 인식되는 임대료에 해당하는 금액 이상으로 충분한 경우에는 선수임대료라는 의무만 상쇄된다.

한편, 선수임대료 계정에는 잔액이 존재하지만 인식하는 수익에 비하여 이 잔액이 충분하지 않을 경우에는 선수임대료라는 의무가 우선 소진된 다음 미수임대료라는 권리(자산)가 생성될 것이다. 예를 들어, 선수임대료의 잔액이 ₩1,000이고 임대료가 ₩2,000이라면 다음과 같은 분개가 수행된다.

(차) 미수임대료	1,000	(대) 임 대 료	2,000
선수임대료	1,000		

앞서 예시된 거래 중 거래 1 과 같이 상품을 판매하여 유입된 자산과 수익(현금계정의 차변기입과 매출계정의 대변기입)에 관한 것은 상품을 판매한 시점에서 기입하여야 하지만, 그 외의 다른 회계기입은 거래가 일어날 때마다 기록할 필요가 없다. 즉 임차료나 이자비용 등은 현금의 지급과 관계없이 시간이 경과됨에 따라 계속하여 발생되는데, 이를 계속해서 기록하는 것은 현실적으로 불가능하고 설사 가능하다고 하더라도 이러한 정보의 유용성은 별로 없으므로 일정기간 동안 기록하지 않고 있다가 회계기말에 일괄하여 기록한다. 즉, 이러한 비용은 일정한 기간동안의 기간비용으로 처리된다. 마찬가지로 비용계정 중에서 가장 큰 비중을 차지하는 매출원가도 실무에서는 많은 경우에 거래가 이루어질 때마다 기록하지 않고 회계기말에 일괄하여 기록한다. 임차료의 경우 일별, 주별, 월별로 계산은 가능하나 한 회계기간 동안에 발생한 금액이 손익계산서에 비용으로 보고되므로 재무제표 단위 기간보다 짧은 기간의 비용의 계상은

계산과정을 복잡하게 할 뿐, 회계정보이용자에게 도움이 되지 않는다.[2)] 이에 대한 보다 자세한 내용은 제4장 수정분개 부분에서 다루게 된다.

04 거래의 분개

CHECK POINT

- 분개
- 분개장

분개
회계상의 거래를 분개장에 기입하는 회계절차

1. 분개장의 의미

지금까지는 계정을 통하여 회계상의 거래를 기록하였다. 그러나 하루에도 수천, 수만 개의 거래가 이루어지는 실무에서 거래가 일어날 때마다 직접 계정에 거래를 기록하면 날짜별로 어떤 거래가 이루어졌는가를 체계적으로 파악할 수 없다. 왜냐하면 개별 계정에는 거래의 한쪽 측면만이 기록되고, 거래 관련 계정과목이 분산되어 있기 때문에 관련 계정과목을 일일이 찾아서 대조하기 전에는 매일매일 발생한 거래를 체계적으로 파악하기 힘들기 때문이다.

이런 문제점을 해소하기 위하여 회계담당자들은 분개장을 설정한다. 분개장이 설정되면 모든 거래는 해당 계정과목에 기록되기 이전에 모두 분개장에 일자별로, 즉 역사적으로 기록된다. 분개장에서 분개된 후에 각 거래는 총계정원장의 해당 계정과목에 옮겨 기록되게 되는데 분개장에서 분개된 것을 해당 계정과목으로 옮겨 적는 것을 전기(轉記, posting)라고 하고, 회계상의 거래를 분개장에 기입하는 회계절차를 분개(分介, journal entry)라고 한다. 회계의 순환과정에서 다시 기술하겠으나 순환과정의 순서 상, 분개를 먼저 수행한 이후에 원장에 옮겨 적게 된다. 다만 본 교과서에서는 설명의 편의상 거래가 T계정에 미치는 영향을 설명한 후 분개를 설명한다.

2) 기업 외부의 재무제표 이용자가 이용 가능한 회계정보는 분·반기와 연차 재무제표일 것이나, 기업내부적으로는 주간 또는 월간 재무제표정보를 필요로 할 수도 있다.

비유로 이해하기 **요리 레시피(분개장)와 재료 보관함(총계정원장)**

지금까지의 과정을 요리에 비유해 볼까요?

분개장(journal)은 '오늘 만들 요리의 레시피 노트'와 같습니다.

"① 10시에 마트에서 삼겹살을 외상으로 사 온다. ② 11시에 대파를 현금 주고 사 온다…" 처럼 모든 활동을 시간 순서대로 꼼꼼하게 기록하는 것이죠. 이것이 분개입니다.

하지만 레시피 노트만 봐서는 지금 냉장고에 삼겹살이 총 몇 근 있는지, 내 지갑에 현금이 얼마 남았는지 한눈에 알기 어렵습니다. 그래서 우리는 '재료별 보관함'이 필요합니다. 이것이 바로 총계정원장(general ledger)입니다.

'삼겹살 통', '대파 통', '현금 통'에 각각의 변동 내역을 옮겨 담는 것입니다. 레시피 노트에 적힌 "삼겹살 외상 구매" 기록을 보고 '삼겹살 통'에 "1근 증가"라고 옮겨 적는 과정, 이것이 바로 전기(posting)입니다. 전기를 해야만 각 재료(계정)가 얼마나 남았는지(잔액) 쉽게 파악할 수 있겠죠?

거래를 계정과목에 직접 기입하지 않고 먼저 분개장에 기록함으로써 예상되는 이점은 다음과 같다.

① 경제적 사건을 시간/사건순으로 파악할 수 있다.

② 기록상의 오류를 추적할 수 있도록 거래를 완전히 기록할 수 있다.

③ 회계기입을 설명할 수 있는 여백이 있다.

가장 단순한 형태의 분개장은 2위식 보통분개장(two-column general journal)인데, 분개절차는 다음과 같다.

① 거래가 이루어진 날짜를 기록한다. 연(年)은 각 페이지의 일자란 맨 위에 기입하고 월은 월란에 기입하는데 다음 달 거래가 발생하기 전까지는 기입하지 않는다. 날짜는 거래를 분개할 때마다 기입한다.

② 차변에 기입될 계정은 적요란의 왼쪽에 붙여쓴다.

③ 차변에 기입될 금액은 차변란에 기입한다.

④ 대변에 기입될 계정은 차변계정 한 칸 밑에 오른쪽으로 약간 치우쳐서 기입한다.

⑤ 대변에 기입될 금액은 대변란에 기입한다.

⑥ 거래에 대한 설명은 대변계정보다 약간 오른쪽으로 치우쳐서 한 칸 아래에 기록하는데, 설명사항은 거래에 대한 핵심적인 정보만을 기입한다.

원면란에는 분개가 완료된 후 보통 분개장에 있는 차변 금액과 대변 금액이 전기될 원장의 페이지를 기입한다. 원면란에 원장의 페이지를 기입하는 목적은 두 가지가 있는데, 첫째는 분개기입이 원장에 전기되었다는 것을 나타내는 데 있고, 둘째는 회계장부 기록상 오류가 발생되었을 때 원장에서 분개장으로 추적을 가능하게 하는 데 있다.

보통분개장

일자		적 요	원면	차 변	대 변
		(1) 현 금	1	100,000	
		자 본 금	50		100,000
		(주식 발행)			
		(2) 건 물	8	50,000	
		현 금	1		50,000
		(건물구입)			
		(3) 상 품	5	10,000	
		매입채무	20		10,000
		(상품구입)			
		(4) 매입채무	20	10,000	
		현 금	1		10,000
		(외상매입금 변제)			
		(5) 현 금	1	15,000	
		매 출	52		15,000
		(상품판매에 의하여 현금수입)			
		매출원가	52	10,000	
		상 품	5		10,000
		(상품의 매출원가)			

2. 증빙서류의 입수

회계상의 거래를 기록하기 위해서는 우선 회계상의 거래에 관련된 모든 증빙서류가 회계담당부서에 수집되도록 회계조직을 효율적으로 설계하여야 한다. 효율적인 정보의 교환을 위해서는 적절한 회계정보시스템의 구축이 필수적이다. 증빙서류에는 영수증, 송장, 청구서, 전표, 어음 등 여러 가지가 있겠지만, 대표적인 거래에 관한 증빙서류를 예를 들면 다음과 같다.

> 매입: 매입송장, 검수보고서
> 매출: 매출송장, 적송보고서, 현금계산카드
> 매출원가: 출고집계표, 적송보고서, 기말재고상품목록
> 매입채무의 지급: 지급수표명세서, 지급승인에 관한 제서류

3. 분 개

위에서 설명한 바와 같이 회계조직은 수집한 증빙서류를 통하여 회계상의 거래가 이루어졌는지를 알 수 있다. 분개(journal entry)란 이러한 증빙서류를 토대로 회계상의 거래를 시간 순서에 따라 분개장에 기록하는 것을 말한다.

회계순환과정 종합사례

※ 신촌주식회사는 20×1.1.1에 설립되었으며, 회계기간은 1.1~12.31이다.

〈회계연도 중 거래〉

1. 5. 신촌주식회사는 20×1년 1월 5일 주식을 발행하고 현금 ₩100,000을 받아 설립되었다.

1.31. 토지와 건물을 현금 ₩70,000에 구입하였는데 건물의 원가는 ₩50,000이고 토지는 ₩20,000이다.

2. 5. 상품 ₩100,000을 외상으로 매입하다.

3.15. 비품 ₩10,000을 외상으로 구입하였다.

4.17. 비품대금 중 ₩8,000을 현금으로 지급하였다.

6.20. 상품을 매출하고(원가 ₩50,000) ₩100,000을 현금으로 받다. 이 회사는 매출원가를 매출과 동시에 비용처리한다.

7. 1. 상품(원가 ₩5,000)을 ₩8,000에 외상판매하다.

8.31. 소모품 ₩2,400을 구입하고 이를 비용으로 처리하였다.

9.15. 위의 매출채권 중 ₩6,000을 현금으로 받다.

10. 1. 1년치(20×1.10.1~20×2.9.30) 보험료 ₩3,600을 미리 지급하고 이를 자산(선급보험료)으로 회계처리하였다.
12.31. 지난 1년(20×1.1.1~20×1.12.31) 동안의 임차료 ₩20,000을 현금으로 지급하였다.

다음의 보통분개장은 회계순환과정 종합사례에 제시된 거래를 보통분개장에 기입한 것이다.

참고로, 소모품이나 비품을 외상으로 구입하는 경우에는 매입채무 대신 미지급금이라는 계정을 사용한다. 판매목적인 재고자산(상품)을 외상으로 구입하는 경우에는 매입채무라는 계정이 사용되지만, 소모품이나 비품은 판매가 아닌 영업 활동을 수행하기 위하여 사용하기 위한 자산이므로, 이와 관련된 외상대금은 미지급금이라는 별도의 계정을 사용함에 유의하도록 한다.

미지급금
미지급금은 이미 발생하여 인식된 회계거래지만 아직 현금이 지급되지 않은 경우 사용되는 부채계정과목이다.

보통분개장

1페이지

일자		적 요	원면	차 변	대 변
20×1					
1	5	현 금	1101	100,000	
		자 본 금	3101		100,000
		(주식 ₩100,000을 발행하였음)			
	31	토 지		20,000	
		건 물		50,000	
		현 금			70,000
		(토지, 건물을 현금 ₩70,000에 구입함)			
2	5	상 품		100,000	
		매입채무			100,000
		(상품 ₩100,000을 외상으로 매입함)			
3	15	비 품		10,000	
		미지급금			10,000
		(비품 ₩10,000을 외상으로 구입함)			

				차변	대변
4	17	미지급금		8,000	
		현 금			8,000
		(비품 외상대금 중 ₩8,000을 현금으로 지급함)			
6	20	현 금		100,000	
		매 출			100,000
		매출원가		50,000	
		상 품			50,000
		(상품을 현금으로 매출함)			
7	1	매출채권		8,000	
		매 출			8,000
		매출원가		5,000	
		상 품			5,000
		(상품을 외상으로 판매함)			
8	31	소모품비		2,400	
		현 금			2,400
		(소모품을 현금으로 구입함)			
9	15	현 금		6,000	
		매출채권			6,000
		(매출채권 중 ₩6,000을 현금으로 받음)			
10	1	선급보험료		3,600	
		현 금			3,600
		(1년치 보험료를 현금으로 지급함)			
12	31	임 차 료		20,000	
		현 금			20,000
		(1년치 임차료를 현금으로 지급함)			

그러나 본서에서는 학습목적으로 다음과 같이 단순화된 형식으로 분개하기로 한다.

(차) 현 금	100,000	(대) 자 본 금	100,000

– 이하 생략 –

05 총계정원장 전기 및 계정잔액 산출

CHECK POINT

- 총계정원장
- 수정전시상표
- 수정분개

1. 총계정원장에 전기

회계상의 거래를 보통분개장에 분개하였으면 매일, 매주 또는 매월 회계담당자는 분개장을 원장에 전기하여야 한다. 앞에서는 단순화된 T계정에 전기하는 것을 살펴보았는데, 실무에서는 이보다 더 자세한 계정을 사용한다. 계정의 왼쪽에는 일자, 적요, 분면, 기입될 금액란이 설정되어 있고, 오른쪽도 마찬가지의 항목들이 있다.

회계담당자는 다음과 같은 절차를 거쳐서 분개장을 원장에 전기한다.

① 분개장에서 원장의 차변 또는 대변에 전기될 항목을 원장에 기입한다.

② 일자란에는 일자, 차변란 또는 대변란에는 금액을 기입하고 분면란에는 항목이 전기된 분개장의 페이지를 기재한다. 이때 원장의 적요란에는 분개장에서 분개되어 있는 상대방 계정이름을 적는다. 상대방 계정이 두 개 이상일 경우에는 제좌라고 기재한다.

③ 분개장에는 전기가 이루어졌다는 것을 나타내기 위해서 원면란에 원장의 페이지를 기입한다.

한 거래의 대차(貸借) 어느 한 쪽의 계정이 두 개 이상의 계정과목에 걸쳐 기입되는 일을 제좌라고 한다.

1월 5일에 이루어진 거래를 보통분개장에서 원장에 전기하는 과정을 도시하면 다음과 같다.

보통분개장

1페이지

일자		적요	원면	차변	대변
20×1					
1	5	현금	1101	100,000	
		자본금	3101		100,000
		(주식₩100,000를 발행하였음)			

계정원장(현금)

1101

일자		적요	분면	차변	일자		적요	분면	대변
20×2									
1	5	자본금	분1	100,000					

계정원장(자본금)

3101

일자		적요	분면	차변	일자		적요	분면	대변
					20×2				
					1	5	현금	분1	100,000

신촌주식회사에서 이루어진 20×1년 동안의 회계상의 거래 중 현금과 관련된 거래들을 분개장에서 현금계정으로 모두 전기한 결과가 다음에 예시되어 있다. 1월 31일 거래에서 현금계정의 상대방 계정이 토지계정과 건물계정 두 계정이기 때문에 적요란에 제좌라고 기입한 것이다. 이와 같이 원장의 장점은 한 계정과목의 변동을 일자별로 파악하는 데 있다.

현 금

일자		적 요	분면	차 변	일자		적 요	분면	대 변
20×1					20×1				
1	5	자 본 금	분1	100,000	1	31	제 좌	분1	70,000
6	20	매 출	분1	100,000	4	17	미 지 급 금	분1	8,000
9	15	매 출 채 권	분1	6,000	8	31	소 모 품 비	분1	2,400
					10	1	선급보험료	분1	3,600
					12	31	임 차 료	분1	20,000

그러나 본서에서는 학습목적으로 단순화된 T계정에 전기하기로 한다. 종합사례의 분개를 T계정에 전기하면 다음과 같다.

자 산

현 금

1/5	100,000	1/31	70,000
6/20	100,000	4/17	8,000
9/15	6,000	8/31	2,400
		10/1	3,600
		12/31	20,000

매출채권

7/1	8,000	9/15	6,000

부 채

매입채무

		2/5	100,000

미지급금

4/17	8,000	3/15	10,000

선급보험료

10/1	3,600		

상 품

2/5	100,000	6/20	50,000
		7/1	5,000

비 품

3/15	10,000		

건 물

1/31	50,000		

토 지

1/31	20,000		

자 본

자 본 금

		1/5	100,000

비 용

매출원가

6/20	50,000		
7/1	5,000		

소모품비

8/31	2,400		

임 차 료

12/31	20,000		

수 익

매 출

		6/20	100,000
		7/1	8,000

2. 계정잔액의 산출: 수정전시산표

수정전시산표

회계기말에 총계정원장에 있는 각 계정의 잔액을 계산하고, 잔액과 계정을 나열하는 표

회계기말에는 총계정원장에 있는 각 계정의 잔액을 계산하여야 하고, 잔액과 계정을 나열하여야 한다. 이러한 표를 **수정전시산표**(unadjusted trial balance)라 한다. 수정전시산표는 회계기말에 실시하여야 할 회계순환과정의 첫 단계로서, 회계정보를 요약하는 단계이다. 수정전시산표에는 차변과 대변으로 분류된 원장계정과 그 잔액이 포함된다. 수정전시산표를 작성하는 목적은 회계기간 동안에 분개가 제대로 이루어졌고 또 총계정원장에의 전기가 정확히 수행되었으며, 각 중간단계의 합계 계산이 정확히 이루어졌는가를 본격적인 재무제표작성을 시작하기 전에 확인하는 데 있다. 수정전시산표를 작성하고 난 후에 이를 토대로 수정분개를 실시하고, 재무제표를 작성할 수 있다.

보충설명

시산표와 대차평형의 원리 (principle of equilibrium)

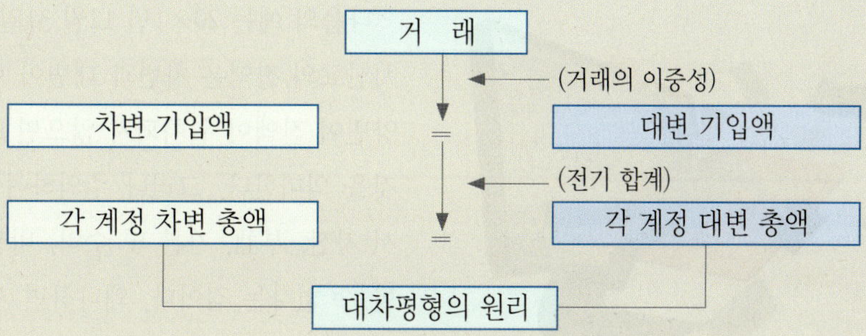

① 거래의 이중성에 의하면 회계상 거래는 반드시 차변과 대변에 동시에 영향을 미침
② 따라서 모든 계정의 차변에 기록된 금액의 합계와 대변에 기록된 금액의 합계는 항상 일치할 것임
③ 만약 차변금액의 합계와 대변금액의 합계가 일치한다면, 각 거래는 올바르게 기록된 것임
④ 이를 '대차평형의 원리'라고 하며, 복식부기는 이를 통해 자기검증기능을 가지게 됨
⋯› 시산표는 대차평형의 원리에 근거해서 작성됨

비유로 이해하기 **시산표는 '시험 가채점'과 같아요!**

모든 분개와 전기를 마친 후 작성하는 수정전시산표(trial balance)는 중요한 시험을 치른 뒤 정답만 맞춰보는 '가채점'과 같습니다. 차변 합계와 대변 합계가 일치하는지 확인하며 "아, 중간에 계산 실수는 없었구나!"하고 안심하는 단계죠.

하지만 가채점에서 100점이 나왔다고 만점을 확신할 수 있을까요?

그렇지 않습니다! 만약 3번 문제의 정답(예: 현금 10,000원)을 4번 문제의 답안 칸(예: 상품 10,000원)에 잘못 적었다면 어떻게 될까요? 채점표의 총합계는 맞을지 몰라도, 3번과 4번 문제는 모두 틀린 답이 됩니다.

이처럼 시산표는 차변과 대변의 합계가 일치하는지는 알려주지만, 엉뚱한 계정과목에 금액을 기록하는 '내용상의 오류'까지는 잡아내지 못합니다. 시산표는 완벽한 정답지가 아니라, 다음 단계로 넘어가기 위한 '최소한의 검산 과정'이라는 점을 꼭 기억하세요!

다음의 예는 20×1년 12월 31일의 신촌주식회사의 수정전시산표이다. 시산표의 잔액은 차변과 대변이 항상 일치하여야 한다. 만일 시산표 상 양변이 잔액이 일치되지 않으면 회계기록과 전기상에 오류가 있었다는 것을 의미한다. 그러나 주의하여야 할 것은 시산표가 일치되었다고 해서 자산, 부채, 자본 및 수익, 비용이 반드시 작성일자 현재 적절하다고 할 수 없다는 점이다. 왜냐하면 시산표는 단순히 계정의 잔액과 이들의 차변, 대변잔액이 일치되는지만 보여주기 때문이며 적절치 않은 계정에 금액이 기입된다면 이를 수정전시산표에서 발견할 수는 없다. 단, 복식부기가 제대로 수행되지 않았다면 이는 시산표에서 확인할 수 있다. 수정전시산표 상의 계정잔액은 작성일자 현재의 자산, 부채, 자본 및 수익, 비용을 정확하게, 완전하게 나타내지 못하기 때문에 **수정분개**를 행하여야 한다. 수정분개에 대해서는 제4장에서 자세히 살펴본다.

수정전시산표

(주)신촌 20×1년 12월 31일 (단위: 원)

계 정 과 목	차 변	대 변
현 금	102,000	
매 출 채 권	2,000	
선 급 보 험 료	3,600	
상 품	45,000	
비 품	10,000	
건 물	50,000	
토 지	20,000	
매 입 채 무		100,000
미 지 급 금		2,000
자 본 금		100,000
매 출		108,000
매 출 원 가	55,000	
소 모 품 비	2,400	
임 차 료	20,000	
	310,000	310,000

일치

보충설명

시산표에서 발견할 수 없는 오류

다음 사항들은 시산표의 차변과 대변이 일치하더라도 발견할 수 없는 오류들이다.

① 거래에 대한 분개를 똑같이 누락하거나 전기를 누락한 경우
② 거래를 이중으로 분개하거나 이중으로 전기한 경우
③ 차변과 대변 모두 잘못된 동일한 금액으로 분개하거나 전기한 경우
④ 오류가 우연히 상계된 경우

연습문제

01 T계정을 이용한 거래의 기록

	차변	대변
(1) 주주들이 현금으로 출자했다.		
(2) 상품을 외상으로 매입하였다.		
(3) 현금을 지급하고 건물을 구입했다.		
(4) 기계장치를 현금으로 팔았다.		
(5) 자금을 차입하고 현금을 받았다.		
(6) 차입금을 갚는 대신 주식을 지급했다.		
(7) 상품을 외상으로 판매하였다.		
(8) 외상매출금을 현금으로 받다.		
(9) 외상매입금을 현금으로 지급했다.		

물음 위의 거래를 T계정에 기입할 때, 차변과 대변에 기입될 계정을 아래의 계정중 적절한 것을 골라 해당 번호를 기입하라.

1. 현 금	2. 매 출 채 권	3. 상 품
4. 비 품	5. 선급보험료	6. 매 입 채 무
7. 차 입 금	8. 자 본 금	9. 이익잉여금
10. 기계장치	11. 건 물	12. 미 지 급 금
13. 미 수 금		

02 거래의 분개와 T계정의 전기

(1) 주주들이 ₩100,000을 현금으로 출자했다.

(2) 회사는 상품 ₩9,000을 외상으로 매입했다.

(3) 회사는 외상매입금 중 ₩4,000을 현금으로 지급했다.

(4) 1년 동안의 임차료 ₩1,200을 미리 현금으로 지불했다.

(5) 영업을 시작한 첫 달인 3월 중에 ₩5,800의 상품을 현금 ₩9,900에 판매하였다. 또 종업원에게 지급한 급여는 ₩1,000이고 월말 현재 ₩200을 아직 지급하지 못했다.

(6) 주주들에게 ₩500의 배당금을 현금으로 지급하였다.

물음 T계정을 설정하고, 위의 3월 중의 거래를 T계정에 기입하라. 단 거래 번호도 같이 기입할 것.

03 T계정을 통한 거래의 분석

6개의 거래가 아래와 같이 T계정에 기록되어 있다.

현 금

차변		대변	
(1)	57,500	(2)	30,000
		(3)	12,500
		(5)	2,500
		(6)	11,500

비 품

차변		대변	
(4)	11,250		

미지급금

차변		대변	
(6)	57,500	(3)	32,500
		(4)	11,250
		(5)	7,500

토 지

차변		대변	
(2)	30,000		

소 모 품

차변		대변	
(5)	10,000		

자 본 금

차변		대변	
		(1)	57,500

기계장치

차변		대변	
(3)	45,000		

물음 각각의 거래를 추적하여 아래의 표의 예와 같이 어떤 계정이 영향을 받았는지, 그 계정이 증가되었는지 감소되었는지를 기록하라.

거래	차변잔액		대변잔액	
	계정의 유형	증가, 감소	계정의 유형	증가, 감소
(1)	현금	증가	자본금	증가

04 T계정의 설정과 거래의 기입

다음은 무악회사의 20×1년 2월 28일자 계정잔액들이다. 무악회사는 페인트를 칠해주는 회사이다.

매 입 채 무	₩ 298,000
매 출 채 권	633,000
현 금	312,000
자 본 금	3,584,000
설 비	689,000
차 입 금	2,153,000
페 인 트	376,000
차 량 운 반 구	4,025,000

3월 중 거래는 다음과 같다.

3월 5일: 페인트 ₩94,000을 현금매입하였다.
9일: 휘발유 ₩18,000을 구입하여 전부 소비하였다.
9일: 페인트 ₩130,000어치를 사용하였다.
10일: 3월 1일부터 10일까지 칠해준 페인트 대금 ₩416,000을 고객에게 청구하였다.
13일: 외상매출금 ₩590,000을 회수하였다.
17일: 3월 11일부터 3월 17일까지 칠해준 페인트 대금 ₩290,000을 고객에게 청구하였다.
20일: 은행으로부터 빌린 차입금 중 ₩280,000을 상환하였다.
25일: 새로운 설비를 현금 ₩100,000에 구입하였다.
26일: 페인트 ₩160,000어치를 사용하였다.
27일: 외상매입금 ₩150,000을 지급하였다.
27일: 3월 18일부터 3월 27일까지 칠해준 페인트 대금 ₩983,000을 청구하였다.
28일: 종업원 급여 ₩208,000을 현금으로 지급하였다.
30일: 외상매출금 중 ₩390,000을 회수하였다.

물음 T계정을 설정하고 3월 중 거래를 기입하시오.

05 임시계정을 사용한 거래의 기록

(1) 회사는 보통주를 발행하고 그 대가로 다음의 자산을 받았다.

현 금	₩10,000
차 량	₩10,000
사무용비품	₩15,000
사무용소모품	₩ 5,000

(2) 한 달분 임차료 ₩2,000을 지급하다.
(3) 서비스를 제공하고 현금 ₩10,000을 받다.
(4) 외상으로 ₩20,000의 서비스를 제공하다.
(5) 외상대금 ₩15,000을 회수하다.
(6) 사무용비품 ₩8,000을 외상으로 구입하다.
(7) 사무용비품 외상구입대금 중 ₩6,000을 지급하다.
(8) ₩10,000의 급여가 발생되었으나 지급하지 못했다. 회사는 미지급급여계정을 사용한다.
(9) 미지급급여를 지급하다.
(10) 수선유지비 ₩2,000을 지급하다.
(11) 전기사용료 ₩5,000을 지급하라는 청구서를 받았다.

물음 위의 거래를 T계정을 이용하여 기입하라.

06 분개를 통한 거래의 추정

	차 변		대 변	
(1)	건 물	35,000	현 금	35,000
(2)	차 입 금	22,000	자 본 금	22,000
(3)	상 품	15,000	현 금	15,000
(4)	매 출 채 권	6,500	이익잉여금	6,500
	이익잉여금	4,000	상 품	4,000
(5)	현 금	12,000	이익잉여금	12,000
	이익잉여금	8,000	상 품	8,000
(6)	현 금	3,000	매 출 채 권	3,000

물음 위의 분개되어 있는 것을 보고 어떤 거래가 이루어졌는가를 설명하고 T계정에 전기하라.

정답과 해설

01

	차변	대변
(1)	1	8
(2)	3	6
(3)	12	1
(4)	1	10
(5)	1	7
(6)	7	8
(7)	2	3
(8)	1	2
(9)	6	1

02

	차변	금액	대변	금액
(1) ①	(차) 현 금	100,000	(대) 자본금	100,000
②	(차) 상 품	9,000	(대) 매입채무	9,000
③	(차) 매입채무	4,000	(대) 현 금	4,000
④	(차) 선급임차료	1,200	(대) 현 금	1,200
⑤	(차) 현 금	9,900	(대) 상 품	5,800
			이익잉여금	4,100
	(차) 이익잉여금	1,200	(대) 현 금	1,000
			미지급급여	200

또는

	차변	금액	대변	금액
	(차) 현 금	9,900	(대) 이익잉여금	9,900
	(차) 이익잉여금	5,800	(대) 상 품	5,800
	(차) 이익잉여금	1,200	(대) 현 금	1,000
			미지급급여	200
⑥	(차) 이익잉여금	500	(대) 현 금	500

현 금			
①	100,000	③	4,000
⑤	9,900	④	1,200
		⑤	1,000
		⑥	500

상 품			
②	9,000	⑤	5,800

매입채무			
③	4,000	②	9,000

선급임차료	
④ 1,200	

미지급급여	
	⑤ 200

이익잉여금	
⑤ 1,200	⑤ 4,100
⑥ 500	

보통주자본금	
	① 100,000

(3)

재무상태표

현 금	₩103,200	매입채무	₩5,000
선급임차료	12,00	미지급급여	200
상 품	3,200	보통주자본금	100,000
		이익잉여금	2,400
	₩107,600		₩107,600

03

거래	차변잔액		대변잔액	
	계정의 유형	증가, 감소	계정의 유형	증가, 감소
(1)	현금	증가	자본금	증가
(2)	토지	증가	현금	감소
(3)	기계장치	증가	현금 미지급금	감소 증가
(4)	비품	증가	미지급금	증가
(5)	소모품	증가	현금 미지급금	감소 증가
(6)	미지급금	감소	현금	감소

04

페인트			
✔	₩376,000	3/9	₩130,000
3/5	94,000	3/26	160,000
		✔	180,000
	₩470,000		₩470,000
✔	₩180,000		

휘발유			
3/9	₩18,000	3/9	₩18,000
	₩18,000		₩18,000

현 금			
✔	₩312,000	3/5	₩94,000
3/13	590,000	3/9	18,000
3/30	390,000	3/20	280,000
		3/25	100,000
		3/27	150,000
		3/28	208,000
		✔	442,000
	₩1,292,000		₩1,292,000
✔	₩442,000		

매입채무			
3/27	₩150,000	✔	₩298,000
✔	148,000		

매출채권			
✔	₩633,000	3/9	₩590,000
3/10	416,000	3/30	390,000
3/17	290,000	✔	1,342,000
3/27	983,000		
	₩2,322,000		₩2,322,000
✔	₩1,342,000		

설 비			
✔	₩689,000	✔	₩789,000
3/25	100,000		
	₩789,000		₩789,000
✔	₩789,000		

차입금			
3/20	₩280,000	✔	₩298,000
✔	1,873,000		
	₩2,153,000		₩2,153,000
		✔	₩1,873,000

차량운반구			
✔	₩4,025,000	✔	₩4,025,000
	₩4,025,000		₩4,025,000
✔	₩4,025,000		

자본금			
✔	₩3,584,000	✔	₩3,584,000
	₩3,584,000		₩3,584,000
		✔	₩3,584,000

이익잉여금			
3/9	₩18,000	3/10	₩416,000
3/9	130,000	3/17	290,000
3/26	160,000	3/27	983,000
3/28	208,000		
✔	1,173,000		
	₩1,689,000		₩1,689,000
		✔	₩1,173,000

05 〈분개〉

(1) (차) 현 금	10,000	(대) (보통주)자본금	40,000
차량운반구	10,000		
비 품	15,000		
소모품	5,000		
(2) (차) 임차료 (또는 선급임차료)	2,000	(대) 현 금	2,000
(3) (차) 현 금	10,000	(대) 매 출	10,000
(4) (차) 매출채권	20,000	(대) 매 출	20,000
(5) (차) 현 금	15,000	(대) 매출채권	15,000
(6) (차) 비 품	8,000	(대) 미지급금	8,000
(7) (차) 미지급금	6,000	(대) 현 금	6,000
(8) (차) 급 여	10,000	(대) 미지급급여	10,000
(9) (차) 미지급급여	10,000	(대) 현 금	10,000
(10) (차) 수선유지비	2,000	(대) 현 금	2,000
(11) (차) 전기료	5,000	(대) 미지급전기료	5,000

06 (1) 건물을 현금 ₩35,000을 지불하고 구입하였다.

(2) 차입금 ₩22,000을 갚는 대신 주식을 지급했다.

(3) 상품을 현금 ₩15,000을 지불하고 매입하였다.

(4) 상품을 ₩6,500에 외상으로 판매하였는데 매출원가는 ₩4,000이었다.

(5) 상품을 현금 ₩12,000을 받고 판매하였는데 매출원가는 ₩8,000이었다.

(6) 매출채권(외상매출금) ₩3,000을 회수하였다.

현 금

차변		대변	
(5)	12,000	(1)	35,000
(6)	3,000	(3)	15,000

상 품

차변		대변	
(3)	15,000	(4)	4,000
		(5)	8,000

건 물

차변		대변	
(1)	35,000		

차입금

차변		대변	
(2)	22,000		

매출채권

차변		대변	
(4)	6,500	(6)	3,000

이익잉여금

차변		대변	
		(4)	2,500
		(5)	4,000

자본금

차변		대변	
		(2)	22,000

들어가며… '신촌 빵집'의 첫 달이 정신없이 지나갔습니다. 장부에는 돈이 많이 남은 것 같은데, 이게 진짜 우리 빵집의 이익일까요? 우리가 한 달 내내 사용한 전기 요금, 조금씩 낡아진 오븐의 가치는 아직 반영되지 않았습니다. 이번 장에서는 연말정산처럼, 숨겨진 비용과 수익을 찾아내 장부를 현실에 맞게 '조정'하고, 한 해를 '마감'하는 방법을 배웁니다.

summary

회계기말인 보고기간 말이 되면, 발생주의 하에서의 재무상태와 수익비용을 확정하기 위해 수정분개과정이 필요하다. 수정분개는 기간배분과 수익비용대응의 원칙 때문에 필요하다. 수정분개를 실시한 후 이를 원장에 전기하여, 원장계정의 잔액을 산출한 다음 새로운 시산표를 작성하게 되는데 이를 수정후시산표(trial balance after adjustments)라 한다. 이 수정후시산표는 보고서일의 각 계정의 정확한 잔액을 나타낸다. 이 수정후시산표를 근거로 포괄손익계산서와 재무상태표가 작성되게 된다. 복잡한 회계절차상의 오류를 피하고 회계기말에 실시하여야 할 업무를 단순화시키기 위해 정산표를 사용할 수 있다.

C·H·A·P·T·E·R

04

회계의 순환과정(3): 거래의 조정

01 수정분개
02 결산분개(마감분개)
03 정 산 표

01 수정분개

CHECK POINT

- 수정분개 및 전기
- 선급항목
- 선수항목
- 발생항목
- 추정항목

1. 수정분개의 필요성

발생기준회계(accural basis accounting)에 의하면 수익(revenue)은 매출이 행해지거나 서비스를 제공했을 때(즉, 발생되었을 때) 인식하며 따라서 현금의 실제 수입시기와 회계처리 시점은 상이할 수 있다. 이와 유사하게 비용의 인식시점도 실제 현금의 지불 시점과는 상이할 수 있다. 반면에 현금기준회계(cash basis accounting)에 의하면 수익과 비용은 궁극적으로 현금이 수입되고 지출되었을 때 인식된다. 이 두 가지 방법 중에서 발생기준이 채택되고 있는데 그 이유는 발생기준회계가 수익과 비용을 적절히 대응시켜 한 회계기간에 있어서의 기업의 경영성과를 좀더 잘 나타내 주기 때문이다. 이렇듯이 수정분개가 필요한 첫번째 이유는 바로 발생기준회계를 적용하기 때문이다.

일정기간 동안의 손익계산서는 그 기간 동안의 모든 수익과 이러한 수익을 발생시키는 데 소요된 모든 비용을 반영하고 있어야 하고 재무상태표는 회계기간말의 기업의 재무상태를 적정하게 표시하고 있어야 한다. 회계기간 동안 거래 발생시 기록하는 것만으로는, 기간 경과에 따른 자산가치 변동이나 발생주의 적용 등이 누락되어 기업의 재무상태나 경영성과가 부적절하게 나타날 수 있다. 따라서 수정분개의 목적은 주로 기간계산을 정확히 하기 위함이며 그 기준일은 회계기간말이다. 이러한 수정분개는 대부분 영구계정(자산, 부채, 자본)과 임시계정(수익, 비용)에 모두 영향을 미친다.

비유로 이해하기 **수정분개는 기업의 '연말 건강검진'이다!**

매일의 거래를 기록하는 것은 마치 우리가 매일 식단을 기록하는 것과 같습니다. 하지만 식단 기록만으로는 우리 몸의 진짜 상태를 알 수 없죠. 연말에 혈액검사, 내시경 같은 '정밀 건강검진'을 받아야 숨겨진 문제를 찾아내고 정확한 건강 상태를 파악할 수 있습니다.

수정분개(adjusting entries)가 바로 기업의 '연말 건강검진'입니다. 한 해 동안 기록된 거래들 외에, 아직 기록되지 않았지만 분명히 발생한 수익과 비용(예: 시간만 흘러도 소모되는 보험료나 이자)을 찾아내어 장부를 최신 상태로 업데이트하는 과정이죠. 이 '건강검진'을 거쳐야만 비로소 기업의 진짜 재무상태와 경영성과를 보여주는 완벽한 재무제표가 탄생할 수 있습니다.

수정분개
실제로 발생된 수익과 비용이지만 발생할 때마다 기록하지 않고 회계기말에 일괄적으로 조정하여 회계기입하는 절차

요약하면, 수정분개(adjusting entries)를 통하여 한 회계기간에서 다른 회계기간으로 넘어가기 전에 아직 인식되지 않은 모든 수익과 비용을 기간에 맞게 정확하게 인식하고 보고일 현재의 재무상태를 적정하게 표시하게 된다. 이를 달리 표현하면 수정분개는 실제로 발생된 수익과 비용이지만 기장업무를 줄이기 위하여 수익과 비용이 발생될 때마다 기록하지 않고 회계기말에 일괄하여 회계기입하는 절차로, 이를 통해 모든 계정을 최근화하는 것을 의미한다.

2. 수정분개의 종류

회계기말에 수정분개를 행하여야 할 거래에는 여러 가지 유형이 있는데 이들은 크게 다음과 같이 분류할 수 있다.

① 이연항목(선급항목, 선수항목)
- ㉠ 선급비용(예: 선급보험료), (차) 선급보험료 ××× (대) 현 금 ×××
- ㉡ 선수수익(예: 선수임대료), (차) 현 금 ××× (대) 선수임대료 ×××

② 발생항목
- ㉠ 발생된 비용(예: 미지급급여), (차) 급 여 ××× (대) 미지급급여 ×××
- ㉡ 발생된 수익(예: 미수이자), (차) 미수이자 ××× (대) 이 자 수 익 ×××

③ 추정항목(예: 감가상각비, 대손상각비)
- (차) 감 가 상 각 비 ××× (대) 감가상각누계액 ×××
- (차) 대 손 상 각 비 ××× (대) 대 손 충 당 금 ×××

이제 이들에 대하여 구체적으로 예를 들면서 설명하기로 한다. 수정분개와 관련된 내용은 이미 앞 장에서 설명되었으나 본장에서는 이를 체계적으로 기술한다.

이연항목과 발생항목을 구분하는 근거는 이연항목은 발생하지 않은 수익과 비용에 대하여 현금의 유입/유출이 먼저 이루어진 경우이고, 발생항목은 수익/비용은 발생하였는데 현금이 아직 유입/유출되지 않은 경우이다. 현금기준의 원칙에서 판단한다면

이연항목 중 선급비용과 선수수익은 각각 지출(비용)과 수입(수익)으로 인식될 것이며, 발생항목은 현금기준하에서는 존재하지 않는다.

(1) 이연항목

선급항목
비용으로 인식되기 이전에 미리 현금이 지출된 것
(예) 선급비용

선수항목
수익으로 인식되기 이전에 미리 현금을 수령한 것
(예) 선수수익

선급항목(prepaid items)이란 비용으로 인식되기 이전에 미리 현금이 지출된 것을 말하며 선수항목(unearned)이란 수익으로 인식되기 이전에 미리 현금의 유입이 있는 것을 말한다. 이들은 모두 두 가지의 회계처리방법이 있다.

1) 선급비용

선급비용이란 비용화하기 위하여 기다리고 있는 자산을 의미한다. 이러한 선급비용은 현금 지출 시점의 회계처리방법에 따라 자산으로 처리하는 방법과 비용으로 처리하는 방법이 있는데, 회계기말 시점에 수정분개를 수행하므로 어떠한 방법을 사용하거나 보고되는 재무제표는 동일하다.

이와 같이 선급비용의 성격을 띠고 있는 것은 이 밖에도 선급임차료계정 등이 있다.

비유로 이해하기 **선급비용: 12개 묶음 콜라를 샀을 때**

선급비용이란 비용이 되기 위해 대기 중인 자산입니다. 마치 마트에서 12개 묶음 콜라를 산 것과 같습니다. 처음 12,000원을 주고 콜라를 샀을 때, 내게는 '12개의 콜라(자산)'가 생깁니다. 아직 마시지 않았으니 비용이 아니죠. 하지만 매일 한 캔씩 마실 때마다, 내 자산은 콜라 한 캔(1,000원)만큼 줄어들고 동시에 '음료비(비용)' 1,000원이 발생합니다. 이처럼 선급비용은 시간이 지나거나 사용하면서 조금씩 비용으로 변하는 자산입니다.

개념 더하기

어떤 길로 가도 서울만 가면 된다!

선급비용을 처음 기록할 때 자산으로 처리하든, 비용으로 처리하든 최종 결과가 같다는 것은 무슨 의미일까요? "1년치 사무실 임차료 120만원을 1월 1일에 미리 냈다"고 가정해봅시다.

- **방법 1** (자산 처리법 – FM 방식): 1월 1일에 '선급임차료(자산) 120만원'으로 기록합니다. 그리고 1월 31일, 한 달 치인 10만원만큼 자산이 소멸했다고 보고 '임차료(비용) 10만원'으로 수정분개합니다.
  ➞ 결과: 자산 110만원, 비용 10만원
- **방법 2** (비용 처리법 – 간편 방식): 1월 1일에 귀찮아서 일단 '임차료(비용) 120만원'으로 모두 기록합니다. 그리고 1월 31일, "아, 110만원은 아직 비용이 아니지!"

라고 깨닫고, 110만원만큼 비용을 취소하고 '선급임차료(자산)'로 수정분개합니다.
→ 결과: 자산 110만원, 비용 10만원

보시다시피, 출발점은 달랐지만 수정분개라는 '네비게이션' 덕분에 결국 같은 목적지에 도착했습니다.

예제 1

선급보험료

신촌상사는 20×1년 8월 1일에 1년치 보험료 ₩7,200을 지급하였다. 이 때의 분개와 기말 시점의 수정분개를 행하시오.

⊙ 자산으로 처리하는 방법

20×1. 8. 1	(차) 선급보험료	7,200	(대) 현 금	7,200
20×1.12.31	(차) 보 험 료	3,000	(대) 선급보험료	3,000

위의 분개 중 20×1년 12월 31일(재무상태표 보고일)에 행하는 분개가 수정분개로 기말에 8월부터 12월까지의 보험료를 인식하기 위한 분개이다. 20×1년 12월 31일 수정분개를 수행하기 전의 원장에는 보험료가 계상되어 있지 않다. 1년치 보험료가 ₩7,200이므로 한 달치 보험료는 ₩600이다. 따라서 5개월치 보험료는 ₩3,000이다.

⊙ 비용으로 처리하는 방법

20×1. 8. 1	(차) 보 험 료	7,200	(대) 현 금	7,200
20×1.12.31	(차) 선급보험료	4,200	(대) 보 험 료	4,200

20×1년 8월 1일에는 아직 보험료가 발생하지 않았지만 앞으로 발생할 것이므로 일단 비용으로 기록하고 수정분개에 의해서 회계기말에 정산한다.

마찬가지로 20×1년 12월 31일에 아직 경과하지 않은 보험료 ₩4,200을 인식하는 것이 수정분개이다. 20×1년 12월 31일 수정분개를 수행하기 전의 원장에는 보험료가 ₩7,200으로 과대 계상되어 있다. 20×2년 첫 7개월치 보험료 ₩4,200이 선급보험료로 계상된다. 어느 방법으로 분개를 수행하든지 수정분개 이후의 원장에는 동일한 금액이 보고된다. 즉, 보험료는 ₩3,000이고 선급보험료는 ₩4,200이다. 물론 20×1년 8월 1일부터 20×1년 12월 31일 사이 기간에 원장을 비교한다면 보험료와 선급보험료 계정에 사용되는 두 방법에 따라 다른 원장의 잔액이 보고된다. 그러나 회계정보이용자가 접하는 정보는 20×1년이 종료되는 시점의 회계정보이므로 두 방법에 따라 회계기간 중에 계정과목의 잔액에 차이가 발생함은 중요하지 않다. 대부분의 회계정보이용자는 공시되고 발표되는 재무제표를 접하는 것이지 개별 계정과목 정보에 접근하는 것은 아니다.

예제 2

소모품

신촌상회는 20×1년 12월 1일에 소모품 ₩1,400어치를 구입하였다. 12월 31일에 소모품 재고조사를 해보니 ₩900의 소모품이 남아 있음이 발견되었다. 이때 구입시의 분개와 기말에 행해야 할 수정분개를 하시오. 단, 소모품의 기초재고가 0임을 가정한다.

⊙ 자산으로 처리하는 방법

20×1.12. 1	(차) 소 모 품	1,400	(대) 현 금	1,400
20×1.12.31	(차) 소 모 품 비	500	(대) 소 모 품	500

12월 동안 사용된 소모품을 인식(기록)하는 것이 수정분개이다. 기말 시점의 소모품은 ₩900인데 원장의 소모품 계정에는 ₩1,400이 보고되고 있으므로 ₩500의 소모품이 과대계상되고 있으며 이 ₩500은 바로 소모품 자산이 영업활동으로 인하여 소비된 부분, 즉 비용화될 부분이다.

⊙ 비용으로 처리하는 방법

20×1.12. 1	(차) 소 모 품 비	1,400	(대) 현 금	1,400
20×1.12.31	(차) 소 모 품	900	(대) 소 모 품 비	900

즉, 이 방법은 소모품을 구입하는 시점에서 현금 지출액을 모두 비용화하는 방법이다.

20×1년 12월 31일 현재 사용되지 않은 소모품 ₩900을 인식하는 것이 수정분개이다. 즉 12월 1일에는 소모품 구입분을 모두 비용으로 처리하였는데 재고조사결과 ₩900의 재고가 남아 있으므로 이를 소모품으로 바꾸어야 한다. 즉 12월 31일의 분개가 수정되기 이전 시점의 소모품 원장에는 기초재고 ₩0만이 이월잔액으로 표시되고 있는데 재고조사 결과 ₩900이 기말재고로 보고되어야 한다. 사용가능한 ₩1,400 중 기말재고를 제외한 ₩500이 소모품비이므로 수정분개 이전 시점의 소모품비 계정의 잔액은 ₩1,400으로 ₩900만큼 과대 계상되고 있다. 따라서 수정분개에서 ₩900의 비용을 감소시켜야 한다.

보충설명

소모품 기초 금액이 존재하는 경우

예제 2를 발전시켜 생각해보자. 12월 1일 현재 소모품 기초 금액이 ₩100이었다고 가정하자. 회계기간 중의 소모품구입액이 ₩1,400이므로 다음과 같은 등식을 사용할 수 있다.

소모품비 = 사용가능한 소모품 − 기말 소모품
= 기초 소모품 + 소모품구입액 − 기말 소모품

자산으로 처리하는 방법일 경우에 12월 1일의 분개는 위 예제 2와 동일하다. 소모품비는 다음과 같이 계산된다.

소모품비=₩100+₩1,400−₩900=₩600

따라서 12월 31일의 수정분개는 다음과 같다.

(차) 소모품비	600	(대) 소 모 품	600

비용으로 처리하는 방법일 경우는 12월 1일의 분개는 위 예제 2의 비용으로 처리하는 방법의 12월 1일 분개와 동일하며, 12월 31일의 수정분개는 다음과 같다.

(차) 소 모 품	800	(차) 소모품비	800

어느 방법을 사용하든지 결과는 동일한 계정잔액을 보이므로 회계처리방법의 차이가 최종적으로 보고되는 재무제표에는 영향을 미치지 않으며 차이를 보여서도 안된다.

보충설명

수정분개시 매출원가를 일괄 기록하는 방법

우리는 제3장에서 상품 판매시마다 판매한 금액을 매출이라는 수익으로 기록하고, 동시에 판매한 상품의 원가를 매출원가로 기록하는 분개를 다루었다. 이러한 기록방법을 계속기록법이라 한다. 그러나 현실적으로 상품의 판매가 빈번하게 발생한다면, 상품 판매시마다 판매한 상품의 원가를 결정하여 매출원가로 기록하는 방법은 실무상 번거로울 수 있다. 따라서 상품 판매시에는 매출이라는 수익만 기록하고, 매출원가는 기록하지 않았다가 기말 수정분개시에 회계기간 동안의 매출원가를 일괄 기록한다면 실무상 번거로움을 덜 수 있다. 제9장에서 자세히 다루겠지만 이러한 방법을 실지재고조사법(재고실사법)이라 한다.

그렇다면 어떻게 한 회계기간 동안의 매출원가를 한꺼번에 기록할 수 있을까?

그 해답은 바로 우리가 앞에서 살펴본 소모품의 예에서 찾을 수 있다. 상품의 경우 기초상품재고액(1/1 잔액)에 당기상품매입액(1년 동안 구입액)을 더하면 한 회계기간 동안 판매할 수 있는 총상품의 개념이 되는데, 이를 판매가능상품액이라고 한다. 이 판매가능상품액에서 기말 현재 창고에 남아있는 기말상품재고액(12/31 잔액)을 차감하면 나머지는 없어진 상품, 즉 판매된 상품의 원가인 매출원가가 된다. 이를 식으로 나타내면 다음과 같다.

매출원가=[기초상품재고액+당기상품매입액]−기말상품재고액

└── 판매가능상품액

예를 들어, 기초상품재고액이 ₩60,000이고 당기상품매입액이 ₩350,000이라고 가정하자. 그렇다면 판매가능상품은 ₩410,000이다. 그리고 회사가 상품 매입시에 상품이라는 자산 계정에 기록하고 상품 판매시에 매출원가를 기록하지 않았다면 기말 현재 상품 계정의 잔액은 판매가능상품액과 동일한 ₩410,000이 된다. 이 상황에서 기말 현재 창고에 남아있는 기말상품재고액을 실제로 조사(이를 기말재고 실사라고 함)해 본 결과 ₩40,000이었다면, 회계기간 전체의 매출원가는 ₩370,000이 된다.

매출원가(₩370,000)=[기초상품재고액(₩60,000)+당기상품매입액(₩350,000)]
−기말상품재고액(₩40,000)

따라서 매출원가 ₩370,000을 수정분개를 통해 한꺼번에 기록하기 위해서는 다음과 같이 상품 계정을 감소시키고 매출원가 계정으로 기록하면 된다.

(차) 매출원가	370,000	(대) 상　품	370,000

참고적으로, 제9장에서 소개할 실지재고조사법(재고실사법)에서는 당기상품매입액 ₩350,000을 상품계정이 아닌 '매입'이라는 임시계정에 기록하는 방법을 사용한다. 이 경우 매출원가 ₩370,000을 한꺼번에 기록하기 위한 수정분개는 다음과 같이 (기초)상품 계정과 매입계정을 감소시키고, (기말)상품 계정을 증가시킨 후 그 차액만큼 매출원가 계정으로 기록하면 된다.

(차)(기말)상품	40,000	(대)(기초)상품	60,000
매출원가	370,000	매　입	350,000

결과적으로, 어떠한 방법을 사용하여도 수정분개 이후 상품계정의 잔액은 기말상품금액인 ₩40,000으로, 매출원가 계정은 ₩370,000으로 동일하게 표시된다.

매입이라는 가계정은 회계기말 재무제표에 보고되는 계정은 아니므로 기말시점 매입계정에 잔액이 남아 있다면 이 잔액은 상품 계정의 잔액으로 대체되어야 한다.

2) 선수수익

선수수익(unearned revenues)이란 수익이 인식되기 이전에 이에 대한 현금 등 자산을 수취하였을 때 발생한다. 이러한 선수수익도 최초 현금 수취시점의 회계처리방법에 따라 부채로 처리하는 방법과 수익으로 처리하는 방법 두 가지가 있다.

예제 3

선수임대료

신촌상회는 20×1년 10월 1일에 1년치 임대료 ₩3,600을 받았다. 이때 임대료 수취시와 회계기말에 하여야 할 수정분개를 행하시오.

⊙ 부채로 처리하는 방법

20×1.10. 1	(차) 현 금	3,600	(대) 선수임대료	3,600
20×1.12.31	(차) 선수임대료	900	(대) 임 대 료	900

20×1년 10월 1일에는 선수임대료가 모두 부채로 처리되어 임대료수익이 인식되지 않았기 때문에 12월 31일에는 이 중 3개월치 임대료 ₩900을 임대료수익으로 인식하는 분개가 필요한데 이것이 바로 수정분개이다.

⊙ 수익으로 처리하는 방법

20×1.10. 1	(차) 현 금	3,600	(대) 임 대 료	3,600
20×1.12.31	(차) 임 대 료	2,700	(대) 선수임대료	2,700

20×1년 10월 1일에 1년치 임대료 ₩3,600을 모두 수익으로 인식하였는데 실제로 20×1년 동안 실현된 임대료수익은 ₩900에 불과하다. 따라서 아직 실현되지 않은 임대료 ₩2,700을 선수임대료로 기록하는 것이 기말에 수행해야 할 수정분개이다.

이상에서 살펴본 바와 같이 선수항목 또는 선급항목이란 수익 또는 비용으로 인식되기 전에 미리 현금이 수입 또는 지출된 것이기 때문에 견해에 따라 두 가지의 서로 다른 회계처리방법이 존재하게 된다. 위의 모든 예에서 두 가지 대안적인 방법이 제시되고 있는데 어느 방법을 사용하든지 최종적으로 보고되는 재무제표에는 영향을 미치지 않는다.

비유로 이해하기 **선수수익: 콘서트 시즌권 티켓을 팔았을 때**

선수수익이란 수익이 되기 위해 대기 중인 부채입니다. 아이돌 가수가 4회짜리 콘서트 시즌권 티켓을 40만원에 팔았다고 해봅시다. 돈을 받은 시점에는 아직 공연을 하지 않았으므로 '4번의 공연을 해줘야 할 의무(부채)'가 생깁니다. 그리고 공연을 한 회씩 마칠 때마다, 10만원의 의무(부채)는 사라지고 비로소 10만원의 '공연 수익'이 발생합니다. 이처럼 선수수익은 약속된 서비스를 제공하면서 조금씩 수익으로 변하는 부채입니다.

(2) 발생항목

발생항목(accrued items)이란 발생은 되었으나 아직 현금이 수취 또는 지불되지 않은 것을 의미한다.

1) 발생된 비용

발생된 비용이란 발생은 하였으나 아직 지급되지 않은 비용을 나타낸다.

예제 4

미지급급여

신촌주식회사는 매달 ₩30,000을 지급하기로 하고 종업원을 고용하였다. 급여일은 매월 20일이다. 이때 회계기말인 12월 31일에 해야 할 수정분개는 무엇인가?

이번 회계연도의 마지막 급여일은 12월 20일이다. 또한 다음 급여일은 1월 20일이다. 따라서 12월 31일에 판단할 때 아직 급여일이 도래하지 않았을 뿐이지 실제로는 10일치 급여 ₩10,000이 발생되었으나 아직 지급하지 않았기 때문에 이번 회계연도가 지나기 전에 당회계연도에 귀속되어야 할 비용인 급여 ₩10,000을 인식(기록)하여야 한다. 이때의 수정분개는 다음과 같다.

(차) 급　　　여　　10,000　　(대) 미지급급여　　10,000

예제 5

미지급이자

20×1년 12월 1일에 신촌주식회사는 은행으로부터 ₩12,000을 빌렸는데, 이때 6개월 후에 원금과 연 6%의 이자를 동시에 갚기로 약속하였다. 신촌주식회사의 회계기말은 20×1년 12월 31일이며, 12월 중에 은행의 자금을 사용하였기 때문에 1달 동안의 이자를 지급하여야 할 의무가 생겨서 부채가 발생한다. 이자는 20×2년에 가서야 지급되지만, 20×1년에 발생된 지급이자는 회계기말에 인식하여야 한다.

신촌주식회사가 현금 ₩12,000을 빌렸을 때, 다음과 같이 분개한다.

(차) 현　　　금　　12,000　　(대) 단기차입금　　12,000

회계기말에는 회계기말까지 발생된 이자를 인식하여야 하는데, 이자를 계산하는 식은 다음과 같다.

이자＝원금×이자율×기간

따라서 12월 중에 발생된 이자는 ₩60(즉 12,000×0.06×1/12)이다. 회계기말에는

12월 중에 발생된 이자와 은행에 지급하여야 할 의무를 기록하기 위하여 다음과 같은 수정분개를 실시한다.

(차) 이 자 비 용	60	(대) 미지급이자	60

이자비용계정의 차변잔액은 손익계산서에 나타나고, 미지급이자의 대변잔액은 재무상태표의 부채항목, 단기차입금계정도 역시 재무상태표의 부채항목으로 나타나는데, 이 두 가지의 부채계정은 각각 이자 지급 기한이 도래하거나 융자기간이 만료될 때까지 부채항목으로 남아 있다가 은행에 현금을 지불할 때 상계된다.

앞서 설명한 바와 같이 발생주의회계에서는 현금이 지급되었는지의 여부는 중요하지 않고 이자비용이라는 비용이 발생하였는지의 여부가 핵심이다.

2) 발생된 수익

발생된 수익이란 수익은 발생하였으나 현금이 수취되지 않은 경우를 의미한다. 즉, 발생된 비용과 반대되는 경우이다.

비유로 이해하기 **이연 vs. 발생, 이것만 기억하세요! "현금 먼저? 행동 먼저?"**

수정분개의 양대 산맥인 이연과 발생, 아직도 헷갈리시나요? 딱 두 가지만 기억하면 쉽습니다.

1. 이연(defferals): 현금 먼저! 행동은 나중에!

'이연'은 말 그대로 수익과 비용의 인식을 나중으로 '미룬다'는 뜻입니다. 현금은 이미 오갔지만, 관련된 수익 · 비용은 아직 발생하지 않은 상태죠.

- 선급비용 (예: 1년치 헬스장 이용권)
  - 현금 먼저? ○ (오늘 120만원을 먼저 냈다)
  - 행동은? 나중에 (앞으로 12개월 동안 운동하며 비용으로 인식)
- 선수수익 (예: 공연 티켓 예매)
  - 현금 먼저? ○ (관객이 몇 달 전 돈을 먼저 냈다)
  - 행동은? 나중에 (실제 공연일에 수익으로 인식)

2. 발생(accruals): 행동 먼저! 현금은 나중에!

'발생'은 이미 수익과 비용이 '발생했지만', 관련된 현금은 아직 오가지 않은 상태를 의미합니다.

- 미지급비용 (예: 이번 달 휴대폰 요금)
  - 행동 먼저? ○ (이번 달 내내 통화, 데이터를 사용해 비용 발생)
  - 현금은? 나중에 (다음 달 결제일에 납부)
- 미수수익 (예: 아르바이트 월급)
  - 행동 먼저? ○ (이번 달 열심히 일해서 수익 발생)
  - 현금은? 나중에 (다음 달 월급날 수령)

예제 6

미수이자

신촌주식회사는 20×1년 12월 1일에 서울상사에게 자금을 대여하고, 그 대가로 12개월 후에 원금 ₩100,000과 연 이자율 6%의 이자를 동시에 지급받기로 하였다. 현금을 대여한 12월 1일에는 다음과 같은 분개를 실시한다.

(차) 단기대여금	100,000	(대) 현　　금	100,000

회계기말, 즉 12월 31일에 재무제표를 작성할 때까지 신촌주식회사는 12월 동안의 이자수익이 발생하며 다음과 같은 수정분개가 이러한 이자수익을 기록한다. 아직 이자수익과 관련된 현금은 수취되지 않았으나 수익은 발생한 기간 동안에 인식하여야 한다. 이자수익은 ₩100,000×0.06×1/12=₩500을 구할 수 있다.

(차) 미 수 이 자	500	(대) 이 자 수 익	500

물론 이자수익은 매일 발생하지만 회계정보이용자가 매일매일 회계정보가 정확하게 기록되는지를 확인하는 것은 아니다.

미수이자계정의 차변잔액은 재무상태표의 자산항목으로 나타나고, 이자수익계정의 대변잔액은 손익계산서의 수익항목에 나타난다.

만일 위와 같은 수정분개를 실시하지 않으면 12월 1일부터 12월 31일까지 벌어들인 이자수익 ₩500이 과소계상되어 손익계산서의 이익이 ₩500만큼 과소계상된다. 재무상태표도 역시 미수수익이라는 자산이 ₩500만큼 과소계상된다. 이자수익의 과소계상으로 인하여 법인세를 무시하면 당기순이익도 ₩500만큼 과소계상되며 따라서 이익잉여금도 ₩500만큼 과소계상된다.

(3) 추정항목

회계 추정
회계사건의 정확한 화폐금액을 환산하기 어려운 경우 추정하여 인식한다.

추정항목(estimated items)이란 그 금액을 정확히 결정할 수 없는 것으로 그 예로는 대손상각비와 감가상각비 등이 있다. 대손상각이란 매출채권 중 회수되지 않을 것으로 예측되어서 비용 처리되는 부분이다. 즉 앞의 선급항목과 발생항목들은 그 금액이 확정적인 것인데 비하여 추정항목들은 미래사건에 달려 있는 것으로 금액 산정에 주관적인 판단 기준이 개입된다.

예를 들어 신용판매로 인한 매출채권 중 일부는 회수가 불가능해질 수 있다. 그런데 이러한 대손(매출채권의 회수불능)은 당기에 외상으로 판매를 했기 때문에 이 외상매출로 인하여 미래에 발생하는 것이다. 따라서 대손이 발생한 회계연도의 비용으로 처리를 할 것이 아니라 이러한 대손이 발생하게 된 매출채권이 기록된 회계연도, 즉 판매한 회계연도의 비용으로 처리를 하여야 할 것이다. 그런데 당기에 발생된 매출채권 중 얼마나 미래에 대손될지 알 수 없기 때문에 과거의 경험 등으로 미루어 합리적인 금액을 추정하여 대손상각액을 결정하게 된다. 특히나 금융기관의 경우에 부실대출채권에 대해 어느 정도 대손을 쌓을지는 매우 중요한 결정이다.

대손상각비
매출채권의 대손예상액을 추정하여 관련된 대손상각 비용을 수정분개시 인식한다.

대손상각 비용이 결정되면 회수되지 않을 것으로 예상되는 금액에 대해서는 매출채권을 직접 감소시키는 것이 아니라 매출채권 자산을 감소시키는 성격의 차감계정인 대손충당금을 설정한다. 차감계정은 차변잔액을 갖는 매출채권에 대비하여 이 계정을 감소시키므로 대변에 기입된다.

예를 들어 기말 매출채권 잔액 ₩100,000에 대해 이번 회계연도에 설정하여야 할 대손충당금이 ₩4,000으로 추정되었고 수정분개전 대손충당금잔액이 0일 때, 이에 관한 수정분개는 다음과 같다.

(차) 대손상각비	4,000	(대) 대손충당금 (매출채권의 차감계정)	4,000

대손충당금은 재무상태표에 다음과 같이 표시한다.

부분재무상태표

매 출 채 권	100,000		
대손충당금	(4,000)	96,000	

비유로 이해하기 **대손상각: 인심 좋은 사장님의 현실적인 장사법**

동네 슈퍼 사장님은 경험상 외상을 해 간 손님 100명 중 1~2명은 돈을 떼먹고 이사 간다는 사실을 알고 있습니다. 이때 모든 외상매출금 100%가 다 들어올 것이라고 장부에 적는 것은 너무 순진한 생각 아닐까요?

대손상각은 이처럼 미래에 떼일 것으로 '예상'되는 금액을 미리 합리적으로 추정하여, 매출이 발생한 기간의 비용으로 처리하는 현실적인 회계처리입니다. 이는 수익(외상매출)과 그에 따르는 비용(떼일 위험)을 같은 기간에 대응시켜 더 정확한 이익을 계산하기 위한 회계의 지혜랍니다.

건물이나 비품 등의 설비자산은 1년 이상 장기간에 걸쳐 영업활동에 사용할 목적으로 보유하는 것이다. 기업은 이들 자산을 매년 사용하면서 그에 따른 가치감소를 비용으로 계상하는 것이 필요하다.

비유로 이해하기 **감가상각: 비싼 노트북, 100만원에 샀지만…**

100만원짜리 노트북을 샀다고 해서, 첫 달에 100만원을 전부 비용으로 처리하는 것은 합리적이지 않습니다. 왜냐하면 이 노트북은 앞으로 몇 년간 우리를 위해 열심히 일하며 수익 창출에 기여할 테니까요.

감가상각은 이 노트북의 가치가 시간이 지남에 따라 조금씩 닳아 없어진다고 보고, 그 가치 감소분을 매 기간의 비용으로 나누어 인식하는 과정입니다. 마치 100만원짜리 거대한 피자를 사서, 매달 한 조각씩 먹어 치우는 비용을 계산하는 것과 같습니다. 이는 자산의 원가를 사용 기간에 걸쳐 체계적으로 배분하는 가장 합리적인 방법입니다.

예를 들어 ₩1,000,000에 구입한 기계장치에 대해 합리적이고 체계적인 원가배분방법에 의하여 계산된 감가상각비가 ₩200,000으로 결정되었을 때 이에 관한 수정분개는 다음과 같이 행해진다.

(차) 감가상각비	200,000	(대) 감가상각누계액 (기계장치의 차감계정)	200,000

감가상각비가 누적되는 부분이 감가상각누계액으로 계상이 되며 이는 해당 설비자산에 대한 차감계정이다. 따라서 대변잔액을 갖는다. 이와 같이 차감계정을 사용하는 방법은 감가상각 금액이 직접 해당 자산을 감소시키는 방법에 비하여 해당 자산의 취득원가에 대한 기록을 계속 유지할 수 있다는 장점이 있다.

> **감가상각**
> 자산의 내용연수 동안 합리적이고 체계적인 방법으로 원가를 배분하는 과정으로 수익비용 대응원칙에 부합한다.

감가상각누계액은 재무상태표에 다음과 같이 표시한다.

부분재무상태표

기 계 장 치	1,000,000		
감가상각누계액	(200,000)	800,000	

비유로 이해하기 **차감계정은 '투명필름'과 같아요!**

감가상각비를 기록할 때, 왜 번거롭게 '감가상각누계액'이라는 차감계정을 사용할까요? 그것은 자산의 '원래 모습(취득원가)'과 '지금까지의 변화(감가상각 누적액)'를 모두 보여주기 위해서입니다.

어릴 적 벽에 키를 쟀던 것을 떠올려보세요.

- **자산 계정** (예: 기계장치): 키를 쟀던 '벽'과 같습니다. 10년 전 처음 샀을 때의 가격(취득원가)이라는 원본 기록을 그대로 남겨둡니다.
- **차감계정** (예: 감가상각누계액): 그 벽 위에 덧댄 '투명 필름'과 같습니다. 매년 가치가 닳아 없어지는 만큼, 이 투명 필름 위에만 표시를 해 나갑니다.

이렇게 하면 우리는 벽에 새겨진 원래 가격과, 투명 필름에 누적된 가치 하락분을 동시에 볼 수 있어 훨씬 더 풍부한 정보를 얻을 수 있습니다. 이것이 직접 자산 계정을 줄이지 않고 차감계정을 사용하는 이유입니다.

Focus on Decision Making

[상 황]

'신촌 빵집'의 첫 연말 결산일, 나사장은 회계사와 함께 기말 수정분개를 검토하고 있습니다. 다른 항목들은 대부분 명확했지만, 두 가지 '추정' 항목을 두고 고민에 빠졌습니다.

"올해 우리 빵집의 성과를 어떻게 보고해야 할까? 최대한 보수적으로 해야 할까, 아니면 조금 낙관적으로 봐도 될까?"

[선택지 분석]

1. 선택 A: '낙관적' 회계 추정

- 판단: "우리 오븐은 최고급이라 10년은 거뜬히 쓸 거야! (내용연수 10년 적용)" 또한, "우리 동네 단골손님들은 신용이 좋아서 외상값 떼일 일이 거의 없을 거야. (대손율 1% 추정)"

4 회계의 순환과정(3): 거래의 조정 Principles of Accounting

• 결과: 감가상각비와 대손상각비가 낮게 계산됩니다. 결과적으로 올해의 비용이 줄어들어 당기순이익은 높게 나타납니다. 은행에 대출 심사를 받을 때 유리해 보일 수 있습니다.

2. 선택 B: '보수적' 회계 추정

• 판단: "오븐 기술은 빨리 변하니까 5년만 쓰는 걸로 계산하는 게 현실적이야. (내용연수 5년 적용)" 그리고, "일반적인 요식업 통계를 보면, 외상값의 3%는 못 받는다고 봐야 해. (대손율 3% 추정)"
• 결과: 감가상각비와 대손상각비가 높게 계산됩니다. 결과적으로 올해의 비용이 늘어나 당기순이익은 낮게 나타납니다. 이익은 적어 보이지만, 미래에 발생할 수 있는 비용을 미리 반영한 더 안정적인 보고가 됩니다.

[나사장의 의사결정]

이 사례는 회계가 단순히 정해진 답을 찾는 과정이 아니라, 합리적인 근거에 기반한 '전문가적 판단과 추정'이 매우 중요하다는 것을 보여줍니다. 나사장이 단기적으로 이익을 부풀리고 싶다는 유혹에 빠진다면 '선택 A'를 주장할 수도 있습니다.

하지만 정보이용자에게 신뢰성 있는 정보를 제공해야 하는 회계의 목적을 생각한다면, 가장 객관적이고 현실적인 근거를 바탕으로 '선택 B'처럼 보수적으로 추정하는 것이 바람직합니다. 이처럼 결산 시점의 수정분개, 특히 추정 항목에 대한 의사결정이 바로 그 기업의 이익의 질(quality of earnings)과 회계 투명성 수준을 결정하는 중요한 잣대가 됩니다.

3. 수정분개 및 총계정원장으로의 전기

시산표에 열거된 계정들에 대하여 수정분개를 하여야 할 것인지를 판단하는 것은 회계담당자에게 부여된 임무 중의 하나이다. 이를 판단하기 위해서는 우선 회계담당자가 기업의 경영활동을 상세히 알고 있어야 하고, 사용된 계정의 유형, 계정간의 상호관계를 파악하여야 한다.

수정분개는 기간배분과 수익비용대응의 원칙 때문에 필요하다. 그러나 수정분개를 실시하여야 할 계정을 파악하는 정보가 별도로 있는 것이 아니기 때문에 회계담당자는 시산표를 검토한다든지, 외부로부터 작성되어 입수된 정보를 분석하여 수정분개에 필요한 정보를 수집하여야 한다. 예를 들어서 이자비용과 이자수익을 수정분개하기 위하여 지급어음과 받을어음철을 분석하고, 보험료를 수정분개하기 위해서는 보험계약서류를 분석하여 선급보험료 중에서 이미 소멸된 부분(보험료)과 아직 소멸되지 않은 부분을 수정분개에 의해서 구분하여야 한다. 수정분개는 필요할 때마다 수행되어야 하나, 일반적으로는 회계기말시점에 수행된다.

제3장에서 제시한 〈회계순환과정 종합사례〉에 대해 기말 수정분개를 하기 위한 추가정보는 다음과 같다.

(1) 12월 31일 건물에 대한 감가상각비는 ₩500이며, 비품에 대한 감가상각비는 ₩400이다.
(2) 12월 31일 매출채권 잔액에 대해 회수가 불확실한 금액은 ₩200으로 예상된다.
(3) 12월 31일 소모품 구입액 중 ₩2,000이 미사용 상태이다.
(4) 12월 31일 이미 납부하고 자산으로 처리한 보험료 중 이번 회계기간에 해당하는 보험료는 ₩900이다.

이상의 기말 추가정보에 대해 수정분개를 행하면 다음과 같다.

(1) 감가상각비

(차) 감가상각비	900	(대) 건물감가상각누계액	500
		비품감가상각누계액	400

(2) 대손상각비

(차) 대손상각비	200	(대) 대손충당금	200

(3) 소모품

(차) 소모품	2,000	(대) 소모품비	2,000

(4) 보험료

(차) 보험료	900	(대) 선급보험료	900

수정분개를 실시하였으면, 이를 원장에 전기하고 각 계정의 잔액을 산출하여야 한다. 제3장에서 제시된 〈회계순환과정 종합사례〉의 총계정원장에 수정분개 사항을 전기하고, 각 계정의 잔액을 새롭게 산출하면 아래와 같다. 참고로 수정분개 전기로 인해 영향을 받는 계정은 하단에 별도로 구분하여 표시하였다. 또한 각 계정에 표시된 차변합

계, 대변합계 및 잔액은 계정별로 잔액을 구하는 방법과 잔액이 차변과 대변 중 어디에 위치하는지 쉽게 이해할 수 있도록 별도로 표시한 것이다. 실제 계정잔액의 표시는 '제3장 제2절 6. 계정잔액의 산출'에서 설명한 바와 같이 '마감절차'라는 회계절차에 따라 표시하는 것이 일반적이다.

자 산

현 금

1/5	100,000	1/31	70,000
6/20	100,000	4/17	8,000
9/15	6,000	8/31	2,400
차변합계	206,000	10/1	3,600
		12/31	20,000
잔액	102,000	대변합계	104,000

매출채권

7/1	8,000	9/15	6,000
차변합계	8,000	대변합계	6,000
잔액	2,000		

상 품

2/5	10,000	6/20	50,000
차변합계	10,000	7/1	5,000
잔액	45,000	대변합계	55,000

비 품

3/15	10,000		
차변합계	10,000		
잔액	10,000		

건 물

1/31	50,000		
차변합계	50,000		
잔액	50,000		

부 채

매입채무

		2/5	100,000
		대변합계	100,000
		잔액	100,000

미지급금

4/17	8,000	3/15	10,000
차변합계	8,000	대변합계	10,000
		잔액	2,000

자 본

자 본 금

		1/5	10,000
		대변합계	10,000
		잔액	10,000

토 지

차변		대변	
1/31	20,000		
차변합계	20,000		
잔액	20,000		

비 용

매출원가

차변		대변	
6/20	50,000		
7/1	5,000		
차변합계	55,000		
잔액	55,000		

임 차 료

차변		대변	
12/31	20,000		
차변합계	20,000		
잔액	20,000		

수 익

매 출

차변		대변	
		6/20	100,000
		7/1	8,000
		대변합계	108,000
		잔액	108,000

수정분개 전기하기
(차변잔액)

감가상각비

차변		대변	
수정(1)	900		
차변합계	900		
잔액	900		

대손상각비

차변		대변	
수정(2)	200		
차변합계	200		
잔액	200		

수정분개 전기하기
(대변잔액)

건물감가상각누계액

차변		대변	
		수정(1)	500
		대변합계	500
		잔액	500

비품감가상각누계액

차변		대변	
		수정(1)	400
		대변합계	400
		잔액	400

대손충당금

차변		대변	
		수정(2)	200
		대변합계	200
		잔액	200

소 모 품

차변		대변	
수정(3)	2,000		
차변합계	2,000		
잔액	2,000		

소모품비

차변		대변	
8/31	2,400	수정(3)	2,000
차변합계	2,400	대변합계	2,000
잔액	400		

선급보험료

차변		대변	
수정(2)	3,600	수정(4)	900
차변합계	3,600	대변합계	900
잔액	2,700		

보 험 료

차변		대변	
수정(4)	900		
차변합계	900		
잔액	900		

4. 수정후시산표의 작성

앞에서 살펴본 바와 같이 수정전시산표 잔액을 산출한 총계정원장에 수정분개(결산조정분개)를 전기하면 전기된 계정에 새로운 계정잔액이 산출된다. 수정분개를 전기한 후, 이러한 새로운 계정잔액을 이용해 작성하는 시산표를 **수정후시산표**(adjusted trial balance)라고 한다.

수정후시산표 잔액은 수정분개를 반영한 후의 잔액이므로 기업의 재무상태나 경영성과를 나타내기에 적절한 금액들이며, 이 금액을 기준으로 자산과 부채 및 자본 계정을 모아 재무상태표를 작성하고, 수익과 비용 계정을 모아 포괄손익계산서를 작성할 수 있다.

그러나 수정후시산표 상 이익잉여금 잔액은 당기순이익만큼 반영되기 전 상태라는 점에 유의하여야 하며, 이익잉여금은 손익계산서 작성 후 별도 산출하게 된다.

〈회계순환과정 종합사례〉의 수정후시산표를 작성하면 다음과 같다. 참고로 수정후시산표에서 강조(Bold) 표시된 계정과 금액들이 수정분개로 인해 새롭게 산출된 잔액들이다.

수정후시산표

20×1년 12월 31일

(주)신촌 (단위: 원)

계정과목	차 변	대 변
현금	102,000	
매출채권	2,000	
소모품	**2,000**	
선급보험료	**2,700**	
상품	45,000	
비품	10,000	
건물	50,000	
토지	20,000	
매입채무		100,000
미지급금		2,000
자본금		100,000
건물감가상각누계액		**500**
비품감가상각누계액		**400**
대손충당금		**200**
매출		108,000
매출원가	55,000	
임차료	20,000	
감가상각비	**900**	
대손상각비	**200**	
소모품비	**400**	
보험료	**900**	
합계	311,100	311,100

이 계정들은 대변 잔액을 가지지만, 재무상태표에서는 왼쪽으로 이동해 자산에서 차감하는 형식으로 표시된다. 이러한 계정을 차감적 평가계정이라 부르기도 한다.

5. 재무제표의 작성

결산과정에서 수정분개를 행한 후 이를 각 계정에 전기하여 각 계정의 잔액이 정확하게 되면, 정확한 계정잔액을 근거로 재무제표를 작성하게 된다. 이때 작성되는 주된 재무제표는 포괄손익계산서와 재무상태표이다. 먼저 경영성과를 나타내는 수익과 비용계정을 별도로 모아 포괄손익계산서를 작성하며, 그 다음 재무상태를 나타내는 자산과 부채 및 자본 계정을 별도로 모아 재무상태표를 작성한다. 재무상태표를 나중에 작성하는 이유는 포괄손익계산서에서 산출된 당기순이익을 이용하여 재무상태표에 표시될 이익잉여금을 산출하기 때문이다.

(1) 포괄손익계산서를 작성하기 위해서는 포괄손익계산서라는 명칭과 회사명, 일정한 기간 및 화폐의 금액단위를 상단부에 표시한다. 그런 다음 본문에 수익과 비용을 구분하여 표시하고, 수익에서 비용을 차감하여 당기순손익을 표시한다. 실제 포괄손익계산서의 양식은 여러 단계의 손익을 구분 표시하지만, 이에 대한 자세한 내용은 제6장에서 다루기로 한다.

(2) 재무상태표를 작성하기 위해서는 재무상태표라는 명칭과 회사명, 일정한 시점 및 화폐의 금액단위를 상단부에 표시한다. 그런 다음 본문에 자산과 부채 및 자본을 구분하여 표시한다. 보고식 재무상태표는 자산, 부채, 자본의 순서대로 작성하며, 계정식 재무상태표는 왼쪽에 자산, 오른쪽에 부채와 자본을 표시한다. 재무상태표에 표시될 이익잉여금은 [기초이익잉여금±당기순이익(손실)−배당금]에 따라 산출함에 주의하기 바란다.

〈회계순환과정 종합사례〉의 재무제표를 작성하면 다음과 같다.

포괄손익계산서

20×1.1.1~20×1.12.31

(주)신촌 (단위: 원)

수 익	
매 출 액	108,000
비 용	
매출원가	55,000
임 차 료	20,000
감가상각비	900
대손상각비	200
소모품비	400
보 험 료	900
	77,400
당기순이익	30,600

재무상태표

20×1.12.31 현재

(주)신촌 (단위: 원)

자 산		**부 채**	
현 금	102,000	매입채무	100,000
매출채권	2,000	미지급금	2,000
대손충당금	(200)		
소 모 품	2,000		
선급보험료	2,700		
상 품	45,000		
토 지	20,000	**자 본**	
건 물	50,000	자 본 금	100,000
감가상각누계액	(500)	이익잉여금*	30,600
비 품	10,000		
감가상각누계액	(400)		
자 산 총 계	232,600	**부채와 자본총계**	232,600

* 이익잉여금의 계산: 기초이익잉여금(₩0) + 당기순이익(₩30,600) − 배당금(₩0) = ₩30,600

4 회계의 순환과정(3): 거래의 조정 Principles of Accounting

02 결산분개(마감분개)

CHECK POINT

- 결산분개
- 집합손익계정
- 배당금계정
- 결산분개절차

결산분개

수익 · 비용 계정을 ₩0으로 만들어서 수익 · 비용 계정을 소멸시켜 다음 회계연도를 준비한다.

수익계정과 비용계정은 회계기간 동안에 자본에 속하는 이익잉여금에 영향을 미친 경제적 변화를 분류하기 위하여 사용되는 임시계정이다. 따라서 회계기말에는 이러한 수익·비용계정들이 자본을 어떻게 변화시켰나를 알아야 하는데, 이를 위해서는 임시계정의 잔액을 ₩0으로 만들어서 이익잉여금에 대체시켜야 한다. 결산분개는 수익·비용계정을 ₩0으로 만들어서 수익·비용계정을 소멸시키기 위한 회계절차이다. 이러한 과정에서 손익계산서에서 계산된 당기순이익은 재무상태표의 이익잉여금에 반영된다. 따라서 결산분개를 통하여 경영의 결과가 재무상태의 변화에 미치는 영향이 반영된다.

수익·비용계정은 회계기말에 잔액을 집합손익계정(income summary account)에 대체시킴으로써 마감된다. 마감절차가 필요한 이유는 당기의 수익과 비용이 다음 회계연도의 수익과 비용으로 보고되는 것을 방지하기 위한 것이다. 수익계정의 대변잔액과 비용계정의 차변잔액을 집합손익계정에 대체시킬 때, 집합손익계정의 대변잔액은 회계기간 동안의 기업의 수익을 의미하고, 차변잔액은 비용을 나타낸다. 만일 수익(대변잔액)이 비용(차변잔액)을 초과하면 집합손익계정은 순이익을 나타내는 대변잔액을 가지게 되고, 반대로 비용이 수익을 초과하면 순손실을 나타내는 차변잔액을 가지게 된다. 이는 자본의 증가는 대기(대변기록)되고 감소는 차기(차변기록)됨과 같은 방향성을 보인다.

수익계정과 비용계정을 마감하기 위해서는 먼저 분개를 실시하여야 하고, 이러한 분개기입을 원장계정에 전기하여야 하는데, 수익계정과 비용계정의 잔액을 집합손익계정에 대체시켜 수익계정과 비용계정을 마감하기 위하여 실시하는 분개를 결산분개라고 한다.

위에서 언급하였듯이 회계기말에 수익계정과 비용계정을 마감하는 중요한 목적은 이들 계정의 잔액을 ₩0으로 마감시키는 데 있다. 이러한 이유에서 결산분개는 마감분개라고도 불리어진다. 수익계정과 비용계정은 일정한 회계기간 동안의 손익계산서 정보를 제공하기 때문에 각 회계기초에는 잔액이 ₩0이 되어야 한다.

1. 집합손익계정

> **집합손익계정**
> 회계기간 동안에 발생한 수익과 비용을 비교하기 위하여 사용되는 것으로 모든 수익계정과 비용계정이 집합손익 계정에 마감된다.

집합손익계정은 회계기간 동안에 발생한 수익과 비용을 비교하기 위하여 사용되는 것으로 모든 수익계정과 비용계정이 집합손익계정에 마감된다. 집합손익계정 또한 재무상태표 항목(영구계정)은 아니므로 수익과 비용 계정과 같이 임시계정으로 이 계정의 잔액은 이익잉여금으로 마감된다. 위에서 기술된 바와 같이 수익계정, 비용계정은 각 계정의 잔액을 ₩0으로 감소시킴으로써 마감된다. 따라서 대변잔액을 가지는 계정은 차변에 기입함으로써 마감되고, 차변잔액을 가지는 계정은 대변에 기입함으로써 마감된다.

모든 회계처리와 마찬가지로 결산분개도 역시 차변과 대변이 일치되어야 한다. 따라서 결산분개에서 어떤 계정이 차기되면 동일한 금액이 다른 계정에 대기되어야 한다. 수익계정, 비용계정이 마감될 때, 상대 계정은 집합손익계정이 된다.

수익계정이나 비용계정은 다음과 같은 결산분개를 통하여 마감된다.

① 수익계정을 마감하기 위한 결산분개

(차) 수 익 계 정	×××	(대) 집합손익계정	×××

② 비용계정을 마감하기 위한 결산분개

(차) 집합손익계정	×××	(대) 비 용 계 정	×××

예를 들어서 매출계정의 잔액이 ₩2,000이라고 하자. 매출계정은 대변잔액을 가지는 수익계정이기 때문에 매출계정을 마감하기 위해서는 차변에 기입하고, 대변에 집합손익계정을 기입하여야 한다. 따라서 위의 매출계정을 마감하기 위해서는 다음과 같은 결산분개를 실시하여야 한다.

(차) 매 출	2,000	(대) 집합손익	2,000

매출계정 이외의 수익계정도 위와 같이 차변에는 수익계정을, 대변에는 집합손익계정을 기입하여 마감한다. 이 과정은 ₩2,000의 매출 대변잔액이 ₩2,000의 집합손익 대변잔액으로 대체된 것과 같다.

차변잔액을 가지는 비용계정을 마감할 때에는 차변에는 집합손익계정을, 대변에는 비용계정을 기입하여 마감한다. 예를 들어서 매출원가계정의 잔액이 ₩1,000이라고 한다. 매출원가계정은 차변잔액을 가지는 비용계정이기 때문에 매출원가계정을 마감하기 위해서는 대변에 매출원가계정을, 차변에는 집합손익계정을 기입하여 마감한다. 따라서 위의 매출원가계정을 마감하기 위해서는 다음과 같은 결산분개를 실시하여야 한다. 이 과정은 ₩1,000의 매출원가 차변 잔액이 ₩1,000의 집합손익 차변 잔액으로 대체된 것과 같다.

(차) 집합손익	1,000	(대) 매출원가	1,000

결산분개는 수익계정과 비용계정의 잔액을 집합손익계정에 대체하는 효과를 가져온다. 즉 수익계정은 마감되어 집합손익계정의 대변에 나타나는데, 이것은 결과적으로 이익잉여금을 증가시킨다. 비용계정은 마감되어 집합손익계정의 차변에 나타나는데, 이것은 결과적으로 이익잉여금을 감소시킨다. 결국 집합손익계정의 대변(수익)이 차변(비용)보다 크게 되면 기업은 해당 기간동안 이익이 남는 경영활동을 수행하였다는 의미이므로, 순이익을 보고하게 된다.

2. 집합손익계정의 마감

순이익 발생: 이익잉여금 증가
순손실 발생: 이익잉여금 감소

집합손익계정의 잔액은 이익잉여금계정에 대체된다. 만일 회계기간 중의 경영활동결과 순이익이 발생되면, 집합손익계정은 대변잔액을 가지게 되고, 이것이 대체되어 이익잉여금을 증가시킨다. 만일 경영활동결과 순손실이 발생되면, 집합손익계정은 차변잔액을 가지게 되고 이것이 대체되어 이익잉여금을 감소시킨다.

만일 경영활동의 결과 순이익을 얻어서 집합이익계정이 대변잔액을 갖게 될 경우(즉 이익을 보일 경우)에는 다음과 같은 결산분개를 통하여 집합손익계정을 마감한다.

③ 집합손익계정을 마감하기 위한 결산분개

(차) 집합손익	×××	(대) 이익잉여금	×××

만일 순손실이 발생되어 집합손익계정이 차변잔액을 갖게 될 경우에는 다음과 같은 결산분개를 통하여 집합손익계정을 마감한다.

③-1 집합손익계정을 마감하기 위한 결산분개

(차) 이익잉여금	×××	(대) 집합손익	×××

예를 들어서 경영활동결과 ₩250의 순이익이 발생되었다면, 집합손익계정은 ₩250의 대변잔액을 갖게 된다. 따라서 이를 마감하기 위해서는 차변에는 집합손익 ₩250, 대변에는 이익잉여금 ₩250을 기입하여야 한다.

(차) 집합손익	250	(대) 이익잉여금	250

이를 수익, 비용으로부터 종합하여 정리하면 수익계정의 대변잔액은 집합손익 계정을 거쳐 이익잉여금의 대변의 증가를, 즉 이익잉여금의 증가를 유발시키고 비용계정의 차변잔액은 집합손익 계정를 거쳐 이익잉여금의 차변으로, 즉 이익잉여금의 감소를 유발시킨다.

위의 경우는 수익이 비용을 초과할 경우이고 비용이 수익을 초과하는 순손실이 발생할 경우는 집합손익이 차변잔액을 보이며 이 차변잔액을 마감하기 위하여 집합손익 계정이 대기되는 동시에 이익잉여금이 차기된다. 만약 수익이 ₩100, 비용이 ₩200이라면 다음과 같은 분개를 수행한다.

②	(차) 집 합 손 익	200	(대) 비　　용	200
①	(차) 수　　익	100	(대) 집 합 손 익	100
③-1	(차) 이익잉여금	100	(대) 집 합 손 익	100

비유로 이해하기 **스코어보드 정산, 이렇게 진행됩니다!**

결산분개는 '스코어보드(수익, 비용 계정)'의 점수를 '명예의 전당(이익잉여금)'에 옮기고, 스코어보드를 '0'으로 만드는 과정입니다.

1단계: 모든 득점을 계산기로 옮기기 (수익의 마감)

먼저, 1년 동안 올린 모든 득점(매출 등 모든 수익 계정의 대변 잔액)을 '집합손익'이라는 임시 계산기로 옮깁니다. 이를 위해 수익 계정의 반대편(차변)에 금액을 기록하여 0으로 만들고, 동시에 집합손익 계정의 대변에 그 금액을 기록합니다.

2단계: 모든 실점을 계산기로 옮기기 (비용의 마감)

다음으로, 1년 동안 발생한 모든 실점(매출원가, 급여 등 모든 비용 계정의 차변 잔액)도 집합손익 계산기로 옮깁니다. 비용 계정의 반대편(대변)에 금액을 기록하여 0으로 만들고, 동시에 집합손익 계정의 차변에 그 금액을 기록합니다.

3단계: 최종 스코어 확정 및 명예의 전당에 기록 (집합손익의 마감)

이제 집합손익 계산기의 대변(총득점)과 차변(총실점)을 비교하여 최종 스코어, 즉 '당기순이익'을 계산합니다. 이 최종 스코어를 '명예의 전당(이익잉여금)'에 기록하여 자본의 증가로 남긴 후, 임시 계산기(집합손익)도 0으로 만들어 정리하면 모든 정산이 끝납니다.

3. 배당금계정의 마감

배당과 관련된 분개는 연말시점에 수행되지는 않지만 결산시점에 정리되는 경영활동의 결과에 대한 사후적인 정산이므로, 여기에서 분개를 살펴보도록 한다.

주주에게 지급되는 배당금은 이익의 처분(분배)이기 때문에 이익의 산정에는 영향을 주지 않는다. 주주총회에서 배당금의 지급이 선언되면 차변에는 배당의 원천인 이익잉여금이 감소되며 대변에는 주주에게 지급하여야 할 금액을 나타내기 위해서 미지급배당금이라는 부채계정을 기입한다. 배당의 원천은 이익잉여금이므로 배당이 선언되는 시점에 이익잉여금을 감소시킨다.

④ 배당금선언을 기록하는 분개

(차) 이익잉여금	×××	(대) 미지급배당금	×××

후에 실제로 현금을 지급할 때에는 다음과 같이 분개한다.

(차) 미지급배당금	×××	(대) 현 금	×××

여기에서 주의하여야 할 것은 배당금의 지급은 비용의 발생이 아니라 이익의 처분이라는 점이다. 또한 배당금은 이익잉여금에 영향을 주는 항목이지만 비용이 아니므로, 집합손익을 거치지 않고 직접 이익잉여금에 영향을 미친다.

개념 바로잡기

배당금은 '비용'이 아니라 '생활비 인출'이다!

왜 배당금 지급은 비용이 아닐까요? 우리 가족이 운영하는 가게를 생각해보면 쉽습니다.

가게가 열심히 장사해서 번 돈(당기순이익)은 우리 가족의 돈입니다. 이때, 부모님께서 가게 금고에서 생활비(배당금)를 가져가셨다고 해서, 이것을 가게의 '경비(비용)'라고 할 수 있을까요? 아닙니다. 그것은 가게의 주인인 가족이 벌어놓은 이익의 일부를 가져가는 것일 뿐입니다.

배당금도 마찬가지입니다. 회사의 주인인 주주들이 회사가 벌어놓은 이익(이익잉여금)의 일부를 분배받는 것이므로, 비용이 아닌 '이익의 처분'으로 보는 것입니다. 따라서 손익계산서가 아닌 자본 항목에서 직접 움직입니다.

이제까지 이익잉여금의 변화에 영향을 주는 사건을 정리하면 다음과 같다. 이익이 발생할 때는 이익잉여금은 증가하고 손실이 발생하면 이익잉여금은 감소한다. 또한 배당금이 선언될 때 이익잉여금이 감소하는 것이며 이 시점은 배당금의 지급 시점과 일치하지 않는다. 이는 발생기준과 현금기준에 따르는 중요한 시점상의 특성이다.

4. 결산분개절차의 흐름

위의 결산분개를 실시하면 모든 임시계정의 잔액은 0이 되어 마감되고, 자산계정과 지분계정, 즉 재무상태표계정만이 잔액을 가지게 된다.

지금까지 설명한 결산분개절차를 요약하면 다음과 같다.

① 수익계정을 마감하기 위하여 차변에는 수익계정을, 대변에는 집합손익계정을 기입한다. 그 결과 수익계정의 잔액은 0이 되어 마감된다.

② 비용계정을 마감하기 위하여 차변에는 집합손익계정을, 대변에는 비용계정을 기입한다. 그 결과 비용계정의 잔액은 0이 되어 마감된다.

③ 집합손익계정을 마감하기 위하여 이익잉여금에 대체하는데, 만일 순이익이 발생하여 집합손익계정이 대변잔액을 가지면 차변에 집합손익계정을, 대변에 이익잉여금계정을 기입하고, 순손실이 발생하여 차변잔액을 가지면 차변에 이익잉여금계정을, 대변에는 집합손익계정을 기입한다.

④ 주주총회에서 배당금이 선언되면, 차변에는 이익잉여금 계정을, 대변에는 미지급배당금 계정을 기록한다.

[그림 4-1]은 위에서 설명한 결산분개의 흐름을 도표로 나타낸 것이다.

그림 4-1

결산분개의 흐름

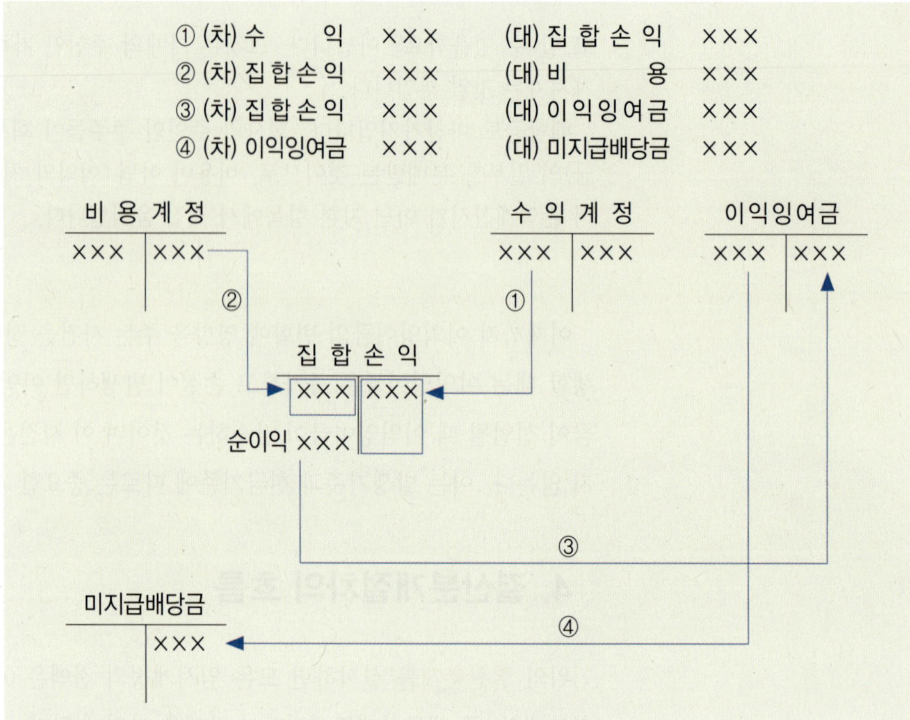

5. 결산분개절차의 예

〈회계순환과정 종합사례〉의 결산분개는 다음과 같다.

결산분개

(1)	(차) 매 출	108,000	(대) 집 합 손 익	108,000
(2)	(차) 집합손익	55,000	(대) 매 출 원 가	55,000
(3)	(차) 집합손익	20,000	(대) 임 차 료	20,000
(4)	(차) 집합손익	900	(대) 감가상각비	900
(5)	(차) 집합손익	200	(대) 대손상각비	200
(6)	(차) 집합손익	400	(대) 소 모 품 비	400
(7)	(차) 집합손익	900	(대) 보 험 료	900
(8)	(차) 집합손익	30,600	(대) 이익잉여금	30,600

결산분개의 설명

(1) 매출계정의 잔액을 집합손익계정에 마감함.

(2)~(7) 제비용계정의 잔액을 집합손익계정에 마감함.

(8) 집합손익계정의 잔액(당기순이익)을 이익잉여금계정에 마감함.

위에서 실시한 결산분개를 T계정에 표시하면 다음과 같다.

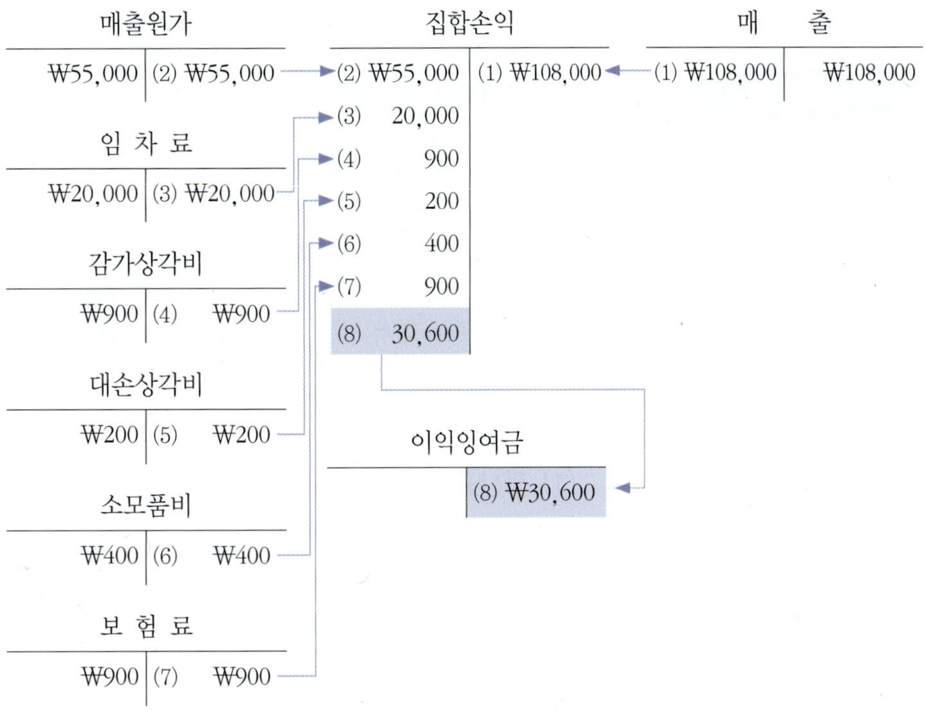

03 정 산 표

회계기말에 회계담당자는 시산표를 작성하고, 수정분개와 수정분개의 전기, 재무제표의 작성 및 결산분개와 결산분개의 전기를 실시하여야 한다. 회계기말에 실시하여야 할 회계절차의 업무가 많고, 너무나 세부적이기 때문에 회계절차상 오류가 발생될 가능성이 매우 크다. 만일 분개장과 원장에 오류가 개입되어 있으면, 이를 수정하기가 매우 힘들고, 많은 시간이 소요된다. 이와 같은 회계절차상의 오류를 피하고 회계기말에 실시하여야 할 업무를 단순화시키기 위하여 정산표(worksheet)를 사용한다.

정산표

수정분개를 하고, 계정의 차변과 대변을 일치시키고 재무제표를 작성하기 위한 예비단계

정산표는 수정분개를 하고, 계정의 차변과 대변을 일치시키고, 재무제표를 작성하기 위한 예비단계이다. 만일 정산표가 완전하게 작성되었으면 회계기말에 실시하여야 할 회계절차가 적절하게 수행되었다고 볼 수 있다.

비유로 이해하기 **정산표는 재무제표의 '연습장'이다!**

회계기말에는 수정분개, 재무제표 작성, 결산분개 등 복잡하고 중요한 업무가 몰려있어 오류가 발생하기 쉽습니다. 이러한 오류를 줄이고 업무를 체계적으로 수행하기 위해 사용하는 것이 바로 정산표(worksheet)입니다.

정산표는 재무제표라는 '공식 답안지'를 작성하기 전에, 모든 계산과 수정을 미리 해보는 '연습장' 또는 '초안(draft)'과 같습니다. 이 연습장에서 수정전시산표, 수정분개, 수정후시산표 등을 미리 작성하고 양쪽 합계가 맞는지 검토한 후, 그 결과를 그대로 공식 재무제표에 옮겨 적는 것입니다. 이렇게 하면 훨씬 더 정확하고 효율적으로 결산 업무를 마칠 수 있습니다.

(1) 정산표의 작성

정산표를 작성할 때에는 우선 표제에 ① 회사의 이름, ② 정산표, ③ 작성일자, ④ 단위를 기입한다. 정산표는 차변과 대변으로 나누어진 5개의 난으로 구성되어 있는데, 다음과 같은 다섯 가지의 절차에 따라 작성한다.

① 시산표란에는 계정의 잔액을 기입한다. 실무에서는 대개 원장으로부터 계정잔액을 직접 정산표의 시산표란에 기입하는데, 그 이유는 별도로 시산표를 작성한 다음, 이를 정산표의 시산표란에 옮기면 업무가 중복되기 때문이다. 계정의 잔액을 시산표란에 기입하였으면 차변과 대변의 합계를 계산하여 기입한다.

② 수정기입란에 수정분개를 실시한다. 수정분개에 대해서는 앞 장에서 자세히 설명하였는데, 이와 같은 수정분개를 수정기입란에 실시한다. 이 때에는 차변계정과 대변계정이 서로 연결되도록 금액의 왼쪽에 번호를 표시한 다음 괄호를 한다. 수정전 시산표에는 나타나지 않지만 수정분개를 할 때 처음으로 나타나는 계정은 시산표의 차변, 대변합계 아래에 기입한다. 예를 들면 다음 면에 예시된 정산표에 나타난 것처럼 시산표에는 나타나지 않은 새로운 계정 과목인 이자비용부터가 추가된다.

③ 수정후시산표란에 수정된 계정잔액을 기입한다. 시산표에 있는 계정에 수정기입한 다음 우선 계정별로 합산하고, 다음에 수정후시산표란의 차변, 대변의 합계를 계산한다. 이와 같이 수정분개후의 계정의 잔액을 합산하였으면, 수정후시산표란의 차변합계와 대변합계를 계산하여 기입한다. 이때 차변합계와 대변합계가 일치하면, 이는 계산상의 오류가 없음을 증명한다.

④ 수정후시산표에 보고된 금액을 포괄손익계산서란과 재무상태표란으로 분류하여 기입한다. 재무상태표란에는 자산(assets), 부채(liabilities), 자본(owners equity)계정이 기입되고 포괄손익계산서란에는 수익계정(revenue), 비용(expenses)계정이 기입된다. 이를 도표로 표시하면 아래 정산표와 같다.

정 산 표

계정과목	수정후시산표		포괄손익계산서		재무상태표	
	차 변	대 변	차 변	대 변	차 변	대 변
자 산	A				A	
부 채		L				L
자 본		OE				OE
수 익		R		R		
비 용	E		E			

⑤ 포괄손익계산서란과 재무상태표란의 차변합계와 대변합계를 계산하고, 그 차액을 포괄손익계산서란에는 당기순이익, 재무상태표에는 이익잉여금의 증가로 기입한다. 여기에서 주의할 부분은 포괄손익계산서에서의 당기순이익의 위치이다. 당기순이익은 대기되는 수익 항목과 차기되는 비용항목의 차이이므로 이익이 발생할 경우는 대변의 합이 차변의 합을 초과하므로 이를 균형을 이루기 위해서는 차변에 당기순이익 금액이 더해져야 한다. 이것이 정산표의 포괄손익계산서에 나타나며 이 금액은 이익잉여금의 증가를 초래하므로 정산표의 당기순이익 부분에서는 이익잉여금의 대기로 나타난다. 다음 쪽에서 보이는 〈회계순환과정 종합사례〉의 20×1년 정산표에는 기초 이익잉여금이 없고 단지 보통주자본금만이 자본으로 존재하므로 20×1년에 발생한 당기순이익이 곧 20×1년말의 이익잉여금 잔액이다.

이상과 같은 요령으로 〈회계순환과정 종합사례〉의 정산표를 작성하면 다음 표와 같다.

정 산 표

20×1.12.31

(주)신촌 (단위: 원)

계정과목	시산표		수정기입		수정후시산표		손익계산서		재무상태표	
	차변	대변	차변	대변	차변	대변	차변	대변	차변	대변
현 금	102,000				102,000				102,000	
매출채권	2,000				2,000				2,000	
선급보험료	3,600			(4) 900	2,700				2,700	
상 품	45,000				45,000				45,000	
비 품	10,000				10,000				10,000	
건 물	50,000				50,000				50,000	
토 지	20,000				20,000				20,000	
매입채무		100,000				100,000				100,000
미지급금		2,000				2,000				2,000
자 본 금		100,000				100,000				100,000
매 출		108,000				108,000		108,000		
매출원가	55,000				55,000		55,000			
소모품비	2,400			(3) 2,000	400		400			
임 차 료	20,000				20,000		20,000			
	310,000	310,000								
감가상각비			(1) 900		900		900			
감가상각누계액 −건물				(1) 500		500				500
감가상각누계액 −비품				(1) 400		400				400
대손상각비			(2) 200		200		200			
대손충당금				(2) 200		200				200
소 모 품			(3) 2,000		2,000				2,000	
보 험 료			(4) 900		900		900			
			4,000	4,000	311,000	311,000	77,400	108,000	233,700	203,100
당기순이익 (이익잉여금)							30,600			30,600
							108,000	108,000	233,700	233,700

(2) 정산표의 이용

1) 재무제표의 작성

정산표의 포괄손익계산서란과 재무상태표란에는 이미 모든 정보가 잘 정리되어 있기 때문에 정산표를 이용하면 손쉽게 포괄손익계산서와 재무상태표를 작성할 수 있다.

2) 수정분개와 총계정원장에의 전기

회계기말에 정산표로부터 재무제표를 작성하였으면, 재무제표에 나타난 금액이 원장계정과 일치되도록 계정잔액을 수정하여야 한다. 정산표에는 이미 수정기입이 되어 있으므로 손쉽게 수정분개할 수 있는데, 금액은 수정기입란에, 이에 대한 설명은 정산표 하단에 수정기입사항으로 표시되어 있다.

3) 결산분개와 총계정원장에의 전기

재무제표가 정산표로부터 작성되면, 수익계정과 비용계정은 그 목적을 다하였기 때문에 마감되어야 한다. 이 수익계정과 비용계정은 회계기말에 잔액이 ₩0이 된다.

결산분개는 앞 장에서 설명하였기 때문에, 여기에서는 정산표로부터 결산분개하여 총계정원장에 전기하는 것을 요약하겠다.

① 차변에 수익계정, 대변에 집합손익계정을 기입하여 포괄손익계산서란의 대변계정을 마감한다.

② 차변에 집합손익계정, 대변에 비용계정을 기입하여 포괄손익계산서란의 차변계정을 마감한다.

③ 포괄손익계산서란의 당기순이익을 이익잉여금계정에 대체하여 집합손익계정을 마감하는데, 이익이 발생되었으면 차변에 집합손익계정, 대변에 이익잉여금계정을 기입하고 손실이 발생되었으면 차변에 이익잉여금계정, 대변에 집합손익계정을 기입한다.

(3) 정산표를 작성하였을 때의 회계의 순환과정

실무에서는 거래가 발생되면 이를 기록하기 위한 계정과 수정기입할 사항이 많기 때문에, 시간과 업무량을 줄이기 위하여 정산표를 사용한다. 정산표에는 **시산표, 수정분개 및 수정후시산표**가 포함되기 때문에, 정산표를 사용할 경우에는 다음과 같이 회계의 순환과정이 달라진다.

① 모든 거래에 관한 증빙서류를 수집한다.
② 거래를 분개장에 기입한다.
③ 분개장을 원장에 전기한다.
④ 정산표를 작성한다.
⑤ 정산표를 이용하여 수정분개를 실시하고 이를 총계정원장에 전기한다. 이 다음에는 결산분개를 실시한 다음 총계정원장에 전기한다.
⑥ 재무제표를 작성한다.
⑦ 계정의 차변잔액과 대변잔액이 일치되는지 증명하기 위하여 결산후 시산표를 작성한다.

연습문제

01 급여의 수정분개

12월 31일, 수정분개를 실시하기 전 급여계정의 차변잔액은 ₩200,000이었다. 아직 급여계정에 기입되지 않았지만 발생되어 누적된 급여 ₩5,000을 지급하지 않았다.

물음 다음의 요구사항에 필요한 분개를 행하라.

(1) 12월 31일 현재까지 발생되어 누적된 급여의 계상.

(2) 급여계정을 마감하라.

02 보험료의 수정분개

12월 31일 수정분개를 행하기 이전의 선급보험료계정의 잔액은 ₩8,700이었다. 다음의 경우에 회계기말에 필요한 수정분개를 행하라.

물음 (1) 12월 31일 현재까지 기간의 경과로 소멸된 선급보험료는 ₩4,700이다.

(2) 12월 31일 현재의 소멸되지 않은 선급보험료는 ₩4,700이다.

03 수입이자의 수정분개

20×1년 12월 1일에 단기대여금 ₩200,000(연 이자율 6%)을 대여하고 다음과 같이 기록하였다.

(차) 단기대여금	200,000	(대) 현　　금	200,000

그러나 12월 31일 현재 이 단기대여금에 대한 이자를 받지 않았다.

물음 20×1년 12월 31일의 수정분개를 행하라.

04 수정분개

다음의 경우에 수정분개하라.

(1) 기중에 급여 ₩1,100이 발생되었다.

(2) 선급보험료계정의 기초잔액은 ₩200이었는데, 기중에 ₩2,000의 1년분 보험료를 지급하였다. 보험계약 약관을 분석한 결과 차기로 이월되는 금액은 ₩750이었다. 회사는 선급보험료계정을 이용한다. 수정분개를 하고 당기중 보험료비용이 얼마인지 보고하라.

(3) 회사에서는 ₩200,000을 빌리는 대신 매년 1월 1일과 7월 1일에 연 4%의 이자를 지급하고, 일정한 기간이 경과된 후에 원금을 상환하기로 약속했다. 12월 31일에 필요한 수정분개를 실시하라.

(4) 회사는 임차료를 미리 지급할 때 선급임차료계정을 사용한다. 기말 수정분개전 현재 선급임차료 계정의 잔액은 ₩1,500이다. 차기로 이월되는 금액은 ₩300이다.

05 결산분개

결산분개절차를 실시하기 전에 서비스수익은 ₩10,000, 이자수익은 ₩2,000이었고 급여계정의 잔액은 ₩6,000, 임차료는 ₩2,000, 감가상각비는 ₩1,500, 이자비용은 ₩500이었다.

물음 (1) 수익계정을 마감하라.
(2) 비용계정을 마감하라.

06 임대료의 수정분개

다음은 (주)신촌의 20×2년도 회계자료 중 일부이다.

• 임 대 료:		₩ ?
• 현금유입액:		
선수임대료		₩23,500
미수임대료		6,500
• 기 말 잔 액:		
	20×1	20×2
선수임대료	₩20,000	₩500
미수임대료	750	800

물음 (1) 발생기준에 의한 20×2년도의 임대료를 계산하라.
(2) 20×2년도의 올바른 기말잔액이 산출되도록 필요한 항목에 대하여 수정분개를 실시하라.

07 수정분개와 관련된 비용계산

다음은 (주)청송의 회계기말 현재의 재무상태표 항목 중 일부이다.

	20×1	20×2
선 급 비 용	₩23,000	₩17,800
미지급법인세	36,500	40,300

20×2년도에 선급비용으로 지급된 현금은 ₩50,000이고, ₩92,000이 법인세로 지출되었다.

물음 (1) 영업비용은 전부 선급비용계정에서 처리된다고 가정하여 20×2년도의 영업비용을 계산하라.
(2) 법인세와 관련된 다른 계정은 없다고 가정하여 20×2년도의 법인세를 계산하라.

08 T계정과 재무상태표의 작성

다음 백양주식회사의 20×1년 1월 1일 현재의 재무상태표상의 계정잔액과 20×1년 중의 거래내용을 보고 아래 요구사항에 답하시오.

	차 변	대 변
현 금	₩300,000	
매출채권	500,000	
상 품	600,000	
소 모 품	50,000	
매입채무		₩200,000
단기차입금		400,000
자 본 금		500,000
이익잉여금		350,000
계	₩1,450,000	₩1,450,000

(1) 1/25 매출채권 중 ₩200,000을 회수하였다.
(2) 2/27 상품 ₩300,000을 외상으로 구입하였다. 이에 따라 상품계정에 차기(차변기록)하고 매입채무계정에 대기(대변기록)하였다.
(3) 3/7 상품 중 일부(매출원가를 판매시에는 기록하지 않음)를 ₩500,000에 현금으로 판매하였다.
(4) 5/11 매입채무 중 ₩250,000을 지급하였다.
(5) 7/1 보험에 가입하고 1년분 보험료 ₩60,000을 현금으로 지급하고 자산으로 회계처리하였다.
(6) 9/12 소모품 ₩50,000을 구입하고 비용으로 회계처리하였다.
(7) 10/5 상품 중 일부를 ₩300,000에 현금판매하였으며, 매출원가는 기록하지 않았다.
(8) 12/1 건물에 대한 20×1년분 임차료 ₩200,000을 지급하였다.

⊙ **추가정보**

(1) 기말재고실사 결과 상품재고는 ₩450,000으로 기초상품재고 ₩600,000과 당기상품매입액 ₩300,000을 합친 당기판매가능원가 ₩900,000 중 기말상품재고 ₩450,000을 차감한

₩450,000이 매출원가로 밝혀졌다. 소모품재고는 ₩20,000인 것으로 밝혀졌다.

(2) 단기차입금에 대한 20×1년분 이자는 ₩50,000으로 아직 지급되고 있지 않다.

물음 (1) 백양주식회사의 20×1년 중의 거래에 대한 분개를 하고, 이를 T계정에 기록하시오.
(2) 백양주식회사의 20×1년 기말의 수정분개를 하고, 이를 T계정에 기록하시오.
(3) 결산분개를 하고, 집합손익계정에 기록하시오.
(4) 백양주식회사의 20×1년 12월 31일 현재의 재무상태표를 작성하시오.

09 수정분개

12월말 결산법인인 연희(주)는 20×1년 1월 1일에 설립되었으며, 회계기간은 1년이다. 다음 각각의 독립적인 상황에 대해서 연희(주)가 20×1년 12월 31일에 해야 할 수정분개를 나타내시오.

(상황 1) 20×1년 12월 31일 현재 100,000원의 소모품이 남아 있었다. 12월 31일 현재 원장의 소모품비 계정에는 차변잔액이 220,000원이었다. 당사는 소모품을 구입할 때 즉시 비용으로 처리해왔다.

(상황 2) 20×1년 9월 1일에 1년분 보험료 120,000원을 지급하고 선급보험료 계정에 기록하였다.

10 수정분개

연상(주)의 회계담당자는 실수로 20×1년 기말 다음 사항에 대한 수정분개를 누락하였다. 법인세효과는 고려하지 말고, 다음 물음에 적절히 답하시오.

① 이자 미지급액 : 200,000원

② 선급이자(현금지급시 자산 처리) 중 회계기간 중 발생한 이자금액 : 350,000원

③ 선수이자(현금수령시 부채 처리) 중 회계기간 중 실현된 이자금액 : 900,000원

④ 소모품(구입시 자산처리) 사용액 : 50,000원

물음 (1) ①~④까지 실수가 20×1년도 자산, 부채, 자본, 그리고 당기순이익에 미치는 영향을 각각 표시하시오. 즉, 과대표시하는 실수이면 "과대", 과소표시 하는 실수이면 "과소" 아무런 영향을 미치지 않으면 "무영향"이라고 표시하시오.
(2) ①~④까지 네 가지 실수가 20×1년 당기순이익에 미친 순효과를 금액으로 계산하시오. 즉, 총 얼마의 금액만큼 당기순이익이 과대 혹은 과소 계상된 것인가?
(3) ①~④까지 네 가지 실수가 20×1년 말 자산과 부채에 미친 순효과를 금액으로 계산하시오. 즉, 총 얼마의 금액만큼 자산이 과대 혹은 과소 계상된 것인가, 총 얼마의 금액만큼 부채가 과대 혹은 과소 계상된 것인가?
(4) ①~④까지 네 가지 실수에 대한 적절한 수정분개를 하시오.

11 수정분개

다음은 연희(주)의 두 회계기간에 대한 총계정원장의 기말잔액이다.

	제1기	제2기
미수임대료	₩ 580,000	880,000
소모품	950,000	700,000
선급이자	330,000	230,000
미지급이자	250,000	550,000
선수임대료	400,000	200,000
기중 현금으로 받은 임대료		2,000,000
기중 현금으로 지출한 소모품비		50,000
기중 현금으로 지급한 이자비용		900,000

물음 (1) 제2기 회계기간동안 포괄손익계산서상에 보고될 임대료는 얼마인가?

(2) 제2기 회계기간동안 포괄손익계산서상에 보고될 소모품비는 얼마인가?

(3) 제2기 회계기간동안 포괄손익계산서상에 보고될 이자비용은 얼마인가?

(4) 제2기 회계기간동안 발생기준에 기초하여 당기손익에 미치는 영향을 금액으로 답하시오.

12 수정분개와 시산표 작성

12월말 결산법인인 (주)신촌은 매월 말에 시산표를 작성하고 있으며, 다음은 20×1년 6월 30일 현재 (주)신촌의 시산표와 7월 중 발생한 거래의 내역이다.

시 산 표

현 금	₩200,000	미 지 급 금	₩ 70,000
매 출 채 권	180,000	차 입 금	150,000
비 품	330,000	자 본 금	400,000
급 여	100,000	매 출	300,000
광 고 선 전 비	50,000		
임 차 료	60,000		
	₩920,000		₩920,000

7월 1일 6월 30일에 ₩100,000에 취득했던 비품을 ₩100,000에 현금을 수령하고 처분하다.

7월 5일 매출채권 중 ₩120,000을 현금으로 회수하다.

7월 10일 차입금 중 ₩100,000을 상환하면서 발생이자 ₩10,000도 지급하다.

7월 15일 ₩150,000의 외상매출이 발생하다.
7월 18일 미지급금 ₩30,000을 현금으로 지급하다.
7월 25일 급여 ₩60,000을 현금으로 지급하다.
7월 31일 임차료 ₩30,000과 광고선전비 ₩20,000을 현금으로 지급하다.

물음 7월 중 발생한 거래를 분개하고 원장에 전기한 후, 7월 31일자로 시산표를 작성하라.

13 마감분개

신촌(주)의 회계담당자인 나공인씨가 개인적인 사정으로 인하여 장기간 결근함에 따라 나몰라씨가 마감분개를 행하였다. 뒤늦게 나타난 나공인씨는 나몰라씨가 작성한 아래의 마감분개가 만족스럽지 못하다고 생각하고 이를 수정하고자 한다.

(분개 1) 대변잔액을 마감하기 위한 분개

(차) 매 출	147,000	(대) 집합손익	200,000
배당금수익	13,000		
선수이자	40,000		

(분개 2) 차변잔액을 마감하기 위한 분개

(차) 집합손익	150,000	(대) 급 여	100,000
		광고비	10,000
		감가상각비	20,000
		임대료	20,000

(분개 3) 집합손익 계정을 마감하기 위한 분개

(차) 자본금	50,000	(대) 집합손익	50,000

물음 위 분개의 오류를 모두 지적하고 올바른 마감분개를 나타내시오.

정답과 해설

01 (1) (차) 급　　여　5,000　　(대) 미지급급여　5,000
(2) (차) 집합손익　205,000　　(대) 급　　여　205,000

02 (1) (차) 보험료　4,700　　(대) 선급보험료　4,700
(2) (차) 보험료　4,000　　(대) 선급보험료　4,000

03 (차) 미수이자　1,000　　(대) 이자수익　1,000

04 (1) (차) 급　　여　1,100　　(대) 미지급급여　1,100
(2) (차) 보험료　1,450　　(대) 선급보험료　1,450
* 보험료 지급시 선급보험료 계정 이용

선급보험료

차변	대변
✔ ₩200	₩1,450 [발생분]
2,000	✔ 750
₩2,200	₩2,200
✔ ₩750	

보 험 료

차변	대변
₩1,450	

∴ 보험료 = ₩2,200 − ₩750 = ₩1,450

(3) (차) 이자비용　4,000　　(대) 미지급이자　4,000
* $₩200,000 \times 0.04 \times \frac{6}{12} = ₩4,000$

(4) (차) 임차료　1,200　　(대) 선급임차료　1,200

선급보차료

차변	대변
✔ ₩1,500	₩1,200 ⇐ (₩1,500 − 300)
	✔ 300
₩1,500	₩1,500
✔ ₩300	

05 (1) (차) 서비스수익 10,000 (대) 집합손익 12,000
이자수익 2,000

(2) (차) 집합손익 10,000 (대) 급 여 6,000
임차료 2,000
감가상각비 1,500
이자비용 500

06 (1)

선수임대료(부채)

임대료	₩43,000	전기이월	₩20,000
차기이월	500	현금유입액	₩23,500
	₩43,500		₩43,500
		전기이월	₩500

미수임대료(자산)

전기이월	₩750	현금유입	₩6,500
임대료	6,550	차기이월	800
	₩7,300		₩7,300

∴ 20×2년도 임대료: ₩43,000+6,550=₩49,550

(2) 〈기중거래분개〉 (차) 현 금 23,500 (대) 선수임대료 23,500
(차) 현 금 6,500 (대) 미수임대료 750
임대료 5,750

기말수정분개는 다음과 같다.
〈기말수정분개〉 (차) 선수임대료 43,000 (대) 임대료 43,000
(차) 미수임대료 800 (대) 임대료 800

07 (1)

선급비용(자산)

기 초	₩23,000	영업비용	₩55,200
현금지급	50,000	기 말	17,800
	₩73,000		₩73,000

∴ 20×2년도 영업비용: ₩55,200

(2)

미지급법인세(부채)

현금지급	₩92,000	기 초	₩36,500
기 말	40,300	법인세발생	95,800
	₩132,300		₩132,300

∴ 20×2년도 법인세: ₩95,800

* 현금기준에서 발생기준으로 전환문제

08

(1)

일자		차변	금액		대변	금액
01/25	(차)	현 금	200,000	(대)	매출채권	200,000
02/27	(차)	상 품	300,000	(대)	매입채무	300,000
03/07	(차)	현 금	500,000	(대)	매 출	500,000
05/11	(차)	매입채무	250,000	(대)	현 금	250,000
07/01	(차)	선급보험료	60,000	(대)	현 금	60,000
09/12	(차)	소모품비	50,000	(대)	현 금	50,000
10/05	(차)	현 금	300,000	(대)	매 출	300,000
12/01	(차)	임차료	200,000	(대)	현 금	200,000

현 금			
전기이월	300,000	매입채무	250,000
매출채권	200,000	선급보험료	60,000
매 출	500,000	소모품비	50,000
매 출	300,000	임차료	200,000
		차기이월	740,000
	1,300,000		1,300,000
전기이월	740,000		

매출채권			
전기이월	500,000	현금	200,000
		차기이월	300,000
	500,000		500,000
전기이월	300,000		

상 품			
전기이월	600,000	매출원가	450,000
매입채무	300,000	차기이월	450,000
	900,000		900,000
전기이월	450,000		

단기차입금			
차기이월	400,000	전기이월	400,000
	400,000		400,000
		전기이월	400,000

미지급이자			
차기이월	50,000	이자비용	50,000
	50,000		50,000
		전기이월	50,000

자 본 금			
전기이월	500,000	전기이월	500,000
	500,000		500,000
			500,000

매입채무			
매입채무	250,000	전기이월	200,000
차기이월	250,000	상품	300,000
	500,000		500,000
		전기이월	250,000

임 차 료			
현금	200,000	집합손익	200,000
	200,000		200,000

이익잉여금			
집합손익	10,000	전기이월	350,000
차기이월	340,000		
	350,000		350,000

선급보험료			
현금	60,000	보험료	30,000
		차기이월	30,000
	60,000		60,000
전기이월	30,000		

매 출			
집합손익	800,000	현금	500,000
		현금	300,000
	800,000		800,000

매출원가			
상품	450,000	집합손익	450,000
	450,000		450,000

보 험 료

선급보험료	30,000	집합손익	30,000
	30,000		30,000

집합손익

매출원가	450,000	매출	800,000
보험료	30,000	이익잉여금	10,000
소모품비	80,000		
임차료	200,000		
이자비용	50,000		
	810,000		810,000

소모품비

현금	50,000	집합손익	80,000
소모품	30,000		
	80,000		80,000

소 모 품

전기이월	50,000	소모품비	30,000
		차기이월	20,000
	50,000		50,000
전기이월	20,000		

이자비용

미지급이자	50,000	집합손익	50,000
	50,000		50,000

(2) 기말수정분개

①	(차) 보험료	30,000	(대) 선급보험료	30,000
②	(차) 소모품비	30,000	(대) 소모품	30,000
③	(차) 매출원가	450,000	(대) 상 품	450,000
④	(차) 이자비용	50,000	(대) 미지급이자	50,000

(3) 결산분개

①	(차) 매 출	800,000	(대) 집합손익	800,000
②	(차) 집합손익	810,000	(대) 매출원가	450,000
			보험료	30,000
			소모품비	80,000
			임차료	200,000
			이자비용	50,000
③	(차) 이익잉여금	10,000	(대) 집합손익	10,000

(4)

재무상태표

백양주식회사 20×1년 12월 31일 현재 (단위: 원)

차변	금액	대변	금액
현　　금	₩740,000	매입채무	₩250,000
매출채권	300,000	단기차입금	400,000
선급보험료	30,000	미지급이자	50,000
상　　품	450,000	자본금	500,000
소모품	20,000	이익잉여금	340,000*
	₩ 1,540,000		₩ 1,540,000

* 기말이익잉여금 = 기초이익잉여금 ± 당기순이익(손실) − 배당금
= ₩350,000 − ₩10,000(당기순손실) = ₩340,000

09 (상황 1) (차) 소모품 100,000 (대) 소모품비 100,000
(상황 2) (차) 보험료 40,000 (대) 선급보험료 40,000

10 (1)

실수	자산에 대한 영향	부채에 대한 영향	자본에 대한 영향	당기순이익에 대한 영향
1)	무영향	과소	과대	과대
2)	과대	무영향	과대	과대
3)	무영향	과대	과소	과소
4)	과대	무영향	과대	과대

(2) 당기순이익이 ₩300,000원만큼 과소
이자비용 ₩200,000 과대(+)
이자비용 ₩350,000 과대(+)
이자수익 ₩900,000 과소(−)
소모품비 ₩50,000 과대(+)
총 ₩300,000원 만큼 당기순이익을 과소 계상하는 순효과 미침.

(3) 자산이 ₩400,000원만큼 과대
부채가 ₩700,000원만큼 과대
자산 과대 : 선급이자 ₩350,000원만큼 과대 + 소모품 ₩50,000원만큼 과대
부채 과대 : 미지급이자 ₩200,000원만큼 과소 + 선수이자 ₩900,000원만큼 과대

(4) ① (차) 이자비용 200,000 / (대) 미지급이자 200,000
② (차) 이자비용 350,000 / (대) 선급이자 350,000
③ (차) 선수이자 900,000 / (대) 이자수익 900,000
④ (차) 소모품비 50,000 / (대) 소모품 50,000

11 (1) 손익계산서상에 보고될 임대료=₩2,500,000원

계산근거 : 미수임대료와 선수임대료의 계정변화에 기초하여 산정함

임대료=현금으로 받은 임대료+(미수임대료기말-미수임대료기초)+(선수임대료기초-선수임대료기말)
=현금으로 받은 임대료+미수임대료의 증가+선수임대료의 감소
=₩2,000,000+₩300,000+₩200,000=₩2,500,000원

(2) 손익계산서상에 보고될 소모품비=₩300,000원

계산근거 : 소모품의 계정변화에 기초하여 소모품 사용액을 산출하여 현금지출 더함

소모품비=현금으로 지출한 소모품비+소모품사용액
=현금으로 지출한 소모품비+(소모품 기초-소모품 기말)
=₩50,000+(₩950,000-₩700,000)=₩300,000원

(3) 손익계산서상에 보고될 이자비용=₩1,300,000원

계산근거 : 미지급이자와 선급이자의 계정변화에 기초하여 산정함

이자비용=현금으로 지급한 이자비용+(미지급이자기말-미지급이자기초)+(선급이자기초-선급이자기말)
=현금으로 지급한 이자비용+미지급이자의 증가+선급이자의 감소
=₩900,000+₩300,000+₩100,000=₩1,300,000원

(4) 발생기준에 기초한 당기손익에 미치는 영향(금액)=900,000원

계산근거 : 수익-비용=당기손익에 미치는 영향

임대료-(소모품비+이자비용)=임대료-소모품비-이자비용
=₩2,500,000-(₩300,000+₩1,300,000)=₩2,500,000-₩1,600,000
=₩900,000원

12 〈분개〉

		차변	금액		대변	금액
(1) 7/1	(차)	현 금	100,000	(대)	비 품	100,000
7/5	(차)	현 금	120,000	(대)	매출채권	120,000
7/10	(차)	차입금	100,000	(대)	현 금	110,000
		이자비용	10,000			

7/15	(차) 매출채권	150,000	(대) 매　　출	150,000
7/18	(차) 미지급금	30,000	(대) 현　　금	30,000
7/25	(차) 급　　여	60,000	(대) 현　　금	60,000
7/31	(차) 임차료	30,000	(대) 현　　금	50,000
	광고선전비	20,000		

(2) 원장전기 생략

(3) 시산표 작성(7.31)

시 산 표

현　　금	₩170,000	미지급금	₩40,000
매출채권	210,000	차입금	50,000
비　　품	230,000	자본금	400,000
급　　여	160,000	매　　출	450,000
광고선전비	70,000		
임차료	90,000		
이자비용	10,000		
총 계	₩940,000	총 계	₩940,000

13 1. 오류사항

(분개 1) 선수이자를 제거함.

(분개 2) 임대료를 제거하고 분개 1에 포함시킴.

(분개 3) 집합손익은 이익잉여금으로 대체됨.

2. 오류수정사항이 반영된 마감분개

(분개 1) 대변잔액을 마감하기 위한 분개

(차) 매　　출	147,000	(대) 집합손익	180,000
배당금수익	13,000		
임대료	20,000		

(분개 2) 차변잔액을 마감하기 위한 분개

(차) 집합손익	130,000	(대) 급　　여	100,000
		광고비	10,000
		감가상각비	20,000

(분개 3) 집합손익 계정을 마감하기 위한 분개

(차) 집합손익	50,000	(대) 이익잉여금	50,000

들어가며… 1년 농사를 마친 '신촌 빵집'. 이제 우리의 재산 상태를 사진으로 '찰칵' 찍어볼 시간입니다. 우리 빵집은 지금 얼마나 많은 현금과 오븐(자산)을 가지고 있을까? 밀가루 가게에 줘야 할 외상값(부채)은 얼마일까? 그래서 빚을 다 갚고 남은 진짜 내 몫(자본)은 얼마일까? 이번 장에서는 재무상태표라는 스냅사진을 통해 기업의 재무상태를 분석하는 법을 배웁니다.

summary

기업에서 외부이해관계자에게 제공하는 회계보고서를 재무제표(financial statement)라고 한다. 이러한 재무제표는 기업의 재무상태를 나타내는 재무상태표와 기업의 경영성과를 나타내는 포괄손익계산서, 기업의 영업활동, 투자활동, 재무활동별로 현금의 변화를 나타내는 현금흐름표, 자본의 변동을 나타내는 자본변동표 및 주석이 주된 재무제표이다. 현금흐름표 및 자본변동표는 주식회사 등의 외부감사에 관한 법률 시행령에 의한 재무제표이며 상법에 의한 재무제표는 아니다. 이익잉여금처분계산서는 국제회계기준에서는 재무제표가 아니지만, 상법에 의해서 주석에 공시하도록 규정되어 있다. 주석도 재무제표의 일부인 것에 주목하여야 한다. 재무제표에는 각종의 명세서와 경영자의 분석, 검토보고서 등과 같은 설명자료가 첨부가능하다. 중요하지 않은 항목은 성격이나 기능이 유사한 항목과 통합 표시가 가능하다. 본장에서는 재무상태표의 양식과 구성요소인 자산, 부채 및 자본에 대한 의미를 살펴본 다음, 재무상태표의 유용성과 한계점에 대하여 설명한다.

C·H·A·P·T·E·R

05

재무상태표

01 재무상태표의 의의

CHECK POINT

- 재무상태표
- 자산·부채·자본
- 회계실체

재무상태표(statement of financial position)의 목적은 특정 시점에서의 기업의 재무상태를 나타내는 데 있다. 따라서 기업의 자산의 상태를 나타내는 스냅샷(snap shot)이라고도 할 수 있다. 반면에 포괄손익계산서는 어느 기간 동안의 영업의 결과를 보고하며 현금흐름표도 어느 기간 동안의 현금의 흐름을 표시한다. 이때 재무상태는 **자산, 부채, 자본**의 3요소로 표시될 수 있다. 따라서 재무상태표에는 기업의 자산, 부채, 자본이 요약 보고된다.

비유로 이해하기 **재무상태표는 '사진', 손익계산서는 '동영상'**

재무상태표와 손익계산서의 차이가 헷갈리시나요? 사진과 동영상을 떠올리면 쉽습니다.

손익계산서는 1년 동안 기업이 얼마나 열심히 일하고, 돈을 벌고, 썼는지를 보여주는 한 편의 '장편 동영상'과 같습니다. 그 안에는 웃고 우는 모든 과정(수익과 비용)이 담겨있죠. 재무상태표는 그 동영상이 끝나는 순간, 즉 12월 31일 자정의 '마지막 엔딩 장면을 찍은 사진(snapshot)'입니다. 이 사진 한 장에는 그 순간 기업이 가진 모든 재산(자산)과 빚(부채), 그리고 순수한 내 돈(자본)이 얼마인지 정지된 모습으로 나타납니다.

따라서 동영상이 '과정(기간)'을 보여준다면, 사진은 '결과(특정 시점)'를 보여주는 것이죠.

재무상태표의 기본형태는 다음과 같이 구성되어 있다.

재무상태표는 특정시점의 기업의 재무상태(자산, 부채, 자본)를 나타낸다.

재무상태표

20×1년 12월 31일 현재

신촌주식회사 (단위: 백만원)

자산	×××	부채	×××
		자본	×××

위의 재무상태표에서 주목하여야 할 것은 머리부분이 다음의 네 가지로 구성되어 있다는 점이다.

(1) "재무상태표"라는 명칭

이는 회계보고서의 명칭을 밝힌 것으로 이 회계보고서가 기업의 재무상태를 나타내기 위한 재무상태표라는 것을 분명히 한다.

(2) 회사의 명칭

위의 재무상태표는 신촌주식회사라는 기업의 재무상태를 나타낸 것이지, 신촌주식회사 최대주주의 재무상태를 나타낸 것은 아니다. 이는 기업실체의 원칙과 관련된 내용이다. 주식회사의 소유주는 수많은 주주들로 구성되는데, 이들 주주들은 각자 예금, 주택, 승용차, 부동산 등을 소유하고 있겠지만 이와 같은 주주 개인의 소유물은 신촌주식회사의 소유물이 아니기 때문에 신촌주식회사의 재무상태표에는 나타나지 않는다. 이것이 바로 기업은 기업에 자금을 출자한 주주와는 구별하여 기업 그 자체를 대상으로 하여 회계처리해야 한다는 **회계실체**(accounting entity, 기업실체)의 개념이다. 따라서 기업은 기업의 소유주와 구분되는 독립된 실체이므로 각 회계실체마다 별도의 회계장부를 가지고 있어야 한다. 재무상태표와 손익계산서는 한 회계실체의 재무상태와 경영성과를 나타낸다.

회계실체
기업은 기업의 소유주와 구분된 독립된 실체이며 각 회계실체마다 별도의 회계장부를 가지고 있어야 함.

한 사람이 두 개 이상의 기업을 운영하고 있을 경우에는 각 기업마다 별도의 회계장부를 엄격하게 분리하여 각 기업마다의 재무상태, 경영성과 및 현금의 변동 및 자본의 변동에 관한 정보를 제공하여야 한다. 그러나 기업실체의 개념이 반드시 법적 실체(legal entity)개념과 일치하는 것이 아니라는 점에 유의하여야 한다. 회계에서는 형식보다는 실질을 더 우선하기 때문에 법적으로는 별개의 기업이지만 실질적으로 하나의 법적 실체와 동일할 경우에는 회계보고 목적을 위하여 두 개의 법적 실체를 하나의 법적 실체로 취급하여 **연결재무제표**(consolidated financial statements)를 작성한다. 참고로 국제회계기준에서는 실질을 형식보다 더 우선시한다.

비유로 이해하기 **우리 가족의 가계부**

기업실체의 개념이란 '회사 돈'과 '사장님 개인 돈'은 완벽히 구분해서 기록해야 한다는 원칙입니다. S전자의 재무상태표에 회장의 개인 집이나 자동차가 포함되지 않는 것과 같습니다.

그렇다면 연결재무제표는 무엇일까요? 법적으로는 엄마(A회사)와 성인인 자녀(B회사)가 각각 독립된 가정을 꾸리고 있더라도, 경제적으로는 하나의 가족 공동체처럼 움직일 때가 있습니다. 이때 우리 가족 전체의 재산 상황을 파악하기 위해 엄마와 자녀의 가계부를 합쳐서 '통합 가족 가계부'를 만드는 것이 바로 연결재무제표입니다. 회계는 법적 형식보다 경제적 실질을 더 중요하게 생각하기 때문입니다.

(3) 재무상태표의 날짜

재무상태표가 매월 작성되는 회사도 있지만, 그것은 주로 내부보고를 위한 것이고 외부이해관계자들을 위하여는 원칙적으로 회계연도말에 작성된다. 이 외에도 회계기간 시작 후 분반기가 지나면 중간보고서 형식으로 분반기보고서를 작성하게 되는데 이때에 분반기보고서용 재무상태표가 작성된다. 이 분반기보고서는 매 회계연도말에 발표되는 재무제표와는 달리 공인회계사가 회계감사(auditing)를 수행하는 것이 아니라 검토(review)라는 인증업무를 수행한다. 직전 사업연도말 자산규모 5천억원이 넘는 기업의 분반기 재무제표에 대한 검토가 의무화되고 있다. 재무상태표는 특정 날짜 "시점"의 재무상태를 표현하고 있는 것이다.

(4) 금액 단위

기업에 따라서는 그 규모가 커서 원단위까지 표시하거나 혹은 천원단위로 표시하는 것이 재무제표이용자들에게 아무런 도움이 되지 않는 경우가 있다. 예를 들어 자산규모가 몇천억이 되는 기업의 재무상태를 나타내는데 원단위의 금액표시는 숫자를 너무 상세하게 제공하는 것이 되어 재무제표이용자에게 아무런 도움이 되지 않는다. 이런 때에는 천원단위나 혹은 백만단위로 절사표시하는 것이 바람직하다. 머리부분의 아래는 재무상태표의 본체인데, 여기에서는 자산·부채·자본이라는 기업의 재무상태를 나타낸다.

02 자 산

CHECK POINT
- 유동자산
- 비유동자산

자산(assets)이란 기업이 과거의 거래 혹은 경제적 사건의 결과 얻게 된, 예상되는 미래의 경제적 효익(probable future economic benefits)이라고 정의할 수 있다. 자산을 재무상태표에 인식하기 위해서는 ① 미래경제적 효익이 기업에 유입될 가능성이 높고, ② 해당 항목의 원가 또는 가치를 신뢰성 있게 측정할 수 있어야 한다(만약, 지출이 발생하였으나 당해 보고기간 후에는 경제적 효익이 기업에 유입될 가능성이 높지 않다고 판단되는 경우에는 재무상태표에 자산으로 인식하지 않고 포괄손익계산서에 비용으로 인식해야 한다).

비유로 이해하기 **피자 가게의 '배달 드론'으로 배우는 자산의 조건**

어떤 항목이 재무상태표에 '자산'으로 기록되려면 몇 가지 조건을 충족해야 합니다. 피자 가게가 200만원을 주고 구입한 '배달 드론'을 예로 들어볼까요?

1. 사용할 권리가 있다: 이 드론은 피자 가게 소유이므로 배달을 위해 마음대로 사용할 수 있습니다.
2. 화폐 단위로 측정된다: '200만원'이라는 객관적인 금액으로 가치를 측정할 수 있습니다. 피자 맛에 대한 '고객들의 극찬'은 가치가 있지만, 금액으로 측정할 수 없어 자산이 될 수 없습니다.
3. 거래의 결과로 얻었다: 돈을 주고 사는 '거래'를 통해 얻은 것입니다. 가게 앞 공원 벤치처럼 누구나 사용할 수 있는 것은 우리 가게의 자산이 아닙니다.
4. 미래에 돈을 벌어다 줄 것이다: 드론 덕분에 배달이 빨라져 피자를 더 많이 팔 수 있을 것(미래 경제적 효익)이라고 '예상'할 수 있습니다.

이러한 자산은 다음과 같은 네 가지의 의미를 갖고 있다.

(1) 사용할 권리

자산이란 토지, 기계 또는 비품 등과 같이 기업이 영업활동을 위하여 보유하고 또 사용할 수 있는 권리를 가지거나 선급임차료, 선급보험료 같이 특정 서비스를 받을 수 있는 권리를 갖는다.

자산
기업의 과거의 거래 혹은 경제적 사건의 결과 얻게 된 예상되는 미래의 경제적 효익으로 정의

5 재무상태표 Principles of Accounting

(2) 화폐단위로 측정

자산은 화폐단위로 표시될 수 있어야 한다. 그러나 어떤 가치있는 권리들은 화폐단위로 측정되지 않는다. 예를 들면 화재나 방범대책이 완벽하게 준비되어 있다거나, 숙련노동자가 많이 있는 도시에 위치하고 있을 때에는 기업이 여러 가지 이점을 보유하고 있지만, 화폐가치로 측정할 수 없기 때문에 회계상의 자산이 되지 못한다. 또한 인적 자원은 기업의 자산으로 평가될 수 없다. 이는 임직원 등의 인적 자원이 기업이라는 실체에 임시적으로 계약에 의해 고용된 것이지 물적 자원과 같이 기업의 소유가 아니며 인적 자원의 가치평가 또한 객관적으로 수행될 성격이 아니기 때문이다. 마찬가지로 직원의 훈련을 위하여 회사에서 몇 년 동안 지출을 하고 있었다면, 회사에 가치있는 미래 잠재용역은 생성되겠지만 이에 대한 측정이 매우 어렵고 주관적이기 때문에 재무상태표에 자산으로 나타나지 않는다. 또한 훈련을 받은 직원이 회사를 퇴직하게 되면 이러한 자산이 소멸되므로 자산으로서의 가치 인정도 어렵다.

(3) 거래의 결과 획득

자산은 거래(transaction)라고 불리는 경제적 사건의 결과로 획득된다. 거래가 이루어지면 상품을 구입하였을 경우와 같이 법적 소유권이 생기거나, 임차료를 미리 지급하였을 경우와 같이 재산을 이용할 권리가 생긴다. 여기에서 거래는 기업과 제3자 사이에서 협상과정을 통하여 이루어진 것이다. 이와는 대조적인 것이 회사가 미래에 직원으로부터 제공받을 노동력이다. 이러한 노동력은 미래에 생산적으로 사용되기로 계약된 것이지만 현재 시점에서는 직원과 회사 사이에 어떤 거래가 발생한 것이 아니다. 따라서 노동계약을 맺은 것 자체가 자산일 수는 없다. 만약 노동계약을 맺고 선급급여를 주었다면 이는 거래가 일어난 것으로 선급급여만큼은 장래에 급여라는 비용이 발생하여도 이를 지급하지 않아도 되는 권리, 즉 자산인 것이다. 회사 앞의 공공도로는 회사가 사용할 수는 있겠지만 어떤 직접적인 급부를 제공하고 획득한 권리가 아닌 한 이를 자산으로 인식할 수 없다.

(4) 예상되는 미래의 경제적 효익

마지막으로 자산은 미래경제적 효익을 가지고 올 것으로 예상되는 재산이나 권리에 한정된다. 즉 미래에 경제적 효익을 유발시킬 것으로 예상되는 재산이나 권리만이 자산이 될 수 있지, 이미 사용되었거나 소멸되어 없어진 재산이나 권리는 더 이상 자산으

로 나타나지 않는다. 여기서 주의할 점은 미래에 경제적 효익을 가지고 올 것으로 예상(probable)한다는 것이다. 다시 말하면 미래에 경제적 효익을 100% 반드시 가지고 오는 것만이 자산이 될 수 있는 것이 아니라 현시점에서 판단할 때 미래에 경제적 효익을 가지고 올 것으로 예상될 경우 자산이 될 수 있다는 것이다. 여기서 예상한다고 한 것은 단순히 가능성(possible)이 있다는 것보다는 훨씬 발생할 확률이 높은 것을 의미한다. 즉, 특별한 사정이 없는 한 발생한다는 의미를 갖고 있다. 이러한 가능성을 측정하는 것도 용이하지 않다.

또한, 특정 실체가 이러한 미래경제적 효익을 통제할 수 있어야 한다. 즉, 특정한 기업만이 그 효익을 누릴 수 있어야 그 기업의 자산으로 분류된다. 따라서 모두가 이용할 수 있는 공공재 등은 특정 기업의 자산이 될 수 없다. 예컨대, 고속도로를 이용함으로써 미래경제적 효익을 누릴 수 있다 하더라도 그 효익에 대한 권리는 자산이 될 수 없다.

자산을 재무상태표에 나타낼 때에는 각 자산항목을 합리적으로 분류해야지 정보의 질을 높일 수 있다. 자산은 대개 유동자산과 비유동자산으로 분류된다.

1. 유동자산과 비유동자산

자산의 분류에 의한 자세한 자산별 설명은 앞으로 여러 장에 걸쳐서 설명되며 이 장에서는 개괄적인 대분류에 의한 자산의 성격을 살펴본다. 자산과 부채를 유동/비유동으로 구분하는 것은 운전자본으로 사용되는 자산 및 부채와 장기적인 경영활동에 사용되는 자산 및 부채를 구분하여 표시할 수 있고, 기업의 유동성과 지급능력을 평가하는 데 유용한 정보를 제공해 주기 때문이다.

(1) 유동자산

유동자산
현금을 포함하여 비교적 단기간내 (1년)에 현금화되거나 또는 정상적인 경영활동 과정에서 소멸될 자원

유동자산(current assets)은 현금을 포함하여 비교적 단기간내(1년)에 현금화되거나 또는 정상적인 경영활동과정에서 소멸될 자원이다. 이러한 유동자산에는 현금 및 현금성자산, 단기금융상품, 매출채권, 단기대여금, 미수금, 미수수익, 선급비용 등의 당좌자산과 상품, 제품, 재공품, 원재료 등의 재고자산이 포함된다.[1] 유동자산은 경영활동

1) 당좌자산(quick asset)은 현금화 과정에서 판매활동이 필요하지 않지만, 재고자산(inventory)은 현금화를 위해 판매활동이 필요하다는 점에서 구분된다.

그림 5-1
경영활동의 순환과정

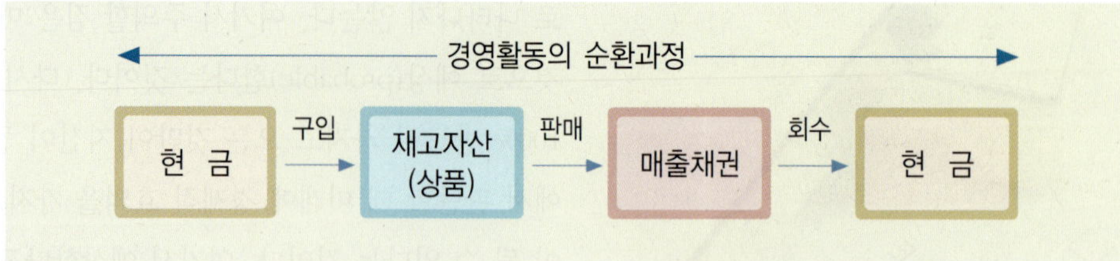

의 순환과정(operating cycle) 동안에 계속적으로 회전될 자산이라고도 한다.

경영활동의 순환과정(정상영업주기)이란 기업이 상품 또는 서비스를 획득하여 이를 시장에서 판매한 다음, 현금을 회수하는 데 걸리는 기간을 말한다. 예를 들어, 상품을 매입하여 이를 판매하는 상품매매회사의 경우 경영활동의 순환과정을 나타내면 [그림 5-1]과 같다. 제조기업일 경우는 판매할 재고자산을 매입하지 않고 기업이 직접 원재료를 이용하여 제품을 제조한다.

물론 기업의 경영활동에 따라 경영활동을 1회 순환시켜 완료하는 데 필요한 기간은 다르다. 어떤 경우에는 몇 주일일 수도 있고 조선업과 같은 경우에는 몇 년이 걸릴 수도 있다.

자산은 다음의 경우에 유동자산으로 분류하며, 이 외의 항목은 비유동자산으로 분류한다.

① 정상영업주기 내에 실현될 것으로 예상하거나, 정상영업주기 내에 판매하거나 소비할 의도가 있음
② 주로 단기매매목적으로 보유
③ 보고기간 후부터 12개월 이내에 실현될 것으로 예상
④ 현금이나 현금성 자산으로서, 교환이나 부채 상환 목적으로 사용하는 데 대한 제한 기간이 보고기간 후 12개월 이상이 아님

(2) 비유동자산

비유동자산(noncurrent assets, fixed assets, long-term assets)의 주요항목의 예는 다음과 같다.

1) 유형자산

유형자산이란 기업의 고유한 목적, 즉 영업활동을 위하여 장기적으로 보유하는 자산을 말한다.

유형자산(tangible assets)이란 재화나 용역의 생산이나 제공, 타인에 대한 임대 또는 관리활동 등 영업활동에 사용할 목적으로 보유하는 물리적 형태가 있는 자산으로, 한 보고기간을 초과하여 사용할 것이 예상되는 자산을 말한다. 유형자산에는 판매목적으로 보유하는 재고자산은 포함되지 않으며 이는 유동자산의 재고자산으로 분류된다. 유형자산에는 토지, 건물, 기계장치, 구축물, 건설중인 자산 등이 포함된다. 부동산 회사의 건물, 토지일 경우 이와 같은 자산이 1년 안에 판매로 회전된다면 이 자산은 유동자산, 즉 재고자산으로 분류된다. 즉, 유동자산인지 비유동자산인지의 구분은 산업에 따라 달라질 수 있다.

2) 무형자산

무형자산

물리적 형체가 없지만 식별가능하고 기업이 통제하고 있으며 미래경제적 효익이 있는 비화폐성 자산

무형자산(intangible assets)이란 재화나 용역의 생산, 타인에 대한 임대 또는 관리에 사용할 목적으로 기업이 보유하고 있으며, 물리적 형체가 없지만 식별 가능하고, 기업이 통제하고 있으며, 미래 경제적 효익이 있는 비화폐성 자산이라고 정의한다. 무형자산에는 산업재산권, 라이선스와 프랜차이즈, 저작권, 컴퓨터소프트웨어, 개발비, 임차권리금, 광업권, 어업권 등이 포함된다.

3) 기타 비유동자산

장기적인 투자이윤을 얻을 목적으로 보유하는 투자부동산(investment property)[2)]이나 타기업을 지배 또는 통제하기 위해서 또는 유휴자금의 증식이나 활용을 목적으로 보유하는 자산이다. 이에는 장기금융상품, 장기대여금, 기타포괄손익－공정가치측정금융자산(FVOCI금융자산), 상각후원가측정금융자산(AC금융자산), 관계기업적용투자주식, 투자부동산, 보증금 등이 포함된다.

개념 더하기

같은 건물, 다른 이름: 유형자산 vs. 투자부동산

기업이 똑같은 건물 두 채를 가지고 있다고 상상해봅시다.

- A 건물: 우리 회사 본사 사옥으로 직접 사용하고 있습니다. ➡ 이 건물의 보유 목적은 '영업활동에 사용'하는 것이므로 '유형자산'으로 분류합니다.
- B 건물: 다른 회사에 세를 주고 월세를 받거나, 나중에 땅값이 오르면 팔아서 시세

---

2) 따라서 토지·건물과 같은 부동산은 보유목적에 따라 유형자산(영업활동에 사용) 또는 투자부동산(장기적인 투자이윤)으로 구분되어 기록된다.

차익을 얻을 목적으로 가지고 있습니다. ➡ 이 건물의 보유 목적은 '임대수익이나 시세차익'이므로 '투자부동산'으로 분류합니다.

이처럼 회계에서는 자산의 물리적 형태가 아니라, 그 자산을 보유한 '목적'이 무엇인지에 따라 자산의 이름과 분류가 달라집니다.

여기에서는 자산을 위와 같이 분류하였지만, 분류방법이나 용어는 경우에 따라서 다르게 사용될 수 있다는 점을 기억하여야 한다. 재무상태표의 양식은 주로 관습에 따라 결정되지만, 재무제표이용자가 이해하기 쉽게 자산을 분류하여야 한다.

회계기준에서는 자산을 유동자산/비유동자산 이분법으로 분류한다. 또한 일부는 유동성·비유동성 구분법으로, 나머지는 유동성 순서에 따른 표시방법으로도 표시가 가능하다. 회계기준에서는 재무제표에 표시되는 항목의 형식이나 순서에 아무런 제한을 두고 있지 않으므로, 비유동자산 또는 비유동부채를 유동자산이나 비유동부채보다 먼저 유동성 배열의 역순으로 배열할 수도 있다.

비유로 이해하기 **같은 '건물' 다른 운명: 빵 vs. 오븐**

어떤 자산이 유동자산인지 비유동자산인지는 그 자산의 종류가 아니라 '보유 목적'에 따라 결정됩니다. 똑같은 '건물'이라도 회사에 따라 그 성격이 완전히 달라질 수 있습니다.

부동산 개발 회사: 이 회사에게 건물은 판매하기 위해 지은 '상품(빵)'과 같습니다. 1년 내에 팔아서 현금화하는 것이 목적이므로 재고자산(유동자산)으로 분류됩니다.
일반 사무용품 회사: 이 회사에게 건물은 본사 사옥으로 사용하기 위한 '작업 공간(오븐)'과 같습니다. 판매 목적이 아니라, 장기간 사용하며 돈을 버는 것이 목적이므로 유형자산(비유동자산)으로 분류됩니다.

2. 자산의 취득원가와 경제적 가치

자산은 몇 가지 경우를 제외하고, 취득원가(acquisition cost) 즉 역사적 원가(historical cost)로 기록된다. 자산을 기록함에 있어 역사적 가액, 즉 원가에 기초하는 것은 이익측정에 관한 기본가정, 즉 수익과 취득원가를 대응시켜서 이익을 측정하려는 수익비용대응의 원칙 때문이다.

취득원가는 경영활동을 수행하기 위하여 투자한 노력을 화폐적 측정치로 나타낸다. 경영자는 특정 자산의 판매액이나 미래사용가치의 현재가치가 적어도 취득원가보다는 클 것이라고 판단하여 자산을 취득한다. 자산의 경제적 가치란 그 자산으로 말미암아 기업이 벌어들이게 되는 미래 현금흐름의 현재가치이다. 자산의 이러한 경제적 가치를 객관적으로 측정하는 좋은 방법은 취득원가로 평가하는 것이다. 왜냐하면 취득원가란 적어도 취득시점에 있어서 자산의 경제적 가치에 대한 가장 객관적인 평가이기 때문이다. 그러나 취득원가의 단점은 재무제표 구성요소의 측정방법에도 기술되었듯이 취득 이후 자산 가치의 변동을 반영하지 못한다는 데 있다.

> 취득원가란 자산을 획득하기 위하여 소비된 자원 또는 포기된 금액, 그리고 희생된 경제적 가치 등을 모두 포함한다.

취득원가란 자산을 획득하기 위하여 소비된 자원 또는 포기된 효익, 희생된 경제적 가치이다. 취득원가는 보통 현금지급액 또는 지급하기로 약속한 현금으로 측정된다. 그러나 만일 현금이 관련되지 않은 거래를 통하여 자산을 획득하였을 경우에는 현금등가액으로 측정된다. 예를 들어서 회사가 상품을 구입하였는데, ₩3,000은 즉시 현금으로 지급하였고, ₩6,000은 30일내에 현금으로 지불하기로 하였다. 이 경우에 상품이란 자산의 원가는 ₩9,000이 된다. 또 회사의 대주주가 시장가격이 ₩15,000인 기계장치를 회사에 기증하였다고 하면, 이 자산은 회사의 장부에 ₩15,000으로 기록되어야 한다. 위의 예에서 보여주듯이 현금등가액은 회사와 제3자의 거래에서 이루어진 가격이나 교환된 가치의 측정치이다.

개념 연결하기

왜 하필 '어제의 가격(취득원가)'으로 기록할까?

자산을 오늘의 시장가치가 아닌, 과거의 취득원가로 기록하는 가장 근본적인 이유는 바로 회계의 대전제인 '계속기업(Going Concern)의 가정' 때문입니다.

회계는 기본적으로 "이 기업은 내일 망하지 않고, 앞으로도 쭉 사업을 계속할 것이다"라고 가정합니다. 기업을 곧 끝날 단거리 경주가 아닌, 계속 달려 나갈 마라톤으로 보는 것이죠. 그렇기 때문에 기업이 가진 자산을 '오늘 당장 다 팔면 얼마일까(시장가치)'를 계산할 필요가 없는 것입니다. 대신, 이 마라톤을 뛰기 위해 '처음 얼마를 투자했는가(취득원가)'를 기록하여 안정적으로 관리하는 것을 더 중요하게 봅니다. 만약 회사가 곧 청산할 것이라고 가정한다면, 그때는 취득원가가 아닌 시장가치가 훨씬 더 중요한 정보가 될 것입니다.

자산의 취득원가는 취득시점에서 자산의 시장가치와 일치하겠지만, 토지나 건물과 같은 설비자산의 경우 취득시점 이후에 계속적으로 변화하는 자산의 시장가치를 회계에서는 원칙적으로 기입하지 않았다. 따라서 자산의 시장가치는 변화하고 있지만 이미 취득한 자산을 소비한다거나 처분할 때에는 취득원가에 근거하여 회계처리를 한다. 그 이유는 자산의 현행가치를 결정하기가 매우 어렵고 주관적 판단이 개입되기 때문이다. 다만, 자산가치가 취득한 이후로 일정한 수준 이하로 감소하는 경우 이를 인식하는 '손상차손' 회계나, 일정한 수준 이상으로 증가할 경우 이를 인식하는 '재평가모형' 회계 등의 자산평가 회계도 예외적으로 존재한다.

국제회계기준의 도입으로 회계원칙이 공정가치평가(FV: fair value) 방향으로 설정된 이후부터는 취득원가와 공정가치가 혼재되고 있다.

03 부채 및 자본

CHECK POINT

- 부채
- 유동부채와 비유동부채
- 자본
- 자본금, 자본잉여금, 기타포괄손익누계액, 이익잉여금

지분이란 자산에 대한 원천적 청구권을 나타내는 것으로, 지분은 부채와 자본으로 세분된다.

부채

과거의 거래 혹은 경제적 사건의 결과 미래에 기업이 제공할 것으로 예상되는 경제적 효익의 희생

지분(stake)이란 자산에 대한 원천적 청구권을 나타내는 것으로 특정 집단 또는 개인이 기업에 투자한 금액 또는 기업에 대한 청구권이 얼마나 되는지를 나타낸다. 이러한 지분은 부채와 자본으로 나눌 수 있다. 부채(채권자지분)는 채권자가 기업에 대해 가지는 재무적 청구권을 의미하는데, 이를 기업의 측면에서 보면 지급하여야 할 법적 의무를 나타낸다. 자본(소유주지분)은 기업에 대한 소유주의 재무적 투자액을 나타낸다.

1. 부　　채

부채(liabilities)란 간단히 말해 '미래에 남에게 무언가를 갚아야 할 의무'이다. 과거에 이미 일어난 일 때문에, 미래에 나의 경제적 자원(주로 현금)을 이전해야 하는 현재의 의무를 말하는 것이다. 이는 미래에 경제적 효익을 '받을 권리'인 자산과 정확히 반대되는 개념이다.

부채(liabilities)란 일상적으로 말할 때 기업이 미래에 상환하여야 할 빚을 말한다. 부채를 보다 정확히 정의하자면, 과거의 거래 혹은 경제적 사건의 결과 미래에 기업이 제공할 것으로 예상되는 경제적 효익의 희생(probable future sacrifices of economic benefits)이라고 할 수 있다. 즉 부채란 다음의 속성을 갖는다.

(1) 과거의 거래 또는 경제적 사건

부채로 인식되기 위하여는 먼저 그것이 과거의 거래 혹은 경제적 사건의 결과 발생된 것이어야 한다. 이는 자산의 속성에서도 지적된 바와 같이 매우 당연한 것으로, 거래나 경제적 사건없이(예: 외상구입, 비용의 미지급 등) 부채를 인식할 수는 없다.

(2) 경제적 효익의 희생

경제적 효익의 희생은 주로 현금지출을 의미하나 때로는 다른 형태의 자산이나, 서비스의 제공(예: 품질보증)을 의미하기도 한다. 그러나 부채는 자산과는 달리 일반적으로 그 경제적 효익의 희생을 화폐단위로 결정할 수 있다.

(3) 예상되는 희생

자산에서와 마찬가지로 미래에 발생할 것으로 확실한 것뿐만 아니라 발생할 것이 예상되는(probable) 경제적 효익의 희생은 그 측정이 신뢰성있게 이루어질 수 있는 한 부채로서 인식하여야 한다.

(4) 유동부채와 비유동부채

유동부채
1년 혹은 기업의 한 경영활동 순환과정 내에 지급해야 할 부채

재무상태표상에 부채를 분류하는 방법은 자산과 매우 유사하다. 부채는 크게 **유동부채**(current liabilities)와 **비유동부채**(long-term liabilities, noncurrent liabilities, 또는 fixed liabilities)로 분류되는데, 유동부채란 1년 혹은 기업의 한 경영활동 순환과정 내에 지급해야 할 부채를 말하는 것으로 자산에서와 마찬가지로 원칙적으로 1년을 기준으로 하여 유동부채와 비유동부채로 나눌 수 있다.

부채는 다음의 경우에 유동부채로 분류하며, 이외의 모든 부채는 비유동부채로 분류된다.

① 정상영업주기 내에 결제될 것으로 예상
② 주로 단기매매목적으로 보유
③ 보고기간 후 12개월 이내에 결제하기로 되어 있음
④ 보고기간 말 현재 보고기간 후 적어도 12개월 이상 부채의 결제를 연기할 수 있는 권리를 가지고 있지 않음

충당부채란 과거의 사건이나 거래의 결과로 의무가 존재하고 그 의무에 소요될 금액을 신뢰성있게 추정하여 부채로 계상한 금액을 말한다.

유동부채에는 직원에게 지급하여야 할 급여인 미지급급여, 거래처에 지급하여야 할 매입채무, 주주에게 지급하기로 주주총회에서 확정된 배당금인 미지급배당금, 자금을 빌려준 사람에게 지급해야 할 미지급이자, 정부에 지급하여야 할 미지급법인세 등이 있다.

유동부채의 규모를 알면 기업의 정상적인 영업주기에서 사용되는 순운전자본(net working capital)의 규모를 파악하는 데 도움이 된다. 순운전자본은 유동자산에서 유동부채를 차감한 개념이다.[3)]

유동부채로 분류한 금액 중 1년 이내에 상환되지 않을 금액은 주석으로 기재하며 비유동부채 중 재무상태표일로부터 1년 이내에 자원의 유출이 예상되는 부분은 유동부채로 분류한다. 비유동부채는 유동부채 이외의 항목이며, 대표적인 예로 장기차입금, 사채, 장기충당부채 및 기타비유동부채 등으로 구분할 수 있다.

Focus on Decision Making

[상 황]

2호점 확장으로 성공 가도를 달리고 있는 '신촌 빵집'. 3년 전, 2호점 개설 자금으로 은행에서 5,000만원을 5년 만기로 대출받았습니다. 이제 12월 31일 결산일이 되어 재무상태표를 작성해야 합니다. 이 5,000만원의 대출금(차입금)은 재무상태표에 어떻게 표시해야 할까요?

"사장님, 이 5,000만원 빚, 전부 '비유동부채'로 보고하면 안 될까요? 그래야 단기 재무 상태가 더 튼튼해 보이는데요."

[선택지 분석]

1. 선택 A: '전액 비유동부채'로 보고하기

- 방법: "어차피 5년 만기 대출이니까"라는 생각으로, 5,000만원 전체를 비유동부채로 분류합니다.
- 결과: 유동부채가 적게 표시되어, 단기 지급능력을 보여주는 '유동비율(유동자산/유동부채)'이 실제보다 훨씬 좋게 나타납니다. 은행이나 투자자에게 회사가 매우 안전한 것처럼 보일 수 있습니다.

---

3) 순운전자본이 (+)인 경우 기업의 정상적인 영업활동과정에서 1년만에 현금으로 지급해야 할 금액보다 유입되는 금액이 더 많다는 것을 의미한다. 일반적으로 재무적 안정성이 양호한 기업들은 순운전자본이 (+)이면서 지속적으로 증가하는 모습을 보인다.

2. 선택 B: '유동성'을 고려하여 분리 보고하기 (원칙)

- 방법: 5,000만원 중 내년(1년 이내)에 갚아야 할 원금 1,000만원은 '유동부채'로 분류하고, 나머지 4,000만원만 '비유동부채'로 분류합니다.
- 결과: 정보이용자들이 "아, 이 빵집은 내년에 1,000만원의 빚을 갚아야 하는구나"라는 사실을 명확히 알게 됩니다. 회사의 단기 상환 부담을 투명하게 보여줍니다.

[나사장의 의사결정]

만약 나사장이 단기적인 재무지표를 좋게 포장하고 싶다는 유혹에 빠진다면 '선택 A'를 주장할 수도 있습니다. 하지만 이는 정보이용자를 속이는 행위이며, 회계기준에 위배됩니다.

회계기준은 정보이용자에게 기업의 정확한 단기 상환 의무를 보여주기 위해, 비유동부채라도 보고기간 말로부터 1년 이내에 만기가 도래하는 부분은 반드시 유동부채로 재분류하도록 요구합니다(유동성 분류의 원칙).

이처럼 재무상태표의 자산과 부채를 유동과 비유동으로 올바르게 분류하는 것은, 기업의 단기적인 생존 능력(유동성)과 장기적인 안정성을 평가하는 데 필수적인 정보를 제공하는 매우 중요한 의사결정입니다.

2. 자　　본

자본
자산에서 부채를 차감한 잔여지분을 말하며 자기자본(소유주지분)이라고도 함.

자산의 주요한 원천으로 부채 이외에 기업의 소유주에 의한 재무적 투자를 들 수 있으며 이를 자본이라고 한다. 즉, 자산의 자본조달 수단으로 부채와 자기자본이 있다. 자본은 또한 자기자본(owner's equity)이라고도 한다. 자본은 조직의 형태에 따라 다른 표현으로 불린다. 예를 들어서 회사 조직이 조합인 경우에는 자본이라는 말 대신에 조합원출자금이라고 하며 주식회사인 경우에는 주주지분(stockholders' equity) 혹은 자본이라는 말을 사용한다. 비영리법인으로서 대학교 부설 병원일 경우는 기본금이라는 용어가 사용된다. 소유주지분이라는 용어는 이 모든 경우를 포괄한다. 회사의 형태가 유한회사일 경우의 주인은 파트너 또는 법적인 표현은 사원이고 이들이 투자한 자금이 소유주지분이 된다.

자본은 자산에서 부채를 차감한 잔여지분을 의미하며, 자본은 그 자체를 직접적으로

측정할 수 있는 것이 아니라 자산과 부채를 각각 측정한 결과 동 금액의 차액으로 계산된다. 자본금은 주주들이 납입한 법정자본금으로 하며, 자본잉여금은 증자나 감자 등 주주와의 거래에서 발생하여 자본을 증가시키는 잉여금이다.

(1) 자본금

자본금(capital stock)은 **법정자본금**[4]이라고도 하는데 이는 기업의 소유주가 직접 투자한 금액 중에서 주식의 1주당 액면금액(현재 상법상 ₩100 이상이며 대부분의 기업은 ₩5,000)에 발행주식수를 곱하여 계산된다. 자본금은 흔히 자본과 혼동되는데 완전히 별개의 개념이며 자본은 소유주지분의 개념이다.

상법의 개정으로 액면금액이 없는 무액면주식의 발행이 가능하지만 그럼에도 대부분의 주식은 액면금액을 가지고 발행된다.

예를 들어 어떤 기업이 1주당 액면금액이 ₩5,000인 주식을 10,000주 발행하였다면 그 기업의 자본금은 ₩50,000,000(₩5,000×10,000주)이 된다. 자본금은 ① 배당에 우선권이 있는 대신 주주총회에서의 의결권에 제한이 있는 우선주자본금과 ② 배당은 후순위로 받는 대신 주주총회에서의 의결권이 있는 보통주자본금으로 나누어진다. 자본금에는 기업이 설립되는 시점의 주주가 납입한 자본금이 있고, 이 시점 이후에 증자에 의해서 납입된 자본금이 있다.

(2) 자본잉여금

자본잉여금(capital surplus)은 자본거래로부터 발생하는 잉여금으로 영업활동과 관련되어 발생되는 이익잉여금과는 구별되며, 액면금액을 초과하여 주식을 발행할 때 발생되는 주식발행초과금, 감자차익 등으로 구성되어 있다. **주식발행초과금**은 주식의 발행가액이 액면금액을 초과하는 부분이다.

---

4) 상법에서는 채권자보호를 위해 자본을 충실하게 유지하도록 하고 있다. 이를 위해 상법에서는 최소한 액면금액 이상의 주식대금을 납입하는 것을 원칙으로 하고 있다. 이러한 의미에서 주식대금 중 액면금액 부분을 법정자본금이라고 한다.

포괄손익

주주에 의한 투자 및 주주에 대한 분배가 아닌 거래나 회계사건으로 인하여 일정회계기간 동안 발생한 순자산액의 변동액

(3) 기타포괄손익누계액

기타포괄손익누계액(accumulated other comprehensive income, OCI)에는 재무상태표일 현재의 기타포괄손익 잔액이 표기된다. 포괄손익은 주주에 의한 투자(주식발행대금 납입) 및 주주에 대한 분배(배당)가 아닌 거래나 회계사건으로 인하여 일정 회계기간 동안 발생한 순자산의 변동액을 의미한다. 이러한 포괄손익은 당기손익과 기타포괄손익으로 구분되는데, 기타포괄손익에는 대표적으로 FVOCI금융자산에 대한 평가손익 등이 포함된다. 기타포괄손익에 대해서는 교재의 후반부에서 설명된다.

(4) 이익잉여금

이익잉여금은 벌어들인 이익 중 배당으로 유출되지 아니하고 사내에 유보시켜 놓은 금액이다.

이익잉여금(retained earning)은 기업의 경영활동 결과 얻게 된 이익 중 배당으로 유출되지 아니하고 사내에 유보시켜 놓은 금액이다. 예를 들어서 회사가 경영활동을 성공적으로 수행했다고 하면 회사의 순자산은 증가하게 된다. 보통 상품이나 서비스의 판매로 인한 현금 또는 매출채권 등의 자산의 증가액은 이에 관련된 생산적 자원의 소비에 의한 자산의 감소액보다 크다. 만일 이러한 순자산 증가액을 소유주에게 배분하지 않으면 회사의 자산에 대한 소유주의 청구권은 증가하게 될 것이다. 이익잉여금은 바로 위와 같이 경영활동의 결과 추가적으로 얻은 자산을 회사 내에 유보시킴으로써 증가된 소유주지분을 나타내는 계정이다. 이와 같이 영업의 결과 발생하는 이익을 소유주가 배당의 형태로 개인 자산의 증가를 위해 기업으로부터 유출할 것인지 아니면 기업 내에 재투자할 것인지는 소유주에 의해서 확정된다. 주식회사일 경우에 이러한 결정은 주주총회에서 확정된다. 기업의 영업활동으로부터 발생하는 위험은 주주의 몫이기 때문에 기업의 영업활동으로 발생하는 잉여이익 또한 당연히 주주의 몫이다. 부채를 제공한 채권자는 사전에 정해진 이자만을 수수하면 되는 것이다.

자본의 구성요소 중 자본금이나 자본잉여금은 주로 기업의 소유주가 직접 투자한 금액으로 이루어져 있으나, 이익잉여금은 기업의 영업활동의 결과 부가가치된 즉, 증식된 부분이다. 이러한 이익잉여금만이 배당의 대상이 된다. 기업의 배당을 이익잉여금으로 한정하는 것은 주식회사에 있어서 외부이해관계자인 채권자를 보호하기 위해서다. 주주들의 회사 경영에 대한 책임이 그들이 투자한 금액으로 제한되는 주식회사에 있어서 채권자들의 유일한 담보는 기업의 자본뿐이다. 따라서 상법에서는 주식회사의 자본을 견실히 유지하도록 배당에 많은 제한을 가하고 있다.

이익잉여금은 법정적립금, 임의적립금, 미처분이익잉여금(미처리결손금)으로 구분된다.

비유로 이해하기 **'신촌 빵집'의 성장 스토리**

자본금, 자본잉여금, 이익잉여금… 이름은 비슷하지만 태어난 배경은 전혀 다른 삼형제와 같습니다. '신촌 빵집'의 성장 과정으로 이들을 만나볼까요?

첫째, 자본금(Capital Stock): 사업의 씨앗 자금

빵집 사장님이 처음 사업을 시작하기 위해 자신의 쌈짓돈 1,000만원을 출자했습니다. 이처럼 주주가 사업의 기초를 마련하기 위해 맨 처음 투자한 원금이 바로 '자본금'입니다. 이것이 사업의 뿌리가 되는 가장 기본적인 돈이죠.

둘째, 자본잉여금(Capital Surplus): 인기의 증거, 프리미엄

빵집이 대박나자, 외부 투자자가 "나도 동업하고 싶다"며 찾아왔습니다. 그는 빵집의 가치를 높게 평가해, 사장님의 초기 지분(액면금액)보다 더 비싼 돈을 내고 투자에 참여했습니다. 이처럼 주식 발행 등 자본거래 과정에서 원래 받아야 할 돈(액면금액)보다 '초과'해서 들어온 돈이 바로 '자본잉여금'입니다. 인기를 증명하는 프리미엄인 셈이죠.

셋째, 이익잉여금(Retained Earnings): 땀의 결실, 쌓아둔 이익

지난 5년간 빵을 팔아 벌어들인 순이익이 총 1억원이었습니다. 사장님은 이 중 3,000만원은 배당으로 가져갔고, 나머지 7,000만원은 빵집에 남겨두어 오븐을 바꾸고 인테리어를 개선하는 데 재투자했습니다. 이렇게 영업활동으로 벌어들인 이익 중, 배당으로 주주에게 돌려주지 않고 회사 내부에 쌓아둔 돈이 바로 '이익잉여금'입니다. 지난 세월의 땀과 노력의 결실이죠.

04 재무상태표의 양식

재무상태표 항목의 중요하지 않은 사항은 성격 또는 기능이 유사한 항목에 한하여 통합하여 표시가 가능하고 세부항목은 주석으로 기재가 가능하다.

다음에 제시하고 있는 재무상태표는 20×1년 12월 31일 현재의 신촌주식회사의 재무상태를 주주에게 보여주기 위한 것이다. 재무상태표에는 반드시 재무상태표라는 재무제표의 이름, 회사의 이름 및 재무상태표일(또는 결산일) 그리고 금액의 단위가 기록되어야 한다. 재무상태표 항목은 중요하지 않은 사항은 성격 또는 기능이 유사한 항목에 한하여 통합하여 표시가 가능하며 세부항목은 주석으로 기재가 가능하다.

자산과 부채는 원칙적으로 상계하여 표시하지 않는다. 이는 다른 목적으로 표시하도록 되어 있는 자산과 부채가 상계 표시된다면 이들 개별 계정이 전달하여야 하는 정보가 상실되기 때문이다.

재무상태표

20×1년 12월 31일 현재

신촌주식회사 (단위: 백만원)

자산		부채	
유동자산	₩152,000	유동부채	₩100,000
현금 및 현금성자산	2,000	매입채무	70,000
단기금융상품	30,000	미지급비용	30,000
FVPL금융자산	8,000	비유동부채	
매출채권	60,000	사채	80,000
선급비용	2,000	부채총액	₩180,000
상품	50,000		
		자본	
비유동자산	148,000	자본금	₩80,000
FVOCI금융자산	40,000	자본잉여금	10,000
유형자산	78,000	기타포괄손익누계액	20,000
무형자산	20,000	이익잉여금	10,000
기타비유동자산	10,000		
		자본총계	₩120,000
자산총계	₩300,000	부채와 자본총계	₩300,000

05 재무상태표의 이용과 한계

CHECK POINT

- 재무상태표의 한계
- 중간재무제표

1. 재무상태표의 이용

재무상태표의 목적은 특정시점에 있어서 기업의 재무상태를 나타내는 것이다. 따라서 재무제표이용자는 재무상태표를 통하여 기업이 보유하고 있는 자원과 그 자원의 조달방법에 관한 정보를 얻을 수 있다. 또한 유동자산과 유동부채의 분석을 통하여 기업의 단기채무 변제능력(liquidity)을 알 수 있고, 기업의 부채와 자본에 대한 비율분석을 통하여 기업의 장기적 생존능력(solvency)에 대하여도 평가할 수 있다. 이에 반해서, 포괄손익계산서는 이렇게 주어진 자산을 어떻게 잘 운영하여 이익을 창출하는지에 초점이 모아진다.

재무제표 이용자는 재무상태표를 통하여 기업의 단기채무변제능력, 기업의 장기적 생존능력에 대해 평가할 수 있다.

재무상태표는 자산의 구성에 대한 정보를 제공해 주기 때문에 유동자산과 비유동자산의 비율분석을 통하여 기업의 투자의 적정성을 평가할 수 있는 정보를 제공해 줄 뿐만 아니라, 한 회계기간의 순이익과 자산 총액을 대비한 투자이익률의 계산을 가능하게 함으로써 기업의 수익력을 평가할 수도 있다. 이와 같이 재무상태표가 어떻게 일반적인 재무의사결정에 사용될 수 있는지와 다른 재무제표와 연관되어 재무상태표가 사용될 수 있는지에 대한 자세한 설명은 재무제표분석에서 기술된다.

비유로 이해하기 | **재무상태표는 자동차의 '계기판'이다!**

재무상태표를 통해 기업의 재무 건전성을 분석하는 것은, 자동차의 계기판을 보고 안전 운전을 하는 것과 같습니다.

- **단기 지급능력(유동성) 분석**: "기름은 충분한가?"
  계기판의 '연료 게이지(유동자산)'와 '경고등(유동부채)'을 보는 것입니다. 당장 눈앞의 톨게이트 비용을 낼 현금은 있는지, 연료가 부족해 고속도로 한복판에 멈춰 설 위험은 없는지 등 단기적인 생존 능력을 점검하는 것입니다.
- **장기 지급능력(안정성) 분석**: "이 차는 튼튼한가?"
  계기판의 '총주행거리'나 '엔진 상태'를 보는 것입니다. 이 차가 빚(부채)으로 겨우 버티는 차인지, 아니면 튼튼한 자본으로 구성된 차인지, 장거리 여행을 떠나도 될 만큼 장기적인 안정성과 체력이 있는지를 판단하는 것입니다.

2. 재무상태표의 한계

재무정보이용자는 재무상태표가 전달하려고 하는 것이 무엇인가를 아는 것뿐만 아니라 나타내지 못하는 것이 무엇인지에 대해서도 알아야 한다.

재무상태표의 중요한 한계점을 살펴보면 다음과 같다.

첫째, 재무상태표는 기업의 자산과 기업 자체의 현행 경제적 가치를 나타내지 못한다. 즉 재무상태표에 열거되어 있는 자산 중에서 비화폐성 자산에 해당되는 자산의 시장가치와 재무상태표에 명시되어 있는 금액이 일치되지 않는다. 재무상태표상 금액은 사실 기업이 소유하고 있는 자산의 소멸되지 않은 원가(unexpired cost)를 나타낼 뿐이다. 이에 따라서 소유주지분인 자본도 시장가치를 반영하지 못한다. 자본금과 자본잉여금은 자본이 납입될 당시의 발행금액에 의해서 자본금과 자본잉여금으로 분리되어 액면금액과, 발행금액과 액면금액의 차액이 각각 기록된다. 그러나 이 납입자본금은 시간이 경과함에 따라 시가와는 차이를 보인다.

둘째, 기업에는 가치가 있지만 화폐가치로 환산할 수 없기 때문에 자산으로 표시되지 않는 것이 있다. 예를 들어 경영자들의 관리능력, 고객들의 호평, 양질의 제품생산에 의한 기업의 명성, 또는 경쟁기업의 출현, 수요의 감소현상 등은 화폐가치로 객관적이고 신뢰성있게 측정할 수 없기 때문에 기업의 가치결정에 중요한 요소임에도 불구하고 기록되지 않는다. 앞에서도 기술하였듯이 기업의 인적 자원 또한 자산으로는 기록되지 않는 자원이다.

최근에 오면서 특히나 회계수치로 측정이 불가능한 무형의 가치에 대한 평가가 이슈화되고 있으며 이는 회계정보의 한계이다.

비유로 이해하기 **재무상태표는 우리 집 '등기부등본'과 같다.**

재무상태표가 기업의 모든 가치를 보여주지 못한다는 한계점은 우리 집 '등기부등본'을 생각하면 쉽게 이해할 수 있습니다.

1. 과거의 구입가격만 보여준다 (역사적 원가주의)

등기부등본에는 10년 전 우리 집을 '5억원에 구입했다'는 사실만 기록됩니다. 하지만 오늘 당장 이 집이 '15억원'에 거래된다 해도, 등기부등본의 가격은 바뀌지 않죠. 재무상태표도 이와 마찬가지입니다. 자산을 현재의 시장가치가 아닌 과거의 취득원가로 기록하기 때문에, 기업의 진정한 현재 가치를 보여주지 못합니다.

5 재무상태표 Principles of Accounting

2. 돈으로 셀 수 없는 가치는 기록되지 않는다

등기부등본에는 우리 집의 면적과 구조만 나올 뿐, '한강이 보이는 환상적인 전망', '친절하고 정다운 이웃', '유명인이 살았던 좋은 기운' 같은 가치는 전혀 표시되지 않습니다. 재무상태표도 똑같습니다. 애플의 '혁신적인 기업 문화'나 코카콜라의 '브랜드 명성', 우리 직원들의 '엄청난 잠재력' 같은 돈으로 측정하기 어려운 소중한 가치들은 자산으로 기록되지 않습니다.

이처럼 재무상태표는 매우 유용한 정보이지만, 이처럼 장부에 기록되지 않는 가치들도 함께 고려해야 기업을 온전히 이해할 수 있습니다.

06 주 석

CHECK POINT

- 주석
- 공시
- 보고기간 후 사건

주석은 재무제표 본문의 정보에 추가하여 재무제표의 전반적인 이해를 위해 양적·질적정보를 제공한다.

주석은 재무제표 본문의 정보에 추가하여 재무제표의 전반적인 이해를 위하여 필요한 양적 정보뿐만 아니라 질적 정보를 제공한다. 이와 같이 주석정보는 재무제표의 전반적인 이해를 증진시키며 기업의 재무상태, 경영성과, 현금흐름 및 자본변동에 관한 필수적인 정보를 전달하므로 주석이 제외된 재무제표는 완전한 재무제표라고 할 수 없다. 주석이 재무제표의 일부라는 사실은 빈번하게 간과된다. 원칙중심의 국제회계기준 하에서 주석의 중요성이 더욱 증대되었다.

특히나 재무제표 본문에 기록되는 모든 정보는 수치화되어야 하는데 주석의 경우 서술적인 기술이 가능하다.

비유로 이해하기 **주석은 영화의 '감독판 코멘터리'다!**

재무제표의 맨 마지막에 깨알 같은 글씨로 붙어있는 주석(footnotes)을 그냥 지나치면 안 됩니다. 주석은 재무제표의 일부이며, 영화의 '감독판 코멘터리'와 같은 역할을 하기 때문입니다.

영화 본편(재무제표 본문)만 봐도 스토리를 이해할 수는 있지만, 감독의 코멘터리를 함께 들으면 각 장면의 숨은 의도나 비하인드 스토리, 배우들의 특별한 관계(특수관계자 거래) 등을 알 수 있어 영화를 훨씬 깊이 이해하게 됩니다. 주석도 마찬가지입니다. 숫자로만 표현된 재무제표 본문이 어떤 회계정책에 따라 작성되었는지, 어떤 위험을 안고 있는지 등 숫자 뒤에 숨겨진 이야기를 상세히 설명해주므로, 기업을 제대로 분석하려면 반드시 함께 읽어야 합니다.

1. 주석의 구조

주석은 다음의 사항을 포함한다.

① 재무제표 작성기준 및 중요한 거래와 회계사건의 회계처리에 적용한 회계정책
② 기업회계기준에서 주석공시를 요구하는 사항
③ 재무상태표, 포괄손익계산서, 현금흐름표 및 자본변동표의 본문에 표시되지 않는 사항으로서 재무제표를 이해하는 데 필요한 추가 정보

주석은 체계적인 방법으로 표시한다. 재무상태표, 포괄손익계산서, 현금흐름표 및 자본변동표의 본문에 표시된 개별항목에는 관련된 주석내용과 상호 연결하는 기호 등을 표시한다.

주석은 일반적으로 재무제표 이용자가 재무제표를 이해하고 다른 기업의 재무제표와 비교하는 데 도움이 될 수 있도록 다음의 순서로 작성한다.

① 기업회계기준에 준거하여 재무제표를 작성하였다는 사실의 명기
② 재무제표 작성에 적용된 중요한 회계정책의 요약
③ 재무제표 본문에 표시된 항목에 대한 보충정보(재무제표의 배열 및 각 재무제표 본문에 표시된 순서에 따라 공시한다)
④ 기타 우발상황, 약정사항 등의 계량정보와 비계량정보

2. 회계정책의 공시

주석으로 기재하는 중요한 회계정책의 요약에는 재무제표를 작성하는 데 사용한 측정기준(속성) 및 재무제표를 이해하는 데 필요한 기타의 회계정책이 포함되어야 한다. 재무제표 이용자에게 재무제표 작성의 기초가 되는 측정기준(역사적 원가, 현행원가, 순실현가능가치, 현재가치)에 관한 정보를 제공할 필요가 있다. 따라서 재무제표 작성

의 여러 가지의 측정기준을 사용한 경우에는 각 측정기준이 적용된 자산 및 부채의 유형에 관한 정보를 주석에 포함한다. 경영자는 어떤 회계정책(예: 수익인식 회계정책, 사업결합 회계정책)에 대한 주석공시 여부를 결정할 때 주석공시를 함으로써 재무제표 이용자가 거래나 회계사건이 경영성과와 재무상태에 반영되는 과정을 이해하는 데 도움이 되는지 고려하여야 한다.

3. 측정상의 중요한 가정

미래에 관한 중요한 가정과 회계측정상의 불확실성에 대한 기타 정보를 주석으로 기재하여야 한다. 이러한 사항은 다음 회계기간에 자산과 부채의 장부금액에 대한 중요한 조정을 유발할 수 있는 위험과 관련이 있다. 따라서 이에 영향을 받을 자산과 부채에 대하여 그 성격, 재무상태표일 현재의 장부금액, 그리고 그 장부금액이 다음 회계기간에 중요하게 조정될 가능성이 있다는 사실 등을 주석으로 기재한다.

4. 보고기간 후 사건

재무상태표는 결산연월일 시점에서의 재무상태를 나타낸다. 이를 재무상태표일, 결산연월일 또는 보고시점(date of reporting)으로 표현한다. 단, 이 시점 이후에 결산 과정을 거치기 때문에 재무상태표일로부터 재무제표가 확정되기 이전에 전개된 사건을 어떻게 표시할 것인지의 문제를 '**보고기간 후 사건**'이라고 부른다. 물론, 결산시점 이전까지의 정보를 공시하여야 하지만 결산 과정에서 알게 된 사건을 완전히 무시하는 것이 옳은 것인지에 대해서도 이견이 있다. 재무제표를 승인하는 일자는 각 국가별로 차이가 있다. 우리나라는 상법에 의해서 주주총회 이전에 이사회에서 재무제표가 승인되고 주주총회에서 재무제표가 확정된다(단, 회사가 정관에서 정한 경우 이사회에서 승인·확정될 수 있다, 상법 449조의2).

보고기간 후에 발생한 사건으로 계속기업의 전제가 적절하지 않게 될 경우, 계속기업의 전제에 기초하여 재무제표를 작성하지 않는다. 보고기간 후에 기업이 청산하거나 거래를 중단할 의도가 있거나 청산이나 거래 중단 이외에 다른 현실적인 대안이 없다고 판단되는 경우에는 계속기업의 전제에 기초하여 재무제표를 작성하면 안된다.

결산 이후 주주총회까지의 기간이 대부분 기업의 경우 거의 두달 반 정도의 차이가 있으므로 주주총회 때 확정되는 재무제표에 보고기간 이후의 중요한 사건 내용을 포함하게 된다.

연습문제

01 다음의 사례는 각각 독립적이다. 빈칸(a~d)에 알맞은 금액을 계산하시오.

구분	기초자산	기초부채	기말자산	기말부채	자본금출자	수익	비용	배당금
사례1	6,000	3,200	11,000	6,000	800	a	1,500	200
사례2	8,000	3,000	9,000	b	500	5,200	4,600	300
사례3	13,000	7,500	17,000	8,000	c	8,000	5,800	400
사례4	d	6,000	18,000	9,000	2,000	14,000	12,000	300

02 (주)신촌의 기초 재무상태는 다음과 같다.

(단위: 원)

현금및현금성자산	2,000,000	단기대여금	1,000,000	매출채권	2,000,000
매입채무	1,500,000	상품	3,500,000	비품	1,500,000
이익잉여금	500,000	장기차입금	2,000,000	자본금	?

물음 당기수익은 ₩2,800,000, 당기비용은 ₩2,300,000, 기말부채는 ₩3,500,000이었다. 기말자산의 금액은 얼마인가?

03 (주)신촌의 당기부채가 기초에는 ₩60,000,000이었고, 기말에는 ₩50,000,000이었다. 기말의 순자산이 ₩80,000,000이었으며, 자산총계는 기초보다 ₩30,000,000이 증가하였다. 당기 중에 추가적인 주식발행으로 인하여 자본금이 ₩30,000,000만큼 증가하였다고 하면 당기순이익은 얼마인가?

04 **재무상태표작성**

아래에 제시된 (주)경영의 20×1년 기초 재무상태표 계정잔액과 기중거래를 참고하여 기중거래에 대한 회계처리 및 20×1년 기말 현재의 재무상태표를 계정식으로 작성하라. 단, 상품에 대한 회계처리는 판매시 매출원가를 기록한다.

기초 재무상태표 계정잔액

(단위: 천원)

현금및현금성자산	5,000	매출채권	10,000	상품	8,000
건물	111,000	차량운반구	20,000	매입채무	6,000
장기차입금	57,000	자본금	100,000	미지급금	1,000
이익잉여금	2,000	선급보험료	12,000		

다음은 20×1년 중에 발생한 거래자료이다. (단위: 원)

① 나라(주)에 원가 4,500,000원의 상품을 8,000,000원에 외상으로 판매하였다.

② 위 ①의 외상대금 중 6,000,000원을 현금으로 수취하였다.

③ 한국(주)로부터 5,000,000원의 상품을 외상으로 매입하기로 계약을 체결하였다.

④ 한국(주)로부터 3,000,000원의 상품을 현금으로 구입하였다.

⑤ 1,000,000원의 비품은 현금으로 구입하였고, 1,000,000원의 소모품은 외상으로 구입하였다. 단, (주)경영은 소모품을 구입시 전액 자산으로 처리한다.

⑥ 한국(주)로부터 5,000,000원의 상품(원가 4,000,000원)을 주문받았다.

⑦ 한국(주)로부터 상품 2,000,000원을 어음을 발행하여 구입하였다.

⑧ 토지(시세차익목적 15,000,000원과 업무용 10,000,000원)을 어음을 발행하여 구입하였다.

⑨ 은행으로부터 6개월 후 상환조건으로 2,000,000원을 차입하였다.

⑩ 1월부터 11월까지의 종업원급여 1,100,000원은 당기중 현금으로 지급되었으나 12월분 급여 100,000원은 20×2년 초에 지급할 예정이다.

⑪ 400,000원의 배당금을 배당선언과 동시에 현금으로 지급하였다.

05 재무상태표의 작성

다음은 신촌주식회사의 20×1년 12월 31일 현재 재무상태에 대한 자료이다.

(1) 매입채무	₩30,000	미지급급여	₩60,000
현금	2,000	FVPL금융자산	10,000
당좌예금	125,000	매출채권	40,000
상품	80,000	건물	60,000
토지	20,000	선급비용	1,000
사채	150,000	자본금	50,000
이익잉여금	?		

(2)

사 채	₩50,000	미 지 급 급 여	₩3,000
토 지	10,000	보통주자본금	40,000
상 품	40,000	선 급 비 용	2,000
당 좌 예 금	105,000	건 물	60,000
현 금	1,000	매 입 채 무	10,000
미지급법인세	20,000	FVOCI금융자산	15,000
매 출 채 권	30,000	FVPL금융자산	35,000
이 익 잉 여 금	?		

(3)

매 입 채 무	₩10,000	토 지	₩10,000
미지급배당금	4,000	기 계 장 치	60,000
현 금	20,000	매 출 채 권	15,000
FVPL금융자산	10,000	미 지 급 이 자	1,000
장 기 대 여 금	40,000	상 품	18,000
사 채	53,000	영 업 권	12,000
자 본 금	100,000	소 모 품	2,000
주식발행초과금	9,000		
이 익 잉 여 금	?		

물음 위의 자료를 이용하여 각각의 재무상태표를 작성하라.

정답과 해설

01 ① a=₩3,100,000

기말자본(₩5,000,000)=기초자본(₩2,800,000)+(출자 ₩800,000)+(a−비용 ₩1,500,000)
−배당금(₩200,000)

② b=₩3,200,000

기말자본(x)=기초자본(₩5,000,000)+출자(₩500,000)+순이익(₩600,000)
−배당금(₩300,000)=₩5,800,000원

b=기말자산(₩9,000,000)−기말자본(₩5,800,000)=₩3,200,000원

③ c=₩1,700,000

기말자본(₩9,000,000)=기초자본(₩5,500,000)+출자(c)+순이익(₩2,200,000)
−배당금(₩400,000)

④ d=₩11,300,000

기말자본(₩9,000,000)=기초자본(x)+출자(₩2,000,000)+순이익(₩2,000,000)
−배당금(₩300,000)

기초자본(x)=₩5,300,000

d=기초자본(₩5,300,000)+기초부채(₩6,000,000)=₩11,300,000원

02 당기순이익=수익총액(₩2,800,000)−비용총액(₩2,300,000)=₩500,000

기초자본=기초자산(₩10,000,000)−기초부채(₩3,500,000)=₩6,500,000

자본금=기초자본(₩6,500,000)−이익잉여금(₩500,000)=₩6,000,000

기말자산총액=기초자본(₩6,500,000)+당기순이익(₩500,000)+기말부채(₩3,500,000)
=₩10,500,000

03 기말자산−₩50,000,000(기말부채)=₩80,000,000(기말순자산=기말자본)

∴기말자산=₩130,000,000

∴기초자산=₩130,000,000−₩30,000,000=₩100,000,000

기초자본=₩100,000,000(기초자산)−₩60,000,000(기초부채)=₩40,000,000

₩80,000,000(기말자본)=₩40,000,000(기초자본)+당기순이익+₩30,000,000(증자)

∴당기순이익=₩10,000,000

04 기초재무상태표 계정잔액의 단위는 "천원"이고 기중거래자료의 단위는 "원". 다음의 분개는 "원"단위임에 주의할 것

		차변 계정	금액		대변 계정	금액
(1)	(차)	매출채권	8,000,000	(대)	매 출	8,000,000
		매출원가	4,500,000		상 품	4,500,000
(2)	(차)	현 금	6,000,000	(대)	매출채권	6,000,000
(3)	분개하지 않음(회계 거래가 아님)					
(4)	(차)	상 품	3,000,000	(대)	현 금	3,000,000
(5)	(차)	비 품	1,000,000	(대)	현 금	1,000,000
		소 모 품	1,000,000		미지급금	1,000,000
(6)	분개하지 않음(회계 거래가 아님)					
(7)	(차)	상 품	2,000,000	(대)	매입채무	2,000,000
(8)	(차)	토 지	10,000,000	(대)	미지급금	25,000,000
		투자부동산	15,000,000			
(9)	(차)	현 금	2,000,000	(대)	단기차입금	2,000,000
(10)	(차)	급 여	1,200,000	(대)	현 금	1,100,000
					미지급급여	100,000
(11)	(차)	이익잉여금	400,000	(대)	현 금	400,000

재무상태표

(주) 경영 20×1년 12월 31일 현재 (단위: 천원)

〈자산〉		〈부채〉	
현 금	₩7,500	매입채무	₩8,000
매출채권	12,000	단기차입금	2,000
상 품	8,500	미지급금	27,000
소모품	1,000	미지급급여	100
선급보험료	12,000	장기차입금	57,000
투자부동산	15,000	부채총계	94,100
토 지	10,000	〈자본〉	
건 물	111,000	자본금	100,000
차량운반구	20,000	이익잉여금	3,900
비 품	1,000	자본총계	103,900
	₩198,000		₩198,000

05

(1)

재무상태표

신촌주식회사 20×1년 12월 31일 현재 (단위: 원)

차변	금액	대변	금액
현 금	₩127,500	매입채무	₩30,000
FVPL금융자산	10,000	미지급급여	60,000
매출채권	40,000	사 채	150,000
선급비용	1,000	자본금	50,000
상 품	80,000	이익잉여금	48,000
토 지	20,000		
건 물	60,000		
	₩338,000		₩338,000

(2)

재무상태표

신촌주식회사 20×1년 12월 31일 현재 (단위: 원)

차변	금액	대변	금액
현 금	₩106,000	매입채무	₩10,000
FVPL금융자산	35,000	미지급급여	3,000
매출채권	30,000	미지급법인세	20,000
선급비용	2,000	사 채	50,000
상 품	40,000	자본금	40,000
FVOCI금융자산	15,000	이익잉여금	175,000
토 지	10,000		
건 물	60,000		
	₩298,000		₩298,000

(3)

재무상태표

신촌주식회사 20×1년 12월 31일 현재 (단위: 원)

차변	금액	대변	금액
현 금	₩20,000	매입채무	₩10,000
FVPL금융자산	10,000	미지급이자	1,000
매출채권	15,000	미지급배당금	4,000
상 품	18,000	사 채	53,000
저장품	2,000	자본금	100,000
장기대여금	40,000	주식발행초과금	9,000
토 지	10,000	이익잉여금	10,000
기계장치	60,000		
영업권	12,000		
	₩187,000		₩187,000

들어가며… 사진을 찍었으니, 이제 1년간의 '성적표'를 받아볼 차례입니다. 우리 '신촌 빵집'은 과연 남는 장사를 했을까요? 빵을 팔아 번 돈(수익)에서 밀가루 값, 월세, 인건비 등(비용)을 모두 빼고 난 최종 순이익은 얼마일지, 손익계산서를 작성하며 우리 빵집의 진짜 경영 성과를 확인해봅니다.

summary

포괄손익계산서는 일정기간 동안 기업이 수행한 경영활동의 결과, 즉 수익에서 비용을 차감한 이익의 측정치를 제공한다. 수익은 고객에게 상품을 판매하거나 서비스(용역)를 제공함으로써 그 대가로 유입되는 자산으로 측정되고, 비용은 수익을 창출하는 과정에서 사용되어 없어지거나, 또는 소비된 자원의 원가로서 측정된다. 업적측정치로서의 수익은 기업이 제공한 재화와 용역을 반영하고, 비용은 수익을 얻기 위하여 쏟은 노력을 반영한다. 본장에서는 포괄손익계산서에 관련된 회계원칙과 회계관습을 설명하기 위하여 이익이 측정된 회계기간의 개념과 발생기준, 현금기준에 대하여 먼저 살펴본 다음, 수익과 비용의 인식 및 측정기준, 회계상의 이익개념에 대하여 설명한다. 마지막으로 포괄손익계산서의 양식에 대하여 설명한다.

C·H·A·P·T·E·R

06

수익인식과 포괄손익계산서

01 수익 및 비용의 기간 인식과 발생기준

CHECK POINT

- 회계기간
- 현금기준
- 발생기준

1. 회계기간

포괄손익계산서는 일정기간 동안에 기업이 수행한 업적을 보고하는 회계보고서이다. 이전에는 이 회계기간이 기업마다 차이가 많이 있었다. 예를 들어서 상선을 타고 세계를 일주한 후에 포괄손익계산서를 작성한다거나, 건설공사가 종료된 시점에 포괄손익계산서를 작성하는 경우도 있었다.

비유로 이해하기 **회계기간은 마라톤의 '구간 기록'과 같다!**

기업의 경영활동은 끝없이 이어지는 '마라톤'과 같습니다. 만약 마라톤 선수가 결승선을 통과한 후에야 처음으로 기록을 측정한다면, 경기 중간에 얼마나 잘 달리고 있는지, 페이스 조절은 필요한지 전혀 알 수 없을 겁니다.

회계기간은 이 기나긴 마라톤을 1년이라는 단위로 나누어 끊어 측정하는 '구간 기록'입니다. 이렇게 인위적인 기간을 설정함으로써, 정보이용자들은 기업이 각 구간(기간)을 얼마나 좋은 성적으로 통과했는지 주기적으로 평가하고, 작년의 나(과거 성과)와, 옆에서 함께 달리는 경쟁자(다른 기업)와 기록을 비교하며 합리적인 의사결정을 내릴 수 있습니다.

오늘날의 대부분 기업이 수행하는 경영활동은 이전과 같이 사업별로 뚜렷하게 구분되지 않고, 이익창출활동은 계속되어 수행된다. 예를 들어 기계설비 등을 획득하면 이것은 적어도 40년 이상 동안 제품을 생산하기 위하여 사용되고, 차량 등은 적어도 5~6년 동안 상품을 고객에게 운송하는 데 사용된다. 그러나 이익창출활동이 단기간 내에 완료되지 않는다고 하여 상당히 긴 시간 후 이익창출활동이 완료되는 시점에서 손익계산서를 작성하게 되면 재무제표이용자들이 경영자의 업적을 평가하거나 의사결정하는 데 필요한 정보를 너무 늦게 제공받게 된다. 이러한 문제점을 해소하고, 회사의 경영성과를 기간별로 비교하며, 다른 회사와의 비교를 용이하도록 하기 위하여 일정하게 통일된 회계기간을 설정할 필요가 있다.

> 회계기간을 1년으로 설정하는 것은 1년마다 주주와 미래의 투자자들에게 재무제표를 제공하기 때문이다.

회계기간을 1년으로 설정하는 것은 1년마다 대부분의 회사들이 주주와 미래의 투자자들에게 재무제표를 제공하기 때문이다. 많은 회사들이 매년 1월 1일부터 12월 31일까지의 기간을 회계기간으로 재무제표를 작성하여 왔는데, 사업주기연도(business cycle year)를 회계기간으로 하여 재무제표를 작성하는 기업도 있다. 사업연도를 회계기간으로 이용하는 것은 대부분의 이익창출활동이 실질적으로 완료되는 시점에서 업적을 측정하기 위해서이다. 사업연도가 완료되는 날짜는 회사마다 다르다. 예를 들어서 크리스마스와 신년 상품을 판매하는 회사는 1월 31일로 종료되는 사업연도를 회계기간으로 사용할 수 있고, 아이스크림만 판매하는 회사가 실질적으로 아이스크림판매가 종료되는 9월 30일을 사업연도로 한다면, 사업주기연도가 종료되는 시점을 회계기간이 종료되는 시점으로 설정할 수 있다. 이 크리스마스와 신년 상품을 판매하는 회사의 회계기간이 12월 31일로 설정된다면 한 영업주기의 영업의 결과를 파악하기 어려울 것이다. 또한, 이와 같은 회계기간의 설정은 영업주기와 분리되는 기간이 설정되므로 연말/연초 기간 동안의 경영의 결과를 측정하는 데 도움이 되지 않는다.

보충설명

중간재무제표와 적시성

회계정보의 목적은 기업의 이해관계자들에게 그들이 경제적 의사결정을 하는 데 유용한 정보를 제공하는 것이다. 기업들은 재무제표이용자의 의사결정에 필요한 정보를 좀더 적시에 제공하기 위하여 3개월마다 추가적인 재무제표를 작성한다. 분기, 반기별 재무제표를 중간재무제표라고 하며 반기 재무제표에 대해서는 공인회계사가 감사(audit)보다는 낮은 단계인 검토(review)를 수행한다. 이렇게 3개월마다 추가적인 재무제표를 작성하는 이유는 회계기간이 길면 길수록 회계정보의 적시성(timeliness)이 떨어지기 때문이다. 그렇다고 회계기간을 짧게만 할 수도 없다. 왜냐하면 회계기간이 짧으면 짧을수록 재무제표를 빈번하게 작성하게 되므로 작성과 관련된 비용을 많이 지출하게 된다. 또한 이렇게 작성된 재무제표는 장기간의 경영의 성과를 측정하는 데 도움이 되지 않는다. 그러나 최근에는 많은 투자자들이 단기 업적에도 관심이 많다.

회계기간에 수행한 경영성과를 측정하다 보면, 어떤 경영활동은 회계기간 내에서 시작하여 회계기간 내에 완료되는 것이 있다. 이에 해당되는 예로는 거래처로부터 상품을 구입하여 이를 고객에게 외상으로 판매한 다음, 외상대금을 현금으로 회수하는 활동을 들 수 있다. 이러한 경우에는 이익을 측정하는 데 별로 어려움이 따르지 않는다. 이 경우에는 ① 고객으로부터 받은 현금과 ② 상품을 구입하고, 판매활동을 하며, 고객에게 인도하는 과정에서 지급된 현금과의 차액(①−②)이 이익이 된다.

그러나 대부분의 이익창출활동들은 한 회계기간에서 시작되어 다른 회계기간에 종료된다. 예를 들면 건물이나 비품은 한 회계기간에서 구입되어 그 이후의 여러 회계기간에 걸쳐 사용된다. 상품도 역시 한 회계기간에서 구입되어 다음 회계기간에 판매되고 이에 대한 대금은 그 다음 회계기간에 회수되는 경우가 있다. 이러한 경우에는 한 회계기간에 수행한 이익창출활동으로부터 수익과 비용을 측정하는 데 어려움이 있다. 이러한 이익을 측정하는 데는 두 가지 방법이 있는데, 하나는 현금기준에 의한 회계처리방법이고, 다른 하나는 발생기준에 의한 회계처리방법이다.

2. 현금기준

현금기준
상품의 판매 또는 서비스의 제공에 의한 수익을 고객이 이에 대한 대금으로 현금을 지급한 회계기간에 인식

현금기준(cash basis accounting)에서는 상품의 판매 또는 서비스의 제공에 의한 수익을 고객이 이에 대한 대금으로 현금을 지급한 회계기간에 인식한다. 비용은 상품, 급여, 보험료와 이에 유사한 품목에 대하여 현금을 지출한 회계기간에 보고된다.

다음의 예를 통하여 현금기준에서는 어떻게 순이익을 측정하는지 설명한다. 현금기준은 실제 사용되는 회계원칙은 아니지만 이를 개념적으로 이해하는 것이 발생기준을 이해하는 데 도움이 된다.

〈자료〉

신촌주식회사의 회계기간은 20×1년 1월 1일부터 20×1년 1월 31일까지이다.

① 신촌주식회사는 20×1년 1월 1일 보통주 ₩10,000을 발행하고 전액 현금으로 납입받아 설립되었다.

② 1월 1일에 은행으로부터 ₩6,000을 빌렸는데, 이 차입금은 20×1년 6월 30일에 원금과 이자를 상환해야 하고, 연간이자율은 10%이다.

③ 1월 1일 건물을 빌리고 2개월분의 임차료 ₩2,000을 미리 지급하였다.

④ 1년 동안의 보험료로 ₩1,200을 1월 1일에 지급하였다.

⑤ 1월 중에 ₩20,000의 상품을 구입하였는데, 이 중 ₩13,000의 상품은 현금으로, ₩7,000의 상품은 외상으로 구입하였다.

⑥ 1월 중에 고객에게 판매한 상품판매액은 총 ₩25,000인데, 이 중 ₩17,000은 현금으로, 나머지 ₩8,000은 외상으로 판매하였다.

⑦ 1월 중에 판매한 상품의 원가는 ₩16,000이고, 종업원에게 ₩2,500의 급여를 지급하였다.

⑧ 1월 30일에 주주들에게 ₩1,000을 현금으로 배당하였다.

현금기준 하에서의 손익계산서[1]는 경영활동에 있어서의 현금의 유입/유출을 정리하여 보이는 장점이 있다. 위의 현금기준 하에서의 손익계산서는 현금의 유입/유출을 정리하는 현금증감표라고 할 수 있다. 엄밀하게는 손익계산서는 발생기준 하에서의 재무제표 명칭이므로 이러한 차원에서는 손익계산서라는 표현은 적절치 않다.

손익계산서(현금기준)

20×1.1.1~20×1.1.31

신촌주식회사		(단위: 원)
상품판매에 의한 현금수입액		₩17,000
차감: 상품과 서비스에 대한 현금지출액		
상　　품	₩13,000	
급　　여	2,500	
임 차 료	2,000	
보 험 료	1,200	18,700
순 손 실		(₩ 1,700)

앞의 손익계산서는 현금주의에 의하여 신촌주식회사의 1월 중의 이익창출활동(경영성과)을 측정한 것이다. 매출 ₩17,000은 1월 중에 판매한 상품판매액 ₩25,000 중 1월 중에 현금으로 회수된 금액을 나타낸다. 반면 1월 중에 ₩20,000의 상품을 구입하였지만 1월 중에는 ₩13,000만을 거래처에 현금으로 지급하였기 때문에 ₩13,000이 비용으로 인식되었다. 마찬가지로 1월 중에 급여, 임차료, 보험료 등 현금 지급한 금액은 이들이 1월 말까지 완전히 소멸되는지의 여부에 관계없이 비용으로 인식된다. 이에 따라 1월 중의 현금기준에 의한 순손실은 ₩1,700이다. 이 기간 동안의 영업의 결과로 인하여 미래에 현금을 회수할 권리나 지급할 현금에 대한 의무는 전혀 고려되지 않고 영업의 결

1) 이후부터 당기순이익(손실)까지만을 표시하는 경우에는 손익계산서, 당기순이익(손실)과 기타포괄손익을 모두 표시하는 경우에는 포괄손익계산서라고 표현한다. 그 이유는 본 장 제4절 포괄손익계산서의 양식에서 제시된다.

과가 단순히 현금의 유입, 유출만으로 측정되었다.

이러한 접근방법의 단점은 다음과 같다.

첫째는, 수익과 이를 창출하기 위하여 소비된 비용이 정확하게 대응되지 못한다는 점이다. 따라서 이번 회계기간의 업적 속에는 전 회계기간의 업적과 다음 회계기간의 업적이 혼합된다. 예를 들어 1월과 2월 중의 임차료 ₩2,000을 지급하였는데도 현금기준에 의하여 전액이 1월 중의 비용으로 인식되어, 2월의 비용이 1월 중의 비용에 혼합되어 있다. 마찬가지로 1년 동안의 보험료로 ₩1,200을 지급하였는데, 현금기준에 의하여 회계처리하면 전액이 1월 중의 비용으로 인식되어, 마치 2월부터 12월까지의 보험료는 없는 것처럼 인식된다. 이런 점은 현금지출로 인한 효과가 장기간에 걸쳐 발생될수록 더욱 심각해진다. 따라서 수익과 비용이 반복되어 과대/과소 계상된다. 또는 1월의 비용이 과거에 미리 선급되었다면 현금기준 하에서는 비용이 인식되지 않을 것이다.

둘째는, 수익을 인식하는 시점을 불필요하게 연기한다는 점이다. 대부분의 경우에 상품을 소비자에게 판매(인도)하거나 서비스를 제공하는 활동은 수익을 창출하는 활동 중에서 결정적 사건이고, 현금회수는 수익창출활동에 있어서 비교적 그 중요성이 적다고 할 수 있다. 이는 물론 현금이 수취되는 가능성이 어느 정도 이상 높을 경우에 해당된다. 이런 경우에 현금이 회수되는 시점에서 수익을 인식하면 결과적으로 수익창출활동에 있어서 비교적 그 중요성이 적은 현금회수시점에 수익이 인식되어 수익을 인식하는 시점을 불필요하게 연기하게 된다. 예를 들어 신촌주식회사는 1월 중에 상품 ₩25,000을 판매하였는데도 이 중 ₩8,000은 1월 중에 현금이 회수되지 않았다는 이유로 1월 중의 매출로 인식되지 않고 1월 이후의 회계기간에 매출로 인식된다. 회사는 고객에게 상품을 외상으로 판매하기 전에 고객의 신용상태를 조사하였기 때문에 현금이 회수될 확률은 매우 크고, 따라서 수익의 인식을 차기 이후로 연기할 이유가 거의 없다.

현금기준은 주로 여러 가지 자산에 비교적 소규모의 투자를 하고, 서비스를 제공한 후 바로 현금을 회수하는 직종에 종사하는 변호사, 회계사 등에 의하여 사용될 수 있다. 또한 할부판매 등과 같이 현금의 회수가 불투명한 경우에는 현금기준이 사용될 수 있다.

현금기준에 기초하여 손익계산서가 작성된다면 위에서도 기술되었듯이 현금증감표의 개념이 되어서 실질적으로 현금흐름표와 별 차이가 없다.

3. 발생기준

발생기준

이익창출활동과 관련하여 결정적 사건 또는 거래가 발생될 때 수익을 인식

발생기준(accrual basis accounting)에서는 이익창출활동과 관련하여 결정적 사건 또는 거래가 발생될 때 수익을 인식한다. 대개의 경우에 이 결정적 사건은 상품을 소비자에게 판매하거나 서비스를 제공하는 일이다. 결정적 사건의 성격과 중요성에 대해서는 뒤에서 다시 설명하겠지만, 발생기준에서는 발생된 원가를 원가와 관련된 수익이 인식되는 회계기간에 비용으로 보고한다. 따라서 발생기준에 의하면 비용을 이와 관련된 수익과 대응시킬 수 있다.

다음의 손익계산서는 발생기준에 의하여 신촌주식회사의 1월 중의 이익창출활동(경영성과)을 측정한 것이다.

손익계산서(발생기준)

20×1.1.1~20×1.1.31

신촌주식회사		(단위: 원)
매 출		₩25,000
차감: 비용		
매출원가	₩16,000	
급 여	2,500	
임 차 료	1,000	
보 험 료	100	
이자비용	50	19,650
순 이 익		₩ 5,350

여기에서는 1월 중에 판매한 ₩25,000의 총판매액 중 ₩8,000이 아직 현금으로 회수되지 않았지만 전액이 수익으로 인식된다. 왜냐하면 매출채권이 회수될 가능성이 매우 크고, 수익을 얻는 활동 중에서 결정적 사건은 고객으로부터 현금을 회수하는 활동보다 상품을 판매하는 활동이기 때문이다. 1월 중에 판매된 상품의 취득원가는 ₩16,000인데, 이 금액을 매출원가라는 비용으로 인식하면 손익계산서에서는 매출과 매출원가가 적절하게 대응된다. 미리 지급한 임차료 ₩2,000 중에서 ₩1,000만이 당기에 소멸된 서비스원가이기 때문에 1월 중에 발생된 임차료는 ₩1,000이고, 나머지 ₩1,000은 2월 중의 비용이 된다. 마찬가지로 보험료 ₩1,200 중 ₩100만이 1월 중의 비용이 되고, 나

머지는 2월부터 12월까지에 매달 ₩100씩 비용으로 인식된다. 이자비용 ₩50은 은행차입금 ₩6,000에 대한 한 달분 이자를 나타낸다. 즉, 1년의 이자는 ₩600(₩6,000×10%)이기 때문에 한 달의 이자는 ₩50(₩6,000×10%×1/12)이 된다. 실질적으로 이자는 6월 30일에 가서야 현금으로 지급되어 1월말에는 현금이 지출되지 않지만, 회사는 1월 중에 자금을 사용함으로써 수익을 얻었기 때문에 한 달 동안의 이자를 비용으로 인식하여야 한다. 이자비용은 자본조달비용이다. 급여, 임차료, 보험료, 이자비용 등은 매출원가와 같이 판매되는 상품의 원가라기보다는 매출 활동을 수행하기 위하여 제공된 부대적인 용역이 비용화된 부분이다. 따라서 이러한 원가들은 한 달 동안에 소멸된 서비스만큼 비용으로 보고하여야 한다. 발생기준은 현금기준보다 신촌주식회사의 1월 중의 이익창출활동을 더 잘 측정한다. 이것은 발생기준에 의하여 측정하는 것이 수익을 회계기간별로 잘 측정할 수 있고, 비용이 보고된 수익과 더욱 밀접하게 대응되기 때문이다. 참고로 주식을 발행하고 납입된 자본금과 이익분배를 위해 주주들에게 지급하는 배당금은 기업의 영업활동이 아니므로 손익계산서에 보고되지 않는다.

02 수익의 인식과 측정

CHECK POINT

- 수익인식시점과 기준
- 수익의 측정

수익은 회계기간 동안 자산의 유입이나 성능 향상 또는 부채감소의 형태로 나타나는 경제적 효익의 증가로 정의할 수 있다. 이러한 경제적 효익의 증가로 자본이 증가하게 되지만 자본참여자의 출자와 관련된 자본의 증가는 수익에 포함하지 않는다.

수익을 보고할 때 회계담당자들은 수익이 언제 발생되었는가(인식시점의 문제)와 얼마만큼 실현되었는가(측정의 문제)를 판단하여야 한다.

1. 거래의 성립

수익은 "고객에게 약속한 재화나 용역을 이전하고 그 대가로 받을 권리가 예상되는 금액"으로 인식한다. 여기서 고객은 기업의 통상적인 활동의 산출물을 그 대가와 교환하기로 계약한 당사자를 뜻한다. 그리고 예상된다는 표현은 실제 현금(cash)의 유입이 아닌 사건의 발생(accrual)을 기준으로 수익이 인식됨을 뜻하며, 동시에 고객과의 계약에서 생기는 수익 및 현금흐름의 특성과 불확실성에 대한 유용한 정보를 제공하기 위하여 사용된다.

수익은 다음과 같은 5단계 수익인식모형에 따라 인식한다. 5단계 중 1, 2, 5단계는 인식에 대한 것이고, 3, 4단계는 측정에 대한 것이다.

〈고객과의 계약에서 생기는 수익에 대한 5단계 수익인식모형〉
1단계: 고객과의 계약 식별
2단계: 수행의무 식별
3단계: 거래가격 산정
4단계: 계약 내 수행의무에 거래가격 배분
5단계: 수행의무 이행에 따른 수익인식

비유로 이해하기 **'스마트폰 2년 약정'으로 배우는 5단계 수익인식모형**

5단계 수익인식모형, 복잡해 보이지만 우리가 흔히 하는 '스마트폰 약정 계약'을 생각하면 쉽습니다.

- 1단계(계약 식별): 고객이 통신사와 2년 약정 계약을 맺습니다.
- 2단계(수행의무 식별): 통신사는 고객에게 두 가지를 약속(수행의무)했습니다. ① 최신 스마트폰 단말기 제공, ② 24개월간 통신 서비스 제공.
- 3단계(거래가격 산정): 고객이 2년간 낼 총요금을 확정합니다. (예: 240만원)
- 4단계(가격 배분): 총 거래가격 240만원을 두 가지 약속에 각각 나눠줍니다. (예: 단말기 값 100만원, 통신 서비스료 140만원)
- 5단계(수익 인식): 약속을 지킬 때마다 수익을 인식합니다.
  - 단말기(재화): 고객에게 스마트폰을 건네준 시점에 100만원 수익을 한 번에 인식합니다.
  - 통신 서비스(용역): 24개월 동안 매달 약 5.8만원씩 나누어 수익을 인식합니다.

이처럼 5단계 모형은 '기업이 고객에게 한 약속(수행의무)을 이행했을 때, 그 대가만큼을 수익으로 인식한다'는 지극히 상식적인 원칙을 체계적으로 정리한 것입니다.

Focus on Decision Making

[상 황]

'신촌 빵집'이 새로운 수익 모델로 '프리미엄 베이킹 클래스 패키지'를 출시했습니다. 이 패키지의 가격은 20만원이며, 다음 세 가지를 모두 제공합니다.

- 나사장이 직접 진행하는 1일 베이킹 클래스 수강권
- 수업 때 사용하는 10만원 상당의 고급 베이킹 도구 세트 (수강생이 가져감)
- 나사장만의 비법이 담긴 레시피 북 (별도 판매가 2만원)

1월 15일, 한 수강생이 20만원을 결제하고 패키지를 신청했습니다. 그는 그날 바로 도구 세트와 레시피 북을 받아 갔고, 베이킹 클래스는 2월 5일에 열릴 예정입니다.

"나사장님, 이 20만원의 매출, 언제 기록해야 할까요? 돈을 받은 1월? 아니면 클래스가 열리는 2월?"

[선택지 분석]

1. 선택 A: '현금주의' 방식 (돈 받은 날 기준)

- 방법: 현금을 받은 1월에 20만원 전체를 매출로 인식합니다.
- 장점: 간단하고 쉽다.
- 단점: 아직 제공하지 않은 '베이킹 클래스'라는 서비스에 대한 수익까지 미리 인식하는 오류를 범하게 됩니다. 1월의 경영 성과가 과대평가될 수 있습니다.

2. 선택 B: '수익인식 5단계 모형' 적용 (원칙)

- 방법: 계약에서 약속한 의무들이 각각 이행될 때 수익을 나누어 인식합니다.
  - (1) (수행의무 식별): 우리 빵집은 고객에게 ① 도구 세트 제공, ② 레시피 북 제공, ③ 클래스 수강 제공이라는 세 가지 별개의 의무를 이행해야 합니다.
  - (2) (거래가격 배분): 패키지 가격 20만원을 각 의무의 개별 판매가격을 기준으로 배분합니다. (예: 도구 세트 10만원, 레시피 북 2만원, 클래스 8만원)
  - (3) (수익 인식):

– 1월: 고객에게 도구 세트와 레시피 북을 넘겨준 시점에, 그에 해당하는 12만원(10만원+2만원)을 1월의 매출로 인식합니다.

– 2월: 베이킹 클래스라는 서비스를 제공한 시점에, 나머지 8만원을 2월의 매출로 인식합니다.

[나사장의 의사결정]

'선택 A'는 간편하지만, 성과를 왜곡하여 잘못된 의사결정을 유발할 수 있습니다. 회계기준은 기업이 고객에게 약속한 재화나 용역을 '이전(제공)'하고, 그 대가로 받을 권리가 생긴 금액만큼을 수익으로 인식하도록 요구합니다. 따라서 '선택 B'와 같이, 각 의무가 이행되는 시점에 맞추어 수익을 나누어 인식하는 것이 기업의 경영 성과를 기간별로 올바르게 보여주는 합리적인 방법입니다.

이처럼 수익인식 5단계 모형은 복합적인 상품을 판매하는 현대 기업의 성과를 더 정확하게 측정하기 위한 매우 논리적이고 중요한 기준입니다.

2. 수익의 인식시점과 기준

상품매매회사에 있어서 상품을 거래처로부터 구입하여 판매활동을 거쳐 고객에게 판매하고 현금을 회수하는 일련의 이익창출활동을 일직선에 나타내면 다음과 같다.

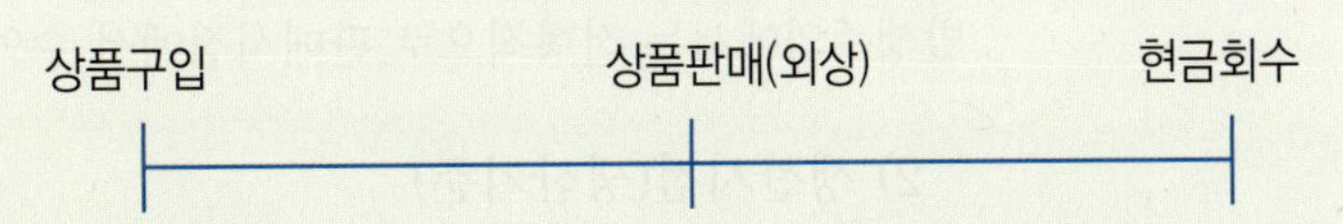

따라서 수익은 상품의 구입시점이나 판매시점 또는 현금회수시점, 그렇지 않으면 위의 일련의 이익창출활동 중 어느 특정 시점에서 인식될 수 있을 것처럼 생각된다. 그렇다면 언제 수익을 인식할 것인가 회계에서는 다음의 두 가지 판단기준에 일치되는 시점에서 수익을 인식한다.

수익이 인식되기 위하여 충족되어야 할 두 가지 기준은 다음과 같다.

① 수익을 얻기 위하여 수행하여야 할 중요한 모든 부가가치창출활동(수행의무)이 거의(reasonably) 끝나야 한다.
② 현금, 매출채권 또는 객관적으로 측정할 수 있는 자산의 유입이 거의(reasonably) 확실하여야 한다.

(1) 매출액

매출액은 상품이나 제품의 판매와 같이 주된 경영활동으로부터의 수익을 지칭하는데, 다음과 같이 다양한 수익인식시점이 존재한다.

1) 판매시점(인도기준)

판매시점에서의 수익인식
재화나 용역이 판매되는 시점에 수익을 인식하는 기준을 말하며 실무에서 가장 많이 사용하는 수익인식 방법

일반적으로 상품매매업이나 서비스업을 운영하는 많은 회사에서는 재화와 용역을 판매(인도)시점에서 인식한다. 판매시점에서는 고객에게 상품을 인도하거나 서비스를 제공하기 때문에 이익을 얻는 데 수행해야 할 중요한 활동이 판매시점에서 이루어진다. 판매시점 이후에 소비자에게 제공해야 할 상품보증 등의 서비스는 이익창출활동에서 중요한 것이 아니며 단지 부가적인 활동이다. 만일 이러한 서비스활동이 중요하다고 할지라도 이의 금액은 충분히 추정할 수 있다. 판매자와 독립된 고객 사이에 이루어진 교환가격은 수익을 객관적으로 측정할 수 있는 측정치가 된다. 만일 상품을 외상으로 판매하였다고 하더라도 과거의 경험이나 고객의 신용상태를 기초로 하여 회수될 현금을 예측할 수 있다. 따라서 상품이나 서비스의 판매활동은 결정적 수익창출활동이 된다. 발생주의에서는 전형적으로 판매시점에서 수익을 인식한다.

2) 생산시점(생산기준)

금이나 은과 같이 값비싼 금속을 추출하는 업종에 종사하는 경우에는 수익을 생산시점에서 인식할 수 있다. 이것은 이들 금속에 대한 시장이 이미 형성되어 있기 때문에, 현행 판매가격을 객관적으로 결정할 수 있고, 광산에서 금속을 추출한 후에 남은 활동은 단순히 시장에서 판매하는 것이기 때문이다.

3) 현금회수시점(현금회수기준)

가끔 고객으로부터 받을 현금이나 기타의 자산금액을 추정하기가 매우 곤란한 경우가 있다. 이 경우에는 판매시점에서 수익의 객관적 측정치를 구할 수 없기 때문에 현금회수시점에서 수익을 인식한다.

수익의 인식

고객으로부터 미래에 회수할 수 있는 금액을 추정하기 곤란한 경우에는 판매가 이루어지더라도 수익을 인식하지 않고 대금을 회수할 시점에 수익을 인식한다.

현금회수기준은 때때로 택지를 조성하여 이를 고객에게 판매하는 토지개발회사에서 적용한다. 여기에서는 아직 개발되지 않은 토지를 몇 년 동안에 걸쳐 개발해 주겠다는 조건으로 고객에게 판매한다. 고객은 금액 중 일부만 먼저 지불하고 나머지는 10년이나 20년 또는 그 이상에 걸쳐서 할부로 지급하기로 계약할 수 있다. 이 경우에 토지개발회사가 이익을 얻는 활동 중 중요한 것은 미래에 토지를 개발하는 것이다. 미래 시점의 부동산의 전망은 거시경제 등의 여러 요인에 의해서 크게 영향을 받으므로 토지의 개발은 불투명하다. 또한 미래에 궁극적으로 회수될 현금의 크기도 매우 불확실하다. 이 경우에 결정적 수익창출활동은 현금을 회수하는 일이다.

(2) 기타수익

기타수익은 기업의 주된 영업활동 이외의 부수적인 영업활동에서 발생하는 수익이다.

기타수익은 기업의 주된 영업활동 이외에 보조적 또는 부수적인 영업활동에서 순환적으로 발생하는 수익을 말한다. 이에는 이자수익, 배당금수익, 임대료, FVPL금융자산처분이익, FVPL금융자산평가이익, 유형자산처분이익 등이 속하며, 금융수익, 기타수익 등으로 보다 세분화 하여 공시하기도 한다. 이는 대부분 투자활동, 재무활동과 관련된 수익이다.

예를 들어서 유통회사가 취득원가 ₩5,000의 토지를 현금 ₩6,000을 받고 판매하였다고 하면, 이 거래는 다음과 같은 분개를 통하여 기록된다.

(차) 현　　　　　금	6,000	(대) 토　　　　　지	5,000
		유형자산처분이익	1,000

여기에서 유형자산처분이익은 유통회사의 주된 영업활동과 관련하여 발생한 이익이 아니므로 손익계산서상에 기타수익으로 나타낸다. 그러나 이 기업의 주된 영업활동이 부동산거래업이라면 이 처분이익은 영업이익에 포함될 것이다. 성격이 다른 수익은 분류를 달리하여 구분 표시하려는 목적이다.

3. 수익의 측정

수익금액은 재화의 판매, 용역의 제공이나 자산의 사용에 대하여 받았거나 받을 대가의 공정가치로 측정해야 한다. 즉, 수익이 인식되었을 때 그 금액은 대개 고객으로부터 받은 현금 또는 현금성자산으로 측정된다. 이 금액은 **판매시점**에서 판매자와 고객간

에 이루어진 협상가격과 일치한다. 그러나 만일 현금이 회수되기 전에 발생기준에 따라 수익이 인식될 때는 다음과 같은 금액을 조정하여야 한다.

(1) 대 손

일정기간의 판매액 중 그 일부가 회수되지 않을 것이라고 예상되면 해당 회계기간 중에 인식된 수익은 회수되지 않을 것으로 추정되는 금액만큼을 조정하여야 된다. 논리적으로 생각해 보아도 매출채권은 상품을 판매한 결과 회사가 고객에게 받아야 할 권리인데, 이러한 매출채권을 회수할 수 없다고 추정하면 이 금액을 해당되는 수익(매출)이 인식된 회계기간에서 조정하여야지 실제로 특정 고객으로부터 매출채권을 회수할 수 없다는 사실이 확정된 회계기간에 조정해서는 안된다. 이와 같은 판단은 수익비용대응의 원칙에 근거하여 이해하면 된다.

(2) 매출할인과 매출에누리

고객이 매출채권을 빨리 지급하면 할인을 받고, 상품에 경미한 결함이 있거나, 구입 후 상품이 만족스럽지 못할 경우에는 에누리를 받는다. 이 경우에 고객으로부터 궁극적으로 회수될 현금은 판매가격에서 할인액이나 에누리를 차감한 금액이다. 따라서 **매출할인과 매출에누리**(sales discounts and allowances)는 해당 매출이 인식되었던 회계기간에 조정되어야 한다.

03 비용의 인식과 보고

CHECK POINT

- 비용의 인식
- 비용의 보고

1. 비용의 인식

비용은 수익을 창출하는 과정에서 소멸된 원가이다. 이러한 비용은 관련된 수익이 인

수익을 창출하는 과정에서 소멸된 원가를 비용이라 한다.

식되는 기간에 대응하여 같이 인식되어야 하는데 이를 수익비용대응의 원칙(matching principle)이라고 한다.

회계담당자들은 다음의 판단기준을 이용하여 비용의 인식시점을 결정한다.

> ① 특정 유형의 수익과 직접적으로 관련된 원가소멸액 또는 비용은 그 수익이 인식된 회계기간의 비용으로 인식된다. 이 경우 비용이 수익과 대응되기 때문에 이러한 회계처리 절차를 수익비용대응의 원칙이라 한다. 따라서 앞에서 기술된 수익인식의 원칙에 의해서 수익이 결정되면 비용은 자동적으로 이에 대응하여 인식된다.
>
> ② 수익과 쉽게 또는 직접적으로 관련되지 않은 원가소멸액 또는 비용은 이들이 영업활동에서 소멸된 회계기간에 비용으로 인식된다. 이에는 배분가능원가와 기간원가가 포함된다.

비용의 인식기준

(1) 직접대응: 매출원가
(2) 체계적이고 합리적인 배분: 유형자산 감가상각비, 무형자산 상각비
(3) 기간대응: 판매비와 관리비

원가는 소멸되어 비용이 되는데, 이러한 원가는 수익에 대응되기 위하여 소멸되는 방식에 따라 세 가지로 분류된다.

(1) 제품원가

제품원가(product costs)는 개별상품의 판매와 직접 관련시킬 수 있는 원가를 의미한다. 예를 들면, 판매를 위한 상품의 매입원가는 개별 상품 판매수익, 즉 매출에 직접 부과시킬 수 있다. 이러한 원가에는 실제 매입가액과 부대비용인 매입운임이나 하역비 등이 포함된다. 이러한 제품원가는 실제로 상품이 판매되는 회계기간에 매출원가로서 수익에 대응된다.

위의 예는 유통기업의 경우이고 제조기업의 경우는 원재료에 노무비를 투입하여 제품을 제조하므로 제조원가(manufacturing costs)와 관련된 원가가 모두 제품원가에 포함된다. 제조기업의 경우 매출원가는 제조원가가 비용화하는 부분이다. 즉 자산이라는 형태의 원가가 소비되어 비용화된다. 단, 유통기업의 경우는 완제품을 매입하여 마진을 추가한 이후 판매하게 되므로 취득원가가 바로 매출원가 비용으로 인식된다.

배분가능원가

어떤 비용들은 일정한 가정하에 기간별로 배분

(2) 배분가능원가

어떤 비용들은 수익과 직접적으로 관련시킬 수가 없고 체계적이고 합리적인 방법으

로 기간에 대응시켜야만 한다. 예를 들면, 유형자산의 감가상각비가 이에 해당한다. 이러한 자산들은 특정수익항목에 관련되는 것이 아니라, 여러 회계기간에 걸쳐서 영업활동에 사용되는 것이다. 이 원가는 내용연수와 수익에 대한 대응방식에 대한 일정한 가정하에서 기간별로 배분된다.

(3) 기간원가

특정한 제품단위나 수익거래 또는 특정한 미래의 회계기간에 직접 관련시킬 수 없는 원가를 기간원가라 한다.

기간원가(기간비용)는 특정한 제품단위나 수익거래 또는 특정한 미래의 회계기간에 직접 관련시킬 수 없는 원가를 의미한다. 이러한 원가의 예로는 경영자의 급여, 종업원 훈련비, 컴퓨터설비의 운영비 등을 들 수 있다. 이들은 어느 특정 회계연도의 수익과 직접적으로 대응시킬 수는 없다. 그러나 장기적으로 볼 때 수익창출에 공헌하는 원가임에는 틀림이 없다. 따라서 수익비용대응의 원칙을 정확하게 적용하는 방법은 아니지만 차선책으로 이러한 원가가 발생한 회계연도에 비용으로 인식함으로써 수익비용대응의 원칙을 간접적으로 적용하는 것이다.

비유로 이해하기 **원가의 두 종류: 가방에 들어가는 '제품원가' vs. 공장 월세 '기간원가'**

비용을 인식하는 방식을 이해하기 위해, 가방을 만드는 공장을 상상해봅시다.

- **제품원가**(Product Costs): 가방을 만드는 데 직접 들어간 비용입니다. 가방의 원단, 지퍼, 버클, 그리고 가방을 조립한 직원의 인건비 등이 여기에 해당하죠. 이 비용들은 '가방(제품)' 자체에 찰싹 달라붙어 있다가, 가방이 팔려나가는 순간 '매출원가'라는 이름의 비용으로 변신합니다.
- **기간원가**(Period Costs): 특정 제품과 관계없이, 시간이 흐름에 따라 발생하는 비용입니다. 공장 월세나 본사 관리팀 직원의 급여가 대표적이죠. 이 비용들은 특정 가방에 들어가지 않고, 발생한 그 기간(예: 1개월)의 비용으로 바로 처리됩니다.

2. 비용의 보고

자산을 미래에 기업에게 효익을 제공하는 자원 또는 권리라고 정의하였는데, 비용이란 수익을 창출하는 과정에서 소모된 자산의 측정치를 의미한다. 따라서 자산을 흔히 소멸되지 않은 원가라고 하고, 비용을 소멸된 원가라고 한다. 결국 언제 비용을 인식할 것인지의 문제는 수익을 얻기 위하여 언제 자산이 소멸되었느냐의 문제로 귀착된다. 즉, 언제 자산이 소멸되어 재무상태표에서 제거되고 비용화되면서 손익계산서에 보고될 것인지의 문제이다. 그러나 모든 비용이 자산화되었다가 비용화되는 것은 아니다. 그 예로서는 급여가 있는데 기업의 직원은 기업의 인적 자원이기는 하지만 인적 자원이 자산에 포함되지는 않는다. 따라서 급여는 자산화하지 않고 기간비용으로 비용화한다.

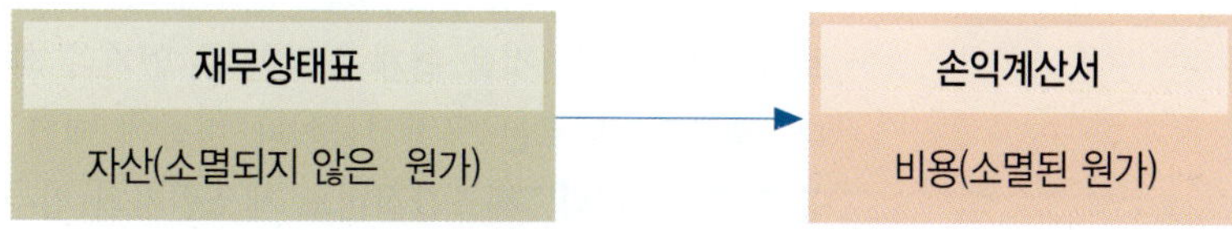

재무상태표와 손익계산서의 이러한 관계는 경영의 결과로 인한 이익이 이익잉여금으로 마감되면서 종료된다. 즉, 자산을 이용하여 경영활동이 진행되며 이러한 경영활동에서 자산이 소비되는 부분이 손익계산서에 보고되며 이와 같은 경영활동으로부터의 자산 운용의 결과가 이익으로 산출되어 이것이 이익잉여금에 반영된다. 손익계산서에 보고되는 주요 비용항목들은 다음과 같다.

(1) 매출원가

판매된 상품의 원가는 수익과 가장 쉽게 대응되는 비용이다. 상품이 판매될 때에 상품이란 자산이 감소하므로, 이때 해당 상품의 원가만큼 매출원가라는 비용으로 인식된다.

매출원가는 제조기업일 경우에는 판매된 제품의 제조원가이며 유통기업일 경우에는 판매된 상품의 취득(매입)원가이다. 매입원가일 경우는 매입에 대한 차감계정인 매입할인, 매입환출 및 매입에누리 등의 차감계정 금액을 차감하여야 한다. 매출원가의 산출과정은 손익계산서의 본문 또는 주석에 기재한다.

매출원가
- 제조업: 판매된 제품의 제조원가
- 유통업: 판매된 상품의 취득원가

제조원가의 유형
- 직접재료비
- 직접노무비
- 제조간접비

유통회사에서는 상품을 매입한 후에 이를 제조하지 않고 그대로 소비자에게 판매한다. 따라서 상품이 판매될 때는 재무상태표에 상품이 손익계산서에 매출원가라는 비용으로 보고된다.

보충설명

제조기업의 매출원가

제조기업에서는 외부에서 구입한 원재료를 이용하여 다른 자산으로 변형시켜서 소비자에게 판매하기 때문에 여러 가지 원가가 추가적으로 발생된다. 이들 제조원가를 유형별로 나누면 다음과 같이 ① 직접재료비, ② 직접노무비, ③ 제조간접비 등의 세 가지로 분류된다. 직접재료비와 직접노무비는 특정 제품을 생산하는 과정에서 발생되었다는 것을 쉽게 식별할 수 있는 원가이고, 제조간접비는 특정 제품을 위하여 직접적으로 발생되었다는 것을 쉽게 식별할 수 없거나 최종 생산물까지 추적할 수 없는 원가이다. 제조간접비로는 공장건물이나 비품에 대한 감가상각비, 공장시설에 대한 보험료 등을 들 수 있다. 제조간접비도 제조원가의 일부이므로 반드시 제조와 관련된 원가만이 포함되어야 한다. 직접재료비, 직접노무비 및 제조간접비는 제조과정을 나타내는 재공품과 제조과정이 종료된 제품에 대체된다. 상품매매회사에서는 구입하고 판매할 재고자산을 상품이라는 계정을 사용하지만 제조기업의 경우는 제조과정에 의해서 제조되었다는 것을 확실히 하기 위해서 제품이라는 계정을 사용한다. 상품이나 제품이나 완성된 재고자산이라는 점은 공통된다. 이들 재고자산계정은 판매되기 전에는 자산이므로, 제품을 생산하는 과정에서 발생된 여러 가지 직접재료비, 직접노무비, 제조간접비는 소멸되지 않은 원가로서 제품을 평가할 때 포함되도록 회계처리하여야 한다. 따라서 제조기업에는 원재료, 재공품, 제품과 같이 재고자산이 여러 형태를 띤다. 위와 같이 제조과정에서 투입된 원가를 제조원가라고 하며 이와 같은 원가는 위의 세 형태의 자산으로 존재하며 회계순환과정을 거치다가 판매시점에 매출원가로 비용화된다.

매출원가는 계산과정의 제시없이 단일 항목으로 손익계산서 본문에 보고하는 방법과 계산과정을 손익계산서 본문에 표시하는 방법 두 가지 중 하나를 선택하도록 하였다. 전자의 방법은 간결한 장점이 있으나 계산과정이 표시되지 않는 단점이 있고, 후자의 경우에는 계산과정이 표시되지만 손익계산서가 다소 복잡해지는 문제점이 있다. 따라서 기업이 두 가지 방법의 장단점을 고려하여 선택하도록 하였다.

(2) 판매비

판매활동이나 마케팅활동을 수행하는 과정에서 발생된 비용을 판매비라 한다.

판매활동이나 마케팅활동을 수행하는 과정에서 발생된 비용은 대개 회계기간 중에 판매된 상품과 밀접한 관계를 가지고 있다. 예를 들어서 판매부에 지급되는 급여나 수수료, 운반비와 대부분의 광고비는 해당 회계기간 중에 얻은 수익을 창출하는 과정에서 발생된다. 이와 같이 판매원가는 해당 회계기간 중에 얻은 수익과 밀접한 관계를 가지고 있기 때문에 그 회계기간의 비용으로 보고된다. 그러나 광고활동과 기타 판매촉진활동을 수행하는 과정에서 발생된 판매비용은 차기에도 효과가 있기 때문에 자산으로 회계처리해야 한다고 주장할 수 있다. 그렇지만 위의 원가 중에서 얼마만큼이 당기의 수익을 얻기 위하여 공헌하였는지, 얼마만큼의 원가가 미래의 수익과 관련이 있어서 자산으로 회계처리해야 할지를 판단하는 것은 매우 어렵다. 따라서 회계담당자들은 판매비와 기타 마케팅활동을 수행하는 과정에서 발생된 원가를 이들 원가가 소멸된 회계기간에 비용으로 회계처리한다. 즉 **판매비** 중 일부분이 미래의 수익을 창출하는 데 공헌한다고 할지라도 판매비는 자산이 아닌 기간비용으로 회계처리된다.

(3) 관리비

관리활동을 통해 발생된 비용은 상품과 직접적으로 대응되지 않으므로 기간비용인 관리비로 처리된다.

관리활동을 수행하는 과정에서 발생된 비용은 당기 중에 생산된 제품 또는 판매된 상품과 밀접한 관계가 없기 때문에 판매비와 마찬가지로 기간비용으로 회계처리된다. 예를 들면 사장의 급여, 회계부서에서 발생된 원가, 법률상담과 회사의 정책을 수립하는 과정에서 발생된 원가 등의 관리원가는 당기의 **관리비**(administrative cost)라는 기간비용으로 회계처리된다. 판매비와 관리비는 기업회계기준에서 제시하는 표준양식에는 한 항목으로 통합되어서 보고되기 때문에 이를 굳이 구분할 필요는 없다. 판매비와 관리비를 **영업비용**(operating expenses) 또는 판매관리비(selling and administrative expenses)라고 통상적으로 부르기도 한다.

판매비와 관리비는 제품, 상품 및 용역의 판매활동과 기업의 관리활동에서 발생하는 비용으로서 매출원가에 속하지 아니하는 모든 영업비용이다. 일반적으로 판매비와 관리비는 판관비라고 약칭해서 사용된다.

(4) 기타비용

영업외비용은 주된 영업활동과 직접적인 관련은 없으나 정상적인 재무활동 및 기타 주변적인 경영활동과 관련하여 발생되는 비용이다. 이에는 이자비용, 당기손익−공정

주된 영업활동과 직접적인 관련은 없으나 정상적인 재무활동 및 기타활동에 따른 비용을 기타비용이라 한다.

가치측정금융자산(Fair Value through Profit or Loss, FVPL금융자산)처분손실, FVPL금융자산평가손실, 유형자산처분손실 등이 포함된다. **기타비용**은 금융비용, 기타비용 등으로 보다 세분화하여 공시하기도 하여, 이러한 계정에 대한 설명은 앞으로 자세히 기술된다.

예를 들어 유통회사가 취득원가 ₩5,000의 토지를 현금 ₩3,500에 처분하였다고 하자. 이 경우에는 다음과 같이 손실이 계상된다.

(차) 현 금	3,500		(대) 토 지	5,000
유형자산처분손실	1,500			

여기에서 유형자산처분손실은 유통회사의 주된 영업활동과 관련하여 발생한 손실이 아니므로, 손익계산서상의 기타비용으로 나타낸다. 이와 같은 기타수익 및 기타비용은 손익계산서에 보고될 때 영업수익(매출액)/영업비용(매출원가, 판매비와 관리비)과는 구분되어 보고되어야 회계정보이용자에게 기업의 영업활동과 관련된 정보를 정확하게 전달할 수 있다.

기업이 경영활동을 수행하는 과정에서 이루어지는 중요한 업무 중의 하나는 자금을 조달하는 것이다. 돈을 빌려서 사용한 대가로 채권자에게 현금을 지급하였거나, 지급하기로 약속하였다면 이러한 사실이 재무제표에 보고되어야 한다. 만일 채권을 발행하고 자금을 조달하였으면 지급하여야 할 이자비용은 시간이 흐름에 따라 발생하게 된다. 이자비용은 주된 영업활동을 돕는 재무활동의 결과 발생하는 것이므로 손익계산서상의 기타비용으로 나타낸다.

예를 들어 7월 1일에 연이율 8%로 ₩3,000을 은행에서 빌렸다고 하자. 이 경우에 회계기말인 12월 31일에는 다음과 같이 수정분개하여야 한다. 이자비용은 ₩3,000×0.08×6/12=₩120이다.

(차) 이자비용	120		(대) 미지급이자	120

04 포괄손익계산서의 양식

CHECK POINT

- 단일포괄손익계산서
- 별개의 손익계산서와 포괄손익계산서

포괄손익계산서(comprehensive income statement)는 해당 기간에 인식한 모든 수익과 비용 항목을 나타내는 보고서로, 다음 중 한 가지 방법으로 표시한다.

[단일의 포괄손익계산서]

포괄손익계산서

20×1.1.1.~20×1.12.31.

(주)신촌	(단위: 원)
수 익	×××
매출원가	(×××)
매출총이익	×××
기타수익	×××
물류원가	(×××)
관 리 비	(×××)
기타비용	(×××)
금융원가	(×××)
법인세비용차감전순이익	×××
법인세비용	(×××)
당기순이익	×××
FVOCI금융자산평가이익	×××
유형자산재평가이익	×××
총포괄이익	×××

[두 개의 보고서]

손익계산서

20×1.1.1.~20×1.12.31.

(주)신촌	(단위: 원)
수 익	×××
매출원가	(×××)
매출총이익	×××
기타수익	×××
물류원가	(×××)
관 리 비	(×××)
기타비용	(×××)
금융원가	(×××)
법인세비용차감전순이익	×××
법인세비용	(×××)
당기순이익	×××

포괄손익계산서

20×1.1.1.~20×1.12.31.

(주)신촌	(단위: 원)
당기순이익	×××
기타포괄손익	×××
FVOCI금융자산평가이익	×××
유형자산재평가이익	×××
총포괄이익	×××

포괄손익계산서의 표시방법
두 가지 방법 중 한 가지 선택
① 단일포괄손익계산서
② 당기순손익의 구성요소를 표시하는 별개의 손익계산서와 당기순손익에서 시작하여 기타포괄손익의 구성요소를 표시하는 포괄손익계산서

(1) 단일 포괄손익계산서(a single statement of comprehensive income)

(2) 두 개의 보고서

① 별개의 손익계산서(separate income statement): 당기순손익의 구성 요소를 배열하는 보고서

② 포괄손익계산서: 당기순손익으로 시작하여 기타포괄손익의 구성요소를 배열하는 보고서

비유로 이해하기 **포괄손익계산서, 단계별로 해부하기**

손익계산서는 단순히 '총수익－총비용＝당기순이익'으로만 표시되지 않습니다. 정보이용자들이 기업의 성과를 더 깊이 이해할 수 있도록, 여러 단계에 걸쳐 이익을 계산하고 보고합니다. 이는 마치 우리가 건강검진을 할 때, 전체적인 건강 상태뿐만 아니라 심장, 간, 폐 등 각 기관별 건강 상태를 따로 진단하는 것과 같습니다.

1. 매출총이익: 제품 자체의 경쟁력

- 매출총이익＝매출액－매출원가
- 핵심 질문: "이 제품, 원가를 빼고 나면 얼마나 남는 장사인가?"

이는 기업이 판매하는 상품이나 제품 그 자체의 기본적인 수익성을 보여줍니다. 아무리 회사를 잘 경영해도, 제품 자체가 경쟁력이 없다면 이 단계의 이익부터 낮게 나타날 것입니다.

2. 영업이익: 주력 사업의 성적표

- 영업이익＝매출총이익－판매비와 관리비
- 핵심 질문: "이 회사는 '본업(주력 사업)'을 얼마나 잘하고 있는가?"

제품의 수익성(매출총이익)에서 직원 급여, 임차료, 광고비 등 회사를 운영하는 데 들어간 모든 비용(판관비)을 뺀 이익입니다. 이는 기업의 가장 핵심적인 활동인 '영업'의 성과를 보여주므로, 투자자들이 가장 중요하게 생각하는 이익 지표 중 하나입니다.

3. 법인세비용차감전순이익: 세금 내기 전 최종 성과

- 법인세비용차감전순이익＝영업이익＋기타수익－기타비용
- 핵심 질문: "영업 외(기타) 활동까지 모두 고려한, 세금 내기 전의 최종 이익은 얼마인가?"

본업(영업이익)에 이자수익이나 투자자산처분이익 같은 영업외수익(기타수익)은 더하고, 이자비용이나 재해손실 같은 영업외비용(기타비용)은 뺀 이익입니다.

4. 당기순이익: 주주에게 돌아갈 최종적인 몫

- 당기순이익＝법인세비용차감전순이익－법인세비용

• 핵심 질문: "모든 비용과 세금까지 다 내고, 최종적으로 주주들의 몫으로 남은 이익은 얼마인가?"
이것이 바로 1년 농사의 최종 결실이며, 이익잉여금 계정으로 흘러가 배당의 재원이 되거나 회사에 유보됩니다.

기타포괄손익의 예는 유형자산의 재평가손익, 기타포괄손익-공정가치측정(Fair Value through Other Comprehensive Income, FVOCI)금융자산 평가손익, 해외 종속기업에 대한 순투자자산의 환산시 발생하는 외환환산손익, 확정퇴직급여제도에 대한 보험수리적손익 등이 있다. FVOCI, FVPL 등의 개념은 교재의 후반부, 해당 장에서 설명된다.

개념 더하기

당기순이익 vs. 기타포괄손익: 확정된 성적 vs. 잠재 점수

왜 이익을 둘로 나눌까요? 두 이익의 '확실성'이 다르기 때문입니다.

- **당기순이익**: 이번 학기에 시험이 모두 끝나 확정된 '최종 성적'입니다. 이견의 여지가 없는, 올해의 명백한 경영 성과이죠.
- **기타포괄손익**: 아직 실현되지 않은 '잠재 점수'와 같습니다. 예를 들어, 장기 투자 목적으로 보유한 주식의 평가이익은 아직 주식을 팔지 않았기 때문에 언제든 변할 수 있는 '미확정 이익'입니다. 이러한 미확정 손익이 매년 당기순이익을 흔드는 것을 막기 위해, '기타포괄손익'이라는 별도의 공간에 잠시 보관해두는 것입니다.

보론 재무보고를 위한 개념체계

CHECK POINT

- 재무제표
- 계속기업 가정
- 재무보고 개념체계
- 목적적합성
- 충실한 표현
- 회계정보의 제약요인

회계기준의 내용을 올바로 이해하기 위해서는 그의 개념적 구조를 먼저 알아야 하며, 회계기준은 각국마다 그의 경제적·사회적·문화적·정치적 환경에 따라 각기 특징들을 갖고 있다. 그러나 그러한 특징들은 일정한 개념적 구조 안에서 만들어지게 된다. 개념체계란 회계가 어떠한 철학적인 가치를 가지고 측정되고 기록되는지를 정의하는 과정이다.

1. 재무제표의 목적

> **재무제표의 목적**
> 재무제표의 목적은 현재 및 잠재적 투자자, 대여자 및 기타채권자가 기업에 자원을 제공하는 것에 대한 의사결정을 할 때 유용한 재무정보를 제공하는 것이다.

재무제표의 목적은 현재 및 잠재적 투자자, 대여자 및 기타 채권자가 기업에 자원을 제공하는 것에 대한 의사결정을 할 때 유용한 재무정보를 제공하는 것이다. 현재 및 잠재적 투자자, 대여자 및 기타 채권자가 기업에 자원을 제공할 때 그들의 수익에 대한 기대는 기업에 유입될 미래 순현금유입의 금액, 시기 및 불확실성(전망)에 대한 그들의 평가에 달려있다. 따라서 기업에 유입될 순현금유입에 대한 전망을 평가하는 데 도움을 주는 정보를 필요로 한다. 현재 잠재적 투자자, 대여자 및 기타 채권자는 미래 순현금유입에 대한 기업의 전망을 평가하기 위하여 기업의 자원, 기업에 대한 청구권, 그리고 기업의 경영진 및 이사회가 기업의 자원을 사용하는 그들의 책임을 얼마나 효율적이고 효과적으로 이행해 왔는지에 대한 정보를 필요로 한다. 많은 현재 및 잠재적 투자자, 대여자 및 기타 채권자는 그들에게 직접 정보를 제공하도록 보고기업에 요구할 수 없고, 그들이 필요로 하는 재무정보의 많은 부분을 재무제표에 의존해야만 한다. 따라서 그들은 재무제표가 대상으로 하는 주요 이용자이다.

그러나 재무제표는 현재 및 잠재적 투자자, 대여자 및 기타 채권자가 필요로 하는 모든 정보를 제공하지는 않으며 제공할 수도 없다. 그 정보이용자들은, 예를 들어, 일반 경제적 상황 및 기대, 정치적 사건과 정치 풍토, 산업 및 기업 전망과 같은 다른 원천에서 입수한 관련 정보를 고려할 필요가 있다.

재무제표는 보고기업의 가치를 보여주기 위해 고안된 것이 아니다. 그러나 그것은 현재 및 잠재적 투자자, 대여자 및 기타 채권자가 보고기업의 가치를 추정하는 데 도움이 되는 정보를 제공한다.

각 주요 이용자들의 정보 수요 및 욕구는 다르고 상충되기도 한다. 회계기준위원회는 재무보고기준을 제정 할 때 주요 이용자 최대 다수의 수요를 충족하는 정보를 제공하기 위해 노력할 것이다. 그러나 공통된 정보수요에 초점을 맞춘다고 해서 보고기업으로 하여금 주요 이용자의 특정한 일부에게 가장 유용한 추가적인 정보를 포함하지 못하게 하는 것은 아니다.

보고기업의 경영진도 해당 기업에 대한 재무정보에 관심이 있다. 그러나 경영진은 그들이 필요로 하는 재무정보를 내부에서 구할 수 있기 때문에 재무제표에 전적으로 의존할 필요는 없다.

기타 당사자들, 예를 들어 감독당국 그리고 (투자자, 대여자 및 기타 채권자가 아닌)

일반대중도 재무제표가 유용하다고 여길 수 있다. 그렇더라도 재무제표는 이러한 기타 집단을 주요 대상으로 한 것이 아니다.

재무제표는 정확한 서술보다는 상당 부분 추정, 판단 및 모형에 근거한다. '개념체계'는 그 추정, 판단 및 모형의 기초가 되는 개념을 정한다. 그 개념은 회계기준위원회와 재무제표의 작성자가 노력을 기울이는 목표이다. 대부분의 목표가 그러한 것처럼 이상적 재무보고에 대한 '개념체계'의 비전은 적어도 단기간 내에 완전히 달성될 가능성은 낮다. 왜냐하면 거래와 그 밖의 사건을 분석하는 새로운 방식을 이해하고, 수용하며, 실행하는 데 시간이 걸릴 것이기 때문이다. 그렇지만 재무보고가 그 유용성을 개선하기 위해 발전해야 한다면 지향할 목표를 수립하는 것은 필수적이다.

재무제표는 기업의 외부 이해관계자들 중 특히 투자자들에게 필요한 정보를 제공하는 데 중점을 두고 있는데 그 이유는 기업에 대하여 투자자들의 정보요구에 맞추어 작

그림 6-1

재무보고의 요소

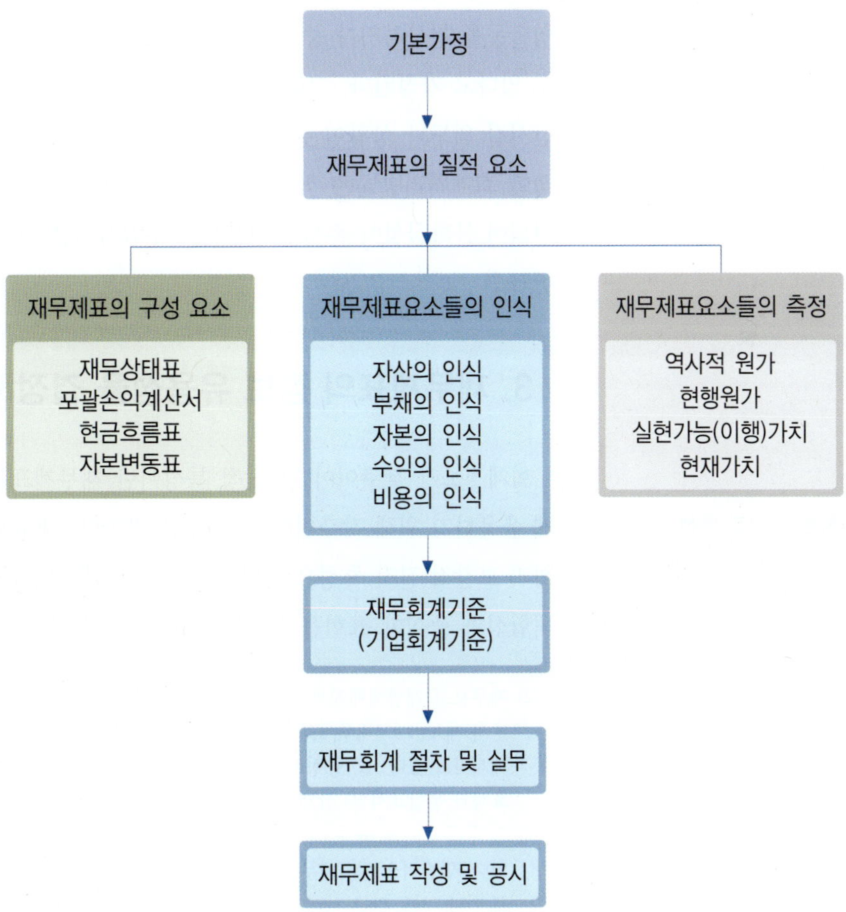

성된 재무제표는 일반적으로 다른 종류의 기업 외부 이해관계자들의 공통된 재무정보 요구도 충족시켜 주기 때문이다. 재무제표가 비록 기업 외부 이해관계자들에게 경제적 의사결정을 내리는 데 필요한 정보를 제공하는 것을 목적으로 하고 있지만 기업에 관한 모든 정보를 제공하지는 못한다. 이는 재무제표가 과거 사건의 재무적 효과만을 설명할 뿐 비재무적 정보까지 제공하지는 않기 때문이다. 이는 회계정보의 한계이다.

2. 회계의 기본가정

회계기준에서는 계속기업(going concern)을 기본가정으로 설정하고 있다.

계속기업의 가정

회계정보를 생산하는 기업실체가 그 목적과 의무를 이행하기에 충분할 정도로 오랜 기간 동안 존속할 것이라고 가정하는 것

계속기업의 가정이란 기업실체는 그 목적과 의무를 이행하기에 충분할 정도로 장기간 존속한다고 가정하는 것을 말한다. 재무제표는 일반적으로 기업이 계속기업이며 예상가능한 기간 동안 영업을 계속할 것이라는 가정하에 작성된다. 즉, 기업실체는 그 경영활동을 청산하거나 중대하게 축소시킬 의도가 없을 뿐 아니라 청산이 요구되는 상황도 없다고 가정된다. 그러나 기업실체의 중요한 경영활동이 축소되거나 기업실체를 청산시킬 의도나 상황이 존재하여 계속기업을 가정하기 어려운 경우에는 계속기업을 가정한 회계처리방법은 적절히 수정공시되어야 한다. 회계감사과정에서 계속기업과 관련되어 불확실성이 존재할 경우는 외부감사인은 이를 별도의 감사의견으로 표명하여야 한다.[2]

3. 재무제표의 정보 유용성을 결정하는 질적 특성

재무회계의 질적 특성

재무정보가 유용하기 위해서는 근본적으로 목적적합할 뿐만 아니라 나타내고자 하는 바를 충실하게 표현해야 함.

회계정보가 갖추어야 할 질적 특성이란 재무제표를 통해 제공되는 정보가 이용자에게 유용하기 위해 갖추어야 할 속성을 말한다. 재무제표의 질적 특성은 근본적 질적 특성과 보강적 질적 특성으로 나눌 수 있다. '개념체계'에서는 근본적 질적 특성으로 목적적합성과 충실한 표현을 들고 있다.[3] 보강적 질적 특성으로 비교가능성, 검증가능성,

---

2) 재무보고 개념체계에서 재무제표 작성의 기본가정으로 '계속기업'만을 언급한 데에 반해, 기업회계기준서 제1001호 '재무제표 표시'에 따르면, 재무제표 작성에 적용되는 작성기준을 다음과 같이 8가지로 제시하고 있다: ① 공정한 표시와 한국채택국제회계기준의 준수 ② 계속기업 ③ 발생기준 회계 ④ 중요성과 통합표시 ⑤ 상계금지 ⑥ 보고빈도 ⑦ 비교정보 ⑧ 표시의 계속성.

3) 질적 특성 간의 균형: 실무에서는 때때로 정보의 질적 특성 간의 균형 또는 상충관계를 고려할 필요가 있다. 일반적으로는 재무제표의 목적을 달성하기 위해 질적 특성 간에 적절한 균형을 이루는 것을 목표로 한다. 서로 다른 사례에서 질적 특성의 상대적 중요성을 결정하는 문제는 전문적 판단이 요구된다.

적시성, 이해가능성을 언급하고 있다. 재무정보가 유용하기 위해서는 목적적합해야 하고 나타내고자 하는 바를 충실하게 표현해야 한다. 목적적합하지 않은 현상에 대한 충실한 표현과 목적적합한 현상에 대한 충실하지 못한 표현 모두 정보이용자에게 유용한 정보가 될 수 없다. 이를 바탕으로 재무정보가 비교가능하고, 검증가능하며, 적시성 있고, 이해가능한 경우 그 재무정보의 유용성은 보강된다고 할 수 있다. 재무정보의 보강적 질적 특성은 가능한 한 극대화 되어야 하지만, 정보가 목적적합하지 않거나 충실하게 표현되지 않으면 재무정보의 보강적 질적 특성 그 자체만으로는 그 정보를 유용하게 할 수 없다.

(1) 근본적 질적 특성

목적적합성

회계정보가 정보이용자의 의사결정에 영향을 미치는 정보를 목적적합하다고 할 수 있다. 목적적합한 회계정보는 예측가치와 확인가치를 가지고 있다.

① 목적적합성(relevance)

목적적합한 재무정보란, 그 정보가 정보이용자의 의사결정에 차이를 가져올 수 있는 정보를 말한다. 즉, 목적적합한 정보는 정보이용자가 기업실체의 과거, 현재 또는 미래 사건의 결과에 대한 예측을 하는 데 도움이 되거나(예측가치) 또는 그 사건의 결과에 대한 정보이용자의 당초 기대치(예측치)를 확인 또는 수정할 수 있게 함으로써(확인가치) 의사결정에 차이를 가져올 수 있는 정보를 말한다. 이렇듯 재무정보에 예측가치, 확인가치 또는 이 둘 모두가 있다면 그 재무정보는 목적적합하다고 할 수 있다. 재무정보가 예측가치를 갖기 위해서 그 자체가 예측치 또는 예상치일 필요는 없으며, 단지 해당 재무정보가 정보이용자의 예측에 사용되면 충분하다. 또한, 재무정보가 과거 평가를 확인하거나 변경시키는 등 과거 평가에 대한 피드백을 제공한다면 확인가치를 갖는다고 할 수 있다. 이러한 재무정보의 예측가치와 확인가치는 서로 연관되어 있는 경우가 많다. 예를 들어, 미래 연도 수익의 예측 근거로 사용할 수 있는 당해 연도 수익 정보를 과거 연도에 행한 당해 연도 수익 예측치와 비교할 수 있으며, 그 비교결과는 정보이용자가 그 과거 예측에 사용한 절차를 수정하고 개선하는 데 도움을 줄 수 있다.

어떤 정보가 누락되거나 잘못 기재된 경우 해당 기업의 재무정보에 근거한 정보이용자의 의사결정에 영향을 줄 수 있다면 그 정보는 중요한 것이다. 중요성은 개별 기업 재무제표 관점에서 해당 정보와 관련된 항목의 성격이나 규모 또는 이 둘 모두에 따라 달라지며, 따라서 개별 기업마다 적용되는 중요성은 달라질 수 있다. 즉, 중요성은 해당 기업의 특유한 목적적합성을 의미한다.

표현 충실성

회계정보가 단지 법적 형식만을 표현하는 것이 아닌 경제적 현상의 실질을 표현할 때 충실하게 표현된 회계정보라고 할 수 있다. 표현충실성은 완전하고 중립적이며 오류가 없는 표현이다.

② 표현 충실성(faithful representation)

재무제표가 유용하기 위해서는 목적적합한 현상을 표현하는 것뿐만 아니라 나타내고자 하는 현상을 충실하게 표현해야 한다. 충실한 표현은 재무정보가 단지 법적 형식만을 표현하는 것이 아닌 경제적 현상의 실질을 표현하는 것을 의미한다. 또한, 재무제표의 표현이 충실하기 위해서는 완전하고, 중립적이며, 오류가 없어야 한다.

완전성은 필요한 기술과 설명을 포함하여 정보이용자가 서술되는 현상을 이해하는데 필요한 모든 정보를 포함하는 것이다.

중립성은 재무정보의 선택이나 표시에 편의가 없는 것이다. 중립성은, 정보이용자가 재무정보를 유리하게 또는 불리하게 받아들일 가능성을 높이기 위해 편중되거나, 강조 혹은 경시되거나 그 밖의 방식으로 조작되지 않음을 의미한다. 그렇다고 하여, 중립적인 재무제표가 목적이 없거나 행동에 대한 영향력이 없는 재무정보를 의미하지 않는다. 오히려 목적적합한 재무정보는 정의상 정보이용자의 의사결정에 차이가 나도록 할 수 있는 정보이다.

또한, 표현충실성은 모든 면에서 정확한 것을 의미하지는 않는다. 오류가 없다는 것은 현상의 기술에 오류나 누락이 없고, 재무제표를 생산하는 데 사용되는 절차의 선택과 적용 시 절차상 오류가 없음을 의미한다. 이 맥락에서 오류가 없다는 것은 모든 면에서 완벽하게 정확하다는 것을 의미하지는 않는다. 예를 들어, 관측가능하지 않은 가격이나 가치의 추정치는 정확한지 또는 부정확한지 결정할 수 없다. 그러나 추정치로서 금액을 명확하고 정확하게 기술하고, 추정 절차의 성격과 한계를 설명하며, 그 추정치를 도출하기 위한 적절한 절차를 선택하고 적용하는 데 오류가 없다면 그 추정치의 표현은 충실하다고 할 수 있다.

③ 근본적 질적 특성의 적용

정보가 유용하기 위해서는 목적적합하고 충실하게 표현되어야 한다. 목적적합하지 않는 현상에 대한 표현충실성과 목적적합한 현상에 대한 충실하지 못한 표현 모두 정보이용자가 좋은 결정을 내리는 더 도움이 되지 않는다.

근본적 질적 특성을 적용하기 위한 가장 효율적이고 효과적인 절차는 일반적으로 다음과 같다(보강적 특성과 원가 제약요인의 영향을 받을 수 있음). 첫째, 보고기업의 재무정보 이용자에게 유용할 수 있는 경제적 현상을 식별한다. 둘째, 이용가능하고 충실히 표현될 수 있다면 가장 목적적합하게 될, 그 현상에 대한 정보의 유형을 식별한다. 셋째, 그 정보가 이용 가능하고 충실하게 표현될 수 있는지 결정한다. 만약 그러하다면, 근본적 질적 특성의 충족 절차는 그 시점에 끝난다. 만약 그러하지 않다면, 차선의 목적적합한 유형의 정보에 대해 그 절차를 반복한다.

(2) 보강적 질적 특성

비교가능성, 검증가능성, 적시성 및 이해가능성은 목적적합하고 충실하게 표현된 정보의 유용성을 보강시키는 질적 특성이다. 만일 어떤 두 가지 회계처리방법이 현상을 동일하게 목적적합하고 충실하게 표현한다면 이 두 가지 방법 가운데 어느 방법을 사용하여 재무제표를 작성해야 할지를 결정함에 있어 보강적 질적 특성을 고려한다면 더욱 유용한 재무정보가 될 수 있을 것이다.

① **비교가능성**(comparability)

정보이용자의 의사결정은, 예를 들어, 투자자산을 매도할지 또는 보유할지, 어느 기업에 투자할지를 선택하는 것과 같이 여러 대안들 중에서 선택을 하게 되는 것이 일반적이다. 따라서 재무제표는 다른 기업에 대한 유사한 정보(횡단면적 비교, cross-sectional) 및 해당 기업에 대한 다른 기간이나 다른 일자의 유사한 정보(시계열적 비교, time-series)와 비교할 수 있다면 더욱 유용하다. 즉, 비교가능성은 정보이용자가 항목 간의 유사점과 차이점을 식별하고 이해할 수 있게 하는 질적 특성이다.

비교가능성
정보이용자가 항목 간의 유사점과 차이점을 식별하고 이해할 수 있게 하는 재무회계의 질적 특성임.

일관성은 비교가능성과 관련은 되어 있지만 동일하지는 않다. 일관성은 한 보고기업 내에서 기간간 또는 같은 기간 동안에 기업 간, 동일한 항목에 대해 동일한 방법을 적용하는 것을 말한다. 비교가능성은 목표이고 일관성은 그 목표를 달성하는 데 도움을 준다.

비교가능성은 통일성이 아니다. 정보가 비교가능하기 위해서는 비슷한 것을 비슷하게 보여야 하고 다른 것은 다르게 보여야 한다. 재무정보의 비교가능성은 비슷한 것을 달리 보이게 하여 보강되지 않는 것처럼, 비슷하지 않은 것을 비슷하게 보이게 한다고 해서 보강되지 않는다.

근본적 질적 특성을 충족하면 어느 정도의 비교가능성은 달성될 수 있을 것이다. 목적적합한 경제적 현상에 대한 표현충실성은 다른 보고기업의 유사한 목적적합한 경제적 현상에 대한 표현충실성과 어느 정도의 비교가능성을 자연히 가져야 한다.

단 하나의 경제적 현상을 충실하게 표현하는 데 여러 방법이 있을 수 있으나 동일한 경제적 현상에 대해 대체적인 회계처리방법을 허용하면 비교가능성이 감소한다.

재무제표 이용자들은 보통 한 기업에 있어서 시간의 흐름에 걸친 정보를 비교하기를 원하므로 이전 회계기간에 대응하는 재무정보를 재무제표상에 비교 표시하는 것이 중요하다. 따라서 재무제표는 발표되는 연도의 정보뿐만 아니라 그 이전 연도의 정보 또한 동시에 보고한다. 이를 '비교목적 재무제표'라고 한다. 이는 시계열적(종적, time-series)인 비교가능성이다.

이 외에도 동종 산업간 횡적(cross-sectional)인 비교가능성이 존재한다.

② **검증가능성**(verifiability)

재무제표가 나타내고자 하는 경제적 현상을 충실히 표현하는지를 정보이용자가 확인가능하다면, 그 정보는 검증가능하다고 할 수 있다. 검증가능성은 합리적이며, 서로 독립적인 측정자들이 유사한 결론에 도달할 수 있다는 속성을 의미한다. 또한, 재무제표상 계량화된 수치가 검증가능하기 위해서 단일 점추정치이어야 할 필요는 없으며 가능한 금액의 범위 및 관련된 확률도 검증가능한 정보가 될 수 있다.

검증가능성
재무제표가 나타내고자 하는 경제적 현상을 충실히 표현하는지를 정보이용자가 확인가능해야 함.

③ **적시성**(timeliness)

적시성은 의사결정에 영향을 미칠 수 있도록 의사결정자가 정보를 제때에 이용가능하게 하는 것을 의미한다. 일반적으로 정보는 오래될수록 유용성이 낮아진다. 그러나 일부 정보는 보고기간 말 후에도 오랫동안 적시성이 있을 수 있는데, 예를 들어, 일부 정보이용자는 추세를 식별하고 평가할 필요가 있을 수 있기 때문이다.

적시성
의사결정자가 정보를 적시에 이용가능하도록 해야 함.

④ **이해가능성**(understandability)

재무제표를 통해 제공되는 정보는 명확하고 간결하게 분류하고 특징지으며 표시되어 정보이용자가 그 정보를 쉽게 이해할 수 있어야 한다. 그러나, 재무제표는 회계지식이 전무한 이용자에게까지 이해가능하게 작성되기는 어렵기 때문에, 재무제표의 이해가능성을 판단하기 위한 정보이용자는 경영 및 경제활동과 회계에 대한 어느 정도의 지식을 가지고 있으며, 관련 정보를 분석하기 위하여 합리적인 노력을 기울일 의지가 있는 것으로 가정한다. 그러나, 복잡한 내용의 정보이지만 다수 이용자의 경제적 의사결정 목적에 적합하여 재무제표에 포함될 필요가 있는 경우 단지 그 정보가 일부이용자에게는 너무 어려워서 이해하기 어려울 것이라는 이유만으로 제외하여서는 아니 된다. 즉, 이해가능성은 이해하기 어려운 정보를 가능한 한 명확히 표시하고 설명하여야 한다는 것이다.

이해가능성
재무제표를 통해 제공되는 정보는 명확하고 간결하게 분류하고 표시되어 정보이용자가 그 정보를 쉽게 이해할 수 있어야 함.

보강적 질적 특성은 서로 다른 질적 특성 중 어느 것이 우선하는지가 정해져 있지 않으며, 때로는 하나의 보강적 질적 특성이 다른 질적 특성의 극대화를 위해 희생될 수도 있다. 예를 들어, 새로운 회계기준의 전진 적용으로 인한 비교가능성의 일시적 저하는 장기적으로 목적적합성이나 충실한 표현을 향상시키기 위해 감수할 수도 있다. 또한, 적절한 공시는 비교가능성의 미비를 부분적으로 보완할 수 있다.

〈한눈에 보는 정보의 질적 특성〉 좋은 회계정보란 무엇일까?

질적 특성	핵심 질문
[근본적 특성]	(이것 없으면 정보가 아님!)
목적적합성	"그래서, 이게 내 결정에 도움이 돼?" (예측가치, 확인가치)
표현충실성	"이게 진짜 모습 맞아? 믿을 수 있어?" (완전성, 중립성, 무오류)
[보강적 특성]	(이것까지 있으면 정보가 더 좋아짐!)
비교가능성	"작년보다, 그리고 경쟁사보다 어때?"
검증가능성	"다른 사람이 검토해도 같은 결과가 나올까?"
적시성	"의사결정에 늦지 않게 정보가 도착했나?"
이해가능성	"전문가가 아니어도 명확하게 이해할 수 있나?"

4. 회계정보의 제약요인으로서의 효익(benefit)과 원가(cost)의 균형

효익과 원가와의 균형은 질적 특성이라기보다는 포괄적 제약요인이다. 특정 정보에서 기대되는 효익은 그 정보를 제공하기 위하여 소요되는 원가보다 커야 한다. 그러나 효익과 원가에 대한 평가에는 상당 부분 주관적인 판단이 필요하다. 더욱이 정보의 제공을 향유할 수 있는 이용자가 반드시 그 원가를 부담하지는 않는다. 정보의 제공 대상이 아닌 다른 이용자가 그 효익을 향유할 수도 있다. 효익이 원가를 초과하여야 한다는 사실은 회계정보에 대한 제약요인일 뿐만 아니라 가장 기본적인 경제적인 의사결정의 원칙이다.

그림 6-2

재무회계 개념체계
(Conceptual Framework)

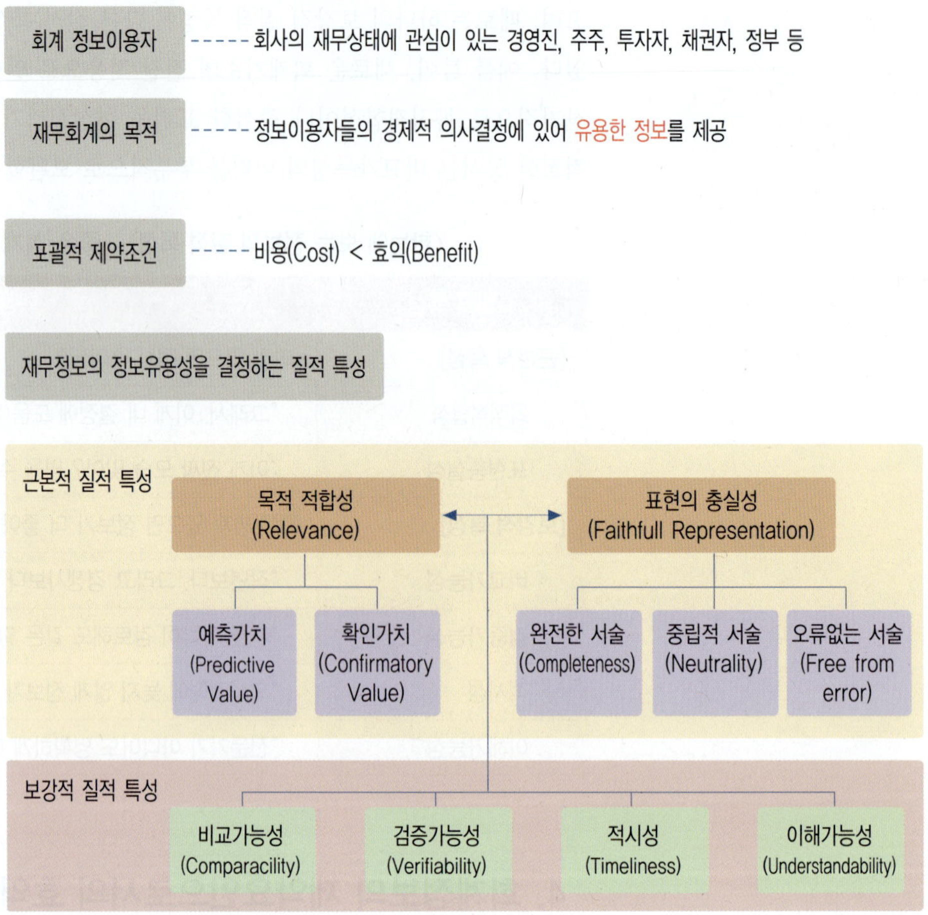

연습문제

01 수익과 비용의 기간대응

발생기준에 의하여 회계처리하고, 상품 또는 서비스를 판매하는 시점에서 수익을 인식한다고 가정하자. 다음 각각의 경우에 3월 중에 인식된 비용은 얼마인가?

물음 (1) 3월 1일에 3개월분 임차료 ₩1,800을 미리 지급하였다.
(2) 4월분 급여 ₩100을 3월 28일에 지급하였다.
(3) 1월 1일에 1년간 보험료 ₩1,200을 지급하였다.
(4) 3월 중에 ₩800의 판매수수료를 벌었으나 아직 현금으로 받지 못했다.
(5) 4월 1일부터 사용될 비품을 3월 26일 ₩5,000에 구입하였다.
(6) 3월 중에 ₩800의 소모품을 구입하였는데 3월 1일 현재의 소모품은 ₩300, 3월 31일 현재 보유하고 있는 소모품은 ₩400이다.
(7) 3월 1일 2년분의 보험료 ₩4,800을 지급하였다.

02 발생기준과 현금기준

이상명 씨는 20×1년 1월 1일에 ₩5,000을 투자하고 지방은행에서 ₩6,000을 차입하여 광명상점을 개업하였다. 차입금은 연이자율 8%로 20×1년 3월 31일에 상환하여야 한다.

그리고 1월 1일에 건물을 임대하여 2달분 임차료 ₩800을 지급하였고, 재산에 대한 보험료 1년분 ₩600을 지급하였다.

1월 2일에는 ₩20,000의 상품을 외상으로 구입하였는데, 이 중 ₩4,000을 1월 25일에 지불하였다.

1월 31일까지 판매된 상품의 원가는 ₩8,000이다.

1월 중에 상품을 판매한 내역을 보면 현금판매액은 ₩7,000이고, 외상판매액은 ₩3,000이다. 이 중 ₩2,000은 1월 31일에 회수하였다.

1월 중에 발생되어 현금으로 지급된 기타의 비용은 다음과 같다.

수도광열비	₩200
급　　여	₩650
세　　금	₩150

물음 (1) 상품이 판매될 때 수익을 인식하는 발생기준에 의하여 1월 중의 손익계산서를 작성하라.

(2) 현금기준에 의하여 1월 중의 손익계산서를 작성하라.

(3) 어떤 방법에 의하여 손익계산서를 작성하는 것이 1월 중의 경영성과를 잘 나타내는가? 이유는?

03 손익계산서을 이용한 비용항목의 금액계산

다음 자료는 20×1년 1월 1일부터 20×1년 12월 31일까지 청송회사의 손익계산에 관한 자료이다. 다른 항목은 없는 것으로 한다.

매 출 액	325,000	유형자산처분이익	4,000
급 여	10,000	보 험 료	?
임 차 료	3,000	이 자 비 용	2,500
매 출 원 가	160,000	여비교통비	3,000
영 업 이 익	30,000		
법인세비용(법인세비용차감전이익의 30%)			?
당기순이익	?		

물음 (1) 보험료는 얼마인가?

(2) 당기순이익이 얼마인가?

04 발생기준 순이익

신촌주식회사는 20×2년 12월 1일 영업을 시작하였다. 20×2년 12월 1일부터 20×2년 12월 31일까지의 영업자료는 다음과 같다.

매출액	₩300,000
현 금 매 출	₩120,000
외 상 매 출	180,000
현금지급내용	
상 품 구 입	₩70,000
임 차 료 지 급	8,000
급 여 지 급	32,000
소 모 품 구 입	3,000
20×1년 12월 31일 현재의 유동부채내용	
매 입 채 무	₩80,000
미지급금(소모품)	4,000
미 지 급 급 여	7,500
미지급임차료	1,000

20×1년 동안 판매된 상품의 원가	₩110,000
20×1년 12월 31일 현재의 상품재고액	₩40,000
20×1년 12월 31일 현재의 소모품재고액	₩2,000

현금 이외의 다른 자산과 부채는 없다.

물음 발생기준에 의하여 수익을 인식할 경우의 손익계산서를 작성하시오.

05 발생기준 순이익과 현금기준 순이익

경영회사는 20×1년 4월 1일에 영업을 시작하였다. 다음의 자료를 참고하시오.

자료 1	매출액: 현금매출	₩200,000
	외상매출	100,000
자료 2	4월 중 현금 지출내용	
	상 품 구 입	₩120,000
	소모품구입	4,000
	급 여 지 급	60,000
	임차료지급	15,800
	전기요금지급	200
		₩200,000
자료 3	4월 30일 유동부채와 기말재고액	
	매 입 채 무	₩140,000
	미지급금(소모품)	6,000
	미 지 급 급 여	14,000
	미지급전기요금	1,000
		₩161,000
	상 품 재 고	₩80,000
	소 모 품 재 고	3,000
		₩83,000

물음 (1) 발생기준에 의하여 손익계산서를 작성하시오.
(2) 현금기준에 의하여 손익계산서를 작성하시오.

06 현금거래의 분석을 통한 손익계산서 작성

청송회사의 20×1년도 기초와 기말의 재무상태표 계정잔액은 다음과 같다.

	20×1.1.1 (차변)	20×1.1.1 (대변)	20×1.12.31 (차변)	20×1.12.31 (대변)
현 금	₩153,000		₩218,000	
매 출 채 권	212,000		308,000	
상 품	150,000		210,000	
토 지	325,000		460,000	
매 입 채 무(상품매입 관련)		₩220,000		₩319,000
미지급이자				10,000
장기차입금(연이자율 10%)		300,000		300,000
자 본		320,000		567,000
	₩840,000	₩840,000	₩1,196,000	₩1,196,000

20×1년 중의 현금의 수입과 지출 내역은 다음과 같다.

20×1년 1월 1일 잔액	₩153,000
수 입 액	
현금판매와 매출채권 회수	₩1,250,000
토지의 판매(원가 ₩75,000)	80,000
지 출 액	
토지의 구입	210,000
현금매입 및 매입채무 지급	835,000
급 여	100,000
이자비용(장기차입금에 대한 20×1.1.1에서 20×1.8.31까지)	20,000
배 당 금	100,000
20×1년 12월 31일 잔액	₩218,000

물음 (1) 20×1년의 매입액과 매출액을 각각 구하시오.

(2) 20×1년의 손익계산서를 발생기준에 의해 작성하시오.

정답과 해설

01 (1) ₩600 (2) 없음 (3) ₩100 (4) ₩800
(5) 없음 (6) ₩700 (7) ₩200

02 (1) 발생기준에 의한 경우

손익계산서

광명상점 20×1.1.1~20×1.1.31 (단위: 원)

매출		₩10,000
차감: 비용		
매출원가	₩8,000	
이자비용	40	
임차료	400	
보험료	50	
광열비	200	
급 여	650	
세 금	150	₩9,490
순이익		₩510

(2) 현금기준에 의한 경우

손익계산서

광명상점 20×1.1.1~20×1.1.31 (단위: 원)

상품판매에 의한 현금수입액		₩9,000
차감: 상품과 서비스에 대한 현금지출액		
상 품	₩4,000	
임차료	800	
보험비	600	
광열비	200	
급 여	650	
세 금	150	₩6,400
순이익		₩2,600

③ 발생기준: 발생기준이 현금기준보다 1월 중의 이익창출활동을 더 잘 측정하며, 비용 또한 보고된 수익과 더욱 밀접하게 대응되기 때문이다.

03

손익계산서

청송회사	20×1.1.1~20×1.12.31	(단위: 원)
매　출		₩325,000
매출원가		(160,000)
매출총이익		₩165,000
판매비와 관리비		
급　여	₩10,000	
임차료	3,000	
교통비	3,000	
보험료	①	(135,000)
영업이익		₩30,000
영업외수익(기타수익)		
유형자산처분이익	4,000	4,000
영업외비용(기타비용)		
이자비용	2,500	(2,500)
법인세비용차감전 이익		₩31,500
법인세비용		(②)
당기순이익		₩22,050

① 보험료 = ₩135,000 − (₩10,000 + ₩3,000 + ₩3,000)
　　　= ₩119,000 ⇒ (1) 답

② 법인세비용 = ₩31,500 × 0.3 = 9,450

(1) ₩119,000

(2) ₩22,050

04

손익계산서

신촌주식회사	20×2년 12월 1일~20×2년 12월 31일	(단위: 원)
매　　출		₩300,000
매출원가		
기초재고	₩ –	
당기매입	150,000	
기말재고	(40,000)	110,000
매출총이익		190,000
판매비와 관리비		
급　　여	₩39,500	
임차료	9,000	
소모품비	5,000	53,500
영업이익(당기순이익)		₩136,500

05

손익계산서

경영회사　20×1년 4월 1일~20×1년 4월 30일　(단위: 원)

	(1) 발생기준		(2) 현금기준	
매　　출		₩300,000		₩200,000
매출원가		180,000		120,000
매출총이익		₩120,000		₩80,000
판매비와 관리비				
급여	₩74,000		₩60,000	
임차료	15,800		15,800	
전기료	1,200		200	
소모품비	7,000	₩98,000	4,000	80,000
영업이익(당기순이익)		₩22,000		₩ –

06 (1) 매입액: ₩934,000 [⇐ ₩835,000 + (₩319,000 − ₩220,000)]
매출액: ₩1,346,000 [⇐ ₩1,250,000 + (₩308,000 − ₩212,000)]

(2)

손익계산서

청송회사	20×1.1.1~20×1.12.31	(단위: 원)
매　출		₩1,346,000
매출원가 (⇐₩150,000 + ₩934,000 − ₩210,000)		874,000
매출총이익		₩472,000
판매비와 관리비		
급　여	₩100,000	100,000
영업이익		₩372,000
영업외수익(기타수익)		5,000
유형자산처분이익		
영업외비용(기타비용)		
이자비용	₩30,000	30,000
당기순이익		₩347,000

P·A·R·T 2

회계원리 각론

재무회계 총론을 통해 회계적 사건이 발생하고 이를 기록하여 회계순환과정을 거치며 재무제표로 보고되는 과정을 이해했다. 본 교재의 각론인 제7장 현금 및 현금성자산에서 시작하여 제13장 자본까지는, 각 재무제표에 기록된 주요 계정과목에 대한 정의와 관련 회계기준, 대체적 회계처리 등에 대한 심층적인 논의를 진행한다. 제14장에서는 재무제표 중 가장 늦게 도입되었고 현금주의에 의거한 재무정보를 대표하는 현금흐름표의 구성요소와 작성방법을 소개하며, 제15장 재무제표의 분석에서는 본 교재의 총론과 각론을 통한 재무회계의 전반에 대한 이해를 바탕으로 실제 경영 의사결정에 활용하기 위해 재무제표 요소들 간의 체계적인 관계를 분석하는 다양한 재무비율들을 소개한다.

Business Decision Making under IFRS

Principles of Accounting

들어가며… 손익계산서상으로는 분명 이익인데, 가게 금고(통장)를 보니 현금이 별로 없습니다. '흑자도산'이 남의 일이 아니네요! 도대체 현금은 다 어디로 간 걸까요? 이번 장에서는 기업의 혈액인 현금의 흐름을 추적하고, 장부와 실제 현금 잔액의 차이를 조정하는 은행계정조정표를 배우며 '신촌 빵집'의 현금 미스터리를 해결해봅니다.

summary

기업을 계속적으로 유지, 발전시켜 가는 데 가장 중요한 요소 중 하나는 기업의 유동성, 즉 지급능력의 확보라 할 수 있다. 아무리 자산규모가 크고 수익력이 높은 기업일지라도 단기부채를 상환할 지급능력을 갖추지 못하면 부도가 나서 도산할 수 있다. 포괄손익계산서 상에는 흑자를 보이고 있는데, 유동성 자금의 부족으로 지급불능 상태에 들어가는 것을 흑자도산으로 표현하고 있다. 유출을 필요로 하는 현금이 보유 또는 유입되는 현금을 초과하여 단기적 현금흐름에 어려움이 발생하는 경우를 방지하기 위해 경영진은 유동성확보에 만전을 기해야 한다. 다만 현금 그 자체가 수익을 창출하지는 못하기 때문에, 적절한 수준의 현금 및 유동성자산을 구성하여 주기적인 점검을 통해 균형을 유지해야 한다.

CHAPTER

07

현금 및 현금성자산

01 유동성과 기업의 현금관리
02 현금 및 현금성자산
03 현금에 대한 내부통제

01 유동성과 기업의 현금관리

CHECK POINT

- 유동성
- 기업의 현금관리

기업이 현금흐름을 적절히 관리하지 못하는 경우 흑자를 올리고 있음에도 불구하고 도산의 위험에 직면할 수 있다. 일부기업은 장부상의 영업이익을 내고도 보유현금이 줄어들었음을 보고하는 경우가 있는데 이는 기업이 영업이익을 내고도 영업활동으로 인한 현금흐름은 오히려 나빠졌다는 의미이다.

비유로 이해하기 **기업에 현금은, 우리 몸의 '혈액'과 같다!**

흑자인데도 도산하는 기업이 있다는 사실, 이상하게 들리시나요? 이는 현금의 중요성을 보여주는 가장 대표적인 사례입니다. 우리 몸이 아무리 근육질(높은 이익)이라도, 혈액(현금)이 돌지 않으면 즉시 쓰러지는 것과 같은 이치입니다.

현금(Cash)은 기업의 생존을 책임지는 혈액입니다. 혈액이 온몸을 돌며 산소와 영양분을 공급하듯, 현금은 급여를 지급하고, 원재료를 사고, 빚을 갚는 등 기업 활동의 모든 곳에 에너지를 공급합니다. 따라서 단순히 장부상 이익이 얼마인지 계산하는 것을 넘어, 우리의 혈액인 현금이 매일 어떻게 들어오고 나가는지(현금흐름)를 관리하는 것은 기업의 가장 중요한 생존 전략이라고 할 수 있습니다.

유동성
기업에서 보유하고 있는 자산을 필요 시 단기간에 현금화할 수 있는 능력

유동성관리
매출채권의 현금유입 일정관리, 장단기 지급채무의 현금유출일정에 대한 분석, 장기매출채권의 할인제공을 통한 조기회수 노력이 필요하다.

유동성(liquidity)이란 기업에서 보유하고 있는 자산을 필요 시 단기간에 현금화할 수 있는 능력으로 현금 및 현금성자산이 유동성이 가장 높은 자산이며, 시장성이 있는 금융자산 등도 비교적 쉽게 현금화 할 수 있는 자산이다. 매출채권은 할인 등을 통하여 재고자산에 비교하여 쉽게 현금화가 가능할 수 있으며, 비유동자산인 토지, 건물 등은 현금화에 시간이 걸릴 것이다. 채권자의 입장에서는 투자하고자 하는 기업의 유동성에 문제가 있다면 자신들이 투자한 기업으로부터 이자와 원금을 제때에 받을 수 있을지에 대한 우려가 있을 것이며, 따라서 투자대상 기업의 장·단기 유동성과 미래의 지급능력을 평가할 것이며 이에 상당한 위험프리미엄이 이자에 반영될 것이다. 배당금에 관심이 있는 투자자들도 적절한 배당금을 받을 수 있을지에 대한 평가 시 기업의 유동성을 고려할 것이다. 많은 자금을 차입금에 의존하고 있는 기업들의 경우 금융시장이 경색된다거나 이자율이 급등하게 되면 유동성 압박을 받게 될 수 있다. 따라서 기업은 자본비용

을 최소화하고 투자수익을 극대화할 수 있도록 현금흐름에 대한 지속적이고 주의 깊은 모니터링이 필요하다.

기업의 유동성관리는 전체적인 자산구성과 수익구조의 분석을 통해 이루어져야 한다. 우선 수익이 현금으로 유입되는 일정과 매출채권에 대한 적절한 관리가 선행되어야 하며, 지급채무의 만기가 도래함에 따라 매출채권의 현금회수가 채무금액을 충족시키기에 충분하고 적시에 이루어질 수 있는지를 확인해야 한다. 유동성관리를 위해 경영진은 현금의 유입 및 유출 일정을 분석하여 적절한 수준의 유동 및 비유동자산 규모를 유지해야 한다. 또한 장기매출채권에 대한 지급불능 가능성을 검토하여 회수가 어려운 장기매출채권이 존재한다면, 이들에 대해서는 적절한 금액의 할인제공을 통해 조속한 현금회수를 위한 노력을 해야 한다. 매출처 선정 시 신용위험을 고려하여야 하며 이를 위해 심사를 수행할 전문가를 자체 양성 또는 외부기관의 도움을 받아야 한다.

기업의 현금은 영업활동 이외에도 투자활동, 재무활동을 통해 영향을 받게 되며 상품의 수명주기(life cycle)에 대해서도 현금흐름이 달라지게 된다. 상품의 도입단계에서는 각종 자본조달을 통해 필요한 자금을 조달하여 영업활동으로 유출되며, 성장 및 성숙단계에서는 본격적으로 영업활동으로 현금을 창출하여 성숙단계로 넘어가면서 차입금을 줄여나가는 의사결정을 하게 된다. 쇠퇴단계에서는 새로운 투자기회를 찾음과 동시에 차입금을 줄이는데 현금을 사용하게 될 것이다.

02 현금 및 현금성자산

CHECK POINT

- 현금성자산
- 당좌예산
- 당좌차월

1. 현금 및 현금성자산의 범위[1)]

회계에서 현금은 좁은 의미의 현금인 통화만을 지칭하는 것이 아니라 통화와 마찬가

1) 통화 및 통화대용증권과 혼동되기 쉬운 과목으로 선일자수표는 기재된 발행일이 실제 발행일보다 앞선 수표로써 만기도래 전의 어음과 유사한 것으로 보아 그 성격에 따라 매출채권 또는 미수금으로 분류한다. 한편 수입인지와 우표는 소모품으로 처리하며 가불증과 차용증서는 보고기간 말로부터 만기가 1년 이내인지 여부에 따라서 단기 및 장기대여금으로 처리한다.

현금성자산
유동성이 매우 높은 단기투자자산으로서 확정된 금액의 현금으로 전환이 용이하고 가치변동의 위험이 경미한 자산으로 아래의 요건 충족
① 큰 거래 비용없이 현금으로 전환이 용이하고
② 이자율 변동에 따른 가치변동의 위험이 없고
③ 취득당시 만기 또는 상환일이 3개월 이내 도래

지로 사용되는 타인발행당좌수표, 은행발행자기앞수표, 송금수표, 우편환증서, 만기가 된 공사채이자표, 배당금지급통지표, 국세환급통지서 등을 포함한다. 그리고 당좌예금, 보통예금 같은 요구불예금도 포함한다.

현금성자산(cash equivalent)이란 유동성이 매우 높은 단기투자자산으로서 확정된 금액의 현금으로 전환이 용이하고 가치변동의 위험이 경미한 자산으로 정의된다. 현금성자산의 예를 들면 취득당시 만기가 3개월 이내에 도래하는 채권 및 단기금융상품, 취득당시 상환일까지 기간이 3개월 이내인 상환우선주, 3개월 이내의 환매조건인 환매조건부채권(환매채), 투자신탁의 계약기간이 3개월 이내인 초단기수익증권 등이 있다.

비유로 이해하기 **현금성자산: 현금인 듯 현금 아닌 현금 같은 너~**

현금성자산은 말 그대로 '현금에 준하는 자산'입니다. 당장 지갑에 있는 현금은 아니지만, 마음만 먹으면 거의 즉시, 그리고 가치의 손실 없이 현금으로 바꿀 수 있는 것들을 말하죠.

마치 여러분의 충전된 교통카드와 같습니다. 교통카드 잔액은 그 자체로 현금은 아니지만, 버스나 지하철을 탈 때 현금처럼 즉시 사용할 수 있고, 그 가치가 갑자기 변하지도 않습니다. 이처럼 취득 당시 만기가 3개월 이내에 도래하는 초단기 금융상품 등은 현금과 거의 동일한 유동성을 갖기 때문에 현금성자산으로 분류합니다.

표 7-1

현금 및 현금성자산의 범위[1)]

구 분	종 류
통 화	지폐, 주화, 외화
통화대용증권	타인발행 당좌수표 · 가계수표, 자기앞수표, 송금환, 우편환, 배당금지급통지표, 만기도래채권이자지급표, 만기도래어음, 일람출금어음, 기타 통화와 즉시 교환 가능한 증서
요구불예금	당좌예금, 보통예금
현금성자산	취득당시 만기가 3개월 이내에 도래하는 유가증권 또는 금융상품

2. 당좌예금

당좌예금

은행이 예금자의 요구에 따라 예금액의 일부 또는 전부를 지급하는 예금으로 은행이 예금자의 출납을 대행

현금을 소유하고 있으면 부정과 오류가 발생할 기회가 많다. 그러므로 현금은 은행에 입금시켜 두고 필요할 때는 어음 또는 수표를 발행하여 수시로 추심[2)]할 수 있는 즉, 입출금이 자유로운 **당좌예금**(cash in bank)을 이용하게 된다. 그러므로 당좌예금은 은행에 있는 현금으로 생각하여 재무상태표에는 현금 및 현금성자산으로 보고된다. 본장에서는 현금 및 현금성자산에서 현금, 당좌예금을 구분하기 위해서 별도의 계정을 사용한다. 재무상태표를 작성하는 시점에 별도로 사용하던 계정의 잔액을 모두 합하여 현금 및 현금성자산으로 나타낼 수 있다. 당좌예금계정의 차변에는 입금액을 기입하고 대변에는 수표발행액을 기입한다.

〈총 계정원장〉

당좌예금	
700,000	50,000
800,000	60,000
	130,000
	20,500
	20,800

〈보조원장〉

갑 은 행	
700,000	50,000
	130,000

을 은 행	
800,000	60,000
	20,500
	20,800

여러 은행과 당좌예금 거래를 하고 있으면 총계정원장에는 당좌예금계정 하나만 두고 **보조원장**에 각 은행별 보조계정을 두게 된다.

3. 당좌차월

당좌차월

당좌예금에 현금잔액이 없는 상태에서 기업이 수표를 발행한 경우로서 재무상태표에 부채로 기록

당좌예금에 현금잔액이 없는 상태에서 기업이 수표를 발행한 경우를 **당좌차월**(bank overdraft 또는 line of credit)이라고 하며 재무상태표에 부채(단기차입금)로 기록된다.

2) 어음이나 수표소지인이 거래은행에 어음과 수표의 대금 회수를 위임하고, 위임을 받은 거래은행은 어음과 수표의 발행점포 앞으로 대금의 지급을 요청하는 일련의 절차를 말한다. 추심이란 챙겨서 찾아가지거나 받아낸다는 뜻으로 채무의 변제장소에 관한 용어다. 수표발행인 계좌에서 돈을 인출해 어음이나 수표를 제시한 사람에게 지급해야 하는 은행을 '추심은행'이라고 한다.

즉, −(minus) 현금으로 이해하면 된다. 만약에 거래은행인 갑은행의 당좌예금잔액이 을은행의 당좌차월액을 초과한다 할지라도 이 두 계정은 별도로 표시되어야 한다. 즉, 갑은행의 (+)당좌예금잔액은 재무상태표에 현금 및 현금성자산으로, 을은행의 (−)당좌예금잔액은 재무상태표에 단기차입금으로 각각 기록하여야 한다.

비유로 이해하기 **당좌차월은 회사의 '마이너스 통장'**

당좌차월은 개념적으로 우리가 흔히 사용하는 '마이너스 통장'과 같습니다. 내 통장 잔액이 0원이라도 은행과의 약정(한도: 500만원)을 통해 (−)500만원까지는 자유롭게 돈을 쓸 수 있는 것처럼, 기업도 은행과 당좌차월 계약을 맺으면 예금 잔액을 초과하여 수표를 발행할 수 있습니다. 이때 예금 잔액을 초과한 (−) 금액은 은행에서 잠시 돈을 빌린 것과 같으므로, 재무상태표에는 '단기차입금(부채)'으로 기록됩니다.

개념 더하기

A은행 예금과 B은행 마이너스 통장, 퉁쳐도 될까?

만약 A은행 보통예금에 100만원이 있고, B은행 마이너스 통장에 (−)30만원이 찍혀 있다고 해봅시다. 내 순자산은 70만원이지만, 재무상태표에 '현금 70만원'이라고 '퉁쳐서(상계하여)' 보고하면 안 됩니다.

왜냐하면 정보이용자는 "이 회사는 비상시에 바로 쓸 수 있는 현금 100만원을 보유하고 있구나"라는 정보와 "동시에, 단기적으로 갚아야 할 빚도 30만원 있구나"라는 두 가지 정보를 모두 알아야 하기 때문입니다. 두 정보를 합쳐버리면 기업의 유동성과 부채 상환 능력에 대한 중요한 정보가 가려지게 되므로, 회계에서는 원칙적으로 자산과 부채를 상계하지 않고 각각 총액으로 표시하는 '총액주의'를 따릅니다.

03 현금에 대한 내부통제

CHECK POINT
- 내부통제
- 소액현금제도
- 은행계정조정표

내부통제제도란 현금은 다른 자산에 비해 특별히 오류나 부정이 발생하기 용이한 자산으로 이를 완전히 보호하고 정확한 회계제도를 갖추려는 제도이다.

1. 내부통제

현금은 도난이나 횡령의 위험이 커서 특별한 관리가 필요하지만, 사실 기업이 지켜야 할 자산은 현금뿐만이 아니다. 재고자산, 기계장치, 고객 정보 등 모든 중요한 자산을 안전하게 보호하고, 회계 정보를 믿을 수 있게 만들며, 회사가 법규를 잘 지키도록 돕는 종합적인 안전 시스템이 필요합니다. 이를 내부통제제도(internal control system)라 한다.

(1) 내부통제의 세 가지 목표: 무엇을 위해 필요한가?

내부통제는 단순히 '도둑을 막는 것' 이상의 목표를 가진다. 잘 만들어진 내부통제는 기업 경영의 세 가지 핵심 목표를 달성하는 데 도움을 준다.

① 운영의 효과성 및 효율성: 회사의 자원(돈, 시간, 인력)이 낭비 없이 효율적으로 사용되도록 돕는다.

② 재무정보의 신뢰성: 회계 장부가 정확하고 믿을 수 있게 작성되도록 보장한다. 투자자들이 보는 재무제표가 사실에 근거했음을 보증하는 것이라고 할 수 있다.

③ 관련 법규 및 정책 준수: 회사가 세법, 상법 등 각종 법률과 규정을 잘 지키도록 관리한다.

(2) 내부통제의 기본 원칙: 어떻게 지킬 것인가?

효과적인 내부통제 시스템을 구축하기 위해서 지켜야 할 몇 가지 핵심원칙이 있다. 현금에 대해 지켜야 할 핵심원칙을 예시하면 다음과 같다.

① 매일 수납되는 현금은 즉시 전액을 은행에 예입한다.
② 소액 이외의 모든 지급은 수표로 한다.
③ 업무를 분담시킨다. 즉, 기장업무와 출납업무를 분리시킨다.

④ 은행계정조정표는 출납이나 수표발행업무에 종사하지 않는 사원이 작성하여야 한다.
⑤ 현금지급 및 수표의 발행은 승인권자에 의한 지출내역의 정당성 확인절차를 갖추어야 한다.
⑥ 수표상의 서명은 반드시 위임된 사원이 행한다.

위의 내용은 내부통제제도의 수단을 전부 포함하고 있는 것이 아니며, 현금을 보호하는 데 필요한 몇 가지 종류의 통제수단을 예시하고 있다.

이러한 통제에 따라 통장과 도장도 동일인이 관리하지 못하도록 해야 한다.

비유로 이해하기 **"고양이에게 생선을 맡기지 않는다!" – 업무 분장의 원칙**

내부통제의 가장 중요한 원칙은 바로 **업무의 분장(Separation of Duties)**입니다. 이는 한 사람이 거래의 시작부터 끝까지 모든 과정을 책임지지 않도록 역할을 나누는 것을 의미합니다. 특히 현금을 직접 만지는 사람(출납 업무)과 이를 장부에 기록하는 사람(기장 업무)은 반드시 다른 사람이어야 합니다.

왜 그럴까요? 속담처럼 "고양이에게 생선 가게를 맡길 수 없기 때문"입니다. 만약 한 사람이 돈 관리와 장부 기록을 모두 담당한다면, 회사 돈을 개인적으로 사용하고 장부를 조작하여 이를 숨기려는 유혹에 빠지기 쉽습니다. 서로 다른 사람이 각자의 업무를 처리하고 이를 교차 확인하게 함으로써, 이러한 부정의 가능성을 사전에 차단하는 것이죠.

사례로 배우는 내부통제

대학 동아리 총무의 회계처리

학생들에게 친숙한 동아리 활동을 통해 내부통제의 구체적인 실행 방법을 알아봅시다.

상황: 신입생 '나회계'는 댄스 동아리의 총무를 맡아 회비 100만원을 관리하게 되었다.

[사례 1: 내부통제가 허술한 동아리]

- 총무인 나회계 학생이 혼자 회비를 걷고, 혼자 동아리방 자물쇠 열쇠를 가지고 있으며, 혼자 연습실 대관료를 지불하고, 혼자 엑셀 파일에 장부를 기록합니다. 영수증은 가끔 잃어버리기도 합니다. 연말에 회비가 일부 부족했지만, 왜 부족한지 아무도 정확히 알 수 없었습니다.
- 문제점: 모든 권한과 책임이 한 사람에게 집중되어 있어 회계 부정이나 오류가 발

생할 위험이 매우 높습니다.

[사례 2: 내부통제가 잘 갖춰진 동아리]

댄스 동아리는 다음과 같은 규칙을 정했습니다.

- 승인 절차: 5만원 이상의 지출은 반드시 사전에 동아리 회장의 승인을 받아야 한다.
- 업무 분장: 총무(나회계)는 현금을 관리하고 지출하는 역할을, 서기(왕꼼꼼)는 모든 거래를 장부에 기록하는 역할을 나누어 맡는다.
- 문서화: 모든 지출은 반드시 영수증을 받아 서기에게 제출해야 장부에 기록할 수 있다.
- 물리적 통제: 회비가 담긴 돈 가방은 동아리방의 이중 잠금장치가 된 캐비닛에 보관한다.
- 독립적 검토: 매달 말, 총무나 서기가 아닌 제3의 임원(감사)이 영수증, 장부, 그리고 실제 남은 돈이 일치하는지 독립적으로 검토하고 확인 서명을 한다.

이처럼 체계적인 내부통제 절차를 갖춤으로써, 동아리 회비를 투명하게 관리하고 회계 오류나 부정을 방지할 수 있습니다. 이는 기업의 자산을 보호하고, 정확한 회계 정보를 산출하는 내부통제제도의 축소판이라 할 수 있습니다.

Focus on Decision Making

[상 황]

'신촌 빵집'이 나날이 번창하여, 이제는 오전과 오후에 다른 아르바이트생이 금전 등록기(캐셔)를 담당하게 되었습니다. 나사장은 매일 마감 후 현금을 어떻게 관리하고 은행에 입금할지 정책을 정해야 합니다.

"우리 직원들은 가족 같아서 믿을 수 있는데, 굳이 복잡한 절차를 만들어야 할까? 아니면 신뢰와는 별개로 시스템을 만들어야 할까?"

[선택지 분석]

1. 선택 A: '자율과 믿음'을 중시하는 간편한 방식

- 방법: 각자 근무가 끝날 때 금전 등록기를 정산하고, 나사장이 며칠에 한 번씩 모아서 은행에 입금합니다.
- 장점: 절차가 간단하고 빠르며, 직원들을 신뢰한다는 긍정적인 분위기를 줄 수 있습니다.
- 단점: 만약 현금이 부족할 경우, 언제, 누구의 근무 시간에 문제가 발생했는지 파악하기 어렵습니다. 도난이나 실수에 매우 취약한 구조입니다.

2. 선택 B: '시스템과 통제'를 중시하는 체계적인 방식

- 방법: 교대 시점에 오전 근무자와 오후 근무자가 반드시 함께 현금을 세고 인수인계 서명을 합니다. 그날의 모든 현금 수입은 매일 마감 직후 은행의 야간금고를 통해 입금하는 것을 원칙으로 합니다. 나사장은 다음 날 아침, 입금증과 전산상의 매출 기록을 직접 대조하여 확인합니다.
- 장점: 현금의 분실, 도난, 횡령 위험을 크게 줄일 수 있습니다. 문제가 발생해도 원인과 책임 소재를 명확히 파악할 수 있습니다. 정직한 직원을 억울한 의심으로부터 보호해줍니다.
- 단점: 매일 반복하기에 다소 번거롭고 시간이 더 소요됩니다.

[나사장의 의사결정]

나사장이 단기적인 편의성만 생각한다면 '선택 A'를 택할 수도 있습니다. 하지만 현명한 경영자라면, 내부통제 시스템이 '불신'이 아니라 '시스템을 통한 보호'라는 점을 이해해야 합니다.

'선택 B'는 당장은 번거로워 보이지만, 기업의 가장 중요한 자산인 현금을 안전하게 지키고, 잠재적인 문제의 소지를 없애는 가장 확실한 방법입니다. 잘 설계된 내부통제는 비용이 아니라, 미래에 발생할 수 있는 더 큰 손실을 막아주는 현명한 투자입니다. 따라서 나사장은 반드시 '선택 B'의 방식을 채택하고, 이를 명확한 사내 정책으로 만들어야 합니다.

2. 소액현금제도

(1) 소액현금

모든 지급을 수표에 의해서만 행하게 되면 소액의 지급에도 수표를 발행하게 되는 불편한 경우가 발생할 것이다. 그러므로 보통 일정한 금액의 수표를 은행에 가서 현금으로 교환하여 자금을 사내에 둔다. 우송료, 소액의 여비지급, 사무용소모품비 등과 같은 여러 가지 종류의 소액의 현금지급은 이 자금에서 지출한다.

비유로 이해하기 **소액현금은 부서의 '공용 지갑(총무비)'**

모든 지출을 수표나 계좌이체로 하면 투명하겠지만, 500원짜리 풀 하나를 사기 위해 매번 복잡한 절차를 거치는 것은 비효율적입니다. 그래서 많은 회사에서는 '소액현금(petty cash)' 제도를 사용합니다.

이것은 마치 부서의 '공용 지갑'에 미리 10만원 정도를 넣어두고, 문구류 구입이나 퀵서비스 비용처럼 소소한 지출은 이 지갑에서 꺼내 쓰는 것과 같습니다. 그리고 지갑에 돈이 거의 다 떨어지면, 그동안 사용한 영수증을 모아 회계팀에 제출하고 다시 10만원을 채워 넣는(보충) 방식입니다. 이렇게 하면 소액 지출의 편의성을 높이면서 현금 관리를 체계적으로 할 수 있습니다.

이 자금에 관계되는 거래의 발생은 소액현금출납장(petty cash record)이라는 장부에 기장한다. 이 자금을 사용하면서 수시로 혹은 일정한 간격을 두고 일정한 자금을 보충한다. 소액현금으로 현금이 지출될 때마다 분개를 수행한다면 여간 번거롭지 않을 것이다. 따라서 기업은 소액의 현금을 이와 같은 지출 목적으로 설정한 후에 필요시 지출하고 이에 대한 기록과 영수증을 모은 후에 일정 기간 후에 분개를 수행함이 효율적이다. 소액현금은 통상적으로 현금시재(cash on hand)라고 불리기도 한다.

현금잔액과 현금지급액은 언제든지 소액현금출납장과 일치하여야 한다. 현금잔액이 장부잔액보다 적을 때는 현금과부족(cash short and over)이 발생하게 되는데, 이 과부족의 원인은 반드시 밝혀야 한다. 거액의 지출을 이 소액현금으로 한다든지, 소액이라도 승인되지 않은 개인차용증서나 직원의 수표에 대하여 소액현금을 사용하면 현금을 안전하게 관리하기 위한 내부통제제도는 효력을 잃게 된다.

아래의 소액현금출납장을 이용해 소액현금의 회계처리에 대해 살펴본다.

소액현금출납장

수입액	월	일	적요	지급액	지급내역				잔액
					통신비	소모품비	교통비	잡비	
100,000	4	1	소액자금 수입						100,000
		4	전철승차권 구입	12,000			12,000		88,000
		13	사무용품 구입	9,000		9,000			79,000
		19	우표 및 엽서 구입	8,000	8,000				71,000
		24	택시요금	4,000			4,000		67,000
		26	오물수거료	9,000				9,000	58,000
		29	전화요금	28,000	28,000				30,000
		31	신문대금 지급	14,000				14,000	16,000
			합 계	84,000	36,000	9,000	16,000	23,000	
		31	차월이월	16,000					
100,000				100,000					
16,000	5	1	전월이월						16,000
84,000			소액자금 수입						100,000

기업이 당좌예금으로부터 ₩100,000을 인출하여 소액현금으로 설정한다면 분개는 다음과 같다.

(차) 소 액 현 금	100,000	(대) 당 좌 예 금	100,000

(소액현금제도의 설정)

일정기간 후에 다음의 지출에 대한 기록이 남았으며 이 사용금액에 대해서 소액현금을 보충한다면, 소액현금 보충시점에서 다음과 같은 지출분개와 보충분개를 동시에 수행한다.

(지출) 통신비: ₩36,000, 소모품비: ₩9,000, 교통비: ₩16,000, 잡비: ₩23,000

(차) 통 신 비	36,000		(대) 소 액 현 금	84,000
소 모 품 비	9,000			
교 통 비	16,000			
잡 비	23,000			
		(소액현금의 사용분을 기록)		
(차) 소 액 현 금	84,000		(대) 당 좌 예 금	84,000
		(소액현금의 사용분을 보충)		

(2) 현금과부족

현금과부족 계정은 일종의 '임시 메모' 또는 '물음표 계정'이다. 결산일에 금고를 열어 남아있는 현금을 세어보니 장부보다 돈이 비는 것을 발견했을 때, 그 원인을 찾을 때까지 원인 불명의 차액을 일단 이 계정에 메모해주는 것이다. 나중에 원인이 밝혀지면(예: 영수증 없는 교통비 지출), 이 임시 메모를 찢어버리고 '교통비'라는 정식 계정으로 옮겨 적는다. 만약 결산 때까지 원인을 끝내 못 찾으면, '어쩔 수 없지'하며 '잡손실' 또는 '잡이익'으로 처리하고 마무리한다.

회계기말에 ₩100,000의 소액현금에 대하여 영수증을 정리한 결과 소액현금에 대하여 다음과 같은 사실을 알았다고 하자.

통 신 비	₩36,000
소 모 품 비	9,000
교 통 비	16,000
잡 비	23,000
현 금 잔 액	12,000
	₩96,000

이 합계액은 반드시 소액현금 설정액 ₩100,000이 되어야 한다. 그러므로 소액현금 담당 직원은 이 차액의 이유를 밝혀야 한다. 이 현금과부족이 발생하는 원인으로는 도난으로 인한 부족, 기록의 누락, 영수증의 분실 등을 들 수 있다.

이 부족한 소액현금 ₩4,000은 일단 현금과부족이라는 계정을 임시로 설정한 후 차기(차변기록)하고 이 금액만큼이 소액현금에서 부족한 상태이므로 소액현금을 감소시킨다. 실질적인 소액현금 금액이 ₩4,000이 부족한데 장부상에서는 이 내용이 반영되어 있지 않기 때문에 이와 같이 기록한다.

(차) 현금과부족	4,000	(대) 소 액 현 금	4,000

이것이 교통비를 지출하고 기록하지 않은 것이라고 차후에 밝혀지면 다음과 같이 정리한다.

(차) 교 통 비	4,000	(대) 현금과부족	4,000

회계기간이 종료되는 시점까지 현금과부족의 원인을 밝힐 수 없을 경우는 이를 잡손실로 처리한다. 그와 같은 경우는 다음과 같은 분개를 수행한다.

(차) 잡 손 실	4,000	(대) 현금과부족	4,000

상당한 금액의 부족이 발생하였다면 철저하게 이유를 밝혀야 한다.

반대로 현금잔액이 장부잔액보다 많을 때는 이와 반대되는 처리를 한다. 즉, 현금과부족이 대변 잔액을 갖는다.

3. 은행계정조정표

기업은 은행의 당좌예금 잔액에 대한 기록을 당좌예금 원장에 기입한다. 그러나 이 원장의 잔액이 은행의 이 기업에 대한 당좌예금 계좌 잔액과 항상 일치하지는 않는다. 이는 다음과 같은 예를 들어 설명할 수 있다. 은행계좌를 갖고 있을 경우는 통장을 소지하고 통장정리를 하게 되는데 이 통장에 찍혀 나오는 금액은 은행의 기록에 근거한 계좌의 잔액이다. 통장정리를 빈번하게 할 수 없는 경우, 예금주는 은행 잔액이 얼마 남아 있는지를 직접 기록할 수 있다. 이 두 금액을 예금주는 통장정리시에 비교할 수 있다. 이와 같은 똑같은 논리를 기업에 적용한다면 다음과 같다. 매월마다 기업은 총계정원장의 당좌예금계정잔액과 거래은행의 당좌예금계정잔액을 비교하여 그 차이를 조정할 필요가 있다.

은행계정조정표는 단순히 양쪽의 숫자를 맞추는 산수 문제가 아니다. 이것은 매우 중요한 내부통제 절차이다. 우리 회사의 기록과, 우리와 독립된 외부 기관인 은행의 기록을 주기적으로 대조함으로써, 직원의 횡령이나 장부 기록상의 오류를 신속하게 발견하고 예방할 수 있는 강력한 감시 장치 역할을 하기 때문이다.

은행계정조정표
당좌예금의 회사측 잔액과 은행측 잔액을 일치시키는 조정표

은행계정조정표(bank reconciliation statement)를 작성하는 방법에는 다음과 같은 세 가지가 있다.

① 은행측 잔액을 회사측 잔액에 일치시키는 방법
② 회사측 잔액을 은행측 잔액에 일치시키는 방법
③ 양측의 잔액을 모두 조정하여 일치시키는 방법

세 번째 방법으로 은행계정조정표를 작성하였을 경우에 정확한 당좌예금잔액을 알 수 있기 때문에 위의 세 가지 방법 중 세 번째 방법이 선호된다.

은행계정조정은 체계적으로 수행하기만 하면 매우 간단하다. 즉, 은행 또는 기업측에서 어떤 항목을 가산하고 또 어떤 항목을 차감할 것이냐 하는 것만을 확실히 하면 된다. 어느 항목을 어느 쪽에서 가감할 것인지는 이해함으로써 접근하여야 할 문제이다. 세 번째 방법으로 은행계정조정표를 작성할 경우에 회사장부상의 잔액과 은행장부상의 잔액과의 차이를 다음과 같이 조정하면 된다.

① 어느 쪽의 금액이 정확히 계산되었는지 파악하여야 하며 정확한 금액이 계산되지 않은 쪽의 금액을 수정한다.
② 금액을 가산하거나 차감한다.

어떠한 경우에 은행계정조정표에서 금액을 조정하는지 가장 대표적인 경우를 기술한다.

기발행 미지급수표
회사가 수표를 발행할 때 지급한 것으로 처리하였지만 은행은 지급청구가 없어서 아직 예금인출로 처리하지 않았을 경우

(1) 기발행 미지급수표(outstanding checks)

회사는 수표를 발행할 때 지급한 것으로 처리하였지만 은행은 지급청구가 없어서 아직 예금인출로 처리하지 않았을 경우, 차이조정을 위해 회사가 이미 기입한 발행수표를 은행계정잔액에서 차감한다. 회사는 더 이상 이 자금을 사용할 수 없기 때문이다.

(2) 예금미기입액(deposits in transit)

회사는 예입한 것으로 처리하였지만 은행에는 아직 이를 예입으로 처리하지 않았을 경우, 이에 대한 예로 회사의 직원이 입금하기 위해서 은행에 가고 있는 도중 회사에서는 회사의 당좌예금계정에 이 금액을 기록하였지만 은행에서는 아직 회사의 직원이 도착하지 않아 기록이 되지 않은 경우를 들 수 있다. 위의 개인 예금주의 통장의 예를 이용하여 이를 설명하면 예금주가 현금자동인출/입금기에서 현금을 입금하고 이를 자신의 예금계좌 잔액에 기록한다면 개인의 기록에는 이 금액이 추가되었을 것이다. 은행 직원이 이 현금자동인출/입금기에 입금된 현금을 실제로 찾아서 은행에 입금시키고 이를 계좌의 잔액에 반영하기 전에 예금주가 은행의 기록과 자신의 기록을 비교한다면 이 입금액은 은행의 기록에는 나타나지 않을 것이다. 이는 어느 쪽의 기록이 맞고 틀리냐의 문제가 아니라 시차의 문제이다. 차이조정을 위해 회사가 이미 기입한 예금액이므로 은행이 미기입한 것은 은행계정잔액에 가산한다. 이는 은행에 의하여 아직 기입되지 않았을 따름이다. 이 경우는 시간이 해결해 주겠지만 마침 그 시점에 양쪽의 금액을 비교하는 경우이다.

(3) 수수료

은행은 수수료를 회사의 당좌예금구좌에서 차감하였지만 회사가 아직 이를 처리하지 않았을 경우, 위의 개인 예금주의 예를 계속 이용하여 설명하면 예금주는 은행이 은행 용역의 제공에 대한 수수료를 얼마나 부과하였는지 통장을 정리하기 전에는 알 수 없다. 차이조정을 위해 회사의 당좌예금계정잔액에서 차감한다. 은행은 이미 회사의 당좌예금구좌잔액에서 이를 차감하였다.

(4) 부도어음과 부도수표

회사가 은행에 할인한 어음이나 은행에 예입한 수표가 만기에 추심되지 않고 부도되어 은행이 회사의 당좌예금구좌잔액에서 이 금액을 차감하였으나 회사가 아직 이 사실을 통지받지 못하여 처리하지 않았을 경우, 차이조정을 위해 회사의 당좌예금계정잔액에서 차감한다. 은행은 이미 회사의 당좌예금잔액에서 이를 차감하였다.

어음의 추심

은행이 회사의 어음추심을 대행하여 만기에 어음금액을 추심하여 회사의 당좌예금구좌에 입금시켰으나 회사가 아직 이 사실을 통보받지 못하였을 경우

(5) 어음의 추심(미통지 예금)

은행이 회사의 어음추심을 대행하여 만기에 어음금액을 추심하여 회사의 당좌예금구

좌에 입금시켰으나 회사가 아직 이 사실을 통보받지 못하였을 경우, 차이조정을 위해 회사의 당좌예금계정잔액에 가산한다. 은행은 이미 회사의 당좌예금구좌잔액에 가산시켰다.

(6) 오 류

은행이나 회사 양자가 기장상에 오류를 범하였을 경우 오류를 해당잔액에서 가감해 줌으로써 차이조정을 한다. 위의 (1), (2)의 경우는 시간이 해결해 주지만 오류의 경우는 시간이 경과하여도 해결되지 않는다.

(7) 이 자

이자가 지급되는 예금일 경우, 은행은 일정 기간마다 이자를 계산하여 기업의 계좌에 이자수익을 가산한다. 이는 기업이 은행에 예치하고 있는 예금에 대해서 발생한 이자이므로 이 금액은 기업의 당좌예금계정을 증가시키며 회사의 장부잔액을 정확하게 표시하기 위해서는 수정분개가 필요하다. (6) 이외의 모든 내용은 은행과 기업 간의 현금처리의 시간적인 차이 때문에 발생하지만 (6)의 내용은 시간이 해결해 주지 않는다.

은행계정조정표의 수정된 회사측 잔액과 수정후 은행측 잔액은 당연히 일치하여야 한다. 이 두 금액이 사후적으로 일치하는 것을 보임으로 은행계정조정표가 적절히 작성된 것을 확인할 수 있다.

예제 1

오류수정분개

신촌주식회사는 상품의 판매자에게 ₩120,000의 수표를 지급하며 잘못하여 ₩210,000으로 당좌예금의 원장에 기록하였다고 가정하자. 수표상에는 정확한 금액이 기록되어 있으므로 은행의 당좌예금 구좌에서는 올바른 금액이 차감된다. 이 시점에 은행계정의 잔액과 기업의 당좌예금 기록을 비교하면 당연히 차이가 발견되며 이러한 오류는 조정되어야 한다. 따라서 은행계정조정표에서는 잘못 기록되어 있는 기업측의 당좌예금에서 조정이 수행된다. 기업의 당좌예금 기록에서 금액이 과대 차감되었으므로 기업측의 당좌예금 금액에 ₩90,000을 가산한다. 이와 관련된 수정분개를 수행하라.

수표 지급시점의 잘못된 분개는 다음과 같다. 이는 당좌예금원장의 금액이 과대계상되었을 뿐만 아니라 매입채무도 과대로 차감됨을 가정한다. 즉, 적절치 않은 금액이 복식부기되었다.

⊙ 잘못된 분개:

(차) 매입채무	210,000	(대) 당좌예금	210,000	(1)

그러나 실제로 수행하였어야 할 정확한 분개는 다음과 같다.

(차) 매입채무	120,000	(대) 당좌예금	120,000	(2)

따라서 매입채무와 당좌예금이 동시에 ₩90,000 과대 차감되었다. 이와 같이 기장 오류된 두 계정을 수정하기 위해서는 다음과 같은 분개가 은행계정조정표의 작성과 동시에 수행되어야 한다. 즉, 양 계정에 ₩90,000이 가산되어야 한다.

(차) 당좌예금	90,000	(대) 매입채무	90,000	(3)

* 이미 수행된 분개 (1)과 (1)을 수정하기 위한 수정분개 (3)을 합하면 원래 수행되었어야 할 정확한 분개 (2)와 동일하게 된다.

예제 2

은행계정조정표 작성

다음의 자료를 가지고 신촌주식회사의 은행계정조정표와 필요한 수정분개를 수행하라.

(단위: 천원)

20×1년 12월 31일 은행 당좌예금잔액증명서	₩12,250
20×1년 12월 31일 당좌예금계정(회사측 잔액)	10,000
기발행미지급수표	3,000
20×1년 12월 31일의 예금액	1,000
20×1년 12월 26일의 어음추심액	800
추심수수료	5
부 도 어 음	545

은행계정조정표

신촌주식회사 20×1년 12월 31일 현재 (단위: 천원)

회사측 잔액		₩10,000
가산: 20×1년 12월 26일 예입(어음추심액)		800
		₩10,800
차감: 부도어음	₩545	
수 수 료	5	550
수정후 회사측 잔액		₩10,250

은행측 잔액	₩12,250
가산: 20×1년 12월 31일 예입액(은행에 미기입액)	1,000
	13,250
차감: 기발행한 수표(지급되지 않은 것)	3,000
수정후 은행측 잔액	₩10,250

은행계정조정표의 기업측 조정은 기업의 당좌예금원장의 조정을 의미하므로 당연히 당좌예금의 분개를 필요로 하며 또한 당좌예금계성에 대한 분개는 복식부기의 대상이다.

545원의 부도어음은 회사가 부도가 발생할지를 모르는 상태에서 주거래은행에 입금한 것이 부도처리된 것이며 회사는 부도를 은행에서 통보받는 즉시 이 금액을 당좌예금잔액에서 차감해야 한다. 동시에 이 금액이 1차 부도는 발생한 것이지만 지속적으로 거래처로부터 이 금액을 회수하기 위해 노력해야 하므로 매출채권을 다시 설정한다. 단, 1차 부도가 난 금액이므로 매출채권(부도어음)으로 표시하며 위험한 채권임을 별도 표시해준다. 이러한 내용을 기록하는 수정분개가 수행된다.

⊙ **수정분개:**

(차) 당좌예금	800	(대) 매출채권-××상사	800
(12월 26일의 미기입 예금액)			
(차) 수 수 료	5	(대) 당좌예금	550
매출채권(부도어음)	545		
(은행수수료와 부도어음을 기입)			

예제 3

은행계정조정표 작성

연상(주)는 결산을 앞두고 당좌예금 계정잔액을 조정하기 위해 20×2년 1월 3일 은행에 예금잔액을 조사해본 결과 20×1년 말 잔액이 ₩2,500,000이라는 회신을 받았다. 그러나 내부감사인이 조사한 결과 회사와 은행의 회계처리는 다음과 같은 점에 차이가 있음을 발견하였다.

(1) 회사가 20×1년 12월 31일에 입금한 ₩1,000,000이 20×2년 1월 2일에 입금 처리되었다.

(2) 회사가 20×1년 12월 30일 발행한 수표 중 아직 인출되지 않은 금액이 ₩500,000이었다.

(3) 예금에 대한 이자 ₩200,000이 아직 회사 장부에 반영되지 않았다.

(4) 20×1년 추심수수료 ₩100,000이 아직 회사 장부에 반영되지 않았다.

(5) 회사가 입금처리한 수표 중 부도처리된 금액이 ₩2,000,000이었다.

(6) 거래처에서 은행에 매출채권 대금을 예금하고 회사에 통보하지 않은 금액이 ₩2,900,000이었다.

[물음 1] 수정하기 전 연상(주)의 회사 장부상에 기록된 예금잔액은 얼마인가?

은행계정조정표

연상(주) 20×1년 12월 31일 현재 (단위: 원)

	회사측 잔액		은행측 잔액
수 정 전 잔 액	2,000,000	(?)	2,500,000
가산: 은행예금미기입액			1,000,000
이 자 수 익	200,000		
매 출 채 권 의 추 심	2,900,000		
차 감 : 기 발 행 수 표		(역산)	(500,000)
추 심 수 수 료	(100,000)		
부 도 수 표	(2,000,000)		
	3,000,000		3,000,000

은행의 정확한 수정후 잔액 = ₩2,500,000 + ₩1,000,000(1) − ₩500,000(2)
= ₩3,000,000

회사의 정확한 수정후 잔액 = 수정전 잔액 + ₩200,000(3) − ₩100,000(4)
− ₩2,000,000(5) + ₩2,900,000(6)
= ₩3,000,000

그러므로, 연상(주) 수정전 잔액 = ₩3,000,000 − ₩1,000,000 = ₩2,000,000

[물음 2] 회사가 수행해야 할 수정분개를 모두 하시오.

(차) 당 좌 예 금	200,000	(대) 이 자 수 익	200,000
(차) 수수료비용	100,000	(대) 당 좌 예 금	100,000
(차) 매 출 채 권 (또는 부도수표)	2,000,000	(대) 당 좌 예 금	2,000,000
(차) 당 좌 예 금	2,900,000	(대) 매 출 채 권	2,900,000

즉, 예제 (2)는 은행과 기업의 조정전 금액이 주어졌으므로 조정후 금액이 동일한 점을 확인하며 은행계정조정표가 바르게 작성되었음을 확인할 수 있었다. 예제 (3)의 경우

는 은행측 조정전 금액만 제시되었으므로 회사측 조정전 금액은 조정후 금액을 우선 구한 후, 역추적해서 구해야 한다.

비유로 이해하기 **내 가계부 앱과 은행 앱 잔액, 왜 항상 다를까?**

은행계정조정표, 이름만 들어도 머리가 아프신가요? 사실 이건 우리가 매일 겪는 일과 똑같습니다. 바로 내가 쓰는 가계부 앱의 잔액과 실제 은행 공식 앱에 찍힌 잔액이 항상 다른 상황이죠.

여기 두 개의 장부가 있습니다.

- 나의 기록(회사 장부): 내가 돈을 쓰거나 입금될 때마다 바로바로 기록하는 나의 가계부 앱입니다.
- 은행의 기록(은행 잔액 증명서): 은행 서버에 기록된 공식적인 입출금 내역입니다.

월말에 두 잔액을 맞춰보니 다르다면, 우리는 진짜 내가 쓸 수 있는 돈, 즉 '찐잔고'가 얼마인지 알아내기 위해 그 차이의 원인을 찾아야 합니다. 이 과정이 바로 은행계정조정입니다. 범인은 누구일까요? 차이의 원인은 크게 두 그룹으로 나눌 수 있습니다.

그룹 1: 은행 앱이 아직 업데이트 못한 내역 (타이밍이 문제!)

이것들은 내가 먼저 행동하고 기록했지만, 은행 시스템에 아직 반영되지 않은 거래들입니다. 내 기록은 정확하므로, 은행 측 잔액을 조정해서 '찐잔고'를 찾아야 합니다.

① 은행 미기록 예금 (마감 1분 전 중고거래 입금)

- 상황: 31일 밤 11시 59분, '홍당무마켓'에서 물건을 팔고 5만원을 입금받았습니다. 저는 바로 가계부 앱에 '+5만원'을 기록했죠. 하지만 은행의 전산 마감(예: 밤 11시 30분)이 지나, 은행 앱의 5월 거래내역에는 이 돈이 보이지 않고 6월 1일자로 찍힙니다.
- 결론: 내 잘못이 아닙니다! 은행의 업데이트가 느릴 뿐이죠. 조정표의 은행 측 잔액에 5만원을 더해줘야 합니다.

② 기발행 미인출 수표 (결제일이 다음 달인 예약 이체)

- 상황: 5월 30일, 프리랜서 디자이너에게 줄 용역비 20만원을 지급일인 6월 5일로 '예약 이체'를 걸어두었습니다. 돈이 나갈 것이 확정되었기에, 저는 가계부 앱에서 미리 '−20만원'을 기록했습니다. 하지만 5월 31일 현재, 은행 앱에서는 아직 돈이 빠져나가지 않았습니다.
- 결론: 이것도 내 잘못이 아닙니다! 곧 나갈 돈이므로, 조정표의 은행 측 잔액에서 20만원을 빼줘야 합니다.

그룹 2: 내 가계부 앱이 업데이트 못한 내역 (내가 문제!)

이것들은 은행은 이미 처리했지만, 내가 아직 모르고 있거나 실수로 잘못 기록한 거래들입니다. 따라서 나의 가계부(회사 측 잔액)를 직접 수정해야 합니다. (이것들이 바로 회계 장부에 수정분개를 해야 하는 항목들입니다!)

7 현금 및 현금성자산 Principles of Accounting

③ 은행 수수료/이자 (나도 모르게 빠져나가거나 들어온 돈)

• 상황: 은행이 앱 알림 수수료 500원을 빼갔거나, 예금 이자 100원을 넣어줬지만, 저는 월말에 은행 앱을 열어보기 전까지 이 사실을 전혀 몰랐습니다.

• 결론: 이건 내가 몰랐던 게 문제입니다. 가계부 앱이 틀렸으므로, 회사 측 잔액에서 수수료는 빼고(−500원) 이자는 더해줍니다(+100원).

④ 부도 처리 (입금된 줄 알았는데 취소된 돈)

• 상황: 거래처에서 받은 10만원을 입금해서 가계부에 기록했는데, 며칠 뒤 그 거래처의 계좌 문제로 입금이 취소(부도)되었습니다. 은행 앱에는 입금 기록과 취소 기록이 모두 있지만, 저는 취소 사실을 아직 확인하지 못했습니다.

• 결론: 들어온 줄 알았던 돈이 사실은 '꽝'이었던 것입니다. 회사 측 잔액에서 10만원을 빼줘야 합니다.

⑤ 기장 오류 (내 손가락이 문제!)

• 상황: 친구와 카페에서 5,400원짜리 커피를 마시고, 가계부 앱에는 급하게 입력하느라 4,500원으로 잘못 기록했습니다. 900원의 차이가 발생했죠.

• 결론: 명백한 제 실수입니다. 회사 측 잔액에서 900원을 추가로 빼줘야 합니다.

이렇게 그룹 1로 은행 측 잔액을 조정하고, 그룹 2로 회사 측 잔액을 수정하고 나면, 드디어 양쪽의 조정 후 잔액(찐잔고)은 정확히 일치하게 됩니다. 이 과정을 표로 정리한 것이 바로 은행계정조정표입니다.

연습문제

01 **현금 및 현금성자산의 계정**

신촌(주)의 결산일에 금고를 실사하니, 거래처발행 당좌수표 3,000,000원, 한국은행 만원권 100장, 자기앞수표 1,000,000원, 약속어음 2,000,000원, 200원짜리 우표 300장, 구입한지 두달후 만기가 도래하는 CD(양도성예금증서) 500,000원, 직원가불증서 2,000,000원, 선일자수표 2,000,000원, 배당금지급통지표 1,500,000원, 우편환증서 250,000원이 있었다. 이 중 현금 및 현금성자산으로 계상되어야 할 금액은 얼마인가?

02 **현금 및 현금성자산에 포함되는 항목**

타인발행수표	₩1,500,000	지급일이 도래한 주식배당권	₩54,000
통 화	₩675,000	양도성예금증서(60일)	₩755,000
만기가 도래한 국채이자표	₩67,000	우 표	₩9,500

물음 (주)신촌은 회계기말에 금고를 실사한 결과 위와 같은 것들을 발견하였다. 재무상태표에 현금 및 현금성자산으로 표시할 정확한 금액은 얼마인가?

03 **소액현금제도**

신촌주식회사의 자료는 다음과 같다.

10월 16일 소액현금제도를 설정하고 당좌수표 ₩500,000을 발행하여 소액현금자금을 마련하다.

11월 28일 소액현금출납장에 다음과 같은 항목의 소액현금지출이 표시되어 있어 자금을 보충하기 위하여 당좌수표 ₩290,000을 발행하다.

점포용소모품	₩180,000
우 표	15,000
운 송 비	25,000
잡 비	50,000
접 대 비	20,000

12월 31일 회사의 내부감사인은 소액현금을 감사하고 다음과 같은 사항을 발견하였다.

현금시재액(소액현금 잔액)		₩305,000
직원차용증서		112,000
소액현금출납장:		
사무용소모품	₩50,000	
여　　비	10,000	
접　대　비	20,000	80,000
계		₩497,000

물음 이상의 거래에 대하여 각 시점별로 분개하시오.

04 은행계정의 조정

20×1년 12월말 현재 신촌(주)는 거래은행인 무악은행으로부터 당좌예금잔액증명서를 받았다. 12월말 현재 신촌(주)의 당좌예금 계정잔액은 ₩3,760,000으로 당좌예금잔액증명서상 잔액과 일치하지 않았다. 은행측 잔액과 회사측 잔액의 차이 발생원인을 조사해 본 결과는 다음과 같았다.

은행미기록예금	₩220,000
기발행미지급수표	305,000
은행수수료	35,000
어음추심액(어음이자 ₩5,000 포함)	115,000
부도수표	300,000
회사미통지예금	150,000

무악은행에 당좌예입한 판매대금 ₩175,000을 회사의 장부상 ₩157,000으로 기록

물음 신촌(주)의 당좌예금 수정후 계정잔액은 얼마인가?

05 은행계정의 조정

20×1년 5월말 현재 연경(주)에 대한 은행측 예금잔액증명서상 잔액은 ₩3,600,000원이고, 회사의 장부상 당좌예금 잔액은 알 수 없다고 가정한다. 은행측 잔액과 회사측 잔액의 차이의 발생원인은 다음과 같다.

1. 발행수표 중 아직 은행에서 인출되지 않은 수표는 다음과 같다.

발행일	수표번호	금　액
20×1. 5. 27	#113	₩100,000
20×1. 5. 29	#118	₩200,000

2. 매입채무 지급분인 수표(발행일 20×1. 5. 15, 수표번호 #102, ₩105,000)가 회사의 장부상 ₩150,000으로 잘못 기장되어 있다.
3. 당좌차월이자 ₩30,000을 은행에서는 회사의 당좌예금에서 차감하였지만 회사에서는 차감 기장을 하지 않았다.
4. 20×1년 5월 31일 오후에 거래처로부터 받은 상품판매대금 ₩500,000에 대한 수표를 은행에 예입하고 회사에서는 장부에 예입 기장하였으나, 은행에서는 20×1년 6월 1일에 입금된 것으로 처리하였다.
5. 은행에 예입한 수표 ₩500,000이 부도처리되어 은행에서는 인출 기록을 하였으나, 회사에서는 아직 통보를 받지 못하여 인출 기장을 하지 않았다.
6. 거래처로부터 매출채권 회수분 ₩400,000에 대하여 온라인에 의한 입금이 있었으나 회사에서는 입금사실을 모르고 있었다.

물음 (1) 5월 31일 현재의 은행계정조정표를 작성하시오. (양측의 잔액을 동시에 조정할 것)
(2) 회사의 수정분개를 나타내시오.

정답과 해설

01 ₩7,250,000원

(∵) ₩3,000,000 + ₩1,000,000 + ₩1,000,000 + ₩500,000 + ₩1,500,000 + ₩250,000 = 7,250,000

02

타인발행수표	₩1,500,000
지급일이 도래한 주식배당권	54,000
양도성예금증서(60일)	755,000
통화	675,000
만기가 도래된 국채이자표	67,000
정확한 현금금액	₩ 3,051,000

03

10/16	(차)	소액현금	500,000	(대) 당좌예금	500,000
10/28	(차)	점포용소모품	180,000	(대) 당좌예금	290,000
		통신비	15,000		
		운송비	25,000		
		잡 비	50,000		
		접대비	20,000		
12/31	(차)	종업원대여금	112,000	(대) 소액현금	195,000
		사무용소모품	50,000		
		여 비	10,000		
		접대비	20,000		
		현금과부족	3,000		

04 ₩3,708,000 = ₩3,760,000 − ₩35,000 + ₩115,000 − ₩300,000 + ₩150,000 + ₩18,000

05 (1)

은행계정조정표

연경(주)	20×1년 5월 31일		(단위: 원)
은행측 잔액	₩3,600,000	회사측 잔액	(역산) ₩3,885,000
은행미기입예금	500,000	발행수표 착오기장분	45,000
		외상매출금 회수분	400,000
기발행미인출수표	(300,000)	부도수표	(500,000)
		당좌차월이자	(30,000)
정확한 잔액	₩3,800,000	정확한 잔액	₩3,800,000

(2)

(차)	금액	(대)	금액
당좌예금	45,000	매입채무	45,000
이자비용	30,000	당좌예금	30,000
부도수표(매출채권)	500,000	당좌예금	500,000
당좌예금	400,000	매출채권	400,000

들어가며… '신촌 빵집'이 대박 나서, 근처 대학교 축제에 빵 1,000개를 납품하는 계약을 따냈습니다! 그런데 대금은 다음 달에 준다고 하네요. 이 '받을 돈(매출채권)'을 어떻게 관리해야 할까요? 반대로 우리가 밀가루를 외상으로 사 온 '갚을 돈(매입채무)'은 또 어떻게 관리할까요? 이번 장에서는 '약속'을 관리하는 방법을 배웁니다.

summary

상품을 고객에게 외상으로 판매하였을 경우에는 판매수익(매출)이 판매시점에서 인식된다. 그러나 현금은 상품을 판매한 후 일정기간 후에 회수된다. 수익은 자산의 유입이나 증가 또는 부채의 감소에 따라 자본의 증가를 초래하는 특정회계기간 동안에 발생한 경제적 효익의 증가로 일정기간의 상품 또는 서비스를 고객에게 제공함으로써 유입되는 현금 또는 수취채권의 증가이다. 이러한 수익이 외상으로 상품을 판매할 때는 판매시점에서 인식되며, 결산시점에서는 판매가격보다 적은 금액의 현금이 회수되거나 전혀 회수되지 않을 가능성이 있다.

유동부채는 1년 이내에 만기가 도래되어 현금을 지불해야 할 의무로 상품이나 원재료를 외상으로 매입하였을 경우의 매입채무와 급여가 발생되었으나 아직 현금을 지급하지 않았을 경우의 미지급급여 등이 포함된다.

C·H·A·P·T·E·R

08

매출채권과 지급채무

01 매출채권

CHECK POINT

- 외상매출금
- 받을어음

외상매출금
거래의 결과 고객이 그 대가를 지급하겠다는 약속이며 통상적으로 3개월 이내에 회수되며 이자가 수반되지 않는 매출채권의 일부이다.

1. 외상매출금

외상매출금은 거래의 결과 고객이 그 대가를 지급하겠다는 약속이며 통상적으로 3개월 이내에 회수되며 이자가 수반되지 않는 **매출채권**의 일부이다. 상품을 현금으로 판매했을 경우는 고객으로부터 받은 현금액으로 수익을 인식한다. 이와 같이 매출과 동시에 현금이 회수될 경우에는 현금회수액을 추정할 필요가 없으나, 외상으로 상품을 판매할 경우에는 최종적으로 회수될 현금을 판매시점에서 알 수 없기 때문에 회수될 것이라고 예상되는 현금을 객관적이고 검증가능한 증거를 가지고 추정하여야 한다.

비유로 이해하기 **온라인 쇼핑몰의 고민: '간편결제'만 받을까, '후불결제'도 받을까?**

기업이 외상매출을 하는 이유는 무엇일까요? 이는 온라인 쇼핑몰 사장님의 고민과 같습니다.

- 신용카드/간편결제만 허용(현금 판매): 돈 떼일 걱정이 없어 안전하지만, 당장 돈이 없는 고객을 놓칠 수 있습니다.
- '나중결제(Buy Now, Pay Later)' 도입(외상 판매): 더 많은 고객을 유치해 매출을 크게 늘릴 수 있지만, 일부 고객이 돈을 내지 않고 잠적할 '대손(bad debt)'의 위험을 감수해야 합니다.

이처럼 기업의 신용정책은 더 많은 매출이라는 효익과 대손이라는 원가 사이에서 최적의 균형점을 찾는 중요한 의사결정입니다.

대손(bad debt, 또는 uncollectible)은 외상대금을 고객으로부터 회수하지 못할 경우에 발생된다. 대손이 발생되면 이 금액만큼의 현금이 최종적으로 회수되지 않기 때문에 수익은 감소된다. 대손은 시간이 경과된 후에야 판명되지만 판매수익은 판매시점에서 인식되기 때문에, 회계기말에는 외상대금이 회수되지 않을 가능성을 고려하여 그 금액을 추정하여야 한다. 이와 같이 현금의 회수가 불분명한데도 기업은 외상으로 매출을 하지 않을 수 없다. 기업의 상품대금 지불 능력을 감안하여 외상으로 상품을 매출하지만 상품 대금을 거의 확실하게 회수할 수 있는 기업에게만 외상으로 상품을 매출한다면 매출실적이 낮아질 것이다. 반면에 현금회수가 확실치 않은 기업에까지 외상매출을 할 경우는 현금의 회수에 문제가 있을 수 있다. 따라서 기업의 판매 담당자는 어느 정도 신용수준의 구매자에게 얼마의 상품을 외상으로 판매할지를 적정한 균형점 수준에서 결정하여야 한다.

2. 받을어음

(1) 어음의 성격 및 종류

어음이란 일정한 시기에 일정한 금액을 지급하겠다는 문헌을 기재한 요식증권을 말한다. 이자가 표시되어 있는지의 여부에 따라 이자부어음과 무이자어음으로 분류한다.

어음이란 일정한 시기에 일정한 장소에서 일정한 금액을 지급하겠다는 문언을 기재한 요식증권을 말한다. **약속어음**은 채무자가 채무를 갚기 위하여 일정한 금액을 일정한 기일에 일정한 장소에서 단순히 지급할 것을 약속한 문언을 쓴 지급약속증서이다. 즉, 약속어음은 채무자가 어음을 발행하여 채권자에게 교부하여 채무를 이행할 것을 약속하는 증서이다. 약속어음은 흔히 상품매매 및 일반적인 상거래에서 신용기간이 30일 또는 60일 이상인 경우에서 많이 사용된다. 약속어음은 설비자산과 동산을 처분하거나 구입할 때에도 사용되지만, 상품을 매매할 때 교환수단이 되기도 하고, 신용기간을 넘겼을 때 외상매출금의 결제수단으로 사용되기도 한다. 또한 은행이나 기타의 단체로부터 융자를 받을 경우에도 어음을 발행하기도 한다.

어음으로 채권이 발생하였으면 자산계정인 받을어음으로, 채무가 발생하면 부채계정인 지급어음으로 처리하면 된다. 본서의 처음부터 사용된 매출채권 계정은 외상매출금과 받을어음의 합이다. 기업이 회계처리 시에 외상매출금과 받을어음을 별도의 계정으로 사용하다가 재무제표 작성시에는 이를 통합하여 매출채권이라는 계정으로 보고하게 된다.[1]

비유로 이해하기 **받을어음: 법적 효력을 더한 '업그레이드 차용증'**

'외상매출금'이 "다음에 줄게"라는 구두 약속이라면, '받을어음'은 공증까지 받은 '업그레이드 차용증'과 같습니다. '언제, 어디서, 얼마를, 누구에게' 갚을지 법적인 형식에 맞춰 명확하게 약속한 증서이기 때문에, 단순 외상매출금보다 더 강력한 권리를 갖습니다.

1) 매출채권과 구별하여 미수금은 일반적인 상거래가 아닌 거래에서 발생한 채권을 말하고, 대여금은 차용증서나 어음을 받고 다른 기업에 자금을 대여한 것이다.

1) 전자어음

전자어음
전자문서로 작성되고 전자어음관리 기관에 등록된 약속어음

전자어음이란 전자문서로 작성되고 전자어음관리기관에 등록된 약속어음으로, 상업어음 위주로 발행되며, 전자어음관리기관을 통해 발행되고 배서, 교환결제 등이 이뤄지기 때문에 종이어음에 비래 거래투명성과 안전성이 높다. 전자어음을 발행 후 취소나 어음조건의 변경 또는 개서가 불가능하고 발행시점에 어음금액이나 만기일 등이 정해지지 않은 백지어음은 발행이 금지된다.

2) 이자부어음과 무이자부어음

증서상에 일정한 기간 동안의 이자가 표시되어 있는지의 여부에 따라서 어음을 이자부어음(interest-bearing note)과 무이자부어음(noninterest-bearing note)으로 분류하기도 한다. 이자부어음은 어음의 만기일에 지급인이 어음의 액면금액 및 어음 유통기간에 해당되는 이자를 지급해야 되는 어음이고, 무이자부어음은 어음의 만기일에 지급인은 어음의 액면금액만 지급하면 되는 어음이다.

무이자부어음은 이자가 없는 어음이라고 생각하기 쉬우나 어음의 액면금액의 결정시에 이자가 포함될 수 있다. 즉, 상품의 구매자가 ₩100,000의 상품을 구매하면서 무이자부어음을 발행하였는데 액면가는 ₩110,000이라면 ₩10,000은 ₩100,000의 상품 대금에 포함된 이자와 같은 성격의 금액이다. 따라서 무이자부어음은 주의하여 해석하여야 한다.

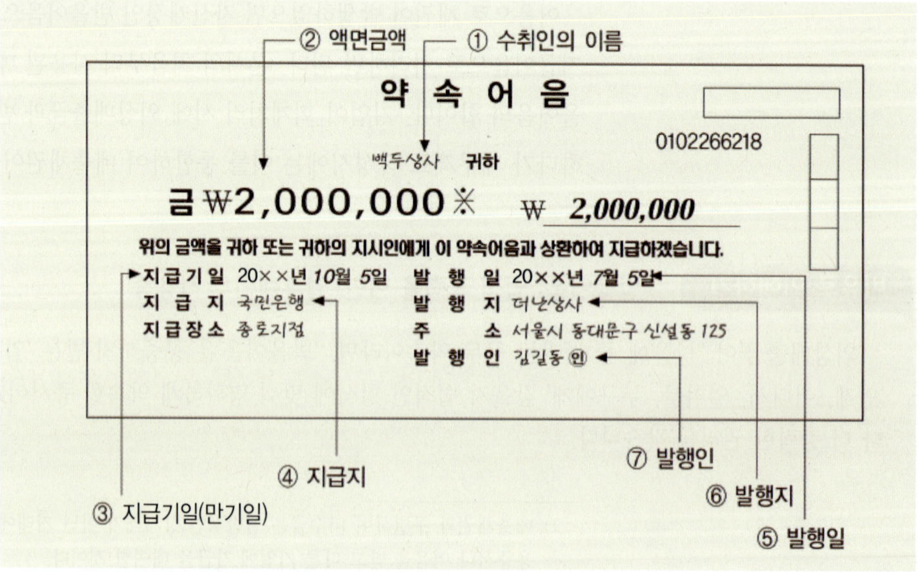

총계정원장의 받을어음계정에 관한 자세한 기록은 다음과 같은 받을어음기입장에 기록한다.

받을어음기입장

월	일	적 요	금 액	어음 종류	어음 번호	지급인	발행인 배서인	발행 기일		지급 기일		지급 장소	처 리		
9	5	외상대금	50,000	환어	11	천안상점	당 점	9	5	9	25	A은행	9	25	입금
	8	외상대금	27,000	약어	6	종로상점	종로상점	9	8	10	8	B은행	9	20	양도
	15	판매대금	70,000	환어	14	대구상점	원효상점	9	15	10	15	C은행	9	25	할인
	21	외상대금	50,000	약어	3	충무상점	충무상점	9	27	9	27	C은행	8	27	입금
	29	판매대금	25,000	약어	8	마산상점	마산상점	9	28	10	28				
			222,000												

(2) 이자계산 및 어음의 기록

이자부어음의 경우 이자는 다음과 같은 공식을 이용하여 계산된다.

$$\text{이자} = \text{어음 액면금액} \times \text{이자율} \times \text{기간}$$

이자율(interest rate)은 보통 연간단위로 표시되는데, 예를 들어서 액면금액(또는 원금, principal)이 ₩100,000, 연간이자율이 12%인 어음인 경우에 이자는 ₩12,000(=₩100,000×0.12)이 된다. 이 경우에 어음의 지급기일까지의 기간이 4개월이라고 하면 이자는 ₩4,000$\left(=₩100,000\times 0.12\times \frac{4}{12}\right)$이 된다. 이를 이자의 월할(月割)계산이라고 한다. 만일 어음의 만기일이 일수로 정해졌을 경우에는 정확한 일수를 계산하여 이자를 계산해야 하는데, 편의상 1년을 360일로 간주하여 계산하기도 한다. 예를 들어 6월 10일에 액면금액 ₩100,000, 연간이자율 12%, 만기일이 75일인 어음을 발행할 경우에, 만기일 시점에서의 이자는 ₩2,500$\left(=₩100,000\times 0.12\times \frac{75}{360}\right)$이 계산된다. 여기에서 어음의 액면금액과 이자를 합친 금액, 즉 ₩102,500을 만기금액(maturity value)이라고 부른다. 외상대금을 결제하기 위하여 어음을 지급하거나 받을 때에는 관련된 외상매출금 또는 외상매입금잔액을 감소시키면서 동시에 받을어음 또는 지급어음계정을 증가시킨다.

따라서 10월 1일에 외상매출금으로 받을어음이 대체되며 외상매입금으로 지급어음이 대체된다.

예제 1

어음 및 이자의 기록

7월 1일에 서울상사는 영천상사에 ₩400,000의 상품을 외상으로 판매하였는데, 외상지급기일이 경과한 10월 1일에 영천상사가 만기 60일, 연이자율 9%, 액면금액 ₩400,000짜리 어음을 서울상사에 발행하였을 경우에, 영천상사와 서울상사의 7월 1일과 10월 1일자 분개를 수행하라.

	서울상사			영천상사		
7/1	(차) 외상매출금	400,000		(차) 상품(매입)	400,000	
	(대) 매　　출		400,000	(대) 외상매입금		400,000
10/1	(차) 받을어음	400,000		(차) 외상매입금-서울상사	400,000	
	(대) 외상매출금-영천상사		400,000	(대) 지급어음		400,000

만기일인 11월 30일에 영천상사가 어음상의 금액을 지급하였을 경우에는 다음과 같이 분개된다.

	서울상사			영천상사		
11/30	(차) 현　　금	406,000		(차) 지급어음	400,000	
	(대) 이자수익		6,000*	이자비용	6,000	
	받을어음		400,000	(대) 현　　금		406,000

* $₩400,000 \times 0.09 \times \frac{2}{12} = ₩6,000$(10/1부터 11/30까지 2개월 경과함)

만약 서울상사측에서 외상매출금을 매출채권으로 영천상사측에서 외상매입금을 매입채무로 계상하였다면 두번째 분개(10/1)는 필요하지 않다. 다만 이 분개에서는 외상매출금이 받을어음으로 외상매입금이 지급어음으로 대체되는 것을 보이기 위해서 의도적으로 매출채권 계정을 사용하지 않고 별도의 계정을 사용한다.

(3) 어음의 할인

흔히 기업에서는 어음의 만기일까지 기다려서 거래처로부터 현금을 회수하지 않고, 대신 만기일 이전에 어음을 은행 등에 양도, 즉 어음을 할인하고, 어음의 만기금액에서 어음 할인료(어음 할인시점부터 만기일까지 기간에 대해 금융기관이 수취하는 이자)를 차감한 금액을 받기도 한다. 기업이 어음을 할인하는 이유는 은행에 이자를 지불하더라도 현금을 급히 마련하기 위함이다. 즉, 유동성(liquidity) 때문에 어음을 할인한다. 은행은 금융기관이므로 이러한 서비스를 제공한다.

받을어음의 할인을 해석하는 방법

1. 받을어음의 할인과 동시에 받을어음에 대한 권리와 의무가 실질적으로 이전된 경우: 매각거래
2. 권리와 의무가 완전히 이전되지 않은 경우: 차입거래

받을어음의 할인을 해석하는 방법에는 두 가지가 있다. 하나는 받을어음의 할인을 매각거래(금융자산의 제거요건을 충족하는 경우)로 보는 해석이고 다른 하나는 받을어음을 담보로 한 차입거래(금융자산의 제거요건을 충족하지 않는 경우)로 보는 것이다. 이를 판단하는 기준은 다음과 같다. 받을어음의 할인과 동시에 받을어음에 대한 권리와 의무가 실질적으로 이전된다면 이는 매출채권의 실질적인 매각으로 자산의 처분과 같이 받을어음을 차감한다. 반면에 이러한 권리와 의무가 완전히 이전되지 않는다면 이는 받을어음을 담보로 한 현금의 차입으로 해석한다.[2)]

비유로 이해하기 **아이돌 포토카드 거래로 배우는 '어음 할인'**

복잡한 어음 할인을 인기 아이돌의 '한정판 포토카드(받을어음)' 거래에 비유해 봅시다.

1. 포토카드 획득: 내가 2달 뒤 10만원의 가치가 될 것으로 예상되는 한정판 포토카드를 얻었습니다.
2. 급전 필요: 그런데 당장 현금 10만원이 급하게 필요해졌습니다. 2달을 기다릴 여유가 없죠.
3. 전문 매장에 판매: 그래서 포토카드 거래 전문 매장(은행)에 찾아가 "이 포토카드를 지금 바로 현금으로 바꿔주세요"라고 요청합니다. 이것이 '어음의 할인'입니다.
4. 할인료 차감: 매장 주인(은행)은 말합니다. "2달 뒤 10만원이 될 카드지만, 저희도 수수료와 위험부담이 있으니 수수료(할인료) 5천원을 떼고 지금 9만 5천원을 드릴게요."
5. 거래 조건의 차이 (가장 중요!):
   - 매각거래(상환청구 불능): 매장 주인이 "이 카드가 나중에 가품으로 밝혀져도(어음 부도) 저희 책임입니다. 거래는 이걸로 끝입니다."라고 말합니다. 이는 포토카드를 완전히 팔아버린 것과 같습니다.
   - 차입거래(상환청구 가능): 매장 주인이 "9만 5천원을 드리지만, 나중에 가품으로 밝혀지면 돈을 물어내셔야 합니다."라고 말합니다. 이는 포토카드를 담보로 돈을 빌린 것과 같습니다. 위험은 여전히 나에게 남아있죠.

2) 매출채권을 채권추심회사나 할부금융기관에 매각하는 것을 팩토링(factoring)이라고 부른다.

1) 무이자부 받을어음의 할인

서울상사가 영천상사로부터 10월 1일에 이자율 표시 없이 만기가 60일, 액면금액이 ₩400,000인 어음을 받았을 경우에 이런 유형의 어음을 제1절에서도 정의되었듯이 무이자부어음이라고 한다. 서울상사는 10월 31일에 이 어음을 은행에서 할인받기로 결정하였는데, 은행의 할인율이 연 9%라고 가정하면 은행의 할인액은 다음과 같이 결정된다. 이 어음이 무이자부어음이기 때문에 만기금액은 액면금액과 같은 값이다. 할인액은 할인기간(할인시점부터 만기까지의 기간)이 길수록, 그리고 할인율이 높을수록 증가한다.

> 할인액 = 만기금액 × 할인율 × 할인기간
>
> ₩400,000 × 9% × 1/12 = ₩3,000
>
> 은행 지급액 = 만기금액 − 할인액
>
> (기업의 현금수취액)
>
> ₩400,000 − ₩3,000 = ₩397,000

할인기간은 할인시점부터 만기시점까지의 기간이다. 은행은 ₩3,000을 만기금액에서 차감하고 나머지 금액을 기업에게 지급한다. 따라서 은행이 적용하는 할인율은 할인 당시의 시중 이자율과 연동되는 이자율일 것이다. 은행은 어음할인에 대한 대가로 ₩3,000을 차감하고 현금을 지급한다(여기서 ₩3,000은 은행이 부과하는 할인서비스에 대한 수수료라고 생각하면 된다). 어음이 할인되었을 경우에 서울상사는 다음과 같이 분개한다.

(i) 어음의 할인이 매각거래인 경우: 어음소유에 관련된 위험과 보상을 이전한 경우 (상환청구 불능조건)

(차) 현　　금	397,000	
매출채권처분손실(할인료)	3,000	
(대) 매출채권		400,000

즉, 이 경우는 매출채권을 완전히 장부에서 제거하게 된다.

(ii) 어음의 할인이 차입거래인 경우: 어음소유에 관련된 위험과 보상의 대부분을 이전하지 않는 경우(상환청구 가능조건)

(차) 현　　금	397,000	
이자비용(할인료)	3,000	
(대) 단기차입금		400,000

은행이 차감하는 ₩3,000을 계상하는 계정이 매각거래인 경우는 매출채권처분손실이며, 차입거래인 경우는 이자비용으로 차이가 존재한다. (i) 매각거래인 경우는 ₩3,000이 이자비용이 아니라 매출채권처분에 따른 손실(비용)로 처리하며, (ii) 차입거래인 경우는 ₩3,000이 차입금에 대한 이자비용으로 처리한다. 매각거래인 경우는 매출채권이 제거되지만, 차입거래인 경우는 매출채권이 제거되지 않고 단기차입금이 증가되어 매출채권(받을어음)과 관련된 권리와 의무가 소멸되지 않았음을 보인다. 이 경우는 매출채권도 자산으로 존재하지만 단기차입금도 동시에 부채로 보고되고 있다. 매출채권처분손실은 어음 소지자가 현금을 회수할 권리는 ₩400,000인데 반해 어음할인으로 인해 현금을 수취한 금액은 할인료를 차감한 ₩397,000에 그쳐서 그 차액이 손실로 인식된 것이다.

할인 이후의 경제적 사건은 어음을 발행한 기업이 만기가 되는 시점에 어음에 대한 원금과 이자를 지급하거나 지급하지 못하는 경우로 나눌 수 있다. 본 예제의 경우는 할인하는 어음이 무이자부어음이기 때문에 이자의 지급은 무시한다. 어음의 할인이 매각거래인 경우는 받을어음과 관련된 모든 권리와 의무가 양도되었으므로 어음을 할인한 서울상사는 어음 만기시에 분개를 수행하지 않는다.

그러나 어음의 할인이 차입거래일 경우, 만기일에 어음에 대한 원금이 어음의 최초 소지자로부터 은행에 지급되었다면 다음의 분개가 수행된다.

(차) 단기차입금	400,000		
		(대) 매출채권	400,000

즉, 매출채권이 자산에서 제거되어 권리가 소멸되며, 단기차입금이라는 은행에 대한 부채 또한 제거되어 의무도 제거된다. 할인시의 분개와 이 분개를 합하면 매각거래일 경우와 동일한 영향을 재무제표에 미친다. 이는 받을어음 원금의 회수에 문제가 없었기 때문이다.

그러나 만기시에 은행이 받을어음 원금의 회수에 문제가 발생하면, 즉 어음의 부도가

현금회수액
만기금액 − 할인액 = 현금회수액

발생하면 매각거래와 차입거래 간의 분개는 완전히 달라진다. 만기시에 어음의 원금이 결제되지 않을 경우에 매각거래하에서는 어음이 정상적으로 결제된 경우와 동일하게 분개가 수행되지 않는다.

그러나 차입거래일 경우는 다음과 같은 분개가 수행된다.

(차) 단기차입금	400,000		
		(대) 현 금	400,000

서울상사는 만기일에 어음이 정상적으로 결제되지 않았으므로, 어음을 할인한 은행에 어음의 원금을 대신 지급하여 주며 단기차입금을 감소시킨다. 즉, 이런 경우 서울상사는 할인한 어음과 관련하여 매출채권을 계속 보유하게 되며, 어음의 부도사실을 비망기록(메모)하게 된다.

2) 이자부 받을어음의 할인

위의 경우에 영천상사가 10월 1일에 만기가 60일, 액면이자율이 연 6%, 액면금액이 ₩400,000인 어음을 발행했을 경우에 이런 유형의 어음을 이자부어음이라고 하는데 할인액은 무이자부어음과 같은 절차에 따라서 결정된다. 차이가 나는 것은 이자부어음의 만기금액은 액면금액과 어음 발행일부터 만기일까지의 이자를 합한 금액이라는 점이다. 어음 할인 일자는 10월 31일이며 은행할인율을 연 9%라고 가정한다.

〈step Ⅰ〉 만기금액＝액면금액(원금)＋이자
₩400,000＋(₩400,000×0.06×2/12)＝₩404,000

〈step Ⅱ〉 할인액＝만기금액×할인율×할인기간
₩404,000×9%×1/12＝₩3,030

〈step Ⅲ〉 은행 지급액＝만기가액－할인액
(기업의 현금수취액)
₩404,000－₩3,030＝₩400,970

할인기간은 할인시점부터 어음이 만기되는 1달간의 기간이다. 이 기간은 은행이 기업에게 어음을 할인하는 대가로 현금을 대출해 주는 기간으로 이 기간이 길수록 은행은 많은 수수료를 청구한다. 서울상사는 다음과 같이 분개한다.

(i) 어음할인이 매각거래인 경우: (상환청구 불능조건)

(차) 현 금	400,970		
매출채권처분손실	1,030		
		(대) 매 출 채 권	400,000
		이 자 수 익	2,000

이자수익이 대기(대변기록)되면서 인식됨은 다음과 같은 논리에 근거한다. 어음을 수취한 서울상사는 수취시점인 10월 1일부터 이미 1달간 어음을 소지하였다. 이 어음이 11월 30일 만기 시점에 가면 어음의 원금과 이자의 합인 ₩404,000의 가치를 갖게 되는데 이 어음은 10월 31일에 할인되었다. 따라서 어음의 최초 수취 기업인 서울상사에게는 10월 1일부터 10월 31일까지의 기간 동안 발생한 ₩2,000의 이자수익에 대한 권리가 있다. 따라서 10월 31일의 매출채권 ₩400,000에는 ₩2,000의 이자수익이 잠재되어 있으며, 어음이 할인되는 시점에서 이 매출채권에 잠재되어 있는 ₩2,000의 이자수익을 인식한다. (i)의 경우는 어음의 할인을 매각으로 인식하며 10월 31일에 매출채권을 제거하므로 매출채권과 관련된 수익도 이 시점에 정리되고 인식되어야 한다. 따라서 이 매출채권의 할인시점에서의 어음의 가치는 ₩402,000이라고 할 수 있으며 이 가치와 현금수취액 ₩400,970의 차이인 ₩1,030이 손실로 인식된다. (ii)의 경우는 어음의 할인을 차입으로 인식하므로 매출채권을 제거하는 대신 단기차입금으로 기록하는 점, 그리고 매출채권처분손실 대신 이자비용으로 기록하는 점 이외에는 (i)과 동일하다.

(ii) 어음할인이 차입거래인 경우: (상환청구 가능조건)

(차) 현 금	400,970		
이 자 비 용	1,030		
		(대) 단기차입금	400,000
		이 자 수 익	2,000

위의 경우에 수익과 비용이 동시에 인식되므로 이 두 계정과목이 손익계산서에서 이익에 미치는 영향은 수익이 ₩2,000이고 비용이 ₩1,030이므로 수익이 비용을 ₩970만큼 초과한다. 회사가 어음을 소유한 기간이 짧을수록 할인기간이 길어지며 할인액이 증가한다. 은행의 할인율이 어음상의 액면이자율보다 높을수록 은행에게 많은 할인료를

지급하여야 하므로 수익보다는 비용이 더 많이 발생할 가능성이 높아진다. 그리고 은행이 할인하는 기간이 길어질수록 이자비용이 커진다. 할인기간과 기업이 발행시점부터 할인시점까지 어음을 소지한 기간은 할인시 결과적으로 기업에 손실(이자비용>이자수익)이 발생하는지 이익(이자비용<이자수익)이 발생하는지를 결정하는 요인이다.

예를 들어 서울상사가 위의 어음을 30일간 보유하고 있었고, 은행의 할인율이 20%라고 가정하면 계산결과는 다음과 같이 달라진다. 단, 차입거래를 가정한다.

할인액=만기금액×할인율×할인기간
　　₩404,000×20%×1/12=₩6,733
지급액=만기금액−할인액
　　₩404,000−₩6,733=₩397,267

이 경우의 분개는 다음과 같다.

(차) 현　　금	397,267		
이 자 비 용	4,733		
		(대) 단기차입금	400,000
		이 자 수 익	2,000

종합적으로는 이자비용과 이자수익이 상쇄되면 순이자비용 ₩2,733이 인식된다. 이 경우는 액면이자율에 비해서 할인율이 매우 높기 때문에 이러한 현상이 발생한다.

3) 할인어음의 만기지급

어음의 할인이 차입거래일 경우, 어음발행인이 만기일에 어음에 대한 원금과 이자를 지급하였다면 다음의 분개가 수행된다. 그러나 어음의 할인이 매각거래인 경우는 이미 할인시점에 매출채권이 제거되었으므로 분개가 필요치 않다.

(차) 단기차입금	400,000		
		(대) 매 출 채 권	400,000

매출채권이 자산에서 제거되며 단기차입금이라는 부채 또한 제거된다. 할인시의 분개와 이 분개를 합하면 매각거래일 경우와 재무제표에 미치는 영향은 동일하다. 이는 매출채권 원금의 회수에 문제가 없었기 때문이다.

(4) 부도어음

부도어음
어음소지인은 어음만기일에 지급장소에 어음을 제시하여 어음금액의 지급을 청구하는데 이때 지급거절로 인하여 지급기일이 경과한 받을어음

어음소지인은 어음만기일에 지급장소에 어음을 제시하여 어음금액의 지급을 청구하는데, 때로는 어음발행인의 자금부족으로 지급이 거절되는 경우가 있다. 이를 어음의 부도라 하며 지급거절로 인하여 지급기일이 경과한 받을어음을 부도어음이라 한다. 부도가 발생한 경우에도 부도어음이나 부도수표라는 별도의 계정을 사용하지 않고 매출채권이라는 계정을 동일하게 사용하며, 회수가능성이 불확실한 정도에 따라 회계기말에 매출채권에 대한 대손충당금을 추가로 설정한다. 어음부도가 발생하면 어음소지인은 지급거절증서를 작성한 뒤, 배서인 또는 발행인에게 지급거절이 되었음을 통지하고 어음금액, 지급거절증서작성비용 및 만기일로부터 상환일까지의 법정이자 등을 청구할 수 있다.

어음채권은 자금이 필요하면 기일전에 배서양도하거나 은행에서 할인하기도 한다. 여기서 주의하여야 할 것은 배서양도하거나 할인하여 어음의 권리를 타인에게 양도하였다가 만기일에 지급인이 지급하지 못하게 되면 어음양수인은 어음양도인에게 상환청구권을 행사할 수 있다. 어음발행인이 무사히 지급하면 물론 아무일 없으나 만일에 지급불능일 때에는 어음을 양도한 양도인이 책임을 져야 할 수도 있다. 따라서 상환청구권이 존재하는 경우에 부도의 발생은 회계처리를 복잡하게 한다.

가령 서울상사가 영천상사로부터 받은 어음 ₩400,000이 만기일이 되어 은행에 지급제시하였으나 부도처리 되었다고 하자. 이 경우 서울상사가 거절증서작성비용 및 기타비용 ₩1,000을 현금으로 지급하고, 영천상사에게 상환청구를 할 경우 이에 대한 분개는 다음과 같다. 거절증서작성비용과 기타비용 ₩1,000은 서울상사가 지불하였으나 영천상사가 부담하여야 할 부분이므로 매출채권에 포함한다. 그리고 매출채권에 대해서는 부도사실 등을 비망기록을 한다.

(차) 매출채권	1,000	(대) 현 금	1,000

그후 상기의 어음금액 및 거절증서작성비용, 기타비용과 만기일 이후 법정이자 ₩500을 포함하여 영천상사로부터 상환받았을 경우 이에 대한 분개는 다음과 같다.

(차) 현 금	401,500	(대) 매출채권	401,000
		이자수익	500

8 매출채권과 지급채무 Principles of Accounting

만일 받을어음 ₩400,000만 회수되었다면 다음의 분개를 수행한다.

(차) 현 금	400,000	(대) 매출채권	400,000

만약 위의 부도어음 전체에 대한 회수 가능성이 불확실한 경우, 대손충당금이 설정되어 있는 경우에는 충당금과 매출채권을 상계시키고 대손충당금이 설정되어 있지 않거나 부족하게 설정되어 있는 경우에는 부족분만큼 추가적인 대손상각비를 인식한다.

대손충당금이 설정되어 있지 않은 경우에는 다음과 같이 분개한다.

(차) 대손상각비	400,000	(대) 매출채권	400,000

그리고 대손충당금이 ₩200,000 설정되어 있는 경우에는 다음과 같이 분개한다.

(차) 대손충당금	200,000	(대) 매출채권	400,000
대손상각비	200,000		

(5) 이자에 관한 수정분개

어음이 한 회계기간에 발행되어 다른 회계기간에 만기일이 도래할 경우에는 각 회계기간 중에 발생된 이자가 정확하게 계상되도록 수정분개하여야 한다.

예를 들어서 12월 16일에 서울상사는 영천상사로부터 액면금액 ₩1,200,000, 만기 60일, 액면이자율 연 10%인 어음을 받았을 경우에, 기말에 서울상사는 15일간의 이자수익로 ₩5,000$\left(=₩1,200,000\times 0.1\times \frac{15}{360}\right)$을 인식하고, 영천상사는 ₩5,000의 비용이 발생되었기 때문에 12월 31일에 다음과 같이 분개한다.

서울상사			영천상사		
(차) 미수이자	5,000		(차) 이자비용	5,000	
(대) 이자수익		5,000	(대) 미지급이자		5,000

02 매출채권의 기록

CHECK POINT

- 통제계정
- 보조원장
- 차감계정

1. 통제계정과 보조원장

상품을 외상으로 판매하게 되면 매출이라는 판매수익과 동시에 고객에게 받아야 할 외상대금이 증가한다. 회계기간 중에 회사가 외상매출하는 고객은 상당히 많은데, 회계기말에 이런 고객으로부터 회수해야 할 외상대금을 보고하기 위하여 재무상태표에 고객별로 인명계정잔액을 자세하게 열거하게 되면 이로 인하여 회사와 고객간의 거래사실을 비밀로 유지하기를 원하는 특정 고객에 관한 정보를 누설하게 됨은 물론이다. 그리고 재무제표이용자는 회사의 전반적인 재무상태를 파악하는 것이 주요 관심사이기 때문에, 외상매출에 관한 정보로서 고객의 명단과 이들의 외상대금이 아닌 매출채권의 총액과 이의 회수가능성에 관한 정보를 필요로 한다. 따라서 고객의 명단과 이들로부터 회수해야 할 외상대금에 관한 정보는 매출채권의 회수를 위한 매출채권 관리와 대손충당금을 추정하기 위해서 기업 내부적으로 필요한 정보이다.

이와 같이 재무제표의 작성목적을 위해서는 매출채권의 총액과 이의 회수가능성에 관한 정보가 필요하고, 기업 내부적으로 매출채권의 관리와 대손충당금의 추정을 위해서는 고객 명단과 고객별 외상대금에 관한 정보가 필요하다. 회계에서는 이 두 가지의 정보를 매출채권의 통제계정과 보조원장에 각각 기입한다. 통제계정과 보조원장을 사용하면 고객에게 받아야 할 금액이 두 곳에 기록되는데, 통제계정에는 회사가 고객에게 받아야 할 외상대금총액이 표시되고, 보조원장에는 통제계정에서 기입된 매출채권을 구체적으로 어떤 고객으로부터 얼마만큼을 받아야 하는지를 기록한다.

매출채권의 관리와 대손충당금의 추정을 위해서 고객명단과 고객별 외상대금을 매출채권의 통제계정과 보조원장에 각각 기입한다.

상품이 외상으로 판매되었을 때 통제계정과 보조원장을 이용하여 기록하면 업무가 중복되어 비능률적인 것처럼 보일지 모르지만, 두 가지 유형의 정보를 동시에 기입하고 관리하기 위해서는 이 방법이 적절하다.

2. 차감계정

계정과목에 따라서는 종전처럼 계정총잔액을 직접 감소시키지 않고 차감되는 금액을 **차감계정**(contra account)에 기입하여 계정총잔액과 차감액을 동시에 재무제표에 보고하는 경우가 있다. 원계정을 차감하지 않고 차감계정을 설정하는 이유는 원계정의 정보를 유지하며 장부금액의 변동을 표시하기 위함이다. 매출채권계정과 매출계정도 각각 차감계정을 가지고 있는데 매출채권계정은 고객으로부터 회수해야 할 채권을 나타내는 자산계정이기 때문에 매출채권이 증가되면 매출채권계정의 차변에 기입된다. 반대로 매출채권계정의 차감계정인 대손충당금의 금액이 증가되면 대손충당금계정의 대변에 기입된다. 여기에서 사용하는 **충당금**(allowance)이라는 용어는 미래에 발생될 것으로 예상되는 금액이라는 용어이다. 이와 같이 원계정을 직접 차감하지 않고 차감계정을 사용하여 차감하는 것을 간접차감이라고도 한다.

상품을 외상으로 판매하면 고객으로부터 회수할 수 있는 자산인 매출채권이 증가함과 동시에 회사에 유입된 자산액만큼 매출이라는 수익이 인식된다. 한편, 회수되지 않을 매출채권을 객관적이고 검증가능한 자료에 의하여 측정할 수 있으면, 수익비용대응의 원칙에 의하여 수익이 인식된 회계기간에서 회수되지 않을 것으로 예상되는 매출채권을 매출채권계정잔액에서 차감해야 한다. 이는 수익이란 고객에게 상품 또는 서비스를 제공하고 그 대가로 회사에 유입되는 자산이기 때문이다. 즉, 판매시점에서는 매출채권 전체를 수익으로 인식하였지만, 이 중 일부분이 회수되지 않을 것으로 예상된다면, 회수되지 않을 금액을 차감한 잔액만을 재무제표에 표시하여야 한다. 결국 매출채권계정의 차감계정이 증가하면 차감계정의 대변에 기입하여 매출채권의 감소를 나타내야 한다. 이 경우 대손충당금이라는 **매출채권계정**의 차감계정의 증가는 대손상각비라는 비용을 증가시킨다.

(차) 대손상각비	×××	(대) 대손충당금	×××

또 다른 차감계정의 예는 매출환입을 들 수 있다. 즉, 매출된 상품이 환원된 부분이다. 판매수익의 증가는 매출계정의 대변에 기입되기 때문에, 판매수익의 감소를 나타내는 매출계정의 차감계정의 증가는 차감계정의 차변에 기입한다. 이 경우 수익이 감소하면 이 금액만큼 직접 매출계정을 감소시켜도 되지만 재무제표이용자의 의사결정에 유

용한 정보를 제공하기 위하여 수익의 차감계정을 사용한다. 왜냐하면 경영자나 기타 이해관계자집단은 한 회계기간 중에 판매한 총매출액은 얼마인가, 매출환입은 얼마인가 등을 알기를 원하기 때문이다. 이러한 이유에서 이런 정보는 차감계정의 금액을 매출계정에서 직접 차감하면 알 수 없게 된다. 이러한 차감계정들의 재무상태표 표시방법은 다음과 같다.

보충설명

매출채권의 차감계정

재무상태표

××회사 20×1년 12월 31일 현재 (단위: 원)

(차변)		(대변)	
매 출 채 권	₩200,000,000		
대손충당금	(1,000,000)	대손충당금	1,000,000
	₩199,000,000		

대손충당금은 대변잔액이지만, 재무상태표에서는 차변으로 이동하여 매출채권의 차감계정으로 표시됨

매출채권에서 차감계정인 대손충당금을 차감한 금액을 매출채권의 장부금액(book value) 또는 순장부금액(net book value)이라고 부른다. 이는 유형자산에서 차감계정인 감가상각누계액의 잔액을 차감하여 순장부금액만을 보임과 동일하다.

03 매출채권의 평가

CHECK POINT

- 매출환입 및 매출에누리
- 매출할인
- 대손상각비
- 직접법
- 간접법
- 매출채권의 기대신용손실 측정

1. 매출환입 및 매출에누리

고객에게 상품을 판매한 후, 고객이 상품에 대하여 만족하지 않았을 때에는 다시 반환하는 경우가 있다. 판매자가 상품의 환입(반품)을 허용할 경우에는 이러한 거래를 인식하도록 회계처리하여야 한다. 상품이 판매한 회계기간내에 환입되면, 판매시점에서

매출환입

고객이 상품에 대하여 만족하지 않은 경우 매입자가 매출자에게 상품을 다시 반환하는 경우

판매수익으로 인식한 매출을 감소시키고, 동시에 외상매출하였을 경우에는 매출채권을, 현금매출일 경우에는 현금을 감소시킨다. 매출계정을 차변에 기입하여 직접 감소시킬 경우에는 매출총액이나 매출환입액에 관한 정보를 알 수 없기 때문에, 차변에는 매출의 차감계정인 **매출환입**을, 대변에는 현금 또는 매출채권 등을 기입한다. 매출에누리도 매출환입과 같은 방법으로 회계처리한다. **매출에누리**는 매출 후에 불량 등을 이유로 가격을 조정해 주는 것이다.

재고상품을 재고실사법에 의하여 회계기말에 평가하면 매출원가는 회계기말에 가서야 인식된다. 따라서 회계기간 중에 상품을 판매하고, 상품이 반환되면 매출환입은 매출원가에 영향을 미치지 않는다. 그러나 환입된 상품이 원래의 가격보다 훨씬 낮은 가격으로 판매할 수밖에 없는 경우에는 매출환입에 의한 손실을 인식할 수 있도록 회계처리하여야 한다. 또한 이러한 경우에는 환입된 상품을 재고상품과 구분하여 공시하는 것이 바람직하다.

위의 첫 두 분개는 매출의 차감계정인 매출환입이 사용되기는 하였으나 역분개와 같은 결과를 초래한다. 즉, 매출채권의 증가를 상쇄시키며 매출에 대한 차감계정인 매출환입을 증가시킴으로써 매출의 증가를 상쇄시키는 효과를 갖는다. 재고실사법하에서 매입 대신에 당기 매입된 상품의 증가가 상품에 차기되었다면 매입계정 대신에 상품계정을 대기한다.

예제 2

매출환입

원가 ₩80의 상품을 서울상사에 ₩100에 외상매출하였는데, 이틀 후에 상품이 반환되었다. 반환된 상품은 종전보다 낮은 가격인 ₩50으로밖에 판매하지 못한다. 이 회사는 재고실사법에 의하여 재고상품을 평가한다고 가정할 때, 위의 거래는 다음과 같이 분개된다.

(차) 매 출 채 권	100	(대) 매 출	100
	(서울상사에 외상매출)		
(차) 매 출 환 입	100	(대) 매출채권	100
(상품이 반환된 것을 매출계정의 차감계정인 매출환입계정에 기입)			
(차) 환 입 상 품	50	(대) 매 입(또는 상품)	80
매출환입손실	30		
(매출환입에 의하여 발생된 손실을 인식. 환입상품과 정상적인 재고상품을 구분)			

보충설명

계속기록법에 따른 매출환입 기록

예제 2를 계속기록법이 사용된다는 가정하에 분개하면 다음과 같다.

차변	금액	대변	금액
(차) 매출채권	100	(대) 매 출	100
(서울상사에 외상매출)			
(차) 매출원가	80	(대) 상 품	80
(매출원가를 인식)			
(차) 매출환입	100	(대) 매출채권	100
(상품이 반환된 것을 매출계정의 차감계정인 매출환입계정에 기입)			
(차) 환입상품	50	(대) 매출원가	80
매출환입손실	30		
(매출환입에 의하여 발생한 손실을 인식. 매출원가를 하향 조정)			

계속기록법에서는 매출시점에 매출원가를 인식하였고 상품의 감소가 이미 기록되었다. 따라서 상품이 반환되어 올 때에는 매출이 발생하지 않은 것이므로 매출원가가 ₩80 과대계상되어 있으며 이를 하향조정하여야 한다. 결과적으로 인식되었던 매출원가가 하향 조정되며 상품은 이미 매출시점에서 감소되었으므로 재고실사법이나 계속기록법하에서 매출환입으로 인한 영향은 동일하다.

2. 매출할인

매출할인

외상으로 판매한 매출채권을 조기에 결제하는 경우에 대금의 일부를 면제해 주는 것

회사에서는 외상대금을 빨리 회수하기 위하여, 상품을 외상매출한 다음에 고객이 일정한 기간 이내에 대금을 지불하면 판매가격에서 일정한 금액을 할인해 주는 경우가 있다. 할인조건은 송장에 기재된다. 예를 들어 송장에 2/10, n/30이라고 기재되어 있으면, 10일 이내에 대금을 지급하면 2% 할인하여 주지만, 그 이후에는 할인혜택은 없으며 30일까지 송장가격 전액을 지급해야 된다는 뜻이다. 구매자의 입장에서는 10일 되는 날에 2%의 할인을 받으며 금액을 지급함이 가장 합리적이다. 판매자는 할인을 주면서까지 현금회수를 앞당기려 한다. 물론, 이는 10일 되는 날에 지급할 현금을 보유할 경우이고 그렇지 않을 경우는 30일 되는 일자에 전액을 지급할 수밖에 없다. 전자의 대안은 후자의 대안에 비하여 20일 동안에 2%의 이자를 받는 것과 마찬가지이다. 구매자가 10일 되는 날짜에

이를 지급할 여유 자금이 없고 이 자금을 은행에서 10%의 연이자율로 대출받을 수 있다면 이 구매자는 20일 동안에 2%의 할인을 받는 대신에 이 자금을 대출받은 비용은 0.5%(10%×20/365)에 불과하다. 즉, 10일째 상환한다면 20일간에 2%의 이자를 버는 것과 동일하다.

개념 더하기

기업은 왜 손해 보면서 할인을 해줄까?

기업이 자발적으로 2%나 깎아주는 이유는 간단합니다. 미래의 불확실한 100원보다 오늘의 확실한 98원이 더 중요하기 때문입니다.

기업에게 현금은 생존과 직결되는 '혈액'과도 같습니다. 외상대금을 빨리 회수할수록 직원들 월급도 제때 주고, 새로운 상품을 매입하여 더 많은 판매 기회를 잡을 수 있습니다. 매출할인은 이처럼 현금 회수 속도를 높이고, 돈을 떼일 위험(대손 위험)을 줄이기 위해 기업이 지불하는 일종의 '금융 비용'인 셈입니다.

매출할인은 매출환입과 같이 매출에 대한 차감계정으로 처리한다.

상품을 외상매출한 시점에서는 매출채권계정과 매출계정을 송장가격으로 기록한 다음, 고객이 할인을 받기 위하여 할인기간 이내에 외상대금을 지급할 경우에 할인액만큼 수익을 차감한다. 수익을 감소시킬 때에는 차감계정을 사용한다.

매출할인을 회계처리할 때에 할인기간이 경과된 매출채권에 대해서는 수정할 필요가 없다는 점에 주의하여야 한다. 할인기간이 경과되어 할인받지 못한 금액은 분리하지 않고 매출계정에 그대로 포함시킨다. 6월 16일에 회계기간이 종료된다고 가정하면 6월 16일에 할인의 기회를 상실하였지만 할인되지 않는다는 조건에서 매출분개가 수행되었으므로 별개의 분개가 필요하지 않다.

예제 3

매출할인 회계처리

6월 5일에 두 명의 고객에게 ₩1,000의 상품을 외상으로 각각 판매하였는데, 할인조건은'2/10, n/30'이다. 한 사람은 6월 14일에 대금을 지불하였고, 다른 고객은 7월 1일에 지불하였다. 위의 거래를 분개하라.

6/ 5	(차) 매출채권	2,000	(대) 매　　출	2,000
		(총액법에 의하여 외상판매를 기록)		

6/14 (차) 현 금 980 (대) 매출채권 1,000
매출할인 20
(할인기간내에 대금을 지불하였기 때문에 할인액만큼을 매출계정의 차감계정인 매출할인계정을 이용하여 기록)
7/ 1 (차) 현 금 1,000 (대) 매출채권 1,000
(송장가격 총액을 현금으로 회수)

3. 대손상각비

대손상각비
결산 때 매출채권의 기말잔액에 대하여 대손예상액을 추정하여 계산하는 절차를 대손상각이라 하고 이때 계상되는 비용계정

외상매출을 확대하게 되면 이점도 있지만 불리한 점도 생긴다. 불리한 점은 거래처가 외상대금을 지급하지 않을 수 있다는 점이고, 외상매출로 인한 이점은 만일 외상매출을 허용하지 않았을 경우에는 잃게 될 거래처에 상품을 판매하므로 그로 인하여 수익과 이익을 증대시킬 수 있다는 점이다. 따라서 어느 정도까지 외상매출을 확대할 것인지는 신용관리담당자가 외상매출로 인한 효익과 원가를 비교하여 결정하여야 한다.

상품을 외상으로 판매하게 되면 이 중 일부분은 회수되지 않는 것이 통상적이다. 상품을 판매할 때에는 거래처의 신용을 검토하여 만일 외상대금을 지급하지 않을 것이라고 판단되면 처음부터 판매하지 않지만, 아무리 엄격하게 신용분석을 실시한다고 하더라도 일정한 비율의 외상대금은 회수되지 않는다. 대손(bad debt)이란 신용판매로 인한 회수불가능한 매출채권을 말한다. 대손에 관한 회계처리의 어려운 점은 판매시점과 대손이 실제로 판명되는 시점이 서로 다른 회계기간이라는 점이다.

이 두 시점의 회계기간 차이 때문에 대손회계처리는 대손상각비를 어느 회계기간에 보고하는지에 따라 직접법과 간접법으로 나누어진다.

4. 직접법(직접차감법)과 간접법(충당금설정법)

매출채권에 대한 대손이 발생한 시점에 대손상각비를 계상하면서 동시에 해당 매출채권에서 직접 차감하는 방법을 직접법이라 한다.

예를 들어서 20×1년 기중에 ₩100,000의 상품을 외상으로 판매하였고 기말까지 회수되지 않았는데 기말에 대손추정을 한 결과 이 중 ₩2,000은 회수가능성이 낮다고 가정하자. 그러나 20×2년에 가서야 외상대금을 회수할 수 없는 거래처가 누구인지 식별할 수 있을 경우에, 이러한 거래는 직접법(write-off method)과 간접법(allowance method)으로 회계처리할 수 있다. 이와 같이 일정한 금액의 회수가 불가능하다고 결정되는 사건을 대손이 확정(확인) 또는 대손이 발생하였다고 표현한다.

위의 거래를 각 방법에 의하여 분개하면 다음과 같다.

	직 접 법	간 접 법
20×1년 매출시점:	(차) 매출채권 100,000 (대) 매 출 100,000	(차) 매출채권 100,000 (대) 매 출 100,000

	직 접 법	간 접 법
20×1년도 기말:	분개없음	(차) 대손상각비 2,000 (대) 대손충당금 2,000
20×2년도 대손발생시점:	(차) 대손상각비 2,000 (대) 매출채권 2,000	(차) 대손충당금 2,000 (대) 매출채권 2,000

직접법에 의하여 회계처리할 경우, 신용판매한 결과 발생되는 매출채권은 어느 특정 거래처로부터 매출채권을 회수할 수 없다고 판단되지 않는 한 모두 회수된다고 가정한다. 이 경우에 20×1년 12월 31일 현재의 재무상태표에는 매출채권계정잔액이 ₩100,000으로 표시된다. 직접법은 수익비용대응의 원칙에 위배되어 수익을 인식한다는 결점이 있다. 즉, 수익비용대응의 원칙하에서는 상품이 판매될 때 인식되는 수익에 상응하여 예상되는 대손상각비를 차감 처리하여야 하지만 직접법에서는 대손이 확정된 시점에서 대손상각비를 계상하기 때문이다.

위의 예에서 보면 상품을 판매함으로써 실제로 얻는 이익은 ₩98,000인데도 불구하고, 직접법하에서 20×1년도에 계상되는 이익은 ₩100,000으로 대손추정액 ₩2,000만큼 과대계상된다는 점이다. 반면에 직접법하에서는 외상매출 ₩100,000에 대한 대손상각비가 20×2년에 인식되므로 20×2년 중의 순이익은 ₩2,000만큼 과소계상된다. 두 해 동안의 이익의 합에는 차이가 없으나 이익을 인식하는 시점에는 차이가 있다. 직접법을 사용할 경우에 20×2년에 매출수익이 전혀 없다면 20×2년에는 수익의 인식 없이 대손상각비만이 인식되어, 대응되는 수익도 없는데 비용만이 인식되는 문제점이 발생된다. 즉, 직접법은 수익/비용대응 원칙에 위배된다.

20×2년도의 사건이 대손발생이라는 용어의 사용에 주의할 필요가 있다. 즉, 위에서도 기술하였지만 대손이 확정되는 것을 대손이 발생한다고 한다.

간접법
결산시점이 되면 회수하지 못할 것으로 예상되는 매출채권을 합리적으로 추정해서 대손상각비로 인식하는 방법

간접법에 의하여 회계처리할 때는, 20×1년 12월 31일 현재 과거 경험과 추가적인 정보 등에 근거할 때 매출채권총액 중 2%에 해당하는 ₩2,000이 회수되지 않을 것으로 예상할 수 있다면 이를 대손상각비로 인식하게 된다. 따라서, 20×1년 12월 31일 현재의 재무상태표에는 매출채권 및 대손충당금은 다음과 같이 보고된다. 즉, 매출채권의 장부금액 또는 순장부금액은 ₩98,000이다.

매 출 채 권	₩100,000
차감: 대손충당금	(2,000)
매출채권순액	₩ 98,000

간접법에 의하여 회계처리할 때, 기말에는 대손상각비를 인식하고, 동시에 매출채권계정을 직접 감소시키는 대신 매출채권계정의 차감계정인 대손충당금계정을 증가시킨다. 20×2년에 대손이 발생할 경우는 대손이 확정되었으므로 발생한 대손인 ₩2,000에 대해서 더 이상 차감계정을 설정할 필요가 없으므로 직접 원계정인 매출채권을 감소시킨다. 이 분개로 인하여 매출채권의 장부금액에는 변화가 없다. 이 분개 이전의 순장부금액도 ₩98,000이고 이 분개 이후 매출채권의 장부금액도 ₩98,000이다.

대부분의 대손상각과 관련된 거래는 위의 사건으로 종료된다. 이 사건에 연속적으로 다음의 사건이 발생한다고 가정한다. 20×2년 대손이 발생한 것으로 처리되었던 매출채권 ₩2,000이 회수되었다. 이를 분개하면 다음과 같다.

직 접 법				간 접 법			
(차) 매출채권	2,000	(대) 대손상각비	2,000	(차) 매출채권	2,000	(대) 대손충당금	2,000
(차) 현 금	2,000	(대) 매 출 채 권	2,000	(차) 현 금	2,000	(대) 매 출 채 권	2,000

각 방법의 첫 분개는 20×2년 회계연도 중의 대손발생으로 인한 회계처리를 역분개하여 그와 같은 대손상각이 발생하지 않을 경우로 계정 잔액을 원위치시키는 역할을 한다.

즉, 직접법하에서는 매출채권 ₩2,000을 다시 설정해 주며 대손발생시에 인식하였던 대손상각비 ₩2,000 감소시킨다. 간접법하에서는 대손발생으로 상각시켰던 매출채권 ₩2,000을 다시 설정해 주며 대손충당금을 복원시킨다. 위의 방법의 두 번째 분개인 현금 회수에 대한 분개는 일반적인 매출채권의 현금회수에 대한 분개와 동일하다. 이는 대손상각이 존재하지 않을 경우와 같이 역분개로 매출채권이 회복되었기 때문이다.

일부 학생은 간접법에 있어서 ₩2,000에 대한 현금이 회수되었는데도 불구하고 대손충당금 ₩2,000이 남아있다는 것에 대한 의문을 갖는다. 그러나 이 대손충당금계정에 대기된 ₩2,000은 어느 매출처로부터의 매출채권인지는 확인되지 않은 상태에서 예상되는 금액의 기대치를 충당금으로 설정해 놓은 금액이다. 따라서 이 매출처에 대해서 대손이 발생하지 않았다고 하여도 다른 기업에 대한 매출채권에서 대손이 발생할 수 있으므로 이 대손충당금은 지속적으로 ₩2,000의 대변 잔액을 보임이 옳다.

위의 현금회수 분개 이후의 매출과 관련된 2년간 매출로부터의 수익은 직접법일 경우는 20×1년에 인식한 매출수익인 ₩100,000만이 존재하고 관련된 비용은 인식되지 않았으므로 이 금액이 2년간에 걸친 (매출원가와 영업비용을 고려하지 않고) 매출로부터의 이익이다. 반면에 간접법일 경우의 매출로부터의 이익은 20×1년 인식한 매출수익인 ₩100,000에서 대손상각인 ₩2,000이 차감되어 ₩98,000이 2년간의 매출로부터의 이익으로 인식된다.

위의 설명에서 대손 발생을 분개한 후에는(이에 대한 현금이 회수되기 전 시점에) 두 방법에 의한 매출로부터의 2년간 이익의 합이 동일한 값을 보였다. 이는 대손의 예측금액과 실제 발생한 금액이 일치하였고 두 방법 아래서 각각 대손이 발생할 때와 대손이 예측될 때 동일한 대손상각비가 인식되므로 나타나는 현상이었다. 반면에 발생한 대손에 대한 현금이 회수되었을 때에는 직접법하에서는 대손상각 발생으로 인한 대손상각비용이 역분개에 의해서 상쇄되었으며 간접법하에서는 대손상각비용이 예측에 근거하여 인식되므로 20×1년에 인식된 대손상각이 비용으로 인식됨에 아무런 문제가 없다.

간접법하에서는 대손이 발생하였던 ₩2,000에 대해서는 현금이 회수되었다고 하여도 아직 현금이 회수되지 않은 다른 매출채권에 대하여 대손이 발생할 위험이 지속적으로 존재하므로 대손충당금 ₩2,000은 충당된 상태로 되돌려 주어야 한다. 또한 간접법은 대손이 예측되는 시점에서 대손상각비가 인식되는 것이 적절하다. 따라서 20×1년에 인식된 대손상각비는 앞으로 발생할 수 있는 대손 예측액에 대한 비용의 인식이므로 ₩2,000이 지속적으로 대손충당금의 상태로 남아 있어야 한다.

위의 간접법하에서의 대손발생의 분개는 대손충당금이 충분히 설정되어 있을 경우의 분개이고 그렇지 않을 경우는 충당금을 소진시키고 난 후에 부족한 대손상각비를 추가적으로 인식한다. 이에 대한 자세한 예는 예제 5에서 설명된다. 즉, 과거에 대손으로 추정되던 금액이 대손충당금으로 설정되므로 대손충당금이 대손 확정금액에 비해 부족할 경우는 과거의 대손 예상 금액(대손충당금)이 낮게 추정되었음을 의미하며 따라서 추가로 대손상각비를 인식한다.

비유로 이해하기 **대손충당금은 궂은 날을 위한 '우산 보관함'**

왜 우리는 '대손'이 확정되기 전에 미리 '대손충당금'을 설정하는 번거로운 간접법을 사용할까요? 이는 비 오는 날을 대비하는 현명한 지혜와 같습니다.

- 대손충당금 설정(비용 인식): 일기예보에서 "이번 달에 비 올 확률 30%"라고 합니다. 이때 우리는 비가 오기 전에 미리 '우산 보관함(대손충당금)'에 우산(미래의 손실 대비)을 넣어둡니다. 이것이 바로 '대손상각비'를 인식하는 과정입니다. 수익(매출)이 발생한 기간에 그에 따르는 위험(비 올 확률)을 비용으로 미리 인식하는 것이죠.
- 대손의 확정(실제 손실 발생): 실제로 비가 오는 날입니다. 특정 거래처가 파산하여 돈을 떼였습니다. 이때 우리는 당황하지 않고, 미리 준비해 둔 '우산 보관함(대손충당금)'에서 우산을 꺼내 씁니다. 이 과정에서 내 전체 자산(내 기분)은 변하지 않습니다. 이미 우산을 준비하는 비용을 치렀기 때문이죠. 즉, 대손이 확정되는 시점에는 추가적인 비용 인식이 없으며, 이미 설정된 대손충당금과 매출채권을 서로 상계하여 제거할 뿐입니다.

〈잠깐!〉 왜 진짜 돈을 떼였는데 비용(손실)이 아닐까?

많은 학생이 이 부분을 가장 헷갈려 합니다. 핵심은 미래에 발생할 손실을 우리는 이미 '대손상각비'라는 비용으로 처리하여 '우산(대손충당금)'을 미리 준비해뒀다는 점입니다.

대손이 확정된 것은, 마침내 '비가 오는 날'이 된 것뿐입니다. 이때 우리는 당황하지 않고, 미리 준비해 둔 '우산 보관함(대손충당금)'에서 우산을 꺼내 쓰는 것입니다. 이 분개는 그저 '받을 권리(매출채권)'가 사라진 것을, 이미 준비해둔 '손실 대비용 자금(대손충당금)'으로 메꾸는 과정일 뿐입니다. 이미 비용 처리는 끝났기 때문에, 이 단계에서는 손익에 아무런 영향을 미치지 않는 것입니다.

Focus on Decision Making

[상 황]

'신촌 빵집'은 대학교와 기업체에 케이터링 서비스를 시작하며 외상 매출이 크게 늘었습니다. 연말 결산 시, 나사장은 올해 발생한 외상매출금 1,000만원 중 얼마를 '떼일 돈(대손)'으로 예상하고 비용 처리할지 결정해야 합니다.

"우리 고객들은 다들 신용이 좋은데, 굳이 떼일 거라고 가정하고 이익을 줄여야 할까? 그냥 실제로 돈을 떼이면 그때 비용으로 처리하면 안 될까?"

[선택지 분석]

1. 선택 A: '낙관적' 태도 (대손을 거의 추정하지 않거나, 실제 발생 시점에만 인식)

- 방법: "대부분 다 받을 수 있을 거야"라고 생각하고, 대손상각비(예상되는 손실)를 매우 적게, 혹은 아예 인식하지 않습니다.
- 결과: 올해의 비용이 적게 계산되어 당기순이익이 높게 나타납니다. 재무상태표의 매출채권도 1,000만원에 가깝게 표시되어 자산이 커 보입니다. 단기적으로는 경영 성과가 좋아 보이는 효과가 있습니다.
- 위험: 하지만 이는 '받을 수 있을지도 모르는 돈'을 '받을 돈'으로 확신하는 것과 같습니다. 만약 내년에 실제로 돈을 떼이면, 그 손실은 모두 내년의 책임이 되어버려 미래의 이익이 급격히 나빠질 수 있습니다.

2. 선택 B: '보수적' 태도 (합리적 대손 추정 및 충당금 설정)

- 방법: 과거 경험과 산업 평균에 비추어 "외상 매출의 약 3%는 회수가 어렵다"고 판단하고, 30만원(1,000만원×3%)을 올해의 '대손상각비(비용)'로 미리 인식합니다.
- 결과: 올해의 비용이 30만원 늘어나 당기순이익은 그만큼 줄어듭니다. 재무상태표의 매출채권은 대손충당금 30만원이 차감된 '순액(970만원)'으로 표시되어, '실제로 회수 가능한 금액'에 더 가깝게 보여줍니다.

[나사장의 의사결정]

'선택 A'는 이익을 단기적으로 부풀릴 수는 있지만, 수익과 그에 따르는 비용(떼일 위험)을 같은 기간에 대응시키지 못하므로 수익비용대응의 원칙에 위배됩니다.

반면, '선택 B'는 올해의 매출과 그 매출로 인해 발생한 '떼일 위험'이라는 비용을 같은 기간에 인식시켜 더 정확한 경영 성과를 보여줍니다. 이것이 바로 대손충당금을 설정하는 이유입니다.

이처럼 대손을 어떻게 추정하고 관리할 것인지는 단순히 기술적인 회계 처리를 넘어, 기업이 자신의 성과를 얼마나 정직하고 현실적으로 보고할 것인지에 대한 중요한 의사결정입니다.

5. 매출채권의 기대신용손실 측정

기업은 회계기간 말에 보유중인 매출채권 중 회수불확실한 금액을 추정하여 해당 금액만큼 재무상태표상 대손충당금으로 보고하여야 한다.[3] K-IFRS에서는 매출채권의 회수불확실한 금액을 **기대신용손실**(expected credit losses)의 개념을 사용하여 측정하도록 하고 있다.

(1) 기대신용손실의 개념

기대신용손실이란 신용손실을 채무불이행 발생위험으로 가중평균한 것을 말한다. 여기서 신용손실(credit losses, CL)이란 채무자의 채무불이행으로 인해 회수하지 못할 것으로 예상되는 금액을 말하며, 채무불이행 발생위험은 채무불이행이 발생할 확률(probability of default, PD)을 의미한다. 즉, 기대신용손실은 채무불이행으로 인해 회수하지 못할 것으로 예상되는 금액에 채무불이행이 발생할 확률을 곱하여 계산되는 기댓값의 개념이다. 이를 수식으로 표현하면 다음과 같다.

> 기대신용손실=채무불이행으로 인해 회수하지 못할 것으로 예상되는 금액(신용손실)
> ×채무불이행이 발생할 확률(채무불이행 발생위험)

예를 들어, 기업 A가 10년 만기, 원리금 분할상환 조건으로 ₩1,000,000을 대여하였다고 가정하자. 기업 A는 대여금에 채무불이행이 발생할 경우에 원금의 25%에 해당하는 손실을 볼 것으로 판단하고 있으며, 채무불이행 발생확률은 0.5%로 추정하고 있다. 이 경우 신용손실은 ₩1,000,000의 25%인 ₩250,000이며, 기대신용손실은 ₩250,000에 채무불이행 발생확률 0.5%를 곱한 ₩1,250이 된다. K-IFRS에서는 기대신용손실인 ₩1,250을 대손충당금으로 보고하도록 규정하고 있는 것이다. 즉, 이는 통계학에서의 기대치의 개념이다.

3) 기업회계기준서 제1109호 '금융상품'에서는 대손충당금 대신 손실충당금, 대손상각비 대신 손상차손이라는 용어를 사용하고 있다. 그러나 K-IFRS에서는 동일한 용어의 사용을 강제하고 있지 않으며, 대손충당금과 대손상각비라는 용어가 보다 일반적으로 사용되고 있으므로 본서에서는 대손충당금과 대손상각비라는 용어를 사용하기로 한다.

(2) 매출채권의 기대신용손실 측정방법

매출채권의 기대신용손실을 측정하기 위해서는 원칙적으로 각 거래처별로 매출채권 잔액에 대해 채무불이행으로 인해 회수하지 못할 것으로 예상되는 금액과 채무불이행이 발생할 확률을 추정하고, 이를 통해 각 거래처별 기대신용손실을 구한 후 모두 합산하여야 한다. 그러나 매출채권을 구성하고 있는 거래처가 다수의 작은 고객들로 구성되어 있다면, 거래처별로 기대신용손실을 구하는 것은 실무상 매우 번거롭고 어려울 수 있다. 이를 해결하기 위한 간편법으로 실무상 **경과기간분석법(또는 연령분석법**, aging of accounts receivable method)을 많이 사용한다.

경과기간분석법
매출채권을 경과기간별로 분류한 다음 경과기간별로 기대신용손실률을 계산하고, 이 기대신용손실률을 이용하여 대손충당금을 계산하는 방법

경과기간분석법은 매출채권을 경과기간별(또는 연체기간별)로 몇 개의 그룹으로 분류한 다음, 경과기간 그룹별로 다른 기대신용손실률을 적용하여 매출채권의 기대신용손실을 구하는 방법이다. 일반적으로 특별한 이유가 없는 한 최근에 상품을 외상으로 구입한 거래처가 외상대금을 지급하지 않을 가능성은 매우 낮을 것이다. 그러나 정해진 외상대금 지급일을 많이 경과한 매출채권일수록, 즉 경과기간(또는 연체기간)이 오래된 매출채권일수록 회수될 가능성은 점점 줄어들기 때문에 더 높은 기대신용손실률을 적용하게 된다.

비유로 이해하기 **의사의 환자 진찰법: 연령분석**

연령분석법은 마치 의사가 환자들을 진찰하는 것과 같습니다. 의사는 입원한 지 90일이 넘은 중환자(90일 이상 연체 채권)가 오늘 막 입원한 경증 환자(미연체 채권)보다 상태가 더 심각(대손 가능성이 높음)하다는 것을 경험으로 알고 있습니다.

이처럼 '환자(매출채권)'를 얼마나 오래 앓고 있는지(연체 기간)에 따라 그룹을 나누고, 각 그룹의 심각도(과거의 대손율)에 따라 다르게 처방(대손 추정)을 내리는 것이 연령분석법의 핵심입니다. 이렇게 하면 전체 환자를 한 번에 보는 것보다 훨씬 더 정확하고 합리적으로 미래의 위험을 예측할 수 있습니다.

사 례

제조업체인 연희상사는 20×1년말에 ₩30,000,000에 해당하는 매출채권을 갖고 있다. 연희상사의 거래처는 다수의 작은 고객들로 구성되어 있으며, 매출채권은 연체기간에 따라 공통된 위험특성을 가진 몇 개의 그룹으로 구분할 수 있다.

연희상사는 매출채권의 기대신용손실을 산정하기 위해 아래의 대손충당금 설정률표를 작성하였다. 대손충당금 설정률표는 과거에 관측된 매출채권 채무불이행률에 기초

하여 미래전망 추정치를 반영하여 작성하고 있다. 연희상사는 내년에 경제상황이 더 악화될 것으로 예측하고 있으며, 이러한 미래전망을 반영하여 다음과 같이 기대신용손실률을 추정하였다.

연체기간	연체되지 않음	1~30일 연체	31~60일 연체	61~90일 연체	90일 초과 연체
기대신용손실률	0.3%	1.6%	3.6%	6.6%	10.6%

연희상사가 대손충당금 설정률표를 이용하여 측정한 기대신용손실은 다음과 같으며, 기대신용손실의 합계금액인 ₩580,000이 대손충당금으로 보고되어야 한다.

구 분	총장부금액	기대신용손실 (총장부금액×기대신용손실률)
연체되지 않음	₩15,000,000	₩45,000
1~30일 연체	7,500,000	120,000
31~60일 연체	4,000,000	144,000
61~90일 연체	2,500,000	165,000
90일 초과 연체	1,000,000	106,000
계	₩30,000,000	₩580,000

예제 4

경과기간분석법

동화상사는 대손충당금이 적절하게 추정되었는지를 검토하고 있다. 이를 위하여 동화상사는 매출채권을 경과기간별로 분류한 다음 경과기간별 기대신용손실율을 경과기간별로 분류된 매출채권에 곱하여 대손충당금을 추정한다.

경과기간	매출채권	기대신용손실률	대손충당금
6개월 이내	₩5,000	1%	₩50
6개월~1년	3,000	5%	150
1년~2년	1,000	20%	200
2년 이상	300	90%	270
	₩9,300		₩670

현재 대손충당금계정잔액이 ₩400이면 다음과 같은 분개를 통하여 잔액이 ₩670이

되도록 하여야 한다.

(차) 대손상각비 270 (대) 대손충당금 270

따라서 ₩270은 추가적인 대손충당금의 설정액이며 추가적인 대손상각비의 인식액이다.

매출채권의 총액 ₩9,300은 매출채권의 회계기말 잔액이며 ₩670은 이 중 회수되지 않을 기대 금액이다. ₩670을 실제 대손 발생액으로 잘못 생각하는 학생들이 있는데 이금액은 경과기간분석표가 작성되는 시점의 대손예상액으로서 매출채권 잔액에 대한 차감계정의 잔액이다.

만약 대손충당금계정 잔액이 ₩400이 아니라 ₩1,000라면 다음과 같이 분개한다.

(차) 대손충당금 330 (대) 대손충당금환입 330

대손충당금환입은 기타수익으로 분류된다. 이 경우에는 대손충당금이 과도하게 계상되어 있는 경우로 회수될 것으로 예측되는 부분에 대하여 수익이 계상된다. 즉, 과거에 대손상각액이 과도하게 추정된 것이며 이 시점에 비용이 과대하게 계상되었으므로 수익을 인식하며 과대 계상된 비용을 하향 조정한다.

04 지급채무

CHECK POINT

- 매입채무
- 매입
- 유동부채

1. 매입채무와 매입

상품을 외상으로 매입하면 거래처에 지급하여야 할 금액이 매입채무계정에 기록된다. 매입채무계정에 관한 회계장부에는 총계정원장과 보조원장이 있는데, 총계정원장에는 회사가 거래처 전체에 지급해야 할 총액이 기입되고, 보조원장에는 특정 거래처에 지불하여야 할 금액이 기입된다. 매입채무의 경우에도 매출채권계정과 마찬가지로 보조원장잔액의 합계는 총계정원장의 잔액과 일치해야 한다.

매입채무는 거래처로부터 송장을 받은 후에 매입한 상품이 주문한 상품과 일치하는지를 확인한 다음에 기록한다. 매입한 상품이 주문한 상품과 일치하는가를 확인한 결과는 검수보고서에 기록한다. 매입채무를 보조원장과 총계정원장에 기입할 때는 매입송장, 검수보고서 및 주문서를 모두 비교·검토하여야 한다. 모든 회계기록에 해당되겠으나 매출, 매입도 적절한 내부통제제도가 오류를 제도적으로 방지하는 효과를 갖는다.

매입채무계정과 매입계정을 기록할 때 발생하는 문제점 중의 하나는 매입할인(purchase discounts)에 대한 회계처리이다. 앞장에서 설명한 매출할인은 상품대금을 빨리 회수하기 위해 제시하는 할인조건을 판매자의 관점에서 본 것인데, 매입할인은 동일한 경제적 사건을 구매자의 관점에서 본 것이다.

예제 5

매입할인 회계처리

12월 15일에 상품을 ₩300(총액)에 외상으로 매입하였는데 거래처에서는 대금을 빨리 회수하기 위하여 '2/10, n/30'인 할인조건을 제시하였다. 회사에서는 12월 21일 ₩98, 12월 30일에 ₩100을 각각 지급하였고, 나머지는 아직 지불하지 않았다. 이를 분개하면 다음과 같다.

12/15	(차) 상 품	300	(대) 매입채무	300
		(매입한 상품을 기입)		
12/21	(차) 매입채무	100	(대) 현 금	98
			매입할인	2
	(할인기간내에 대금을 지급한 사실을 기록한 것이다.)			
12/30	(차) 매입채무	100	(대) 현 금	100
	(할인기간이 경과된 후에 대금을 지급)			

나머지 지급하지 않은 ₩100에 대해서는 12월 31일에 매입할인기간이 경과되었지만 할인이 되지 않는다는 가정하에 금액을 설정하였으므로 수정분개가 필요하지 않다.

2. 유동부채

유동부채

원칙하에서는 1년 이내에 지급해야 하는 부채이지만 기업의 경영활동 순환기간내에 지급해야 할 부채

유동부채는 비유동부채와 구별되는 것으로서 일반적인 원칙하에서 1년 이내에 지급해야 하는 부채이지만 기업의 경영활동 순환기간내에 지급해야 할 부채를 의미하기도 한다.

유동부채에는 매입채무, 단기차입금, 미지급금, 선수금, 예수금, 미지급비용, 선수수

익 및 유동성장기부채 등이 있다.

(1) 단기차입금

단기자금을 얻기 위하여 차용증서 또는 금융어음으로 차입한 것으로서 1년 이내에 지급하여야 할 채무를 단기차입금이라 한다.

단기차입금은 단기자금을 얻기 위하여 차용증서 또는 금융어음으로 차입한 것으로서 1년 이내에 지급하여야 할 부채이다. 그리고 금융기관으로부터의 당좌차월액과 1년내에 상환될 차입금, 특수관계자 단기차입금, 주주임원종업원단기차입금 등은 재무상태표상 단기차입금계정에 포함된다. 만일 여러 은행에서 당좌거래를 하고 있고 당좌예금과 당좌차월이 함께 있는 경우에는 이를 상계하지 않고 당좌차월은 단기차입금에 포함하고, 당좌예금은 현금및현금성자산으로 기록한다.

(2) 미지급금

미지급금은 일반적 상거래 이외에서 발생한 채무를 처리하는 계정이다. 미지급금계정에는 미지급배당금 등과 같이 금액은 확정되었으나 실제로 기말까지 지급되지 않은 것을 처리한다. 이 계정에 속하는 항목들 중에서 금액이 비교적 거액일 때는 일괄 표시하지 않고 과목별 표시, 즉 미지급배당금 등으로 표시하는 것이 중요성의 원칙에 비추어 좋은 회계처리방법이다. 한편, 주된 영업활동을 위해서 외상으로 매입한 상품에 대해서는 미지급금이 아니라 매입채무계정을 설정한다.

예제 6

토지매입

경인주식회사는 토지를 구입하고 대금 ₩20,000,000은 1개월내에 지급하기로 하였다.

(차) 토　　　지	20,000,000	(대) 미 지 급 금	20,000,000

예제 7

배당금지급

① ₩100,000의 배당금지급을 선언한 경우

(차) 이 익 잉 여 금	100,000	(대) 미지급배당금	100,000

② 배당금을 실제로 지급한 경우

(차) 미지급배당금	100,000	(대) 현　　　금	100,000

(3) 선수금

선수금이란 상품매매계약선수금과 같이 수주공사, 주문받은 물품 및 일반적 상거래에서 발생한 선수액을 처리하는 계정으로 재화의 인도가 이루어지는 시점에서 적절한 계정으로 대체된다.

예제 8

선수구독료

어떤 잡지회사가 2년간 잡지를 구독할 수 있는 구독신청서와 함께 대금 ₩24,000을 미리 받았다고 하자. 이에 대한 분개는 다음과 같다.

1/ 1	(차) 현 금	24,000	(대) 선 수 금	24,000
	(24개월의 구독료를 미리 수령. 선수구독료는 부채계정이다.)			
12/31	(차) 선 수 금	12,000	(대) 매 출	12,000
	(1년 동안에 발생된 수익을 인식하고 부채를 감소시킨다.)			

수익은 현금을 받은 1월 1일에 인식되지 않고 12월 31일에 인식된다. 왜냐하면 현금을 받은 1월 1일에는 고객에게 잡지를 제공하지 않았기 때문이다. 따라서 수익을 인식하는 시점은 잡지를 제작하고 이를 고객에게 전달하는 활동이 완료된 재무제표 작성일이 되어야 한다. 물론 1월 1일의 현금을 받는 시점에서 이를 모두 매출로 인식하였다가 12월 31일에 이에 대한 수정분개를 수행할 수도 있다.

(4) 예수금

예수금은 미래에 지급하여야 할 금액을 기업이 거래처나 종업원으로부터 미리 받아 일시적으로 보관하는 경우에 사용되는 유동부채계정이다. 예를 들어 종업원 급여에서 근로소득세를 원천징수한 경우, 근로소득세 및 건강보험료를 원천징수한 경우 세무서에 납부하기 이전에 기업이 일시적으로 보관하고 있을 때 예수금 계정으로 회계처리한다. 예수금계정은 종업원이나 소비자가 부담하는 금액이며 기업이 부담하는 것이 아니다. 기업은 관련법규나 징세기관의 편의에 따라 이 금액들을 실제부담자로부터 원천징수해서 이를 해당기관에 대신 납부해야 할 책임만 부담한다.

예제 9

예수금

대구에 있는 달성상사로부터 보증금으로 송금수표 ₩100,000을 받았다. 이에 대한 분개는 다음과 같다.

(차) 현　　금	100,000	(대) 예 수 금	100,000

(현금을 수령하였지만 미래에 지급해야 하는 금액이므로 부채로 인식)

예제 10

원천세예수금

종업원에게 급여 ₩50,000을 지급하는 데 소득세원천징수액 ₩5,000을 차감한 잔액을 현금으로 지급하였다. 이에 대한 분개는 다음과 같다.

(차) 급　　여	50,000	(대) 현　　금	45,000
		예 수 금	5,000

(5) 가수금

현금을 수취하였으나 그 원인이 밝혀지지 않은 경우, 그 원인이 밝혀질 때까지 현금 수입액을 기록하기 위해 일시적으로 사용하는 임시적인 계정과목이다.

(6) 미지급비용

미지급비용이란 발생은 되었지만 아직 지급일이 도래하지 않은 비용이다.

미지급비용은 발생은 되었지만 아직 지급일이 도래하지 않은 비용으로서 수정분개를 통하여 결산기에 나타나는 것이 일반적이다. 미지급비용으로는 임차료, 급여, 이자비용 등과 같이 일반적으로 후불하는 경우에 많이 발생한다.

예제 11

미지급비용

기말 현재로 ₩300,000의 급여가 발생하였으나 지급되지 않았다. 이 경우 현금흐름은 없지만 발생한 비용을 부채로 기록한다.

(차) 급　　여	300,000	(대) 미지급비용	300,000

(7) 선수수익

선수수익은 받은 수익 중에서 차기 이후에 속하는 금액으로 당기수익에 포함시키지

선수수익
받은 수익중에서 차기 이후에 속하는 금액으로 당기수익에 포함시키지 않고 차기로 이연하기 위하여 일시적인 유동부채로 취급

않고 차기로 이연하기 위하여 일시적인 유동부채로 취급하는 것이다. 선수수익 또한 일반적으로 결산기에 수정분개를 통하여 나타나는 것이라고 할 수 있는데, 특히 이자수익, 수수료수익, 임대료 등의 선수액으로서 수익금액이 기말까지 인식되지 않아야 할 것을 처리하는 계정이다.

예제 12
선수수익

임대료로 받은 ₩400,000 중 ₩150,000은 당기의 수익으로 귀속되지 않을 성격의 것이다. 이 경우 수령한 현금금액을 구분하여 기록한다.

(차) 현 금	400,000	(대) 임 대 료	400,000
임 대 료	150,000	선수수익(선수임대료)	150,000

두번째 분개는 현금으로 회수된 임대료 중에서 아직 수익으로 인식하지 않을 부분을 선수수익(선수임대료) 부채로 재분류한다.

(8) 유동성장기부채

유동성장기부채
비유동부채 중 재무제표 작성일로부터 1년 내에 상환될 것으로서 그 부분만큼을 유동부채로 표시하는 것

유동성장기부채는 비유동부채 중 재무제표 작성일로부터 1년내에 상환될 것으로서 그 부분만큼을 유동부채로 표시하는 것이다. 사채나 장기차입금은 일반적으로 재무상태표에 비유동부채항목으로 표시되는데 1년 이내에 만기일이 도래하는 경우에는 그 부분을 유동부채로 표시하여야 한다. 따라서 전기에 비유동부채항목으로 표시되었던 부채라도 재무제표 작성일로부터 1년 이내에 지급되는 부채는 유동부채로 재분류하여야 한다.

예제 13
유동성장기부채

장기차입금 ₩5,000,000 중 1년 이내에 상환하여야 하는 금액은 ₩1,000,000이다.

(차) 장기차입금	1,000,000	(대) 유동성장기부채	1,000,000

[한눈에 보는 기타 유동부채]

- 미지급금: 일반적 상거래 '이외의' 거래에서 발생한 빚입니다. (예: 회사 업무용 노트북을 외상으로 산 대금)

> **〈꿀팁!〉 매입채무와 미지급금의 구분**
>
> 옷 가게가 판매용 옷(재고자산)을 외상으로 사면 '매입채무'이고, 가게에서 쓸 컴퓨터(비품)를 외상으로 사면 '미지급금'입니다. 주된 상품의 매입 여부로 구분하세요!

- 선수금: 물건을 팔거나 서비스를 제공하기 '전에 미리' 받은 계약금입니다. (예: 아이돌 콘서트 티켓 예매 대금)
- 예수금: 내 돈이 아니라 잠시 '맡아두었다가' 국가나 다른 기관에 대신 내줘야 할 돈입니다. (예: 직원의 월급에서 뗀 세금(소득세))
- 유동성장기부채: 원래는 만기가 1년 이상 남았던 장기부채였지만, 시간이 흘러 상환일이 1년 이내로 다가온 빚입니다. (예: 5년 만기 대출금의 마지막 1년)

연습문제

01 매출채권과 대손에 관한 분개

다음은 한국상사의 20×1년 매출채권과 관련된 정보이다. 20×1년 1월 1일 현재 대손충당금의 잔액은 ₩30,000이다. 다음의 물음에 답하시오.

(1) 3월에 매출채권 ₩15,000이 회수불가능한 것으로 판명되었다.

(2) 5월에 매출채권 ₩8,000이 회수불가능한 것으로 판명되었다.

(3) 6월에 매출채권 ₩5,000이 회수불가능한 것으로 판명되었다.

(4) 7월에 전기에 대손처리하였던 매출채권 ₩2,000이 다시 회수되었다.

(5) 9월에 당기 6월에 대손처리하였던 매출채권 ₩5,000이 다시 회수되었다.

(6) 10월에 당기 5월에 대손처리하였던 매출채권이 다시 회수되었다.

(추가정보):

① 20×1년 12월 31일 현재 매출채권의 잔액이 ₩243,000이었다.

② 매출채권잔액별 연령자료 및 회수가능성은 다음과 같다.

매출채권의 연령	금 액	회수가능성
60일 이내	₩100,000	99%
61~90일	50,000	97%
91~120일	20,000	95%
121~200일	60,000	90%
200일 초과	13,000	0%

③ 과거의 경험상 매출채권 잔액의 3%가 회수되지 않았다.

물음 연령분석법에 따라 필요한 회계처리를 하시오.

02 대손상각비계산

다음과 같은 회계자료에 근거해서 포괄손익계산서에 보고될 대손상각비를 계산하시오.

(1) 20×1년 1월 1일 현재 매출채권의 대손충당금 기초잔액 ₩ 10,000

(2) 20×1년 회계기간동안 대손발생액 8,000
(3) 20×1년 회계기간동안 전기에 상각처리한 채권의 회수액 2,000
(4) 20×1년 12월 31일 현재 매출채권의 잔액 200,000
(5) 20×1년 12월 31일 현재 매출채권의 순실현가능가치 190,000

03 **매출채권과 대손**

당기말 매출채권의 순장부금액이 ₩320,000이고, 당기 대손상각비는 ₩50,000이라고 한다. 전기말 대손충당금 잔액이 ₩50,000이며, 당기 중에 대손이 확정된 금액은 ₩20,000이라고 한다면 당기말 현재 (대손충당금 차감전) 매출채권 금액은?

04 **매출채권과 대손**

20×1년초부터 영업을 개시한 한국회사는 20×2년초의 매출채권 잔액이 ₩5,000,000이었으며 대손충당금 잔액은 ₩125,000이었다. 기중의 모든 매출은 외상으로 이루어졌다고 가정한다. 당기매출액은 ₩75,000,000이었으며 신용매출시 할인조건이 2/10, n/30으로 부여되었다. 당기매출액 중 할인기간내에 현금으로 회수된 금액은 ₩7,840,000이었으며 할인기간 이후에 현금으로 회수한 금액은 ₩64,000,000이었다. 이때 20×2년말 현재 매출채권 잔액과 대손충당금 각각의 잔액은? (단, 총액법을 이용하며, 20×2년말 기대신용손실률은 20×2년초에 매출채권 잔액 대비 대손충당금의 비율과 동일하다고 가정함)

05 **지급채무**

가나상사(주)의 회계담당자가 회계연도말에 횡령을 하고 잠적하였다. 가나상사(주)는 면밀한 실사를 통하여 확인한 결과 회계연도말 현재 매출채권 잔액은 ₩6,000,000으로 확인되었다. 가나상사(주)는 매출원가에 20%의 이익을 가산하여 판매가격을 결정하고 있다. 다음의 자료를 이용하여 회계담당자의 횡령금액을 추정하시오.

기초상품재고액	₩1,250,000	기초매출채권	₩5,000,000
당기상품구입액	15,000,000	기말상품재고액	4,050,000
매입에누리와 환출	100,000	매입할인	300,000
당기매출대금회수액	12,000,000	당기매입운임	200,000

06 매출채권과 어음의 할인

신상(주)는 20×1년 5월 1일에 상암(주)에 상품을 판매하고 액면 ₩1,200,000(액면이자율 연 8%, 수취일로부터 4개월 후 만기도래)의 이자부어음을 받았다. 신상(주)는 한 달 후인 6월 1일에 위의 어음을 한국은행에서 연 12%의 이자율로 할인(어음할인은 금융자산의 제거요건을 충족하지 않는 경우로 가정)한 후에 나머지 금액을 전액 당좌예입하였다. 만기일에 위의 어음에 대해서 한국은행에 추심을 의뢰하였으나 상암(주)가 어음대금을 지급하지 못하여 부도가 발생하였고, 이에 신상(주)는 어음발행인인 상암(주)를 대신하여 한국은행에 어음의 만기가액을 상환해야 하므로 한국은행은 신상(주)의 당좌예금잔액을 감액하였다. 한편, 신상(주)는 상암(주)의 부도로 인하여 은행이 부과한 과태료 ₩25,000을 현금지급하였다.

물음 다음의 각 일자별 회계처리를 나타내시오. (필요시 월할 계산할 것)

1. 5월 1일
2. 6월 1일
3. 만기일

07 매출채권과 어음의 할인

한국주식회사는 상품판매대금으로 받은 약속어음 ₩1,000,000(표시이자율 연 9%, 3개월 만기)을 20×1년 10월 1일에 거래은행을 통하여 할인(할인율 연 12%)하였다. 어음의 발행일은 20×1년 9월 1일이고, 어음할인은 금융자산의 제거요건을 충족하는 경우로 가정한다. 한편, 어음의 만기일에 어음발행인이 어음대금의 ₩800,000만 대금을 지급하여 부도가 발생하였다.

물음 (1) 한국주식회사가 어음할인을 통해 수령할 금액은 얼마인가?
(2) 한국주식회사가 어음할인일에 해야 할 회계처리를 나타내시오.
(3) 부도발생시점인 만기일에 한국주식회사가 해야 할 회계처리를 해보시오.

08 매출채권과 대손에 관한 분개

다음은 한국주식회사의 20×1년 회계자료의 일부이다.

(1) 1/1 대손충당금 잔액은 ₩10,000,000이라고 한다.
(2) 1/15 전기에 대손처리한 매출채권 ₩ 1,500,000이 회수되었다.
(3) 2/25 20×0년 외상판매대금 중에서 ₩ 2,500,000은 회수불능임이 판명되었다.
(4) 3/15 서울주식회사에게 2/10, n/30의 조건으로 상품 ₩5,000,000을 외상으로 판매하다.
(5) 3/20 서울주식회사는 한국주식회사로부터 외상으로 구입한 상품대금 중 80%를 현금으로 지급하였다.

⑹ 3/28 서울주식회사가 파산함에 따라 3/15일 판매대금 중에서 나머지 외상매출금은 회수가 불가능하다고 판명되었다.

⑺ 4/10 고려주식회사에 상품을 외상으로 판매하고 고려주식회사가 동 일자로 발행한 약속어음을 수취하였다.(액면금액: ₩ 15,000,000, 3개월 만기, 연이자율 12%)

⑻ 6/10 고려주식회사로부터 수취한 약속어음을 원주은행에서 할인(할인율 연 15%)받았다. 이때 어음의 할인은 금융자산의 제거요건을 충족하는 경우로 가정한다.(월할계산을 할 것)

⑼ 7/10 원주은행으로부터 할인하였던 고려주식회사의 어음이 정상적으로 결제되었다는 통보를 받았다.

⑽ 11/17 서울주식회사 채권은행단의 구조조정 방침에 따라 3/28 대손처리하였던 외상매출금을 회수하게 되었다.

⑾ 한국주식회사는 연령분석법을 적용하여 대손충당금을 설정하고 있다. 20×1년 12월 31일 현재 매출채권의 기간 및 대손가능성은 다음과 같았다.

경과시간	매출채권	기대신용손실률
30일 이하	₩100,000,000	1%
31~60일	50,000,000	2
61~90일	30,000,000	5
91~120일	20,000,000	10
121일 초과	1,000,000	100

물음 각 일자별로 분개를 수행하시오.

09 외상매출과 받을어음

연상회사의 매출은 대부분 외상매출이다. 만기가 지난 외상매출금은 가능한 경우 받을어음으로 전환된다. 20×1년 다음과 같은 거래가 있었다.

1 /10: 원주회사에 상품을 ₩150,000에 '2/16, n/30'의 조건으로 외상매출하였다.

3 /1: 외상매출금이 회수되지 않아 연상회사는 원주회사에 만기 120일, 연 12%의 약속어음을 요구했고, 원주회사는 연상회사에게 동일한 조건의 약속어음을 발행해 주었다.

7 /1: 원주회사는 약속어음금액과 이자를 연상회사에 송금했다.

물음 ⑴ 위의 거래를 분개하시오.

⑵ 원주회사가 채무를 불이행했다고 가정하고, 7월 1일의 분개를 하시오.

정답과 해설

01

20×1년 기중회계처리 기초대손충당금 잔액 ₩30,000

3월	(차) 대손충당금	15,000	(대) 매출채권	15,000
5월	(차) 대손충당금	8,000	(대) 매출채권	8,000
6월	(차) 대손충당금	5,000	(대) 매출채권	5,000
7월	(차) 현 금	2,000	(대) 대손충당금	2,000
9월	(차) 현 금	5,000	(대) 대손충당금	5,000
10월	(차) 현 금	8,000	(대) 대손충당금	8,000
12월 31일	(차) 대손충당금	13,000	(대) 매출채권	13,000 ⇒연령자료에서 회수가능성 0인 매출채권은 대손이 확정된 것임.

새로운 대손충당금 설정전의 기말 현재 대손충당금 잔액은 4,000원이다. 따라서 연령분석법에 따라 기말 대손충당금 설정금액을 추산한 후에 기말현재 대손충당금 잔액을 차감하여 대손충당금으로 설정한다.

12월 31일

대손추산액 : ₩100,000×0.01+₩50,000×0.03+₩20,000×0.05+₩60,000×0.1

⇒ ₩9,500

대손상각액 : ₩9,500−₩4,000 = ₩5,500

∴ (차) 대손상각비 5,500 (대) 대손충당금 5,500

02

₩6,000

기초 대손충당금 잔액 ₩10,000. 기중 회계처리를 실시해보라.

(1) (차) 대손충당금	8,000	(대) 매출채권	8,000
(2) (차) 현 금	2,000	(대) 대손충당금	2,000

따라서 기중회계처리만 근거한다면 기말 대손충당금 잔액은 ₩4,000이 되어 있는 상태임. 그러나 매출채권잔액이 ₩200,000이고 대손충당금을 차감한 잔액이 ₩190,000이므로 대손충당금은 ₩10,000이 되어 있음을 알 수 있다.

이 의미는 기말시점에 추가로 대손충당금 ₩6,000을 보충설정하였음을 알 수 있고 다음과 같은 회계처리가 실시되었음을 유추하여 알 수 있다.

(3) (차) 대손상각비 6,000 (대) 대손충당금 6,000

회계기간중에 대손상각비는 등장하지 않았으므로 20×1년도의 대손상각비는 회계기간말에 실시한 회계처리에 의해서만 등장하였고 정답은 ₩6,000이 되는 것이다.

03 ₩400,000

문제 2와 똑같은 논리대로 풀어보기 바란다.

매출채권	₩ X
− 대손충당금	(Y)
매출채권의 순실현 가능가치	₩320,000

기초대손충당금 잔액이 ₩50,000인데 당기 대손확정액이 ₩20,000이므로 기말현재 ₩30,000의 대손충당금이 남아있는 상태. 그리고 당기중에 대손상각비는 인식하지 않았는데 손익계산서상 보고된 대손상각비 ₩50,000이 있는 바, 이는 회계기간말에 대손충당금을 설정하면서 계상되었음을 유추할 수 있다.

따라서 다음과 같은 회계처리가 실시되었을 것이다.

(차) 대손상각비 50,000 (대) 대손충당금 50,000

따라서 충당금 설정전 잔액 ₩30,000에 추가설정액 ₩50,000 가산하면 대손충당금은 ₩80,000이며, 이 금액이 Y 금액이 되는 것이다.

따라서 문제에서 요구하는 X 금액은 ₩400,000이 될 것이다.

04 매출채권 잔액 ₩8,000,000 대손충당금 잔액 ₩200,000

매출채권 잔액의 2.5%가 대손충당금이므로 20×2년말 기대신용손실률은 2.5%이다.

할인기간 내에 회수되어 매출할인을 2% 시켜준 뒤 현금으로 회수한 금액이 ₩7,840,000이므로 회수한 매출채권 잔액은 ₩7,840,000÷0.98 ⇒ ₩8,000,000 임을 알 수 있다.

할인기간 이후에는 할인이 없으므로 매출채권잔액 회수액과 현금회수액은 일치한다.

따라서 회수한 매출채권 잔액의 총액은 ₩8,000,000+₩64,000,000 ⇒ ₩72,000,000이다.

기초매출채권 잔액 ₩5,000,000+당기외상매출액(매출채권발생액) ₩75,000,000

− 당기회수한 매출채권금액 ₩72,000,000 ⇒ 기말매출채권 잔액 ₩8,000,000이 된다.

그리고 20×2년말 대손충당금은 20×2년 매출채권 잔액의 2.5%를 설정하므로 ₩8,000,000×0.025 ⇒ ₩200,000이 된다.

05 횡령추정액=₩1,400,000

매출액=₩12,000,000×1.2=₩14,400,000

매출채권 추정잔액=₩5,000,000+₩14,400,000−₩12,000,000=₩7,400,000

횡령추정액=₩7,400,000−₩6,000,000(매출채권 실사잔액)=₩1,400,000

06 당기매입액=₩8,350

(매출원가 : ₩8,750=₩3,200+당기매입액(x)−₩2,800 ∵₩10,500=매출원가×1.2)

07

1. (차)	매출채권	1,200,000	(대)	매　출	1,200,000
2. (차)	당좌예금(현금)	1,195,040	(대)	단기차입금	1,200,000
	이자비용	12,960		이자수익	8,000
(또는) (차)	당좌예금	1,195,040	(대)	단기차입금	1,200,000
	이자비용	4,960			
3. (차)	단기차입금	1,200,000	(대)	매출채권(받을어음)	1,200,000
	매출채권(부도어음)	1,257,000		당좌예금	1,232,000
				현　금	25,000

(회계처리시 계산근거)

어음의 만기가액 : $₩1,200,000+₩1,200,000\times0.08\times\frac{4}{12}=₩1,232,000$

할인료 : $₩1,232,000\times0.12\times\frac{3}{12}=₩36,960$

현금 수령액 : ₩1,232,000−₩36,960=₩1,195,040

08 ① 액면이자율=10%

② 할인율=12%

현금수취액이 ₩100,800이고 할인액이 ₩4,200이므로 만기가액은 ₩105,000이 된다.

만기가액 : $100,000+100,000\times$액면이자율$\times\frac{6}{12}=₩105,000$

따라서 액면이자율=10%

할인액 : $105,00\times$할인율$\times\frac{4}{12}=₩4,200$

따라서 할인율=12%

③ 할인일의 회계처리

(차)	현　금	100,800	(대)	단기차입금	100,000
	이자비용	867		이자수익	1,667

09 (1) 1/31

(차)	당좌예금	1,960,000	(대) 단기차입금	2,000,000
	이자비용	40,000		

(2) 3/15

(차)	단기차입금	2,000,000	(대) 매출채권(받을어음)	2,000,000
	매출채권	2,005,000	현 금	2,005,000

들어가며… 빵을 만들려면 밀가루, 버터, 설탕 등 '재고자산'이 필수입니다. 월요일에 사 온 밀가루와 수요일에 더 비싸게 사 온 밀가루가 창고에 섞여있다면, 오늘 쓴 밀가루의 원가는 얼마로 기록해야 할까요? 이번 장에서는 재고의 수량과 단가를 결정하는 선입선출법, 평균법 등 다양한 원가 관리 방법을 배우며 '신촌 빵집'의 창고를 정리해봅니다.

summary

기업은 대개 서비스업이나 유통업, 제조업으로 분류되는데 서비스업에서는 재고자산이 존재하지 않으므로 별도의 재고계산이나 원가계산이 필요하지 않지만, 유통업이나 제조업에 있어서는 판매하기 위하여 보유하고 있는 상품이나 판매가능한 상품으로 가공시킬 원재료 등의 재고자산이 회사의 총자산에서 차지하는 비중이 크며, 수익창출원으로서 가장 중요한 자산이므로, 이와 같은 재고자산에 대해 적절하게 회계처리하는 것이 특히 중요하다고 할 수 있다.

본장에서는 유통업의 경우를 중심으로 재고자산의 원가를 어떻게 측정하고, 기록하는지에 대하여 재고자산 특히 상품의 원가가 어떻게 측정되고, 어떤 항목이 상품의 원가에 포함되는지를 설명하며, 재고자산의 기록방법으로 계속기록법과 재고실사법 및 재고자산에 관련된 회계처리상의 오류가 순이익에 어떤 영향을 미치는지 살펴본다.

C·H·A·P·T·E·R

09

재고자산

01 상품매매기업의 재고자산

02 재고자산에 포함할 항목

03 재고자산의 수량파악:
계속기록법과 실지재고조사법

04 재고자산의 원가배분

05 재고자산의 평가

보론 재고자산의 오류

01 상품매매기업의 재고자산

CHECK POINT

- 재고자산
- 재고자산의 취득원가

1. 재고자산의 의의

재고자산은 제조기업에 있어서 기본적으로 원재료, 재공품 및 제품으로 분류되는데, ① 정상적인 영업활동을 통하여 판매되거나, ② 판매를 위하여 제조과정 중에 있거나, ③ 제품생산을 위하여 당기에 소비될 유형의 재화들이 여기에 속한다. 특히 유통업에서는 즉시 판매가능한 형태의 재고자산을 구입하기 때문에 유통업에서의 재고자산은 흔히 상품이라고 부른다. 그러나 실무에서는 재고자산의 유형별로 별도의 계정을 사용하는 것을 볼 수 있다. 예를 들어 서점에서는 판매되는 주요 서적 유형별(예를 들면 회계원리, 중급회계, 원가회계, 회계감사)로 별도의 상품계정, 매출원가계정, 매출계정을 사용할 수 있다.

재고자산

정상적인 영업활동을 통하여 판매되거나 판매를 위하여 제조과정 중에 있거나 제품생산을 위하여 당기에 소비될 유형의 재화

보충설명

별도 계정의 사용

주요 상품의 유형별로 별도의 계정들을 사용하게 되면 경영관리에 매우 유용한 정보를 얻을 수 있다. 예를 들어 서점주인이 회계원리책의 매출총이익 및 현재 보유하고 있는 회계원리책의 금액을 알려고 했을 때에는 유형별로 별도의 계정을 사용하는 것이 유용할 것이다. 그러나, 외부이용자에게 보고할 때에는 별도로 사용된 계정들을 보통 하나의 계정에 통합시킨다. 경영관리를 위하여 내부적으로 몇 개의 상품계정을 사용할지, 외부보고를 위하여 각 상품계정들을 통합시킬지의 문제는 회계정보이용자의 정보에 대한 효용함수에 의하여 결정되기 때문에, 이 문제는 경영자와 회계담당자의 판단에 따라야 한다.

유통업의 경우에서는 정상적인 영업활동을 통하여 판매할 목적으로 보유하고 있는 자산 이외에는 상품계정이란 용어가 사용되지 않는다. 예를 들어 의류소매점에서 사무용소모품을 가지고 있을 경우, 이것은 상품계정 속에 포함시켜서는 안되며 소모품계정으로 기록되어야 한다.

2. 재고자산의 취득원가

어떤 형태의 자산이든지, 자산의 취득원가에는 자산이 가지는 서비스를 얻기 위해서 필연적으로 발생되어야 할 모든 원가가 포함된다. 예를 들면 자산을 취득하기 위하여 거래처에 지급한 자산의 송장가액, 자산을 회사까지 운반하는 과정에서 발생된 각종 원가 및 자산을 의도한 목적(용도)에 사용가능한 상태로 만드는 데 필요한 원가들이 포함된다.

매입한 재고자산, 특히 상품의 원가에는 상품을 판매가능한 상태로 만드는 데 필요한 원가들이 포함되는데, 예를 들면 거래처에 지급한 순송장가액(net invoice price), 운송비, 하역비 등이 포함된다. 이러한 항목을 재고자산원가에 포함시키는 이유는 이러한 원가들이 발생함으로 인하여 재고자산이 판매가능하게 되어 미래 경제적 효익을 기대할 수 있기 때문이다.

주의하여야 할 점은 매입한 상품의 원가에는 상품을 판매가능한 상태로 만드는 과정에서 반드시 발생되지 않아도 될 원가들은 포함되지 않는다는 점이다. 예를 들면 운송비 중에서 화물의 반출을 촉진하기 위해 징수하는 요금인 초과화물유치료 등은 포함되지 않고, 기간비용 또는 손실로 처리된다. 이러한 원가는 상품의 유용성을 증대시키지 않기 때문이다.

상품의 취득원가 및 상품계정에 영향을 미치는 항목을 상품계정에 나타내면 다음과 같다.

상품계정

차변	대변
전기이월 (기초재고)	매입환출
당기매입액	매입에누리
매입부대비용	매입할인
	차기이월 (기말재고)

기말재고액이 대변에 기록되는 이유는 기말재고액이 포함되지 않은 상태에서 차변잔액이 대변잔액을 초과하므로 기말재고액이 대변에 기록되어야 차대변이 균형을 이루기 때문이며, 이 금액이 다음 회계기간으로 이월되는 금액이다. 매입할인, 매입환출 및 매입에누리는 상품계정에 대한 차감계정이다.

예를 들어 기초재고상품의 원가가 ₩5,000이고, 회계기간 중에 다음과 같은 거래가 이루어졌다고 하자.

> ① 순송장가액이 ₩15,000인 상품을 매입하였다.
> ② 상품의 매입과 관련하여 ₩1,500의 운송비가 발생되었다.
> ③ 상품을 하역, 검수하는 과정에서 ₩500의 급여가 발생되었다.
> ④ 검수부서에서 검수한 결과 ₩3,000의 상품이 불량품으로 확인되어 반환되었다.

지금까지 설명한 바에 의하면 처음 세 항목은 상품계정의 차변에 기입되어야 하고, 매입환출된 상품은 자산의 감소를 의미하기 때문에 상품계정의 대변에 기입되어야 할 것이다. 그러나 이런 원가들을 상품계정 하나에 일괄하여 전부 기록하게 되면, 상품관리에 필요한 정보를 얻지 못하게 된다. 예를 들어 구입부서의 업적을 평가하기 위해서는 총매입액과 총운송비를 비교하는 것이 바람직하고, 원가통제를 위해서는 운송비를 추적하는 것이 도움이 된다. 마찬가지로 매입환출된 금액이 많다는 것을 알 수 있다면 상품주문절차상에 문제가 있거나 거래처 선정상에 문제가 있다는 것도 알 수 있다.

매입계정
기업은 상품을 매입할 때 직접 상품계정을 사용하지 않고, 매입(임시계정)을 활용하는 것이 일반적임.

대안(1): 많은 기업에서는 매입상품의 원가를 상품계정 하나의 계정에 기입하지 않고, 아래와 같이 별도의 계정에 기입하는데, 이렇게 하면 원가통제와 분석에 필요한 추가적 정보를 얻을 수 있다. 여기에서 매입계정, 운송비계정, 하역·검수비계정은 상품계정의 부가계정이고, 매입환출계정은 상품계정의 차감계정(contra account)이다. 그러나 매입상품의 원가를 기록하는 데 있어서 별도의 계정을 이용하든지 하나의 상품계정에 모두 기록하든지 간에 그 결과는 동일하다.

상 품	
기초잔액 5,000	

매 입	
① 15,000	

매입환출	
	④ 3,000

운 송 비	
② 1,500	

하역·검수비	
③ 500	

기초재고상품의 원가와 이들 계정잔액은 판매가능상품의 총원가 ₩19,000(=₩5,000+₩15,000−₩3,000+₩1,500+₩500)에 포함되는데, 기말에는 이들 부가계정과 차감계정이 마감된다. 재고실사결과 예를 들어 기말재고상품의 원가(운송비와 하역·검수비 포함)가 ₩6,500이라고 하면, 매출원가는 ₩12,500(=₩19,000−₩6,500)이기 때문에 다음과 같은 수정분개를 한다. 이때 상품계정을 보통 **이월상품**이라고 부른다.

(차) 매입환출	3,000	(대) 상품(기초)	5,000
상품(기말)	6,500	매 입	15,000
매출원가	12,500	운 송 비	1,500
		하역검수비	500

상품의 기초재고는 ₩5,000이었고 위의 분개에서 상품이 ₩1,500 증가되었으므로 기말재고는 ₩6,500이다. 상품계정이 ₩1,500 차기되므로 상품계정은 ₩6,500 기말잔액을 보인다. 위의 분개로 모든 부가계정과 차감계정이 마감되며 매입계정도 마감된다. 즉, 이들 계정의 잔액이 ₩0이 남는다. 따라서 이 분개 이후의 상품에 관련된 계정은 상품과 매출원가만이 남게 된다.

이론적으로 볼 때 매출원가와 기말재고상품의 원가에는 상품을 현재 위치의 상태까지 올려놓는데 직간접적으로 발생된 모든 원가가 포함되어야 한다. 그렇지만 실무에서는 추적하기가 어려운 원가는 재고가능원가에 포함시키기보다는 기간원가로 처리하는 경향이 있다. 주문비 등이 여기에 속한다.

대안(2): 상기 예에 대한 대안적인 회계처리방법을 설명하면 다음과 같다. 다음은 대안적인 방법이기는 하지만 결과적으로는 동일한 재무제표가 보고되며 당연히 그러해야 된다. 모든 재고자산의 원가와 관련된 금액이 상품계정에 차기된다고 가정하면 다음과 같은 분개가 수행된다. 위의 분개에서는 매입채무계정을 설정하지 않았으나 다음은 매입채무계정을 이용하여 분개한 회계처리를 보인다. 현금이 지출되어서 현금계정이 대기되어도 결과에는 영향을 미치지 않는다.

① (차) 상　　품	15,000	(대) 매입채무	15,000
② (차) 상　　품	1,500	(대) 매입채무	1,500
③ (차) 상　　품	500	(대) 매입채무	500
④ (차) 매입채무	3,000	(대) 매입환출	3,000

위의 분개를 전기한 후의 상품계정의 원장은 다음과 같다.

상　　품

기 초 잔 액	5,000	매 입 환 출	3,000
당 기 매 입	15,000		
운　송　비	1,500		
하역검수비	500		

매입환출은 상품(매입)에 대한 차감계정이므로 상품계정에 대기한다. 상품계정의 차변 금액의 합은 ₩22,000이고 대변 금액의 합은 ₩3,000으므로 상품계정은 차변잔액 ₩19,000을 보인다. 상품계정의 기말잔액은 ₩6,500이어야 하므로 다음과 같은 분개에 의해서 매출원가를 인식할 수 있고 상품계정의 기말잔액을 ₩6,500으로 만든다.

(차) 매출원가	₩12,500	(대) 상　　품	₩12,500

재고자산과 관련된 회계처리에 있어서 반드시 한 가지 방법만이 옳은 것이 아니며, 어떠한 방법을 사용하여 회계처리를 하든지 동일한 결과를 얻는다.

지금까지의 설명은 재고자산의 원가에 포함되는 항목의 종류에 관한 것이었다. 그러나 재고자산가액은 원가뿐만 아니라 수량파악 또한 중요하다. 왜냐하면 재무상태표에 계상되는 총체적인 재고자산가액이 재고자산의 단위당 원가에 재고수량을 곱함으로써 결정되기 때문이다.

02 재고자산에 포함할 항목

기업이 재고자산에 대하여 소유권을 갖고 있는 경우에는 결산일 현재 당해 재고자산이 어디에 보관되어 있는지에 관계없이 당해 기업의 재고자산에 포함시켜야 한다. 그러나 특정항목의 경우에는 그것을 누구의 재고자산에 포함시켜야 할지를 명확하게 결정하는 것이 어려운 경우가 있다. 예를 들어, 소유권은 없으나 회사가 보관하고 있는 상품이라든가, 소유권은 이미 이전되었으나 운송중에 있는 상품 등을 들 수 있다.

여기서는 ① 미착상품 ② 적송품 ③ 시송품 등에 대하여 기말재고자산에의 포함여부 및 그 근거를 살펴본다.

1. 미착상품

미착상품(goods in transit)이란 원격지 또는 외국으로부터 상품을 매입하는 경우에 당해 상품에 대한 소유권은 획득하였지만 아직 매입자의 창고에 입고되지 않고 운송중에 있는 상품을 말한다.

구 분	소유권 획득	자기창고 보관
매 입	○	○
미착상품	○	×(운송중)

미착상품이란 수입거래시 매매계약조건에 따라 상품에 대한 소유권과 위험부담이 판매자로부터 매입자에게 이전되는 시점에 기록되어, 매입자의 창고에 입고되기 전까지의 운송중에 있는 매입상품을 말한다.

이론적 측면에서 볼 때, 자산은 경제적 실체간의 거래로 인하여 경제적 소유권이 이전됨과 동시에 당해 자산가액을 객관적인 화폐단위로 측정가능한 시점에서 매입자의 자산으로 인식하여야 한다. 즉, 재고자산의 소유권이 이전되었으면, 창고 보관 여부와 무관하게 자산을 인식하여야 한다.

무역거래의 경우 매매당사자간의 상품에 관한 소유권 및 책임한계를 구분하는 일반적인 지침이 시행되고 있다. 이에 의하면 수입거래의 경우에는 국내거래의 경우와는 달리, 당해 상품에 대한 소유권과 위험부담이 이전되는 시점의 인식기준은 매매계약조건에 따라 크게 선적지인도조건과 도착지인도조건으로 나누어진다.

(1) 선적지인도조건

선적지인도조건이란 수출지의 항구에서 상품의 선적이 이루어지는 시점에 당해 상품에 대한 소유권과 위험부담이 매입자에게 이전되는 계약조건을 말하며, 이를 수출지인도조건이라고도 한다.

이 조건에 의하면 상품이 선적된 후에 발생하는 일체의 손실위험 등을 매입자가 부담하기 때문에 매입자는 상품의 선적이 이루어지는 시점에서 당해 상품에 대한 경제적 소유권을 얻게 되므로 운송중인 상품을 미착상품으로 기록하여야 한다. 따라서 선적지인도조건으로 계약이 체결된 경우 결산일 현재 운송중인 상품이 있으면 당해 상품은 매입자의 재고자산에 포함시켜야 한다.

(2) 도착지인도조건

도착지인도조건이란 상품이 매매계약상의 목적지에 도착한 시점에 당해 상품에 대한 소유권과 위험부담이 매입자에게 이전되는 계약을 말하며, 이를 수입지인도조건이라고도 한다.

이 조건에 의하면 상품이 지정된 목적지에 도착할 때까지는 상품의 소유권과 상품에 대한 일체의 위험을 판매자가 부담하기 때문에 매입자는 상품이 계약서상의 도착지에 도착한 시점에서 상품에 대한 소유권을 획득하게 된다. 따라서 도착지인도조건으로 계약이 체결된 경우 결산일 현재 운송중인 상품이 있으면 당해 상품은 판매자의 재고자산에 포함시켜야 한다.

비유로 이해하기 **온라인 쇼핑, 언제부터 내 물건일까?**

- **선적지인도조건**(FOB Shipping Point): "가게 문을 떠나면 책임 안 짐!"

판매자가 물건을 택배기사님에게 건네주는 순간(선적 시점), 소유권이 구매자에게 넘어가는 조건입니다. 만약 배송 과정에서 물건이 파손되거나 사라진다면, 법적으로는 구매자의 재고가 사라진 것이 됩니다.

- **도착지인도조건**(FOB Destination): "문 앞 배송완료 전까지는 제 책임입니다!"

물건이 구매자의 집 문 앞(도착지)에 안전하게 도착해야만 소유권이 넘어가는 조건입니다. 배송 과정에서 발생하는 모든 위험은 판매자가 부담합니다. 우리가 흔히 경험하는 대부분의 온라인 쇼핑이 여기에 해당하죠.

이처럼 연말 재고 실사를 할 때는, 운송중인 상품의 계약 조건을 꼼꼼히 따져 우리 회사 재고에 포함해야 할지 말지를 결정해야 합니다.

(3) 회계처리

선적지인도조건으로 계약이 체결되었을 경우 매입자는 각 거래시점별로 다음과 같은 분개를 하여야 한다. 단, 매입자는 실지재고조사법을 적용한다고 가정한다.

① 상품 선적시	(차) 미착상품	×××	(대) 매입채무	×××
② 창고 입고시	(차) 매 입	×××	(대) 미착상품	×××
③ 운송중 판매시	(차) 매출채권 매 입	×××	(대) 매 출 미착상품	×××
④ 매출대금 회수시	(차) 현 금	×××	(대) 매출채권	×××
⑤ 매입대금 지급시	(차) 매입채무	×××	(대) 현 금	×××

예제 1

미착상품

(주)신촌은 미국의 A사와 상품 ₩1,000의 매입계약을 선적지인도조건으로 체결하고 상품대금은 도착 후에 지급하기로 하다. 다음 거래를 분개하라. 단, ㈜신촌은 실지재고조사법을 사용하고 있다고 가정한다.

① 7/ 1 A사는 상품을 항구에서 선적하다. 이 상품은 7월 30일에 도착할 예정이다.
② 7/20 (주)신촌은 운송중인 상품 중 일부를 ₩700(원가 ₩400)에 외상으로 판매하다.
③ 7/30 나머지 상품이 예정대로 도착하였으며 인수운임 ₩50을 현금으로 지급하다.
④ 8/ 1 (주)신촌은 매입대금 ₩1,000을 현금으로 지급하다.
⑤ 8/10 (주)신촌은 외상매출금 ₩700을 현금으로 회수하다.

	차변	금액	대변	금액
①	(차) 미착상품	1,000	(대) 매입채무	1,000
②	(차) 매출채권	700	(대) 매 출	700
	매 입	400	미착상품	400
③	(차) 매 입	650	(대) 미착상품	600
			현 금	50
④	(차) 매입채무	1,000	(대) 현 금	1,000
⑤	(차) 현 금	700	(대) 매출채권	700

2. 적 송 품

적송품(sales on consignment)이란 위탁판매의 목적으로 제3자(수탁자)에게 상품을 발송하여 결산일 현재 수탁자의 창고에 보관되어 있는 상품을 말한다.

구 분	소유권 획득	자기창고 보관
매 입	○	○
적송품	○	×(수탁자 창고에 보관)

기업은 상품을 직접 판매하는 데 따르는 시간과 비용을 절감하기 위하여 수탁자에게 판매를 위탁하여 상품을 판매할 수 있는데, 이와 같은 매출형태를 위탁판매라고 한다.

위탁판매를 위하여 위탁자가 수탁자에게 상품을 발송하는 것은 상품의 소유권에 아무런 변화를 가져오지 아니하므로 매출로 인식할 수 없다. 또한 수탁자는 상품에 대한 판매를 대행할 뿐이지 소유권을 획득한 것은 아니므로 매입으로 인식할 수 없다.

따라서 적송품은 수탁자가 보관하고 있지만, 수탁자가 적송품을 판매하기 전까지는 적송품에 대한 소유권이 위탁자에게 있으며 또한 적송비용, 판매비용 및 기타 위험을 위탁자가 부담하기 때문에 결산일 현재 판매되지 아니한 적송품은 위탁자의 재고자산에 포함시켜야 한다.

3. 시 송 품

시송품(sales on approval)이란 시용판매의 목적으로 거래처(시용매입자)에게 상품을 발송하여 결산일 현재 시용매입자가 보관하고 있는 상품을 말한다.

구 분	소유권 획득	자기창고 보관
매 입	○	○
시송품	○	×(시용매입자가 보관)

고객으로 하여금 상품을 시험적으로 사용하게 한 후, 고객이 매입하겠다는 의사표시를 하면 비로소 판매가 이루어지는 형태를 시용판매라고 한다. 시용판매를 위하여 시용판매자가 시용매입자에게 상품을 발송하는 것은 상품의 소유권에 아무런 변화를 가져오지 아니하므로 매출로 인식할 수 없다. 또한 시용매입자는 수취한 상품에 대한 소유권을 획득한 것이 아니므로 매입으로 인식할 수 없다.

시송품은 시용매입자가 보관하고 있지만, 시용매입자가 매입의사표시를 하기 전까지는 소유권이 시용판매자에게 있기 때문에 결산일 현재 매입의사를 표시하지 않은 시송품은 시용판매자의 재고자산에 포함시켜야 한다.

03 재고자산의 수량파악: 계속기록법과 실지재고조사법

CHECK POINT

- 실지재고조사법
- 계속기록법
- 상품계정, 매출원가계정
- 평가계정

현재 보유하고 있는 재고자산, 특히 상품에 관한 회계처리와 상품수량을 통제하기 위하여 일반적으로 사용되고 있는 방법에는 계속기록법과 실지재고조사법이 있음을 일괄적으로 설명한 바 있다. 따라서 본장에서는 재고자산과 관련된 모든 내용을 체계적으로 정리하여 자세하게 설명한다.

1. 실지재고조사법(재고실사법)

실지재고조사법(재고실사법)
재고자산의 입고량만을 기록하고 출고량은 기록하지 않고 기말에 재고자산을 직접 파악하는 방법

실지재고조사법은 재고자산의 입고량만을 기록하고 출고량은 기록하지 않고 기말에 재고자산을 직접 파악하는 방법이다. 즉, 매출시점에는 매출원가의 인식과 상품의 감소가 회계처리되지 않는다. 그러나 매출시점에 수익의 인식과 매출채권의 증가는 회계처리된다. 그러므로 이 방법에서는 당기매출수량을 다음과 같이 계산한다.

당기매출수량 = (기초재고수량 + 당기매입수량) − 기말재고수량

기초재고와 당기매입수량의 합은 판매가능 수량이며 실지재고조사법하에서는 회계기말에 위의 공식에 의하여 구하여진 당기매출수량에 대한 원가가 매출원가로 비용화되며 재고자산의 감소가 기록된다. 이 방법은 실제재고수량을 정확히 파악할 수 있다는 장점은 있지만, 기중에 재고수량을 계속해서 파악할 수 없다는 단점과 도난이나 분실, 파손 등으로 사용할 수 없게 된 것도 판매하였거나 소비한 것으로 처리되는 단점도 가지고 있다.

예제 2

다음은 (주)신촌주식회사의 20×1년도 상품매매에 관련된 자료이다.

1/ 1	기초상품 재고액	₩100,000
5/15	외상매입액	₩1,000,000
8/ 7	당기 외상매출액	₩1,300,000
12/31	기말상품 재고액	₩200,000

[요구사항] (1) 실지재고조사법으로 상품매입과 매출에 관한 기중거래를 분개하시오.
(2) 매출원가 계산을 위한 결산수정분개를 하시오.
(3) 당기 매출원가와 매출총이익은 각각 얼마인가?

(1)	5/15	(차) 매 입	1,000,000	(대) 매입채무	1,000,000
	8/ 7	매출채권	1,300,000	매 출	1,300,000
(2)	12/31	(차) (기말)상품	200,000	(대) (기초)상품	100,000
		매출원가	900,000	매 입	1,000,000

(3) 매출원가: 기초상품 ₩100,000＋당기매입 ₩1,000,000－기말상품 ₩200,000
＝₩900,000

매출총이익: 매출액 ₩1,300,000－매출원가 ₩900,000＝₩400,000

2. 계속기록법

계속기록법이란 모든 재고자산의 입고량과 출고량을 재고자산의 항목별로 기록함으로써 재고자산의 증감이 지속적으로 재고자산의 원장에 기록되며, 매출시점마다 매출원가가 결정되어 비용화되는 방법을 말한다.

계속기록법은 모든 재고자산의 입고량과 출고량을 재고자산의 항목별로 기록함으로써 재고자산의 증감이 지속적으로 재고자산의 원장에 기록되며, 매출시점마다 매출원가가 결정되어 비용화되는 방법이다. 이 방법은 통제목적을 위해서는 재고실사법보다 더 좋은 방법이라 할 수 있다. 따라서 매출이 빈번히 수행되는 기업일 경우는 매출원가의 인식이 번거롭다는 단점을 갖는다. 이 방법 하에서는 장부상에 기말재고상품은 다음과 같이 계산된다.

기말재고수량＝(기초재고수량＋당기매입수량)－당기매출수량

즉, 계속기록법을 채택하는 경우에는 실제재고수량을 파악하여 장부상의 수량과 차이를 보일 경우 이에 관한 적절한 회계처리를 수행해야 한다. 계속기록법을 사용하는 경우에는 재고실사가 필수적인 과정이 아니지만 재고자산의 도난, 훼손 등을 측정하기 위하여 수행될 수 있다.

비유로 이해하기 **편의점 재고 관리, 어떻게 할까?**

편의점 사장님이 재고를 파악하는 두 가지 방법을 상상해봅시다.

- **계속기록법**(Perpetual System): '바코드 스캐너' 방식

최신 포스기(POS)를 사용하는 편의점입니다. 물건이 들어올 때마다 바코드를 찍어 입고를 기록하고, 팔릴 때마다 '삑' 소리와 함께 판매 기록과 동시에 재고 수량이 실시간으로 차감됩니다. 언제든 컴퓨터를 켜면 현재 콜라가 몇 캔 남았는지 바로 알 수 있죠. 이것이 바로 거래가 발생할 때마다 재고의 입출고를 계속 기록하는 계속기록법입니다.

- **실지재고조사법**(Periodic System): '눈으로 직접 세는' 방식

오래된 동네 슈퍼를 상상해봅시다. 장부에 물건이 몇 개 들어왔는지만 적어두고, 팔릴 때는 일일이 기록하지 않습니다. 대신, 한 달에 한 번, 가게 문을 닫고 아르바이트생과 함께 창고와 진열대의 모든 물건 수량을 직접 셉니다. "기초에 10개 있었고, 100개 사 왔는데, 지금 20개 남았으니… 아, 90개가 팔렸구나!"라고 역으로 계산하는 방식이죠. 이것이 바로 기말에 창고를 실사하여 재고 수량을 파악하는 실지재고조사법입니다.

지금까지 재고실사법과 계속기록법을 설명하였는데 이에 관한 회계처리상의 차이점을 알아 보도록 하자.

예를 들어 백양회사의 재고자산과 관련된 회계자료는 다음과 같다고 가정하다.

[백양회사의 재고자산과 관련된 자료]

① 20×1년 5월 1일: 기초재고액 ₩45,000(@₩450×100개)

② 20×1년 5월 3일: 상품 1,000개를 ₩450,000(@₩450)에 외상으로 구입하였다. 매입조건은 '2/10, n/30'이다.

③ 20×1년 5월 8일: 5월 3일 구입한 재고자산을 검수한 결과 ₩67,500어치를 반환하다.

④ 20×1년 5월 14일(할인기간 경과 후): 5월 3일의 매입채무를 지급하다.

⑤ 20×1년 5월 15일: 개당 ₩600에 700개를 '2/10, n/30'으로 판매하다.

⑥ 20×1년 5월 20일(할인기간 내): 5월 15일의 매출채권을 회수하다.

⑦ 다른 거래는 없었으며 5월 31일의 재고액은 ₩112,500이고 5월말 결산을 한다고 가정한다.

상품의 단위당 원가(단가)를 표기하는 기호로 @가 사용된다. 매입환출된 금액은 ₩67,500으로 단가가 ₩450으로 단가의 변화가 없으므로 150단위가 반환된 것을 알 수 있다.

회계순환과정의 설명에서 기초재고, 매입 등의 정보가 주어질 때에는 단가는 주어지지 않고 다만 총금액으로만 정보가 제공되었는데, 이 장부터는 재고자산의 매입·매출에 대한 원가를 포함한 충분한 정보를 이용하여 회계처리하는 방법에 대하여 설명한다.

위의 정보 중에서 한 가지 관심을 보일 필요가 있는 점은 기초재고의 상품의 단가와 새로 매입한 상품의 단가가 동일하다는 점이다. 이 두 금액이 상이할 경우는 어떠한 단가를 갖는 재고자산이 매출된 것인지에 대한 결정을 하여야 하는데 이와 같은 복잡한 과정을 단순화하기 위하여 단가를 일정하게 정한다. 단가가 변화할 경우는 매출시점의 원가의 추적뿐만 아니라 매입환출이 발생할 경우의 단가의 추적 또한 복잡하게 된다. 단가가 변화될 경우의 재고자산의 회계처리에 대한 내용은 다음에 기술된다.

위 거래를 재고실사법과 계속기록법에 의하여 회계처리를 하면 다음과 같다.

[백양회사의 재고자산과 관련된 회계처리]

(단위: 원)

날 짜	재고실사법	계속기록법
① 20×1년 5월 1일	(분개 없음)	(분개 없음)
② 20×1년 5월 3일	(차) 매 입 450,000 (대) 매입채무 450,000	(차) 상 품 450,000 (대) 매입채무 450,000
③ 20×1년 5월 8일	(차) 매입채무 67,500 (대) 매입환출 67,500	(차) 매입채무 67,500 (대) 상 품 67,500
④ 20×1년 5월 14일	(차) 매입채무 382,500 (대) 현 금 382,500	(차) 매입채무 382,500 (대) 현 금 382,500
⑤ 20×1년 5월 15일	(차) 매출채권 420,000 (대) 매 출 420,000	(차) 매출채권 420,000 (대) 매 출 420,000 (차) 매출원가 315,000 (대) 상 품 315,000
⑥ 20×1년 5월 20일	(차) 현 금 411,600 매출할인 8,400 (대) 매출채권 420,000	(차) 현 금 411,600 매출할인 8,400 (대) 매출채권 420,000

⑦ 20×1년 5월 31일	(차) 상품(기말) 112,500 매입환출 67,500 매출원가 315,000 (대) 매　입 450,000 상품(기초) 45,000	(분개 없음)

외상매입은 할인기간을 경과하여 현금이 지급되었으며, 외상매출은 할인기간 중에 현금이 회수되었다.

계속기록법하의 매출원가는 700단위가 판매되었으며 단위당 원가가 ₩450이므로 총액은 ₩315,000이다. 재고자산의 도난이나 훼손이 존재하지 않는다면 기말 재고실사에 의한 재고자산이나 계속기록법에 의한 재고자산 원장의 잔액은 일치할 것이다.

계속기록법하에서의 전기 후 상품의 원장은 다음과 같다.

상　품

전기이월 (기초재고)	✔45,000	매입환출	67,500
		매출원가	315,000
당기매입	450,000	차기이월 (기말재고)	112,500

따라서 계속기록법하에서 상품의 기말재고는 ₩112,500이며 재고실사법에 의한 금액과 동일한 값을 보인다.

보충설명

계속기록법과 재고실사법의 비교

어느 방법을 사용하든지 재무제표는 동일하다. 매입이나 매입환출은 회계기말에 마감되며 인식된 매출원가는 동일하다. 또한 재고자산으로 계속기록법에서 기록된 잔액이나 재고실사 결과 또한 동일하여 재무제표는 어느 방법을 사용하거나 동일하게 보고된다. 그러나 재고자산의 도난이나 훼손으로 인한 손실이 발생하고 이들이 계속기록법하에서는 측정되어 기록되며, 재고실사법에서는 이들이 발견되지 않으므로 이 두 방법하에서 보고되는 회계정보에는 차이가 있을 수 있다.

위에서 보는 바와 같이 재고실사법을 채택할 경우에는 상품을 매입할 경우에 매입계정을 사용한다. 또한, 운임이나 매입환출, 매입할인 등이 발생할 때에는 별도의 계정을 사용하여 회계처리한 다음 기말에 수정분개를 하게 된다. 그리고 재고실사법하에서는 기말에 매출원가라는 비용이 인식되며 이는 매입환출이나 운임 등을 모두 고려한 후에 계산된다.

한편, 계속기록법을 채택할 경우에는 상품매입시 매입계정 대신 상품(재고자산)계정을 사용하며 매입할인이나 매입환출 등은 상품(재고자산)계정에서 수정하게 된다. 또한 계속기록법하에서는 매출이 이루어질 경우 곧바로 매출원가라는 비용을 인식하게 된다.

매입이 상품에 대한 가계정이니 매입이라고 하는 별도 계정이 설정되지 않으면 매입할인이나 매입환입이라는 매입에 대한 차감계정을 설정하는 것보다는 상품계정에서 직접 차감하게 된다.

재고실사법에서 매입환출을 매입에 대한 차감계정으로 설정하든지 계속기록법하에서 상품에서 직접 상각하든지 동일한 결과가 재무제표에 보고된다.

3. 상품계정과 매출원가계정 잔액의 결정

상품에 관련된 거래가 기입되었으면, 상품계정과 매출원가계정잔액을 결정하여야 하는데, 계정잔액을 결정하는 방법은 상품에 관련된 거래가 계속기록법과 재고실사법의 두 방법 중 어느 방법에 의하여 기록되고 있는지에 따라 달라진다.

(1) 상품계정잔액의 결정

계속기록법에서는 상품을 매입할 때에는 상품계정의 차변, 판매할 때에는 대변에 기입되기 때문에 특정일 현재시점에서 회사가 보유하고 있어야 할 상품의 원가는 상품계정잔액을 보면 바로 알 수 있다. 단, 이 경우의 재고자산은 도난이나 마모 등과 같은 판매 이외의 원인으로 인하여 감소되지 않았다는 것이 전제되어야 한다. 그러나, 현실적으로는 그렇지 않기 때문에 계속기록법을 채택하고 있는 경우라 하더라도 실제로 보유하고 있는 상품이 정확하게 얼마만큼 있는지를 확인하기 위하여 일정기간마다 재고실사를 수행할 수 있다. 만일 장부상에 기록된 수량과 실제로 보유하고 있는 수량이 차이가 난다면 재고실사한 금액으로 수정하여야 한다. 이는 실제 보유하는 자산을 기록하는 목적으로 장부가 기록되기 때문이다. 예를 들어 장부상의 기말재고상품이 ₩3,200, 재고실사한 결과의 기말재고상품이 ₩3,000일 경우에는 다음과 같이 수정분개하여야 한다.

(차) 재고자산감모손실	200	(대) 상　　품	200

재고자산의 실지재고수량이 장부수량보다 적은 경우 차액을 재고자산감모손실이라 한다.

계속기록법에서는 기말 현재 보유하고 있어야 할 상품의 원가를 보여줄 수 있지만, 재고실사법에서는 이러한 정보를 얻을 수 없다. 재고실사법에서는 실제로 재고실사를 실시한 다음, 기말재고상품의 원가를 결정한다. 실제 기말상품재고 수량이 장부상의 기말상품재고수량보다 적은 경우 **재고자산감모손실**(inventory shrinkage loss)이 발생한다. 기업회계기준서에서는 재고자산감모손실은 발생된 기간에 비용으로 보고하도록 규정하고 있지만, 일반적으로 영업활동과정 중에 통상적으로 발생하는 정상적인 감모손실의 경우 매출원가에 가산하며, 사고나 도난 등 비정상적으로 발생한 비정상적인 감모손실이면 당기의 기타비용으로 처리하는 것이 적절하다.

(2) 매출원가계정 잔액의 결정

일단 기말재고상품의 원가가 결정되면 매출원가는 다음의 방정식을 이용하여 계산할 수 있다.

매출원가 = 기초재고상품 + [매입 + 운반비(매입부대비용) − 매입환출 및 에누리 − 매입할인] − 기말재고상품

(※ [ ] 안은 순매입액)

운반비는 재고자산을 판매가능한 단계에까지 이르게 하는 대표적인 부대비용으로 위의 식에 포함되었다.

다음의 예는 20×1년 중의 신촌주식회사의 매출원가를 계산하기 위한 과정을 설명한 표이다.

기초재고상품(20×1. 1. 1)	₩6,000
20×1년 중의 매입	90,000
20×1년 중의 운반비	9,000
20×1년 중의 매입환출 및 에누리	(4,500)
20×1년 중의 매입할인	(1,800)
20×1년 중의 판매가능상품의 원가	₩98,700

기말재고상품(20×1. 12. 31)	(8,700)
20×1년 중의 매출원가	₩90,000

위의 식은 재고실사법의 경우이다. 이에 반하여, 계속기록법에서는 상품이 판매될 때마다 판매된 상품의 원가, 즉 매출원가계정에 기록되기 때문에, 회계기간 중에 발생된 매출원가는 매출원가계정잔액에 계속 기록되게 된다.

(3) 실지재고조사법에서의 수정분개

실지재고조사법을 적용할 경우에는 회계기말에 수정분개를 실시하여야 하는데, 수정분개를 실시하기 위해서는 매출원가계정을 새로 설정하고, 이 계정을 통하여 매입계정, 운반비계정, 매입환출 및 에누리계정, 매입할인계정의 잔액을 마감하고, 기말재고상품의 원가가 상품계정잔액이 되도록 상품계정 또한 조정하여야 한다. 20×1년 중의 신촌주식회사의 예를 수정분개하면 다음과 같다. 매출원가 계산방식을 사용한 결과와 복식부기를 수행한 결과 모두 동일한 매출원가의 값이 산출된다. 상품의 기초재고를 상계하면서 기말재고를 아래와 같이 설정하나 또는 상품의 증가액인 ₩2,700을 상품에 차기하나 동일한 결과를 보인다.

(차) 매입환출 및 에누리	4,500	
매입할인	1,800	
상품(기말)	8,700	
매출원가	90,000	
(대) 상품(기초)		6,000
매　　입		90,000
운 반 비		9,000

4. 평가계정

평가계정이란 주계정의 정확한 잔액을 산출하기 위하여 주계정에서 차감하든지 혹은 부가하는 보조계정이다.

상품계정을 분할하였을 때 이월상품계정은 순수한 자산계정이고 매출계정은 수익계정이다. 이월상품계정은 기초와 기말의 상품재고액을 표시하는 계정이고 매입상품계정

상품재고장

A 상품

일자			입고			출고			재고		
			수량	단가	금액	수량	단가	금액	수량	단가	금액
20×1	1	1							100	100	10,000
		4				10	100	1,000	90	100	9,000
		5	10	100	1,000				100	100	10,000

매 입 장

일자		적요			세목	금액
20×1	5	(대전상회)		수표 No. 513		
		A 상 품	10개	@100	1,000	
		B 상 품	10개	150	1,500	
		C 상 품	5개	50	250	2,750
		(청주상회)		외상		
		C 상 품	10개	@ 60		600
	29	(수원상회)		외상		
		A 상 품	10개	@150		1,500
		당 월 매 입 총 액				60,000

매 출 장

일자		적요			세목	금액
20×1	1	(충무로상회)		외상		
		A 상 품	10개	@130	1,300	
		C 상 품	5개	80	400	1,700
	8	(을지로상회)		현금		
		C 상 품	10개	@190		1,900
	30	(퇴계로상회)		외상		
		C 상 품	10개	@100		1,000
		당 월 매 출 총 액				90,000

의 보조계정적인 성격을 띠고 있다. 매입계정에서 매출원가를 계산한다고 매입계정을 비용계정으로 생각할 수 있는데 이는 잘못이다.

물론 기말에 설정하는 매출원가계정은 비용계정이고 실지재고조사법하의 매입계정은 상품에 대한 가(假)계정적(임시계정)인 성격을 갖는다. 매출계정은 순수한 수익계정이다. 그러면 **이월상품, 매입, 매출** 이외의 계정은 어떠한 계정인가? 그것들은 모두가 매입계정과 매출계정에 대한 **평가계정**(valuation account)이다. 평가계정이란 주계정의 정확한 잔액을 산출하기 위하여 주계정에서 차감하든지 혹은 부가하든지 하여야 할 보조계정이다. 즉, 순매입액을 계산하기 위하여 매입환출, 매입에누리, 매입할인은 매입계정에 차감하여야 하고 매입부대비용(매입운임 등)계정은 매입계정에 부가하여야 한다. 전자는 차감계정이고, 후자는 부가계정이다. 또 매출환입, 매출에누리, 매출할인은 매출계정에 대한 차감계정이다.

상품에 관한 **보조장부**는 특수분개장인 **매입분개장**과 **매출분개장** 이외에 상품의 매입과 매출을 상세히 기록하는 **매입장**과 **매출장**이 있다. 또 창고에 있는 상품의 매입관계를 기록하여 장부에 의한 재고상품을 통제하려는 상품재고장도 있다. 이는 상품의 종류별, 특성별로 계정을 설정하여 매입시에는 입고란에, 매출시에는 매출란에 매입원가로 기입함과 동시에 잔액란에는 잔액을 기입한다.

04 재고자산의 원가배분

CHECK POINT

- 개별법
- 선입선출법
- 후입선출법
- 평균법
- 매출가격환원법
- 매출총이익률법

재고자산을 평가하는 시기는 이익을 산정하기 위하여서든 또는 재무상태를 파악하기 위한 것이든 결산시에 행하는 것이다. 즉, 결산시에 보유하고 있는 자산의 가액과 수량을 결정하는 것인데, 이를 결정하는 방법으로는 다음의 두 가지 방법이 있음을 앞 장에서 설명한 바 있다. **재고실사법**과 **계속기록법**은 매출원가와 기말재고 등의 가액을 결정하는 방법이기는 하지만 원가를 평가하는 방법에 있어서의 분류는 아니다. 단위당 원가가 일정하다면 재고실사법과 계속기록법은 단순히 수량만을 파악하여도 매출원가와 재고자산의 가치는 자동적으로 파악된다. 그러나 단위당 원가가 변동한다면 재고실사법

재고자산의 평가는 결산시에 행한다.

과 계속기록법을 이용한 수량의 파악이 매출원가와 재고자산의 가치 결정에는 불충분하다.

상품이나 원재료 등 재고자산을 수회에 걸쳐 매입하여 소비하였다 할지라도 어느 때나 동일한 가격으로 매입하였다면 평가의 문제는 극히 단순화된다. 재고자산의 가치는 '수량×단가'로 결정되는데 단가가 일정하면 수량은 세기만 하면 되기 때문이다. 그러나 경쟁시장에서 원재료나 상품을 매입하거나 또는 화폐가치가 변동할 때는 같은 물품일지라도 상이한 가격으로 매입하는 것이 보통이다.

매출원가와 기말재고 원가의 추적과 재고실사법/계속기록법 대안은 재고자산의 회계처리와 관련되어 다른 기준에 의한 분류이다. 즉, 단가가 변동할 때 원가의 추적과 관련된 대안적인 회계방법과 재고자산과 매출원가의 회계처리와 관련된 대안적인 회계방법은 상호간의 조합으로 동시에 발생할 수 있다. 매출원가와 기말재고액을 결정하기 위해서는 어떠한 원가가 어떠한 순서로 각 계정을 흐르고 있는가에 대하여 가정을 설정하여야 한다. 여기에서 뚜렷하게 구분하여야 할 것은 물량의 흐름과 원가의 흐름은 일치되지 않는다는 것이다. 즉 소비자에게 판매되는 상품이나 제조과정에 투하되는 원재료 등의 물량은 대개 오래된 것부터 판매하거나 사용하지만 실제로 비용화되는 재고자산의 원가는 실제로 사용되는 재고자산의 원가와는 반드시 일치하지는 않는다는 것이다. 실제로 사용되거나 판매되는 재고의 흐름은 물량의 흐름이다. 따라서 원가흐름의 가정이 무엇이라는 것을 결정한 후에 회계처리하게 되는데 이러한 원가흐름의 가정은 **① 개별법, ② 선입선출법, ③ 후입선출법, ④ 평균법**을 포함한다.

예제 3

재고자산 평가방법

한일기계제작소의 20×1년 1월 중의 A상품에 관한 기록은 아래와 같다.

		단위	단가	금액
1/ 1	전기이월	200개	@₩20	₩4,000
1/ 7	매 출	150개		
1/13	매 입	300개	@₩21	₩6,300
1/20	매 출	200개		
1/25	매 입	200개	@₩22	₩4,400

이 예에서는 A재료를 700개(200+300+200), ₩14,700에 매입하여 보관하였는데, 350개를 거래처에 판매시켰으므로 기말재고도 350개이다. 그렇다면 매출원가가 될

350개의 가격을 결정하는 동시에 기말재고인 350개의 가액을 결정하는 것이, 곧 매출원가와 재고자산의 평가인 것이다.

판매한 350개의 상품의 매출원가는 얼마이고, 기말재고인 이월상품의 가액은 얼마인가를 평가한다. 단가는 보통 @로 표시되며 위에는 간략하게 ₩로 표시되었으나 정확한 단위의 표시는 ₩/단위이다. 따라서 금액은 (단위×₩/단위)의 계산에 의하여 가액(₩)으로 나타난다. 이 금액이 원장에 기록되는 수치이다. 재무제표에 보고되는 모든 금액은 총액이다.

위의 재고자산의 순환과정이 완전한 정보로 주어지기 위해서는 외상매입일 경우는 매입 조건, 외상매출일 경우는 매출 조건, 매출가액, 현금 지급/회수 등의 정보가 필요하지만 본 예제의 주된 관심이 원가의 추적에 있으므로 이와 같은 정보는 생략한다.

위의 단위당 원가에서도 나타나듯이 단가는 1월 7일부터 25일까지의 기간에 지속적으로 상승하므로 원가가 추적되어야 한다.

매출가능한 단위수는 700단위로 이 중에 매출된 350단위에 대한 원가가 추적되어야 매출원가로 비용화될 것이며 나머지 350단위에 대해서도 원가가 추적되어야 기말재고를 구할 수 있다. 매출된 350단위에 대한 판매가는 복잡한 계산이 아니어서 매출수익과 매출채권의 증가를 간단히 구할 수 있다. 본장에서는 재고자산의 원가 추적에 중점을 두기 때문에 단위당 매출가액은 문제에 제시되지 않는다.

상품의 증감과 관련된 금액을 상품의 원장에 전기하면 다음과 같다(매입의 별도 계정을 설정하지 않고 상품을 증감시킴을 가정한다).

상 품

차변	금액	대변	금액
전기이월	4,000	매출원가	x
당기매입	6,300	차기이월	y
당기매입	4,400		
	14,700		14,700

판매 가능한 가액은 차변의 합인 ₩14,700이며 이 금액이 x만큼 상품을 감소시키며 매출원가로 비용화되거나 y만큼 기말재고로 남게된다. 이 가액들이 결정되어야 분개할 수 있다. 물론 이 두 미지수 중 한 가액만 결정되면 나머지 가액은 판매가능액에서 차감하여 구할 수 있다.

비유로 이해하기 **마트의 우유 진열, 원가를 어떻게 기록할까?**

'원가흐름의 가정'이 왜 필요한지, 마트의 우유 코너를 예로 들어봅시다.

- **상황**: 어제 유통기한이 짧은 우유 10개를 1,000원에 사왔습니다. 오늘 물가가 올라 유통기한이 더 긴 새 우유 10개를 1,200원에 사왔습니다. 진열대에는 어제 우유와 오늘 우유가 섞여 있습니다. 이때 손님이 우유 한 개를 사 갑니다. 이 우유의 매출원가는 1,000원일까요, 1,200원일까요?

  실제로는 어떤 우유를 집어갔는지 알기 어렵습니다. 그래서 회계에서는 "어떤 가격의 우유가 먼저 팔렸다고 '가정'할 것인가?"에 대한 규칙을 정해두었는데, 이것이 바로 원가흐름의 가정입니다.
- **선입선출법**(FIFO): "먼저 들어온 우유가 먼저 팔린다"고 가정합니다. 마트 직원이 유통기한이 짧은 어제 우유를 앞으로 진열해 먼저 팔리게 하는 것과 같습니다. 따라서 매출원가는 어제 사 온 1,000원으로 기록됩니다.
- **가중평균법**(Weighted-Average): "모든 우유를 큰 통에 붓고 섞어버렸다"고 가정합니다. 이제 1,000원짜리와 1,200원짜리를 구분할 수 없죠. 그래서 전체 우유의 구매 가격(1,000원×10개+1,200원×10개=22,000원)을 전체 수량(20개)으로 나누어 평균 단가(1,100원)를 구하고, 이 가격을 매출원가로 기록합니다.

1. 개 별 법

개별법
각 상품의 매입원가를 개별적으로 집계 추적하여 판매된 부분과 판매되지 않은 부분을 구분하는 방법

판매된 상품과 현재 보유하고 있는 상품에 원가를 할당시키는 방법 중 제일 먼저 생각할 수 있는 방법은 각 상품의 매입원가를 각 상품에 할당시키는 **개별법**(specific identification method)이다. 개별법에 의하여 기말재고자산과 매출원가를 계산할 때는 상품이 회사내에 들어올 때 각 상품의 매입원가를 나타내기 위하여 꼬리표를 부착하거나 일련번호가 기입된 장부를 준비하여 각 상품과 연관시킨다. 상품이 판매될 경우에는 꼬리표나 장부를 참고하여 이들 상품의 원가를 매출원가계정에 기입한다. 회계기말 현재까지 판매되지 않은 기말재고자산의 원가는 이들 상품에 부착되어 있는 꼬리표나 장부를 이용하여 계산한다.

매입과 매출이 빈번하지 않은 고가의 상품은 개별법에 의하여 회계처리하는 것이 적절하다. 예를 들어서 자동차 판매상은 판매할 자동차에 대한 별도의 장부를 비치해 둔 다음 자동차가 판매될 때마다 이들 자동차의 장부에서 원가를 확인하여 비용화시킨다. 회계기말에는 현재 판매되지 않은 자동차의 원가를 확인하여 기말재고자산의 원가로 계상한다. 보석류, 가구 등의 소량을 취급하는 회사는 대개 개별법에 의하여 회계처리를 한다.

수익비용대응의 원칙에서 볼 때 개별법은 매우 훌륭한 방법이지만 다음의 두 가지 문제점이 있다. 첫째는 이익을 조작할 수 있는 여지를 남기고 있다. 예를 들어 회사가 상품 1단위를 ₩5,000에 팔 수 있는 기회를 갖고 있는데, 현재 원가 ₩2,000인 상품과 ₩2,250인 상품을 보유하고 있다고 가정하자. 이 경우에 원가 ₩2,000인 상품을 판매하면 이익은 ₩3,000이 되고 ₩2,250인 상품을 판매하면 이익은 ₩2,750이 된다. 만일 회사가 회계기간의 이익을 더 높게(또는 낮게) 하여야 할 필요가 있을 경우에는 상품의 원가가 낮은(또는 높은) 상품을 판매한 것으로 처리하면 이익을 조작할 수 있다. 둘째는 실무적인 문제점인데, 어떤 상품은 물량이 개별적으로 식별되지 않는다는 점이다. 예를 들면 지하탱크에 담겨 있는 경유(구입원가가 서로 다른 경우)나 저장용 통에 담긴 포도주 등이 있다. 뿐만 아니라 금액이 적고 종류가 다양한 상품의 경우에는 개별법에 의하여 기록하면 상품을 구분하는데 비용이 많이 든다는 단점이 있다. 즉, 대량생산/판매의 경우에는 2, 3, 4에서 제시하는 원가흐름의 가정을 필요로 한다.

2. 선입선출법

선입선출법이란 상품 물량의 흐름을 매입한 순서대로 출고시키는 것으로 가정함으로써 최근에 들어온 상품의 원가를 기말재고상품의 원가에 할당시키는 방법이다.

어떤 원가흐름가정을 적용하여 기말재고자산과 판매된 상품의 원가를 결정할 것인지를 판단할 때 판단기준 중의 하나는 물량의 흐름과 원가의 흐름이 일치되는지의 여부이다. 이런 판단기준에서 볼 때 상품은 오래된 상품이 제일 먼저 판매되기 때문에 상품의 원가도 먼저 들어온(선입) 상품의 원가를 판매된 상품의 원가에 할당시키고, 최근에 들어온 상품의 원가를 기말재고상품의 원가에 할당시키는 것이 타당하다.

따라서 선입선출법(first-in first-out method: FIFO)은 매입한 순서대로 출고시키는 것으로 처리하기 때문에 가장 널리 이용되는 방법 중의 하나이다.

다음 **예제** 4는 계속기록법을 채택하고 선입선출법을 적용하는 경우 **예제** 3의 한일기계제작소의 A재료의 기말재고액과 기중소비액(매출원가)을 계산하는 것을 보여주고 있다. 선입선출법을 적용하면 원가의 흐름과 물량의 흐름이 거의 유사하게 일치한다는 점 이외에도 재고실사법이나 계속기록법에 의하여 재고상품을 기록하여도 기말재고상품과 매출원가의 결정에 있어서 동일한 결과가 나온다는 이점이 있다.

예제 4

선입선출법(계속기록법)

상품재고장(선입선출법): 계속기록법의 경우

일	자	적요	입고			출고			잔액		
			수량	단가	금액	수량	단가	금액	수량	단가	금액
1	1	이월	200	20	4,000				200	20	4,000
	7	매출				150	20	3,000	50	20	1,000
									{ 50	20	1,000
	13	매입	300	21	6,300				{ 300	21	6,300
						{ 50	20	1,000			
	20	매출				{ 150	21	3,150	150	21	3,150
									{ 150	21	3,150
	25	매입	200	22	4,400				{ 200	22	4,400

매출원가 ₩7,150　　기말재고액 ₩7,550

위의 예를 재고실사법을 채택한다고 가정하고 기말재고액과 매출원가를 계산하면 다음과 같다.

재고실사법하에서 선입선출법을 적용한 경우

기말재고액: 1/25……200단위	@22	₩4,400
1/13……150단위	21	3,150
350단위		₩7,550

매출원가: 판매가능원가 − 기말재고액

= (₩4,000 + ₩6,300 + ₩4,400) − ₩7,550 = ₩7,150

또는 1/ 1……200단위	@20	₩4,000
1/13……150단위	@21	3,150
		₩7,150

위에 보였듯이 매출원가는 두 가지 방법으로 구할 수 있다. 하나는 기말재고를 구한 후에 이를 매출가능원가에서 차감하는 방법이고 또는 기초재고나 매입되었던 상품의

원가를 추적하여 매출원가를 구하는 방법이다. 어느 방법이 사용되든지 동일한 금액이 구하여 진다. 판매가능원가는 기초재고액에 당기매입액을 가산한 가액이다.

이 경우 필요한 분개는 다음과 같다.

(차) 매출원가	7,150	(대) 상 품	7,150

기말재고는 위 분개의 결과 남는 잔액이므로 별도의 분개가 필요하지 않다.

재고실사법이나 계속기록법하에서 구한 매출원가 및 기말재고의 가액이 일치한다. 이것은 가장 오래된 상품의 원가부터 매출원가에 할당되기 때문에 회계기말에 가서야 매출원가를 계산한 것(재고실사법)이나 상품이 판매될 때마다 매출원가를 계산한 금액(계속기록법)이 일치된다.

그러나 선입선출법은 재고상품을 보유함으로써 발생되는 보유이득 또는 보유손실이 영업이익에 포함된다는 단점을 지니고 있다. 이는 이월되었거나 기초에 매입된 상품의 원가가 비용화되었기 때문이다. 보유이득은 위의 예제와 같이 단위당 원가가 상승할 경우에 발생하며 보유손실은 반대의 경우에 나타난다.

3. 후입선출법

후입선출법

가장 최근에 매입한 상품의 원가를 판매된 상품의 원가, 즉 매출원가에 할당시켜 수익과 대응시키는 방법. 하지만 국제회계기준에서는 후입선출법을 인정하지 않음.

후입선출법(last-in first-out method: LIFO)에서는 가장 최근에 매입한 상품의 원가를 판매된 상품의 원가, 즉 매출원가에 할당시켜 수익과 대응시킨다. 마찬가지로 기말재고상품에는 가장 오래된 상품의 원가를 할당한다.

다음 **예제 5**는 계속기록법을 채택하고 후입선출법을 적용하는 경우 기말재고액과 기중소비액(매출원가)을 계산하는 것을 보여주고 있다. 그러나 선입선출법과는 달리 후입선출법을 채택할 경우에는 계속기록법에 의한 기말재고액과 재고실사법에 의한 기말재고액은 다르다. 재고실사법하에서 후입선출법을 적용하는 경우 기말재고액과 매출원가를 계산하면 다음과 같다.

예제 5

후입선출법(계속기록법)

상품재고장(후입선출법): 계속기록법의 경우

일	자	적요	입고 수량	입고 단가	입고 금액	출고 수량	출고 단가	출고 금액	잔액 수량	잔액 단가	잔액 금액
1	1	이월	200	20	4,000				200	20	4,000
	7	매출				150	20	3,000	50	20	1,000
	13	매입	300	21	6,300				{ 50	20	1,000
									300	21	6,300
	20	매출				200	21	4,200	{ 50	20	1,000
									100	21	2,100
	25	매입	200	22	4,400				{ 50	20	1,000
									100	21	2,100
									200	22	4,400

매출원가 ₩7,200　　　기말재고액 ₩7,500

재고실사법하에서 후입선출법을 적용한 경우

기말재고액:	1/ 1……200단위	@20	₩4,000
	1/13……150단위	21	3,150
	350단위		₩7,150

매출원가: 판매가능원가 − 기말재고액

$$= (₩4,000 + ₩6,300 + ₩4,400) - ₩7,150 = ₩7,550$$

또는	1/25……200단위	@22	₩4,400
	1/13……150단위	@21	3,150
	350단위		₩7,550

이 두 방법에서 기말재고액과 매출원가가 달리 계산되는 이유는 계속기록법일 경우는 매출시점에서 매출원가가 기록되므로 각 매출시점에서의 가장 최근의 구입 원가가 매출원가가 된다. 반면에 재고실사법은 회계기말시점이 매출원가를 구하는 시점이 되므로 회계기말 시점에서의 가장 최근의 원가가 매출원가로 비용화된다.

후입선출법은 통상적인 물량의 흐름과는 일치되지 않는 원가의 흐름을 가정하고 있다. 이는 통상적인 물량의 흐름이 먼저 구입된 상품이 먼저 매출됨을 가정한다. 그러나 많은 회계담당자와 경영자들은 물량의 흐름과 원가의 흐름을 일치시키는 원가흐름 가정보다는 의미있는 순이익을 산출할 수 있는 원가흐름가정이 더 중요하다고 주장한다. 이들은 진정한 매출원가는 판매된 상품의 대체원가라고 주장하는데, 후입선출법을 적용하면 가장 최근에 매입한 상품의 원가를 매출원가로 할당시키기 때문에 후입선출법이 대체원가로 매출원가를 평가하는 것과 가장 접근된다는 것이다. 이는 손익계산서를 중요시 하는 접근이다.

후입선출법의 이러한 점은 수익·비용대응의 원칙에 비추어 볼 때 장점이 잘 드러나 보인다. 즉 후입선출법에 의하면 대체원가의 근사치인 매출원가가 수익과 대응되기 때문에, 순이익을 추정하거나 의사결정하는 데 유용한 정보를 제공할 수 있다. 이는 가격이 상승하거나 하락할 때도 최근에 구입한 상품의 원가가 매출원가에 할당되기 때문에 다른 방법보다 당기의 영업활동을 좀더 잘 반영할 수 있다. 그러나 후입선출법은 실제물량 흐름과 일치되는 경우가 거의 없어서 실제원가흐름을 신뢰성 있게 반영하지 못하고, 영업성과를 왜곡 표시할 가능성이 높다. 그리고 물가가 상승하는 경우에 이익을 과소계상하게 되어 흔히 절세의 목적으로도 이용된다. 따라서 이러한 단점들로 인해 K-IFRS에서는 후입선출법의 적용을 배제하고 있다.

후입선출법의 한 단점은 이익 조정이 가능하다는 것이다. 인플레이션 하에서 이익을 하향 조정하려는 기업이 연말 시점에 추가적으로 상품을 높은 가액에 매입하면 된다. 높은 가액으로 최근 매입한 상품이 매출원가로 비용화하기 때문이다. 반대로 이익을 상향조정하려는 기업은 재고자산의 매입을 중단하거나 연기하는 방법으로 이익을 조정할 가능성이 있다. 선입선출법에서는 과거에 매입한 상품이 비용화하므로 이러한 조정이 가능하지 않다. 추가 매출은 해당 기업이 임의적으로 수행할 수 없지만 추가 매입은 통제가 가능하다. 후입선출법하에서는 재고자산이 과거의 취득원가에 근거하여 평가된다는 단점이 있다.

4. 평 균 법

널리 사용되고 있는 원가흐름가정 중의 하나가 **평균법**(average cost method)인데, 이것은 매입된 상품의 원가가 기초재고상품의 원가와 완전히 혼합된다고 가정한다. 따라서 평균법에서는 회계기초에 보유하고 있는 상품과 매입된 상품의 원가를 매출총가능상품의 평균원가에 의하여 평가한다.

평균법은 통에 저장되는 주류나 기타의 상품에 특히 적절하지만, 물량이 혼합되지 않은 상품의 경우에도 사용된다. 매입한 상품의 가격이 일시적으로 변동될 경우에, 개별법이나 기타의 방법에 의하여 매출원가를 결정할 경우에는 기간별 매출원가가 크게 달라지지만, 평균법을 적용하면 일시적인 가격변동에 의하여 매출원가가 왜곡되는 것을 최소화시킬 수 있다. 즉, 단위당 원가를 평준화하는 장점도 평균법은 보인다. 따라서 단기간의 매출원가와 기말재고자산을 평가하기 위해서는 평균법을 적용하는 것이 타당하다. 이러한 매출원가의 평준화는 이익의 평준화도 가능하게 한다. 평균법에는 이동평균법과 총평균법이 있다.

(1) 이동평균법

이 방법은 계속기록법에 의하여 평균법을 적용하는 것으로 상이한 단가로 매입할 때마다 수량과 금액을 직전의 잔액과 합하여 새로운 평균단가를 산출하며 이 평균단가로서 그 이후의 소비 또는 판매의 단가로 하는 방법이다. 이 방법에 의하면 항상 소비재료의 단가 또는 매출원가를 산출할 수 있으나, 매입하는 회수가 빈번하면 그때마다 새로운 단가를 산출하여야 하는 것이 단점이 된다. **이동평균법**(moving average method)은 수시로 원가계산을 하여야 하는 주문생산기업에서 많이 이용된다. 평균 단가가 계속 변화하므로 이를 이동평균법이라고 부른다.

이동평균법
상이한 단가로 매입할 때마다 수량과 금액을 직전의 잔액과 합하여 새로운 평균단가를 산출하여 이 평균단가로서 그 이후의 소비 또는 판매의 단가로 인식하는 방법

예제 6은 예제 3의 자료를 가지고 이동평균법에 의해 기말재고액과 기중소비액을 계산한 것이다.

예제 6

이동평균법

상품재고장(이동평균법)

일 자		적요	입 고			출 고			잔 액		
			수량	단가	금액	수량	단가	금액	수량	단가	금액
1	1	이월	200	20	4,000				200	20	4,000
	7	매출				150	20	3,000	50	20	1,000
	13	매입	300	21	6,300				350	20.86	7,300
	20	매출				200	20.86	4,172	150	20.86	3,128
	25	매입	200	22	4,400				350	21.51	7,528

매출원가 ₩7,172　　기말재고액 ₩7,528

이동평균법에서 평균단가가 계산되는 방법을 기술한다. 1월 13일 매입 이후에 판매 가능한 단위와 단가는 다음과 같다. 1월 7일의 매출에 대해서는 전기이월된 단가 ₩20만이 존재하므로 평균을 구할 필요가 없다.

단위	단가	판매가능한 상품액(₩)
50	@20	₩1,000
300	@21	₩6,300

평균원가(₩/#) = 판매가능한 상품액/판매가능한 단위
= ₩7,300/#350 = ₩20.86/#

위의 표에서는 1월 13일의 잔액도 ₩20.86의 단가에 기초하여 평가되었으나(350 × 20.86 = ₩7,300) 이는 1월 7일 매출 후의 잔액 ₩1,000과 1월 13일의 매입액 ₩6,300을 합하여도 같은 금액을 구할 수 있다. 위의 평균원가의 계산은 @20과 @21의 가중평균값으로 다음과 같은 방식으로도 가중치를 두어 평균원가가 계산될 수 있다. 가중치는 단위수로 주어진다.

(₩20 × 50/350) + (₩21 × 300/350) = ₩20.86

1월 25일의 평균 단가는 다음과 같이 구한다.

평균원가=판매가능한 상품/판매가능한 단위
=(₩3,128+₩4,400)/350=₩21.51

1월 25일 잔액 또한 위의 표에 보고된 대로 구할 수도 있으나 ₩21.51의 평균원가를 계산함이 없이 1월 20일 매출 후의 잔액 ₩3,128에 1월 25일의 매입 ₩4,400을 더하여 계산하여도 동일한 값을 구할 수 있다. 즉, ₩21.51×단위 350=₩7,528으로 구한 값과 동일하다.

매입 시점마다 이동평균되는 평균원가를 구하는 것은 다음번의 매출시점에 있어서 매출원가의 계산을 용이하게 하는 장점이 있다.

(2) 총평균법

> 총평균법이란 기중의 취득가액의 총합계액을 총수량으로 나누어서 단가를 구하는 방법을 말한다.

총평균법(gross average method)은 기중의 취득가액의 총합계액을 총수량으로 나누어서 단가를 구하는 방법이다. 따라서 기간 중에는 원가를 산정할 수 없으므로 출고시 수량만을 기입하였다가 단가는 기말에 기입한다. 재고실사법을 채택하는 경우 평균법을 적용하면 총평균법이 된다. 한 회계기간 동안의 전체 재고자산에 대하여 한 번의 평균이 계산되므로 이 방식을 총평균법이라고 부른다.

예제 3에 대하여 총평균법에 적용하여 A재료의 기말재고액과 매출원가를 계산하면 다음과 같다.

예제 7

총평균법

총평균 단가=판매가능액÷판매가능단위수
=(₩4,000+₩6,300+₩4,400)÷(200+300+200)
=₩21

또는 총평균 단가$=\left(₩20\times\frac{200}{700}\right)+\left(₩21\times\frac{300}{700}\right)+\left(₩22\times\frac{200}{700}\right)$
=₩21

이는 ₩20, ₩21, ₩22의 단위수로 가중한 가중평균값이다.

위에 이미 계산되었듯이 총평균단가는 판매가능원가를 판매가능단위로 나누어 구한다. 위의 예제의 특별한 경우이기는 하지만 이월된 기초 재고(#200)와 두번째 매입한 단위(#200)가 동일하고 기초의 단가(@20)와 두번째 매입한 단가(@22)가 첫번째 매입한 단가(@21)보다 각각 ₩1씩 높거나 낮기 때문에 첫번째 매입을 중심으로 대칭을 이루고 있어 위와 같은 계산 과정을 밟지 않고도 ₩21의 총평균단가를 계산할 수 있다.

총평균법으로 계산된 매출원가는 상품의 단가가 오른다는 가정하에서는 선입선출법으로 계산된 매출원가에 비하여 높은 값을 보인다. 이는 선입선출법일 경우 과거의 값싼 단가가 매출된 것으로 가정되어 매출원가가 계산되었던 것에 비하여 총평균법에서는 한 회계기간 동안의 평균적인 원가가 매출된 것으로 계산되었기 때문이다. 동일한 논리를 후입선출법/재고실사법에도 적용할 수 있는데 원가가 상승한다는 가정하에서 총평균법에서 계산된 매출원가가 후입선출법/재고실사법에 의해서 계산된 매출원가에 비해서 낮다.

위에서 총평균법과 선입선출법 및 재고실사법하에서의 후입선출법을 비교하였던 것에 비하여 계속기록법하에서의 이동평균법과 후입선출법과의 비교는 후입선출법/계속기록법은 매출 시점마다 원가가 추적되므로 언제 어떤 가격으로 매입하였던 재고자산이 매출되는가가 매출 물량에 따라 변하므로 이를 일관되게 설명할 수 없다.

계속기록법하에서 이동평균법과 선입선출법의 비교는 매출 시점마다 원가가 추적되기는 하여도 선입선출법에서는 먼저 구입한 재고자산이 일관적으로 먼저 매출되므로 원가가 계속 상승한다는 가정하에서는 이동평균법하에서의 매출원가가 높다. 이는 이동평균법하에서의 평균원가는 기초이월된 재고자산과 이후에 매입된 재고자산의 원가를 평균하여 원가가 구하여지는 반면, 선입선출법하에서의 매출원가는 먼저 매입된 재고자산의 원가가 사용되기 때문이다.

Focus on Decision Making

[상 황]

'신촌 빵집'은 요즘 고민이 많습니다. 최근 물가가 계속 올라서, 매주 사 오는 밀가루 가격이 계속 오르고 있기 때문입니다. (예: 첫 주 1,000원 → 둘째 주 1,100원 → 셋째 주 1,200원)

12월 31일, 나사장은 한 달간 팔려나간 빵에 들어간 밀가루의 원가(매출원가)를 계산해야 합니다. 이때, 창고에 뒤섞여 있는 밀가루 중 어떤 가격의 밀가루가 먼저 사용되었다고 가정해야 할까요?

"사장님, 어떤 밀가루 값을 기준으로 원가를 계산하느냐에 따라 우리 빵집의 이익과 세금이 달라집니다. 어떤 방법을 선택하시겠습니까?"

[선택지 분석]

1. 선택 A: 선입선출법 (FIFO) – "먼저 들어온 게 먼저 나간다"

- 방법: "가장 먼저 사 온, 가장 쌌던 밀가루부터 순서대로 썼다고 가정하자."
- 결과 (물가 상승 시): 과거의 낮은 원가가 매출원가로 기록됩니다. 그 결과, 매출원가는 낮아지고 당기순이익은 높게 계산됩니다.
- 장점: 재무제표상 이익이 커 보여서 은행이나 투자자에게 좋은 인상을 줄 수 있습니다.
- 단점: 이익이 높게 나온 만큼, 내야 할 법인세도 함께 늘어납니다.

2. 선택 B: 가중평균법 – "전부 섞어서 평균을 낸다"

- 방법: "창고의 모든 밀가루를 한데 섞어서 평균 가격을 낸 뒤, 그 평균가로 썼다고 가정하자."
- 결과 (물가 상승 시): 매출원가가 선입선출법보다 높게, 당기순이익은 상대적으로 낮게 계산됩니다.
- 장점: 물가 변동의 영향을 완화시켜 안정적인 이익을 보여줄 수 있고, 당장의 세금 부담이 줄어듭니다.
- 단점: 재무제표상 이익이 선입선출법보다 적게 보일 수 있습니다.

[나사장의 의사결정]

이처럼 어떤 원가흐름 가정을 선택하는지는 단순히 계산 방식의 차이가 아닙니다. 이는 기업의 보고되는 이익의 크기와 현금흐름(세금 납부액)에 직접적인 영향을 미치는 중요한 전략적 의사결정입니다.

회계기준은 두 방법 모두를 인정하지만, 한번 선택한 방법은 특별한 이유 없이 매년 바꾸지 않고 꾸준히 사용하도록 하여 일관성(Consistency)을 지킬 것을 요구합니다. 나사장은 단기적인 이익 보고와 세금 부담 사이에서, 자신의 경영 철학과 향후 사업 계획에 더 부합하는 방법을 신중하게 선택해야 합니다.

5. 재고자산평가방법간의 비교

재고자산평가에 사용되는 여러 가지 원가흐름의 가정은 각각 특징이 있으므로 기업의 경영자의 판단에 의하여 결정할 문제이다. 각각의 절차는 서로 장점과 단점이 있고, 또 그 결과도 상당한 차이가 있으므로 기업의 상황에 맞는 것을 골라서 채택한 절차를 계속해서 적용하면 장기적으로는 결국 거의 같은 결과가 되는 것이므로 한 번 결정한 절차는 정당한 이유가 없는 한 변경하지 않아야 한다.

(1) 계속기록법과 재고실사법

계속기록법은 재고자산의 입고 및 출고상황을 계속적으로 기록하여 일정시점의 재고자산을 파악하는 재고자산평가방법이다.

재고실사법(실제재고조사법): 기말 또는 일정기간마다 실제 재고를 파악하여 정상적인 재고자산을 인식하는 재고자산 평가방법이다.

계속기록법(perpetual inventory method)의 장점은 재고상품을 적극적으로 통제할 수 있다는 점이다. 즉 경영자는 재고상품에 관한 자료로부터 언제든지 현재 보유하고 있는 상품의 수량과 원가를 알 수 있다. 또한 재고실사를 실시한 다음 실제로 보유하고 있는 상품과 장부상에 기재된 상품을 비교함으로써 재고자산에 대한 통제와 회계기록절차가 효율적으로 운영되고 있는지를 평가할 수 있다. 반면에 재고실사법(periodic inventory method)에서는 회계기말에 가서야 기말재고상품을 평가하기 때문에 기중에는 경영자가 재고상품을 통제할 수 없다.

만일 계속기록법에 의하여 재고상품을 기록하고 후입선출법(또는 선입선출법)에 의하여 재고상품을 평가한다면 최근(또는 먼저)에 매입된 상품의 원가를 매출원가에 할당시켜야 하기 때문에 기장업무가 매우 복잡해진다. 특히 상품의 매입, 매출횟수가 빈번할 때에는 기장업무가 더욱 더 복잡해진다. 거래의 빈도가 적더라도 계속기록법은 재고실사법에 비하여 기장업무가 더 복잡하다. 그러나 이러한 업무는 컴퓨터를 이용하여 재고상품의 통제와 주문시점, 주문량 등을 결정하면서 해결할 수 있다.

계속기록법의 장점을 살리면서 과중한 기장업무를 단순화시킬 수 있는 방법이 있다. 첫 번째 방법은 재고상품에 관한 거래가 이루어질 때에는 물량만을 계속기록법에 의하여 기록하고, 기말재고상품과 판매된 상품의 원가는 회계기말에 재고실사법에 의하여 기록하는 방법이다. 두 번째 방법은 흔히 사용되고 있는 것인데, 상품이 판매될 때에는 일정한 가격으로 기입한 다음, 회계기말에 가서 재고상품의 원가를 조정하는 방법이다. 이는 매출가격환원법에서 설명된다.

재무회계의 관점에서 보았을 때, 계속기록법과 재고실사법 중 어떤 방법이 더 우월하며 어떤 방법이 좀더 의미있는 매출원가와 기말재고자산의 원가에 관한 정보를 제공하는지의 의문이 생길 수 있다. 그러나 재무제표는 재고상품의 기록방법보다는 원가흐름 가정의 선택에 의하여 더 많은 영향을 받는다. 즉 선입선출법에 의하여 재고상품을 평가할 경우에는 어떤 방법에 의하여 재고상품을 기록하든지 재무제표에 미치는 영향은 동일하다. 단, 재고상품에 도난, 훼손 등이 존재할 경우는 재고실사법과 계속기록법하에서의 회계처리가 달라진다.

재고실사법에서는 현재 보유하고 있지 않은 상품은 판매된 것이라고 가정하기 때문에 분실되거나 도난된 상품을 판매된 상품과 구별할 수 없다. 따라서 통제의 측면에서 보면 계속기록법이 유리하다.

(2) 이동평균법과 총평균법

유통업에서는 대개 6개월 또는 1년에 한 번 결산할 때 매출원가를 산출한다. 제조기업은 한 달에 한 번씩 제조원가를 계산하는 것이 일반적이다. 재고자산의 평가, 즉 재고자산을 위하여 지출된 금액을 매출원가와 기말재고로 배분하는 절차는 유통기업에서는 정확한 매출원가를 계산하기 위하여, 제조기업에서는 제조원가 중의 재료비 계산을 하기 위한 것이다.

그러므로 6개월 또는 1년에 한 번 매출원가를 산정하는 유통기업에서 이동평균법과 같이 상이한 가격으로 상품을 매입할 때마다 원가를 재평균하는 절차는 복잡하고 실효가 없는 것이며, 평균법으로서는 총평균법이 더욱 좋은 방법이라 할 수 있다. 그러나 앞에서 언급한 바와 같이 주문생산을 하는 제조기업은 대개는 다품종생산이며, 또 제품이 완성되는 대로 원가를 계산하여 판매하여야 하므로 총평균법보다는 이동평균법을 많이 적용하고 있다. 단, 이동평균법은 계속기록법하에서 총평균법은 재고실사법하에서 가능하다.

(3) 선입선출법과 후입선출법

선입선출법은 재화의 실제적인 흐름 또는 가치의 흐름을 고려할 때 자연스러운 방법으로서 이론적으로나 실무면에서 가장 일반화된 방법이다.

한편 후입선출법은 상당히 인위적인 방법이다. 즉, 후입선출법이 처음 등장한 것은 인플레이션에 의한 가격상승으로 기말재고액에 포함될 평가이익을 제거하는 동시에 상승한 가격의 재고자산액을 빨리 매출원가 또는 제조원가에 부과시켜서 회수하자는 것이 근본 목적이었다. 구체적인 예로서 후입선출법이 목적하는 바를 선입선출법과 비교하여 설명하면 다음과 같다. 후입선출법이 계속기록법과 동시에 사용되면 여러 가지 복잡한 문제가 발생하므로 이곳에서는 후입선출법/재고실사법을 이용하여 선입선출법과 후입선출법을 비교한다. 선입선출법이 사용되면 어떠한 재고자산 기록방법이 사용되든지 동일한 매출원가와 재고자산이 구하여진다.

	매출원가	기말재고액	합 계
선입선출법	₩7,150	₩7,550	₩14,700
후입선출법/재고실사법	7,550	7,150	14,700

이 예는 가격상승을 가정하고 있다. 가격상승시에 후입선출법을 적용하면 매출은 어느 방법을 사용하든지 동일한 값이 계상되므로 이익의 차이는 매출원가의 차이에 의해서 발생한다. 즉, 후입선출법을 사용하면 선입선출법을 사용한 경우에 비하여 매출원가가 ₩400 높게 계상되므로 이익은 ₩400 낮게 계상된다. 이것은 후입선출법을 적용함으로써 가격상승에 의한 미실현이익이 더 계상되지 않고 매출원가에 대응되어 흡수되었으므로 인플레이션시에는 매출원가를 최대한 높게 계상하게 된다. 법인세차감전순이익을 최소화하여 법인세를 적게 납부한다는 목표하에서는 후입선출법이 좋은 방법이라는 것을 의미한다. 그러나 가격이 계속하여 상승하고 재고가 쌓여 나갈 때 후입선출법을 적용하면 초기에 매입한 부분은 실제 재화의 흐름은 그렇지 않음에도 불구하고 낮은 가격으로 그대로 평가되어서 영구히 고정화되는 경향이 있다. 반대로 가격이 하락할 때는 선입선출법이 이와 같은 효과를 거둘 수 있다. 단, 경제환경에서는 가격은 일반적으로 상승한다.

시가가 역사적 원가의 단점을 보완할 수 있는 대안이라고 생각한다면 손익계산서의 매출원가의 인식이나 재무상태표의 기말재고자산의 평가가 대체원가로 기록됨이 바람직하다고 생각할 수 있다. 따라서 재무상태표의 측면에서 시가가 재고자산으로 기록되는 선입선출법이 더 좋은 방법이라고 판단할 수도 있으며 손익계산서의 측면에서는 시가가 매출원가로 기록되는 후입선출법이 더 좋은 방법이라고 판단할 수 있다. 그러나 이와 같은 두 가지 조건을 모두 다 만족시킬 수는 없다.

물가가 계속 상승하고 기말재고자산의 수량이 기초 재고자산의 수량보다 증가할 때 재고자산의 원가배분과 관련된 방법들간의 관련 계정과목에 미치는 효과는 다음과 같다.

기말재고자산	선입선출법>이동평균법>총평균법>후입선출법
매출원가	선입선출법<이동평균법<총평균법<후입선출법
당기순이익	선입선출법>이동평균법>총평균법>후입선출법
법인세 부담액	선입선출법>이동평균법>총평균법>후입선출법

6. 매출가격환원법(소매재고법)[1]

월별 또는 분기별로 재무제표를 작성하기 위해서는 재무제표를 작성할 때마다 빈번하게 기말재고상품을 실사하거나 또는 계속기록법에 의하여 재고상품을 기록하여야 한다. 사실 여러 가지 종류의 상품을 대규모로 판매하고 있는 회사가 이런 두 가지의 업무를 병행하는 것은 엄청날 정도의 업무부담을 지게 된다.

매출가격환원법

매가로 계산된 기말재고자산에 원가율을 곱하여 매가를 원가로 환원하는 방법

유통업에 종사하는 많은 기업들은 기말재고상품을 손쉽게 실사할 수 없을 경우에 기말재고상품의 금액을 추정하기 위하여 **매출가격환원법**(retail method) (또는 **소매재고법**)이라는 기말재고상품 평가방법을 적용한다. 소매업에 종사하는 기업은 금액도 작고 종류가 다양한 수없이 많은 상품을 실사함으로써 많은 시간이 걸리는 것을 피하기 위하여 매출가격환원법을 이용하여 기말재고상품의 원가를 결정한다. 실제로 소매상에서는 재고상품에 소매가격표를 부착한 다음, 기말에 판매되지 않고 남아 있는 기말재고상품의 원가를 결정하는 데 있어서 상품에 부착되어 있는 소매가격표에 의하여 매출가격환원법을 적용하여 추정한다. 위의 선입선출법, 후입선출법에서도 살펴보았듯이 원가를 추적하기 위해서는 기초와 이후에 매입되었던 모든 재고자산의 단위당 원가에 대한 추적이 수행되어야 하는데 여러 종류의 상품을 취급하고 있는 유통업체에서는 이와 같은 방법이 여간 번거로운 작업이 아니다.

이 방법은 유통기업의 경우는 판매가는 용이하게 추적된다는 사실에 근거하여 판매

1) K-IFRS에서는 회사의 업종이나 재고자산의 특성에 비추어 다른 방법을 적용하는 것보다 합리적이라고 인정되는 경우에 한하여 적용하도록 규정하고 있다.

가와 원가의 관계를 원가율로 설정한 후 판매가에 근거한 매출원가와 기말재고로부터 매출원가와 기말재고의 원가를 역으로 추적하는 방법이다.

기말재고자산원가 = 매가에 의한 실사액 × 원가율

위와 같이 원가율을 사용하는 것은 실제로 원가와 소매가격 사이에 일정한 관계가 있을 경우에는 기말재고상품의 원가를 거의 정확하게 추정할 수 있다. 그러나 상품마다 원가율이 다르고, 판매된 상품믹스(mix)와 기말재고상품의 믹스가 다를 경우에는 상품별로 세분하여 원가율을 계산해야 한다.

매출가격환원법의 간단한 예를 들면 다음과 같다.

예제 8

매출가격환원법(평균법)

매출가격환원법(평균법)

	원 가	매 가
기초재고액(20×1. 1. 1)	₩22,000	₩40,000
당기매입액	180,000	300,000
판매가능액	₩202,000	₩340,000
② 매출원가율 ₩202,000÷₩340,000=59.41%		
매 출 액		280,000
기말재고액 매가		₩60,000 ①
③ 원가(₩60,000×59.41%)	35,646	
매 출 원 가	₩166,354 ④	

매출원가는 판매가로 측정한 매출액인 ₩280,000에 원가율인 59.41%를 곱하여 ₩166,354로 계산된다. 또는 판매가능한 상품의 원가에서 기말재고를 차감하여도 같은 값을 구할 수 있다. 유통업체인 경우 판매가에 근거한 매출액 ₩280,000은 매출 기록을 보면 쉽게 구할 수 있다. 이와 같이 접근하는 것이 판매되는 상품의 원가를 추적하는 것보다 수월하다. 위의 예는 재고자산의 원가흐름을 평균법이라고 가정한 상태에서 매출가격환원법을 적용한 것이다. 이 평균매출가격환원법하에서는 원가율 계산시 기초재고액과 당기매입액을 구분하지 않고 모두 고려한다.

예제 9

매출가격환원법
(선입선출법)

매출가격환원법(선입선출법)

	원 가	매 가
기초재고액(20×1. 1. 1)	₩22,000	₩40,000
당기매입액	180,000	300,000
판매가능액	₩202,000	₩340,000
② 매출원가율 { 기초재고액: ₩22,000÷₩40,000=55%		
{ 당기매입액: ₩180,000÷₩300,000=60%		
매 출 액		280,000
기말재고액 { 매가		₩60,000 ①
③ { 원가(₩60,000×60%)*	36,000	
매 출 원 가	₩166,000 ④	

* 매출액 ₩280,000이 매가에 의한 기초재고액 ₩40,000보다 크므로 기말재고는 모두 당기매입액으로 구성되며 당기매입액에 의한 원가율을 적용하였다.

매출액 ₩280,000이 기초재고액보다 작은 값을 보인다면 매출된 부분에 대해서는 기초재고에 대한 원가율을 적용하여 매출원가를 먼저 구하고 기말재고는 이 매출원가를 매출가능액에서 차감하면 구할 수 있다.

예제 8에서는 원가흐름을 선입선출법이라고 가정한 다음 원가율을 계산하였다. 즉, 선입선출법하에서의 매출가격환원법에서는 기초재고액과 당기매입액에 대한 원가율을 각각 계산한 다음, 매출액이 매가에 의한 기초재고액보다 많은 경우에는 당기매입액에 의한 원가율을 매가에 의한 기말재고액에 적용하여 기말재고의 원가를 계산하고, 매출액이 매가에 의한 기초재고액보다 적은 경우에는 매가에 의한 기말재고액을 매가에 의한 기초재고액과 매가에 의한 당기매입액으로 구분한 다음에 기초재고액에 의한 원가율과 당기매입액에 의한 원가율을 각각 곱하여 기말재고의 원가를 구한다. 즉, 매출액이 ₩280,000인데 매가로 측정한 당기매입이 ₩300,000이므로 매출액의 ₩40,000에 해당하는 부분은 기초재고에서 매출된 부분으로 55%의 원가율을 적용하며, 매출액의 ₩240,000에 해당하는 부분은 당기매입액에서 매출된 부분으로 60%의 원가율을 적용하여야 한다. 이와 같은 방법으로 매출원가를 계산하면 다음과 같이 매출원가가 계산된다.

$$(₩240,000 \times 60\%) + (₩40,000 \times 55\%) = ₩166,000$$

이와 같이 구한 매출원가는 위의 방법에 의해서 구한 매출원가와 동일한 값을 보인다. 위의 예제의 접근방법은 기말재고를 우선 원가로 구해주고 매출원가는 이를 매출가능한 원가에서 차감하는 방식을 택한다. 기말재고 매가 ₩60,000은 선입선출법의 가정에 의해서 당기매입액으로부터 남은 것이므로 원가율 60%를 적용하였다.

7. 매출총이익률법

매출총이익률법은 K-IFRS에서 규정하는 평가방법은 아니지만 화재나 도난 등으로 인하여 특정시점 현재 재고자신의 실물이 존재하지 않는 경우 재고자산을 추정하는데 이용되는 방법이다.

이 방법은 당기 매출액에 과거 매출원가율을 이용하여 추정 매출원가를 파악할 수 있다는 가정에 근거하고 있다.

매출총이익률법을 적용하여 추정 기말재고를 구하는 방법은 아래와 같다.

추정기말재고＝기초 재고자산가액＋당기매입액－추정매출원가

이때 매출원가는 다음과 같은 두 가지 방법으로 추정할 수 있다.

① 매출원가 = 당기매출액×(1－매출총이익률)
② 매출원가 = 당기매출액÷(1＋원가에 대한 이익률)

예제 10

신촌주식회사는 12월 24일 화재로 인하여 창고안에 있는 재고자산을 모두 소실하였다. 신촌주식회사의 당 회계연도 회계자료 중 일부는 다음과 같다.

기초재고액	₩500,000
당기매입액	4,500,000
당기매출액	3,000,000
매출총이익률	30%

위의 자료에 근거하여 신촌주식회사의 화재로 인한 재고자산 손실액을 계산하시오.

12월 24일까지의 매출원가: 3,000,000×(1－30%)＝2,100,000
12월 24일까지의 재고자산: 500,000＋4,500,000－2,100,000＝2,900,000
재해손실: 2,900,000

보충학습

창고에 불이 났을 때, 사라진 재고는 어떻게 계산할까?

만약 간밤에 창고에 불이 나서 재고가 모두 타버렸다면, 기말재고를 어떻게 파악해야 할까요? 이처럼 재고를 직접 셀 수 없을 때, 우리는 과거 데이터를 바탕으로 재고를 '추정'할 수 있습니다. 가장 대표적인 방법이 매출총이익률법입니다.

〈탐정의 추리 과정: 매출총이익률법〉

1. 판매 가능한 재고 파악: "기초에 100원어치 있었고, 이번에 900원어치를 더 사 왔으니, 창고에는 최대 1,000원어치의 재고가 있었겠군." (기초재고+당기매입액)
2. 매출원가 추정: "우리 가게는 보통 매출액의 70%를 원가로 남기는 장사(매출원가율 70%)를 하지. 올해 총매출액이 800원이니, 팔려나간 상품의 원가는 대략 560원(800원 × 70%)이겠군."
3. 기말재고 추정: "그렇다면, 팔 수 있었던 1,000원어치 중에서 560원어치가 팔렸으니, 창고에 남아있었어야 할 재고는 440원이구나!" (판매가능재고－추정 매출원가)

이처럼 매출총이익법은 논리적인 추정을 통해 보이지 않는 재고의 원가를 파악하는 유용한 도구입니다.

05 재고자산의 평가

CHECK POINT

• 재고자산의 저가평가

자산평가의 목적은 이익과 재무상태를 정확히 파악하기 위한 것이다.

1. 평가의 목적

재무상태표에 기재되는 자산이나 부채는 모두 평가의 대상이 된다. 자산과 부채의 평가란 재무상태표에 기재되는 자산이나 부채의 금액을 결정하는 것으로 자산이나 부채에 화폐가치를 부여하는 과정을 말한다. 자산이나 부채를 평가할 때는 왜 평가를 하는가를 검토하여 그 목적을 밝혀야 한다.

보충설명

자산평가의 목적

재고자산의 평가에 대해 설명하기 전 일반적인 자산의 평가에 대해서 설명한다.

자산을 평가하는 목적에는, 첫째 기업의 이익계산을 정확하게 하기 위하여, 둘째 기업의 재무상태를 정확하게 파악하기 위하여, 셋째 기업의 재무상태의 파악과 정확한 이익계산을 다같이 정확하게 하기 위하여 자산을 평가하는 것이다.

첫째로, 정확한 이익계산을 하기 위한 평가는 재무상태의 파악보다는 기간손익을 정확하게 계산하려는 취지이므로 회계의 중심을 손익계산서에 두는 것이다.

둘째로, 기업의 재무상태를 정확하게 파악하려고 하면 자산을 평가하는 시점에 있어서의 모든 자산을 있는 그대로 재무상태표에 계상하여야 하므로 손익계산서보다 재무상태표가 중심이 되는 평가가 된다.

셋째로, 재무상태와 이익계산을 다같이 중요시하는 평가태도는 이상적이기는 하나 현실성이 매우 희박한 방법이다.

자산의 평가 중에서 재고자산을 평가한다 함은 재고자산과 매출된 수량의 단위당 원가를 계산하여 매출원가와 기말재고의 수량을 금액으로 환산하는 과정을 지칭한다. 국제회계기준을 도입하면서 평가의 초점이 재무상태표로 이동하였다.

2. 재고자산의 저가평가

자산의 평가 방법에는 원가주의, 시가주의, 저가주의가 있다.

자산을 평가하는 방법에는 원가주의, 시가주의, 저가주의의 세 가지 방법이 있다. 원가주의(cost basis)라 함은 자산의 시장가격의 변동을 일체 무시하고 취득원가로서 평가하자는 주장이다. 원가주의의 이론적 근거인 취득원가는 시장에서 객관적으로 결정된 가장 권위있는 가액이라는 것이며, 또한 자산은 투하자본이 회전 도중에 취하는 한 형태이므로 특정기업에 있어서의 어느 자산의 가치는 이것을 취득할 때 이미 결정된 것이며, 시가의 변동에 영향을 받아서는 안된다는 것이다.

한편 기업은 명백히 재산상태를 계산할 수 있어야 기업의 채무담보능력 또는 지급능력도 알고 또 채권자도 보호할 수 있다. 즉, 재산의 평가를 현재의 시가로 평가하자는 시가주의(market basis) 또는 공정가치평가가 주장하는 바, 원가는 각종의 자산을 각각 상이한 시기에 취득한 과거의 가액으로 표시하므로 무의미하다는 것이다. 즉, 평가의 수단이 되는 화폐단위의 가치자체가 변동한다. 자산을 시가로 평가한다 할지라도 시가에는 평가자산의 처분시가도 있고 재구입시가도 있으므로 어느 것을 택하느냐에 따

라서 평가의 결과도 달라질 뿐 아니라 또 평가자의 주관도 많이 작용하므로, 그 결과의 공정성을 기대하기 어렵다는 것이 시가주의의 큰 결점이다. 다만, 기업은 계속기업의 원칙에 의해서 동적으로(dynamically) 움직이는 실체이므로 총자산에서 차지하는 비중이 크고 또한 다른 자산에 비해서는 비교적 시장가치를 평가하기 용이한 재고자산은 시가주의가 적용되어야 한다고 주장할 수 있다.

저가주의(lower of cost or market: LCM)는 시가와 원가를 비교해서 저가인 것을 평가의 기준으로 한다는 보수주의적인 주장이다. 즉, 시가와 원가를 비교하여 시가가 원가보다 높으면 원가로, 시가가 원가보다 낮으면 시가로 평가하자는 것이다. 저가주의는 시가가 원가보다 높을 때는 원가주의를 채택하여 평가이익을 계상하는 것을 피하고 또 시가가 원가보다 낮을 때 시가주의를 채택함으로써 평가손실을 계상하게 되어, 미실현이익을 계상하는 것을 피하고, 기업의 재무상태의 건전성을 유지하는 좋은 방법이라 하여 실무계에서 많은 지지를 받고 있다. 저가주의는 "예상된 이익은 계상하지 않으나, 예상된 손실은 빠짐없이 계상하여야 한다"는 신중성을 자산평가에 적용한 것이다.

저가주의
시가와 원가를 비교하여 시가가 원가보다 높으면 원가로 시가가 원가보다 낮으면 시가로 평가

일반적으로 인정된 회계원칙에서는 회계기말에 재고자산을 다시 평가해서 취득원가보다 시가가 하락한 경우에만 시가를 재무상태표가액으로 표시하도록 하고 있다. 여기서 시가란 순실현가능가치(net realizable value)을 의미하는 것으로써 재고자산의 추정판매가액에서 판매시까지 정상적으로 발생하는 추정판매비용을 차감한 가액을 말한다.

보충설명

저가주의의 문제점

저가주의는 몇 가지 문제점을 갖고 있는데, 첫째 기말재고상품이 원가와 시가 사이에서 낮은 가액으로 평가되기 때문에 평가방법이 계속성에 위배된다는 점과 손실은 인식하면서 이득은 인식하지 않는다는 형평성의 문제점, 둘째 한 기간의 이익을 다른 기간에 이전시키는 효과를 가져오게 된다는 점, 셋째 시가를 특정시점의 가격으로 측정하기 때문에 결과적으로 미래가치의 대표치가 아닌 측정시점에 영향을 받은 임시가액이 시가로 결정될 위험이 있다는 점 등이다.

비유로 이해하기 **작년에 산 내 패딩, 지금 얼마일까? (저가법)**

저가법(Lower of Cost or Net Realizable Value)은 재고자산을 원가와 순실현가능가치 중 '낮은' 금액으로 평가하는 보수적인 방법입니다.

- 상황: 작년에 큰맘 먹고 최신 유행하는 숏패딩을 30만원(취득원가)에 샀습니다. 내 옷장에는 30만원짜리 자산이 있는 셈이죠.
- 문제 발생: 그런데 올해 유행이 롱패딩으로 완전히 바뀌어, 내 숏패딩은 '유행 지난 옷'이 되었습니다. 지금 당장 중고 마켓에 팔아도 8만원(순실현가능가치),밖에 못 받을 것 같습니다.
- 회계의 판단: 이 상황에서 내 옷장 속 재산(재고자산)을 계속 30만원이라고 주장하는 것은 합리적이지 않습니다. 회계는 보수적으로 손실을 미리 예상하고 대비합니다. 따라서 이 패딩의 가치를 '취득원가 30만원'과 '순실현가능가치 8만원' 중 낮은 금액인 8만원으로 장부에 기록해야 합니다. 22만원의 가치 하락은 '재고자산평가손실'이라는 비용으로 인식합니다.

이처럼 저가법은 재고자산의 가치가 하락했을 때, 그 손실을 즉시 재무제표에 반영하여 정보이용자에게 더 현실적인 정보를 제공하기 위한 중요한 원칙입니다.

재고자산의 저가법을 적용함에 있어서 종목별 기준으로 하되 조별 기준은 허용하지만 총액기준은 금지하고 있다.

앞에서도 언급하였듯이 일반적으로 인정된 회계원칙에서는 저가법으로 재고자산을 보고하도록 하고 있으며 시가를 순실현가능가치로 결정한다. 순실현가능가치란 추정판매가액에서 판매시까지 정상적으로 발생하는 추정비용을 차감한 가액을 말한다. 저가법을 적용함에 있어서는 다음의 세 가지 방법이 있는데 종목별 기준을 원칙으로 하되 조별 기준을 허용하는 것으로 되어 있으며 총액기준은 금지하고 있다. 조의 구성은 재고자산이 서로 유사하거나 관련되어 있는 경우이다. 그러나 밑의 사례에서는 각 방법을 비교하기 위해서 총액기준을 포함한다.

① 종목기준　　② 조별기준　　③ 총계기준

종목기준이란 재고자산의 개별종목별로 원가와 시가를 비교하여 각 개별 종목에 대해서 낮은 가액의 저가를 각 종목의 가액으로 선택하고 이 각각의 종목에 대한 저가를 모두 가산하여 전체 재고자산의 저가로 설정하는 방법이다. 조별기준이란 유사한 집단에 대해서 저가법을 적용하는 방법을 말하며, 총계기준은 전체 재고자산금액에 대한 원가와 시가를 비교하여 이 중에서 낮은 금액으로 평가하는 방법을 말한다. 원가와 시가 중 낮은 금액이 각 개별종목에 따라 뒤바뀔 수 있는데 개별종목기준은 이들 중 낮은 가액만을 가산하여 저가법을 적용하므로 가장 보수적인 저가법의 적용 방식이다. 예를 들면 다음과 같다.

재고자산	원 가	시 가	저 가		
			종목기준	조별기준	총계기준
A조					
1항목	₩1,000	₩1,200	₩1,000		
2항목	2,000	1,500	1,500		
A조 합계	₩3,000	₩2,700		₩2,700	
B조					
1항목	₩3,000	₩4,000	₩3,000		
2항목	2,000	3,000	2,000		
3항목	5,000	3,000	3,000		
B조 합계	₩10,000	₩10,000		₩10,000	
C조					
1항목	₩1,000	₩2,000	₩1,000		
2항목	3,000	2,500	2,500		
C조 합계	₩4,000	₩4,500		₩4,000	
총계	₩17,000	₩17,200			₩17,000
재고자산 보고액			₩14,000	₩16,700	₩17,000

개별종목기준의 저가법에서 가장 보수적인 회계처리가 이루어진다는 것을 확인할 수 있다. 다음에서는 종목별기준이 사용됨을 가정하고 분개를 수행한다.

재고자산평가손실

재고자산평가손실은 재고자산의 처분시 인식할 매출원가를 조기인식함으로 매출원가의 인식시기를 조정하는 개념이다.

재고자산평가손실은 비용에 가산하며 평가손실의 환입은 비용에서 차감하는 방식을 취한다. 재고자산평가손실과 관련하여 K-IFRS에서는 명시적인 규정을 두고 있지 않으나, 재고자산에서 직접 차감할 수도 있고, 재고자산평가충당금이라는 재고자산에 대한 차감계정을 사용하여 회계처리할 수도 있다. 재고자산평가손실은 재고자산의 처분시 인식할 매출원가를 조기인식함으로 매출원가의 인식시기를 조정하는 개념이다. 매출채권의 대손충당금과 동일한 회계처리이다.

종목별 기준을 적용하여 앞의 표의 사례에 대한 분개를 하면 다음과 같다.

(차) 비용(매출원가)	3,000	(대) 재고자산평가충당금	3,000
또는			
재고자산평가손실	3,000		

(원가는 ₩17,000이고 저가는 ₩14,000이므로 ₩3,000이 재고자산평가손실로 기록되어 비용을 증가시킨다.)

재고자산의 시가가 원가보다 높은 값을 보일 경우는 저가법에서는 원가를 선택하며 원장에 나타난 금액이 원가이므로 손실은 인식되지 않는다. 회계연도말 시점의 기말 재고자산 순액은 재고자산 ₩17,000에서 재고자산평가충당금 ₩3,000을 조정한 ₩14,000이다.

사례에는 금액을 보이지 않지만 위의 예제를 확대하여 그 다음 연도의 종목기준의 시가가 ₩15,000이라고 가정하며 재고자산의 처분이나 추가적인 재고자산의 취득은 없었다고 가정한다. 재고자산평가손실은 ₩1,000 회복되었기 때문에 환입되며 분개는 다음과 같다. 단, 환입과 관련된 별도의 계정을 설정하지 않고 매출원가를 차감시킨다.

(차) 재고자산평가충당금	1,000	(대) 비용(매출원가)	1,000
		또는	
		재고자산평가손실환입	1,000

이 분개 이후에는 재고자산가액은 ₩17,000이며 재고자산평가충당금잔액은 ₩2,000으로 재고자산순액은 ₩15,000을 보이며 이 가액이 ₩15,000 시가와 일치한다.

이 예제를 한 회계연도를 연장하여 그 다음 연도의 시가가 ₩18,000이라면 재고자산평가충당금 잔액 ₩2,000이 완전히 회복되게 되며 이러한 환입 금액은 재고자산의 원가를 초과할 수는 없다. 즉, 재고자산평가의 원칙이 저가법이므로 ₩17,000 원가를 초과해서는 재고자산을 평가할 수 없다. 이 경우의 분개는 다음과 같다.

(차) 재고자산평가충당금	2,000	(대) 비용(매출원가)	2,000

저가평가액은 순실현가능가치와 취득원가의 저가액인데 순실현가능가치(net realizable value)란 판매가치에서 판매비용을 차감한 금액이다. 시가의 결정은 제품, 상품, 반제품, 재공품의 경우는 순실현가능액으로 한다. 그리고 원재료일 경우는 현행대체원

가로 시가를 구하는데, 이는 원재료일 경우 판매 목적이 아니기 때문이다.

보론 재고자산의 오류

매출원가 = (기초상품재고액 + 당기상품순매입액) − 기말상품재고액

'매출원가 = (기초상품재고액 + 당기상품순매입액) − 기말상품재고액'이라는 공식을 이용하면, 기말재고상품을 잘못 평가하였을 경우에 이것이 순이익에 어떤 영향을 미치는지를 쉽게 알 수 있다. 공식에서도 나타나듯이 만일 기말재고상품이 실제액보다 과소계상되었으면 이 금액만큼 매출원가가 과대계상되고, 이에 따라서 순이익은 과소계상된다. 이러한 오류가 해당 회계기간 내에서 발견되지 않으면 차기에는 반대의 영향을 미친다. 즉 기말재고상품은 차기의 기초재고상품이 되기 때문에, 차기의 기초재고상품이 과소계상되면 그 금액만큼 차기의 매출총가능액이 과소계상되고, 만일 차기의 기말재고상품이 적절하게 평가되었다면 차기의 매출원가만 과소계상되어 순이익은 과대계상된다. 수익이나 비용에 미치는 영향은 법인세차감전순이익에는 그대로 영향을 미치지만 당기순이익에 미치는 영향은 법인세 효과를 조정한 후의 금액이 영향을 미친다. 본 절에서는 법인세효과는 감안하지 않는다. 재고자산에 대한 영향뿐만 아니라 재무제표에 대한 영향 또한 생각할 수 있다. 복식부기에 의해서 분개가 적절히 수행되었다면 과대 또는 과소계상된 재고자산은 하나 이상의 계정에 영향을 미친다. 회계처리상의 오류가 순이익 또는 재무제표에 미치는 영향은 상품뿐만 아니라 모든 회계처리에 해당된다. 단, 상품의 경우는 전기와 후기의 오류가 매출원가를 구하는 방정식에 따라 밀접하게 연관되어 있으며, 이와 관련된 오류에 대해 가장 적합한 예를 들면 다음과 같다.

20×1년의 순이익은 ₩39,800, 20×2년은 ₩75,700, 20×3년은 ₩23,900으로 보고되었다고 가정하자. 20×3년에 회계감사를 실시한 결과 회계감사인은 다음과 같이 오류를 발견하였다.

(1) 기말재고상품의 과소계상

20×1년 12월 31일 현재의 기말재고상품 중 ₩5,300이 누락되었다. 이 상품은 매입계

정에는 기록되어 있으나, 아직 검수부에서 주문서와 일치되는지를 검토하는 과정에 있었기 때문에 기말재고상품을 실사할 때에 포함되지 않았다.

(2) 매입상품의 기입누락

20×2년 12월 30일에 매입한 상품이 다음해 1월 2일에야 기입되었다. 이 상품의 원가는 ₩18,200인데, 20×2년 12월 31일에 실시한 기말재고상품에는 포함되었다.

(3) 기말재고상품의 과대계상

20×2년 12월 31일의 기말재고상품을 회계담당자의 실수로 ₩9,000만큼 과대계상하였다.

위의 오류가 회계기간의 순이익에 미친 영향을 나타내면 다음과 같다.

	각 항목에 미치는 영향		
	20×1년	20×2년	20×3년
기초재고상품	0	−5,300 (1)	+9,000 (2)
매입	0	−18,200 (2)	+18,200 (2)
매출총가능액	0	−23,500 (1,2)	+27,200 (2,3)
기말재고상품	−5,300 (1)	+ 9,000 (3)	0
매출원가	+5,300 (1)	−32,500 (1,2,3)	+27,200 (2,3)
순이익	−5,300 (1)	+32,500 (1,2,3)	−27,200

위의 표에서는 기말재고상품의 평가에 관련된 오류가 매출원가를 계산하는 공식의 세부항목에 미치는 영향 및 순이익에 미치는 영향을 요약하고 있다. 괄호 속에 있는 번호는 오류의 번호를 나타내고, +, −, 0은 미치는 영향이 과대계상, 과소계상, 영향이 없다는 것을 나타낸다. 위의 표로부터 각 회계기간의 정확한 순이익을 계산하면 다음과 같다.

20×1년: ₩45,100 (=₩39,800+₩5,300)
20×2년: ₩43,200 (=₩75,700−₩32,500)
20×3년: ₩51,100 (=₩23,900+₩27,200)

9 재고자산 Principles of Accounting

주의해야 할 점은 하나의 오류는 정상적인 경우에 단 2개의 회계기간에만 영향을 미치고, 이것이 순이익에 미치는 영향은 서로 반대라는 점이다. 20×2년의 기말재고상품이 ₩9,000만큼 과대계상되었는데, 이것 때문에 20×2년의 순이익은 과대계상되었고, 20×3년에는 과소계상되었다. 따라서 재고상품의 평가에 관련된 오류는 오류의 효과가 첫 회계기간과 그 다음 회계기간 사이에 서로 상쇄되기 때문에 오류발생 후 2개 회계기간이 지나면 이 오류를 수정시켜 주어야 할 필요가 없어지게 된다. 이와 같은 오류를 자동조정적 오류(counter-balancing error)라 한다. 그러나 오류에는 2년이라는 기간 안에 조정되지 않는 비자동조정적 오류도 있다.

위의 분석에서는 이와 같은 오류가 당기순이익에 미치는 영향에 대해서만 기술하였는데, 다음에서는 이와 같은 오류가 영구계정인 이익잉여금에 미치는 누적적 영향에 대해서 설명하고자 한다.

20×1년의 이익잉여금은 20×1년의 당기순이익이 ₩5,300만큼 과소계상되었기 때문에 세전의 개념으로 동일한 금액만큼 과소계상된다. 20×2년의 이익잉여금은 20×2년도의 당기순이익이 ₩32,500만큼 과대계상되었기 때문에 동일한 금액만큼 과대계상되었다고 생각하기 쉬우나 이익잉여금에 미치는 영향은 이익잉여금이 영구계정이므로 누적적인 측면에서 영향을 측정하여야 한다. 즉 20×2년의 이익잉여금은 20×1년 말의 이익잉여금에서 20×2년의 이익을 더한 값인데 이 두 금액이 모두 정확히 계상되어 있지 않으므로 이 두 금액의 영향을 모두 감안하여야 한다. 20×2년도의 당기순이익이 ₩32,500만큼 과대계상된 부분은 20×1년의 당기순이익이 ₩5,300만큼 과소계상된 부분만큼이 상쇄되어 20×2년의 이익잉여금은 ₩27,200 과대계상된다.

20×3년의 이익잉여금 잔액은 20×2년의 이익잉여금의 기말 잔액에 20×3년의 이익이 더해져서 결정되는데 20×2년의 이익잉여금에서 과대계상된 ₩27,200이 과소계상된 20×3년의 이익 ₩27,200에 의해서 상쇄되어 20×3년의 이익잉여금은 적절하게 계상된다. 이러한 의미에서 위의 오류들은 3년에 걸친 자동조정적 오류이다. 물론 기간이 경과하여도 자동으로 조정되지 않는 오류가 존재하는데, 이를 비자동조정적 오류라고 함은 위에서도 언급한 바 있으며 이에 대한 내용은 회계원리수준을 벗어나기 때문에 여기에서는 기술하지 않는다.

위에서도 기술하였듯이 복식부기가 적절하게 수행되었고 재무상태표 항목인 이익잉여금이 과대 또는 과소계상되었다면 하나 이상의 다른 계정도 과대 또는 과소계상되었을 것이다. 이렇게 되어 재무상태표의 차변의 합과 대변의 합은 일치된다. 이를 위의 모든 오류에 대해서 설명하지는 않고 단 한 오류에 대해서만 기술한다.

앞에서 제시된 20×2년의 매입 기록의 누락에 대한 예를 이용하여 설명한다.

20×2년에는 매입의 누락 이외에도 다른 오류가 존재하지만 다음에서는 매입 기록의 누락이 재무제표에 미치는 영향에 대해서만 설명한다. 매입 기록이 누락되었음은 다음의 분개가 누락되었음을 의미한다.

(차) 매 입	18,200	(대) 매입채무	18,200

이러한 분개의 누락에 의해서 매입은 ₩18,200 과소계상될 것이며 이에 따라 20×2년의 매출원가는 ₩18,200 과소계상될 것이고 이는 독립적으로 20×2년의 당기순이익이 ₩18,200 과대계상되는 영향을 미칠 것이다. 따라서 이익잉여금은 누락된 매입에 의해서 ₩18,200 과대계상될 것이다. 물론 20×2년의 당기순이익은 20×2년의 잘못 계상된 기초재고와 기말재고에 의해서도 매출원가를 통하여 영향을 받을 것이지만 여기서는 20×2년의 누락된 매입의 기록에 대해서만 독립적인 영향을 검토하기로 하였다.

위의 분석은 매입 쪽의 차변의 기록이 누락되는 영향만을 살펴보았는데 매입채무의 기록도 누락되었으므로 유동부채 또한 ₩18,200 과소계상된다. 매입의 누락 이외의 다른 오류가 없었다면 재무상태표 청구권의 부채는 ₩18,200 과소계상, 이익잉여금에 반영된 주주지분은 ₩18,200 과대계상되므로 청구권의 합은 오류가 없는 경우의 청구권의 합과 비교하여 동일한 값을 보일 것이다. 이는 누락된 분개에 의해서 자산은 영향을 받지 않으므로 자산은 적절히 계상되므로 당연한 결과이다.

이와 같은 분석은 위의 오류가 단순히 당기순이익에 미치는 영향에서 이익잉여금에 미치는 영향으로 발전시킨 것을 재무상태표를 포함한 재무제표에 미치는 영향으로까지 발전시킨 것이다. 한 오류만이 존재하였던 것이 아니므로 모든 오류에 의해 재무제표에 미치는 영향을 생각해 볼 수도 있으나 이는 본 교과서의 범위를 넘는다.

(2)에는 이 매입 기록이 누락된 상품이 재고실사에는 포함된다는 내용이 포함되어 있다. 매입의 기록이 누락된 상품이 재고실사에 포함되어 있지 않다면 기말재고는 그 금액만큼 과소계상될 것이고 그럴 경우 매입이 과소계상되는 동시에 기말재고 또한 과소계상되어 매출원가를 구하는 공식에 의해서 매출원가는 적절히 계상될 것이다. 따라서

(2)의 매입의 기록이 누락된 상품이 재고실사에는 포함된다는 내용은 이와 같은 해석의 가능성을 배제하기 위하여 기술되었다.

현실적으로도 매입의 기록이 누락되었다고 하여도 실제 재고자산은 이를 구매한 회사에 도착하여 있으므로 이 부분이 재고실사에 포함됨이 더욱 현실적인 가정이다. 즉, 회계기록이 누락된 것이지 실제 상품이 입수되지 않은 것은 아니다.

위와 같은 오류가 자동조정되는 원리를 좀더 체계적으로 검토한다. 20×1년, 20×2년, 20×3년의 매출원가를 정리하면 다음과 같다. ↑는 금액이 과대계상, ↓는 금액이 과소계상되어 있음을 나타낸다.

(단위: 원)

20×1년 매출원가＝기초재고＋매입－기말재고
5,300↓
20×2년 매출원가＝기초재고＋매입－기말재고
5,300↓ 18,200↓ 9,000↑
20×3년 매출원가＝기초재고＋매입－기말재고
9,000↑ 18,200↑

이와 같은 세 오류가 20×3년의 영구계정인 이익잉여금에 미치는 영향을 구할 때, 이 3년간의 비용이 과대/과소 계상된 금액이 누적적으로 영향을 주게 된다. 20×1년에 과대계상된 ₩5,300의 매출원가는 20×2년의 기초재고로 인해서 ₩5,300 과소계상된 매출원가와 상계된다. 20×2년의 매입으로 인해서 과소계상된 ₩18,200의 매출원가는 20×3년에 매입으로 인해서 과대계상된 ₩18,200과 상계된다. 마지막으로 20×2년에 기말재고로 인하여 ₩9,000 과소계상된 매출원가는 20×4년 기초재고로 인해서 과대계상된 ₩9,000과 상계된다. 따라서 비용의 누적적인 오류는 3년간에 자동조정적으로 모두 상계되어 조정된다.

지금까지 논의한 내용을 표로 정리하면 다음과 같다.

구 분	당해 회계연도		차기 회계연도	
	매출원가	당기순이익	매출원가	당기순이익
재고자산 과대평가	과소평가	과대평가	과대평가	과소평가
재고자산 과소평가	과대평가	과소평가	과소평가	과대평가

연습문제

01 기말재고자산원가의 추정

다음은 백양상사의 회계자료 중 일부이다.

5/ 1	기초재고	400개	@100원
5/ 9	매 출	300개	
5/18	매 입	600개	@120원
5/28	매 출	300개	
5/30	매 출	300개	

물음 (1) 선입선출법을 이용하여 기말재고액 및 매출원가를 계산하라.
(2) 총평균법을 이용하여 기말재고액 및 매출원가를 계산하라.

02 기말재고자산원가의 추정

다음의 자료는 우리회사의 20×1년도 회계자료 중의 일부이다. (단위:원)

	원 가	매 가
전기이월	58,800	98,000
당기매입	346,500	462,000
	405,300	560,000

회계기간 중의 매출액은 ₩442,400이었다. 선입선출법에 의한 소매재고법을 적용하여 다음 물음에 답하시오.

물음 (1) 기말재고자산의 원가를 계산하시오.
(2) 매출원가를 계산하시오.

03 매출원가의 추정

다음은 우리회사의 20×1년도 재고자산과 관련된 자료이다. 매출원가와 매출총이익을 계산하시오. (단위: 원)

기초상품재고액	30,000	기말상품재고액	50,000
당기상품총구입액	650,000	당기총매출액	760,000
당기매입운임	20,000	매입에누리와 환출	10,000
매입할인	5,000	매출할인	10,000

04 기말재고자산원가의 추정

20×1년 3월 28일에 화재가 발생한 (주)안암의 상품자료이다. (단위: 원)

3월1일 기초재고자산	440,000	3월 중 총매입액	1,000,000
3월 중 총매출액	1,430,000	매출채권 회수액	500,000
매출할인	213,200	매입할인	100,000

소실되지 않은 재고자산은 ₩100,000으로 조사되었고, 회사의 순매출액은 매출원가에 균등히 20% 가산된 금액이다. 화재로 소실된 재고자산의 금액은 얼마인가?

05 〈보론〉 기말재고자산오류

우리회사가 보고한 연도별 순이익과 재고자산 관련자료는 다음과 같다. 회사는 20×6년초에 영업을 시작하였다. 20×7년과 20×8년의 정확한 순이익은 얼마인가? (단위: 원)

회계연도	당기순이익	기말재고자산 오류
20×6년	15,000	2,500 과소계상
20×7년	10,000	1,500 과대계상
20×8년	20,000	해당사항 없음

06 재고자산의 취득원가결정

4월 중에 산하제조주식회사의 원재료계정에는 ₩511,000이 차변에 기입되었다. 원재료계정의 차변에 기입된 거래를 검토한 결과 다음의 사실을 발견하였다.

구입한 원재료의 송장가액(총액)	₩450,000
운송비(초과화물유치료 ₩3,000 포함)	15,000
검수부 원가	25,000
원재료 하역비	10,000
판매부 원가 중 할당액	5,000
적송부 원가	6,000
	₩511,000

이 회사는 상품대금을 할인받았을 경우 이 금액을 매입할인계정의 대변에 기입하는 회계절차를 따르고 있다. 매입할인조건은 '2/10, n/30'이며, 할인기간내 대금을 지급하였다.

물음 (1) 위의 자료를 검토하고, 필요한 경우에는 원재료계정을 수정하라.
(2) 일반적으로 어떤 원가가 구입한 재고자산(원재료)의 원가가 될 수 있는지 설명하라.

07 〈보론〉 재고자산과 관련된 오류의 영향

전주주식회사의 콘트롤러는 기말재고상품의 평가과정에서 다음과 같은 오류가 발생되었음을 발견하였다.

20×0년 12월 31일	₩6,200 과소계상
20×1년 12월 31일	8,300 과대계상
20×2년 12월 31일	5,400 과대계상
20×3년 12월 31일	4,200 과소계상

20×1년, 20×2년, 20×3년에 보고된 순이익은 ₩9,800, ₩13,200, ₩17,000이다.

물음 (1) 20×1, 20×2, 20×3년의 순이익을 수정하기 위한 표를 작성하여 순이익을 수정하라.
(2) 20×3년 12월 31일 현재 수정분개는 완료되었는데 아직 장부를 마감하지 않았다고 가정하자. (1)번의 답안을 기초로 하여 장부를 수정하는 데 필요한 분개를 실시하라.

08 계속기록법과 실지재고조사법

다음은 가영주식회사의 재고자산과 관련된 자료이다.

① 20×1년 5월 1일: 기초재고액 ₩50,000이다. (₩500×100개)

② 5월 4일: 상품 500개를 ₩250,000에 외상으로 구입하였다.

③ 5월 10일: 5월 4일에 구입한 재고자산 중 ₩30,000어치를 반환하다.

④ 5월 15일: 5월 4일 외상대금을 현금으로 지급하다.

⑤ 5월 20일: 개당 700원에 500개를 2/10, n/30 할인 조건으로 외상 판매하다. (총액법으로 회계처리)

⑥ 5월 31일: 재고액 ₩20,000이다.

물음 (1) 계속기록법에 따라 회계처리하시오.

(2) 실지재고조사법에 따라 회계처리하시오.

09 재고자산가액의 결정

20×1년 연희회사와 관련된 사항은 다음과 같다.

당기중 상품매입을 위한 지출액	₩290,000
판매원에 대한 수수료	40,000
구입처에 대한 지급어음이자	5,000
외상매입금증가액	25,000
재고자산 감소액	10,000

물음 20×1년의 매출원가는 얼마인가?

10 재고자산흐름의 가정에 따른 기말재고자산 평가액과 매출원가의 산정

동부가구주식회사의 2월 중 합판재고장의 기록은 아래와 같다.

일 자	적 요	입 고	단 가	출 고	금 액
2 / 1	전기이월	300단위	₩150		₩45,000
8	매 입	500	170		85,000
10	J.O.#15			200단위	
13	J.O.#16			330	
14	#16불량품반납	45			
18	매 입	400	200		80,000
19	J.O.#17			300	
25	#17에서 반납	30			
27	J.O.#18			150	

물음 (1) 이동평균법, 총평균법, 선입선출법(재고실사법), 후입선출법(재고실사법)에 의하여 기중소비액과 기말재고액을 계산하라.

(2) 월말의 합판시가가 ₩210이라면 기말재고액은 어떻게 평가되는가?

(3) 월말의 합판시가가 ₩160이라면 기말재고액은 어떻게 평가되는가?

11 재고자산흐름의 가정에 따른 기말재고자산 평가액과 매출원가의 산정

관동기계주식회사의 20×1년 1월 중의 고철재고장은 다음과 같다.

일 자	입고량	단 가	출고량	금 액
1/ 5	1,000단위	₩100		₩100,000
6			100단위	
8			400	
10	500	110		55,000
13			50	
15			600	
20			200	
25	900	115		103,500
27			200	

물음 (1) 이동평균법, (2) 총평균법, (3) 선입선출법(재고실사법), (4) 후입선출법(재고실사법)에 의하여 매출원가와 기말재고액을 구하라.

12 저가법에 의한 기말재고자산가액의 결정

20×0년초에 영업을 개시한 신촌회사는 매출액의 20%의 매출총이익을 정상적인 수준으로 가격을 설정하여 왔다. 20×2년까지 3기간의 기말재고자산은 다음과 같이 평가되었다.

	20×0년	20×1년	20×2년
(1) 원 가	₩120,000	₩140,000	₩150,000
(2) 현행대체원가	100,000	120,000	140,000
(3) 순실현가능가치	120,000	155,000	130,000
(4) 판 매 가 격	150,000	160,000	150,000

물음 재고자산을 저가법에 의하여 평가한다고 하면 20×0년, 20×1년, 20×2년의 재무상태표에 계상될 재고자산가액은?

13 매출가격환원법

아래의 자료는 삼화주식회사의 회계자료 중 일부분을 발췌한 것이다.

	원 가	소매가격
기초재고상품	₩ 18,000	₩ 30,000
매 입	157,000	262,000
운 임	9,000	–
매 입 환 출	4,000	7,000
매 출	–	259,000
매 출 환 입	–	12,000

물음 (1) 매출가격환원법(평균법)에 의하여 기말재고상품을 추정하라.

(2) (1)번 문제를 해결하는 데 미리 검토해야 할 가정은 무엇인가? 즉, 어떤 경우에 (1)번의 결과는 타당성을 갖는가?

(3) 위의 자료를 이용하여 선입선출법을 사용한 매출가격환원법에 의하여 기말재고상품의 원가를 추정하라.

14 기말재고자산원가의 추정

백양회사는 다음의 재고자산을 가지고 있다.

총 매 출 액	₩182,000
총 매 입 액	128,000
기초재고원가	25,000
매 출 환 입	17,000
매 입 환 출	4,000

물음 백양회사의 매출총이익률은 순매출액의 30%라고 할 때, 매출총이익률법에 의한 기말재고원가는?

정답과 해설

01 (1) 선입선출법 : 기말재고 ₩12,000, 매출원가 ₩100,000

기말재고액 (기말재고 100개는 모두 매입된 것)＝100개×@120＝₩12,000

매출원가＝(기초재고액＋당기매입액－기말재고액)＝(₩40,000＋₩72,000－₩12,000)
＝₩100,000

(2) 총평균법 : 기말재고 ₩11,200, 매출원가 : ₩100,800

단위당 원가＝(기초재고액＋당기매입액)/(기초재고수량＋당기매입수량)
＝(₩40,000＋₩72,000)/(400개＋600개) ＝@112

기말재고액＝기말재고수량×단위당 원가＝100개×@112＝₩11,200

매출원가＝(기초재고액＋당기매입액－기말재고액)
＝(₩40,000＋₩72,000－₩11,200)＝₩100,800

02 (1) 기말재고자산의 원가 ＝ ₩88,200

선입선출법에 의한 매출가격환원법(소매재고법) 적용시 원가율의 계산:

선입선출법에 의한 매출가격환원법(소매재고법)을 적용할 경우, 기말에 남아있는 재고자산의 원가율은 당기매입분의 원가율을 적용해야 함. 기초재고로 남은 것이 하나도 없기 때문.

₩346,500/₩462,000＝0.75

기말재고의 매가＝₩117,600

기말재고의 원가＝기말재고의 매가×원가율＝₩117,600×0.75＝₩88,200

(2) 매출원가＝₩317,100

매출원가＝판매가능상품 재고액－기말재고액＝₩405,300－₩88,200＝₩317,100

03 순매출액＝₩750,000 순매입액＝₩655,000

1. 매출원가＝₩635,000 2. 매출총이익＝₩115,000

(여기서, '당기상품총구입액'에는 매입운임이 포함되지 않은 것임)

04 ₩226,000

05 1. 20×7년 정확한 순이익=6,000원

2. 20×8년 정확한 순이익=21,500원

06 (1)

원재료	₩511,000
매입할인	(9,000)
초과화물유치료	(3,000)
판매부 원가 중 할당액	(5,000)
적송부 원가	(6,000)
	₩488,000

(2) 원가란 어떤 물건을 현재의 조건과 상태로 있게 하는데 직접적으로나 간접적으로 발생한 적용가능한 지출과 배분액의 합계를 말한다. 즉, 재고자산의 원가란 제품, 재료, 소모품의 송장가격과 수송비의 합계에서 할인액, 에누리, 환출액을 차감하고, 구입, 처리비용을 가산한 것이다. 그러나 재료비, 노무비 기타의 제조원가 중 비정상적으로 낭비된 부분이나 추가 생산단계에 투입하기 전에 보관이 필요한 경우를 제외한 보관비용 등은 재고자산의 원가에 포함될 수 없으며 발생기간의 비용으로 처리되어야 한다.

07

	20×1년	20×2년	20×3년
(1) 보고된 순이익	₩9,800	₩13,200	17,000
수정－기초상품	(6,200)	8,300	5,400
수정－기말상품	(8,300)	(5,400)	4,200
수정된 순이익	(4,700)	16,100	26,600

(2)

상품(기말)	4,200	매출원가	9,600
이익잉여금	5,400		

08 계속기록법과 재고실사법

(1) 계속기록법

① 분개없음

	차변	금액	대변	금액
②	(차) 상　　품	250,000	(대) 매입채무	250,000
③	(차) 매입채무	30,000	(대) 상　　품	30,000
④	(차) 매입채무	220,000	(대) 현　　금	220,000
⑤	(차) 매출채권	350,000	(대) 매　　출	350,000
	매출원가	250,000	상　　품	250,000

⑥ 분개없음

(2) 재고실사법

① 분개없음

	차변	금액	대변	금액
②	(차) 매　　입	250,000	(대) 매입채무	250,000
③	(차) 매입채무	30,000	(대) 매입환출	30,000
④	(차) 매입채무	220,000	(대) 현　　금	220,000
⑤	(차) 매출채권	350,000	(대) 매　　출	350,000
⑥	(차) 매입환출	30,000	(대) 매　　입	30,000
	매출원가	50,000	상품(기초)	50,000
	매출원가	220,000	매　　입	220,000
	상품(기말)	20,000	매출원가	20,000

09 ₩290,000 + ₩25,000 + ₩10,000 = ₩325,000

10 (1) ① 이동평균법
- 기말재고액: 295단위×@183.48 = 54,126
- 매출원가: [200단위×@162.50, 285단위×@162.50, 270단위×@183.48, 150단위×@183.48] = 155,874

② 총 평 균 법
- 기말재고액: 295단위×@175 = ₩51,625
- 매출원가: 905단위×@175 = ₩158,375

③ 선입선출법
- 기말재고액: 295단위×@200 = ₩59,000
- 매출원가: ₩210,000 − ₩59,000 = ₩151,000

④ 후입선출법
- 기말재고액: 295단위×@150 = ₩44,250
- 매출원가: ₩210,000 − ₩44,250 = ₩165,750

(2) 각 방법의 기말재고원가보다 시가가 높으므로 저가로 평가해도 물음 (1)의 답과 동일

(3) ① 이동평균법: 295단위×@160=₩47,200

② 총 평 균 법: 295단위×@160=₩47,200

③ 선입선출법: 295단위×@160=₩47,200

④ 후입선출법: 295단위×@150=₩44,250

11 (1) 이동평균법 ┌ 기말재고액: 850단위×@113.5714=₩96,536
└ 매출원가: ₩258,500−₩96,536=₩161,964

(2) 총 평 균 법 ┌ 기말재고액: 850단위×@107.7083=₩91,552
└ 매출원가: ₩258,500−₩91,552=₩166,948

(3) 선입선출법 ┌ 기말재고액: 850단위×@115=₩97,750
└ 매출원가: ₩258,500−₩97,750=₩160,750

(4) 후입선출법 ┌ 기말재고액: 850단위×@100=₩85,000
└ 매출원가: ₩258,500−₩85,000=₩173,500

12

	20×1년	20×1년	20×1년
① 원가	₩120,000	₩140,000	₩150,000
② 시가(순실현가능가치)	120,000	155,000	130,000
③ 저가평가액	₩120,000	₩140,000	₩130,000

13 (1)

	원가	매가		원가	매가
기초재고	₩18,000	₩30,000	매 출		₩259,000
매 입	157,000	262,000	매출환입		(12,000)
운 임	9,000				
매입환출	(4,000)	(7,000)	기말재고		☐
	₩180,000	₩285,000		₩180,000	₩285,000

① 원가율: ₩180,000÷₩285,000=0.6316

② 기말재고(매가): ₩285,000−(₩259,000−₩12,000)=₩38,000

③ 기말재고(원가): ₩38,000×0.6316=₩24,000

(2) 재고실사가 불가능하거나 비경제적인 경우에 타당하다. 즉, 백화점이나 대형할인점일 경우에 사용이 가능하다.

(3) ① 원가율: (₩180,000 − ₩18,000) ÷ (₩285,000 − ₩30,000) = ₩162,000 ÷ ₩255,000
= 0.6353

② 기말재고(원가): ₩38,000 × 0.6353 = ₩24,141

14 ① 순매출액: ₩182,000 − ₩17,000 = ₩165,000

② 매출원가: ₩165,000 × 0.7 = ₩115,500

③ 기말재고원가: (₩25,000 + ₩128,000 − ₩4,000) − ₩115,500 = ₩33,500

들어가며… '신촌 빵집'이 더 크고 비싼 최신형 오븐(유형자산)을 들여놨습니다! 10년간 쓸 이 오븐의 가치는 매년 조금씩 줄어들 텐데, 어떻게 기록해야 할까요? 또, 우리 빵집만의 특별한 '빵 제조 비법(무형자산)'도 자산이 될 수 있을까요? 이번 장에서는 기업의 핵심 자산인 유형자산과 무형자산을 관리하는 법을 배웁니다.

summary

자산은 유동자산과 비유동자산으로 구분하며 표시할 수 있다. 보고기간 후 12개월 이내 또는 정상영업주기 이내에 실현될 것으로 예상되는 경우 단기매매목적으로 보유하는 경우 등을 제외한 나머지 모든 자산을 비유동자산(non-current assets)으로 분류되며, 대표적인 비유동자산으로는 유형자산과 무형자산, 관계기업투자주식 등을 들 수 있다. 그 중 유형자산은 재화나 용역의 생산이나 제공, 타인에 대한 임대 또는 관리활동에 사용할 목적으로 보유하는 물리적 형태가 있는 자산으로서 한 회계기간을 초과하여 사용할 것이 예상되는 자산이며 무형자산은 물리적 실체는 없지만 식별가능한 비화폐성 자산으로 특허권, 프랜차이즈, 개발비 등을 포함한다.

C·H·A·P·T·E·R

10

유형자산 및 무형자산

01 유형자산
02 감가상각의 개념과 회계처리
03 감가상각비의 계산
04 유형자산의 처분
05 무형자산
06 투자부동산

보론 기타 주제: 유형자산의 손상, 재평가, 감가상각 관련 회계변경

01 유형자산

CHECK POINT
- 유형자산의 취득원가
- 자산의 교환, 손상
- 유형자산의 처분

1. 유형자산의 정의와 인식

유형자산은 기업이 고유의 영업목적으로 사용하기 위하여 장기적으로 보유하고 있는 물리적 형체를 가진 자원이다. 결국 유형자산은 '재화나 용역의 생산이나 제공, 타인에 대한 임대 또는 관리활동 등 영업활동에 사용할 목적으로 보유하는 물리적 형태가 있는 자산으로서 한 회계기간을 초과하여 사용할 것이 예상되는 자산'으로 정의할 수 있다. 유형자산의 예로는 토지, 건물, 기계장치 등이 있으며 이들을 유형자산으로 인식되기 위해서는 자산으로부터 발생하는 미래경제적 효익이 기업에 유입될 가능성이 높고, 자산의 원가를 신뢰성 있게 측정할 수 있어야 한다. 인식기준을 적용할 때에는 기업의 특수한 상황을 고려하여 정할 수 있으며 금형, 공구 및 틀 등과 같이 개별적으로 경미한 항목은 통합하여 그 전체가치에 대하여 인식기준을 적용할 수 있다. 유형자산을 보유목적, 자산분류 및 관련계정과목의 형태로 정리해보면 〈표 10-1〉과 같다.

유형자산
기업이 고유의 영업목적으로 사용하기 위하여 장기적으로 보유하고 있는 물리적 형체를 가진 자원

표 10-1

보유목적	자산분류	계정과목 예
판 매	재고자산	상품, 제품
사 용	유형자산	토지, 건물, 비품
투 자	투자자산	투자부동산

2. 유형자산의 취득원가

유형자산과 관련된 모든 원가는 그 발생시점에 인식원칙을 적용하여 평가한다. 이러한 원가에는 유형자산을 매입하거나 건설할 때 최초로 발생하는 원가뿐만 아니라 후속적으로 증설, 대체 또는 수선·유지와 관련하여 발생하는 원가를 포함한다. 유형자산의 취득시점에서는 원가로 측정하게 되며 원가는 관세 및 환급불가능한 취득 관련 세금을 가산하고 매입할인과 리베이트 등을 차감한 구입가격과 경영진이 의도하는 방식으

로 자산을 가동하는 데 필요한 장소와 상태에 이르게 하는 데 직접 관련되는 원가를 포함한다. 또한 해당 자산을 해체, 제거하거나 부지를 복구하는 데 소요될 것으로 최초에 추정되는 원가도 포함하여야 한다.

경영진이 의도하는 방식으로 자산을 가동하는 데 필요한 장소와 상태에 이르게 하는 데 직접 관련되는 원가로는 유형자산의 매입 또는 건설과 직접적으로 관련되어 발생한 종업원급여, 설치장소 준비원가, 최초의 운송 및 취급 관련 원가, 설치원가 및 조립원가, 전문가에게 지급하는 수수료 등을 포함한다. 유형자산이 경영진이 의도하는 방식으로 가동할 수 있는 장소와 상태에 이른 후에는 원가를 더 이상 인식하지 않는다.

개념 더하기

자산별 취득원가, 어디까지 포함해야 할까?

취득원가는 단순히 자산의 '구매 가격'만을 의미하지 않습니다. "자산을 의도된 용도로 사용할 수 있는 상태로 만드는 데까지 발생한 모든 필수적인 지출"을 포함합니다.

- 토지: 매입대금+취득세, 등록세+중개수수료+기존 건물 철거비−철거 시 발생한 고철 판매 수익 등
- 건물(신축 시): 건축 공사비+설계비+각종 허가 관련 비용 등
- 기계장치: 매입 가격+운송비 및 하역비+설치비+정상 작동 여부를 확인하는 데 들어간 시운전비 등

예제 1

유형자산의 취득원가

다음과 같은 정보가 주어졌을 때, 신촌(주)의 기계장치에 대한 취득원가를 계산하여라.

총구입가격: ₩3,000,000
구입과정에서 발생한 관세: ₩30,000
운반 원가: ₩10,000
기계장치 작동을 위한 설치 원가: ₩15,000
기계장치 테스트를 위한 시험가동비: ₩50,000
기계장치 설치 후 다른 기계장치 설치를 위해 재배치 과정에서 발생한 원가: ₩50,000

총구입가격+관세+운반원가+설치비+시험가동비
=₩3,000,000+₩30,000+₩10,000+₩15,000+₩50,000=₩3,105,000
(다른 기계장치 재배치 과정에서 발생하는 금액은 취득원가에 포함하지 않음)

예제 2

건설 중인 자산이 아닌 건물과 토지의 일괄취득

신촌(주) 회사는 영업활동에 사용할 목적으로(토지매매가 주 영업은 아님) 건물과 토지를 ₩3,000,000에 현금을 주고 일괄 구입하였다. 토지 : 건물의 공정가치 비율은 3 : 2라고 할 경우 유형자산 취득시 분개를 작성하시오.

토지의 취득원가: $₩3,000,000 \times \frac{3}{5} = ₩1,800,000$

건물의 취득원가: $₩3,000,000 \times \frac{2}{5} = ₩1,200,000$

(분개)	(차) 토　　지	1,800,000	(대) 현　　금	3,000,000
	건　　물	1,200,000		

자가건설한 유형자산의 원가도 외부에서 구입한 유형자산에 적용하는 것과 같은 기준을 적용한다. 따라서 유형자산을 회사가 직접 제작하거나 또는 건설할 경우에는 이에 소요되는 모든 비용, 즉 건축허가비, 설계비, 노임, 청부업자에게 지급한 공사비 등이 전부 취득원가에 가산된다. 또한 건설을 위하여 차입한 금액에 대한 이자비용도 당해자산의 취득원가에 가산되어야 한다. 하지만 자가건설에 따른 내부이익과 자가건설 과정에서 원재료, 인력 및 기타 자원의 낭비로 인한 비정상적인 원가는 자산의 원가에 포함하지 않는다. 유형자산이 완성될 때까지는 청부업자에게 지급한 일부분 및 기타 비용을 **건설중인 자산**(construction in progress account)계정의 차변에 기입한다. 건설이 완성되면 해당계정에 대체한다.

예제 3

건설 중인 자산

(1) 회사의 건물을 신축하기 위하여 설계비 ₩10,000, 건축허가비 ₩5,000을 당좌수표로 지급하다.

(차) 건설중인 자산	15,000	(대) 당좌예금	15,000

(2) 건설회사에게 계약금 ₩1,000,000을 지급하다.

(차) 건설중인 자산	1,000,000	(대) 당좌예금	1,000,000

(3) 건물이 완성되어 인수하였는데 건설중인 자산의 계정 잔액은 ₩1,800,000이고 계약잔액 ₩200,000을 수표를 발행하여 교부하다.

(차) 건　　물	2,000,000	(대) 건설중인 자산	1,800,000
		당좌예금	200,000

3. 자산의 교환

- 교환자산의 공정가치를 신뢰성있게 측정할 수 있는 경우: 제공한 자산의 공정가치
- 교환자산의 공정가치를 신뢰성있게 측정할 수 없는 경우: 제공한 자산의 장부금액

유형자산은 일반적으로 현금 등의 금전적 대가를 지급하고 취득하지만, 경우에 따라서는 다른 유형자산과 교환하여 취득하는 경우가 있다. 이 경우 교환으로 취득한 유형자산의 취득원가는 다음 중 하나에 해당하는 경우를 제외하고는 제공한 자산의 공정가치로 측정한다.

⑴ 교환거래에 상업적 실질이 결여된 경우
⑵ 취득한 자산과 제공한 자산 모두의 공정가치를 신뢰성있게 측정할 수 없는 경우

위의 ⑴과 ⑵에 해당하는 경우 교환으로 취득한 유형자산의 취득원가는 제공한 자산의 장부금액으로 한다. 그리고 원칙적으로 제공한 자산의 공정가치를 취득원가로 하나, 예외적으로 제공한 자산의 공정가치보다 취득한 자산의 공정가치가 더욱 명확한 경우에는 취득한 자산의 공정가치를 취득원가로 한다.

교환거래에 상업적 실질이 있는지 여부는 교환거래의 결과 미래현금흐름이 얼마나 변동될 것인지를 고려하여 결정하여야 한다. K-IFRS 제1016호(유형자산)에서는 다음 ⑴ 또는 ⑵에 해당하면서 ⑶을 충족하는 경우 교환거래에 상업적 실질이 있는 것으로 규정하고 있다.

⑴ 취득한 자산과 관련된 현금흐름의 구성(위험, 유출입시기, 금액)이 제공한 자산과 관련된 현금흐름의 구성과 다르다.
⑵ 교환거래에 영향을 받는 영업 부분의 기업특유가치가 교환거래의 결과로 변동한다.
⑶ 위 ⑴이나 ⑵의 차이가 교환된 자산의 공정가치에 비하여 유의적이다.

비유로 이해하기 **내 물건과 친구 물건 맞바꾸기**

유형자산을 다른 자산과 교환할 때, 회계 처리는 '상업적 실질'의 유무에 따라 달라집니다.

- **상업적 실질이 있는 교환**(서로 다른 물건 교환): 제가 쓰던 '게이밍 노트북'을 친구의 '전문가용 카메라'와 맞바꾸는 경우입니다. 이 교환으로 인해 저의 미래 경제적 효익(게임을 하던 삶 → 사진을 찍는 삶)이 근본적으로 변

했습니다. 이는 실질적인 '판매'와 '구매'가 동시에 일어난 것으로 보아, 각 자산의 공정가치(시세)를 기준으로 거래를 기록하고 처분손익을 인식합니다.

- **상업적 실질이 없는 교환**(같은 물건 교환): 제가 쓰던 '파란색 아이폰'을 친구의 '빨간색 아이폰'과 맞바꾸는 경우입니다. 색깔만 바뀌었을 뿐, 제가 누리는 경제적 효익(전화, 카톡, 인터넷 등)은 전혀 변하지 않았습니다. 이는 실질적인 거래가 아니라고 보아, 처분손익 없이 내가 넘겨준 자산의 장부금액을 그대로 새로 받은 자산의 취득원가로 기록합니다.

교환거래의 취득원가를 정리하면 〈표 10-2〉와 같다.

표 10-2

교환거래의 취득원가

[상황]		[취득원가]
제공자산 공정가치가 명확한 경우	→	제공한 자산의 공정가치
제공자산 공정가치가 불분명한 경우	→	취득한 자산의 공정가치
공정가치가 둘 다 불분명한 경우	→	제공한 자산의 장부금액

[유형자산 교환의 회계처리]

교환자산의 공정가치를 신뢰성있게 측정할 수 있는 경우(교환거래에 상업적 실질이 있는 경우)

(차) (취득한) 자산	×××	(대) (제공한) 자산	×××
(제공한 자산의 공정가치)		(제공한 자산의 장부가치)	
유형자산처분손실	×××	또는 유형자산처분이익	×××

교환자산의 공정가치를 신뢰성있게 측정할 수 없는 경우(교환거래에 상업적 실질이 결여된 경우)

(차) (취득한) 자산	×××	(대) (제공한) 자산	×××
(제공한 자산의 장부가치)		(제공한 자산의 장부가치)	

예제 4

자산의 교환 (상업적 실질 있는 경우)

공정가치 1,200원인 기계장치를 취득하면서 장부금액 1,000원(취득원가 1,400원, 감가상각누계액 400원)인 차량운반구(버스)를 대신 주고 현금 400원을 지급하였다. 제공한 자산의 공정가치는 불분명하며 이 거래는 상업적 실질이 있는 것으로 판단된다.

(차)	감가상각누계액	400	(대) 차량운반구(버스)	1,400
	기 계 장 치	1,200	현 금	400
	유형자산처분손실	200		

예제 5

자산의 교환 (상업적 실질 있는 경우)

신촌주식회사는 취득원가 12,000원의 (교환시점의 감가상각누계액 5,000원) 구형 기계를 공정가치 10,000원의 신형 기계와 교환하면서 현금을 7,000원 수취하였다. 이 거래는 상업적 실질이 있는 것으로 판단된다.

(차)	현 금	7,000	(대) 기 계-구 형	12,000
	기 계-신 형	10,000	유형자산처분이익	10,000
	감가상각누계액	5,000		

순장부가액 7,000원(=₩12,000−₩5,000)의 구형 기계를 처분하면서 현금 7,000원과 신형 기계 10,000원에 교환하였으므로, 즉 공정가치 17,000원에 처분한 것이나 동일하므로 10,000원의 이익을 인식한다.

예제 6

자산의 교환 (상업적 실질 없는 경우)

장부금액 1,000원(취득원가 1,400원, 감가상각누계액 400원)인 차량운반구(버스)를 제공하고, 공정가치 700원의 차량운반구(버스)와 현금 400원을 수취하였다. 이 거래는 상업적 실질이 결여된 것으로 판단되며 처분이익이 발생되지 않는다.

(차)	감가상각누계액	400	(대) 차량운반구(버스) (제공한 자산의 장부가치)	1,400
	차량운반구(버스)	600 (=1,400−400−400)		
	현 금	400		

예제 7

자산의 교환
(상업적 실질 없는 경우)

공정가치 1,200원인 차량운반구(트럭)를 교환으로 취득하면서 장부금액 1,000원(취득원가 1,400원, 감가상각누계액 400원)인 차량운반구(버스)와 현금 100원을 지급하였다. 이 거래는 상업적 실질이 결여된 것으로 판단된다.

(차) 감가상각누계액	400	(대) 차량운반구(버스) (제공한 자산의 장부가치)	1,400
차량운반구(트럭) (=1,400−400+100)	1,100	현　　금	100

4. 자본적 지출과 수익적 지출

유형자산의 취득을 완료한 이후, 당해 자산을 사용하는 과정에서 개량이나 수선 등을 위한 여러 가지의 지출이 있게 된다. 이러한 지출 중에는 지출된 회계기간의 영업활동과 관련된 경상적인 수선비의 성격을 가진 것도 있고, 자산의 근본적인 기능 또는 성질에 중요한 변화를 가져오는 것도 있다. 따라서 자산의 취득 후에 발생한 지출을 자본화(capitalization)하여 당해 자산의 취득원가에 가산할 것인지, 아니면 당기의 비용으로 인식할 것인지에 관한 문제가 발생하게 된다.

유형자산과 관련된 이러한 지출을 당해 자산의 취득원가에 가산할 것인지 또는 당기의 비용으로 인식할 것인지에 따라 자산평가와 이익측정에 상반된 영향을 미치게 된다. 이때, 자산으로 인식해야 하는 지출을 자본적 지출(capital expenditure)이라 하며, 비용으로 인식해야 하는 지출을 수익적 지출(revenue expenditure)이라 한다.

동일한 지출을 자본적 지출 또는 수익적 지출 중 어떤 지출로 보느냐에 따라 자산과 이익의 크기가 달라진다. 자본적 지출로 처리하면 자산이 증가되어 당기순이익이 증가되지만, 수익적 지출로 처리하면 비용이 증가되어 당기순이익이 감소하게 된다.

유형자산 취득완료 후의 지출 {
- 자본적 지출: 자산으로 인식 ➡ 당기순이익 증가
- 수익적 지출: 비용으로 인식 ➡ 당기순이익 감소

일반적으로 유형자산의 내용연수를 연장시키거나 가치를 실질적으로 증가시키는 지출은 자본적 지출로 하고, 당해 유형자산의 원상을 회복시키거나 능률유지를 위한 지출은 수익적 지출로 한다.

비유로 이해하기 **내 자동차 정비: 엔진 교체 vs. 타이어 교체**

유형자산을 취득한 후 발생하는 추가 지출은 그 성격에 따라 회계 처리가 완전히 달라집니다. 내 자동차에 돈을 쓰는 두 가지 경우를 비교해봅시다.

- **수익적 지출**(비용 처리): 자동차의 엔진오일을 교환하거나 닳아빠진 타이어를 교체하는 경우입니다. 이는 자동차의 현재 상태를 '유지'하고 원래의 성능을 보존하기 위한 활동이죠. 이런 지출의 효과는 당기에 소멸하므로 '수선유지비'와 같은 비용으로 즉시 처리합니다.
- **자본적 지출**(자산 처리): 기존 엔진을 떼어내고 고성능 터보 엔진으로 교체하거나, 컨버터블로 개조하는 경우입니다. 이는 자동차의 내용연수를 늘리거나 가치를 실질적으로 '증가(upgrade)'시키는 활동입니다. 이런 지출은 자산의 가치를 높였으므로 자동차(자산)의 취득원가에 더한 후, 남은 내용연수 동안 감가상각을 통해 여러 기간에 걸쳐 비용으로 배분합니다.

(1) 자본적 지출

자본적 지출이란 당해 지출의 경제적 효익이 당기 이후의 여러 회계기간에 걸쳐 나타날 것으로 예상되는 지출을 말한다. 따라서 당해 지출은 당기 이후의 여러 회계기간에 걸쳐 실현될 수익에 합리적으로 대응시켜야 하므로 이를 자산의 취득원가에 가산한 후, 내용연수에 걸쳐 감가상각을 통하여 여러 회계기간의 비용으로 인식하여야 한다.

일반적으로 다음과 같은 형태의 지출이 자본적 지출에 해당되는 것으로 본다.

① 자산을 증가하거나 추가하는 지출 ➡ 증설
② 자산의 생산능률 또는 생산능력을 증가시키는 지출 ➡ 개량
③ 자산의 내용연수를 연장시키는 지출 ➡ 사용가능연수의 연장
④ 금액적 중요성이 큰 지출

(2) 수익적 지출

수익적 지출이란 당해 지출의 경제적 효익이 당기에만 미칠 것으로 예상되는 지출을 말한다. 따라서 당해 지출은 당기의 비용으로 인식하여 당기에 실현된 수익에 대응시켜야 한다.

일반적으로 다음과 같은 형태의 지출이 수익적 지출에 해당되는 것으로 본다.

① 경상적·반복적으로 발생하는 비용의 지출
② 지출의 효과가 당해 회계기간 내에 소멸하는 지출
③ 자산의 현재 상태나 기능을 유지하기 위한 지출
④ 자산의 본래의 기능을 회복시키는 지출
⑤ 금액적 중요성이 작은 지출

그러나 유형자산과 관련된 특정 지출이 자본적 지출과 수익적 지출 중 어떤 지출에 해당되는 것인지를 명확하게 구분하는 것은 현실적으로 쉬운 일이 아니다. 따라서 실무적인 구분의 편의를 위하여 다음과 같은 법인세법상 자본적 지출과 수익적 지출의 구분을 참고하기도 한다.

수익적 지출	자본적 지출
① 건물 또는 벽의 도장 ② 파손된 유리나 기와의 대체 ③ 기계의 소모된 부속품과 벨트의 대체 ④ 자동차의 타이어튜브의 대체 ⑤ 재해를 입은 자산에 대한 외장의 복구·도장·유리의 삽입 ⑥ 기타 조업가능한 상태의 유지 등 전 각호와 유사한 성질의 것	① 본래의 용도를 변경하기 위한 개조 ② 엘리베이터 또는 냉·난방 장치의 설치 ③ 빌딩에 있어서 피난시설 등의 설치 ④ 재해 등으로 인한 건물·기계·설비 등이 멸실 또는 훼손되어 당해 자산의 본래의 용도에 이용가치가 없는 것의 복구 ⑤ 기타 개량·확장·증설 등 위와 유사한 성질의 것

예제 8

자본적 지출과 수익적 지출

다음 거래를 분개하라.

① 건물의 외부도장과 유리청소를 하고 공사비 ₩2,000을 수표를 발행하여 지급하다.
② 건물을 대폭적으로 수선하고 그 공사비 ₩10,000을 현금으로 지급하다. 위의 수선으로 건물의 내용연수가 5년 증가한 것으로 판단되다.
③ 기계장치의 소모된 부속품을 대체하고 그 대금 ₩500을 현금으로 지급하다. 회사는 정기적으로 마모된 부속품을 대체하고 있다.
④ 현금 ₩2,000을 지급하고 기계장치의 중요부품을 개체한 결과 기계장치의 생산능력이 크게 향상되다.

⑤ 임차한 사무실에 칸막이 시설을 하고 그 대금 ₩5,000을 3개월 만기의 어음으로 지급하다.

①	(차) 수 선 비	2,000	(대) 당좌예금	2,000
②	(차) 건 물	10,000	(대) 현 금	10,000
③	(차) 수 선 비	500	(대) 현 금	500
④	(차) 기계장치	2,000	(대) 현 금	2,000
⑤	(차) 임차자산개량권(*)	5,000	(대) 미지급금	5,000

(*) 임차한 건물에 대한 자본적 지출을 기록하는 계정과목을 임차자산개량권이라고도 하며, 유형자산으로 분류한다.

Focus on Decision Making

[상 황]

'신촌 빵집'의 케이터링 사업이 번창하여, 배달에 사용할 중고 트럭 한 대를 1,000만원에 구입하기로 했습니다. 그런데 트럭을 사업에 사용하려면 몇 가지 추가 지출이 필요합니다.

- 바로 운행할 수 있도록 타이어를 전부 교체하는 데 50만원이 든다.
- 빵집 로고를 트럭에 도색하는 데 30만원이 든다.
- 1년 뒤, 엔진 성능 유지를 위해 엔진오일을 교환하는 데 10만원이 든다.
- 2년 뒤, 연비를 크게 개선하고 수명을 늘리기 위해 엔진을 전면 교체하는 데 200만원이 든다.

"사장님, 이 트럭 한 대에 이렇게 많은 돈이 들어가는데, 이 비용들을 어떻게 회계 처리해야 우리 회사의 재무 상태를 가장 정확하게 보여줄 수 있을까요?"

[의사결정 분석]

1. '취득원가'는 얼마로 기록해야 하는가?

유형자산의 취득원가는 단순히 구매 가격만이 아니라, '자산을 의도된 용도로 사용하는 데 필요한 모든 부대비용'을 포함합니다. 타이어 교체와 로고 도색은 배달 업무라는 '의도된 용도'에 트럭을 사용하기 위해 필수적인 지출입니다. 따라서 '신촌 빵집' 트럭의 취득원가는 1,000만원이 아닌, 1,080만원(1,000+50+30)으로 기록해야 합니다. 이 결정은 앞으로 몇 년간 계산될 감가상각비의 기준이 되므로 매우 중요합니다.

2. 1년 뒤 '엔진오일 교환'은 어떻게 기록해야 하는가?

이는 트럭의 가치를 높이거나 수명을 늘리는 지출이 아니라, 원래의 성능을 '유지'하기 위한 지출입니다. 따라서 이는 수익적 지출에 해당하며, 발생 즉시 '차량유지비' 또는 '수선비'라는 비용으로 처리해야 합니다.

3. 2년 뒤 '엔진 전면 교체'는 어떻게 기록해야 하는가?

이는 트럭의 연비를 개선하고 수명을 늘리는, 즉 자산의 가치를 실질적으로 '증가'시키는 지출입니다. 따라서 이는 자본적 지출에 해당하며, 200만원을 비용으로 처리하는 것이 아니라 트럭의 장부금액(자산)에 더해주어야 합니다. 그리고 이 추가된 금액은 트럭의 남은 내용연수 동안 감가상각을 통해 비용으로 배분됩니다.

[결 론]

유형자산과 관련된 회계 처리는 이처럼 여러 단계의 의사결정을 필요로 합니다. 어떤 지출을 자산(자본적 지출)으로 볼 것인지, 아니면 비용(수익적 지출)으로 볼 것인지를 어떻게 판단하느냐에 따라, 특정 연도의 당기순이익과 재무상태표의 자산가치가 크게 달라지게 됩니다. 이는 경영자의 판단이 재무제표에 어떤 영향을 미치는지 보여주는 대표적인 사례입니다.

02 감가상각의 개념과 회계처리

CHECK POINT
- 감가상각의 회계처리
- 재무제표상의 표시

1. 감가상각의 개념

토지를 제외한 유형자산은 영업활동에 사용되면서 미래 경제적 효익이 감소할 것이다. 유형자산의 경우 시간이 흐름에 따라 자산의 마모, 마멸 또는 화재로 인한 손실 등으로 미래 경제적 효익이 감소될 수 있으며, 이를 물리적 요인이라 부른다. 또한 자산의 진부화, 부적합화 및 대체품의 출현에 따른 구식화 등에 의해 예상되는 미래 경제적 효익이 감소할 수 있으며 이를 기능적·외부적 요인이라 한다.

감가상각
기업이 사용하는 기계장치, 설비, 건물 등 자산의 취득원가를 체계적이고 합리적인 방법으로 비용으로 배분하는 과정

감가상각(depreciation)은 기업이 사용하는 기계장치, 설비, 건물 등 자산의 취득원가를 체계적이고 합리적인 방법으로, 비용으로 배분하는 과정이다. 이와 같이 체계적이고 합리적인 방법에 의해 기간비용으로 인식된 취득원가의 부분은 포괄손익계산서에 감가상각비로 보고된다.

감가상각의 가장 직접적인 원인으로서 사용에 의한 소모 또는 시간의 경과에 따르는 퇴화에 따라 유형자산이 본래의 용역을 제공하지 못하는 것이다. 물리적 원인은 각 유형자산의 용역 제공 그 자체에 지장을 초래하는 것이나, 기능적·외부적 원인은 각 유형자산이 제공하는 용역의 내용이 경제적 또는 수익적 관점에서 유익한가를 검토하는 것이다. 감가상각은 이와 같은 유익성이 부적응 또는 불충분과 진부화 등으로 훼손되는 경우 감가상각 대상의 가치가 하락된 것으로 추정하는 것이다. 여기서 부적응 또는 불

그림 10-1
감가상각의 원인

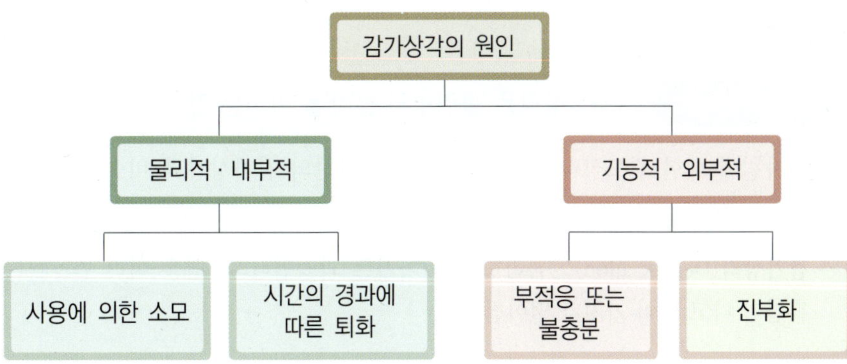

충분이란 각 유형자산이 제품의 수요가 증가함에 따라 경제적 규모가 되지 못하는 경우를 말한다. 예를 들어, 1시간에 10켤레의 신발을 생산할 수 있는 기계는 하루의 신발 수요가 100켤레일 때는 경제적 규모의 생산시설이겠지만, 수요가 1,000켤레로 증가될 경우에는 부적응 또는 불충분한 생산시설이 될 것이다. 진부화란 제품의 수요가 감소하게 됨에 따라 필요가 없어지는 생산시설을 말한다. 유형자산의 진부화 요인으로는 유행의 변화, 신기술의 개발 등이 있다.

비유로 이해하기 **감가상각은 '가치 평가'가 아닌 '원가 배분'이다!**

많은 학생이 감가상각을 '자산의 가치가 떨어지는 것을 평가하는 과정'이라고 오해합니다. 하지만 감가상각의 진짜 목적은 '자산의 취득원가를 그 자산이 사용될 기간에 걸쳐 합리적으로 비용으로 나누는(배분하는) 과정'입니다.

1억짜리 기계를 샀다고 해서 첫해에 비용 1억을 모두 인식하는 것은 비합리적입니다. 이 기계는 앞으로 5년간 수익 창출에 기여할 것이기 때문이죠. 따라서 기계의 취득원가 1억을 5년 동안 매년 2,000만원씩 '감가상각비'라는 비용으로 체계적으로 배분하는 것이 더 논리적입니다. 이는 자산의 시장가치가 얼마인지를 평가하는 것과는 전혀 다른 개념입니다.

감가상각대상 비유동자산에 따라 감가상각에 대한 용어가 다음과 같이 구분되어 있다.

① 감가상각(depreciation): 유형자산에 대한 감가상각

② 감모상각(depletion): 재생산이 불가능한 유형자산, 즉 자연자원(광산, 유전)에 대한 감가상각

③ 상각(amortization): 무형자산(영업권, 창업비, 개발비 등)에 대한 상각

비유로 이해하기 **감모상각은 '콜라병의 콜라'를 마시는 것**

천연자원에 대한 감모상각(Depletion)은 유형자산의 감가상각과 비슷하지만, 더 직접적인 가치 소모를 의미합니다.

- **감가상각**(Depreciation): '콜라병'이 낡아가는 과정입니다. 병은 여러 번 재사용할 수 있지만, 시간이 지나면서 흠집이 나고 낡아 가치가 떨어집니다.

• **감모상각**(Depletion): 병 안에 든 '콜라'를 마시는 과정입니다. 한 모금 마실 때마다(석유나 석탄을 캐낼 때마다), 그만큼 내용물(자원)이 물리적으로 사라져 다시는 돌아오지 않습니다. 이처럼 자원의 실제 소모량을 측정하여 비용으로 인식하는 것이 감모상각입니다.

2. 회계처리

감가상각비에 대한 회계처리는 매우 간단하다. 일반적인 회계처리를 이해하기 위하여 감가상각의 목적을 이해할 필요가 있다. 감가상각의 목적은 사용가능연수(내용연수)에 걸쳐 자산의 원가 중 제조원가나 기간비용으로 배분할 금액을 결정하는 것이다. 그러므로 비용계정은 증가되어야 하고(차변에 기입), 자산계정은 감소되어야 한다(대변에 기입).

예제 9

직접상각법

기계장치를 1월 1일에 ₩1,000,000을 수표를 발행하여 구입하였다. 내용연수는 10년이고 매 회계기간에 동일하게 배분한다고 가정한다.

1/ 1	(차) 기 계 장 치	1,000,000	(대) 당좌예금	1,000,000
		(기계장치의 구입을 기입함)		
12/31	(차) 감가상각비	100,000	(대) 기계장치	100,000
		(당년도의 감가상각비와 기계장치가치의 감소를 기입함)		

기계장치

차변		대변	
1/ 1	1,000,000	12/31	100,000

감가상각비

차변		대변	
12/31	100,000		

이와 같은 감가상각비의 회계처리법을 직접상각법이라 한다. 직접상각법에 의하면 기계장치계정은 ₩900,000의 차변잔액을 가지게 된다. 그러나 이와 같은 방법으로 회계처리하게 되면 시간이 지난 후에는 자산의 취득원가와 지금까지의 감가상각비총액을 파악하기가 매우 어렵게 된다. 그러므로 감가상각비를 기계장치계정 대변에 직접 기입하지 않고 평가계정/차감계정을 설정한다. 유형자산에 대한 감가상각비의 평가계정을 감가상각누계액(accumulated depreciation)계정이라 한다. 감가상각비에 대하여 감가상각누계액계정을 설정하여 처리하는 것을 간접상각법이라 한다. 이와 같은 감가상각누

계액계정의 성격은 대손충당금계정의 성격과 유사한 것이며, 각각 감가상각과 대손을 대상으로 하고 있다는 점만 다르다. 과거에는 감가상각에 대해서도 감가상각충당금이란 용어를 사용하기도 하였다.

예제 10

간접상각법

12/31 (차) 감가상각비 100,000 (대) 감가상각누계액-기계장치 100,000

기계장치

차변	대변
1/ 1 1,000,000	

감가상각누계액

차변	대변
	12/31 100,000

감가상각비

차변	대변
12/31 100,000	

간접상각법이 일반적인 방법이다. 간접상각법을 사용한 경우, 전술한 바와 같이 감가상각누계액은 단순히 자산에 대한 차감계정으로서의 평가계정이지 부채 혹은 적립금 성격의 계정이 아니라는 것을 주의하여야 한다. 따라서, 감가상각누계액이 계정의 대변에 기입된다고 하여 재무상태표의 대변에 부채로 표시하여서는 안된다. 기계장치의 12월 31일 분개 이후 시점의 (순)장부금액은 ₩900,000이다. 이는 원계정에서 평가계정(또는 차감계정)의 잔액을 차감한 금액이다.

3. 재무제표상의 표시

감가상각누계액은 해당자산에서 차감하는 형식으로 다음과 같이 재무상태표에 표시한다.

유형자산			
건 물	₩40,000		
감가상각누계액	(1,000)	₩39,000	
사무용비품	3,600		
감가상각누계액	(1,100)	2,500	
점포용비품	8,000		
감가상각누계액	(2,400)	5,600	₩47,100

취득원가가 기록된 원계정에서 감가상각누계액을 차감한 유형자산의 가치를 **장부금액**(book value) 또는 **순장부금액**(net book value)이라고 부른다. 이는 유형자산의 가치를 장부에 근거하여 평가하였다는 의미에서 장부금액이라고 부르는 것이다. 즉, 가치평가에는 여러 대안이 있는데 이 가액은 장부가 평가한 가액이다.

보충설명

감가상각방법, 잔존가치, 내용연수의 변경

국제회계기준에서는 감가상각방법은 적어도 매 회계연도말에 재검토하도록 규정되어 있다. 이는 국제회계기준에서 공정가치평가, 자산재평가 등이 강조되는 점과 무관하지 않다. 즉, 감가상각은 자산의 가치평가와 직접적으로 연관된다.

또한 **잔존가치**와 **내용연수**도 최소 매 회계연도말에 재검토하여야 한다. 이는 실무상으로 적용에 어려움이 많다는 점은 인정되지만 경제적 가치를 반영하여 추정을 변경하는 것은 시간의 흐름에 따른 당연한 회계처리이며 오류는 아니다. 재검토 결과 자산에 내재된 미래 경제적 효익의 예상되는 소비형태가 변동된다면, 변동된 소비형태를 반영하기 위하여 감가상각방법을 변경한다. 그러나 동시에 회계변경일 경우는 정당한 사유가 있어야 하며 또한 정당한 사유를 외부감사인이 인정하여야 한다.[1)]

유형자산 일부의 원가가 전체원가에 비교하여 중요하다면 별도로 구분하여 감가상각한다. 즉, 항공기 동체와 엔진을 별도로 감가상각할 수 있다. 물론, 어느 정도가 중요한 금액인지는 주관적인 판단의 대상이다.

03 감가상각비의 계산

CHECK POINT

- 감가상각의 대상금액
- 내용연수
- 감가상각비의 계산방법
- 유형자산의 상각
- 광물자원의 상각
- 회계변경

감가상각비를 계산하기 위하여는 다음의 세 가지 사항을 결정하여야 한다. 첫째가 감가상각대상금액이고, 둘째가 내용연수이며, 셋째가 감가상각방법이다.

유형자산의 감가상각은 내용연수, 잔존가액, 감가상각방법 등에 대하여 별도의 제한

1) 정당한 사유의 한 사례는 기존에 사용하던 방식이 동종업계에서 사용하는 감가상각방법과 상이한 방법을 사용한다면 횡단면적인 비교가능성을 저해할 수 있으므로 감가상각방법을 변경하는 것이 정당화될 수 있다.

잔존가치

내용연수 종료시점에서 자산의 처분으로부터 현재 획득할 금액에서 추정처분부대원가를 차감한 금액

을 두고 있지 않고 있으므로, 회사가 당해 자산의 성격과 업종 등을 고려하여 객관적이고 합리적인 기준을 정하여 이를 매 회계연도에 계속적으로 적용하면 된다.

감가상각과 관련되어 추정해야 할 것으로는 **내용연수**와 **잔존가치**가 있다. 이 두 가지는 회계의 추정(accounting estimate)이므로 실제치와는 차이가 있을 수 있다. 잔존가치는 유형자산을 취득한 시점에 내용연수 경과 이후의 예상 가치이므로 실제로 내용연수가 경과된 후 유형자산이 이 가치를 보유하고 있음을 의미하지는 않는다. 또한 내용연수도 예상되는 사용기간일 뿐이므로 내용연수의 추정이 유형자산의 사용 중에 변화될 수 있다. 따라서 이 추정치가 실제치와 일치하지 않을 가능성이 높은 것은 당연하다.

감가상각이라는 것은 자산의 평가과정이라기보다는 **취득원가**의 비용배분과정임을 고려한다면, 이해가 수월할 것이다.

1. 감가상각대상금액

감가상각대상금액(depreciable asset 또는 depreciation base)이란 자산을 처분할 때 받을 수 있는 잔존가액을 자산의 취득원가에서 차감한 것이다. 즉, 감가상각대상금액은 내용연수 동안 감가상각할 총금액이다.

감가상각대상금액 = 취득원가 − 잔존가액

자산을 처분할 때 발생할 것으로 예측되는 제거비(일종의 철거비용 등)가 있다면 이를 잔존가액에서 차감하여야 한다.

감가상각대상금액 = 취득원가 − (잔존가액 − 제거비)

예제 11

감가상각대상금액 계산

다음의 자료를 가지고 감가상각대상금액을 계산하라.

(1) 건물을 ₩10,000에 취득하여 잔존가액은 ₩500, 제거비는 ₩200으로 추정하다.
(2) 비품을 ₩9,000에 취득하여 잔존가액 ₩400, 제거비 ₩600으로 추정하다.

(1) 건물의 취득원가		₩10,000
잔 존 가 액	₩500	
제 거 비	−200	(300)
감가상각대상금액		₩ 9,700
(2) 비품의 취득원가		₩ 9,000
잔 존 가 액	₩400	
제 거 비	−600	(−200)
감가상각대상금액		₩9,200

2. 내용연수

유형자산의 내용연수(useful life)를 결정함에 있어서는 앞에서도 언급한 바와 같이 물리적인 요인뿐만 아니라 기능적인 요인도 고려하여야 한다. 유형자산의 내용연수에 대하여는 우리나라 법인세법시행령에 자세히 표시되어 있다. 원칙적으로 볼 때 유형자산의 내용연수는 각 기업에서 물리적 요인 및 기능적 요인을 고려하여 결정하면 된다. 그러나 실무에서는 법인세 계산시 번거로움을 피하기 위하여 법인세법시행령에 표시된 내용연수를 그대로 사용하는 경우가 많다.

3. 감가상각비의 계산방법

감가상각비의 계산방법이란 유형자산을 체계적으로 상각하기 위한 방법을 말한다. 유형자산을 체계적으로 상각하도록 함으로써, 일단 감가상각 계산방법이 결정되면 그 이후에 감가상각비를 결정하는 과정에 있어서 경영자의 임의성이 배제될 수 있는 것이다. 감가상각비의 계산방법에는 여러 가지 방법이 있으며 이들 각 방법은 각각 장단점을 가지고 있다.

꿀 팁 **감가상각 방법, 어떤 철학으로 선택할까?**

• **정액법**(Straight-line): "시간이 약이다"
이 방법은 자산의 가치가 매년 똑같이, 꾸준히 감소한다고 가정합니다. 특별한 이유 없이 시간이 흐르는 것만으로 가치가 떨어지는 '건물' 등에 적합합니다. 가장 간단하고 널리 쓰이는 방식입니다.

• **생산량비례법**(Units-of-production): "쓰는 만큼 닳는다"
이 방법은 자산의 가치가 사용한 만큼 닳는다고 봅니다. 자동차의 가치가 주행거리에 비례해 떨어지는 것처럼, 사용량에 따라 가치 소모가 크게 달라지는 '기계장치'나 '차량운반구'에 적합합니다.

• **정률법/연수합계법**(Declining-balance/SYD): "신상이 최고다"
이 방법은 자산이 새것일 때 가장 성능이 좋고 시간이 지날수록 가치도 가장 많이 떨어진다고 봅니다. 최신 기술이 중요한 '컴퓨터'나 '반도체 장비'처럼, 초기에 가장 큰 효익을 제공하고 시간이 지날수록 빠르게 구식이 되는 자산에 적합합니다.

예제 12

감가상각비 계산을 위한 자료

건물에 관한 자료가 다음과 같은 경우에 각 방법에 따라 감가상각비를 계산하라.

건물의 취득원가	₩10,000
잔존가액	456
제 거 비	200
내용연수	4년

(1) 정액법 또는 직선법

정액법
매회계기간의 상각비가 동일액이 되는 방법

이 방법은 매회계기간의 상각비가 동일액이 되는 방법으로서 감가상각누계액과 장부금액을 도표로 표시하면 직선이 되므로 직선법(straight line method)이라고도 한다. 정액법의 감가상각비는 다음과 같이 계산된다.

$$감가상각비 = (취득원가 - (잔존가액 - 제거비)) \times \frac{1}{내용연수}$$

한편 감가상각률은 내용연수로 1을 나누어서 계산한다(즉, 내용연수의 역수). 내용연수가 5년이라면 매년 감가상각대상금액 중 1/5, 20%의 유형자산이 감가상각으로 비용화된다.

- 감가상각대상금액 = 10,000 − (456 − 200) = ₩9,744
- 감가상각률 = $\frac{1}{4}$ = 0.25
- 감가상각비 = ₩9,744 × 0.25 = ₩2,436

연수	감가상각대상금액	감가상각률(%)	감가상각비	감가상각누계액
1	9,744	25	2,436	2,436
2	9,744	25	2,436	4,872
3	9,744	25	2,436	7,308
4	9,744	25	2,436	9,744

각 연도말의 순장부금액은 ₩7,564, ₩5,128, ₩2,692, ₩256이다. 이는 취득원가에서 감가상각누계액을 차감하여 구할 수 있으며, 또한 순장부금액을 구하려는 연도 이전 연도의 순장부금액에서 당해연도의 감가상각비를 차감하여도 구할 수 있다. 4회계연도말의 순장부금액은 내용연수 종료시점의 제거비를 차감한 잔존가치와 동일하게 한다. 정액법에서는 감가상각비가 매년 동일한 금액으로 비용화되므로 순장부금액도 매년 동일한 금액으로 감소한다. 정액법의 주요한 장점은 계산이 간편하고 매년 동일한 금액의 감가상각비를 배분한다는 것이다.

(2) 체감잔액법(가속상각법)

체감잔액법
자산을 취득한 초기에 가능한 감가상각비를 많이 계상하는 방법

체감잔액법(accelerated depreciation method)은 자산을 취득한 초기에 가능한 한 많은 감가상각비를 계상하는 방법으로서 세법의 영향을 많이 받고 있다. 실제로 유형자산을 취득하면 내용연수 동안 균등하게 가치가 상각되는 것이 아니라 취득 초기에는 가치가 많이 하락하므로 이와 같은 상각법이 정액법보다는 더욱 현실성이 있다.

가속상각법에는 다음의 세 가지 방법이 있다.

① 정액법의 배법(double straight-line declining balance method)
② 연수합계법(sum of the years digits method)
③ 정률법(declining balance method)

다음에서는 정액법에서 사용한 예를 그대로 이용하여 위에서 제시한 세 가지 방법의

계산법에 대하여 각각 설명하고 있다.

1) 정액법의 배법(이중체감법)

$$감가상각비 = \underbrace{(취득원가 - 기초\ 감가상각누계액)}_{기초\ 순장부금액} \times \frac{2}{내용연수}$$

정액법의 감가상각률은 25%이므로 이 비율의 2배는 50%이다. 그러므로 4년간의 감가상각비 계산은 다음과 같다.

연수	순장부금액	감가상각률(%)	감가상각비	감가상각누계액
1	10,000	50	5,000	5,000
2	5,000	50	2,500	7,500
3	2,500	50	1,250	8,750
4	1,250		994	9,744

정액법의 배법은 정액법 상각률의 2배로 상각비를 구하는 방법으로 이중체감법이라고도 한다.

정액법의 배법은 잔존가치를 무시하고 감가상각을 구하다가 내용연수가 종료되는 시점에 이를 감가상각비 계산에 감안한다. 제4차년도의 감가상각비는 감가상각률에 의하면 ₩625(=₩1,250×50%)이다. 그러나 ₩625으로 계상하면 4년간의 감가상각비 총계가 ₩9,375밖에 되지 않으므로 감가상각대상금액인 ₩9,744을 모두 상각하지 못하는 결과가 된다. 따라서 정액법의 배법을 사용할 때에는 내용연수가 종료될 시점에 감가상각비를 역으로 조정할 필요가 있다. 참고로, 위의 예에서는 마지막 연도에 조정을 하고 있으나 조정이 필요한 연도는 감가상각을 수행하는 마지막 연도일 수도 있으며, 잔존가치의 금액이 클 경우는 그 이전 연도부터일 수도 있다. 정액법의 배법에서는 위의 예에서도 감가상각대상금액에서 직전 연도말의 감가상각누계액을 뺀 금액(₩9,744−₩8,750=₩994)을 계산하여 마지막 연도의 감가상각비로 조정하고 있음을 알 수 있다. 이는 위에도 기술되었듯이 감가상각률을 계산할 때 잔존가치가 감안되지 않았으므로 내용연수가 종료되는 시점에 잔존가치가 남게끔 감가상각을 조정하는 것이다. 감가상각률을 곱하는 대상이 정액법의 경우에서와 같이 감가상각대상금액이 아니라 순장부금액인 점에 주의하도록 한다.

2) 연수합계법

$$감가상각비 = 감가상각대상금액 \times \frac{잔여내용연수}{내용연수\ 합}$$

명칭 그대로 먼저 내용연수의 합을 구한다. 주어진 내용연수가 4년이므로,

$1+2+3+4=10$

이를 일반적인 식으로 표현하면 다음과 같다.

$$1+2+3+\cdots+n=\frac{n(n+1)}{2}$$

첫 연도에는 연수를 합한 것을 분모로 하고 잔여내용연수를 분자로 하여 감가상각대상금액을 곱한다. 이 비율을 곱해주는 변수가 정액법의 배법과 같이 순장부금액이 아니라 감가상각대상금액이다. 내용연수를 감안하여 비율이 결정되었으며, 잔존가치가 감안되어 감가상각대상금액이 결정되었으므로 정액법의 배법에서와 같은 내용연수 종료 시점의 조정은 필요치 않다.

연수	감가상각대상금액	감가상각률(%)	감가상각비	감가상각누계액
1	9,744	40(4/10)	3,897.60	3,897.60
2	9,744	30(3/10)	2,923.20	6,820.80
3	9,744	20(2/10)	1,948.80	8,769.60
4	9,744	10(1/10)	974.40	9,744.00

3) 정률법

$$감가상각비 = 기초\ 순장부금액 \times 감가상각률$$

정률법에서는 감가상각률을 계산하는 다음과 같은 공식을 사용한다.[2)]

2) 정률법 감가상각률을 기억할 필요는 없다. 계산이 복잡한 관계로 결과값을 항상 제시하므로, 감가상각비 계산에 활용하면 충분하다.

$$r=1-\sqrt[n]{\frac{s}{c}}$$

r=감가상각률, n=내용연수, s=순잔존가액, c=취득원가

$$r=1-\sqrt[4]{\frac{256}{10,000}}=1-\frac{4}{10}=0.6 \text{ 혹은 } 60\%$$

4년간의 감가상각비 계산은 다음과 같다.

연수	순장부금액	감가상각률(%)	감가상각비	감가상각누계액
1	10,000	60	6,000	6,000
2	4,000	60	2,400	8,400
3	1,600	60	960	9,360
4	640	60	384	9,744

정액법의 배법과 정률법은 감가상각을 계산하기 위한 기준금액이 감가상각을 구하는 연도 이전 회계연도의 순장부금액인 공통점이 있다.

4) 정액법과 체감잔액법(가속상각법)의 비교

정액법과 가속상각법에 의한 감가상각비를 비교해보면 다음과 같다. 실제 현실에 근거하여 판단을 한다면 가속상각법이 더 현실적인 회계 방법이다. 자동차를 새로 구입한 경우를 생각해 보자. 새로운 자동차의 취득후의 가치는 매년 균등하게 감소된다기보다는 초기 연도에 많이 상각된다고 판단함이 더 합리적이다. 그러나 이와 같은 현실적인 가치의 하락과 이에 대한 회계의 측정이 반드시 일치하여야 할 필요는 없다.

가속상각법은 일정한 자산에 대해서 내용연도의 초기에 많은 감가상각비가 계상되는 방법이고, 정액법은 내용연수 동안 균등한 감가상각비가 인식되므로 내용연수의 초기에는 가속상각법에 의한 감가상각법이 항상 높은 감가상각비를 계상한다고 생각할 수 있다. 그러나 이는 어느 한 연도에 취득한 유형자산의 감가상각비에 대해서만 적용된다. 만약에 동일한 취득원가의 유형자산이 수년에 걸쳐서 지속적으로 취득되고 이들의 내용연수와 잔존가액이 동일하다면 수년에 걸쳐서의 감가상각비는 어느 감가상각방법을 선택하든지 일정할 것이다. 이는 내용연수가 진행되면서 가속상각법에 의한 감가상각비는 감소하는 동시에 새로 취득된 유형자산에 대한 감가상각비는 높게 계상되기 때

문이다. 따라서 정액법과 가속상각법에 의한 감가상각비는 일정한 가정하에서 신중히 비교되어야 한다.

이 대안적인 회계방법의 선택이 영업의 결과인 이익에 영향을 주므로 기업이 회계방법의 선택시에 여러 가지 점을 고려할 것이다. 감가상각비의 성격상 현재 시점에 높게 계상된 감가상각비가 이후 연도에는 역전되어 정액법에 의한 감가상각비보다 낮은 가액을 보일 것이다. 감가상각비가 법인세비용 차감항목이므로 법인세비용을 현재 시점에 최소화하기 위해서 기업들은 가능하면 높은 감가상각비를 현재 시점에 인식하는 방법을 선호할 것이다. 이는 감가상각으로 인한 법인세비용의 총 지급액은 일정하지만 현재가치의 차원에서는 현재 시점의 법인세비용 지출을 최소화하는 것이 기업에 더 유리한 것이기 때문이다. 화폐의 현재가치를 고려하면 현금의 유입은 가능하면 당기고 현금의 유출은 가능하면 미루는 것이 가장 현명한 현금관리 방법이다.

반면에 경영자(또는 회계담당자)가 보고되는 영업의 결과인 이익을 낙관적으로 보이려 한다면 현재시점의 감가상각비를 가능하면 낮게 계상하려 할 것이다. 경영자가 이와 같은 유인을 가질 수 있는 경우는 주주로부터의 경영의 결과에 대한 호의적인 평가를 기대할 때 발생할 수 있다. 반면에 현금 유출의 현재가치를 최소화함으로써 주주의 효용이 극대화된다면 주주의 효용을 극대화하는 방향으로 의사결정을 수행하는 경영자는 현재 시점의 감가상각비를 최대화하는 방향의 회계방법을 선택할 것이다. 따라서 경영자가 택할 수 있는 회계방법은 경영자의 효용이 어디 있는가에 따라 달라진다. 이와 같은 대안적인 회계방법의 선택에 대한 논리는 감가상각 방법의 선택뿐만 아니라 모든 회계방법의 선택에 있어서도 적용된다.

	감가상각비 비교
총 감가상각비	정액법＝체감잔액법
내용연수 초기	정액법＜체감잔액법
내용연수 후기	정액법＞체감잔액법

(3) 생산량비례법

생산량비례법
유형자산의 미래경제적 효익의 감소가 생산량에 비례하여 나타난다는 것을 전제로 감가상각비를 인식하는 방법

지금까지는 감가상각비를 기간의 함수로만 계산하였다. 그러나 기간보다 생산액이 사용시간의 함수로 계산하는 것이 더 적합한 유형자산이 있다. 이러한 종류의 유형자산으로는 발동기, 자동차, 광산, 광산에 부설된 기계와 건물 등이 있다. 즉, 자동차 감가상각은 내용연수보다 운전시간에 비례한다고 할 수 있다. 자동차의 폐기 시점이 내용연수와 주행거리에 의해 모두 영향을 받을 수 있으므로 **내용연수**, **생산량** 모두 일리가 있다.

$$감가상각비=(취득원가-잔존가액)\times\frac{연도별생산량}{추정총생산량}$$

예제 13

생산량비례법

취득원가 ₩10,000,000의 자동차를 10,000km 운전할 수 있다. 첫 연도에 2,000km 운행하였다면 감가상각비는 다음과 같다.

$$\frac{₩10,000,000}{10,000km}=₩1,000(km당)$$

$$₩1,000\times 2,000km=₩2,000,000(감가상각비)$$

즉, 공식은 $\frac{취득가액-잔존가액}{활동(생산)단위}=활동(생산)단위당\ 감가상각액$

연감가상각액=km당 감가상각액×특정연도의 실제km

(4) 작업시간비례법

작업시간에 비례해서 감각상각비를 계산할 수 있다. 이 방법은 용역잠재력이 사용시간에 비례하여 감소하는 자산에 적합한 방법이다.

$$감가상각비=(취득원가-잔존가액)\times\frac{연도별작업시간}{추정총작업시간}$$

그림 10-2

정액법과 체감잔액법 비교

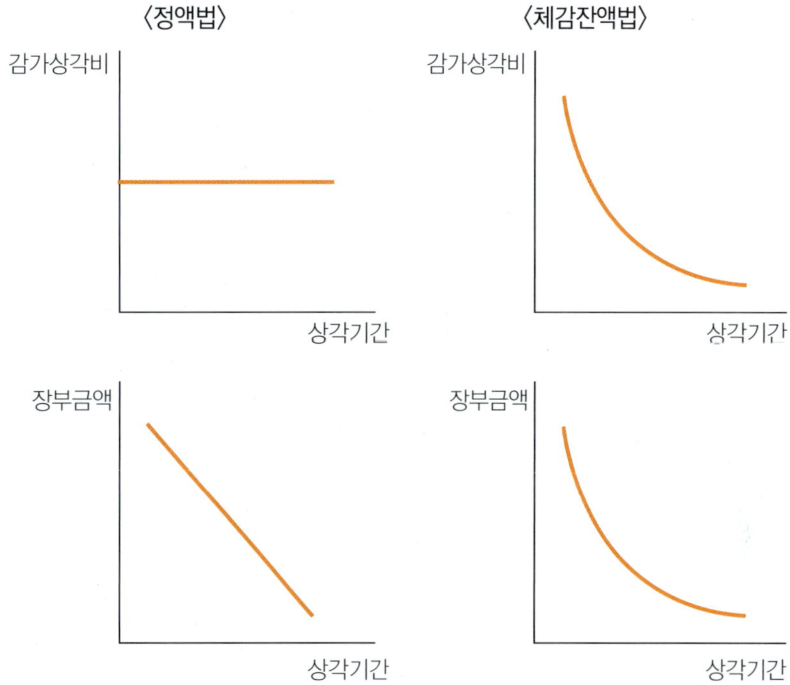

04 유형자산의 처분

CHECK POINT

• 유형자산 처분 회계처리

건물이나 기계를 매각 또는 폐기처분할 때는 처분손익계정이 발생하는 것이 보통이다. 이 경우에 있어서 회계처리의 첫 절차는 당일까지의 감가상각비를 계산하는 것이다. 이제까지의 내용에서는 수정분개는 반드시 회계기말 시점에 수행하는 것으로 설명되었다. 이러한 이유는 대부분의 회계정보 이용자가 회계기말 시점의 회계정보만을 접하기 때문에 유형자산과 관련된 감가상각일 경우는 회계기간 중의 정확한 감가상각비나 감가상각누계액의 계산이 불필요하였다. 그러나 회계기간 중에 유형자산이 처분될 경우는 처분 시점에서의 정확한 감가상각비와 감가상각누계액의 계산이 필요하다. 감가상각비는 이론적으로는 매일 발생한다고도 할 수 있다. 즉, 수정분개는 기말시점에만 수행하는 것이 아니라 필요할 때 수행한다. 감가상각비는 기말에만 계산하므로 전기말 이후 처분일까지의 감가상각비를 계산하여야 한다. 다음 절차로는 처분하는 자산계정과 해당 감가상각누계액계정을 제거하는 것이다. 이 두 계정의 차이는 당해 유형자산의 **장부금액**이라 부르는데, 유형자산을 매각한 경우에는 이 장부금액과 수취한 현금과의 차액이 처분손익계정이 되고, 유형자산을 폐기처분한 경우에는 특별한 경우를 제외하고는 장부금액이 바로 처분손실계정이 된다.

유형자산처분손익 = 처분금액 − 처분일 현재의 장부금액

예제 14

유형자산의 매각처분

20×3년 4월 1일에 건물을 ₩20,000에 처분하였는데 총계정원장의 취득원가는 ₩200,000, 감가상각누계액이 ₩120,000이었으며, 정액법 하의 연간 감가상각비는 ₩12,000이다.

	(차)			(대)	
4/1	감가상각비	3,000		감가상각누계액	3,000
	(20×3년 1월 1일부터 4월 1일까지의 3개월분 감가상각비 계상)				
4/1	감가상각누계액	123,000		건물	200,000
	현금	20,000			
	유형자산처분손실	57,000			
	(건물의 처분을 기입함)				

상기 예에서 건물의 처분가치가 0일 때, 즉 유형자산을 폐기처리하는 경우의 회계처리는 다음과 같다.

	(차)			(대)	
4/1	감가상각비	3,000		감가상각누계액	3,000
4/1	감가상각누계액	123,000		건물	200,000
	유형자산처분손실	77,000			

첫 번째 경우에 있어서 처분일에 이 유형자산의 장부에서 보고한 장부금액은 ₩77,000이지만 시장에서의 현금 수취액은 ₩20,000에 불과하다. 따라서 ₩57,000은 처분손실로 계상한다. 유형자산처분손익은 손익계산서상의 손익항목(기타비용)으로 처리된다.

05 무형자산

CHECK POINT

- 무형자산의 회계처리
- 무형자산의 종류

무형자산

기업이 보유하고 있으며 물리적 형체가 없지만 식별가능하고 기업이 통제하고 있으며 미래경제적 효익이 있는 비화폐성자산

1. 무형자산의 회계처리

무형자산이란 재화나 용역의 생산, 타인에 대한 임대 또는 관리에 사용할 목적으로 기업이 보유하고 있으며, 물리적 형체가 없지만 식별가능하고, 기업이 통제하고 있으며, 미래경제적 효익이 있는 비화폐성자산이라고 정의한다. 무형자산에는 산업재산권, 라이선스와 프랜차이즈, 저작권, 컴퓨터소프트웨어, 개발비, 임차권리금, 광업권, 어업권 등이 포함된다.

창업비, 개업비와 같은 사업개시비용, 교육훈련비 및 광고선전비 등의 지출은 비록 미래경제적 효익을 가져오는 지출이기는 하지만, 무형자산이나 다른 자산을 획득 또는 창출하지 못하기 때문에 자산의 인식기준을 만족하지 못해, 무형자산으로 인식하지 않고 발생한 기간의 비용으로 인식하여야 한다.

무형자산의 상각 방법으로는 자산의 경제적 효익이 소비되는 행태를 반영한 합리적인 방법을 사용하며 정률법, 연수합계법 등도 합리적인 방법에 해당된다고 해석하고 있다. 다만 합리적인 상각방법을 정할 수 없는 경우에는 정액법을 사용한다. 컴퓨터소프트웨어 등과 같이 기술적 진부화의 영향을 받아 경제적 효익이 매우 단기로 예상되는 경우에는 경제적 실질이 가장 충실히 반영되는 내용연수 동안 상각하도록 하였다.

자산의 진부화 및 시장가치의 급격한 하락 등으로 인하여 무형자산의 회수가능액이 장부금액에 중요하게 미달하는 경우에는 장부금액을 회수액으로 조정하고 그 차액을 감액차손으로 처리한다. 무형자산은 재무상태표상에 상각누계액을 직접 차감하는 직접법으로 보고할 수도 있고 취득원가에서 상각누계액을 차감하는 형식으로 표시하는 간접법을 사용하여 보고할 수도 있다. 그러나 일반적으로 무형자산의 경우 직접법 표시를 선호한다. 무형자산을 직접법으로 보고할 경우에는 각각의 무형자산 장부금액의 증감내용을 주석으로 기재하도록 하였다.

무형자산의 인식을 위해서는 다음의 세 조건을 충족해야 한다.

① 식별가능성(다른 자산과 구분하여 신뢰성있게 측정할 수 있어야 한다.)
② 자원에 대한 통제(일반적으로 법률적 보호 장치를 통해 제3자로부터 접근통제 가능)
③ 자산으로부터 발생하는 미래 경제적 효익이 유입될 가능성이 높다.

2. 무형자산의 종류

(1) 특허권

특허권

발명품을 일정기간 동안 생산, 사용, 양도, 대여 또는 판매할 수 있는 독점적·배타적 권리

특허권(patent)이란 발명품을 일정기간 동안 생산, 사용, 양도, 대여 또는 판매할 수 있는 독점적·배타적 권리로서, 정부기관인 특허청에 등록하면 특허법에 의하여 그 권리를 보호받게 된다. 특허란 새롭고 유용한 물건이나 그 물건의 제조방법, 물질의 새로운 결합방법이나 유용한 용도의 발명이 신규성과 진보성이 있고 산업상 이용 가능한 경우에 등록할 수 있다. 특허권은 일반적으로 산업상 이용할 수 있는 물품의 형상, 구조 또는 조합에 관한 고안에 따른 실용신안권과 등록디자인에 대한 독점적·배타적 권리인 의장권을 포함해서 사용되기도 한다. 특허권은 법률이 보장하는 기간을 내용연수로 정하고 상각할 수 있으나 특허권이 진부화되어 실제 경제적 내용연수 기간이 더 짧으면 그 짧은 기간에 걸쳐 상각한다.

(2) 저작권

저작권(copyright)은 지적 재산권의 하나로 문학이나 학술 또는 연극 및 음악 등 예술을 포함하는 지적·정신적인 창작물에 대하여 저자 또는 제작자가 타인에게 출판, 재생 또는 판매행위를 허락할 수 있는 배타적이고 독점적인 권리이다. 저작권은 이전될 수 있으므로 저작권자는 제삼자에게 양도하거나 상속할 수 있으며 저작권법에 따르면 사진, 회화, 디자인, 영화, 드라마, 게임, 소프트웨어, 만화, 광고, 뮤직비디오, 음악, 가사, 글 등 개인이나 단체, 기업에서 만든 모든 창작물을 대상으로 한다.

(3) 프랜차이즈와 면허

프랜차이즈(franchise)는 특정 상품이나 용역을 일정한 지역 내에서 독점적으로 사용하여 영업할 수 있도록 하는 권리이다. 길가에서 흔히 볼 수 있는 맥도널드, Subway,

Marriott호텔, 스타벅스 등이 대표적인 프랜차이즈이다. 면허(license)란 제품이나 특정용역을 일정기간 동안 이용할 수 있는 권리를 말하며 라디오나 TV방송 라이선스, 전화회선 이용권, 항공로 이용권 라이선스 등이 있다. 프랜차이즈와 라이선스도 최초 인식 시에는 취득원가로 기록하며 권리가 보장되는 기간동안 상각을 실시한다. 만약 프랜차이즈나 라이선스의 권리기간은 한정 또는 비한정될 수 있으며 만일 비한정 내용연수를 가진 무형자산으로 분류하는 경우에는 상각하지 않고 매년말 손상여부를 검토한다.

(4) 개발비

기업과 관련되어서 통상적으로 연구개발비(R&D; research and development cost)란 연구와 개발에 투입된 자원을 종합적으로 지칭하는 용어이다. 그러나 회계적으로 연구비와 개발비는 개념적으로 구분된다. 회계에서 연구개발비와 관련해서 가장 큰 문제로 제기되는 점은 이를 자산화할 것인지 아니면 당기 비용화할 것인지의 문제이다. 이를 자산화함은 연구개발비의 투입으로 인해 개발된 신제품이 미래 수익을 창출하기 때문에 창출되는 수익과 대응하여 소요된 자원이 비용화하여야 하므로 자산화, 비용화의 단계를 거쳐야 한다는 주장을 할 수 있다. 그러나 이를 당기 비용화한다는 주장은 연구개발비에 의한 미래의 효과가 너무 불확실하여 이것이 자본화된다는 보장이 없기 때문이다. 객관적인 기준으로 이를 판단할 수 없을 바에는 당기 비용화라는 일률적인 원칙을 적용함이 주관적인 판단으로 인한 횡단면적 비교의 혼란을 회피할 수 있다고도 생각할 수 있으며 보수주의적인 회계처리이기도 하다. 연구개발비는 많은 기업에 있어서는 큰 금액을 보이기 때문에 연구개발비와 관련된 회계처리는 매우 중요하다.

연구비는 연구단계에서 발생한 비용으로 당기비용으로 처리되며, 개발단계에서 발생한 비용이지만 자산인식조건을 충족하는 경우 개발비인 무형자산으로 계상한다.

연구단계에서 발생한 비용으로 정의되는 연구비는 당기비용처리되며, 개발단계에서 발생한 비용으로 자산인식조건을 충족하는 경우는 개발비는 무형자산으로 계상하고, 개발단계에서 발생한 비용으로 앞에서 기술된 무형자산인식조건을 충족하지 못한 경우는 경상개발비로 당기비용처리한다. 즉, 자산화 요건을 충족한 경우에만 자산화하고 자산화 요건을 충족하지 못하는 경우에는 비용화한다. 연구개발비와 관련된 회계원칙은 아주 세밀하게 기준을 설정한다고 하여도 회계담당자의 주관적인 판단이 가장 많이 개입될 수밖에 없는 부분이며, 지속적인 이슈로 남는다.

표 10-3

연구활동과 개발활동의 구분

구 분	사 례
연구 활동	① 새로운 지식을 얻고자 하는 활동 ② 연구결과나 기타 지식을 탐색, 평가, 최종 선택, 응용하는 활동 ③ 재료, 장치, 제품, 공정, 시스템이나 용역에 대한 여러 가지 대체안을 탐색하는 활동 ④ 새롭거나 개선된 재료, 장치, 제품, 공정, 시스템이나 용역에 대한 여러 가지 대체안을 제안, 설계, 평가, 최종 선택하는 활동
개발 활동	① 생산이나 사용 전의 시제품과 모형을 설계, 제작, 시험하는 활동 ② 새로운 기술과 관련된 공구, 주형, 금형 등을 설계하는 활동 ③ 상업적 생산 목적으로 실현가능한 경제적 규모가 아닌 시험공장을 설계, 건설, 가동하는 활동 ④ 신규 또는 개선된 재료, 장치, 제품, 공정, 시스템이나 용역에 대하여 최종적으로 선정된 안을 설계, 제작, 시험하는 활동

보충설명

개발비의 자산화 요건

다음의 요건을 모두 충족한 경우에 개발비를 자산화할 수 있다. ① 무형자산을 사용하거나 판매하기 위해 그 자산을 완성할 수 있는 기술적 실현가능성, ② 무형자산을 완성하여 사용하거나 판매하려는 기업의 의도, ③ 무형자산을 사용하거나 판매할 수 있는 기업의 능력, ④ 무형자산이 미래경제적 효익을 창출하는 방법, 그 중에서도 특히 무형자산의 산출물이나 무형자산 자체를 거래하는 시장이 존재함을 제시할 수 있거나 또는 무형자산을 내부적으로 사용할 것이라면 그 유용성을 제시할 수 있다, ⑤ 무형자산의 개발을 완료하고 그것을 판매하거나 사용하는 데 필요한 기술적 · 재정적 자원 등의 입수가능성, ⑥ 개발과정에서 발생한 무형자산 관련 지출을 신뢰성 있게 측정할 수 있는 기업의 능력 등이다.

연구단계와 개발단계로 **연구개발비**를 구분한 이유는 연구단계에서는 미래 경제적 효익을 창출할 무형자산이 존재한다는 것을 입증하기 어렵기 때문이며 개발단계는 연구단계를 종료하고 그 다음 단계로 좀더 구체적인 개발 작업이 진행되기 때문에 새로운 제품의 개발이 더욱 현실화될 가능성이 높다고 판단하기 때문이다.

만일 개발비를 자산으로 회계처리하면 여러 가지 문제점이 야기된다. 첫째는, 개발비를 연구사업별로 계산하여 분석하여야 한다. 즉, 개발비 중 직접원가는 각 연구사업별로 배분하고, 일반 개발 간접비는 전액을 비용화시키든가 또는 각 연구사업에 할당시켜야 한다. 둘째는 어떤 연구사업이 미래에 경제적 효익을 가져올 것인지 결정하여야 한

표 10-4

연구개발비의 회계처리

구 분	인식요건	회계처리
개발비	자산의 인식요건을 갖춘 경우	무형자산
경상개발비	개발비 요건의 불충족	판매비와 관리비
연구비	연구단계에서 발생한 모든 비용	판매비와 관리비

다. 즉, 어떤 연구사업의 개발비를 자본화시켜야 할 것인가를 결정하여야 한다. 셋째는 자본화된 개발비를 몇 회계기간에 걸쳐 상각시켜야 할지를 결정하여야 한다. 이들 세 가지는 모두 객관적으로 신뢰성있게 결정하기 힘든 것이다. 또한 자산화한 개발비는 합리적인 방법에 따라 상각 및 손상차손을 인식하여야 한다고 규정하였다. 연구개발과 관련된 회계처리는 〈표 10-4〉와 같다.

연구비 또는 개발비로의 기록은 회계부서에서 수행하지만, 회계부서가 기술이 개발단계에 이미 도달해 있는지를 판단하기는 어렵기 때문에 그 판단은 연구·개발 부서의 연구진에게 의존할 수밖에 없다.

(5) 영업권

영업권

특정기업이 동종의 타 기업에 비해 우위를 가지는 사항을 집합한 무형의 자원으로서 주로 합병 및 영업양수 시 유상취득한 경우에 인식됨

영업권(goodwill)은 특정기업이 우수한 인력, 뛰어난 신용관계, 기업의 좋은 이미지 등 동종의 타 기업에 비해 우위를 가지는 사항을 집합한 무형의 자원으로서, 합병 및 영업양수 등과 같이 유상 취득한 경우에 인식한다.[3] 가령 합병이나 영업양수와 같은 사업결합의 경우에 기업이 실제 유상으로 취득한 금액에서 개별적으로 식별가능한 요소를 차감한 후 남은 분리 불가능한 부분이 영업권이라고 볼 수 있다. 영업권은 일반적으로 내용연수를 결정하기 어렵기 때문에 비한정 내용연수를 가진 무형자산으로 분류되며 따라서 상각을 하지 않고 자산손상을 시사하는 징후의 존재여부와 관계없이 손상검사를 실시하고 손상차손을 인식한다. 한편 유상으로 취득하지 않은, 내부적으로 창출(자가창출)한 영업권은 영업권으로 인정되지 않는다. 이는 객관적이지 않기 때문이고 금액이 거래에 의해서 정당화된 것이 아니기 때문이다.

즉, 순자산인 50억원에 대해서 현금지급액 80억원을 지급하였으므로 초과분이 영업권으로 인식된다. 제자산, 제부채는 계정과목이 아니라 모든 자산항목과 모든 부채계정

3) 일본에서는 영업권을 간판권이라고 지칭하는데 학벌 등이 좋은 경우 간판이 좋다는 표현을 사용하므로 영업권의 의미를 적절하게 전달하는 표현이기도 하다.

을 나열하는 대신 이를 축약해서 표시한 것이다.

예제 15

영업권의 인식

연희(주)는 80억원을 현금으로 지급하고 상암(주)를 매입하여 합병하고자 한다. 연희(주)의 합병제안 당시 공정가치로 평가한 상암(주)의 재무상태표에는 자산 70억원, 부채 20억원이 나타나 있다. 상암(주)를 합병했을 시의 연희(주)의 회계처리를 하시오.

(차) 식별가능자산	70억원	(대) 식별가능부채	20억원
영 업 권	30억원	현 금	80억원

비유로 이해하기 **동네 맛집 인수로 배우는 영업권**

영업권(goodwill)은 눈에 보이지 않지만, 기업의 초과수익력을 나타내는 중요한 무형자산입니다. 동네에서 아주 유명한 '신촌 떡볶이' 가게를 인수하는 상황을 상상해봅시다.

- 가게 자산 분석: 떡볶이 기계, 테이블, 냉장고 등 눈에 보이는 자산의 공정가치를 모두 더해보니 3,000만원이었습니다.
- 주인의 요구 금액: 그런데 가게 주인 할머니는 "5,000만원을 주지 않으면 안 팔겠다"고 하십니다.
- 프리미엄의 정체: 왜 2,000만원을 더 달라고 하시는 걸까요? 바로 눈에 보이지 않는 가치, 즉 '30년 전통의 특별한 양념 비법', '할머니의 손맛에 대한 동네의 평판', '가게의 목 좋은 위치', '수많은 단골손님' 등 때문입니다.

이렇게 다른 기업을 인수할 때, 순자산의 공정가치를 초과하여 지급한 이 웃돈(프리미엄) 2,000만원이 바로 회계장부에 기록되는 영업권입니다. 중요한 점은, 이렇게 M&A 과정에서 돈을 주고 산 영업권만 자산으로 인정되며, 우리 가게가 스스로 "우린 영업권이 있다!"고 장부에 기록할 수는 없다는 것입니다.

3. 무형자산의 상각

눈에 보이는 기계장치가 닳아 없어지듯, 눈에 보이지 않는 무형자산 역시 시간이 지나거나 사용하면서 그 가치가 줄어듭니다. 이렇게 무형자산의 취득원가를 내용연수 동안 합리적인 방법으로 비용으로 배분하는 과정을 상각(amortization)이라고 한다.

감가상각과 개념은 같지만, 무형자산의 상각에는 몇 가지 중요한 차이점이 있다.

(1) 내용연수

무형자산은 내용연수를 정할 수 있는 '내용연수가 유한한 무형자산'과 내용연수를 정할 수 없는 '내용연수가 비한정적인 무형자산'으로 구분된다. 내용연수가 유한한 무형자산은 내용연수 동안 상각하나, 내용연수가 비한정적인 무형자산은 상각하지 않고 자산손상 회계처리를 한다.

여기서 '비한정'이라는 용어는 '무한'을 의미하지는 않는다. 내용연수를 추정하는 시점에 내용연수에 예측가능한 제한이 없는 경우를 무형자산의 내용연수가 비한정인 것으로 본다.

(2) 상각기간

내용연수가 유한한 무형자산의 상각은 자산을 사용할 수 있는 때, 즉 자산이 경영자가 의도하는 방식으로 운영할 수 있는 장소와 상태에 이르렀을 때부터 시작한다.

(3) 상각방법

무형자산의 상각대상금액을 내용연수 동안 체계적으로 배분하기 위해 다양한 방법을 사용할 수 있다. 이러한 상각방법에는 정액법, 체감잔액법과 생산량비례법이 있다. 상각방법은 자산이 갖는 예상 미래경제적효익의 예상되는 소비형태에 기초하여 선택하고, 미래경제적효익의 예상되는 소비형태가 달라지지 않는다면 매 회계기간에 일관성 있게 적용한다. 다만, 그 형태를 신뢰성 있게 결정할 수 없는 경우에는 정액법을 사용한다.

(4) 잔존가치

대부분의 무형자산은 내용연수가 끝났을 때 그 가치가 '0'이 될 것으로 본다. 따라서 무형자산의 잔존가치는 원칙적으로 '0'으로 가정한다.

비유로 이해하기 **1년짜리 동영상 스트리밍 이용권**

12만원을 주고 1년짜리 동영상 스트리밍 서비스(OTT) 이용권을 구매했다고 상상해봅시다. 이 '이용권'은 저의 무형자산입니다.

• **상각**: 이 이용권의 가치는 매달 1만원씩(12만원÷12개월) 줄어듭니다. 매달 1만원씩 '상각'하여 비용으로 처리하는 셈이죠.
• **잔존가치**: 1년이 지나 이용기간이 끝나면, 이 이용권의 가치는 얼마가 될까요? '0원'입니다. 중고로 팔 수도 없고 아무런 가치가 남지 않죠.

단, 매우 예외적인 두 가지 경우에만 잔존가치를 인정해준다.

1. 제3자가 만기 시점에 사주기로 약속한 경우: "이용기간이 끝나면 내가 그 이용권을 1,000원에 사줄게"라고 누군가 법적 계약을 맺은 경우이다.
2. 활성시장이 존재하는 경우: 이 이용권을 중고로 사고파는 활발한 시장이 있고, 1년 뒤에도 그 시장이 존재할 가능성이 매우 높은 경우이다.

그러나, 현실적으로 이런 경우는 드물기 때문에, 무형자산의 잔존가치는 기본적으로 0이라고 기억해도 된다.

(5) 회계처리

무형자산은 상각할 때 '무형자산상각누계액' 계정은 잘 사용하지 않고 무형자산의 장부금액에서 직접 차감하는 방식으로 회계처리한다.

[분개 예시]
(유형자산 감가상각) (차) 감 가 상 각 비 ××× / (대) 감가상각누계액 ×××
(무형자산 상각) (차) 무형자산상각비 ××× / (대) 특허권(무형자산) ×××

비교하며 이해하기 **유형자산 vs. 무형자산, 가치 차감 방식의 차이**

무형자산의 상각은 감가상각과 개념은 같지만, 장부에 기록하는 방식에 중요한 차이가 있습니다.

• **유형자산**(감가상각): '투명 필름'을 덧대는 방식
건물이나 기계장치 같은 유형자산은 가치가 하락해도 '감가상각누계액'이라는 별도의 차감 계정을 사용합니다. 이는 자산의 원래 모습(취득원가)을 그대로 남겨두고, 그 위에 투명 필름을 덧대어 가치 하락분만 따로 표시하는 것과 같습니다. 덕분에 우리는 자산의 원래 가격과 현재까지의 가치 하락분을 모두 한눈에 볼 수 있죠.

• **무형자산**(상각): '선불카드 잔액'을 바로 차감하는 방식

반면 특허권, 저작권 같은 무형자산은 상각할 때 '무형자산상각누계액' 계정을 잘 사용하지 않고, 자산의 장부금액에서 직접 빼주는 방식을 주로 사용합니다. 이는 마치 10만원이 충전된 선불카드와 같습니다. 1만원을 쓰면 우리는 "원금 10만원에 사용액 1만원"이라고 생각하지 않고, "이제 잔액 9만원 남았네"라고 바로 생각하죠. 이처럼 무형자산은 원가 정보의 중요성이 상대적으로 낮다고 보아, 현재 남은 잔액을 직접 보여주는 더 간단하고 직접적인 방식을 실무에서 선호합니다.

06 투자부동산

CHECK POINT

- 공정가치모형
- 원가모형

투자부동산

임대수익이나 시세차익 또는 두 가지 모두를 얻기 위하여 소유자나 금융리스의 이용자가 보유하고 있는 부동산

기타 투자자산으로는 투자목적 또는 비영업용으로 소유하는 토지, 건물 및 기타의 부동산을 포함하는 투자부동산이 있다. 한국채택국제회계기준에서는 회사의 업종과 무관하게 기업이 임대수익목적이나 시세차익목적 또는 두 가지 모두를 얻기 위한 목적으로 소유하고 있는 토지나 건물 등과 같은 부동산은 모두 투자부동산(investment property)으로 분류하며, 그 내용을 주석으로 기재하도록 하고 있다. 다만, 재화의 생산이나 용역의 제공 또는 관리목적에 사용하거나 정상적인 영업과정에서 판매하기 위하여 보유하고 있는 부동산은 투자부동산에서 제외하며, 각각 유형자산이나 재고자산으로 분류하여야 한다. 또한, 투자부동산의 사용목적이 추후에 변경되어 사실로 입증되는 경우 투자부동산에서 유형자산이나 재고자산으로 대체하도록 하고 있다. 예를 들어, 투자부동산의 사용목적이 자가사용으로 변경되고 사실로 입증되는 경우 투자부동산을 자가사용부동산(owner-occupied property)으로 대체하며, 자가사용의 종료가 사실로 입증된 때에는 자가사용부동산을 투자부동산으로 대체하도록 하고 있다.

투자부동산은 최초 인식시점에 원가로 측정한다. 투자부동산의 원가에는 취득하기 위하여 최초로 발생한 원가(거래원가 포함)와 후속적으로 발생한 추가원가, 대체원가 또는 유지원가가 포함된다.

최초 인식 후 투자부동산은 공정가치모형과 원가모형 중 하나를 선택하여 적용하도록 평가하도록 하고 있다. 공정가치모형을 선택한 경우에는 최초 인식 후 투자부동산을

공정가치로 평가하여야 하며, 공정가치 변동으로 발생한 평가손익은 발생한 기간의 당기손익에 반영한다. 반면, 공정가치를 신뢰성있게 결정하기 어렵거나 원가모형을 선택한 경우에는 투자부동산을 처분할 때까지 기업회계기준서 제1016호 '유형자산'을 적용하여 원가로 측정하며, 투자부동산의 잔존가치를 영(0)으로 가정하여 감가상각한다.

투자부동산을 처분하거나, 투자부동산의 사용을 영구히 중지하고 처분으로도 더 이상의 경제적 효익을 기대할 수 없는 경우에는 재무상태표에서 제거한다. 투자부동산의 폐기나 처분으로 발생한 손익은 순처분금액과 장부금액의 차액이며, 폐기나 처분이 발생한 기간에 당기손익으로 인식한다.

1. 투자부동산의 인식요건

(1) 투자부동산에서 발생하는 미래경제적 효익의 유입가능성이 높다.
(2) 투자부동산의 원가를 신뢰성있게 측정할 수 있다.

투자부동산은 최초 인식시점에 원가로 측정한다. 거래원가는 최초 측정에 포함한다. 투자부동산은 공정가치모형과 원가모형 중 하나를 선택하여 모든 투자부동산에 적용한다.

(1) 공정가치모형(fair value model)

투자부동산에 대하여 공정가치 모형을 선택한 경우에는 최초인식 후 모든 투자부동산을 공정가치로 측정한다. 공정가치 변동으로 발생하는 손익은 발생한 기간의 당기손익에 반영하며 감가상각을 하지 않는다.

(2) 원가모형(cost model)

최초인식 이후 투자부동산의 평가방법을 원가모형으로 선택한 경우에는 모든 투자부동산에 대하여 기업회계기준서 제1016호 '유형자산'에 따라 원가모형으로 측정한다.

예제 16

투자부동산

(주)신촌은 20×1년 2월 10일 임대수익을 얻을 목적으로 건물을 ₩1,000,000에 구입하였다. 이 건물은 공정가치모형을 적용하기로 하였으며, 20×1년말 공정가치는 ₩890,000이었으며, 20×2년말 공정가치는 ₩1,200,000이라고 가정하고 취득시점과 각 20×1년과 20×2년 결산일인 12월 31일에 해야 할 회계처리를 하시오.

20×1. 2. 10. 회계처리

(차) 투자부동산	1,000,000	(대) 현　　금	1,000,000

20×1. 12. 31. 회계처리

(차) 투자부동산평가손실	110,000	(대) 투자부동산	110,000

20×2. 12. 31. 회계처리

(차) 투자부동산	310,000	(대) 투자부동산평가이익	310,000

보론 기타 주제: 유형자산의 손상, 재평가, 감가상각 관련 회계변경

1. 자산의 손상

회수가능액이 장부가액보다 낮을 경우 이 차액을 손상차손으로 인식하며 반대의 경우에는 보고된 장부가액은 조정의 필요가 없다.

기업은 매 결산일에 자산손상을 시사하는 징후가 있는지를 검토하고 징후가 있다면 손상검사(impairment test)를 실시한다. 따라서 이는 강제가 아니지만 영업권과 내용연수가 비한정인 무형자산이 포함된 현금 창출단위는 징후를 불문하고, 즉 강제적으로 매 회계연도마다 손상검사를 실시한다. 단, 손상검사는 계속성을 전제로 연중 어느 때라도 가능하다. 회수가능액이 장부가액(carrying amount)보다 낮을 경우 이 차액을 손상차손으로 인식하며 반면 회수가능액이 장부가액보다 큰 경우에는 보고된 장부가액은 조정의 필요가 없다. 회수가능액보다 더 큰 금액으로 표시할 수 없다는 의미는 신중성을 나타낸다고 할 수 있다. 회수가능액은 순공정가치(=추정공정가치－추정판매비용)와 사용가치 중에서 큰 금액으로 측정한다.

손상가능성 자산을 식별하는 징후발견의 원천으로는 다음이 있다. 외부정보로는 자산의 기업가치가 기대수준보다 중요하게 감소하며, 기술, 시장, 경제, 법률적 환경의 불리한 변화, 시장이자율의 상승, 시가총액(market capitalization)이 순자산장부금액보다 적을 경우를 선정할 수 있다. 내부정보로는 진부화, 물리적 손상, 자산의 유휴화, 영업중단 및 구조조정계획 등 자산의 사업범위 및 사용방법에서 발생하는 불리한 변화, 자산의 경제적 성과가 기대에 미치지 못한다는 점 등을 들 수 있다.

2. 재평가모형

재평가모형

자산 최초인식후, 재평가일의 공정가치에서 이후의 상각누계액과 손상차손누계액을 차감한 재평가금액을 자산의 장부금액으로 하는 방법

유형자산은 원가모형(cost model)이나 재평가모형(revaluation model) 중 하나를 선택하여 평가하여야 한다. 원가모형이란 자산을 인식한 후, 원가에서 상각누계액과 손상차손누계액을 차감한 금액을 장부금액으로 기록하는 것을 의미한다. 재평가모형이란 자산 최초 인식 후, 재평가일의 공정가치에서 이후의 상각누계액과 손상차손누계액을 차감한 재평가금액을 자산의 장부금액으로 하는 것을 의미한다. 따라서 원가모형과 비교하여 재평가모형의 차이는 상각누계액과 손상차손누계액을 조정함은 동일하며 단지 재평가 또는 취득원가와만 차이가 있다.

재평가 목적상 공정가치는 활성거래시장(active market)을 기초하여 결정한다. 보고기간 말에 자산의 장부금액이 공정가치와 중요하게 차이가 나지 않도록 주기적으로 재평가를 실시한다.

장부금액 = 재평가일 공정가치 − 감가상각누계액 − 손상차손누계액

즉, 이러한 가액의 결정은 재평가금액에 기초한다.

일반적으로 설비장치와 기계장치의 공정가치는 감정에 의한 시장가치이다. 해당 유형자산의 특수성 때문에 공정가치에 대한 시장증거가 없고, 해당 자산이 계속 사업의 일부로서 거래되는 경우를 제외하고는 거의 거래되지 않는다면, 손익접근법이나 상각후대체원가법을 사용하여 공정가치를 측정할 수 있다. 토지의 경우, 공시지가 등이 존재하므로 이러한 내용이 공정가치평가의 기초가 될 수 있다. 현재에도 토지의 취득원가와 공시지가와의 차이는 사업보고서에 나타나고 있다.

재평가에 있어서는 그 빈도가 중요한데, 재평가 모형을 선택한 경우, 보고기간 말에 공정가치와 장부금액이 중요한 차이가 나지 않도록 주기적으로 재평가를 수행한다. 단, 중요한 차이가 발생하였는지에 대한 판단은 기업의 몫이며 따라서 재평가 수행 시점은

기업의 자의적인 판단이 되기 쉽다. 기업회계기준에서는 어느 정도의 금액의 차이가 중요한 차이임을 수치적으로 보이지는 않는다. 따라서 예를 들어 10%의 차이로 재평가를 수행한 기업도 있을 수 있으며 20%의 차이로도 재평가를 수행하지 않은 기업도 있을 수 있다.

이러한 임의성에 대한 완벽한 해결책은 아니더라도 유형자산을 재평가함에 있어서 일부 종목은 포함하고 일부 종목은 포함하지 않는 문제를 해결하기 위해서 분류별로 동일 분류에 해당하는 유형자산은 모두 재평가한다. 분류의 예로서는 토지, 기계장치, 차량운반구 등을 들 수 있는데 이러한 분류가 너무 광범위하다는 비판도 존재한다. 단, 동일 분류를 얼마나 포괄적으로 해석하는지는 또 하나의 임의적인 판단의 대상일 수 있다. 이와 같이 국제회계기준을 도입하면서 기업이 임의적인 판단을 수행하는 경우가 많아졌다.

재평가하였다는 사실은 공정가치의 가액의 변동으로 인해서 유형자산의 금액이 변동하는 것이므로 공시 중요하다. 다음의 내용이 재평가 관련 공시에 포함되어야 한다.

1. 재평가기준일
2. 독립적인 평가자가 평가 과정에 참여하였는지 여부
3. 해당 자산의 공정가치 추정에 사용한 방법과 가정
4. 해당 유형자산의 공정가치가 활성거래시장에서 관측가능한 가격이나 독립적인 제삼자와의 최신시장거래가격에 직접 기초하여 결정된 정도 또는 다른 가치평가 기업을 사용하여 추정된 정도
5. 재평가된 유형자산의 분류된 원가모형으로 평가되었을시 장부금액
6. 재평가잉여금의 변동과 재평가잉여금에 대한 주주배당 제한

3의 내용에 있어서 공정가치를 추정하는 여러 가지 대안적인 방법이 존재할 수 있으며 추정은 가정을 필요로 한다. 이는 자본시장법에서 추정 정보를 공시할 때, 가정을 기술하여야 함과 실제 정보와 추정정보가 상이할 수 있다는 점을 명시하여야 하는 내용과도 일맥상통한다.

유형자산을 재평가할 때, 재평가 시점의 감가상각누계액은 다음 중 하나의 방법으로 회계처리한다.

1. 재평가후 자산의 장부금액이 재평가금액과 일치하도록 감가상각누계액과 총장부금액을 비례적으로 수정하는 방법. 이 방법은 상각후 대체원가에 대하여 지수를 적용하는 방식으로 자산을 재평가할 때 흔히 사용된다. 즉, 이 방법은 애당초의 취득 가액이 재평가 금액이라고 하면 과거의 내용연수 동안에 충당되었던 금액도 비례적으로 변화하여야 하기 때문이다.
2. 총장부가액에 대하여 기존의 감가상각누계액을 제거하여 자산의 순장부가액이 재평가금액이 되도록 수정하는 방법. 이 방법은 건물을 재평가할 때 흔히 사용된다. 즉, 이 방법은 기존의 유형자산을 처분하고 재평가금액이 새로운 취득가액이 되는 것과 같이 회계처리하는 방법이다.

[유형자산 재평가]

평가증의 경우는 기타포괄손익으로 인식하고 재평가잉여금의 과목으로 자본에 가산한다.

(차) 건　　　물	×××	(대) 재평가잉여금	×××

평가감의 경우 당기손실로 처리한다.

(차) 재 평 가 손 실	×××	(대) 건　　　물	×××

그러나 재평가시 증가액(또는 감소액) 중 동일자산에 대하여 이전에 인식한 재평가감소(증가)에 해당하는 금액은 당기손익으로 환입한다. 즉, 기타포괄손익에서 인식하고 재평가잉여금의 과목으로 자본에 누계한 금액을 감소시킨다.

(차) 건　　　물	×××	(대) 재평가잉여금	×××
		재 평 가 이 익*	×××

* (동일 자산에 대하여 이전에 재평가손실을 인식한 적이 있다면 그 재평가손실 금액을 한도로 재평가 이익으로 인식한다.)

재평가모형에 의해 재평가되는 자산(유무형자산)의 손상차손은 재평가감소액으로 처리한다. 즉 재평가잉여금에서 조정한다. 그 이유는 재평가손실은 당기손실로 인식하며 후속기간의 재평가이익은 과거 재평가손실의 회복으로 인식하기 때문이다.

(차) 재평가잉여금	×××	(대) 손상차손누계액	×××
손 상 차 손	×××		

유형자산 항목과 관련되어 자본에 계상된 재평가잉여금은 그 자산이 제거될 때 이익잉여금으로 대체할 수 있다. 만약, 기업이 해당 자산을 사용함에 따라 재평가잉여금 금액의 일부가 대체되는 경우, 재평가된 금액에 근거한 감가상각액과 원가에 근거한 감가상각액의 차이가 이익잉여금으로 대체된다.

재평가증가액은 재평가잉여금(자본)으로 인식한다. 재평가잉여금은 기타포괄손익누계액에 포함시키고, 동시에 같은 금액을 포괄손익계산서의 기타포괄손익에 재평가이익으로 계상하여야 한다. 단, 과거에 당기손익으로 인식한 재평가감소액이 있다면 그 금액을 한도로 당기손익으로 인식한다. 재평가감소액은 당기손실로 인식한다. 단, **재평가잉여금** 잔액이 있다면 재평가잉여금에서 차감한다.

재평가잉여금은 다음으로 처리한다.

- 자산이 재무상태표에서 제거될 때, 이익잉여금으로 대체 가능
- 해당 자산이 사용됨에 따라 재평가금액에 근거한 감가상각액과 최초원가에 근거한 감가상각액의 차이만큼 이익잉여금으로 대체가능
- 이익잉여금으로 대체할 때 당기손익으로 인식하지 않음

예제 17

자산의 재평가 (1)

신촌(주)은 취득원가 1,000,000원, 감가상각누계액 400,000원인 건물, 즉 순장부가액이 600,000원인 자산을 자산 재평가하였다. 그 결과 전체 원가가 2,000,000원이 상향 조정되었고 이로 인한 추가적인 감가상각누계액이 800,000원이 발생하였다. 이와 관련된 회계처리를 수행하시오.

이 문제를 이해함에 있어서 유념할 부분이 있는데 재평가 이후 전체 원가가 2,000,000원이 아니라 재평가에 의해서 상승한 부분이 2,000,000원이라는 의미이고 재평가후 이 건물에 대한 추가 감가상각누계액이 800,000원임을 의미하지 수정된 총 감가상각누계액이 800,000원임을 의미하지는 않는다. 한가지 주목할 부분은 이제까지의 총 취득원가 중 감가상각누계액이 차지하는 부분이 40%이고 조정된 추가 금액에 대해

서도 비례적으로 40%만큼(800,000원/2,000,000원)이 추가로 누계되었다.

원가가 추가된 부분(2,000,000원)에서 이에 상응해서 감가상각누계액이 상승한 부분(800,000원)을 차감한 금액, 1,200,000원이 총 재평가이익이어야 한다. 즉, 추가된 재평가액의 40%는 수정된 감가상각누계액이고 60%는 재평가이익이다. 재평가 시점에서 취득원가 대비 감가상각누계액도 40%를 차지한다.

재평가후의 공정가치에 있어서 새로 평가된 원가는 3,000,000원(1,000,000원+2,000,000원)이고 새로 평가된 누계액은 1,200,000원(400,000원+800,000원)이므로 1,800,000원(=₩3,000,000-₩1,200,000)으로 상향조정되었다. 따라서 기존의 순공정가치(600,000원)와 새로이 평가된 순공정가치(1,800,000원)의 상승분으로 측정하여도 총평가익은 1,200,000원이다. 즉, 첫 번째의 접근은 평가익을 차이(difference)에 의해서 접근한 것이고 후자의 접근은 평가익을 수준(level)으로 측정한 것이다.

⊙ **방법 1**: 비례적으로 조정하는 방법

(차) 건 물	2,000,000	(대) 재평가잉여금	1,200,000
		감가상각누계액	800,000

이 방법에서는 취득원가가 증가한 부분을 건물 가액의 증가로 분개하였고, 또한 감가상각누계액이 상승한 부분도 감가상각누계액의 증가로 분개하였다. 원가의 증가가 누계액보다 더 높게 증가한 부분은 재평가익으로 회계처리되었다. 이렇게 분개하면 분개 후의 자산의 순장부가액은 1,800,000원이 되는데 이 금액은 바로 재평가금액(3,000,000원-1,200,000원)이다.

⊙ **방법 2**: 자산의 순장부가액이 재평가금액이 되도록 수정하는 방법(재평가하는 시점의 감가상각누계액을 0으로 만들면서 재평가하는 시점에 건물을 재평가금액과 일치시키는 방법)

(차) 감가상각누계액	400,000	(대) 재평가잉여금	1,200,000
건 물	800,000		

즉, 이 방법은 재평가하는 시점의 감가상각누계액을 0으로 만들면서 재평가하는 시점에 건물의 원가를 재평가금액(1,800,000원)과 일치시키는 방법이다. 재평가잉여금은 장부가액 600,000원이었던 건물이 1,800,000원의 가치를 보이므로 재평가익이 1,200,000원 보고되는 것이며 건물은 1,000,000원의 건물이 1,800,000원의 재평가금액

을 보이므로 800,000원만큼 증가하는 것이다.

즉, 재평가시점에 공정가치로 새로운 건물을 취득하는 것이나 동일한 효과이다. 새로운 자산의 취득으로 이를 인지하면 감가상각누계액은 0의 값을 갖는다. 재평가이익 1,200,000원은 두 가지로 설명되는데 첫 번째는 감가상각누계액이 보충되는 부분(400,000원)이고 두 번째는 원가가 공정가치로 조정되는 부분(800,000원)이다. 위와 같은 대안으로 회계처리하면 항상 누계액은 0으로 조정된다. 결국 기존의 누계액 400,000원을 0으로 만들면서 건물의 가치를 800,000원만큼 증가시켰기 때문에 그 효과는 1,200,000원의 재평가이익을 보고하는 것이나 동일한 효과이다.

위의 두 대안 중, 어떠한 방법을 사용하거나 재평가잉여금 1,200,000원이 증가함은 동일하다. 또한 어떠한 대안으로 회계처리하거나 재평가된 건물의 순장부가액은 ₩1,800,000으로 동일하며 회계처리하는 대안에 무관하게 동일하여야 한다.

예제 18

자산의 재평가 (2)

(주)대한은 20×1년 초에 ₩3,000원에 토지를 취득하였다. (주)대한은 토지 취득후에 재평가모형에 의해서 토지에 대한 회계처리를 한다. 토지의 각 회계기간 말 현재 토지의 공정가치는 20×1년 ₩3,500, 20×2년 ₩3,200, 20×3년 ₩1,800이다. 토지의 재평가와 관련하여 (주)대한의 취득시와 각 회계기간말의 회계처리를 해보시오.

20×1년초 토지취득시

(차) 토 지	3,000	(대) 현 금	3,000

20×1. 12. 31.

(차) 토 지	500	(대) 재평가잉여금	500

20×2. 12. 31.

(차) 재평가잉여금	300	(대) 토 지	300

20×3. 12. 31.

(차) 재평가잉여금	200 (=500−300)	(대) 토 지	1,400
재 평 가 손 실	1,200		

참 고

자산재평가의 득과 실

자산재평가의 득과 실자산재평가를 실시하는 것이 기업에 어떤 영향을 미칠까? 자산재평가 실시 이후 경제지에는 다음과 같은 기사들이 실렸다.

자산재평가기업, 평가차익 기대에 주가 '훨훨' (서울파이낸스, 2009.02.04)
자산재평가 제도 실시로 대규모 부동산을 보유한 기업들의 주가가 큰 폭의 오름세. 투자매력도가 높아지고 있기 때문으로 풀이된다.

자산재평가株 '착시' 주의 (파이낸셜뉴스, 2010.01.27)
경기침체 상황에서 내세울 수 있는 유일한 호재성 소식. 하지만 눈에 보이는 대로 믿어서는 안 된다. 단순히 장부가액만 늘어날 뿐인데도 기업의 실적이 좋아지는 듯한 착각이 생겨 투자자들에게 혼선을 가져다 준다.

자산재평가, PBR 혁명 vs 화려한 포장 (MTN, 2009.02.13)
옹호론자들은 자산재평가는 회사 경영진이 반드시 해야 할 의무라고 봅니다. 실제장부상의 자산이 500억원인 회사와 1,000억원이 회사를 보는 시장의 관점은 차원이 다르다는 것입니다. 반대론자들은 장부상 부채비율을 낮추기 위해 재평가를 하는 것일 뿐 현금이 들어오는 것도 아니고 해서 기업가치에 큰 변화가 없다는 겁니다. 그럴듯한 포장일 뿐이라는 거죠.

"회사가 보유하고 있는 유형자산의 시가가 장부가액보다 높은 경우, 해당 자산에 대해 자산재평가를 실시하게 되면 재무제표상 자산과 자본이 동시에 증가하게 된다. 이에 따라 기업의 안정성을 나타내는 부채비율(자산/자본 또는 자산/부채)이 감소하는 긍정적인 효과가 있다. 부채비율은 기업의 자금조달 금액 및 이자금액을 결정하는 중요한 요소이므로, 재평가를 통해 기업 자금조달 및 부채계약에 긍정적인 영향을 미칠 가능성이 있다"(금융감독원 2008.12.23 보도자료).

그러나 반대로, 기업의 수익성을 나타내는 자산수익률(순이익/자산)은 하락하게 되는 부정적 효과도 있다. 특히 감가상각자산의 경우 자산가액이 증가함에 따라 감가상각비도 증가하게 되므로 자산수익률은 더욱 하락하게 된다. 또한 추가적으로 재평가모형을 선택하게 되면 주기적으로 재평가를 수행해야 하므로, 이에 따른 감정평가비 등의 비용이 발생하게 된다. 따라서 자산재평가를 결정할 때에는 회사의 재무 상황과 재평가모형이 그러한 회사의 상황에 도움이 되는지에 대한 충분한 검토가 필요하다. 재평가자산이 미래 가치 하락의 우려는 없는지, 주기적으로 재평가를 하는 데 들어가는 비용이 회사에 부담이 되지는 않는지 등도 고려해 보아야 할 것이다.

3. 감가상각과 관련된 회계추정의 변경

회계에서 오류의 수정과 추정치의 변경은 명확하게 구분된다. 추정치의 변경은 추정치를 추정하던 시점의 경제적 상황하에서는 최선의 추정치라고 가정하면 추정치가 추정되는 시점과 미래 시점의 추정치가 상이하다고 해서 오류라고 분류할 수는 없다. 회계에서는 대안적인 회계방법의 변경은 회계정책의 변경으로 구분하며 회계추정치의 변경은 재무제표를 작성할 때 미래의 조건이나 경제적 사건의 영향은 확실성하에서 파악되지 못하기 때문에 추정이라는 주관적 판단을 통하여 우리는 재무제표를 작성하게 된다.

유형자산의 내용연수도 앞으로 그 유형자산을 어느 정도의 기간 동안 사용할 수 있을 것이라고 예측하여 결정하는 것이므로 이미 결정된 내용연수(예를 들어, A자산의 내용연수는 5년이다)는 확실한 것이 아니다. 따라서, 시간의 경과에 따라서 새로운 사건이 발생하거나 많은 경험으로 인하여 추가정보가 획득될 때 회계상의 추정은 변경될 수 있으며, 이는 유형자산의 내용연수도 마찬가지이다. 감가상각과 관련된 추정치의 수정에는 내용연수의 수정뿐만 아니라 잔존가치의 수정도 있을 수 있다. 이를 회계에서는 추정치의 변경이라고 한다.[4] 회계추정변경의 다른 예로는 대손추정 및 우발채무평가추정액 변경 등이 있다. 이곳에서는 내용연수의 변경을 이용하여 추정치 변경의 예를 보인다.

자산을 감가상각하던 도중에 내용연수를 수정하면 감가상각비계산도 수정하여야 한다. 이 경우 과거의 상각액은 수정하지 않고 변경시점 이후의 미상각액에 대하여만 수정계산한다.

예제 19

내용연수 수정에 따른 감가상각의 수정

2000년 1월 1일에 기계장치를 ₩100,000에 취득하였는데 취득한 당시의 내용연수는 40년으로 추정되었다. 2010년 1월 1일에 기능적인 요인에 의하여 기계장치의 내용연수를 20년으로 추정하였다. 이 20년의 내용연수 기간은 추가적인 내용연수가 아닌 총 내용연수이며, 잔존가치는 없다고 가정한다.

2009년 12월 31일 현재의 감가상각누계액계정은 ₩25,000의 계정잔액을 가지고 있다. 그러므로 앞으로는 매년 ₩7,500씩(=₩75,000/10) 감가상각하면 된다. 2010년 1

4) K-IFRS 제1016호(유형자산) 문단 61: 유형자산의 감가상각방법은 적어도 매 회계연도말에 재검토한다. 검토결과 자산에 내재된 미래경제적 효익의 예상되는 소비형태에 유의적인 변동이 있다면, 변동된 소비형태를 반영하기 위하여 감가상각방법을 변경한다. 그러한 변경은 기업회계기준서 제1008호에 따라 회계추정의 변경으로 회계처리한다.

월 1일부터의 앞으로의 10년간의 기간에 ₩75,000이 감가상각되어야 하므로 정액법하에서의 감가상각을 구하는 공식에 취득원가 대신에 현재시점의 장부금액을 사용하여 감가상각액을 구한다. 이는 취득원가 ₩75,000인 유형자산을 새로이 구입하여 앞으로 10년간에 걸쳐서 감가상각하는 것과 유사하다.

2010. 12. 31	(차) 감가상각비	7,500	(대) 감가상각누계액	7,500

K-IFRS에서는 회계추정을 변경한 경우 전진법으로 처리하도록 규정하고 있다. 이와 같이 전진법을 채택한 이유는 첫째, 자산을 취득하는 시점에서는 내용연수를 변경하기 위한 정보를 예측할 수 없다는 점과, 둘째 수정된 추정치는 수정시점의 경제적 사실이나 관리적 결정에 근거를 둔 것이라는 점에 있어서 소급법보다 전진법이 더 논리적으로 타당하기 때문이다.

일부 재무제표 항목은 기업환경의 불확실성으로 인하여 그 인식과 측정을 추정에 의존하기 때문에 새로운 정보의 획득이나 추가적인 경험의 축적 등에 따라 그 당시에는 합리적이라고 판단했던 추정치를 변경하여야 하는 경우가 있다. 이러한 회계추정의 변경이 미치는 효과는 당기부터 전진적으로 적용한다.

본장에서는 회계추정의 변경을 감가상각과 관련되어 설명하지만 회계추정이 개입되는 경우는 이 외에도 대손, 재고자산 진부화, 금융자산이나 금융부채의 공정가치, 품질보증의무 등이 있다.

4. 회계변경

회계변경
- 회계정책의 변경은 재무제표의 작성과 보고에 적용하던 기존의 회계정책을 다른 회계정책으로 바꾸는 것
- 회계추정의 변경은 지금까지 사용해오던 회계적 추정치의 근거와 방법을 바꾸는 것이다.

회계정책의 변경은 재무제표의 작성과 보고에 적용하던 회계정책을 다른 회계정책으로 바꾸는 것을 의미하며 회계추정의 변경은 지금까지 사용해오던 회계적 추정치의 근거와 방법을 바꾸는 것을 말한다. 오류수정은 전기 또는 그 이전의 재무제표에 포함된 오류를 당기에 발견하여 이를 수정하는 것을 말한다. 따라서 회계정책의 변경, 추정치의 변경, 오류의 수정은 모두 상이한 개념이다. 회계정책의 변경은 기존에는 회계처리기준의 변경 또는 회계방법의 변경이라고 기술되었다.

회계변경은 회계정보의 시계열적 비교가능성을 손상시킬 수 있으므로 회계변경을 하는 기업은 반드시 회계변경의 정당성을 입증하여야 한다. 기업환경의 중대한 변화, 업

계의 합리적인 관행수용, 기업의 최초공개 등의 사유로 재무정보의 유용성을 높이기 위하여 회계변경을 하거나, 회계기준제정기구에 의한 기업회계기준의 제정, 개정에 따라 회계변경을 하는 경우에는 이를 정당한 회계변경으로 본다.

변경된 새로운 회계정책은 소급하여 적용한다. 다만, 다른 기업회계기준에 회계정책의 변경에 관한 별도의 규정이 있는 경우에는 그에 따른다. 전기 또는 그 이전의 재무제표를 비교목적으로 공시할 경우에는 소급적용에 따른 수정사항을 반영하여 재작성한다. 소급적용의 효과를 합리적으로 결정하기 어려운 경우에는 새로운 회계정책을 당기부터 전진적으로 적용할 수 있다. 회계변경연도의 재무제표에는 회계변경의 내용, 그 정당성 및 회계변경이 재무제표에 미치는 영향을 주석으로 공시한다. 회계정책 변경의 예로 재고자산의 단가결정방법을 선입선출법에서 평균법으로 변경, 탐사평가자산으로 인식되는 지출을 규정하는 회계정책의 변경, 표시통화의 변경 투자부동산 평가를 원가모형에서 공정가치모형으로 변경 등이 있다.

연습문제

01 유형자산의 교환

시대주식회사는 신형발동기와 사용 중이던 구형발동기를 교환하기로 하였다. 구형발동기의 취득원가는 ₩3,000인데 90%를 상각하였고 신형발동기의 원가는 ₩4,000인데 현금 ₩1,100만 추가로 주면 교환하겠다고 제안하여 왔다. 교환하지 않고 그대로 매각처분하면 ₩380밖에 받을 수 없다는 것도 알았다.(단, 상업적 실질이 결여된 교환이다.)

물음 시대주식회사가 발동기를 교환하였을 경우의 분개를 하라.

02 토지의 취득

동일관광사는 동해변에 호텔을 건설하기 위하여 토지를 매입하려고 하였으나 적당한 곳이 없어 휴업상태에 있는 대관호텔을 10월에 매입하였다. 호텔을 좀더 확장하려고 하였으나 계절이 관광철이기 때문에 다음 해 4월 1일까지 그대로 운영한 후 새로운 건물을 건축하기 위하여 구건물을 완전히 철거하였다.

대관호텔의 취득원가	₩2,000,000
(토지가격 ₩750,000이 포함되어 있다)	
등기이전비	20,000
영업이익(10/1~4/1)	300,000
제 거 비	350,000
공사를 위한 대지확장비	100,000

물음 토지의 취득원가를 구하라.

03 감가상각비와 유형자산의 처분

수인제조회사는 20×2년 7월 1일에 천안에 있는 공장을 폐쇄하였다. 8월 1일에 공장의 기계를 분해하여 처분하기로 결정하고 분해하는 데 ₩7,000의 비용이 들었다. 분해된 기계는 ₩20,000에 팔고 건물도 ₩120,000에 매각처분하였는데 ₩6,000의 판매비용이 들었다. 감가상각비는 20×1년 12월 31일 현재로 계상되어 있고 20×2년 1월 1일 현재의 천안공장의 원장계정잔액은 다음과 같다.

건　　　물	₩2,000,000
감가상각누계액-건물	1,550,000
기　　　계	400,000
감가상각누계액-기계	320,000

건물은 월당 ₩4,000, 기계는 월당 ₩3,000씩 감가상각하였다.

물음 당기의 감가상각비에 대한 분개와 천안공장의 폐쇄에 대한 분개를 행하라.

04 감가상각방법에 따른 감가상각비의 계산

연상회사에서는 비유동자산과 관련하여 다음과 같은 거래가 발생했다(연상회사의 결산일은 12월 31일이다).

(1) 연상회사는 20×0년 1월 2일 건물을 ₩550,000에 구입하였는데, 추정내용연수는 10년이고 추정잔존가치는 ₩50,000이다. 연상회사는 이 건물을 정액법으로 감가상각하기로 하였다.

(2) 연상회사는 20×1년초에 ₩157,000의 기계를 구입하였는데, 이 기계의 추정내용연수는 5년이고 추정잔존가치는 ₩7,000(감가상각방법은 연수합계법)이다.

(3) 연상회사는 20×1년초에 잔존내용연수가 10년인 특허권을 현금 ₩15,000에 구입하였다.(직접법)

(4) 연상회사는 20×3년 4월에 광산채굴권을 ₩750,000에 취득하였다. 이 광산의 총예상매장량은 50,000톤이고 20×3년에는 10,000톤을 채굴하였다.(직접법)

물음 (1) 위의 자료와 관련하여 20×3년 12월 31일 연상회사에서 필요한 분개를 하시오.
(2) 20×3년 12월 31일 부분재무상태표를 작성하시오.

05 감가상각비의 계산과 처분의 분개

다음은 연상주식회사의 유형자산에 대한 내역이다.

	기계 1	기계 2
취 득 일	20×0년 1월 1일	20×3년 7월 1일
취득원가	₩12,000,000	₩25,000,000
잔존가치	2,000,000	1,000,000
내용연수	10년	6년

물음 (1) 기계 1과 기계 2 각각에 대하여 정액법, 정률법(20%), 연수합계법에 의한 20×4년도의 감가상각비를 계산하시오.

(2) 기계 1을 20×4년 6월 30일에 ₩4,000,000에 처분하였다면 처분손익을 계산하고 분개를 행하시오. 단, 감가상각방법은 정액법으로 가정한다.

06 〈보론〉 감가상각에서의 추정의 변경

20×3년 1월 1일에 20×1년 1월 1일 구입한 차량운반구에 대한 추정 내용연수를 변경하였다. 추정의 변경전 차량운반구에 대한 자료는 다음과 같다.

차량의 취득원가	₩474,000
추정 내용연수	9년
추정 잔존가치	24,000
감가상각방법	연수합계법
감가상각누계액잔액	170,000

물음 20×3년 1월 1일에 차량운반구의 추정 잔여 내용연수가 6년으로 계산되었다. 이를 기초로 20×3년 12월 31일의 기말분개를 하시오.

07 감가상각비와 유형자산의 처분

무악회사는 20×1년 6월 30일에 기계를 ₩260,000에 취득하여 사용하여 왔다. 취득당시 이 기계의 추정 내용연수는 5년이었으며, 추정 잔존가치는 ₩10,000이었다. 이 회사는 이 기계를 연수합계법에 의하여 감가상각하여 왔다. 20×4년 4월 1일에 이르러 이 회사는 이 기계를 현금 ₩80,000에 매각하였다. 이 회사의 결산일은 12월 31일이다.

물음 (1) 20×3년의 기계의 감가상각비를 계산하시오.
(2) 20×4년 4월 1일의 기계처분에 대한 분개를 하시오.

08 〈보론〉 감가상각비 계산: 추정의 변경

(1) 독수리회사는 20×2년 1월 1일에 기계 2대를 구입하였다. 상세한 내역은 다음과 같다.

	기계 A	기계 B	대금결제방법
송장가액	₩12,500,000	₩12,500,000	어음
운송비	100,000	150,000	당좌수표
설치검사비	150,000	350,000	당좌수표
잔존가액	취득원가의 10%	취득원가의 10%	
내용연수	5년	5년	
감가상각방법	연수합계법	정액법	

(2) 20×2년 12월 31일 두 기계에 대한 감가상각을 하다.

(3) 20×3년 6월 30일에 기계 A를 ₩10,000,000에 처분하다.

(4) 20×3년 12월 31일 기계 B에 대한 감가상각을 하다. 단 20×3년 1월 1일 기계 B의 내용연수를 5년에서 10년으로 연장하였다. 잔존가액은 변동이 없다.

물음 위의 유형자산에 대하여 분개를 하시오. (기계에 대한 계정과목으로 기계 A와 기계 B로 구분하여 회계처리할 것)

09 자본적 지출과 수익적 지출의 예

(주)기령은 당기 중 건물 및 기계와 관련하여 다음과 같은 사항이 발생하였다.

건물 추가 매입원가	₩72,000,000
건물의 취득세	300,000
건물의 등록세	500,000
건물의 배관설비개량	5,300,000
건물의 증설	8,000,000
건물지붕의 경상적 파손으로 인한 수선	9,000,000
건물부대주차장 설치	13,200,000
건물의 감가상각비	320,000
기계의 추가구입	11,000,000
기계 재배치 및 이전비용	2,900,000
(단, 미래의 경제적 효익이 기대됨)	
기계의 수선유지비	1,300,000
기계의 감가상각비	200,000

물음 (주)기령의 손익계산서에 당기 비용으로 계상하여야 할 금액은 얼마인가?

10 감가상각방법에 따른 감가상각비의 계산

1월 1일에 취득한 건물의 원가는 ₩100,000이고 내용연수 5년, 순잔존가액 ₩1,024으로 추정하였다.

물음 (1) 다음의 표를 완성하라.

연 도	정 액 법	정 률 법	연수합계법
1			
2			
3			
4			
5			
합 계			

※ $\sqrt[5]{1,024}=4$

(2) 어떠한 상황하에서 정률법은 가장 합리적으로 적용될 수 있는가?

11 감가상각

다음의 각 상황별로 적절한 회계처리를 나타내시오.

[상황 1] 우리회사는 본사사옥을 건설할 목적으로 건물이 있는 토지를 현금 ₩15,000,000에 구입하였다. 토지와 건물의 구입당시 공정가액은 각각 ₩14,850,000과 ₩1,650,000이며, 건물은 취득과 동시에 철거하였다. 건물의 철거비용은 ₩700,000이며 철거과정에서 발생한 폐자재의 처분으로 인한 수입금액은 ₩30,000이었다.

[상황 2] 토지와 건물을 일괄구입하고 현금 ₩9,000,000을 지급하였으며, 구입과 관련하여 중개수수료로 ₩60,000을 지출하였다. 취득일 현재 토지의 공정가액은 ₩7,000,000이고 건물의 공정가액은 ₩3,000,000이다. 한편, 회사는 토지에 대한 취득세등으로 ₩100,000과 건물에 대한 취득세 등으로 ₩50,000을 지출하였다.

12 유형자산 취득원가

20×1년초 우리회사는 건물이 자리잡고 있는 토지를 ₩5,000,000에 일괄취득하였다. 취득당시의 건물의 공정가액은 ₩1,000,000, 토지의 공정가액은 ₩3,000,000이었다. 토지와 건물을 취득하는데 추가적으로 소유권이전비용 ₩250,000, 취득세 및 등록세로 ₩350,000을 지출하였다.

물음 (1) 건물은 구입 즉시 철거되었으며 철거시 철거비용으로 ₩200,000, 토지정지비용으로 ₩300,000이 지출된 경우 토지와 건물의 취득원가는 각각 얼마인가?

(2) 건물을 계속 사용할 목적으로 취득한 경우 토지와 건물의 취득원가는 얼마인가?

13 유형자산 취득원가

토지와 건물을 일괄구입하고 현금 ₩80,000을 지급하였으며, 구입과 관련하여 중개수수료로 ₩2,000을 지출하였다. 취득일 현재 토지의 공정가액은 ₩60,000이고 건물의 공정가액은 ₩40,000이다. 한편, 회사는 토지에 대한 취득세 등으로 ₩1,400과 건물에 대한 취득세 등으로 ₩1,000을 지출하였다. 토지와 건물의 취득가액은 각각 얼마인가?

14 유형자산 처분손익

다음의 자료에 근거하여 신촌(주)가 당기에 처분한 건물의 취득원가와 당기 건물에 대한 유형자산(건물)처분손익은 각각 얼마인가?

당기 건물 취득금액	₩ 200,000
당기 건물에 대한 감가상각비	120,000
건물의 기초 장부가액	110,000
건물의 기말 장부가액	180,000
당기에 처분한 건물의 감가상각누계액	40,000
당기 건물 매각(처분)대금	12,000

정답과 해설

01

(차) 감가상각누계액	2,700	(대) 발동기(구)	3,000
(차) 발동기(신)	1,400	(차) 현 금	1,100

02

토지의 취득원가

호텔의 취득원가	₩2,000,000
등기이전비	20,000
제거비	350,000
공사를 위한 대지확장비	100,000
영업이익(10.1~4/1)	(300,000)
	₩2,170,000

03

① 감가상각에 대한 분개

(차) 감가상각비(건물)	24,000	(대) 감가상각누계액(건물)	24,000
감가상각비(기계)	18,000	감가상각누계액(기계)	18,000

② 공장폐쇄에 관한 분개

(차)	감가상각누계액(건물)	1,574,000	(대) 건 물	2,000,000
	현 금	114,000		
	유형자산(건물)처분손실	312,000		
(차)	감가상각누계액(기계)	338,000	(대) 기 계	400,000
	현 금	13,000		
	유형자산(기계)처분손실	49,000		

04

(1) 12/31의 분개

① (차) 감가상각비	50,000	(대) 감가상각누계액(건물)	50,000
② (차) 감가상각비*	30,000	(대) 감가상각누계액(기계)	30,000

$$* (₩157,000 - ₩7,000) \times \frac{3}{5+4+3+2+1} = ₩30,000$$

③ (차) 무형자산(특허권)상각비	1,500	(대) 무형자산(특허권)	1,500

④ (차) 무형자산(광업권)상각비* 150,000 (대) 무형자산(광업권) 150,000

$* \ ₩750,000 \times \frac{₩10,000}{₩50,000} = ₩150,000$

(2) 부분재무상태표(20×3.12.31)

Ⅲ. 자산

(1) 유형자산

⋮

건물	550,000	
감가상각누계액	(200,000)	350,000
기계장치	157,000	
감가상각누계액	(120,000)	37,000

(2) 무형자산

특허권	10,500
광업권	600,000

05

(1)

	기계 1	기계 2
정액법*	₩1,000,000	4,000,000*1
정률법**	₩983,040	4,500,000*2
연수합계법***	₩1,090,909	6,285,714*3

* (₩12,000,000 − ₩2,000,000) ÷ 10 = ₩1,000,000

** 20×4년초의 감가상각누계액

₩12,000,000 × 0.2 + (₩12,000,000 − ₩2,400,000) × 0.2

\+ (₩12,000,000 − ₩4,320,000) × 0.2 + (₩12,000,000 − ₩5,856,000) × 0.2

= ₩7,084,800

20×4년의 감가상각비

(₩12,000,000 − ₩7,084,800) × 0.2 = ₩983,040

$*** \ (₩12,000,000 - ₩2,000,000) \times \frac{6}{55} = ₩1,090,909$

*1 (₩25,000,000 − ₩1,000,000) ÷ 6 = ₩4,000,000

*2 20×4년초의 감가상각누계액

$₩25,000,000 \times 0.2 \times \frac{6}{12} = ₩2,500,000$

20×4년초의 감가상각비

(₩25,000,000 − ₩2,500,000) × 0.2 = ₩4,500,000

$*3 \ (₩25,000,000 - ₩1,000,000) \times \frac{6}{21} \times \frac{1}{2} = ₩3,428,571$

$(₩25,000,000 - ₩1,000,000) \times \frac{5}{21} \times \frac{1}{2} = \underline{₩2,857,143}$

$\underline{\underline{₩6,285,714}}$

(2) 유형자산(기계)처분손익

기계취득가액	12,000,000
감가상각누계액	4,000,000+500,000=4,500,000
기계매각액	4,000,000
처분손실	3,500,000

(분개) 20×4년 6월 30일

(차) 감가상각누계액	4,500,000	(대) 기 계	12,000,0000
(차) 현 금	4,000,000		
(차) 유형자산처분손실	3,500,000		

06 20×3. 1. 1의 감가상각누계액

$(474,000-24,000)\times\frac{9+8}{45}=170,000$

20×3년의 감가상각비

$(474,000-24,000-170,000)\times\frac{6}{21}=80,000$

(차) 감가상각비	80,000	(대) 감가상각누계액	80,000

07 (1) 20×3년의 감가상각누계액 계산

20×1년 $250,000\times\frac{5}{15}\times\frac{1}{6}=41,666.67$

20×2년 $\begin{cases}250,000\times\frac{5}{15}\times\frac{1}{2}=41,666.67\\250,000\times\frac{4}{15}\times\frac{1}{2}=32,333.33\end{cases}$

20×3년 $\begin{cases}250,000\times\frac{4}{15}\times\frac{1}{2}=32,333.33\\250,000\times\frac{3}{15}\times\frac{1}{2}=\underline{25,000}\end{cases}$

$\underline{\underline{175,000①}}$

∴ 20×3년의 감가상각비 33,333+25,000=58,333

(2) 20×4. 4. 1의 기계처분 분개

20×4. 4. 1의 감가상각누계액$=①+250,000\times\frac{3}{15}\times\frac{1}{4}=175,000+12,500=187,500$

(차) 감가상각누계액	187,500	(대) 기 계	260,000
현 금	80,000	(대) 유형자산처분차익	7,500

08

(1) (차) 기계 A 12,750,000 (대) 미지급금 12,500,000
당좌예금 250,000
(차) 기계 B 13,000,000 (대) 미지급금 12,500,000
당좌예금 500,000

(2) (차) 감가상각비 3,825,000 (대) 감가상각누계액(기계 A) 3,825,000

$(12,750,000-1,275,000)\times\frac{5}{15}=3,825,000$

(차) 감가상각비 2,340,000 (대) 감가상각누계액(기계 B) 2,340,000

$(13,000,000-1,300,000)\times\frac{1}{5}=2,340,000$

(3) (차) 감가상각비 1,530,000 (대) 감가상각누계액(기계 A) 1,530,000
감가상각누계액(기계 A) 5,355,000 기계 A 12,750,000
현 금 10,000,000 기계처분차익 2,605,000

$3,825,000+(12,750,000-1,275,000)\times\frac{4}{15}\times\frac{1}{2}=5,355,000$

(4) (차) 감가상각비 1,040,000 (대) 감가상각누계액(기계 B) 1,040,000

$(13,000,000-1,300,000-2,340,000)\times\frac{1}{9}=1,040,000$

09

(1) 토지의 취득원가
50,000×6.1446(10년, 10%의 연금현가)=₩307,230

(2) 20×1. 1. 1, 12. 31의 분개

(20×1. 1. 1)

(차) 토 지	307,230	(대) 장기미지급금	500,000
현재가치할인차금(장기)	192,770		

(20×1. 12. 31)

(차) 장기미지급금	50,000	(대) 현 금	50,000
이자비용*	30,723	현재가치할인차금(장기)	30,723

* 307,230×0.1=30,723

장기미지급금	50,000	유동성장기부채	50,000
현재가치할인차금(단기)	4,545	현재가치할인차금(장기)	4,545

(1년, 10% 연금의 현가계수: 0.9091)

$\left(\frac{1}{(1+01)^1}\right)$

(3) 재무상태표

유동부채	
유동성자기차입부채	₩50,000
현재가치할인차금	(4,545)
기타비유동부채	
장기미지급금	₩400,000
현재가치할인차금	(157,502)

10

(1) 감가상각비 $= \frac{100,000 - 10,000}{20} = 4,500$

20×1년과 20×2년 분개 동일

(차) 감가상각비 4,500 (대) 감가상각누계액 4,500

(2), (3)

20×1. 12. 31. 현재

건 물	100,000		건 물	100,000	
감가상각누계액	(4,500)	95,500	감가상각누계액	(9,000)	91,000

(4) 물리적 · 내부적 원인과 기능적 · 외부적 원인을 고려하여 내용연수를 추정한다.

11

3,000,000원

추정내용년수의 변경시점에 유형자산 장부가액은 ₩12,000,000이며 잔존내용년수는 4년이므로 매년 ₩3,000,000씩 인식한다.

12

(상황 1) 토지 : ₩15,670,000 (=₩15,000,000+700,000−30,000)

(차) 토지 15,670,000 (대) 현 금 15,670,000

(상황 2) 토지 : ₩6,442,000 (=₩6,342,000(안분)+100,000)

건물 : ₩2,768,000 (=₩2,718,000(안분)+50,000)

(차) 토지 6,442,000 (대) 현 금 9,210,000

건물 2,768,000

13

(1) 5,000,000+250,000+350,000+200,000+300,000=6,100,000 (토지), 건물 : 0

(2) (안분) 건물 : 1,400,000, 토지 : 4,200,000

14 공통원가=80,000+2,000=82,000

토지 : $82,000 \times \left(\frac{60,000}{100,000}\right) + 1,400 = 50,600$

건물 : $82,000 \times \left(\frac{40,000}{100,000}\right) + 1,000 = 33,800$

들어가며… 장사가 너무 잘 돼서 '신촌 빵집'에 여유자금이 생겼습니다. 이 돈을 그냥 통장에 넣어둘 순 없죠! 삼성전자 주식도 좀 사고, 안전한 채권에도 투자해볼까요? 이번 장에서는 기업의 여유자금을 운용하는 '금융자산' 투자 방법과 회계 처리를 배우며, 빵집 사장님의 재테크 실력을 키워봅니다.

summary

금융상품이란 거래당사자에게 금융자산을 발생시키고, 동시에 다른 거래상대방에게 금융부채나 지분상품을 발생시키는 모든 계약을 의미한다. 금융자산은 현금, 다른 기업의 지분상품, 거래상대방에게 현금 등 금융자산을 수취할 계약상의 권리, 자기지분상품으로 결제하거나 결제될 수 있는 계약 등을 포함한다. 즉 금융자산이 되기 위해서는 계약 등에 의해 현금 등을 수취할 권리가 있어야 한다. 기업은 본래의 목적인 영업활동 이외에 여유자금을 활용하거나 다른 기업을 지배·통제하기 위하여 증권형 금융상품에 투자할 수 있다. 그중에 대표적인 것이 다른 기업이 발행한 주식이나 사채에 투자하는 것이며 이러한 증권형 금융자산은 계약상 현금흐름의 특성과 사업모형(투자목적)에 따라 당기손익-공정가치측정금융자산(FVPL금융자산), 기타포괄손익-공정가치측정금융자산(FVOCI금융자산), 상각후원가측정금융자산(AC금융자산) 및 관계기업(지분법적용) 투자주식으로 분류할 수 있다.

C·H·A·P·T·E·R

11

금융자산 및 관계기업 (지분법적용)투자주식

01 금융자산의 의의

CHECK POINT
- 금융자산
- 금융상품

기업이 열심히 일해서 돈을 벌면 여유자금이 생긴다. 이 소중한 여유자금을 그냥 금고에 넣어두기만 하는 회사는 거의 없을 것이다. 이자라도 받기 위해 은행에 예금하거나, 더 큰 수익을 기대하면 다른 회사의 주식이나 채권에 투자하기도 할 것이다. 이처럼 기업이 여유자금을 운용하기 위해 보유하는 주식, 채권, 예금 등을 통틀어 금융자산이라고 부른다. 이번 장에서는 기업의 다양한 투자 스타일과 그에 따른 회계처리 방법을 배워보기로 한다.

금융상품
거래당사자 일방에게 금융자산을 발생시키고 동시에 다른 거래상대방에게 금융부채나 지분상품을 발생시키는 모든 계약

금융상품(financial instruments)이란 거래당사자에게 금융자산을 발생시키고 동시에 다른 거래상대방에게 금융부채나 지분상품을 발생시키는 모든 계약을 의미한다. 여기서 계약이란 명확한 경제적 결과를 가지고 있고, 법적 구속력이 있기 때문에 당사자가 그러한 경제적 결과를 자의적으로 회피할 여지가 적은 둘 이상의 당사자간 합의를 말한다. 금융상품을 포함하여 계약은 다양한 형태로 존재할 수 있으며, 반드시 서류로 작성되어야만 하는 것은 아니다.

금융상품이라는 말이 어렵게 느껴진다면, 간단히 말해 돈과 관련된 '거래 약속'이라고 생각하면 된다. 예를 들어, 우리가 친구에게 돈을 빌려주면 하나의 계약이 생긴다. 이 약속으로 인해 우리에게는 나중에 돈을 받을 권리(금융자산), 친구에게는 돈을 갚아야 할 의무(금융부채)가 동시에 발생한다. 이처럼 하나의 계약으로 양쪽에 금융자산과 금융부채(또는 자본)를 만들어 내는 모든 약속을 금융상품이라고 부른다.

금융자산(financial assets)은 금융상품의 일부로서 현금 및 현금성자산, 주식이나 회사채 등과 같은 유가증권 및 다양한 형태의 파생상품 등이 포함된다. 본장에서는 금융자산 중 증권형 금융자산을 중심으로 서술한다. 기업은 여유자금을 현금, 당좌예금이나 재고자산의 형태로 보관하고 있는 것보다 증권형 금융자산에 투자함으로써 이자 및 배당수익과 시세차익을 통해 훨씬 더 큰 자본이득을 얻을 수 있다. 증권형 금융자산은 주로 타사 발행 주식이나 회사채, 국가 및 지방자치단체 발행 국·공채 등을 포함한다. 증권형 금융자산 중 타사가 발행한 주식 등과 같은 **지분형 금융자산**(investments in equity securities)을 취득하게 되면 피투자회사의 경영권에 참여할 수 있으며 배당금과 처분

손익을 획득할 수 있는 반면, 국가나 지방자치단체가 발행한 국·공채, 타사가 발행한 회사채 등과 같은 채무형 금융자산(investments in debt securities)을 취득하게 되면 일정기간마다 이자와 처분손익을 얻을 수 있다. 그리고 증권형 금융자산에는 위에서 언급한 지분형 금융자산(지분증권)과 채무형 금융자산(채무증권) 이외에 금융기관이 취급하는 정기예금, 정기적금 등과 같은 금융상품, 다양한 형태의 파생상품 등도 포함되나 본 장에서는 증권형 금융자산 중 지분형 금융자산과 채무형 금융자산을 중심으로 다루고자 한다.

02 금융자산의 분류

CHECK POINT

- FVPL금융자산
- AC금융자산
- FVOCI금융자산

K-IFRS에 따르면 현금 및 현금성자산을 제외한 금융자산은 계약상 현금흐름의 특성과 사업모형에 따라 다음의 [그림 11-1]과 같이 당기손익-공정가치측정금융자산(이하 FVPL[1]금융자산), 기타포괄손익-공정가치측정금융자산(이하 FVOCI[2]금융자산), 상각후원가측정금융자산(이하 AC[3] 금융자산)으로 분류하고 있다.

보충설명

금융자산의 분류 기준

K-IFRS의 금융자산 분류는 두 가지 질문에 답하는 과정이다.

(질문 1) 이 자산의 현금흐름은 어떻게 생겼나? (계약상 현금흐름 특성)

- "원금과 이자만 받는 단순한 형태인가?"
  → 예 (채권형 금융자산)
- "아니다. 주식처럼 시세차익이나 배당이 목적인가?"
  → 아니오 (지분형 금융자산)

1) FVPL: Fair Value through Profit or Loss
2) FVOCI: Fair Value Other Comprehensive Income
3) AC: Amortized Cost

(질문 2) 그래서, 이걸 왜 샀나? (사업모형)

- (채권형의 경우) "오직 원금과 이자를 받으려고 샀다."
  → AC (상각후원가) 자산
- (채권형의 경우) "이자를 받다가, 좋은 가격에 팔 생각도 있다."
  → FVOCI (기타포괄손익-공정가치) 자산
- (지분형 또는 기타 채권형의 경우) "단타 매매가 목적이다."
  → FVPL (당기손익-공정가치) 자산

이처럼 금융자산을 보유하는 '목적(사업모형)'에 따라 이름과 회계처리 방법이 달라진다.

그림 11-1

금융자산의 분류

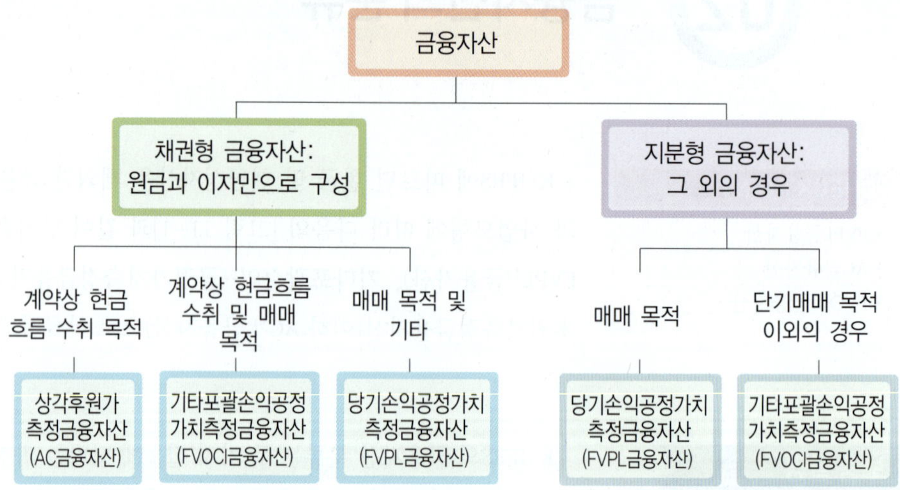

상기 그림에서 보이는 바와 같이 다른 기업이 발행한 금융상품을 투자목적으로 보유하는 경우 이를 금융자산이라고 하고 계약상 현금흐름 특성에 따라 원금과 이자만으로 구성된 채권형 금융자산과 그 외의 경우인 지분형 금융자산으로 분류한다. 각 분류의 금융자산은 사업모형(투자 목적)에 따라 각각 다르게 측정된다. 채권형 금융자산의 경우 계약상 현금흐름 수취 목적인 경우 상각 후 원가로 측정하고 계약상 현금흐름 수취 및 매매 목적인 경우는 공정가치로 측정하되 관련 손익을 기타포괄손익으로 인식한다. 매매 및 기타 목적인 경우에는 공정가치로 측정하되 관련 손익을 당기손익으로 인식한다. 지분형 금융자산의 경우에는 기본적으로 공정가치로 측정하며 모든 손익을 당기손익으로 인식한다. 단, 단기매매목적 이외의 지분상품인 경우에는 공정가치로 측정하며 관련손익을 기타포괄손익으로 인식하는 것으로 선택가능하나 이 경우 매도 시 관련 기타포괄손익누계액을 당기손익으로 인식할 수 없다.

보충설명

용어 꿀팁!
복잡한 금융지산 이름, 이렇게 번역해 보세요!

- 상각후원가(AC)측정 금융자산: "원금과 이자만 따박따박 계산할게."
- 당기손익–공정가치(FVPL)측정 금융자산: "오늘의 시장가격(공정가치) 변동은 바로 오늘의 손익(당기손익)이야!"
- 기타포괄손익–공정가치(FVOCI)측정 금융자산: "오늘의 시장가격(공정가치) 변동은 아직 진짜 손익은 아니고, 나중에 한꺼번에 정산할 기타포괄손익에 잠시 모아두자!"

[금융자산 분류, 2단계 네비게이션]

복잡해 보이는 금융자산 분류는 아래 두 가지 질문만 순서대로 따라가면 길을 잃지 않을 수 있습니다.

▶ 1단계: 이 자산의 본질은 무엇인가? (계약상 현금흐름 특성)

질문: 이 자산은 약속된 날에 '원금과 이자'만 받는, 단순한 구조인가?

- Yes (예: 채권, 대여금): 2단계로 계속 진행.
- No (예: 주식): 고민 끝! FVPL로 분류. (단, FVOCI로 선택 가능)

▶ 2단계: 그래서, 이걸 왜 샀는가? (사업모형)

질문: (1단계에서 Yes라고 답한 자산을) 어떤 목적으로 보유하고 있는가?

- "만기까지 원금과 이자만 받을 목적이다"
  → AC (상각후원가)
- "이자를 받다가, 중간에 좋은 값에 팔 수도 있다"
  → FVOCI (기타포괄손익–공정가치)
- "위 두 가지 외 다른 목적이다 (예: 단기 매매)"
  → FVPL (당기손익–공정가치)

Focus on Decision Making

[상 황]

'신촌 빵집'이 큰 성공을 거두어, 여유자금 1,000만원이 생겼습니다. 나사장은 이 돈을 안정적인 식품 대기업 'A회사'가 발행한 채권에 투자하기로 결정했습니다. 이 채권은 3년 만기이며, 매년 5%의 이자를 지급합니다.

이때, 회계사는 나사장에게 다음과 같은 질문을 합니다.

"사장님, 이 채권을 어떤 '목적'으로 보유하실 건가요? 사장님의 투자 목적과 전략에 따라, 이 채권은 우리 장부에 세 가지 다른 이름으로 기록되고, 성과를 보고하는 방식도 완전히 달라집니다."

[선택지 분석]

1. 선택 A: **"안전한 예금처럼, 만기까지 이자만 받을래요."** (AC 사업모형)
   - 경영 전략: 채권을 중간에 팔 생각이 전혀 없고, 오직 계약서에 적힌 원금과 이자를 안전하게 수취하는 것이 목표입니다.
   - 회계 처리: 이 채권은 AC(상각후원가)금융자산으로 분류됩니다. 시장가격이 오르든 내리든 신경 쓰지 않고, 장부에는 약속된 이자수익만 꾸준히 기록됩니다. 손익계산서의 이익이 안정적으로 보입니다.

2. 선택 B: **"이자를 받다가, 좋은 기회가 오면 팔 수도 있어요."** (FVOCI 사업모형)
   - 경영 전략: 기본적으로는 이자를 받기 위해 보유하지만, 만약 시장 상황이 좋아져 채권 가격이 크게 오르면 중간에 팔아서 이익을 실현할 수도 있는, 유연한 전략입니다.
   - 회계 처리: 이 채권은 FVOCI(기타포괄손익-공정가치)금융자산으로 분류됩니다. 매 결산 시점의 시장 가격(공정가치)을 재무상태표에 반영하여 자산의 현재 가치를 보여주지만, 평가손익은 당기순이익이 아닌 '기타포괄손익(자본)' 항목에 기록합니다. 기업 성과의 안정성을 유지하면서도 자산의 현재 가치 정보를 제공하는 균형 잡힌 방법입니다.

3. 선택 C: **"단기간에 시세차익을 노리고 싶어요."** (FVPL 사업모형)
   - 경영 전략: 이자 수취보다는, 단기간의 시장 가격 변동을 이용해 적극적으로 매매하여 차익을 얻는 것이 주된 목표입니다.

• 회계 처리: 이 채권은 FVPL(당기손익-공정가치)금융자산으로 분류됩니다. 매 결산 시점의 평가 손익이 즉시 '당기순이익'에 반영됩니다. 기업의 성과를 가장 투명하고 시의적절하게 보여주지만, 시장 상황에 따라 당기순이익의 변동성이 매우 커질 수 있습니다.

[나사장의 의사결정]

이처럼 금융자산의 회계처리는 자산의 성격만으로 결정되는 것이 아니라, 그 자산을 운용하는 기업의 '사업모형(Business Model)'이라는 경영 전략과 의도가 반영된 결과입니다.

나사장은 자신의 투자 목적과, 그 목적이 회사의 재무제표에 어떤 영향을 미칠지를 종합적으로 고려하여 신중하게 사업모형을 결정해야 합니다.

비유로 이해하기 **나의 투자 스타일로 알아보는 금융자산 3총사**

복잡해 보이는 금융자산의 분류는, 사실 우리가 돈을 굴리는 세 가지 투자 스타일에 비유할 수 있습니다. 기업이 금융자산을 어떤 '사업모형(보유 목적)'으로 가지고 있느냐에 따라 회계 처리 방법이 달라지는 것이죠.

① 상각후원가측정(AC) 금융자산: "나는 안전한 게 최고!" - 예금형

이것은 은행의 '정기예금'에 가입하는 것과 같습니다. 나의 유일한 목적은 계약서에 적힌 원금과 이자를 꼬박꼬박 받는 것뿐입니다. 이 예금의 시장가치가 하루하루 어떻게 변하는지는 내 관심사가 아니죠. 만기까지 안전하게 가져가는 것이 목표입니다.

② 당기손익-공정가치(FVPL) 금융자산: "치고 빠지기가 핵심!" - 단타 주식형

이것은 '단타 매매'를 목적으로 주식을 사는 것과 같습니다. 나의 유일한 목적은 오직 시세차익입니다. 나는 매일매일 주식 앱을 들여다보며 오늘 주가가 얼마나 올랐는지(공정가치 변동)에 울고 웃습니다. 나에게는 오늘의 주가 변동이 곧 나의 '오늘의 손익(당기손익)'입니다.

③ 기타포괄손익-공정가치(FVOCI) 금융자산: "나는 장기 투자자!" - 우량주 장기투자형

이것은 워렌 버핏처럼 '장기적인 안목'으로 우량주에 투자하는 것과 같습니다. 나의 목적은 단기 시세차익보다는, 길게 보유하면서 이자와 배당도 받고, 나중에 회사가 성장했을 때 매각하여 큰 이익을 얻는 것입니다. 물론 주가를 매일 확인(공정가치 평가)하지만, 하루하루의 주가 변동에 일희일비하지 않습니다. 나에게 오늘의 주가 변동은 실현되지 않은 '평가손익(기타포괄손익)'일 뿐, 진짜 내 돈이 된 것은 아니라고 생각합니다.

1. 채권형 금융자산

(1) 상각후원가측정금융자산(AC금융자산)

원금과 이자로 구성된 채권형 금융상품 중 계약상 현금흐름 수취를 목적으로 보유하는 경우(예: 채무증권, 수취채권, 대출채권 등)에는 상각후원가측정금융자산(AC금융자산)으로 분류한다.

용어 꿀팁 **'상각후원가'란 무슨 뜻일까?**

'상각후원가'라는 이름이 어렵게 느껴지나요? 친구에게 돈을 빌려주는 상황을 생각하면 쉽습니다.

- 상황: 친구가 1년 뒤에 꼭 100만원을 갚겠다고 약속하며 돈을 빌려달라고 합니다. 친구와의 관계를 고려해, 이자를 미리 떼고 지금 95만원만 빌려주기로 했습니다.
- 나의 진짜 이익: 이 거래에서 제가 얻는 진짜 이익은 얼마일까요? 바로 1년 뒤에 돌려받을 100만원과 오늘 빌려준 95만원의 차액인 5만원입니다. 이 5만원이 사실상 1년 동안의 '숨겨진 이자'인 셈이죠.
- 자산 가치의 성장: 그렇다면 제 장부에 친구에게 받을 돈(대여금 자산)을 얼마로 기록해야 할까요? 처음에는 95만원으로 시작하지만, 이 자산의 가치는 만기까지 가만히 있는 것이 아니라, 숨겨진 이자 5만원만큼 점점 '성장'하여 최종적으로 100만원이 되어야 합니다.

상각후원가란, 이처럼 최초의 취득원가(95만원)에 '숨겨진 이자(5만원)'가 기간에 걸쳐 조금씩 더해지면서 조정된 후의 원가를 의미합니다. 즉, 시간이 지나면서 자산의 가치가 논리적으로 성장하는 과정을 보여주는 금액입니다.

(2) 기타포괄손익공정가치측정금융자산(FVOCI금융자산)

원금과 이자로 구성된 채권형 금융상품 중 계약상 현금흐름 수취와 금융자산 매도 둘 다가 사업모형(투자 목적) 달성에 필수적인 경우(예: 투자채권 등)에는 기타포괄손익공정가치측정금융자산(FVOCI금융자산)으로 분류한다.

(3) 당기손익공정가치측정금융자산(FVPL금융자산)

원금과 이자로 구성된 채권형 금융상품 중 앞서 언급한 투자목적 이외의 목적으로 보유하는 경우(예: 단기매매목적)에는 당기손익공정가치측정금융자산(FVPL금융자산)으로 분류한다.

2. 지분형 금융자산

(1) 당기손익공정가치측정금융자산(FVPL금융자산)

지분형 금융상품은 타기업에게 영향력을 미칠 목적으로 매수하여 보유하는 대규모 투자가 아닌 경우에는 기본적으로 매매목적임을 전제하고 당기손익공정가치측정 금융자산(FVPL금융자산)으로 분류한다.

(2) 기타포괄손익공정가치측정금융자산(FVOCI금융자산)

지분형 금융상품 중 단기매매목적이 아닌 목적으로 지분증권 등을 매수하여 보유하는 경우에는 기타포괄손익공정가치측정금융자산(FVOCI금융자산)[4]으로 분류할 수 있다.

03 금융자산의 측정

CHECK POINT

- FVPL금융자산
- FVOCI금융자산
- AC금융자산

1. 금융자산의 최초 인식 및 측정

금융자산은 금융상품의 계약당사자가 되는 때에만 재무상태표에 인식하며, 금융자산의 최초 인식시 금융자산의 공정가치(fair value)로 측정한다. 공정가치라 함은 거래내용을 이해하고 거래의사가 있는 매수자와 매도자간에 공정한 거래에 의하여 자발적으로 교환 또는 결제될 수 있는 금액을 의미하는데, 일반적으로 시가를 공정가치로 이해하면 된다. 그러나 시가는 유통시장에서 거래되는 항목에 대해서만 적용되는 개념이므로 공정가치는 시가보다 확대된 개념임에 유의해야 한다. 일반적인 경우 최초 인식시점에서 금융자산의 공정가치는 거래가격(제공한 대가의 공정가치)으로 측정한다.

금융자산의 취득시 매입수수료, 중개수수료, 양도세 등과 같은 금융자산의 취득과 직접 관련되는 거래원가(transaction costs)가 발생하는 경우 최초의 공정가치에 가산하

4) 이와 같이 지분형 금융자산을 선택적으로 기타포괄손익공정가치측정금융자산(FVOCI금융자산)으로 분류한 경우에는 매도 시에도 기타포괄손익누계액을 당기손익으로 인식할 수 없다.

여 금융자산의 취득원가를 측정한다. 그러나 금융자산 중 FVPL금융자산의 경우 취득과 직접 관련되는 거래원가는 최초 인식시 취득원가에 가산하지 않고 당기비용으로 처리하도록 규정하고 있다. 이는 취득 후 보고기간 말 공정가치 변동으로 인식한 FVPL금융자산평가손익이 당기손익으로 보고되기 때문에 거래원가를 취득원가에 가산하더라도 보고기간 말 공정가치 변동손익의 인식을 통하여 당기손익으로 반영될 것이므로 굳이 거래원가를 취득원가에 포함시킬 필요가 없기 때문에 당기비용으로 처리하는 것이다.

보충설명

왜 FVPL 자산의 거래원가만 즉시 비용 처리할까?

'단타 투자자'의 입장에서 생각해보면 쉽다. 그에게 주식 매매 수수료는 투자를 위해 어쩔 수 없이 발생하는 오늘의 경비일 뿐이다. 어차피 주식의 평가손익을 매일매일 당기손익에 반영할 것이므로, 수수료 역시 그날의 손익에 바로 반영하여 간단하게 처리하는 것이다. 반면 장기 투자 목적인 FVOCI나 AC 금융자산의 수수료는 '장기 자산을 취득하기 위해 필수적으로 들어간 돈'으로 보아 자산의 원가에 포함시켜 준다.

취득단가가 다른 증권의 취득원가는 개별법, 평균법(**총평균법 또는 이동평균법**), 기타 합리적인 방법을 적용하여 종목별로 산정하도록 하며, 동일한 방법을 매기 계속 적용하여 산정한다.

2. 금융자산의 후속 측정 및 처분

최초 인식한 후 금융자산에 대한 후속적인 거래에는 보고기간 말 평가 및 손상을 인식(후속 측정)하는 거래와 해당 금융자산을 처분하는 거래(처분)가 있다. 따라서 다음에서는 금융자산별로 기말 평가와 손상, 처분과 관련된 내용을 서술한다. 여기서 금융자산의 손상이란 금융자산을 취득한 이후에 금융자산의 회수가능가치가 장부금액보다 객관적으로 크게 하락하여 단기간 내에 회복이 불가능하다고 판단되는 경우를 의미하며, 이 경우 **손상차손**을 인식하게 되는데, 금융자산 중 FVPL금융자산을 제외한 금융자산(또는 금융자산의 집합)에 대해 손상발생의 객관적인 증거가 있는지를 매 보고기간 말에 평가하고, 그러한 증거가 있는 경우 손상차손을 인식하도록 한다.

최초 인식 후 금융자산의 후속 측정방법은 금융자산별로 각각 다르게 규정되어 있다. 본 장에서는 증권형 금융자산인 FVPL금융자산, FVOCI금융자산, 상각후원가측정금융자산을 중심으로 다룬다.

(1) FVPL금융자산의 후속 측정 및 처분

FVPL금융자산의 후속 측정
최초인식후 보고기간말에 공정가치로 평가하여 장부가액과 공정가치의 차액인 평가손익을 당기손익에 반영

FVPL금융자산은 최초인식 후 보고기간 말에 공정가치로 평가하여 장부가액과 공정가치의 차액인 평가손익을 당기손익에 반영하는 금융자산이다. 이러한 회계처리는 채권형과 지분형 FVPL금융자산에 공통적으로 적용된다. 단, 채권형 FVPL금융자산의 경우에는 공정가치 평가와 별도로 유효이자율법에 의한 이자수익을 인식해야 한다.

보충설명

유효이자율법이란?

채권의 액면 이자율과 시장 이자율이 달라 발생하는 할인·할증발행차금을 채권의 만기까지 이자수익에 가감하여 조정하는 방법입니다. 이를 통해 매 기간 인식되는 이자수익이 투자 원금 대비 일정한 수익률(유효이자율)을 갖도록 만들어 줍니다. 자세한 계산 방법은 제12장에서 다룹니다.

공정가치 평가로 인한 평가손익은 실현손익인 처분손익과 달리 미실현평가손익이다. 회계상 미실현평가손익은 당기손익에 직접 반영하지 않는 것이 일반적이다. 그런데 FVPL금융자산평가손익이 미실현평가손익임에도 불구하고 손익계산서상 당기손익으로 보고되는 것에 대해 의문이 생길 수 있다. 이는 FVPL금융자산이 일반적으로 근시일내에 처분하기 위하여 보유하고 있는 금융자산이기 때문에 평가손익이 미실현손익임에도 불구하고 단기간 내에 실현될 가능성이 높기 때문에 이를 당기손익으로 보고하여도 큰 무리가 없는 것으로 판단하고 있기 때문이다.

K-IFRS에서는 FVPL금융상품에서 발생하는 손익과 같이 유사한 거래의 집합에서 발생하는 이익과 손실이 중요한 경우에는 이익과 손실을 각각 구분하여 표시하도록 하고 있으나, 그러한 이익과 손실이 중요하지 않은 경우에는 상계하여 순액으로 표시하는 것을 허용하고 있다.

K-IFRS에서는 FVPL금융자산의 손상차손 및 손상차손환입에 대해 별도로 언급하지 않고 있다. 이는 FVPL금융자산평가손익이 당기손익에 반영되므로 FVPL금융자산에 대한 손상차손 및 손상차손환입을 별도로 인식할 필요가 없기 때문인 것으로 판단된다.

FVPL금융자산을 처분하는 경우 장부금액과 처분금액의 차이를 FVPL금융자산처분손

익으로 인식하여 당기손익(기타손익)에 반영한다. 여기서 FVPL금융자산 처분금액은 해당 금융자산의 매각대금에서 처분과 관련하여 발생한 **부대비용**(예를 들어, 증권거래세, 매각수수료 등)을 차감한 순액으로 측정한다.

FVPL의 경우는 단기목적의 금융자산을 의미하지만 시장상황이 좋으면 장기투자로 전환할 수 있다. 동시에 FVOCI로 금융자산이 분류되는 경우는 장기투자목적의 금융자산을 의미하지만 기업의 유동성에 문제가 있을 경우는 단기에 투자자산을 처분할 수도 있다.

예제 1

FVPL금융자산(주식)의 후속 측정(평가) 및 처분

갑회사는 20×1년말에 A, B, C, D 회사의 매매목적으로 주식을 취득하여 20×3년 12월 31일 현재까지 계속 보유하고 있다. 이들 유가증권의 매년말 공정가치가 다음과 같다고 할 때 각 연도말에 유가증권의 평가와 관련된 수정분개를 하라. 금융자산을 FVPL금융자산으로 분류하는 것은 단기목적의 주식투자였음을 의미한다. 단, 예제에서 20×3년말까지 주식을 보유하고 있으니 장기투자로 전환하였음을 의미한다.

유가증권	취득원가 20×1년	공정가치 20×2년말	공정가치 20×3년말
A	₩1,000	₩1,100	₩2,000
B	1,000	400	500
C	2,000	1,000	1,000
D	1,000	500	500
	₩5,000	₩3,000	₩4,000

일자	계정과목	차변	대변
20×1년 12월 31일	(차) FVPL금융자산	5,000	
	(대) 현　　금		5,000
20×2년 12월 31일	(차) FVPL금융자산평가손실	2,000	
	(대) FVPL금융자산		2,000
20×3년 12월 31일	(차) FVPL금융자산	1,000	
	(대) FVPL금융자산평가이익		1,000

20×2년 12월 31일에는 이미 모든 유가증권이 20×2년말 시점으로 공정가치로 평가되고 있으므로 유가증권의 원장에는 ₩3,000이 나타난다.

만약 20×4년 5월 1일에 FVPL금융자산 B를 ₩700에 처분하고 매각수수료 ₩10을 차감한 잔액 ₩690을 수취하였다면 다음과 같이 분개된다.

(차) 현　　금	690	
(대) FVPL금융자산		500
FVPL금융자산처분이익		190

예제 2

FVPL금융자산(채권)의 후속 측정(평가)

갑회사는 A회사 사채 및 B회사의 사채를 보유하고 있다. 이들 두 사채는 모두 시장성이 있으며 단기적 자금운용 목적으로 소유하고 있다. A사채는 20×3년 1월 1일 액면가인 ₩50,000에 취득했으며 연 이자율 8%이고 이자지급일은 매년 말이다. B사채는 20×3년 9월 1일에 액면금액 ₩70,000에 취득했고 연이자율은 10%이고 이자지급일은 매년 6월 30일이다. 20×3년 12월 31일 A사채의 공정가치는 ₩70,000이고 B사채의 공정가치는 ₩65,000이다. 20×3년 12월 31일에 이들 사채에 대하여 분개하라.

① 이자수익 인식

20×3년 12월 31일	(차) 현　　금	4,000*1	
	미수이자	2,333*2	
	(대) 이자수익		6,333

*1 A사채이자수익: ₩50,000×8%=₩4,000

*2 B사채이자수익: ₩70,000×10%× $\frac{4}{12}$ =₩2,333

② 공정가치 평가에 의한 평가손익 인식

20×3년 12월 31일*	(차) FVPL금융자산	15,000	
	FVPL금융자산평가손실	5,000	
	(대) FVPL금융자산평가이익		20,000

*A사채 평가이익: ₩70,000－₩50,000=₩20,000

B사채 평가손실: ₩65,000－₩70,000=₩5,000

취득원가와 공정가치의 차이인 ₩15,000을 FVPL금융자산평가이익으로 계상하고 FVPL금융자산의 장부금액도 그만큼 증가시킨다. 다만 FVPL금융자산 보조부에는 A사채는 ₩20,000을 증액시키고 B사채는 ₩5,000 감액시켜야 할 것이다. A사채에 대한 이자는 이자지급일이 연말이므로 12월 31일에 이자가 지급되며 B사채에 대한 이자는 이자지급일이 6월 30일이므로 미수이자로 계상된다.

(2) FVOCI금융자산의 후속 측정 및 처분

FVOCI금융자산의 후속 측정
최초인식 후 보고기간 말에 공정가치로 측정하며 보고기간 말 공정가치와 장부가액간의 차이를 기타포괄손익으로 반영

FVOCI금융자산은 채권형 금융자산인 경우와 지분형 금융자산인 경우 후속 측정 및 처분 시의 회계처리에 차이점이 존재한다. 따라서 본 서에서는 채권형 금융자산인 경우와 지분형 금융자산인 경우를 나누어서 소개하기로 한다.

1) FVOCI금융자산 – 채권형인 경우

채권형 FVOCI금융자산은 보고기간 말 공정가치로 측정하며, 보고기간 말 공정가치와 장부가액 간의 차이인 FVOCI금융자산평가손익은 당기손익이 아닌 기타포괄손익(other comprehensive income)으로 반영한다. 단, 공정가치 평가 전 유효이자율법을 적용하여 발생한 이자수익을 인식하고 상각후원가를 조정한 후의 장부가액을 대상으로 공정가치 평가를 수행한다. FVOCI금융자산은 일반적으로 장기간 보유할 목적으로 취득한 금융자산이므로 보고기간 말 공정가치 변동으로 인식한 FVOCI금융자산평가손익은 공정가치가 변동되더라도 단기간 내에 실현될 가능성이 낮은 미실현평가손익이기 때문에 당기손익으로 보고하지 않고 기타포괄손익으로 반영하여 공정가치 변동에 따라 당기손익이 크게 변동되는 것을 방지한다. 당기 FVOCI금융자산평가손익의 누적손익은 재무상태표상 이익잉여금이 아닌 별도의 기타포괄손익누계액으로 보고된다. 재무상태표상 기타포괄손익누계액으로 누적된 평가손익은 차기 이후에 발생하는 FVOCI금융자산평가손익과 상계하여 표시한다. 예를 들면, 전기말 재무상태표상 기타포괄손익누계액에 FVOCI금융자산평가손실이 계상되어 있음을 가정하고, 당기 보고기간 말 FVOCI금융자산의 공정가치가 취득원가를 초과하는 경우 먼저 전기에 계상되어 있던 FVOCI금융자산평가손실을 상쇄시키고 난 후 공정가치가 취득원가를 초과하는 금액에 대해 FVOCI금융자산평가이익으로 계상하면 된다.

채권형 FVOCI금융자산은 계약상 현금흐름이 존재하기 때문에 채권형 금융자산을 발행한 기업이 미래의 약정된 지급기일에 이자와 액면금액을 지급하지 않아 회사에 재무적 손실이 발생할 가능성, 즉 신용위험(credit risk)이 존재한다. 만약 발행회사의 신용위험이 증가할 경우 채권형 금융자산의 가치는 하락하게 되고 이를 금융자산의 손상(impairment)라고 한다. 따라서 채권형 FVOCI금융자산을 보유하고 있는 회사는 보유한 금융자산의 신용위험에 따른 기대신용손실(expected credit losses)을 인식하여야 한다.

K-IFRS에서는 채권형 FVOCI금융자산이 처분되는 경우 처분되는 시점에 재분류조정(reclassification adjustment)으로 FVOCI금융자산평가손익을 자본에서 당기손익으로 재

분류하도록 하고 있다. 즉, 당해 FVOCI금융자산의 처분 시 기타포괄손익누계액(자본)으로 분류되어 있는 FVOCI금융자산평가손익을 FVOCI금융자산처분손익(당기손익)에 가감하여 자본에서 당기손익으로 재분류하도록 하고 있다.

비유로 이해하기 **기타포괄손익의 '정산'과정: 재분류조정**

'장기 투자(FVOCI)'하던 채권을 드디어 팔 때, 회계처리가 조금 복잡해집니다.

- 상황: 그동안 채권가격이 올라서 '기타포괄손익누계액'이라는 자본 계정에 미실현 평가이익 100만원이 쌓여 있었습니다.
- 처분: 오늘 이 채권을 팔아서 처분이익 20만원이 추가로 발생했습니다.
- 회계 처리: 이때 회계는 두 가지 일을 합니다.
  1. 실제 발생한 처분이익 20만원을 당기손익으로 기록합니다.
  2. 과거에 자본으로 쌓아두었던 미실현 평가이익 100만원을 드디어 '실현'되었으므로, 자본에서 꺼내어 올해의 당기손익으로 옮겨줍니다.

이처럼, 처분 시점에 과거의 기타포괄손익누계액을 당기손익으로 옮겨주는 과정을 재분류조정이라고 합니다. 흩어져 있던 과거의 평가이익과 현재의 처분이익을 한곳(당기손익)에 모아 "이 투자로 총 얼마 벌었다"를 최종 보고하는 과정입니다. (단, 지분상품 FVOCI는 예외)

2) FVOCI금융자산 – 지분형인 경우

지분형 금융자산은 기본적으로 매매 목적으로 보유하는 것을 전제하기 때문에 FVPL 금융자산으로 회계처리 하는 것이 원칙이나 단기매매목적 이외의 경우로 보유하는 경우 FVOCI금융자산으로 회계처리하는 방법을 선택[5]할 수 있다. 이 경우에는 채권형 FVOCI금융자산과 동일하게 보고기간 말 공정가치로 평가하며, 보고기간 말 공정가치와 장부금액 간의 차이인 FVOCI금융자산 평가손익은 당기손익이 아닌 기타포괄손익(other comprehensive income)으로 반영한다.

지분형 FVOCI금융자산은 계약상 현금흐름이 존재하지 않기 때문에 신용위험(credit risk)에서 기인하는 금융자산의 손상(impairment)을 인식하지 않는다. 또한 지분형 금융자산을 선택적으로 FVOCI금융자산으로 분류한 경우에는 매도 시에도 관련 FVOCI금융자산평가손익(자본)을 FVOCI금융자산처분손익(당기손익)에 가감하여 인식할 수 없다.

5) 지분형 금융자산 취득 시에만 이와 같은 회계처리 방법의 선택적 적용이 가능하며, 한번 선택한 이후에는 변경할 수 없다.

회계기간 중 지분형 FVOCI금융자산을 처분하는 경우에는 처분시점 현재의 공정가치 평가를 통해 공정가치 변동분을 FVOCI금융자산평가손익(기타포괄손익)으로 인식하는 회계처리를 수행한 후 처분관련 회계처리를 수행한다.

예제 3

FVOCI금융자산(주식)의 후속 측정(평가) 및 처분

본 예제에서는 **예제 1**에 나와 있는 동일한 예제를 사용하여 **예제 1**의 A, B, C,D 회사의 주식이 FVPL금융자산이 아니고 FVOCI금융자산일 경우의 각 연도말에 투자주식과 관련된 분개를 행하시오. 갑회사는 A, B, C, D 회사의 경영에 영향을 미치지 않음을 가정한다.

		차변	대변
20×1년 12월 31일	(차) FVOCI금융자산	5,000	
	(대) 현 금		5,000
20×2년 12월 31일	(차) FVOCI금융자산평가손실(자본항목)	2,000	
	(대) FVOCI금융자산		2,000
20×3년 12월 31일	(차) FVOCI금융자산	1,000	
	(대) FVOCI금융자산평가손실(자본항목)		1,000

20×2년 12월 31일 시점의 FVOCI금융자산평가손실은 ₩2,000이 기타포괄손익누계액에 보고된다. 20×3년의 기타포괄손익누계액에는 이 금액이 ₩1,000이 감소하면서 FVOCI금융자산평가손실 ₩1,000이 보고된다. 20×3년의 FVOCI금융자산평가이익을 계상함에 있어서 FVPL금융자산과 같이 이익이 계상되는 것이 아니라 20×2년의 FVOCI금융자산평가손실과 상계하여 표시하였다. 만약 20×4년 5월 1일에 투자유가증권 B를 ₩700에 처분하였다면 다음과 같이 분개된다.

처분전 평가:	(차) FVOCI금융자산	200	(대) FVOCI금융자산평가이익(자본항목)	200
처 분:	(차) 현 금	700	(대) FVOCI금융자산	700

지분형 FVOCI금융자산을 회계기간 중 처분하는 경우에는 이와 같이 처분 직전에 공정가치 평가를 통해서 기초부터 처분시점까지의 공정가치 변동분을 기타포괄손익으로 인식한 후 처분손익의 인식없이 재무제표에서 제거한다. 이는 지분형 FVOCI금융자산을 제거할 때 과거에 인식했던 FVOCI금융자산평가이익을 당기손익으로 재분류할 수 있도록 할 경우 기업이 지분형 금융자산을 FVOCI금융자산으로 분류하여 재량적으로 당기손익을 조정할 가능성이 있기 때문이다. 따라서 K-IFRS에서는 지분형 FVOCI금융자산의 재분류조정을 하지 못하도록 규정한 것이다.

비유로 이해하기 **'단타 주식 투자'와 '장기 우량주 투자'**

• **FVPL 평가손익이 당기손익인 이유**

이는 '단타 주식 투자'의 평가와 같습니다. 오늘 내가 산 주식이 10만원 오르면, 비록 팔지는 않았어도 오늘 10만원 번 것처럼 기분이 좋고, 실제로 바로 팔 수도 있죠. 이처럼 단기간에 실현될 가능성이 매우 높기 때문에 미실현 평가손익임에도 불구하고 당기손익으로 즉시 반영하는 것입니다.

• **FVOCI 평가손익이 기타포괄손익인 이유**

이는 '장기 우량주 투자'의 평가와 같습니다. 내가 10년 보고 산 주식의 가격이 오늘 10만원 올랐다고 해서, "오늘 10만원 벌었다!"라고 생각하지는 않습니다. 내일 다시 떨어질 수도 있는, 그저 종이 위의 숫자에 불과하다고 생각하죠. 이처럼 장기 보유 목적 자산의 일시적인 가격 변동이 매년의 당기손익을 흔드는 것을 막기 위해, 진짜 처분하기 전까지는 '기타포괄손익'이라는 별도의 자본 항목에 모아두는 것입니다.

(3) AC금융자산의 후속 측정 및 처분

AC금융자산의 후속측정
최초인식하는 시점의 유효이자율로 할인한 현재가치를 해당금융자산의 장부금액으로 인식

채권형 금융자산 중 사업모형이 계약상 현금흐름 수취 목적인 경우에는 AC금융자산으로 분류한다. 대여금 및 수취채권 등도 대부분 계약상 현금흐름 수취를 목적으로 할 것이므로 여기에 포함된다. AC금융자산은 최초 인식하는 시점의 유효이자율로 할인한 현재가치를 해당 금융자산의 장부금액으로 인식한다. 최초 인식 후 보고일의 평가는 기간의 경과에 따라 유효이자율법에 의한 발생이자 인식과 함께 상각하여 상각후원가(amortized cost)로 평가하기 때문에 보고기간 말의 공정가치 변동에 대해서는 별도로 회계처리하지 않는다.

AC금융자산은 채권형 금융자산으로써 계약상 현금흐름이 존재하기 때문에 채권형 FVOCI금융자산을 보유하고 있는 회사는 보유한 금융자산의 신용위험에 따른 기대신용손실(expected credit losses)을 인식하여야 한다.

회사가 채권형 금융자산을 취득하여 AC금융자산으로 분류하더라도 반드시 이를 만기까지 보유해야 하는 것은 아니다. 사업모형이 계약상 현금흐름 수취 목적이라고 해도 매각이 부수적인 사업이라면 채권형 금융자산을 취득 후 AC금융자산으로 분류할 수 있다. 따라서 AC금융자산은 만기 전에 처분하는 경우도 발생할 수 있다. AC금융자산을 만기 전에 처분할 경우 처분시점의 장부금액과 처분가액의 차이를 AC금융자산 처분이익으로 인식한다. AC금융자산에 대한 유효이자율법과 상각후원가, 처분(상환)에 대한 자세한 내용은 제12장 비유동부채에서 후술된다.

(4) 원가를 장부금액으로 하는 금융자산의 후속 측정

K-IFRS에서는 원가로 평가하는 지분형 금융자산에 대해서 별도로 규정하지 아니하고 있다. 대신 공정가치 측정을 위한 최신 정보가 불충분한 경우 등 원가가 공정가치의 적절한 추정치가 될 수 있는 특정 상황을 규정하고 있다.

04 관계기업(지분법적용)투자주식

한 기업이 다른 기업의 주식을 취득할 때 그 목적이 다른 기업의 경영권에 대하여 유의적인 영향력(significant influence)을 행사하거나 다른 기업의 경영권을 지배 또는 통제할 목적으로 해당 주식을 취득하는 경우 관계기업 투자주식(investments in associates)으로 분류하고 지분법을 적용하여 회계처리하게 된다.

비유로 이해하기 **단순 주주 vs, 우리 가게 동업자**

내가 어떤 회사의 주식을 20% 이상 보유하여 '유의적인 영향력'을 갖게 되면, 회계 처리 방법은 완전히 달라집니다. 이는 단순 투자자와 동업자의 차이와 같습니다.

- FVPL/FVOCI (단순 주주): 제가 삼성전자 주식 10주를 가진 경우입니다. 저는 삼성의 경영에 아무런 영향을 미칠 수 없습니다. 제가 할 수 있는 건 오직 배당을 받거나 주가가 오르길 기다리는 것뿐이죠.
- 지분법 투자주식 (동업자): 제가 친구가 운영하는 카페의 지분 30%를 가진 경우입니다. 저는 카페의 주요 의사결정(신메뉴 출시, 2호점 개설 등)에 참여할 수 있습니다. 저는 이제 단순 투자자가 아닌 '사실상의 동업자'입니다.

따라서 친구의 카페가 올해 1,000만원의 순이익을 냈다면, 비록 배당을 받지 않았더라도 저는 "내 몫인 300만원(1,000만원×30%)만큼 내 재산이 늘었다"고 생각하는 것이 합리적입니다. 지분법은 바로 이 논리를 회계에 반영한 것입니다. 피투자회사의 이익 중 내 지분만큼을 나의 이익으로 인식하고, 배당금은 이미 인식한 이익의 일부를 현금으로 돌려받는 것으로 처리합니다.

그렇다면, 왜 '동업자'에게는 이처럼 특별한 지분법을 적용해야 할까요? 일반 주주와 달리, 회사의 주요 의사결정에 참여하는 '동업자(투자자)'는 피투자회사의 경영성과에 대한 권리와 책임을 함께 나누어 갖기 때문입니다. 따라서 피투자회사가 벌어들인 이익은 곧 내 이익이나 다름없다고 보는 것이 더 현실에 가깝습니다. 지분법은 이처럼 단순한 주가 변동을 넘어, 피투자회사의 경영성과를 투자자의 장부에 직접 연결시켜주는, 더 깊은 관계를 반영하는 회계처리 방법입니다.

〈잠깐!〉 그렇다면 동업자에게 배당금은 수익이 아닐까?

맞습니다. 지분법에서는 배당금을 수익으로 보지 않습니다. 왜 그럴까요?

친구의 카페가 낸 순이익 1,000만원 중 내 몫 300만원은 이익이 발생한 시점에 이미 나의 이익으로 장부에 기록했습니다. 그 후 카페가 나에게 현금 100만원을 배당으로 지급하는 것은, 새로운 수익이 생긴 것이 아니라 이미 내 것이었던 이익의 일부를 현금으로 돌려받는 것일 뿐입니다. 마치 내 오른쪽 주머니(관계기업투자주식)에 있던 돈을 왼쪽 주머니(현금)로 옮기는 것과 같죠. 주머니 위치는 바뀌었지만 내 총재산은 그대로인 것과 같은 이치입니다.

그렇다면, 위와 같은 경우에 왜 지분법으로 평가해야 하는가? 투자회사는 관계기업에 유의적인 영향력을 행사할 수 있기 때문에 관계기업의 경영성과에 대해 권리를 보유하고 있다. 따라서 피투자회사의 경영성과에 대한 투자회사의 지분만큼을 투자회사의 경영성과에 포함하여 보고하는 것이 더 목적적합한 회계정보를 제공하는 것으로 볼 수 있다. 즉, 투자자의 순자산과 순손익에 관하여 더 유익한 정보를 제공하기 위하여 지분법을 적용하는 것이다. 즉, 어느 정도 이상의 지분을 가진 투자자는 경영의사결정에 영향을 미치므로 일반(단순)투자자가 아니다. 따라서 피투자회사의 영업의 결과가 투자회사의 재무제표에 반영되어야 함을 의미한다.

지분법을 적용할 수 있는 경우

① 의결권 기준: 투자회사가 직접적으로 또는 종속기업을 통하여 피투자기업 의결권의 20% 이상을 보유하고 있는 경우

② 실질 기준: 지분율과 무관하게 피투자회사의 영업정책이나 재무정책에 대한 의사결정에 참여하여 유의적인 영향력을 행사할 수 있는 경우

관계기업(지분법적용)투자주식을 유의적인 영향력을 행사할 수 있는 지분증권이라고 정의하는 경우 구체적으로 유의적인 영향력을 어떻게 판단할지에 대한 문제가 대두된다. K-IFRS에 의하면 유의적인 영향력은 피투자자의 재무정책과 영업정책에 관한 의사결정에 참여할 수 있는 능력을 의미하며, 투자자가 직접 또는 종속기업을 통하여 간접으로 피투자자에 대한 의결권있는 주식의 20% 이상을 소유하고 있다면 유의적인 영향력이 있는 것으로 판단하도록 하고 있다.[6] 다만 피투자자에 대한 의결권 20% 이상이라고 하더라도 유의적인 영향력이 없다는 사실을 명백하게 제시할 수 있는 경우는 제외한

6) 이때, 유의적인 영향력을 판단할 때는, 주식매입권이나 콜옵션, 보통주식으로 전환할 수 있는 채무상품이나 지분상품(전환사채나 신주인수권부 사채 등)과 같은 현재 행사가능하거나 전환가능한 모든 잠재적 의결권의 존재와 영향을 고려하여 판단하도록 한다. 미래특정일 또는 특정 사건 전에는 행사할 수 없는 의결권은 잠재적 의결권으로 보지 않는다.

다. 반대로 투자자가 피투자자에 대한 의결권의 20% 미만을 소유하고 있다면 유의적인 영향력이 없는 것으로 본다. 다만 유의적인 영향력이 있다는 사실을 명백하게 제시할 수 있는 경우는 제외한다.

다음 중 하나 이상에 해당하는 경우 피투자자의 의결권있는 주식 20% 미만을 보유하더라도 실질에 근거하여 유의적인 영향력을 행사하는 것으로 판단할 수 있다.

① 피투자자의 이사회나 이에 준하는 의사결정기구에 참여하는 경우
② 배당이나 다른 분배에 관한 의사결정에 참여하는 것을 포함하여 정책결정과정에 참여하는 경우
③ 투자자와 피투자자 사이의 중요한 거래가 있는 경우
④ 경영진을 상호 교류하는 경우
⑤ 필수적인 기술정보를 제공하는 경우

따라서 실질기준의 지분법적용여부는 기업의 지배구조와 연관된다.

물론 이를 실제로 적용하는 것은 간단치만은 않다. 예를 들어, 상기 ①일 경우를 생각해 보면 의사결정에 참여한다는 것이 정확히 무엇을 의미하는지가 주관적인 판단일 수 있다. 이사회에만 참여하여도 중요의사결정에 참여하는 것으로 판단하여야 하는 것인지 또는 최대주주 및 특수관계인이 이사회 위원 수의 일정부분을 차지하여야 영향력을 행사하는지도 주관적인 판단이다. 의결권을 행사할 위치에 있다고 하여도 최대주주가 이사회에 전혀 참석하지 않는다면 유의적인 영향력 행사와 관련된 의사결정을 수행하기 어렵다. 유의적인 영향력 행사의 조건을 갖춘 것을 영향력 행사로 보아야 하는지 아니면 실질적으로 영향력을 행사하여야 하는 것인지도 이를 실무에 적용할 때에 해석상의 어려운 부분이다. 상기 ③일 경우 피투자회사에게 중요한 거래가 주로 투자회사와 이루어지는 경우라고 기술하고 있는데 어느 정도의 거래가 있어야지 중요한 거래인지를 규정하고 있지는 않다.

투자회사가 피투자회사의 주식에 투자한 목적이 단순히 배당금수익이나 시세차익을 획득하고자 하는 등과 같은 일반투자목적이 아닌 피투자회사의 배당정책 및 경영에 유의적인 영향을 행사하여 피투자회사를 지배·통제하기 위하여 투자한 경우에는 투자회사의 피투자회사에 대한 지분을 인정하여 투자회사가 보유하고 있는 피투자회사에 대

한 지분에 피투자회사의 부(wealth)의 변동을 직접 반영시키는 지분법을 적용하도록 하고 있다.

지분법하에서는 관계기업(지분법적용)투자주식을 구입금액에 주식매입과 관련하여 지출한 수수료 등과 같은 거래원가를 가산하여 취득원가로 측정하며, 관계기업이 되는 시점부터 지분법을 적용하여 회계처리한다. 투자자는 지분법을 적용할 때 가장 최근의 이용가능한 관계기업 재무제표를 사용한다. 투자자와 관계기업의 보고기간종료일이 다른 경우 관계기업은 투자자의 사용을 위하여 투자자의 재무제표와 동일한 보고기간종료일의 재무제표를 작성하도록 하고 있다.

지분법은 관계기업(지분법적용)투자주식을 최초에 원가로 인식하고, 취득일 이후에 발생한 피투자자의 순자산변동액 중 투자자의 지분에 해당하는 금액을 관계기업(지분법적용)투자주식의 장부금액에 가감하여 보고하는 회계처리방법이다. 예를 들어 피투자자가 당기순손익을 보고하면 피투자자의 순자산이 그만큼 증감하게 되므로 투자자는 피투자자의 당기순손익 중 투자자의 지분에 해당하는 금액만큼 지분법손익으로 인식하여 당기손익에 반영함과 동시에 관계기업(지분법적용)투자주식의 장부금액을 증감시킨다.

또한 피투자자에게서 배당금을 분배받은 경우 피투자자의 순자산을 감소시키므로 분배받은 배당금만큼 관계기업(지분법적용)투자주식을 감소시킨다. 피투자자의 순자산변동이 유형자산의 재평가나 외화환산차이 등과 같은 기타포괄손익의 증감으로 발생하는 경우에는 피투자자의 기타포괄손익 변동액 중 투자자의 지분에 해당하는 금액만큼 투자자의 기타포괄손익을 증감시킨다.

관계기업(지분법적용)투자주식을 처분하는 경우 처분시점의 장부금액과 처분금액의 차이를 관계기업(지분법적용)투자주식처분손익으로 회계처리하며 당기손익에 반영한다. 관계기업(지분법적용)투자주식 일부를 처분하게 되어 피투자자에 대한 유의적인 영향력을 상실한 경우에는 유의적인 영향력을 상실한 날로부터 지분법의 사용을 중단하고 이전의 해당 관계기업(지분법적용)투자주식을 당기손익인식금융자산이나 FVOCI금융자산으로 재분류하여 공정가치로 평가한다.

지분법의 회계처리에 대한 특징은 다음의 예제 4와 같이 보통 원가법으로 회계처리한 경우와 비교하여 제시된다.

예제 4

유의적인 영향력을 행사할 수 있는 투자주식의 평가

갑회사는 20×1년 초에 을회사 발행주식의 30%인 500주를 주당 ₩10,000에 매입했다. 20×1년말 을회사는 당기순이익 ₩500,000을 보고하고 주주들에게 배당금 ₩200,000을 지급하였다.

갑회사의 지분법적용투자주식과 관련된 분개를 수행하면 다음과 같다. 앞에서도 기술하였듯이 설명의 편의상 원가법과 지분법으로 비교하여 분개를 수행하였으나 K-IFRS에 따라 분개한다면 갑회사는 을회사의 발행주식총수의 30%를 보유하고 있기 때문에 유의적인 영향력을 행사할 수 있는 주식이므로 지분법으로 평가하여야 한다.

	원 가 법	지 분 법
(주식취득시)	(차) 투자주식 5,000,000	(차) 지분법적용투자주식 5,000,000
	(대) 현　　금 5,000,000	(대) 현　　금 5,000,000
(순이익보고시)	분개없음	(차) 지분법적용투자주식 150,000
		(대) 지분법이익 150,000
		* ₩500,000×30% (지분율)
(배당금수령시)	(차) 현　　금 60,000	(차) 현　　금 60,000
	(대) 배당금수익 60,000	(대) 지분법적용투자주식 60,000*

* 전체 배당금 지급액 ₩200,000 중, 투자회사의 지분에 해당하는 30%는 ₩60,000이다.

피투자기업의 배당금 선언시점과 배당금지급 시점이 다르므로 실질적으로는 다음의 분개가 수행될 것이다.

	원 가 법	지 분 법
(배당금선언시)	(차) 미수배당금 60,000	(차) 미수배당금 60,000
(배당금수령시)	(대) 배당금수익 60,000	(대) 지분법적용투자주식 60,000
	(차) 현　　금 60,000	(차) 현　　금 60,000
	(대) 미수배당금 60,000	(대) 미수배당금 60,000

피투자회사의 이익 발생시, 지분법하에서는 투자회사는 관계기업에 대한 지분에 따라 피투자회사의 이익을 투자에 반영하며 동시에 지분법이익으로 인식한다. 배당선언시에 원가법에서는 배당선언액만을 배당금수익으로 인식한다. 지분법하에서는 피투자회사에서 배당금이 선언되면서 피투자회사의 이익잉여금이 감소되므로 이는 주주지분의 감소이며 따라서 투자회사의 피투자회사에 대한 지분의 감소이다. 따라서 지분법하에서의 피투자회사로부터의 배당금 수령은 자산의 증가와 동시에 지분법적용투자주식의 감소를 의미하며 한 형태의 자산이 다른 형태의 자산으로 대체되는 것이다. 이 경우

원가법하에서와 같은 배당수익은 인식되지 않는다. 배당은 이익잉여금으로부터 지급되는데 이익잉여금의 증가로 인한 지분법이익은 이미 투자회사의 장부에 기록되었기 때문에 배당수익이 지분법하에서 수익으로 기록된다면 동일한 원천을 갖는 수익이 두 번 기록되는 문제점을 보일 것이다. 지분법하에서는 투자회사가 피투자회사로부터 배당금을 지급받은 경우에는 그 금액만큼 피투자회사의 순자산이 감소한 것이므로 지분법적용투자주식의 장부금액을 감소시킨다.

원가법과 지분법에서의 20×1년말 재무상태표에 기입될 투자주식계정의 기말잔액과 손익계산서상의 수익은 다음과 같다.

	원가법	지분법
〈재무상태표〉		
취득원가	₩5,000,000	₩5,000,000
20×1년 순이익	–	150,000
20×1년 배당금	–	(60,000)
20×1년말 투자주식	₩5,000,000	₩5,090,000
〈손익계산서〉		
배당금수익(기타수익)	₩60,000	–
지분법이익(기타수익)	–	₩150,000
	₩60,000	₩150,000

연습문제

01 FVPL금융자산의 평가

20×1년 5월 1일 (주)미래는 다음과 같은 주식을 취득하였다. 이 주식의 취득원가와 20×1년 결산일 현재 공정가치는 다음과 같다.

종 목	취득원가	공정가치
S사 주식	₩ 500,000	₩ 560,000
L사 주식	1,000,000	960,000
H사 주식	780,000	900,000
	₩2,280,000	₩2,420,000

물음 상기 주식의 사업모형이 매매목적인 경우, 결산일 현재 상기 주식에 관한 회계처리를 행하시오.

02 금융자산의 공정가치 평가

신촌(주)는 20×1년 중 다음과 같은 주식을 현금으로 매입하였으며, 취득시 총매입금액의 1%를 거래수수료로 현금지급하였다. 신촌(주)가 보유하고 있는 매년 말 주식의 주당 공정가치 및 해당 금융자산의 분류는 다음과 같다.

구분	주식수	주당 액면금액	주당 공정가치			분 류
			취득일	20×1년말	20×1년말	
A사 주식	10주	₩ 5,000	₩ 6,000	₩ 9,000	₩ 8,000	FVPL금융자산
B사 주식	20주	5,000	10,000	25,000	20,000	FVOCI금융자산

물음 (1) 신촌(주)의 20×1년 취득일과 20×1년말, 20×2년말 A사 주식에 대한 분개를 수행하시오.
(2) 신촌(주)의 20×1년 취득일과 20×1년말, 20×2년말 B사 주식에 대한 분개를 수행하시오.

03 FVOCI금융자산의 공정가치 평가

20×1년 3월 1일 (주)연희는 다음의 W, X, Y, Z회사의 주식을 현금으로 구입하였다. 각 주식의 취득원가와 20×1년 12월 31일의 공정가치는 아래와 같으며, 사업모형은 단기매매 이외의 목적으로 FVOCI금융자산으로 회계처리를 선택하였다.

종 목	취득원가	공정가치
W주식	₩ 75,000	₩ 60,000
X주식	140,000	90,000
Y주식	90,000	95,000
Z주식	600,000	340,000
	₩905,000	₩585,000

20×2년 4월 1일에 X회사 주식 전부를 ₩130,000에 처분하였다. 20×2년 12월 31일 현재 주식의 취득원가와 공정가치는 다음과 같다.

종 목	취득원가	공정가치
W주식	₩ 75,000	₩ 70,000
Y주식	90,000	60,000
Z주식	600,000	500,000
	₩765,000	₩630,000

물음 일자별 회계처리를 하시오. 단, (주)연희는 피투자회사에 실질적으로 경영권을 통제하고 있지 않다고 가정한다.

04 FVOCI금융자산평가

제조업을 영위하는 (주)머니의 투자 관련 자료는 다음과 같다.

(1) 20×1년 1월 4일 시장성 있는 엔지전자 주식 100주를 장기투자목적으로 ₩998,000에 구입하면서 증권회사에 수수료 ₩2,000을 별도로 지급하였다. 그리고 회사는 위 주식을 FVOCI금융자산으로 분류하였다.

(2) 20×1년 12월말 현재 회사가 보유중인 위 주식의 공정가액이 ₩1,200,000이다.

(3) 20×2년 12월말 현재 회사가 보유하고 있는 위 주식의 공정가액이 ₩900,000이다.

(4) 20×3년 1월 5일 회사가 보유하고 있는 위 주식 중 40주를 ₩320,000에 처분하였다. 처분일 현재 주당 공정가치는 ₩8,000이다.

물음 (1) 20×1년과 20×2년 12월말의 회계처리를 나타내시오.
(2) 20×3년 1월 5일의 회계처리를 나타내시오.

05 유의적인 영향력을 행사하는 주식의 평가 – 원가법, 지분법

20×1년 신촌회사는 대덕회사의 발행주식 25%을 ₩30,000에 매입하였다. 20×1년 12월 31일 대덕회사는 ₩4,000의 당기순이익을 보고하였으며 ₩2,000의 현금을 배당하였다.

물음 신촌회사는 원가법과 지분법을 사용하여 분개하고 20×1년 말에 재무상태표에 기입된 투자지분증권 계정의 기말잔액과 손익계산서상의 수익을 나타내어라.

06 지분법적용 투자주식

다음은 (주)한국이 (주)서울의 주식을 취득한 것과 관련된 자료이다.

(1) 한국(주)는 20×1년 1월초에 (주)서울이 발행한 보통주식 총수의 40%에 해당하는 4,000주를 취득하면서 현금 ₩24,000,000을 지급하였다. (주)한국은 이로써 (주)서울의 최대주주가 되어 유의적인 영향력을 행사할 수 있게 되었다. 취득일 현재 (주)서울의 순자산가액은 다음과 같았다.

자본금(@₩5,000)	₩50,000,000
이익잉여금	10,000,000
	₩60,000,000

(2) 20×1년말 (주)서울은 당기순이익 ₩7,000,000을 보고하였다. (주)한국이 보유하고 있는 (주)서울의 주식의 공정가액은 ₩2,800,000이다.

(3) 20×2년 4월 4일 (주)서울은 ₩6,000,000의 현금배당을 실시하였다.

(4) 20×2년말 (주)서울은 당기순이익 ₩8,000,000을 보고하였다. (주)한국이 보유하고 있는 (주)서울의 주식의 공정가액은 3,000,000이다.

물음 (1) 20×1년 말의 회계처리를 나타내시오.
(2) 20×2년 4월 4일의 회계처리를 나타내시오.
(3) 20×2년 말의 회계처리를 나타내시오.

07 다음 중 한국채택국제회계기준(K-IFRS)에 따라 "금융자산"으로 분류되는 것이 아닌 것은 어느 것인가?

① 미수금
② 매출채권
③ 재고자산
④ 대여금
⑤ 위의 모든 항목이 금융자산에 해당하지 않음

08 **지분법적용 투자주식**

20×1년 1월 1일 병(주)는 정(주)의 보통주 40%를 ₩13,000,000에 취득하였다. 이 때 정(주)의 순자산은 ₩32,500,000이었다. 20×1년 정(주)는 당기순이익 ₩6,000,000을 보고하였고, 현금배당 ₩1,500,000을 선언하고 지급하였다. 병(주)의 20×1년말 지분법적용투자주식(관계기업투자주식) 계정의 잔액은?

09 **지분법적용 투자주식**

갑(주)는 을(주)의 보통주 40%를 보유하고 있다. 20×1년 을(주)는 ₩10,000,000을 당기순이익으로 보고하였고, 현금배당 ₩1,000,000을 지급하였다. 갑(주)의 회계담당자는 실수로 이 거래들을 지분법 대신 원가법을 사용하여 기록하였다. 이 오류가 갑(주)의 ⓐ 투자자산, ⓑ 당기순이익, 그리고 ⓒ 이익잉여금에 미치는 영향은?

① 투자자산 과소계상; 당기순이익 과대계상; 이익잉여금 과대계상
② 투자자산 과대계상; 당기순이익 과소계상; 이익잉여금 과소계상
③ 투자자산 과대계상; 당기순이익 과대계상; 이익잉여금 과대계상
④ 투자자산 과소계상; 당기순이익 과소계상; 이익잉여금 과소계상

정답과 해설

01

(차) FVPL금융자산	140,000	(대) FVPL금융자산평가이익	140,000

02

(1) 취득일

(차) FVPL금융자산	60,000	(대) 현 금	60,600
지급수수료	600		

20×1년말

(차) FVPL금융자산	30,000	(대) FVPL금융자산평가이익	30,000

20×2년말

(차) FVPL금융자산평가손실	10,000	(대) FVPL금융자산	10,000

(2) 취득일

(차) FVOCI금융자산	202,000	(대) 현 금	202,000

20×1년말

(차) FVOCI금융자산	298,000	(대) FVOCI금융자산평가이익	298,000

20×2년말

(차) FVOCI금융자산평가이익	100,000	(대) FVOCI금융자산	100,000

03

(1) 20×1년 3월 1일

(차) FVOCI금융자산	905,000	(대) 현 금	905,000

(2) 20×1년 12월 31일

(차) FVOCI금융자산평가손실	325,000	(대) FVOCI금융자산(W)	15,000
		FVOCI금융자산(X)	50,000
FVOCI금융자산(Y)	5,000	FVOCI금융자산평가이익(Y) (자본항목)	5,000
		FVOCI금융자산(Z)	260,000

또는

(차) FVOCI금융자산평가손실 320,000 (대) FVOCI금융자산(W) 320,000
(자본항목)

* W주식 평가손실 : 75,000－60,000 ＝ 15,000
X주식 평가손실 : 140,000－90,000 ＝ 50,000
Y주식 평가손실 : 95,000－90,000 ＝ 5,000
Z주식 평가손실 : 600,000－340,000 ＝ 260,000
FVOCI금융자산평가손실 : 320,000

(3) 20×2년 4월 1일 처분시

(차) FVOCI금융자산 40,000 (대) FVOCI금융자산평가손실 40,000
(차) 현 금 130,000 (대) FVOCI금융자산 130,000

(4) 20×2년 12월 31일

(차) FVOCI금융자산(W) 10,000 (대) FVOCI금융자산평가손실 10,000
(자본항목)
(차) FVOCI금융자산평가이익 5,000 (대) FVOCI금융자산(Y) 35,000
(자본항목)
FVOCI금융자산평가손실 30,000
(자본항목)
(차) FVOCI금융자산(Z) 160,000 (대) FVOCI금융자산평가손실 160,000
(자본항목)

또는

(차) FVOCI금융자산 135,000 (대) FVOCI금융자산평가손실 135,000
(자본항목)

* W주식 평가손실회복분 : 60,000－70,000＝10,000
Y주식 평가손실 : 95,000－60,000＝35,000
Z주식 평가손실회복분 : 340,000－500,000＝160,000

04 (1) 20×1. 1. 4.

(차) FVOCI금융자산 1,000,000 (대) 현 금 1,000,000

20×1년 말

(차) FVOCI금융자산 200,000 (대) FVOCI금융자산평가이익 200,000

20×2년 말

(차) FVOCI금융자산평가이익 200,000 (대) FVOCI금융자산 300,000
FVOCI금융자산평가손실 100,000

(2) 20×3. 1. 5 40주 처분

(차) FVOCI금융자산평가손실	40,000	(대) FVOCI금융자산	40,000
(차) 현 금	320,000	(대) FVOCI금융자산	320,000

05

원가법

(주식의 취득)	(차) 투자지분증권	30,000		
			(대) 현 금	30,000
(순이익 보고)	분개 없음			
(배당금 수령)	(차) 현 금	500		
			(대) 배당금수익	500

지분법

(주식의 취득)	(차) 지분법적용투자주식	30,000		
			(대) 현 금	30,000
(순이익 보고)	(차) 지분법적용투자주식	1,000		
			(대) 지분법이익	1,000
(배당금 수령)	(차) 현 금	500		
			(대) 지분법적용투자주식	500

재무상태표	원가법	지분법
취득원가	₩30,000	₩30,000
(+)순이익	–	1,000
(–)배당금	–	(500)
20×1년말 투자지분증권	₩30,000	₩30,500
손익계산서		
배당금수익	₩500	–
지분법이익	–	₩1,000
	₩500	₩1,000

06

(1) (차) 지분법적용투자주식	2,800,000	(대) 지분법이익	2,800,000
(2) (차) 현 금	2,400,000	(대) 지분법적용투자주식	2,400,000
(3) (차) 지분법적용투자주식	3,200,000	(대) 지분법이익	3,200,000

07 ③

08 ₩13,000,000＋₩6,000,000×0.4－₩1,500,000×0.4＝₩14,800,000

09 ④ 올바른 회계처리와 틀린 회계처리를 모두 실시하여 양자간의 차이를 살펴보라.

正(지분법)	誤(원가법)
(1) 지분법적용투자주식 ×××/(대) 지분법이익 ×××	회계처리 없음.
(2) (차) 현 금 ×××/(대) 지분법적용투자주식 ×××	(차) 현금 ×××/(대) 배당금수익 ×××

(1)에서는 ₩4,000,000, (2)에서는 ₩400,000에 해당하는 금액을 회계처리에 대입하면 된다. 회사는 지분법이 맞는데 원가법으로 회계처리하였으므로 (1)분개를 생략하여 투자자산 및 당기순이익을 ₩4,000,000 만큼 과소계상 하였다. (2)분개에서는 당기순이익을 ₩400,000만큼 과대계상하였고 투자자산을 ₩400,000만큼 과대계상하였다. 따라서 종합하면 투자자산과 당기순이익 및 이익잉여금 ₩3,600,000을 과소계상한 결과가 된다.

들어가며… '신촌 빵집'이 2호점을 내기로 결정했습니다! 하지만 큰돈이 필요하네요. 은행에서 5년 만기 장기 대출(비유동부채)을 받기로 했습니다. 이 거대한 빚을 장부에 어떻게 기록하고, 매년 이자비용은 어떻게 계산해야 할까요? 이번 장에서는 기업의 장기적인 빚, '사채'를 중심으로 비유동부채를 관리하는 법을 배웁니다.

summary

비유동부채는 유동부채와 구별되는 것으로서 재무상태표일로부터 1년 이내에 지급기한이 도래하지 않는 부채를 말하는데, 비유동부채는 장기차입금, 사채, 장기충당부채 및 기타비유동부채로 구분한다. 사채는 이 중 대표적인 것으로서 많은 사람들로부터 장기간에 걸쳐 자금을 조달하기 위하여 발행된다. 여기에서 설명할 문제 중 가장 중요한 부분은 이자에 대한 회계처리와 채권자의 청구권이 현재가치에 의하여 기록된다는 점이다. 현재가치개념은 사채를 회계처리할 때 매우 중요한 개념이다. 본장에서는 먼저 현재가치개념을 살펴보고 다음에 사채를 회계처리하는데 현재가치개념과 기타의 회계절차가 어떻게 적용되는지를 설명한다.

C·H·A·P·T·E·R

12

비유동부채

01 비유동부채

CHECK POINT

- 복리이자
- 현재가치
- 미래가치

부채는 크게 유동부채와 비유동부채로 나눌 수 있다. K-IFRS에서는 다음 조건 중에서 어느 하나라도 만족하면 유동부채로 분류하며 그 밖의 모든 부채는 비유동부채로 분류한다.

① 정상영업주기 내에 결제될 것으로 예상하고 있다.
② 주로 단기매매 목적으로 보유하고 있다.
③ 보고기간후 12개월 이내에 결제하기로 되어 있다.
④ 보고기간후 12개월 이상 부채의 결제를 연기할 수 있는 무조건의 권리를 가지고 있지 않다.

1. 복리이자와 현재가치

(1) 이 자

이자
화폐를 사용하는 데 필요한 비용, 자금을 빌린 대가로 발생한 금융비용

이자(interest)는 화폐를 사용하는 데 필요한 비용이다. 그것은 마치 건물이나 기계를 사용할 때 임차료를 지급해야 하는 것과 같이 자금의 사용에 대한 임차료인 것이다. 시간이 관련될 때는 우리는 투자자금을 사용하는 비용으로서의 이자를 항상 인식하고 있어야 한다. 이것은 비록 사용되는 자금이 자기자본일지라도, 또 이자가 현금지출을 수반하지 않더라도 고려되어야 하는 것이다. 타인자본에 대한 비용을 이자라고 하면 자기자본에 대한 비용을 배당이라고도 할 수 있다. 물론 채권자와의 계약 시점에서 이미 정해진 이자와 주주총회에서 확정되는 배당간에는 차이가 있다. 또한, 배당은 기업내부 유보이익의 처분이므로 이자비용과는 개념적으로 차이가 있다. 그러나 주주도 이 기업에 주주로서 투자하지 않으면 다른 기업에 또는 금융기관의 금융상품에 투자할 수 있으므로 현재의 주주가 대안적인 투자대상을 항시 갖고 있는 주주라고 생각한다면 자본비용의 측면에서는 이자와 배당을 비교할 수도 있다. 즉, 이자를 고려해야만 하는 이유는 어떤 대안을 선택하는 것은 그 대안을 선택함으로 인하여 포기된 다른 대안에 투자될

수 있었을 자금의 기회비용(opportunity cost)이 자동적으로 수반되기 때문이다.

비유로 이해하기 **돈을 위한 타임머신, 현재가치**

"1년 뒤에 100만원 받을래, 아니면 지금 95만원 받을래?" 라는 질문을 받는다면, 무엇을 선택하시겠습니까? 아마 대부분의 사람은 지금 95만원을 받아 은행에 넣어두면 1년 뒤 100만원보다 커질지 아닐지를 계산해 볼 것입니다.

이처럼, 미래의 특정 금액이 현재 시점에서는 얼마의 가치를 갖는지를 계산하는 것이 바로 '현재가치(Present Value)'입니다. 미래의 돈을 이자율(할인율)이라는 타임머신에 태워 현재로 데려오는 것이죠. 이자율이 높을수록 미래의 돈은 현재로 올 때 더 많이 '할인'되어 현재가치가 작아집니다. 비유동부채, 특히 사채의 가치를 평가할 때 이 현재가치 개념은 매우 중요하게 사용됩니다.

단기투자안을 고려할 때는 이자는 별로 중요하지 않지만, 장기투자안을 고려할 때는 이자의 중요성은 커지며, 사용되는 이자율이 궁극적인 결정에 영향을 미치는 경우도 있다. 예를 들면, 지금 ₩100,000을 투자하고, 10년 동안 연 3%로 복리계산하면 원리금은 ₩134,392이 되며, 이자율이 연 7%라면 원리금은 ₩196,715이 된다.

복리(compound interest)의 개념은 간단하다. '이자가 또 다른 이자를 낳는 것'이다. 첫해에는 원금에 대해서만 이자가 붙지만, 다음 해에는 '원금+첫해 이자'를 합친 금액에 다시 이자가 붙는다. 시간이 지날수록 돈이 스스로 돈을 버는 속도가 점점 빨라지는 마법 같은 원리이다.

(2) 이자표

이자계산을 하기 위하여 네 개의 기본적인 표가 사용되고 있다. 그 중 〈현재가치표〉와 〈연금의 현재가치표〉는 사채의 현재가치를 구하는 데 특히 중요하다.

1) ₩1의 미래가치

〈표 12-1〉은 지금 투자된 ₩1을 일정한 복리율로써 계산했을 때 일정한 기간 후에는 그 미래가치가 얼마가 될 것인가를 보여주고 있다. ₩1,000을 3년 동안 8%의 이자율로써 투자했을 때 그 미래가치는 다음과 같이 계산된다.

₩1,000×$(1.08)^3$ 또는 ₩1,000×1.2597*(〈미래가치표〉로부터)=₩1,259.70

0	1	2	3
₩1,000	₩1,080	₩1,166.40	₩1,259.70

이상을 이해하기 쉽게 설명하면 다음과 같다.

연 도	기간이자	누적복리이자	연도말의 미래가치
0	₩ −	₩ −	₩1,000.00
1	80.00	80.00	1,080.00
2	86.40	166.40	1,166.40
3	93.30	259.70	1,259.70

표 12-1

₩1의 미래가치표

$F=P\cdot(1+r)^n$ 이 표에서 P=₩1

n/r	1%	2%	3%	4%	5%	6%	7%	8%	9%	10%
1	1.0100	1.0200	1.0300	1.0400	1.0500	1.0600	1.0700	1.0800	1.0900	1.1000
2	1.0201	1.0404	1.0609	1.0816	1.1025	1.1236	1.1449	1.1664	1.1881	1.2100
3	1.0303	1.0612	1.0927	1.1249	1.1576	1.1910	1.2250	1.2597	1.2950	1.3310
4	1.0406	1.0824	1.1255	1.1699	1.2155	1.2625	1.3108	1.3605	1.4116	1.4641
5	1.0510	1.1041	1.1593	1.2167	1.2763	1.3382	1.4026	1.4693	1.5386	1.6105
6	1.0615	1.1262	1.1941	1.2653	1.3401	1.4185	1.5007	1.5869	1.6771	1.7716
7	1.0721	1.1487	1.2299	1.3159	1.4071	1.5036	1.6058	1.7138	1.8280	1.9487
8	1.0829	1.1717	1.2668	1.3686	1.4775	1.5939	1.7182	1.8509	1.9926	2.1436
9	1.0937	1.1951	1.3048	1.4233	1.5513	1.6895	1.8385	1.9990	2.1719	2.3580
10	1.1046	1.2190	1.3439	1.4802	1.6289	1.7909	1.9672	2.1589	2.3674	2.5937
11	1.1157	1.2434	1.3842	1.5395	1.7103	1.8983	2.1049	2.3316	2.5804	2.8531
12	1.1268	1.2682	1.4258	1.6010	1.7959	2.0122	2.2522	2.5182	2.8127	3.1384
13	1.1381	1.2936	1.4685	1.6651	1.8857	2.1329	2.4098	2.7196	3.0658	3.4523
14	1.1495	1.3195	1.5126	1.7317	1.9799	2.2609	2.5785	2.9372	3.3417	3.7975
15	1.1610	1.3459	1.5580	1.8009	2.0789	2.3966	2.7590	3.1722	3.6425	4.1773
16	1.1726	1.3728	1.6047	1.8730	2.1829	2.5404	2.9522	3.4259	3.9703	4.5950
17	1.1843	1.4002	1.6529	1.9479	2.2920	2.6928	3.1588	3.7000	4.3276	5.0545
18	1.1962	1.4283	1.7024	2.0258	2.4066	2.8543	3.3799	3.9960	4.7171	5.5599
19	1.2081	1.4568	1.7535	2.1069	2.5270	3.0256	3.6165	4.3157	5.1417	6.1159
20	1.2202	1.4859	1.8061	2.1911	2.6533	3.2071	3.8697	4.6610	5.6044	6.7275

이를 수식으로 표시하면 다음과 같다. 1년 후의 원금과 이자에 다시 한 번 이자가 붙는 계산, 즉 이자가 복리로 계산된다.

복리의 개념은 3년 투자라고 하여도 매 연도말 원금과 이자를 찾아서 이를 다시 한번 동일한 연이자율로 다시 한번 1년 더 투자하는 것을 가정한 이자계산방식이다.

$F_1 = 1,000(1.08)^1$ = 1년 후의 원금과 이자
$F_2 = 1,000(1.08)^2$ = 2년 후의 원금과 이자
$F_3 = 1,000(1.08)^3$ = 3년 후의 원금과 이자

F_2는 ₩1,000의 원금이 1년 후에는 ₩(1,000×1.08)의 원리금이 되고 이 원리금이 1년 말에서 2년 말까지 재투자되어 원금과 이자가 계산된다. 원금은 ₩(1,000×1.08)이고 이자는 이 원금 ₩(1,000×1.08)에 대한 8%이므로 2년 후의 원리금은 (1,000×1.08)×1.08이다. 따라서 2년 후의 복리 계산은 1,000×1.1664가 된다. 따라서 미래가치의 계산

$F = P \cdot (1+r)^n$ 이 표에서 P=₩1

n/r	11%	12%	13%	14%	15%	16%	17%	18%	19%	20%
1	1.1100	1.1200	1.1300	1.1400	1.1500	1.1600	1.1700	1.1800	1.1900	1.2000
2	1.2321	1.2544	1.2769	1.2996	1.3225	1.3456	1.3689	1.3924	1.4161	1.4400
3	1.3676	1.4049	1.4429	1.4815	1.5209	1.5609	1.6016	1.6430	1.6852	1.7280
4	1.5181	1.5735	1.6305	1.6890	1.7490	1.8106	1.8739	1.9388	2.0053	2.0736
5	1.6851	1.7623	1.8424	1.9254	2.0114	2.1003	2.1925	2.2878	2.3864	2.4883
6	1.8704	1.9738	2.0820	2.1950	2.3131	2.4364	2.5652	2.6996	2.8398	2.9860
7	2.0762	2.2107	2.3526	2.5023	2.6600	2.8262	3.0012	3.1855	3.3793	3.5832
8	2.3045	2.4760	2.6584	2.8526	3.0590	3.2784	3.5115	3.7589	4.0214	4.2998
9	2.5580	2.7731	3.0040	3.2520	3.5179	3.8030	4.1084	4.4355	4.7855	5.1598
10	2.8394	3.1059	3.3946	3.7072	4.0456	4.4114	4.8068	5.2338	5.6947	6.1917
11	3.1518	3.4786	3.8359	4.2262	4.6524	5.1173	5.6240	6.1759	6.7767	7.4301
12	3.4985	3.8960	4.3345	4.8179	5.3503	5.9360	6.5801	7.2876	8.0642	8.9161
13	3.8833	4.3635	4.8980	5.4924	6.1528	6.8858	7.6987	8.5994	9.5965	10.6993
14	4.3104	4.8871	5.5348	6.2614	7.0757	7.9875	9.0075	10.1472	11.4198	12.8392
15	4.7846	5.4736	6.2543	7.1379	8.1371	9.2655	10.5387	11.9737	13.5895	15.4070
16	5.3109	6.1304	7.0673	8.1373	9.3576	10.7480	12.3303	14.1290	16.1715	18.4884
17	5.8951	6.8660	7.9861	9.2765	10.7613	12.4677	14.4265	16.6722	19.2441	22.1861
18	6.5436	7.6900	9.0243	10.5752	12.3755	14.4625	16.8790	19.6732	22.9005	26.6233
19	7.2633	8.6128	10.1974	12.0557	14.2318	16.7765	19.7484	23.2144	27.2516	31.9480
20	8.0623	9.6463	11.5231	13.7435	16.3665	19.4608	23.1056	27.3930	32.4294	38.3376

은 금융상품의 이자계산과 동일하다. 이를 다시 일반적인 형태로 표시하면 다음과 같다.

$$F = P(1+r)^n$$

$$F = 1,000(1+0.08)^3 = ₩1,259.70$$

F는 금액(미래가치), P는 현재가치 여기서는 ₩1,000

r은 수익률, n은 기간수

이상의 계산을 쉽게 하기 위하여 〈표 12-1〉의 〈미래가치표〉가 작성되어 있다.

2) ₩1의 현재가치

앞의 예에서 만일 ₩1,000을 연간이자율 8%로 복리계산하면 3년 후에는 그 원리금이 ₩1,259.70이 된다. 즉 3년 후 ₩1,259.70의 현재가치는 ₩1,000인 것이다. 현재가치의

표 12-2

₩1의 현재가치표

$P = \frac{F}{(1+r)^n}$ 이 표에서 P=₩1

n/r	1%	2%	3%	4%	5%	6%	7%	8%	9%	10%
1	0.9901	0.9804	0.9709	0.9615	0.9524	0.9434	0.9346	0.9259	0.9174	0.9091
2	0.9803	0.9612	0.9426	0.9246	0.9070	0.8900	0.8734	0.8573	0.8417	0.8265
3	0.9706	0.9423	0.9151	0.8890	0.8638	0.8396	0.8163	0.7938	0.7722	0.7513
4	0.9610	0.9239	0.8885	0.8548	0.8227	0.7921	0.7629	0.7350	0.7084	0.6830
5	0.9515	0.9057	0.8626	0.8219	0.7835	0.7473	0.7130	0.6806	0.6499	0.6209
6	0.9421	0.8880	0.8375	0.7903	0.7462	0.7050	0.6663	0.6302	0.5963	0.5645
7	0.9327	0.8706	0.8131	0.7599	0.7107	0.6651	0.6228	0.5835	0.5470	0.5132
8	0.9235	0.8535	0.7894	0.7307	0.6768	0.6274	0.5820	0.5403	0.5019	0.4665
9	0.9143	0.8368	0.7664	0.7026	0.6446	0.5919	0.5439	0.5003	0.4604	0.4241
10	0.9053	0.8204	0.7441	0.6756	0.6139	0.55840	0.5084	0.4632	0.4224	0.3855
11	0.8963	0.8043	0.7224	0.6496	0.5847	0.5268	0.4751	0.4289	0.3875	0.3505
12	0.8875	0.7885	0.7014	0.6246	0.5568	0.4970	0.4440	0.3971	0.3555	0.3186
13	0.8787	0.7730	0.6810	0.6006	0.5303	0.4688	0.4150	0.3677	0.3262	0.2897
14	0.8700	0.7579	0.6611	0.5775	0.5051	0.4423	0.3878	0.3405	0.2993	0.2633
15	0.8614	0.7430	0.6419	0.5553	0.4810	0.4173	0.3625	0.3152	0.2745	0.2394
16	0.8528	0.7285	0.6232	0.5339	0.4581	0.3937	0.3387	0.2919	0.2519	0.2176
17	0.8444	0.7142	0.6050	0.5134	0.4363	0.3714	0.3166	0.2703	0.2311	0.1978
18	0.8360	0.7002	0.5874	0.4936	0.4155	0.3503	0.2959	0.2503	0.2120	0.1799
19	0.8277	0.6864	0.5703	0.4746	0.3957	0.3305	0.2765	0.2317	0.1945	0.1635
20	0.8195	0.6730	0.5537	0.4564	0.3769	0.3118	0.2584	0.2146	0.1784	0.1486

계산공식은 앞에서 구한 원리금 계산공식을 역으로 생각하면 된다.

만일 $F=P(1+r)^n$이라고 한다면,

$$P=\frac{F}{(1+r)^n}$$

$$P=\frac{₩1,259.70}{(1.08)^3}=₩1,000$$

위와 같은 현재가치의 계산공식을 이용하지 않고도 〈표 12-2〉의 〈현재가치표〉를 이용하여 쉽게 계산할 수도 있다. 3년 후 시점의 ₩1,259의 현재시점에서의 가치는 ₩1,259에 현가표에 의한 현재가치요인을 곱하면 된다. 현재가치요인은 $n=3$, 이자율 $=8\%$이므로 표에 의해서 0.794를 구할 수 있고 이 두 수치의 곱은 ₩1,000이다. 원리금

$P=\frac{F}{(1+r)^n}$ 이 표에서 $P=₩1$

n/r	11%	12%	13%	14%	15%	16%	17%	18%	19%	20%
1	0.9009	0.8929	0.8850	0.8772	0.8696	0.8621	0.8547	0.8475	0.8403	0.8333
2	0.8116	0.7972	0.7832	0.7695	0.7561	0.7432	0.7305	0.7182	0.7062	0.6944
3	0.7312	0.7118	0.6931	0.6750	0.6575	0.6407	0.6244	0.6086	0.5934	0.5787
4	0.6587	0.6355	0.6133	0.5921	0.5718	0.5523	0.5337	0.5158	0.4987	0.4823
5	0.5935	0.5674	0.5428	0.5194	0.4972	0.4761	0.4561	0.4371	0.4191	0.4019
6	0.5346	0.5066	0.4803	0.4556	0.4323	0.4104	0.3898	0.3704	0.3521	0.3349
7	0.4817	0.4524	0.4251	0.3996	0.3759	0.3538	0.3332	0.3139	0.2959	0.2791
8	0.4339	0.4039	0.3762	0.3506	0.3269	0.3050	0.2848	0.2660	0.2487	0.2326
9	0.3909	0.3606	0.3329	0.3075	0.2843	0.2630	0.2434	0.2255	0.2090	0.1938
10	0.3522	0.3220	0.2946	0.2697	0.2472	0.2267	0.2080	0.1911	0.1756	0.1615
11	0.3173	0.2875	0.2607	0.2366	0.2149	0.1954	0.1778	0.1619	0.1476	0.1346
12	0.2858	0.2567	0.2307	0.2076	0.1869	0.1685	0.1520	0.1372	0.1240	0.1122
13	0.2575	0.2292	0.2042	0.1821	0.1625	0.1452	0.1299	0.1163	0.1042	0.0935
14	0.2320	0.2046	0.1807	0.1597	0.1413	0.1252	0.1110	0.0986	0.0876	0.0779
15	0.2090	0.1827	0.1599	0.1401	0.1229	0.1079	0.0949	0.0835	0.0736	0.0649
16	0.1883	0.1631	0.1415	0.1229	0.1069	0.0930	0.0811	0.0708	0.0618	0.0541
17	0.1696	0.1456	0.1252	0.1078	0.0929	0.0802	0.0693	0.0600	0.0520	0.0451
18	0.1528	0.1300	0.1108	0.0946	0.0808	0.0691	0.0593	0.0508	0.0437	0.0376
19	0.1377	0.1161	0.0982	0.0830	0.0703	0.0596	0.0506	0.0431	0.0367	0.0313
20	0.1240	0.1037	0.0868	0.0728	0.0611	0.0514	0.0433	0.0365	0.0308	0.0261

계산을 할 때는 시간을 앞으로 나가며 생각하게 된다. 최초금액과 원리금과의 차이는 복리이자(compound interest)이다. 할인계산을 할 때는 우리는 시간을 뒤로 돌아오며 생각하게 된다. 장래금액과 현재가치와의 차이는 복리할인(compound discount)이다.

3) ₩1의 연금의 미래가치

연금
계속되는 매기말에 같은 금액을 지급(수령)하는 경우

연금(annuity)이란 계속되는 매기간말에 같은 금액을 지급(수령)하는 경우를 말한다. ₩1,000이 3년 동안 매년말에 8%로 지급된다고 가정하여 보자. $t=1$시점에 지급되는 ₩1,000의 $t=3$시점에서의 미래가치는 ₩1,166, 즉 1,000×1.1664이다. $t=2$시점에 지급되는 ₩1,000의 $t=3$시점에서의 미래가치는 ₩1,080이다. $t=3$시점의 ₩1,000의 $t=3$시점의 가치는 ₩1,000이다. 따라서 이들 3번의 ₩1,000의 $t=3$시점에서의 가치는 이들 금액의 합이다.

표 12-3

₩1에 대한 연금의 미래가치표*

$$F_n=\frac{(1+r)^n-1}{r}$$

n/r	1%	2%	3%	4%	5%	6%	7%	8%	9%	10%
1	1.0000	1.0000	1.0000	1.0000	1.0000	1.0000	1.0000	1.0000	1.0000	1.0000
2	2.0100	2.0200	2.0300	2.0400	2.0450	2.0600	2.0700	2.0800	2.0900	2.1000
3	3.0301	3.0604	3.0909	3.1216	3.1370	3.1836	3.2149	3.2464	3.2781	3.3100
4	4.0604	4.1216	4.1836	4.2465	4.2782	4.3746	4.4399	4.5061	4.5731	4.6410
5	5.1010	5.2040	5.3091	5.4163	5.4707	5.6371	5.7507	5.8666	5.9847	6.1051
6	6.1520	6.3081	6.4684	6.6330	6.7169	6.9753	7.1533	7.3359	7.5233	7.7156
7	7.2135	7.4343	7.6625	7.8983	8.0192	8.3938	8.6540	8.9228	9.2004	9.4872
8	8.2857	8.5830	8.8923	9.2142	9.3800	9.8975	10.2598	10.6366	11.0285	11.4359
9	9.3685	9.7546	10.1591	10.5828	10.8021	11.4913	11.9780	12.4876	13.0210	13.5795
10	10.4622	10.9497	11.4639	12.0061	12.2882	13.1808	13.8165	14.4866	15.1929	15.9374
11	11.5668	12.1687	12.8078	13.4864	13.8412	14.9716	15.7836	16.6455	17.5603	18.5312
12	12.6825	13.4121	14.1920	15.0258	15.4640	16.8699	17.8885	18.9771	20.1407	21.3843
13	13.8093	14.6803	15.6178	16.6268	17.1599	18.8821	20.1406	21.4953	22.9534	24.5227
14	14.9474	15.9739	17.0863	18.2919	18.9321	21.0151	22.5505	24.2149	26.0192	27.9750
15	16.0969	17.2934	18.5989	20.0236	20.7841	23.2760	25.1290	27.1521	29.3609	31.7725
16	17.2579	18.6393	20.1569	21.8245	22.7193	25.6725	27.8881	30.3243	33.0034	35.9497
17	18.4304	20.0121	21.7616	23.6975	24.7417	28.2129	30.8402	33.7502	36.9737	40.5447
18	19.6147	21.4123	23.4144	25.6454	26.8551	30.9057	33.9990	37.4502	41.3013	45.5992
19	20.8109	22.8406	25.1169	27.6712	29.0636	33.7600	37.3790	41.4463	46.0185	51.1591
20	22.0190	24.2974	26.8704	29.7781	31.3714	36.7856	40.9955	45.7620	51.1601	57.2750

*지불(혹은 수취)은 각 연도말에 이루어진다.

	0	1	2	3
첫 번째 지급		₩1,000.00 ⟶		₩1,166.40
두 번째 지급			1,000.00 ⟶	1,080.00
세 번째 지급				1,000.00
합 계				₩3,246.40

이를 수식으로 표시하면 다음과 같다.

연금 ₩1,000의 3년 동안의 원리금 합계 $= ₩1,000(1+r)^2 + ₩1,000(1+r)^1 + 1,000$

$$F_n = \frac{(1+r)^n - 1}{r}$$

n/r	11%	12%	13%	14%	15%	16%	17%	18%	19%	20%
1	1.0000	1.0000	1.0000	1.0000	1.0000	1.0000	1.0000	1.0000	1.0000	1.0000
2	2.1100	2.1200	2.1300	2.1400	2.1500	2.1600	2.1700	2.1800	2.1900	2.2000
3	3.3421	3.3744	3.4069	3.4396	3.4725	3.5056	3.5389	3.5724	3.6061	3.6400
4	4.7097	4.7793	4.8498	4.9211	4.9934	5.0665	5.1405	5.2154	5.2913	5.3680
5	6.2278	6.3529	6.4803	6.6101	6.7424	6.8771	7.0144	7.1542	7.2966	7.4416
6	7.9129	8.1152	8.3227	8.5355	8.7537	8.9775	9.2069	9.4420	9.6830	9.9299
7	9.7833	10.0890	10.4047	10.7305	11.0668	11.4139	11.7720	12.1415	12.5227	12.9159
8	11.8594	12.2997	12.7573	13.2328	13.7268	14.2401	14.7733	15.3270	15.9020	16.4991
9	14.1640	14.7757	15.4157	16.0854	16.7858	17.5185	18.2847	19.0859	19.9234	20.7989
10	16.7220	17.5487	18.4198	19.3373	20.3037	21.3215	22.3931	23.5213	24.7090	25.9587
11	19.5614	20.6546	21.8143	23.0445	24.3493	25.7329	27.1999	28.7551	30.4035	32.1504
12	22.7132	24.1331	25.6502	27.2707	29.0017	30.8502	32.8239	34.931	37.1802	39.5805
13	26.2116	28.0291	29.9847	32.0887	34.3519	36.7862	39.4040	42.2187	45.2445	48.4966
14	30.0949	32.3926	34.8827	37.5811	40.5047	43.6720	47.1027	50.8180	54.8409	59.1959
15	34.4054	37.2797	40.4175	43.8424	47.5804	51.6595	56.1101	60.9653	66.2607	72.0351
16	39.1899	42.7533	46.6717	50.9803	55.7175	60.9250	66.6488	72.9390	79.8502	87.4421
17	44.5008	48.8837	53.7391	59.1176	65.0751	71.6730	78.9791	87.0680	96.0217	105.9305
18	50.3959	55.7497	61.7251	68.3941	75.8364	84.1407	93.4056	103.7402	115.2659	128.1166
19	56.9395	63.4397	70.7494	78.9692	88.2118	98.6032	110.2845	123.4135	138.1664	154.7399
20	64.2028	72.0524	80.9468	91.0249	102.4436	115.3797	130.0329	146.6279	165.4180	186.6879

* 지불(혹은 수취)은 각 연도말에 이루어진다.

이 식에 $r=0.08$을 대입하면 다음과 같은 계산이 된다.

$t=3$시점에 있어서의 원리금의 합은 $1,000\times(1+1.08+1.08)^2$이다. 괄호 속의 계산이 〈표 12-3〉의 〈연금의 미래가치표〉에 작성되어 있다. 이 수치는 $n=3$, 이자율=8%에서 구할 수 있다. 주의할 점은 $t=3$시점의 현금의 지급까지 포함하여 $n=3$으로 설정되어 표가 작성되었다. 물론 $n=3$, 이자율=8%와 같은 간단한 계산은 표를 이용하지 않고도 수행할 수 있으나 연도가 길어지면 복잡한 계산이 될 수 있으므로 표를 이용함이 좋다.

연금표는 매 기간 금액이 동일하고 이자율도 동일한 경우에만 사용할 수 있다.

표 12-4

₩1에 대한 연금의 현재가치표*

$$P_n=\frac{1}{r}\left[1-\frac{1}{(1+r)^n}\right]$$

n/r	1%	2%	3%	4%	5%	6%	7%	8%	9%	10%
1	0.9901	0.9804	0.9709	0.9615	0.9524	0.9434	0.9346	0.9259	0.9174	0.9091
2	1.9704	1.9416	1.9135	1.8861	1.8594	1.8334	1.8080	1.7833	1.7591	1.7355
3	2.9410	2.8839	2.8286	2.7751	2.7233	2.6730	2.6243	2.5771	2.5313	2.4869
4	3.9020	3.8077	3.7171	3.6299	3.5460	3.4651	3.3872	3.3121	3.2397	3.1699
5	4.8534	4.7135	4.5797	4.4518	4.3295	4.2124	4.1002	3.9927	3.8897	3.7908
6	5.7955	5.6014	5.4172	5.2421	5.0757	4.9173	4.7665	4.6229	4.4859	4.3553
7	6.7282	6.4720	6.2303	6.0021	5.7864	5.5824	5.3893	5.2064	5.0330	4.8684
8	7.6517	7.3255	7.0197	6.7328	6.4632	6.2098	5.9713	5.7466	5.5348	5.3349
9	8.5660	8.1622	7.7861	7.4353	7.1078	6.8017	6.5152	6.2469	5.9953	5.7590
10	9.4713	8.9826	8.5302	8.1109	7.7217	7.3601	7.0236	6.7101	6.4177	6.1446
11	10.3676	9.7869	9.2526	8.7605	8.3064	7.8869	7.4987	7.1390	6.8052	6.4951
12	11.2551	10.5753	9.9540	9.3851	8.8633	8.3838	7.9427	7.5361	7.1607	6.8137
13	12.1337	11.3484	10.6350	9.9857	9.3936	8.8527	8.3577	7.9038	7.4869	7.1034
14	13.0037	12.1063	11.2961	10.5631	9.8986	9.2950	8.7455	8.2442	7.7862	7.3667
15	13.8651	12.8493	11.9379	11.1184	10.3797	9.7123	9.1079	8.5595	8.0607	7.6061
16	14.7179	13.5777	12.5611	11.6523	10.8378	10.1059	9.4467	8.8514	8.3126	7.8237
17	15.5623	14.2919	13.1661	12.1657	11.2741	10.4773	9.7632	9.1216	8.5436	8.0216
18	16.3983	14.9920	13.7535	12.6593	11.6896	10.8276	10.0591	9.3719	8.7556	8.2014
19	17.2260	15.6785	14.3238	13.1339	12.0853	11.1581	10.3356	9.6036	8.9501	8.3649
20	18.0456	16.3514	14.8775	13.5903	12.4622	11.4699	10.5940	9.8182	9.1286	8.5136

* 지불(혹은 수취)은 각 연도말에 이루어진다.

4) ₩1의 연금의 현재가치

〈연금의 미래가치표〉와 동일한 예를 사용함으로써 P_n, 즉 연금의 현가를 계산할 수 있다. $t=1, 2, 3$ 시점에 ₩1,000의 현금이 지급되었고 이를 $t=0$시점의 화폐단위로 측정하는 과정은 다음과 같다. 세 번에 걸친 현재가치의 계산이나 이 계산과정이 복잡하므로 현재가치 연금표가 〈표 12-4〉에 작성되어 있다.

$$P_n=\frac{1}{r}\left[1-\frac{1}{(1+r)^n}\right]$$

n/r	11%	12%	13%	14%	15%	16%	17%	18%	19%	20%
1	0.9009	0.8929	0.8850	0.8772	0.8696	0.8621	0.8547	0.8475	0.8403	0.8333
2	1.7125	1.6901	1.6681	1.6467	1.6257	1.6052	1.5852	1.5656	1.5465	1.5278
3	2.4437	2.4018	2.3612	2.3216	2.2832	2.2459	2.2096	2.1743	2.1399	2.1065
4	3.1025	3.0374	2.9745	2.9137	2.8550	2.7982	2.7432	2.6901	2.6386	2.5887
5	3.6959	3.6048	3.5172	3.4331	3.3522	3.2743	3.1994	3.1272	3.0576	2.9906
6	4.2305	4.1114	3.9976	3.8887	3.7845	3.6847	3.5892	3.4976	3.4098	3.3255
7	4.7122	4.5638	4.4226	4.2883	4.1604	4.0386	3.9224	3.8115	3.7057	3.6046
8	5.1461	4.9676	4.7988	4.6389	4.4873	4.3436	4.2072	4.0776	3.9544	3.8372
9	5.5371	5.3283	5.1317	4.9464	4.7716	4.6065	4.4506	4.3030	4.1633	4.0310
10	5.8892	5.6502	5.4262	5.2161	5.0188	4.8332	4.6586	4.4941	4.3389	4.1925
11	6.2065	5.9377	5.6869	5.4527	5.2337	5.0286	4.8364	4.6560	4.4865	4.3271
12	6.4924	6.1944	5.9177	5.6603	5.4206	5.1971	4.9884	4.7932	4.6105	4.4392
13	6.7499	6.4236	6.1218	5.8424	5.5832	5.3423	5.1183	4.9095	4.7147	4.5327
14	6.9819	6.6282	6.3025	6.0021	5.7245	5.4675	5.2293	5.0081	4.8023	4.6106
15	7.1909	6.8109	6.4624	6.1422	5.8474	5.5755	5.3242	5.0916	4.8759	4.6755
16	7.3792	6.9740	6.6039	6.2651	5.9542	5.6685	5.4053	5.1624	4.9377	4.7296
17	7.5488	7.1196	6.7291	6.3729	6.0472	5.7487	5.4746	5.2223	4.9897	4.7746
18	7.7016	7.2497	6.8399	6.4674	6.1280	5.8179	5.5339	5.2732	5.0333	4.8122
19	7.8393	7.3658	6.9380	6.5504	6.1982	5.8775	5.5845	5.3162	5.0700	4.8435
20	7.9633	7.4694	7.0248	6.6231	6.2593	5.9288	5.6278	5.3528	5.1009	4.8696

* 지불(혹은 수취)은 각 연도말에 이루어진다.

현 가		0	1	2	3
첫번째 지급	$\frac{₩1,000}{1.08}$ =	₩926.14	₩1,000		
두번째 지급	$\frac{1,000}{(1.08)^2}$ =	857.52		₩1,000	
세번째 지급	$\frac{1,000}{(1.08)^3}$ =	794.00			₩1,000
		₩2,577.66			

현재가치연금표에 계산된 $n=3$, 이자율=8%의 계산은 다음과 같은 현재가치의 합이다.

$$\left(\frac{1}{(1.08)}\right)+\left(\frac{1}{(1.08)^2}\right)+\left(\frac{1}{(1.08)^3}\right)$$

미래가치의 연금표와 비교되는 부분은 현재가치표는 현재시점의 현금의 유입/유출이 없다는 가정하에 현재시점에서 앞으로 1기간 지난 시점부터의 현금의 유입/유출이 시작됨을 가정한 현재가치 연금의 계산이고, 미래가치의 연금표는 가치를 측정하는 미래시점의 현금의 유입/유출이 있다는 가정하의 계산이므로 이 차이점을 주의하여야 한다.

보충설명

네 가지 이자표, 언제 무엇을 써야 할까?

4개의 표가 등장해서 혼란스러울 수 있다. 이자표는 딱 두 가지만 질문하면 정답을 찾을 수 있다.

1. 돈이 '한 번'만 오가나, '여러 번' 오가나?
   - '한 번': ₩1의 현재/미래가치표
   - '여러 번' (매년 동일 금액): 연금의 현재/미래가치표
2. 돈을 '미래로' 보내나, '현재로' 당겨오나?
   - '미래로': 미래가치표
   - '현재로': 현재가치표

예를 들어, '3년 뒤에 받을 100만원'은 돈이 한 번 오가고, 이것을 현재로 당겨오는 것이므로 '₩1의 현재가치표'를, '매년 말 100만원씩 3년간 받을 돈'은 돈이 여러 번 오가고, 이것을 현재로 당겨오는 것이므로 '연금의 현재가치표'를 사용하면 된다.

02 사 채

CHECK POINT
- 사채할인발행
- 사채할증발행
- 사채발행비
- 사채이자

사채는 기업이 사채권을 발행하여 자금을 차입하는 채무를 말한다. 기업은 상법의 절차를 거쳐 사채증권을 발행하며 사채증권에는 액면금액, 이자율, 이자지급일, 만기일 등이 표시되어 있다.

용어 바로 알기 **회계의 '사채(社債)'는 무엇일까?**

뉴스나 영화에 나오는 무서운 '사채(私債)'와 회계에서 말하는 '사채(Bonds, 社債)'는 한자는 다르지만 한글이 같아 혼동하기 쉽습니다. 회계에서 배우는 사채는 완전히 다른 개념입니다.

여기서 말하는 사채는, 삼성전자나 현대자동차 같은 대기업이 대규모 자금을 조달하기 위해 불특정 다수의 투자자들에게 발행하는, 매우 공식적이고 신용도 높은 '회사의 장기 차용증서'입니다. 즉, 회사가 발행하는 '채권'이라고 생각하면 쉽습니다.

사채
기업이 사채권을 발행하여 자금을 차입하는 채무

사채(bond payable)에는 전환사채, 담보부사채, 이익분배사채 등의 여러 가지 종류가 있지만, 공통적인 점은 일정한 기간이 경과한 후에 원금을 지급하고, 일정한 기간마다 이자를 지급하기로 약속한 증권이라는 점이다. 이러한 사채는 발행회사가 직접 사채권자에게 전달하기도 하지만, 대부분은 대행기관들이 중간매입인 또는 판매인이 되어 이들이 최종적인 사채권자에게 사채를 분배한다.

사채권에는 기채회사가 준수해야 할 계약사항이 포함되어 있다. 여러 가지 계약사항 중에서 회계의 관점에서 가장 중요한 두 가지 사항은 일정한 기간이 경과한 후에 일정한 금액(액면가)을 지급하고, 빌린 돈에 대하여 일정한 기간마다 이자를 지급한다는 점이다. 사채액면상에 표시된 이자율을 **명목이자율**(nominal rate) 또는 **액면이자율**(stated rate)이라고 한다. 특정한 한 사람에게만 사채를 발행할 경우에는 기채회사와 사채권자 사이에서 직접 이자율을 협상할 수 있지만, 사채를 공모할 경우에는 모든 사채권자와 일일이 이자율을 협상할 수 없다. 따라서 사채의 액면가의 일정한 비율을 명목이자율로 설정한다.

명목이자율 또는 액면이자율은 실질적으로 투자자가 요구하는 시장이자율과 일치할 수도, 일치하지 않을 수도 있다. 시장이자율(market rate 또는 effective rate; 유효이자율, 실질이자율)은 사채시장에서 형성되는 사채자금에 대한 수요와 공급으로 결정되는데, 사채시장에서 인식되고 있는 위험(risk)과 일반경제상태에 따라 변화한다.

다음에서는 ① 사채의 발행, ② 이자의 발생과 지급, ③ 만기 이전의 사채상환에 관한 회계처리와 기입을 설명하려고 한다. 위에서도 강조하였지만 사채의 회계처리, 특히 사채의 발행과 사채이자의 회계처리를 완전히 이해하기 위해서는 현재가치개념을 이해해야 한다. 다음 예를 통하여 설명하겠지만 명목이자율은 이자지급액만을 결정할 뿐 현재가치를 계산할 때에는 고려되지 않는다. 현재가치 계산에는 시장이자율이 사용된다.

1. 사채와 현재가치

액면이자율 = 시장이자율:
사채의 액면발행이다.

사채를 발행하여 자금을 조달하였으면 회사는 만기일에 사채의 액면금액을 상환해야 하고, 일정한 기간마다 이자를 지급해야 한다. 특정일 현재의 부채는 회사가 특정일 현재 채권자에게 지급하여야 할 의무를 나타내기 때문에, 사채는 위의 두 가지 지급액을 시장이자율로 조정한 현재가치로 평가되어야 한다.

만일 액면이자율이 시장이자율과 일치하면 사채는 액면금액(만기일에 지급하여야 할 금액)으로 판매될 것이다. 예를 들어서 사채의 액면금액이 ₩10,000이고, 매년 8%의 이자를 지급하는데, 5년 후에 상환한다고 가정하자. 따라서 회사는 5년 후에 ₩10,000을 상환하여야 하고, 매년 ₩800의 이자를 지급해야 한다.

만일 시장이자율이 연 8%라고 가정하면 투자자들은 두 지급액(원금과 이자지급액)을 시장이자율 연 8%로 조정한 현재가치를 가격으로 하여 사채를 구입할 것이다. 따라서 사채의 발행가액은 이자와 원금의 현재가치이다. 이자의 현재가치는 현재가치의 연금으로 계산될 수 있다. 이자는 사채가 발행된 이후 1년 후에 지급된다고 가정한다. 따라서 이자의 현재가치 계산은 현재가치 계수표를 이용할 수 있다.

5년 후에 지급될 ₩10,000의 현재가치	
(₩10,000×0.6806)	₩6,806
5년간에 걸쳐서 매년말에 지급된 ₩800의	
현재가치(₩800×3.9927)	3,194
현재가치총액	₩10,000

0.6806은 이자율 연 8%, 기간 5년의 현재가치계수이고 3.9927은 이자율 연 8%, 기간 5년의 현재가치 연금계수이다. 투자자가 시장에서 얻을 수 있는 대안적인 투자수단이 지급하는 시장이자율과 사채를 발행한 기업이 지급하는 이자율이 동일하므로 사채권자가 ₩10,000을 기업에 시장이자율로 빌려주고 발생하는 시장이자율을 지급받은 후에 원금을 상환받는 것과 똑같은 결과를 구할 수 있다. 따라서 발행가액과 액면금액은 일치하며 이를 액면발행이라고 한다.

액면이자율 < 시장이자율(사채의 할인발행): 사채할인발행차금의 발생이다.

만일 금융시장에서 투자자가 요구하는 이자율(시장이자율)과 회사가 제시한 이자율(액면이자율)이 다를 경우에는 사채가 어떻게 판매될 것인가? 만일 시장이자율이 액면이자율보다 높을 경우에는 액면금액보다 낮은 가격으로 할인되어 사채가 판매될 것이다. 이는 투자자의 입장에서 다른 대안적인 상품에 투자할 때는 시장이자율을 실현시킬 수 있는데 이 사채에 투자함으로써 더 낮은 이자율이 실현되므로 사채를 발행하는 입장에서는 액면가액보다 낮은 가액으로 사채를 발행하여야 한다. 즉 위의 사채를 매입하려고 고려하고 있는데 이 때의 시장이자율이 연 10%라고 하자. 현재가치의 계산은 다음과 같다.

5년 후에 지급될 ₩10,000의 현재가치	
(₩10,000 × 0.6209)	₩6,209
5년간에 걸쳐서 매년말에 지급될 ₩800의	
현재가치(₩800 × 3.7908)	3,033
현재가치총액	₩9,242

현재가치의 계산은 시장이자율 연 10%를 이용한다. 할인하는 시장이자율이 이자를 지급하는 액면이자율보다 높으므로 더 많이 할인하게 되고 따라서 현재가치는 낮게 계산된다.

투자자는 이 사채를 ₩9,242에 매입하여야만 연 10%의 투자이익을 얻을 수 있다. 재무관리와 회계학의 관점에서 보았을 때 사채가 ₩758만큼 할인되어 판매되는 것은 시장이자율이 액면이자율보다 높기 때문이다. 즉, ₩10,000을 금융시장에 투자하였을 경우는 매년 ₩1,000씩의 이자를 받을 수 있는데, 이 사채에 투자하였을 경우에는 ₩800의 이자밖에 받을 수 없어 매년 ₩200만큼의 이자를 받을 수 없게 된다. 따라서 투자자는 5년 동안에 걸쳐서 매년 ₩200씩 부족한 이자의 현재가치만큼 낮은 가격(여기에서는 ₩200 × 3.7908 = ₩758)으로 사채를 구입한다. ₩758은 ₩10,000과 ₩9,242의 차이이다. 이를 다시 설명하면 일반투자자가 시장에서 얻을 수 있는 이자율 연 10%인 투자대안보다 사채가 더 낮은 이자율로 지급되기 때문에 사채발행기업은 액면이자율과 시장이자율의 차이만큼 사채투자자들에게 보상을 해주기 위하여 액면가보다 낮은 가액으로 사채의 발행가액이 결정된다. 이를 사채의 **할인발행**이라고 한다.

액면이자율>시장이자율(사채의 할증발행): 사채할증발행차금의 발생이다.

이와는 반대로 시장이자율이 액면이자율보다 낮을 경우에는 사채가 액면금액보다 높은 가격으로 판매될 것인데, 이 차액을 **할증액**(premium)이라고 한다. 시장에서의 이자율은 연 6%인데 사채발행기업은 이보다 높은 연 8%의 이자를 지급하므로 투자자는 만기시점에 상환받을 ₩10,000보다 높은 가액을 사채발행기업에 지불한다. 이를 **할증발행**이라고 한다. 시장이자율이 연 6%일 경우는 다음과 같이 사채의 현재가치가 결정된다.

5년 후에 지급될 ₩10,000의 현재가치	
(₩10,000×0.7473)	₩7,473
5년간에 걸쳐서 매년말에 지급될 ₩800의	
현재가치(₩800×4.2124)	3,370
현재가치총액	₩10,843

투자자는 5년 동안에 걸쳐서 매년 ₩200씩 시장에서보다는 초과하는 이자의 현재가치만큼 높은 가액(₩200×4.2124=₩843)으로 사채를 구입한다. 이 금액 ₩843이 액면가액 ₩10,000 보다 사채권자가 할증하여 지급하는 금액이다.

비유로 이해하기 **내가 만든 '개인 채권' 시장에 내다 팔기**

사채의 가격이 왜 액면금액과 다르게 결정되는지, 내가 만든 '개인 채권'을 시장에 파는 상황에 비유해 봅시다.

- 내가 만든 채권(사채): "3년 뒤 원금 10만원을 갚고, 매년 이자를 5%(5천원)씩 드릴게요!" (표시이자율 연 5%)
- 현재 시장 상황(시장이자율): 그런데 요즘 시장에서는 다들 채권을 사면 연 8%의 이자를 기대합니다. (시장이자율 연 8%)

1. **할인발행**: 내 채권의 인기가 없을 때

투자자 입장에서, 다른데 투자하면 연 8%를 버는데 굳이 연 5%밖에 안 주는 내 채권을 10만원 다 주고 살 이유가 없습니다. 이때 투자자는 말합니다. "알겠어요. 이자 3%p 덜 받는 손해를 보상해준다면 살게요. 10만원 말고 9만 2천원에 살게요." 이렇게 내 채권의 인기가 없어 액면금액보다 싸게 파는 것을 '할인발행'이라고 합니다.

2. **할증발행**: 내 채권의 인기가 높을 때

반대로, 시장이자율이 연 3%인데 내 채권이 연 5%의 높은 이자를 준다면 어떻게 될까요? 투자자들이 몰려들 것입니다. 심지어 웃돈을 얹어서라도 사려고 하겠죠. "이자는 2%p나 더 주시니, 제가 10만원보다 더 비싼 10만 5천원에 살게요." 이렇게 내 채권의 인기가 높아 액면금액보다 비싸게 파는 것을 '할증발행'이라고 합니다.

핵심 원리 **채권 가격과 시장이자율은 '시소'와 같다!**

채권의 발행가격과 시장이자율은 시소처럼 반대로 움직입니다. 한쪽이 올라가면 다른 한쪽은 반드시 내려옵니다.

- 시장 이자율 상승 ↑ ➡ 채권의 인기 하락 ↓ ➡ 채권 가격 하락 ↓ (할인발행)
- 시장 이자율 하락 ↓ ➡ 채권의 인기 상승 ↑ ➡ 채권 가격 상승 ↑ (할증발행)

이 '반비례 관계'는 채권 투자의 가장 중요한 원리 중 하나입니다.

보충설명

사채 발행가격의 법칙

- 시장 이자율 > 사채 표시이자율: 내 채권 인기 없음 → **할인발행** (싸게 판다)
- 시장 이자율 < 사채 표시이자율: 내 채권 인기 폭발! → **할증발행** (비싸게 판다)
- 시장 이자율 = 사채 표시이자율: 내 채권 인기는 보통 → **액면발행** (제값에 판다)

2. 사채의 발행

(1) 사채의 액면발행

사채를 발행하면 회계담당자는 이 사실을 기록하여야 한다. 만일 시장이자율과 액면이자율이 일치되면 발행되는 사채의 현재가치총액은 액면금액과 일치하게 된다. 이 경우에는 다음과 같이 분개된다.

(차) 현 금	10,000	(대) 사 채	10,000

(2) 사채의 할인발행

사채가 액면금액 이하로 할인되어 발행된다는 것은 투자자가 액면이자율보다 높은 이자율을 원한다는 것을 의미한다. 예를 들어 5년 후에 상환기간이 완료되는 ₩10,000의 사채의 액면이자율이 8%일 경우에, 사채를 발행한 시점에서 투자자가 10%의 수익률을 원한다고 하면 투자자는 이 사채를 ₩9,242에 매입할 것이기 때문에 회사가 받은 현금은 현재가치의 총액인 ₩9,242이 된다. 이 현재가치의 계산은 이미 자세히 기술되었다. 따라서 사채를 발행한 시점에서의 부채는 5년 후에 지급해야 할 ₩10,000이 아니라 현재시점에서의 현재가치총액인 ₩9,242이 된다. 따라서 사채를 발행한 날에는 다음과 같이 분개하여야 한다.

(차) 현 금	9,242	(대) 사 채	9,242

그러나 5년 후에 지급해야 할 사채의 원금을 사채계정에 기록하기 위하여 **사채할인발행차금**이라는 사채계정의 차감계정을 사용하여 다음과 같이 기입한다.

(차) 현 금	9,242	(대) 사 채	10,000
사채할인발행차금	758		

분개 뜯어보기 **할인발행 분개의 의미**

(차) 현 금	9,242	(대) 사 채	10,000
사채할인발행차금	758		

이 분개를 문장으로 풀어보면 다음과 같습니다.

(대변): "일단 만기에 갚아야 할 명목상의 빚(사채)은 10,000원이다."

(차변): "하지만 지금 당장 내 통장에 들어온 현금은 9,242원이고, 나머지 부족분 758원은 만기까지 내가 추가로 부담해야 할 '숨겨진 이자'(사채할인발행차금)이다."

사채할인발행차금은 사채 계정의 바로 밑에 붙어 다니는 '꼬리표(차감계정)'로서, 부채의 현재가치를 정확하게 보여주는 역할을 합니다.

이는 유형자산의 취득원가를 재무제표에 보고하기 위해서 취득원가를 설정한대로 유지시키며 차감계정인 감가상각누계액을 증가시킴과 동일한 원리이다.

사채할인발행차금은 사채가액을 할인발행 금액만큼 액면금액에서 차감시키므로 차감계정이며, 동시에 평가목적의 계정이니 평가계정이다.

사채할인발행차금계정은 사채계정의 차감계정, 즉 부채에 대한 차감계정이므로 차변잔액을 가진다.

사채할인발행차금계정은 자산이 아니라 사채계정의 차감계정이기 때문에 재무상태표를 작성할 때에는 사채계정의 차감항목으로 보고해야 한다. 따라서 차감계정인데도 부채에 대한 차감계정이므로 자산의 차감계정과는 달리 차변잔액을 갖는다. 발행시점에 사채의 순장부금액은 사채에서 차감계정의 값을 차감한 현재가치액이다.

국제회계기준에서는 사채할인(증)발행차금 계정의 사용은 강제하지 않는다. 따라서 차금을 별도로 계상하지 않고 사채가액을 사채의 순장부금액으로 기록할 수 있다. 두 가지 설명을 병행하면 오히려 복잡하므로 여기서는 차금을 별도로 설정하는 방법을 설명한다.

(3) 사채의 할증발행

만일 시장이자율이 6%일 때 위의 사채를 판매한다면 투자자는 액면금액보다 많은 ₩10,843을 지급할 것이다. 따라서 사채발행일 현재의 부채는 5년 후에 지급하여야 할 ₩10,000이 아니라 발행일 현재의 현재가치 총액인 ₩10,843이 된다. 사채의 액면금액을 나타내기 위하여 사채계정의 부가계정인 사채할증발행차금계정을 사용하여 다음과 같이 기입한다.

(차) 현 금	10,843	(대) 사 채	10,000
		사채할증발행차금	843

사채할증발행차금은 액면금액으로 보고되는 사채를 사채의 현재가치로 평가하는 평가항목이다. 대부분의 평가항목은 차감계정의 성격을 보이나 사채할증발행차금은 사채를 증가시키므로 부가(additive)계정이며 따라서 대변잔액을 보인다.

(4) 사채발행비

사채발행비
사채발행수수료와 사채발행에 관련하여 직접발생한 기타의 비용

사채발행비란 사채발행수수료와 사채발행에 관련하여 직접발생한 기타의 비용을 말한다. 사채발행비에는 모집광고료, 대행기관에게 지급된 여러 가지 수수료, 사채청약서, 사채권인쇄비, 사채등기료, 변호사에게 지급되는 법률자문수수료 등이 포함된다. 이러한 사채발행비는 별도의 자산으로 계상하지 않고 사채할인발행차금 또는 사채할증발행차금에서 조정한다.

(5) 사채이자의 발생과 지급

이자는 자금을 빌린 대가로 발생된 금융비용이다. 이자를 기록할 때 기본적으로 알아야 할 점은 매 기간동안에 발생된 이자가 그 기간동안에 실질적으로 사용된 화폐액에 그 기간동안의 유효시장이자율과 사용기간을 곱하여 결정된다는 점이다. 만일 사채가 액면금액으로 발행되면 액면이자율과 시장이자율은 일치되고, 사채의 액면금액이 실제로 빌려서 사용한 금액이 된다. 이 경우에는 일정한 기간마다 지급하기로 계약한 금액(액면금액×액면이자율×기간)이 사채이자라는 비용(원금×시장이자율×기간)과 일치하게 된다. 이 때에는 차변에 이자비용을 기입하고, 대변에는 미지급이자(또는 현금)계정을 기입한다. 만일 회계기간이 이자지급일 사이에 종료되면 이자를 최근에 지급한 날 이후에 경과된 기간동안의 이자비용을 계산하여 수정분개하여야 한다.

사채이자
원금×시장(유효)이자율×기간

만일 사채가 할인 또는 할증발행되면, 시장이자율과 매년마다 현금을 지급하는데 사용된 액면이자율은 일치하지 않는다. 일정한 기간동안 발생된 사채이자는 다음과 같이 계산된다.

사채이자비용 = 원금×시장(유효)이자율×기간

반면에 사채지급액은 액면이자율에 따라 결정되므로 지급하여야 할 사채이자지급액과 비용화하여야 하는 사채이자비용간에 차이가 발생한다. 이 내용은 다음에 다시 설명된다.

(6) 할인발행된 사채의 이자

사채가 할인발행되었을 경우에는 시장이자율이 액면이자율보다 크다. 따라서 실제로 발생된 사채이자비용은 계약상 지급하기로 결정된 이자지급액보다 크다.

만기일에 상환해야 할 금액은 ₩10,000이지만, 첫 해에 실제로 조달한 금액은 ₩9,242이다. 이 금액은 앞에서 계산한 사채의 현재가치, 즉 발행가액이다. 따라서 1년 동안에 발생된 사채이자는 ₩924(₩9,242×0.10 시장이자율)이 된다. 사채이자의 계산은 시장이자율에 근거한다. 1년 동안에 사채 발행기업이 사채권자에게서 빌어쓴 자금이 ₩9,242이며 이 금액이 부채의 장부금액으로 보고된 금액이다. 이 금액에 대해서 사채이자가 계산된다.

그러나 회사는 계약상 매년 ₩800의 현금만 지급하면 된다. 여기에서 ₩924과 ₩800의 차액 ₩124은 시장이자율과 액면이자율의 차이 때문에 발생한다. 비용은 ₩924인데

지급한 금액은 ₩800밖에 되지 않으므로 ₩124은 비유동부채의 증가액으로 인식하여 다음과 같이 분개된다.

사채할인차금은 사채기간 중 모두 상각되어 사채기간이 만기되는 시점에는 차금의 잔액은 0이 남고 사채의 액면금액만 남게 되며 만기되는 시점에, 원금이 지급되면서 사채의 액면금액이 상계된다.

[유효이자율법]

12/31	(차) 이 자 비 용	924	(대) 미 지 급 이 자	800
			사채할인발행차금	124

부채를 증가시키기 위해서 사채계정의 차감계정인 사채할인발행차금계정을 대변에 기입한다. 회사가 지급해야 할 부채는 사채계정과 사채할인발행차금계정의 차액이기 때문에 순부채액은 ₩124만큼 증가한다. 사채할인발행차금의 기초 금액은 ₩758이었는데 차금이 ₩124 감소하기 때문에 차금의 잔액은 ₩634 남는다. 따라서 사채발행 이후 다음 해 1월 1일 현재의 순부채액은 ₩10,000에서 ₩634를 차감한 ₩9,366이 된다. 사채는 5년 후의 상환시점에는 ₩10,000이 남아야 하므로 사채의 장부금액이 발행시점의 ₩9,242에서 ₩10,000으로 점차적으로 증가하여야 한다. 동시에 사채할인발행차금은 상각되어야 한다.

비유로 이해하기 **할인차금 상각은 '숨겨진 추가 이자'의 인식 과정**

사채를 할인발행하면, 왜 매년 지급하는 이자보다 더 많은 금액을 '이자비용'으로 인식할까요? 위의 '개인 채권' 예시로 돌아가 봅시다.

- 상황: 나는 10만원짜리 채권을 9만 2천원에 팔았습니다. (할인차금 8천원)
- 나의 진짜 빚: 나는 투자자에게 9만 2천원을 빌렸지만, 3년 뒤에는 10만원을 갚아야 합니다. 즉, 나는 3년간 지급할 이자(표시이자) 외에도 8천원(할인차금)만큼의 돈을 추가로 더 갚아야 하는 셈입니다. 이 8천원은 사실상 '숨겨진 추가 이자'입니다.

회계에서는 이 숨겨진 이자 8천원을 만기까지 3년에 걸쳐 조금씩 나누어 비용으로 인식합니다. 따라서 매년 회사가 실제로 지급하는 표시이자(5천원)에, 이 숨겨진 이자의 일부(예: 2~3천원)를 더한 금액이 그해의 진짜 '이자비용'이 되는 것입니다. 이렇게 사채할인발행차금을 매년 이자비용에 더해주는 과정을 '상각한다'고 표현합니다.

2차년도의 1월 1일에 계약상 지급하기로 한 이자를 현금으로 지급하였으면 다음과 같이 분개한다.

1/ 1	(차) 미 지 급 이 자	800	(대) 현 금	800

2차년도의 12월 31일에도 1년 동안 발생된 이자를 기록하여야 하는데 이 때에도 역시 1년 동안 발생된 이자를 시장이자율과 실제로 빌린 화폐액을 곱하여 계산한다. 실제로 빌린 화폐액은 사채의 장부금액이다. 그러나 2차년도에 채권자가 투자한 화폐액은 1차년도의 화폐액보다 ₩124이 많다. 왜냐하면 사채할인발행차금은 ₩124이 상각되었기 때문이다. 사채이자는 2차년도 초의 사채 장부금액인 ₩9,366에 시장 이자율은 10%를 곱하여 결정된다. 2차년도 말에는 다음과 같이 분개된다.

12/31	(차) 이 자 비 용	937	(대) 미 지 급 이 자	800
	(=9,366×10%)		사채할인발행차금	137

이와 같은 절차를 걸쳐서 분개를 하면 5년 말 현재의 사채할인발행차금계정잔액은 0이 된다. 따라서 5년 말 현재의 순부채는 단순히 사채계정잔액이 된다. 5년간의 사채이자, 사채할인발행차금상각액 및 순장부금액을 정리하면 〈표 12-5〉와 같다. 여기서 사채의 순장부가액이 증가하므로 이자비용은 증가하는데 미지급이자는 고정되어 있으므로 차금의 상각금액은 증가한다. 이와 같이 사채이자비용을 구할 때 부채의 순장부금액이 기초가 되어 유효이자율이 곱하여지는 방법을 **유효이자율법**(effective interest rate method)이라고 한다.

표 12-5

10% 유효이자율로 판매된 액면이자율 8%, 액면금액 ₩10,000의 사채이자와 사채할인발행차금상각액

기 간	사채이자비용	이자지급액	사채할인발행 차금상각액	사채할인발행 차금잔액	순장부금액
0	–	–	–	₩758	₩ 9,242
1	₩ 924	₩ 800	₩124	634	9,366
2	937	800	137	497	9,503
3	950	800	150	347	9,653
4	965	800	165	182	9,818
5	982	800	182	–	10,000
	₩4,758	₩4,000	₩758		

보충설명

사채할인발행차금 상각표, 이렇게 만든다! (유효이자율법)

복잡해 보이는 상각표는 아래 순서대로 차근차근 칸을 채워나가면 누구나 완성할 수 있다.

① **기초 장부금액**: 첫해에는 사채의 '발행금액'으로 시작한다.

② **이자비용**(실제 비용): "①기초 장부금액×시장이자율"로 계산한다. 회사가 실질적으로 부담하는 진짜 이자비용이다.

③ **이자지급액**(현금 지출): "사채 액면금액×표시이자율"로 계산한다. 이 금액은 만기까지 절대 변하지 않는다.

④ **차금 상각액**(숨겨진 이자): "②이자비용−③이자지급액"으로 계산한다.

⑤ **기말 장부금액**: "①기초 장부금액+④차금 상각액"으로 계산한다. 이 금액이 다음 해의 기초 장부금액이 된다.

이 과정을 만기까지 반복하면, 기말 장부금액은 정확히 사채의 액면금액과 일치하게 된다.

보충설명

왜 복잡하게 유효이자율법을 사용할까?

그것은 경제적 실질을 반영하기 위해서이다. 회사가 실제로 빌린 돈(기초 장부금액)은 매년 달라집니다. (할인발행의 경우 매년 부채가 조금씩 늘어나고, 할증발행의 경우 조금씩 줄어든다.) 따라서 그해의 진짜 이자비용은 그해 초에 실제로 존재했던 부채 금액을 기준으로 계산하는 것이 가장 합리적이다. 유효이자율법은 이처럼 이자비용이 항상 부채의 장부금액 대비 일정한 비율(유효이자율)이 되도록 만들어주는, 가장 논리적인 방법이다.

〈표 12−5〉에서 사채이자는 순부채에 10%를 곱하여 계산하고, 이자지급액은 사채의 액면금액에 액면이자율을 곱한 금액이다. 사채이자와 이자지급액과의 차액이 매년도의 사채할인발행차금상각액이 되고, 이 금액을 전년도의 사채할인발행차금계정잔액에서 차감한 금액이 금년도의 사채할인발행차금계정잔액이 된다. 순부채는 만기일에 지급해야 할 액면금액 ₩10,000에서 매년도의 사채할인발행차금계정잔액을 차감한 금액이 된다. 또는 부채의 순장부금액은 전년도의 사채의 순장부금액에서 차감계정인 사채할인발행차금이 상각되었으므로 당해연도에 상각된 차금만큼 증가한다. 어떠한 방법을 사용하여 순장부금액을 구하여도 동일한 값을 얻는다. 회사가 채권자에게 지급해야 할 의무는 순부채액으로써, 예를 들어 3차년도 말의 사채에 관련된 부채는 재무상태표에 다음과 같이 보고된다.

[3차년도 말 부분재무상태표]

사　　　　채	₩10,000	
사채할인발행차금	(347)	₩9,653

사채가 만기되는 시점에서는 사채할인발행차금은 0의 값을 갖고 사채와 관련된 계정은 사채만이 남으며 가액은 상환하여야 할 원금 ₩10,000의 값을 갖는다. 따라서 만기 시점에서의 사채 액면금액의 지급은, 즉 원금의 상환은 다음과 같이 분개된다.

(차) 사　　　　채	10,000	(대) 현　　　　금	10,000

이러한 분개로 인하여 사채와 관련된 모든 계정이 제거된다.

위의 할인발행차금 예제에서 사채발행비가 존재한다면 다음과 같은 회계처리를 수행한다. 사채발행비가 ₩1,000이라면 현금 유입액은 이자와 원금의 현재가치에서 사채발행비를 차감한다. 따라서 사채발행시에 다음의 분개가 수행된다.

(차) 현　　　　금	8,242*	(대) 사　　　　채	10,000
사채할인발행차금	1,758**		

*8,242=9,242−1,000　　**758+1,000=1,758

(7) 할증발행된 사채의 이자

사채가 할증발행될 때에는 사채의 액면이자율이 실질이자율보다 높다. 즉 매 기간마다 법적으로 지불하여야 할 이자가 이자비용보다 많다. 실질적으로 발생된 사채이자, 즉 실질사채이자는 특정기간 중에 사용된 자금을 시장이자율에 곱해서 계산된다. 실질적으로 인식하여야 할 사채이자는 사채발행기업이 사채권자로부터 빌려 쓰고 있는 부채인 사채의 기초 순장부금액에 시장이자율을 곱한 값이다.

위에서와 같이 액면금액이 ₩10,000, 액면이자율이 8%인 사채를 시장이자율이 6%일 때 발행하였다고 가정하자. 사채를 발행함으로써 회사는 ₩10,843의 현금을 조달할 수 있다. 이 수치는 이미 현재가치의 계산에 의한 발행가격임을 보였다.

1차년도에 회사는 ₩800의 이자를 현금으로 지급하지만, 이 기간 중에 실질적으로 발생되는 사채이자는 ₩651(₩10,843×0.06)에 불과하다. 왜냐하면 회사는 이 기간 중에 6%의 실질이자율로 ₩10,843을 사용하였기 때문이다. 이 경우에 실질적으로 발생되는 사채이자는 지급해야 할 의무가 있는 이자지급액보다 더 적은데, 이 차액은 원래 빌렸던 돈의 일부분을 상환한 금액이다. 즉, 할인발행된 경우와 반대의 경우가 발생한다. 따라서 매 기간마다 사채할증발행차금계정을 차변에 기입하여 사채할증발행차금이 감소되며 이 차금이 부가계정이므로 부가계정의 감소는 순부채액을 감소시킨다. 사채발행시와 1차 이자지급일 현재에 필요한 분개를 나타내면 다음과 같다.

[사채발행시]

(차) 현 금	10,843	(대) 사채할증발행차금	843
		사 채	10,000

[1차 이자지급일]

(차) 이 자 비 용	651	(대) 현 금	800
사채할증발행차금	149		

위의 분개는 사채발행시점은 1월 1일이고 이자지급이 기말시점에 수행됨을 가정한다. 이자가 다음 회계연도 초에 지급된다면 다음의 분개가 수행될 것이다.

12월 31일

(차) 이 자 비 용	651*	(대) 미 지 급 이 자	800
사채할증발행차금	149		

* ₩10,843×0.06

1월 1일

(차) 미 지 급 이 자	800	(대) 현 금	800

5년간의 사채이자발생액과 사채할증발행차금상각액을 정리하면 〈표 12-6〉과 같다. 표에서도 나타낸 바와 같이 사채를 할증발행하게 되면 기간이 경과됨에 따라 사채이자는 감소되고, 사채할증발행차금상각액은 증가하게 된다. 이것은 이자를 지급할 때마다 투자자로부터 빌린 돈의 일부를 계속 상환하기 때문에 실질적인 부채가 계속 감소됨에 기인한다. 5차년도 말 현재의 사채할증발행차금은 남지 않기 때문에 순부채는 사채계정잔액인 ₩10,000이 된다.

표 12-6

6% 실질이자율로 판매된 액면이자율 8%, 액면금액 ₩10,000의 사채이자와 사채할증 발행차금상각액

기 간	사채이자비용	이자지급액	사채할증발행 차금상각액	사채할증발행 차금잔액	순장부금액
0	–	–	–	₩843	₩10,843
1	₩ 651	₩ 800	₩149	694	10,694
2	642	800	158	536	10,536
3	632	800	168	368	10,368
4	622	800	178	190	10,190
5	610	800	190	0	10,000
	₩3,157	₩4,000	₩843		

사채할인발행의 경우와 같이 사채기간이 종료되는 시점에는 다음과 같은 분개가 수행된다.

(차) 사 채	10,000	(대) 현 금	10,000

위의 경우는 사채의 발행시점이 회계기초시점으로 〈표 12-5〉와 〈표 12-6〉에 설정된 기간이 1월 1일부터 회계기간 종료시점인 12월 31일에 일치하는 가장 간단한 경우이다. 그러나 이 두 기간이 일치하지 않는다면 이 두 가지 표에 인식되어야 하는 각 기간별 사채이자비용이 기간에 배분되어 인식되어야 하는 복잡한 문제가 발생한다. 또한, 이자지급일도 회계기말시점이나 기초시점이 아닌 회계기간 중일 경우에는 사채와 관련된 회계처리를 복잡하게 만드는 요인이 된다. 이에 대한 회계처리들은 중급회계 교과서를 참조하도록 한다.

위에 설명된 내용은 사채할인(증)발행차금을 유효이자율로 상각하는 방법으로, 정액법에 의하면 사채할인(증)발행차금을 사채기간 동안에 균등하게 차감하게 된다. 정액법은 간략하게 사용할 수는 있지만 사채이자비용이 사채의 액면금액에 비례적으로 계상되지 않으니 회계원칙에 부합하는 상각방법은 아니다.

예제 1

사채이자 계산 및 분개

20×3년 1월 1일 현재 신촌회사는 만기일이 20×8년 1월 1일이고, 액면금액이 ₩500,000인 사채를 발행하였다. 사채이자는 1년마다 1월 1일에 지급된다. 이 회사의 회계담당자는 유효이자율법에 의하여 회계처리하고, 회계기말에 다음과 같이 사채발행차금상각명세표를 작성하였다. 이를 이용하여 아래의 물음에 답하라.

사채발행차금상각명세표

일 자	이자지급액	사채이자비용	차금상각액	미상각차금	장부금액
20×3.1.1(사채발행일)				₩39,926	₩539,926
20×4.1.1	₩50,000	₩43,194	₩6,806	₩33,120	₩533,120

[물음] (1) 사채의 액면이자율을 계산하라.
(2) 사채의 유효이자율을 계산하라.
(3) 사채발행시에 필요한 분개를 실시하라.
(4) 20×3년 12월 31일에 필요한 분개를 실시하라. 이자는 매년 초에 지급된다.
(5) 20×3년 12월 31일에 작성되는 재무상태표에 사채를 표시하라.

---

(1) ₩500,000×액면이자율=₩50,000 따라서 액면이자율=10%

(2) ₩539,926×유효이자율=₩43,194 따라서 유효이자율= 8%
(현금수령액) (할증발행)

(3) 사채발행시의 분개

(차) 현 금	539,926	
(대) 사 채		500,000
사채할증발행차금		39,926

(4) 회계기말의 분개

(차) 이 자 비 용	43,194	
사채할증발행차금	6,806	
(대) 미 지 급 이 자		50,000

(5) 20×3년말 재무상태표상 사채표시

사 채	500,000	
사채할증발행차금	33,120	533,120

12 비유동부채 Principles of Accounting

- 사채를 만기일 전에 장부금액보다 높은 가격으로 상환: 사채상환손실이 발생된다.
- 사채를 만기일 전에 장부금액보다 낮은 가격으로 상환: 사채상환이익이 발생된다.

(8) 사채의 상환

만기일이 도래되어 사채를 상환하면 사채계정을 액면금액으로 차변에 기입한다. 사채가 만기에 상환되면 사채할인발행차금이나 사채할증발행차금은 유효이자율법이나 정액법이나 두 경우 모두에서 만기일 현재 잔액이 0이 되기 때문에 액면금액과 순부채액은 일치하게 된다. 만기일에 액면금액이 ₩1,000인 사채를 상환하게 되면 다음과 같이 분개한다.

(차) 사 채	1,000	(대) 현 금	1,000

그러나 사채는 장기간 자금을 빌릴 목적으로 발행되기 때문에, 만기일이 도래하기 이전이라도 부채를 상환할 수 있도록 사채발행자가 사채의 상환을 요청할 수 있는 상환청구권을 사채권에 포함시키고 있다. 따라서 사채발행자는 어느 때라도 상환청구권에 내포된 일정한 가격으로 사채를 상환할 수 있다. 사채발행회사는 만기일이 도래되기 전이라도 사채를 상환하는 것이 유리하다고 판단되면 사채를 상환한다.

사채를 만기일 이전에 상환할 경우에는 회사가 지불하는 금액과 상환할 당시에 장부에 계상되어 있는 사채의 장부금액과 일치하지 않는다. 왜냐하면 장부금액은 사채가 만기일에 상환될 것이라는 가정하에 사채할인(증)발행차금을 상각하여 결정되기 때문이다. 이는 사채와 관련된 어떠한 회계방법을 사용하든지 동일한 현상이다. 시장이자율이 변동하면 장부상의 사채가액에는 영향을 미치지 않지만 시장이자율의 변동에 따라 할인률이 변화하므로 사채의 시장가액을 변동시키게 된다.

사채를 만기일 전에 장부금액보다 높은 가격으로 상환하면 사채상환손실이 발생되고, 낮은 가액으로 상환하면 사채상환이익이 발생된다.

예제 2

사채상환에 따른 분개

가람주식회사는 액면이자율 5%, 20년 만기인 사채 ₩100,000을 발행(신규액면발행)하였는데, 5년 후에 시장이자율이 8%로 급상승하였다. 회사에서는 액면이자율 8%, 20년 만기인 사채 ₩75,000을 발행하여 사채시장에서 이미 발행한 액면이자율 5%의 사채를 ₩74,318에 상환하였다. 상환 직전의 이 사채와 관련된 계정잔액은 다음과 같다. 이에 대하여 분개하라(상환시점의 거래).

⊙ 상환직전 계정잔액

사 채	100,000(대변잔액)
사채할인발행차금	4,753(차변잔액)

⊙ 분개(차환)

(차) 현 금	75,000	(대) 사 채(8%)	75,000	
(액면이자율이 8%인 사채를 발행한다.)				
(차) 사 채(5%)	100,000	(대) 사채할인발행차금	4,753	
		현 금	74,318	
		사 채 상 환 이 익	20,929*	

*100,000−4,753=95,247
95,247−74,318=20,929

액면이자율 연 8%의 사채를 발행하는 시점에 액면이자율을 시장이자율과 일치하여 발행하였으므로 할인/할증발행차금은 발생하지 않는다. 상환 후 발행하는 사채가 할인 또는 할증발행된다면 이에 대한 할인/할증발행차금은 계상하며 액면이자율 연 5%의 사채에 대한 할인발행차금을 동시에 상각하여야 한다.

액면이자율 5%인 사채의 장부금액은 ₩95,247인데 ₩74,318에 상환하였으므로 이 두 금액의 차액인 ₩20,929가 상환이익으로 계상된다.

보충설명

사채상환손익은 왜 발생할까? '장부상 가치'와 '시장 가격'의 불일치!

사채를 만기 전에 갚을 때 손익이 발생하는 이유는 간단하다. 내가 갚아야 할 사채의 '시장 가격'과 내 장부에 적힌 '장부상 가치'가 다르기 때문이다.

- 내 장부의 가치: 사채를 '최초 발행했을 때의 시장이자율'을 기준으로 계산된다.
- 시장에서의 가격: '현재의 시장이자율'에 따라 결정된다.

시간이 흘러 시장이자율이 변하면, 내가 시장에서 사들여야 할 우리 회사 사채의 가격도 변한다. 이때 장부상 가치보다 싸게 사 오면 '사채상환이익'이, 더 비싸게 사 오면 '사채상환손실'이 발생하는 것이다.

03 기타 비유동부채

CHECK POINT
- 충당부채
- 퇴직급여충당부채
- 우발부채

충당부채
미래에 비용의 차출이 있을 것이 확실하며 그 비용의 원인이 당기에도 영향을 미치게 될 것이 분명하나 그 금액이 미확정이기 때문에 추정에 의해 당기의 부담부분을 비용으로 계상

1. 충당부채

충당부채란, 과거에 일어난 사건의 결과로 인해 미래에 돈을 써야 할 것이 거의 확실하지만, 아직 그 정확한 시기나 금액이 확정되지 않은 부채를 의미한다. 예를 들어, 제품 판매 후 발생하는 A/S 비용(판매보증충당부채)이나 직원의 퇴직금(퇴직급여충당부채) 등이 대표적이다.

K-IFRS에 의하면 당기의 수익에 대응하는 비용으로서 장래에 지출될 것이 확실한 것과 당기의 수익에서 차감되는 것이 합리적인 것에 대하여 그 금액을 추산하여 충당부채로 할 것을 규정하고 있다. 이러한 충당부채로는 퇴직급여충당부채, 판매보증충당부채, 공사보증충당부채 등이 있다.

K-IFRS에서는 충당부채 중 1년 이내에 사용되는 충당금은 유동부채로, 1년 이후에 사용되는 충당금은 비유동부채로 분류하도록 하고 있으며, 또한 충당부채를 연차적으로 분할하여 사용하거나 그 전부 또는 일부의 사용시기를 합리적으로 예측할 수 없는 경우에는 이를 전부 비유동부채로 분류할 수 있도록 규정하고 있다. 이를 자산계정에 대한 충당금인 유형자산에 대한 감가상각누계액이나 매출채권에 대한 대손충당금 등 차감계정과는 다른 성격의 충당금이므로 충당부채라고 부른다.

충당부채는 수익비용대응의 원칙에 충실하게 비용을 인식하기 위하여 설정된 계정이다. 기업의 경영의사결정에 따라 지출을 회피할 수 있는 경우에는 의무로 보지 않는다. 따라서 수선유지와 관련된 지출은 기업의 경영의사결정에 따라 영향을 받을 수 있기 때문에 부채의 정의에 부합되지 않는다. 수선유지와 관련된 지출은 실제 지출이 일어난 시점에서 자본적 지출 또는 수익적 지출로 처리할 뿐 지출이 발생하기 전에는 별도로 재무제표상에 인식하지 않는다.

2. 충당부채와 우발부채

- 충당부채: 재무제표에 부채로 보고된다.
- 우발부채: 주석으로 보고한다.

충당부채란 과거 사건에 의해 발생하였으며 경제적 효익이 내재된 자원이 기업으로부터 유출됨으로써 이행될 것으로 기대되는 현재의무를 의미한다. 충당부채는 재무제표에 부채로 보고된다. 충당부채는 당해 의무를 이행하기 위해 경제적 효익이 내재된 자원이 유출될 가능성이 50%를 초과하는(높은) 경우이며, 금액(의무)을 신뢰성 있게 추정 가능하여야 한다.

우발부채는 재무제표에 부채가 아닌 주석으로 보고된다. 과거사건에 의하여 발생하였으나, 기업이 전적으로 통제할 수 없는 하나 이상의 불확실한 미래사건의 발생 여부에 의하여서만 그 존재가 확인되는 잠재적 의무를 지칭한다. 따라서 충당부채에 비해서 당해 의무를 이행하기 위하여 경제적 효익이 내재된 자원이 유출될 가능성이 높지 아니한 경우를 나타낸다.

당해 의무는 이행하는 것 외에는 실질적인 대안이 없는 법적의무 또는 의제의무를 발생시키는 사건을 의미하는데 의제의무란 과거의 실무관행, 발표된 경영방침 또는 구체적이고 유효한 약속 등을 통하여 기업이 특정 책임을 부담하겠다는 것을 상대방에게 표명한 경우이다.

표 12-7

충당부채와 우발부채의 비교

금액추정 / 자원유출	신뢰성 있게 추정가능	추정 불가능
가능성이 높음	충당부채로 인식	우발부채로 주석기재
가능성이 높지 않음	우발부채로 주석기재	
가능성이 아주 낮음	공시하지 않아도 됨	공시하지 않아도 됨

비유로 이해하기 **우리 집의 새는 지붕: 충당부채 vs. 우발부채**

충당부채와 우발부채는 미래에 돈이 나갈 '가능성'에 따라 구분됩니다.

- **충당부채**(Probable & Estimable): 비가 '줄줄' 새는 지붕

천장에서 물이 뚝뚝 떨어지고 있습니다. 미래에 수리비를 지출할 것이 거의 확실(Probable)하고, 수리업체에 전

화해보니 견적이 200만원으로 나왔습니다(신뢰성 있는 추정, Estimable). 이처럼 지출 가능성이 높고 금액 추정이 가능할 때, 우리는 이를 '충당부채'로 장부에 기록해야 합니다.

- **우발부채**(Possible or Not Estimable): '왠지 샐 것 같은' 낡은 지붕

지붕이 낡아서 장마철에 비가 샐 '가능성'은 있지만(Possible), 아직 확실하지 않습니다. 설령 샌다고 해도 어디가 얼마나 샐지 몰라 수리비 견적도 낼 수 없습니다. 이처럼 지출이 확실하지 않거나, 금액을 신뢰성 있게 추정할 수 없을 때는 부채로 기록하지 않고, 재무제표의 주석에 "지붕에서 비가 샐 수도 있음"이라고 정보만 알려줍니다. 이것이 '우발부채'입니다.

개념 더하기

반대로, '우발자산'도 있을까?

네, 있습니다. 예를 들어, 회사가 소송을 제기하여 거액의 배상금을 받을 가능성이 생긴 경우죠.

하지만 회계의 '보수주의' 원칙을 기억하시나요? 손실은 예상만 되어도 적극적으로 대비하지만(충당부채), 이익은 확실해지기 전까지는 절대 먼저 인식하지 않습니다. 따라서 우발자산은 자산으로 인식하는 것이 금지되어 있으며, 실현 가능성이 매우 높은 경우에만 주석으로 공시할 수 있습니다. '김칫국부터 마시지 말라'는 회계의 지혜입니다.

보충설명

충당부채, 세 가지 조건을 기억하자!

어떤 사건을 '충당부채'라는 공식적인 빚으로 장부에 기록하기 위해서는 다음 세 가지 조건을 모두 만족해야 한다.

1. 과거 사건으로 인한 현재의무: 이미 일이 벌어져서 책임을 져야 하는 상황인가? (Yes)
2. 자원의 유출 가능성이 높은가: 미래에 돈이나 다른 자산이 나갈 가능성이 매우 높은가? (Yes, 50% 초과)
3. 금액을 신뢰성 있게 추정할 수 있는가: 얼마가 나갈지 합리적으로 예측할 수 있는가? (Yes)

위 세 가지 질문에 모두 "Yes"라고 답할 수 있을 때만 충당부채로 인식하며, 하나라도 "No"이거나 "Maybe"라면 우발부채로 주석에만 기재한다.

Focus on Decision Making

[상 황]

'신촌 빵집'이 자체 브랜드 에스프레소 머신을 판매하기 시작했습니다. 나사장은 판매를 촉진하기 위해 '1년간 무상 수리 보증'이라는 파격적인 조건을 내걸었습니다. 첫해에 100대를 팔아 5,000만원의 매출을 올렸고, 연말 결산이 다가왔습니다.

나사장은 회계사에게 질문합니다.

"올해 수리 요청은 한 건도 없었어요. 그럼 내년에 수리 요청이 들어오면, 그때 비용으로 처리하면 되는 것 아닌가요? 굳이 올해 장부에 미리 기록해야 할까요?"

[선택지 분석]

1. 선택 A: '실제 수리 시점'에 비용 인식

- 방법: 지금은 아무런 회계처리를 하지 않습니다. 내년에 고객이 실제로 수리를 요청하여 비용이 발생하면, 그 시점에 '수선비'로 처리합니다.
- 결과: 올해의 비용이 전혀 계산되지 않아 당기순이익이 높게 나타납니다.
- 문제점: 이는 수익비용대응의 원칙에 위배됩니다. 무상 수리라는 잠재적 비용은 올해 에스프레소 머신을 '판매'했기 때문에 발생한 것입니다. 따라서 그 비용의 책임은 내년이 아닌, 매출이 발생한 올해에 있습니다.

2. 선택 B: '판매 시점'에 예상 비용 인식 (충당부채 설정)

- 방법: 과거 데이터나 산업 평균에 근거하여, "매출액의 약 2%는 무상 수리 비용으로 나갈 것이다"라고 합리적으로 추정합니다. 그리고 그 추정액인 100만원(5,000만원×2%)을 올해의 '제품보증비(비용)'로 미리 인식하고, 동시에 '제품보증충당부채(부채)'라는 계정으로 기록해 둡니다.
- 결과: 올해의 비용이 100만원 늘어나 당기순이익은 그만큼 줄어들지만, 올해의 매출 성과에 대한 더 정확하고 신뢰성 있는 이익을 보고하게 됩니다. 재무상태표에도 미래에 이행해야 할 의무(부채)를 투명하게 보여줍니다.

[나사장의 의사결정]

단기적으로 이익을 부풀리고 싶다면 '선택 A'가 더 매력적으로 보일 수 있습니다. 하지만 이는 미래로 비용을 떠넘기는 행위일 뿐입니다.

회계기준은 수익과 그 수익을 얻기 위해 발생한 모든 비용을 같은 기간에 대응시켜야 한다는 '수익비용대응의 원칙'을 강조합니다. 따라서 '선택 B'가 올바른 회계 처리입니다.

이처럼 충당부채를 설정하는 것은, 미래의 불확실한 지출을 합리적으로 예측하여 현재의 경영 성과에 반영하는 매우 중요한 의사결정 과정입니다.

연습문제

01 사채의 발행과 회계처리

20×3년 4월 1일 현재 신촌상사는 액면금액 ₩500,000, 이자율 8%, 10년 만기인 사채를 발행하였다. 회사는 시장이자율이 연 6%일 때 사채를 발행하였는데, 사채발행을 통하여 조달한 현금은 ₩598,008이다. 이자는 매년 10월 1일과 4월 1일에 지급된다.

물음 (1) 아래의 날짜에 필요한 분개를 실시하라.

① 20×3년 4월 1일
② 20×3년 10월 1일
③ 20×3년 12월 31일(회계기말)
④ 20×4년 4월 1일

(2) 사채의 액면금액은 ₩500,000임에도 불구하고 투자자가 ₩598,008을 지급한 이유는 무엇인가?

02 시장이자율과 사채의 발행

노천상사의 이사회는 10년 만기, 액면금액 ₩4,000,000의 사채를 액면이자율은 6%로 발행할 것인지, 10%로 발행할 것인지를 결정하려고 한다. 재무담당이사는 이 사채와 유사한 사채의 현행 시장이자율이 8%라고 말하였다. 이자는 1년에 한 번씩 지급된다.

물음 (1) 사채의 액면이자율이 6%일 경우와 10%일 경우에 노천상사가 받을 수 있는 금액을 계산하라.

(2) 사채의 액면금액과 시장이자율이 동일함에도 불구하고 액면이자율을 10%로 하여 발행할 때 더 많은 돈을 받는 이유를 설명하라.

(3) 각각의 액면이자율의 경우에 따라 첫 2년간의 사채이자(이자비용)를 계산하라. 하나는 시간이 흐름에 따라 사채이자가 감소하는 반면, 다른 하나는 사채이자가 증가하는 이유를 설명하라.

03 사채할인발행차금상각

20×2년 7월 1일에 서강상사는 5년 만기, 10%의 액면이자율을 가진 사채를 발행하였는데, 사채의 만기가치는 ₩800,000이고, 실질이자율은 12%이다. 이자는 매년 1월 1일과 7월 1일에 지급된다. 서강상사는 12월 31일에 장부를 마감한다.

물음 사채의 현재가치를 계산한 다음, 사채발행차금을 계산하고, 발행시에 필요한 분개를 실시하라.

04 사채와 투자사채의 회계처리

동대문주식회사는 다음과 같은 사채를 발행하였는데 20×3년 1월 1일에 서대문주식회사가 모두 구입하여 만기까지 소지하였다.

액 면 금 액	₩100,000
발 행 일	20×3년 1월 1일
만 기	20×7년 12월 31일
액면이자율	연리 7%
이자지급일	매년 12월 31일
판 매 일	20×3년 1월 1일
판 매 가 격	₩96,000

물음 동대문주식회사와 서대문주식회사의 입장에서 20×3년 1월 1일, 20×3년 12월 31일, 20×7년 12월 31일의 분개를 행하라.(정액법을 사용하시오.)

05 사채의 조기상환

20×1년 1월 2일 (주)연세는 만기일이 20×3년 12월 31일이고 액면이자율 10%인 ₩100,000의 사채를 15%의 수익률로 발행하였다. 사채이자는 매년 12월 31일에 지급된다. 20×2년 6월 30일에 회사는 현금 ₩51,000을 지급하고 사채의 50%를 매입상환하였다.

물음 유효이자율법에 따라 할인액상각을 할 경우에 따른 20×1년, 20×2년, 20×3년의 회계처리를 예시하시오.

06 사채의 발행과 이자비용

연상(주)의 20×8년 1월 1일에 5년 만기, 액면금액 ₩100,000,000인 사채를 유효이자율 연 12%에 발행하였다. 연상(주)는 매년 12월 31일 사채이자로 ₩10,000,000을 지급한다. 연상(주)는 12월말 결산법인이며 유효이자율법을 사용하여 사채에 대한 회계처리를 하고 있다.

	10%		12%	
기 간	현가계수	연금현가계수	현가계수	연금현가계수
1	0.9091	0.9091	0.8929	0.8929
2	0.8264	1.7355	0.7972	1.6901
3	0.7513	2.4868	0.7118	2.4018
4	0.6830	3.1699	0.6355	3.0374
5	0.6209	3.7908	0.5674	3.6048

물음 (1) 연상(주)의 20×8년 12월 31일 재무상태표상에 보고되는 사채의 장부금액은?
(2) 연상(주)의 20×8년도 포괄손익계산서에 사채에 대한 이자비용으로 보고되는 금액은?
(3) 회사가 사채기간에 걸쳐 부담해야 하는 이자비용의 총액은?

07 사채의 발행과 이자비용

우리회사는 20×6년 1월초에 액면금액 ₩500,000의 사채를 발행하였다. 사채의 표시이자율은 10%이고 이자는 매년 12월 31일에 지급하며 사채의 만기일은 20×8년 12월 31일이다. 사채발행일의 시장이자율은 12%이다.(금액계산시 소수점 이하는 버리시오.)

	10%		12%	
기 간	현가계수	연금현가계수	현가계수	연금현가계수
1	0.9091	0.9091	0.8929	0.8929
2	0.8264	1.7355	0.7972	1.6901
3	0.7513	2.4868	0.7118	2.4018

물음 (1) 사채의 발행금액은 얼마인가?
(2) 20×7년 12월 31일에 인식할 이자비용을 구하시오.
(3) 20×8년 1월 1일 현재 사채의 장부금액을 구하시오.

08 사채의 발행과 이자비용

한국상사는 20×8년 1월 1일 사채를 발행하였다. (만기 3년, 표시이자율은 연 10%, 이자지급일 매년 12월 31일) 한국상사는 사채할인발행차금을 유효이자율법으로 상각하며, 20×8년 12월 31일 사채의 장부금액은 ₩282,240이었으며, 결산일인 20×8년 12월 31일의 회계처리는 다음과 같았다고 한다.

(차) 이 자 비 용	63,648	(대) 사채할인발행차금	27,648
		현 금	36,000

물음 (1) 20×8년 1월 1일 동 사채의 발행금액 및 동 사채의 유효이자율을 도출하시오.
(2) 사채의 만기동안 인식될 총 이자비용 금액은 얼마인가 도출하시오.
(3) 20×8년 1월 1일 사채발행일의 회계처리를 제시해 보시오.

09 사채의 발행과 이자비용

20×7년초에 (주)연경(12월말 결산법인)은 액면금액 ₩1,000,000(액면이자율 10%, 매년말 지급), 만기가 20×9년 12월 31일에 도래하는 사채를 ₩885,843에 발행하였다. (주)연경은 20×8년 4월초에 현금 ₩950,000을 지급하여 사채를 상환하였으며 사채발행당시 시장이자율은 15%이다.

물음 (1) 사채상환손익은 얼마인가?(필요한 경우, 소수 첫째 자리에서 반올림할 것)
(2) (주)연경의 20×8년 이자비용은 얼마인가?

10 사채의 발행

사채를 할인발행하였을 경우 사채기간이 경과할수록 사채의 장부금액·할인발행차금상각액·총이자비용이 어떻게 변화해 나가는지를 모두 옳게 저술한 것은?

	사채의 장부가액	할인발행차금상각(환입액)	총이자비용
①	증가	증가	증가
②	감소	증가	감소
③	감소	감소	증가
④	증가	감소	감소

11 사채의 발행

연세(주) 20×2년 1월 1일에 액면금액 ₩5,000,000의 사채를 발행하였다. 사채의 표시이자율은 12%이고 이자는 매년 12월 31일에 지급하며 사채의 만기일은 20×4년 12월 31일이다. 사채발행일의 시장이자율은 15%이다. 사채발행차금은 유효이자율법을 적용하여 상각한다(단, 필요한 경우 소수점 이하 첫째 자리에서 반올림할 것).

	12%		15%	
기 간	현가계수	연금현가계수	현가계수	연금현가계수
1	0.8929	0.8929	0.8696	0.8696
2	0.7972	1.6901	0.7561	1.6257
3	0.7118	2.4018	0.6575	2.2832

물음 (1) 20×2년 1월 1일 사채의 발행금액은 얼마인가?
(2) 20×3년 12월 31일에 인식할 이자비용을 구하시오.
(3) 20×4년 1월 1일 현재 사채의 장부금액을 쓰시오.
(4) 회사가 사채기간에 걸쳐 부담해야 할 이자비용의 총액을 구하시오.

정답과 해설

01 (1) 유효이자율법

① 20×3년 4월 1일(발행시)

(차) 현 금	598,008	(대) 사 채	500,000
		사채할인발행차금	98,008

② 20×3년 10월 1일(이자지급시)

(차) 이자비용	17,940	(대) 현 금	20,000*
사채할인발행차금	2,060**		

*500,000×4%=20,000

**598,008×3%−20,000=2,060

③ 20×3년 12월 31일(결산분개)

(차) 이자비용	8,939	(대) 미지급이자	10,000*
사채할인발행차금	1,061**		

*500,000×4%×3/6=10,000

**(598,008−2,060)×3%×3/6−10,000=1,061

④ 20×4년 4월 1일(이자지급시)

(차) 미지급이자	10,000*	(대) 현 금	20,000
이자비용	8,939		
사채할인발행차금	1,061**		

*500,000×4%×3/6=10,000

**(598,008−2,060)×3%×3/6−10,000=1,061

(2) 본 사채는 할증발행되었다. 즉, 사채의 액면금액보다 발행금액이 크다. 그 이유는 사채 발행자가 지급하는 이자액이 시장이자율보다 크기 때문이다.

02 (1) 가. 액면이자율 6%인 경우

① 이자의 현가 : 4,000,000×6%×PVIFA(8%, 10년) : 1,610,420

② 원금의 현가 : 4,000,000×PVIFA(8%, 10년) : 1,852,774

사채의 발행금액 3,463,194

나. 액면이자율이 10%인 경우

① 이자의 현가 : 4,000,000×10%×PVIFA(8%, 10년) : 2,684,033

② 원금의 현가 : 4,000,000×PVIF(8%, 10년) : 1,852,774

사채의 발행금액 4,536,807

(2) 액면이자율이 10%이면 시장이자율 8%보다 높게 된다. 따라서 사채의 발행금액은 액면금액보다 커지게 된다.

(3) 가. 액면이자율 6%인 경우 사채이자 계산표

시점	장부금액	지급이자	액면이자	할인차금상각액	미상각할인차금
0	3,463,194				536,806
1	3,500,250	277,056	240,000	37,056	499,750
2	3,540,270	280,020	240,000	40,020	459,730

[이유]

사채이자=장부금액×유효이자율

할인발행의 경우 사채의 장부금액은 만기로 접근할수록 증가하므로 이자비용은 시간이 경과함에 따라 증가하는 모양이 된다.

나. 액면이자율 10%인 경우 사채이자 계산표

시점	장부금액	액면이자	지급이자	할인차금상각액
0	4,536,807			
1	4,499,752	400,000	362,945	37,055
2	4,459,732	400,000	359,980	40,020

[이유]

사채이자=사채의 장부금액×유효이자율

만기로 갈수록 사채의 장부금액이 액면가액으로 접근한다(감소한다).

따라서 이자비용은 감소하게 된다.

03 1) 사채의 현재가치

① 이자의 현가 : 800,000×5%×PVIFA(6%, 10) : 294,407

② 원금의 현가 : 800,000×PVIFA(6%, 10) : 446,712

사채의 현재가치 741,119

2) 사채할인발행차금: 800,000－741,119＝58,881

20×2년 7월 1일 분개

(차) 현 금	741,119	(대) 사 채	800,000
사채할인발행차금	58,881		

04

일자	동대문주식회사(발행자)				서대문주식회사(투자자)			
① 20×3.1.1	(차)현 금	96,000	(대)사 채	100,000	(차)투자채무증권	96,000		
(사채발행시)	사채할인발행차금	4,000					(대)현 금	96,000
② 20×3.12.31	(차)이자비용	7,800			(차)현 금	7,000		
			(대)현 금	7,000	투자채무증권	800		
			사채할인발행차금	800			(대)이자수익	7,800
③ 20×7.12.31	(차) 이자비용	7,800			(차)현 금	7,000		
			(대)현 금	7,000	투자채무증권	800		
			사채할인발행차금	800			(대)이자수익	7,800
	(차)사 채	100,000			(차)현 금	100,000		
			(대)현 금	100,000			(대)투자채무증권	100,000

05 가. 사채의 발행금액

① 이자원가 : 100,000×0.1×PVIFA(15%, 3년) : 22,832

② 원금현가 : 100,000×PVIFA(15%, 3년) : 65,752

계 88,584

나. 사채할인발행차금 상각표

① 사채할인발행차금 : 100,000－88,584＝11,416

② 상각표

일 자	장부금액	액면이자	지급이자	할인차금상각액
20×1. 1. 2	88,584			
20×1. 12. 31	91,872	10,000	13,288	3,288
20×2. 12. 31	95,653	10,000	13,781	3,781
20×3. 12. 31	100,000	10,000	14,347	4,347
합 계		30,000	41,416	11,416

다. 회계처리

① 20×1년 1월 2일

(차) 현 금	88,584	(대) 사 채		100,000
사채할인발행차금	11,416			

② 20×1년 12월 31일

(차) 이자비용	13,288	(대) 현 금	10,000
		사채할인발행차금	3,288

③ 20×2년 6월 30일

(차) 이자비용	3,445*	(대) 현 금	51,000
사 채	50,000	(대) 사채할인발행차금	4,064**
사채상환손실	1,619		

*13,781×50%×6/12=3,445

**(3,781+4,347)×0.5=4,064

④ 20×2년 12월 31일

(차) 이자비용	6,891	(대) 현 금	5,000
		사채할인발행차금	1,891*

*3,781×0.5

⑤ 20×3년

(차) 이자비용	7,173	(대) 현 금	5,000
		사채할인발행차금	2,173
사 채	50,000	현 금	50,000

06 $n=5$, $r=12\%$일 때 ₩1의 현가계수: 0.5674, 연금 ₩1의 현가계수: 3.6048 이용

발행가액=₩92,788,000

(1) ₩93,922,560 (2) ₩11,134,560 (3) ₩57,212,000

07 (1) 발행금액=475,990

(2) 20×7년의 이자비용=57,972(사채기간 동안 인식되는 총이자비용=174,010)

(3) 장부금액=491,080(=475,990+7,118+7,972)

08 (1) 사채의 발행금액 ₩254,592

(기말장부가액 ₩282,240−사채할인발행차금 상각액 ₩27,648)

사채의 유효이자율 25%

(20×8년 총이자비용 ₩63,648÷기초장부금액 ₩254,592)

(2) 총이자비용 ₩213,408
(액면이자 ₩36,000×3년+사채할인발행차금 ₩105,408)

(3) (차) 현 금 254,592 (대) 사 채 360,000
사채할인발행차금 105,408

(차)		(대)	
현 금	254,592	사 채	360,000
사채할인발행차금	105,408		

09 (1) 사채상환이익 ₩3,171
(2) ₩34,452

10 ①

11 (1) W 4,657,420 = 5,000,000×0.6575+600,000×2.2832

(2) 713,405 = (4,657,420+98,613)×0.15

(3) 4,869,437 = 4,657,420+98,613+113,404

(4) 2,142,580 = 600,000×3+342,580 = (600,000×3+5,000,000)−4,657,420

들어가며… 2호점을 내기 위해 외부 투자자에게서 투자를 받기로 했습니다. 이제 '신촌 빵집'의 주인은 나 혼자가 아닙니다. 새로운 주인이 들어오면서 우리 빵집의 '진짜 내 몫(자본)'은 어떻게 변할까요? 주주 한 명당 돌아가는 이익(주당이익)은 어떻게 계산할까요? 이번 장에서는 자본의 다양한 구성요소와 그 변동을 배웁니다.

summary

기업의 경제적 자원은 두 가지의 원천으로부터 조달된다. 그 하나는 채권자로부터 조달된 자금으로 재무상태표에는 부채로 표시되며, 다른 하나는 기업의 소유주로부터 조달된 자금으로 재무상태표에는 자본으로 표시된다. 법적·경제적 실체로서 기업은 주식을 투자자들에게 발행함으로써 필요한 자금을 조달하게 된다. 투자자들은 기업의 주식을 취득함으로써 해당 기업의 소유주가 되며 의결권과 잔여지분청구권을 보유하게 된다. 국제회계기준에서는 자본을 기업의 자산에서 부채를 차감한 후에 잔여지분으로 정의하고 있다.

본장에서는 자본의 의의 및 분류, 자본금의 증감에 관한 회계처리와 자본잉여금, 이익잉여금 등에 관한 내용을 설명하고, 마지막으로 주당순이익에 대해서도 설명하고자 한다.

C·H·A·P·T·E·R

13

자 본

01 자본의 의의 및 분류

CHECK POINT

- 자본금
- 이익잉여금

1. 자본의 의의

자본이란 무엇일까? 회계등식 "자산=부채+자본"을 떠올려보면 쉽다. 이 식을 바꾸면 "자산=자산−부채"가 된다. 즉, 자본이란 회사가 가진 모든 재산(자산)에서 남에게 갚아야 할 빚(부채)을 전부 빼고 남은 '진짜 내 몫' 또는 '순수한 알짜 재산'을 의미한다. 따라서 주주는 회사가 청산할 때 채권자에게 빚을 다 갚고 남은 재산에 대해서만 권리를 주장할 수 있다.

보충설명

잔여청구권의 성격을 지닌 자본

경영활동을 위해 필요한 자금을 조달하기 위해 기업은 주식을 발행할 수 있다. 이렇게 주주로부터 조달된 자금을 자본 또는 자기자본(equity)이라고 부르며 자산에서 모든 부채를 차감한 잔여지분(residual equities)으로 정의한다.[1] 따라서 기업의 소유자는 자산에 대해 잔여청구권(residual claims)을 갖는다고 할 수 있다.

다시 말해서 채권자는 기업의 소유주에 우선하여 기업의 자산에 대한 청구권을 갖는다고 할 수 있다. 채권자는 고정된 이자만을 지급받는다거나 매입채무 등의 유동부채일 경우 원금만을 회수하므로 영업활동의 결과로 발생된 부에 대한 청구권은 존재하지 않는다. 영업활동의 결과로 발생된 이익은 기업의 주인인 주주의 몫이므로 당연히 기업의 위험도 주주가 먼저 부담한다. 따라서 주주는 채권자 다음으로 자산에 대한 청구권을 갖는다.

자본(자기자본)

자산에서 모든 부채를 차감한 잔여지분으로 정의되며 주주의 직접투자액(납입자본)과 이후 기업의 영업활동을 통한 증가분(이익잉여금) 등으로 구성

자본은 기업의 순자산(net assets)이 어떤 원천으로부터 조달되었는가에 의해서도 파악될 수 있다. 기업의 순자산 중 일부는 보통주 주주, 우선주 주주, 그 밖의 제삼자로부터 조달되었을 것이며, 일부는 영업활동으로 벌어들인 이익으로부터 조달되었을 것이다. 보통주와 우선주로부터 조달된 자산과 영업활동으로 벌어들인 이익으로부터 조달

1) 자본(資本)은 학문분야에 따라 다양한 의미로 쓰이는 개념이다. 경제학에서는 자본을 생산에 사용되는 투입요소를 의미하기도 하며, 축적된 부를 의미하기도 한다. 한편 상법에서는 자본을 회사가 발행한 주식의 액면금액 총액(발행주식수×주당 액면금액)으로 정의한다.

된 자산이 자본인 것이다.

용어 꿀팁 **주식 액면금액은 왜 존재할까?**

오늘날 액면금액은 큰 의미가 없는 상징적인 금액처럼 보이지만, 원래는 매우 중요한 목적이 있었습니다. 과거에 회사를 설립할 때, 주주들이 최소한 액면금액만큼의 돈은 실제로 회사에 납입하도록 강제하여, 회사 채권자들을 보호하기 위한 '최소 자본금 보증 장치'였습니다.

"우리 회사 주주들은 적어도 주식 1주당 이만큼의 돈은 내고 사업을 시작했으니, 채권자 여러분은 이 정도는 믿고 돈을 빌려주셔도 됩니다"라는 최소한의 신뢰를 주기 위한 역사적인 흔적이라고 이해하면 쉽습니다.

2. 자본의 분류

자본, 즉 '진짜 내 몫'은 그 돈이 어디에서 왔는지, 그 원천에 따라 크게 세 가지로 분류할 수 있다.[2)]

- 납입자본: 주주들이 회사를 설립하거나 키우기 위해 직접 투자한 돈이다.
- 이익잉여금: 회사가 열심히 장사해서 벌어들인 이익 중, 배당하지 않고 차곡차곡 쌓아둔 돈이다.
- 기타자본구성요소: 위 두 가지가 아닌, 주주와의 특별한 자본 거래(예: 자기주식 거래) 등으로 인해 발생한 기타 변동 항목들을 모아둔 것이다.

기업의 자본은 경영활동을 함에 따라 점차 증가하는데, 기업의 자본을 나누어 보면 크게 주주의 직접투자액(납입자본)과 그 후의 변동분(이익잉여금과 기타자본구성요소)으로 구성된다.

2) K-IFRS 자본을 납입자본, 이익잉여금 및 기타자본구성요소 세 가지로 예시하고 있고 개별 항목에 대해서는 구체적으로 규정하고 있지 않다. 따라서 기업은 재무제표이용자의 의사결정 목적에 적합하도록 재량적으로 그 분류를 정하여 표시할 수 있다.

그림 13-1

자본의 구성

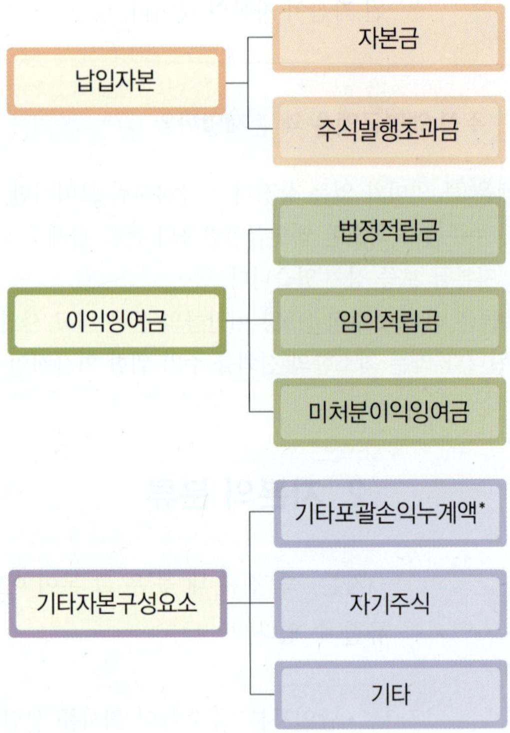

* 재평가잉여금, 해외사업장의 재무제표 환산으로 인한 손익, FVOCI금융자산의 재측정손익, 현금흐름위험회피수단의 평가손익 중 효과적인 부분.

표 13-1

자본분류 내에서의 세부계정

자본의 분류		각 분류내에서의 세부계정
자 본 금		보통주자본금, 우선주자본금
자본잉여금		주식발행초과금, 자기주식처분이익, 감자차익 등
자본조정	차감계정	자기주식, 주식할인발행차금, 감자차손, 자기주식처분손실
	가산계정	주식선택권, 미교부주식배당금
기타포괄손익		재평가잉여금, 해외사업장의 재무제표 환산으로 인한 손익, FVOCI금융자산의 재측정손익, 현금흐름위험회피수단의 평가손익
이익잉여금		법정적립금, 임의적립금, 미처분이익잉여금(미처리결손금)

02 납입자본

CHECK POINT
- 자본금
- 유상증자, 무상증자
- 유상감자, 무상감자
- 주식분할

자본금
주주의 직접투자액에 해당하는 것으로 발행된 주식의 종류에 따라 보통주자본금과 우선주자본금으로 구분

1. 자 본 금

자본금(capital stock)이란 주주의 직접투자액에 해당하는 것으로 발행된 주식의 종류에 따라 보통주자본금과 우선주자본금으로 구분된다. 자본금은 자본의 한 부분인데 이 두 용어가 혼동되어 사용되는 경우가 많다.

(1) 보통주자본금

보통주란 기업에 대한 소유권을 나타내는 기본적인 주식으로서 기업의 자산, 이익에 대한 채권자의 청구권과 우선주 주주의 청구권을 제외하고 남은 것에 대해 청구할 수 있는 잔여재산청구권을 소유한 주주의 주식이다. 보통주를 소유한 주주들은 일반적으로 주주총회에서 의결권이 있으며, 잔여청구권에 의한 이익배당권, 잔여재산분배권, 신주인수권 등을 가지고 있다.

(2) 우선주자본금

우선주란 보통주보다 기업의 자산이나 이익에 대해 우선적으로 청구권을 가지고 있으나 일정기간 후에는 상환되거나 의결권이 부여되지 않는 경우가 대부분인 주식이다. 이는 다시 이익배당을 받은 후 잔여이익이 있을 경우에 보통주와 함께 일정한 비율에 의해 추가적인 이익배당에 참가할 수 있는지 여부에 따라 참가적 우선주와 비참가적 우선주로, 특정연도의 이익배당액이 우선배당률보다 적을 경우 그 부족액을 다음 연도의 이익에서 우선적으로 추징할 수 있는 권리가 있는지 여부에 따라 누적적 우선주와 비누적적 우선주로 나누어진다.

보충설명

우선주의 추가 옵션: 누적적? 참가적?

우선주에는 가끔 특별한 옵션이 붙기도 한다.

- **누적적 우선주**: '못 받은 배당금 이월' 옵션이다. 회사가 어려워 올해 배당을 못 주더라도, 그 권리가 사라지지 않고 다음 해로 이월된다. 내년에 회사가 이익이 나면 작년에 못 받은 배당금까지 먼저 챙겨 받은 후에야 보통주 주주들의 배당이 시작된다.
- **참가적 우선주**: '보너스 배당 참가' 옵션이다. 우선주 주주가 약속된 배당을 먼저 받은 후에도, 회사에 이익이 많이 남아 보통주 주주들에게 큰 배당을 할 때, 우선주 주주도 그 잔치에 한 번 더 참여해 추가 배당을 받을 수 있는 권리이다.

2. 자본금의 증가

신주의 발행가액이 액면금액과 일치하는가의 여부에 따라 액면발행, 할인발행, 할증발행으로 구분한다.

자본금은 회사설립시에 처음으로 계상되며 설립 이후에 신주발행에 의한 유상증자, 잉여금 등의 자본전입에 의한 무상증자, 주식배당, 전환사채의 전환 등으로 증가될 수 있다. 자본금의 증가로 발행되는 주식에 대한 대가가 지급되는 경우를 유상증자(실질적 증자), 대가가 지급되지 않는 경우를 무상증자(형식적 증자)로 분류한다.

유상증자와 무상증자의 핵심 차이는 '외부에서 새로운 돈이 들어왔는가?'이다. 주주에게서 실제 현금이나 자산이 들어오면 유상(有償)증자, 돈의 유입 없이 회사 내부의 다른 자본 항목(예: 이익잉여금)을 자본금으로 이름만 바꿔주는 것이라면 무상(無償)증자이다.

예제 1

보통주 발행

보통주 400주를 주당 ₩10,000(액면가 ₩10,000)에 발행하다.

(차) 현 금	4,000,000	(대) 보통주자본금	4,000,000

위의 예와 같이 액면발행일 경우에는 현금수취액을 현금계정 차변에, 주식의 발행가액(액면금액)을 해당주식의 자본금계정 대변에 기록한다. 그러나 주식을 액면금액보다 낮은 발행가액으로 발행한 할인발행일 경우에는 액면금액과 발행가액과의 차액을 주식할인발행차금계정차변에 기록한다.

위의 예에서 주당 ₩10,000이 아니라 ₩6,000에 발행하였다면 다음과 같이 분개한다.

(차) 현 금	2,400,000	(대) 보통주자본금	4,000,000
주식할인발행차금	1,600,000		

주식할인발행차금은 기존 주식발행초과금과 상계하고, 남는 금액은 기타자본구성 요소로 분류하여 자본에서 차감하는 형식으로 기재되며, 주식발행연도부터 3년 이내의 기간에 매기 균등액을 상각하여야 한다. 다만, 처분할 이익잉여금이 부족하거나 결손이 있는 경우에는 차기 이후 연도에 이월하여 상각할 수 있다.

한편, 일반적인 경우 주식을 액면금액보다 높은 발행가액으로 발행하게 되며 이런 경우(할증발행)에는 액면금액과 발행가액의 차액을 주식발행초과금계정 대변에 기록한다. 주식발행초과금은 납입자본이며 자본잉여금으로 분류되며 전부 또는 일부를 자본전입할 수가 있다. 위의 예에서 발행가액이 주당 ₩15,000인 경우에는 다음과 같이 분개한다.

(차) 현 금	6,000,000	(대) 보통주자본금	4,000,000
		주식발행초과금	2,000,000

(1) 유상증자(신주발행)

일반적으로 신주를 발행하여 자금을 조달하는 경우가 유상증자에 해당된다. 신주의 발행가액이 액면금액과 일치하는가의 여부에 따라 액면발행, 할인발행, 할증발행으로 구분된다.

(2) 무상증자

무상증자
신주를 발행하더라도 회사에 자산의 유입이 없는 경우

신주를 발행하더라도 회사에 자산의 유입이 없는 경우를 무상증자 또는 형식적 증자라 한다. 무상증자는 자본잉여금이나 이익잉여금의 자본전입, 전환주식의 전환 등의 경우에 이루어진다. 추가적인 자산의 유입이 없이 기존의 주주가 주식을 더 분배받는 것에 불과하므로 원칙적으로 주주의 부의 증가는 없다.

1) 자본전입

주식발행초과금 또는 이익잉여금 중 법정적립금 등을 자본금으로 대체하는 것을 자본전입이라고 한다. 자본전입으로 신주가 발행되며 이때 신주는 기존의 주주가 가지고 있는 주식수에 비례하여 무상으로 주주들에게 분배된다. 자본전입은 기업의 유지와 발전, 자본의 결손보전, 회사채권자의 보호를 위한 경우에만 법적으로 인정되고 있다.

예제 2

주식발행초과금 자본전입

주식발행초과금 중 ₩10,000,000을 자본전입하기로 결정하고 보통주 2,000주를 액면금액인 주당 ₩5,000에 발행하여 주주들에게 배분하였다.

(차) 주식발행초과금	10,000,000	(대) 보통주자본금	10,000,000

이 경우에는 주식발행초과금이 감소하면서 자본금이 동일한 금액만큼 증가하므로 자본총계에는 변동이 없다.

2) 전환주식(convertible stock)의 전환

전환권이 있는 우선주를 보통주로 전환한 경우에 해당되며, 이 경우는 우선주자본금이 보통주자본금으로 변경되는 것이기 때문에 자본총액에는 아무런 변화가 일어나지 않는다.

예제 3

우선주자본금을 보통주 자본금으로 전환

액면금액이 ₩5,000인 전환우선주 1,000주를 보통주 1,000주(액면금액 ₩5,000)로 전환하다.

(차) 우선주자본금	5,000,000	(대) 보통주자본금	5,000,000

3. 자본금의 감소: 감자

감자도 자본금의 감소에 따라 그 대가를 지급하는 유상감자(실질적 감자)와 대가를 지급하지 않는 무상감자(형식적 감자)로 구분된다.

(1) 유상감자

유상감자
기존의 주주들에게 주금액을 반환하거나 주식을 매입하여 소각하는 경우

자본을 감소시키기 위해 기존의 주주들에게 주금액을 반환해 주거나 주식을 매입하여 소각하는 경우가 유상감자 또는 실질적 감자에 해당된다.

1) 주금액의 환급

액면금액의 일부를 주주에게 반환해 줌으로써 실질적으로 자본금을 감소시키는 방법이다.

예제 4

자본금 감소

보통주의 주주들에게 ₩20,000,000의 자본금을 감소시키기 위해 환급해 주다.

(차) 보통주자본금	20,000,000	(대) 현 금	20,000,000

2) 주식의 소각

주식의 소각이란 기존에 발행된 주식 중의 일부를 매입하여 소각시키는 경우를 말한다.

기존에 발행된 주식 중의 일부를 매입하여 소각시키는 경우가 이에 해당된다. 이때 주식을 액면금액보다 싸게 사서 소각하면 '감자차익'이, 비싸게 사서 소각하면 '감자차손'이 발생한다.

주식의 매입소각을 위하여 액면금액 미만으로 주식을 매입한 경우에는 "액면금액과 매입금액의 차액"을 기타자본요소인 감자차익으로 처리한다. 만약 액면금액보다 높은 금액으로 주식을 매입한 경우에는 "매입가액과 액면금액의 차액"을 감자차손으로 처리한다. 이 경우 기존에 감자차익이 있으면 감자차익을 우선 감소시키고, 부족한 금액은 감자차손으로 처리한다.

여기서 중요한 점은, 주식의 소각 과정에서 발생한 차액 역시 회사의 영업성과가 아닌 주주와의 자본거래에서 발생한 차액이라는 점이다. 따라서 손익계산서에 반영하지 않고 '기타자본요소' 항목으로 자본 내에서 직접 조정한다. 즉, 감자차익과 감자차손은 기타자본요소로 분류하고, 감자차손은 자본에서 차감하는 형식으로 기재한다.

예제 5

자본금 감소

감자를 하기 위하여 보통주 2,000주의 주식(액면금액 ₩5,000)을 주당 ₩5,000에 수표를 발행하여 매입소각하다. 즉, 액면가와 소각가액(또는 재취득가액)이 일치한다.

(차) 보통주자본금	10,000,000	(대) 당 좌 예 금	10,000,000

예제 6

자본금 감소

앞의 예에서 주당 ₩4,000에 수표를 발행하여 매입소각한 경우

(차) 보통주자본금	10,000,000	(대) 당 좌 예 금	8,000,000
		감 자 차 익	2,000,000

감자차익은 손익계산서 항목이 아니라 재무상태표상의 기타자본요소인 점에 주의하여야 한다. 즉, 차손/차익이라고 하여도 모두 손익계산서에 보고되는 것은 아니다.

이는 차손/차익의 발생이 영업의 결과가 아니라 자본거래의 결과이기 때문이다.

예제 7

자본금 감소

앞의 예에서 주당 ₩6,000에 수표를 발행하여 매입소각한 경우는 아래와 같이 분개된다.

(차) 보통주자본금	10,000,000	(대) 당 좌 예 금	12,000,000
감 자 차 손	2,000,000		

(2) 무상감자

자본금이 감소되지만 그 대가가 지급되지 않아 회사의 자산이 전혀 감소되지 않는 경우가 해당된다. 무상감자는 결손금을 보전하거나 주가하락 등의 이유로 신주를 추가로 발행할 수 없을 경우에 주금액을 절삭하거나 수개의 주식을 더 적은 수의 주식으로 병합함으로써 이루어진다.

1) 주금액의 절삭

주주가 이미 납입한 주금액의 일부를 삭제하여 자본금을 감소시키는 것이다. 주금액의 절삭액이 보전되는 결손금보다 많을 경우에는 그 차액을 감자차익으로 처리한다.

예제 8

자본금 감소

이월결손금 ₩50,000,000을 보전하기 위하여 주당 액면금액 ₩10,000의 보통주 10,000주를 주당 액면금액 ₩4,000의 보통주로 변경하다. 이 보통주 10,000주는 ₩100,000,000으로 보통주자본금으로 재무상태표에 보고되는데 이 보통주자본금이 ₩40,000,000으로 변경하면서 ₩60,000,000의 보통주자본금이 감소한다.

(차) 보통주자본금	60,000,000	(대) 이 월 결 손 금	50,000,000
		감 자 차 익	10,000,000

2) 주식의 병합

수개의 주식을 합하여 더 적은 수의 주식으로 변경하여 발행하는 것이다. 예를 들면, 액면금액 ₩5,000의 보통주 2주를 액면금액 ₩5,000의 보통주 1주로 바꾸어 주는 것이 주식병합에 해당된다.

4. 주식분할

주식분할

기존에 주주들로부터 추가적으로 자금을 납입받지 않고, 새로운 주식을 발행하는 것

주식분할(stock split, 또는 split-up)이란 기존의 주주들로부터 추가적으로 자금을 납입받지 않고 새로운 주식을 발행하는 것을 말한다. 이러한 주식분할을 행하는 이유는 주식의 단위당 시장가격을 감소시키기 위해서인데, 그렇게 함으로써 보다 많은 투자자들에게 주식을 거래할 수 있는 기회를 제공하고, 결과적으로 주식의 총시장가치를 증대시키기 때문이다. 예를 들어 삼성전자는 수년전 50 : 1로 주식분할을 하였고 지금 현재 1주의 가액이 6만원 정도이다. 주식분할을 하지 않았다면 주당 300만원 정도라서 소액주주들에게는 부담스러운 금액이었을 것이다.

주식분할은 구주식에 대하여 새로운 주식을 발행함으로써 이루어진다. 이를 예를 들어 설명한다.

	주식분할(2 : 1)전	주식분할(2 : 1)후
보통주자본금		
1,000주, @₩10,000	₩10,000,000	₩10,000,000
→ 2,000주, @₩5,000		
주식발행초과금	40,000,000	40,000,000
총납입금액	₩50,000,000	₩50,000,000
이익잉여금	60,000,000	60,000,000
주주지분	₩110,000,000	₩110,000,000

위에서 살펴본 바와 같이 주식분할은 총자본에는 전혀 영향을 미치지 않는다. 주식의 분할로 인해서는 어떠한 분개도 일어나지 않으며 어떤 계정의 금액도 변화하지 않는다. 단지 액면금액이 변동된다. 결론적으로 주식분할은 자본을 실질적으로 변화시키지 않고 그 형태만을 변화시키게 되는 것이다.

비유로 이해하기 **피자 한 판으로 이해하는 무상증자 vs. 주식분할**

무상증자와 주식분할은 주주에게서 추가적인 돈을 받지 않고 주식 수만 늘려준다는 공통점이 있지만, 자본 구성에 미치는 영향은 다릅니다. 우리 회사의 전체 자본을 '한 판의 피자'라고 상상해 봅시다.

• **주식분할**(Stock Split): 단순히 피자를 더 잘게 자르는 것

피자 한 판이 4조각(4주)으로 나뉘어 있습니다. 주식분할은 이 4조각을 각각 반으로 더 잘라 총 8조각(8주)으로 만드는 것과 같습니다. 조각의 수는 늘어났지만, 피자 전체의 크기(자본 총액)나 맛(피자의 구성)은 전혀 변하지 않습니다. 따라서 회계처리도 필요 없습니다.

• **무상증자**(Capital Increase without Consideration): 피자 토핑을 재배치하는 것

피자 한 판이 '치즈 구역(이익잉여금)'과 '페퍼로니 구역(자본금)'으로 나뉘어 있습니다. 무상증자(자본전입)는 '치즈 구역'에 있던 치즈를 일부 떼어내 '페퍼로니 구역'으로 옮기는 것과 같습니다. 이 역시 피자 전체 크기(자본 총액)는 변하지 않지만, 피자 내부의 구성(자본의 구성)이 변했습니다. 따라서 이익잉여금을 줄이고 자본금을 늘리는 회계처리가 필요합니다.

03 이익잉여금

CHECK POINT

• 법정적립금
• 임의적립금
• 이익잉여금

1. 이익잉여금의 의의 및 분류

이익잉여금(retained earnings)이란 영업활동을 통하여 획득한 이익 중에서 배당금 등으로 사외로 유출되지 않고 사내에 유보된 금액으로서 이를 유보이익이라고도 한다. 이익잉여금은 법정적립금, 임의적립금 및 미처분이익잉여금으로 분류한다.

개념 바로잡기

이익잉여금이 많다고 현금이 많은 것은 아니다!

많은 학생이 이익잉여금을 '회사가 창고에 쌓아둔 현금'이라고 오해하지만, 이는 완전히 다른 개념입니다. 이익잉여금은 '성장 기록'이고, 현금은 '지갑 속 돈'입니다.

여러분의 키가 150cm에서 180cm로 자랐다고(이익잉여금 증가) 해서, 여러분 지갑에 현금이 30만원 더 있는 것은 아니죠. 성장의 결과는 커진 키와 튼튼해진 뼈(건물, 기계 등)로 나타난 것이지, 지갑 속 현금으로 나타난 것이 아닙니다.

이익잉여금은 회사가 설립된 이후 벌어들인 이익의 '누적 총액'을 보여주는 역사적 기록일 뿐, 현재 회사가 보유한 현금의 양과는 아무런 직접적인 관련이 없습니다.

(1) 법정적립금

법정적립금(statutory reserves)은 상법 등 법령의 규정에 의하여 적립된 금액을 말한다. 이익준비금이 이에 해당하며 그 자본금의 1/2에 달할 때까지 매결산기 현금배당액의 1/10 이상을 적립하도록 규정되어 있다. 상법상 이익준비금은 결손보전이나 자본전입 경우 외에는 처분할 수 없다.

(2) 임의적립금

임의적립금(voluntary reserves)은 정관의 규정 또는 주주총회의 결의로 적립된 금액으로서 사업확장적립금, 감채적립금, 배당평균적립금, 결손보전적립금 등을 말한다. 사업확장적립금은 장래에 사업을 확장하기 위한 적립금이며, 감채적립금은 사채, 장기차입금 등 부채를 상환하기 위해 적립한 것을 말한다. 배당평균적립금은 이익배당을 평균적으로 일정한 수준에서 유지되도록 하기 위한 적립금이다. 결손보전적립금은 결손금을 보전하여 재무구조를 양호하게 하기 위한 적립금이다.

임의적립금은 그 적립과 사용에 있어 법적 강제성이 없기 때문에 다시 미처분이익잉여금으로 환원시켜 배당의 재원으로 사용할 수 있다. 이러한 경우를 임의적립금의 이입이라고 한다. 법정적립금과 임의적립금의 구분은 법률에 의하여 적립되는가에 따라 결정되는 것이 아니라, 자본전입과 이월결손금의 보전목적 이외의 목적에 이를 사용할 수 있느냐의 여부에 따라 결정한다. 따라서 제 적립금은 세법상의 세금의 유예를 포기한다면 이를 배당금의 재원으로 사용할 수 있기 때문에 모두 임의적립금으로 분류한다.

비유로 이해하기 **의무 저축 vs. 자율 적금**

이익잉여금 중 일부를 특정 목적으로 따로 떼어놓는 것을 '적립금'이라고 합니다.

- **법정적립금**: '법으로 정한 의무 저축'과 같습니다. 상법에서는 회사의 재무 체력을 튼튼하게 하기 위해, 현금배당액의 일정 부분(1/10)을 의무적으로 쌓아두라고 명령합니다. 이것이 바로 '이익준비금'입니다.
- **임의적립금**: '스스로 결심한 자율 적금'과 같습니다. 회사가 "미래에 공장을 짓기 위해 돈을 모으자(사업확장적립금)" 또는 "불경기에 대비해 배당금을 안정적으로 주기 위해 돈을 모으자(배당평균적립금)"와 같이 주주총회 결의를 통해 자발적으로 쌓는 돈입니다.

(3) 미처분이익잉여금

이익잉여금
영업활동을 통하여 획득한 이익 중에서 배당금으로 주주에게 지급되거나 기타 영업목적상 적립금 등으로 처분되지 않고 추후 투자 등의 목적을 위해 적립된 금액

재무상태표상의 미처분이익잉여금은 배당이나 적립금 등으로 처분되지 않고 남아 있는 이익잉여금이다. 즉, 이익잉여금 중 사용 용도가 결정되지 않은 부분이라고 이해하면 된다.

미처분이익잉여금은 당기순이익, 회계정책변경누적효과(이익), 전기오류수정이익, 결손금보전에 따른 이입액 등에 의해 증가하며 당기순손실, 회계정책변경누적효과(손실), 전기오류수정손실, 배당, 법정적립금 및 임의적립금 적립, 주식할인발행차금상각 등으로 감소한다. 따라서 당기에 처분된 법정적립금, 임의적립금 및 배당금 등이 공제된 후의 금액으로 표시된다.

배당금은 보고기간말 이후 다음 회계연도 초에 개최되는 주주총회에서 확정되기 때문에 보고기간말 시점에는 배당액은 예정일 뿐이고 확정된 금액은 아니다. 따라서 미처분이익잉여금은 이미 확정된 배당 금액(즉, 당기초 주주총회에서 확정된 전기분 배당)만을 공제한 것이다. 즉, 이사회에서는 통과하였지만 주주총회에서 확정될지가 아직 미정인 금액(당기분 배당 예정액)은 미처분이익잉여금에 공제되지 않았으며, 미지급배당금이라는 부채를 계상하지도 않는다. 전기말 재무상태표상 미처분이익잉여금에 대해 당기 초 개최되는 주주총회에서 배당이 확정되면, 미지급배당금(부채)으로 기록하고 배당금 지급일에 미지급배당금을 감소시킨다.

참고로, 중간배당은 주주총회의 의결사항이 아니며 이사회에서 확정되므로, 이사회에서 확정되면 바로 배당금과 관련된 회계처리를 수행한다.

2. 배당으로 인한 이익잉여금의 처분

이익잉여금의 처분
미처분이익잉여금을 법정적립금, 임의적립금, 배당으로 처분하는 것으로 처분사항은 자본변동표와 재무상태표에 기재

이익잉여금의 처분이란 미처분이익잉여금을 법정적립금, 임의적립금, 배당으로 그 사용용도를 결정하는 것으로 이익잉여금 처분사항은 자본변동표와 재무상태표에 기재된다. 미처분이익잉여금과 임의적립금이입액을 합한 금액에서 이익잉여금처분액을 차감하여 차기이월미처분이익잉여금이 산출된다. 이 경우에도 차기이월미처분이익잉여금인 것은 당해연도의 배당 처분전이므로 미처분이익잉여금이다. 대표적인 이익잉여금의 처분으로 현금배당과 주식배당을 생각해 볼 수 있다.

주주들에게 일정한 비율로 회사의 자산을 배분하는 것을 배당이라고 한다. 배당은 기업의 영업활동으로부터 창출된 이익을 배분하는 것이기 때문에 이익이 있거나 손실이 발생하였다고 하여도 배당을 지급하는 원천인 이익잉여금이 존재하여야 배당이 가능하

다. 배당은 배당되는 자산의 형태에 따라 현금배당, 주식배당 등으로 구분된다. 일반적으로 이루어지는 배당은 현금으로 지급된다. 지급되기 전까지는 미지급배당금으로 유동부채에 계상한다. 배당은 비용이 아니므로 손익계산서 항목이 아니고 이익의 처분이다.

회사의 미발행주식을 주주들에게 배당하는 것을 주식배당이라고 한다. 주식소유비율에 따라 배당이 이루어지기 때문에 실제 주식소유비율에 영향을 미치지 않는다. 따라서 주주들의 청구권이 변동되지 않는다. 즉, 원칙적으로 주주의 지분이나 부의 변동이 없다. 그러나 주식배당이 이루어지면 이익잉여금은 감소되고 자본금은 증가되어 자본이 재구성되므로 주식배당에 대해서는 회계처리를 하여야 한다. 이런 점에서 주식배당은 회계처리가 필요없는 주식분할과 차이가 있다. 주식배당이 결정되었으나, 아직 배당이 지급되지 않은 경우에는 이익잉여금을 감소시키되 해당금액을 일시적으로 기타자본요소인 미교부주식배당금으로 계상한다.

개념 더하기

왜 현금 대신 주식으로 배당을 줄까?

회사는 이익이 나서 주주들에게 보답하고는 싶지만, 신규 투자 등으로 당장 사내에 현금이 부족할 때가 있습니다. 이때 사용하는 방법이 주식배당입니다. 주주들에게 "현금 잔치는 못하지만, 대신 저희 가게 지분(주식)을 더 나눠드릴게요!"라고 말하는 것과 같습니다.

주식배당은 회사의 현금 유출 없이도 주주들의 이익 분배 요구에 부응할 수 있고, 동시에 이익을 회사 내부에 자본으로 재투자하는 효과를 얻을 수 있는 유용한 주주환원 정책 중 하나입니다.

예제 9

주식배당에 따른 분개

주주총회에서 액면 ₩5,000인 보통주에 대하여 10%의 주식배당을 결정하였다. 보통주의 총발행주식수는 10,000주이고 배당선언일 당시의 공정가치는 ₩15,000이었다. 액면금액법이 상법에서 규정한 방법이다.

[배당선언일]

(차) 미처분이익잉여금	5,000,000	(대) 미교부주식배당금	5,000,000

[주식교부일]

(차) 미교부주식배당금	5,000,000	(대) 자 본 금	5,000,000

주식 교부일 이전에는 주식이 교부되는 것이 아니므로 미교부주식배당금을 기타자본요소로 자본금을 변동시키지 않다가 주식교부일에 자본금을 변화시킨다.

Focus on Decision Making

[상 황]

1년간 열심히 일한 '신촌 빵집'은 5,000만원이라는 자랑스러운 당기순이익을 달성했습니다. 이 이익은 현재 재무상태표의 '이익잉여금' 계정에 쌓여있습니다. 연말 주주총회에서 나사장과 동업자들은 이 이익잉여금을 어떻게 처분할지 결정해야 합니다.

"올해 번 돈으로 주주들끼리 '보너스 파티(현금배당)'를 할까, 아니면 이 돈으로 2호점을 내서 회사를 더 키울까?"

[선택지 분석]

1. 선택 A: '주주환원' 중시 전략 (고배당 정책)

- 방법: 이익 5,000만원 중 80%인 4,000만원을 주주들에게 현금배당으로 지급합니다. (배당성향 80%)
- 장점: 주주들은 투자에 대한 즉각적인 현금 보상을 얻게 되어 만족도가 높아집니다. 이는 주가에 긍정적인 영향을 줄 수 있습니다.
- 단점: 회사 내에 남는 현금이 줄어들어, 신규 오븐을 사거나 2호점을 내는 등 미래를 위한 투자 기회를 놓칠 수 있습니다.

2. 선택 B: '성장' 중시 전략 (저배당 또는 무배당 정책)

- 방법: 배당을 전혀 하지 않거나, 최소한의 배당만 하고 이익 대부분을 회사 내부에 이익잉여금으로 유보합니다.
- 장점: 외부에서 돈을 빌리거나 새로운 투자를 받지 않고도, 회사가 번 돈만으로 자체적인 성장이 가능합니다. 성공적인 재투자는 미래에 더 큰 이익과 주가 상승으로 이어질 수 있습니다.
- 단점: 주주들은 당장의 현금 보상을 얻지 못합니다. 회사가 재투자를 하고도 성과를 내지 못할 경우, 주주들의 불만이 커질 수 있습니다.

[나사장의 의사결정]

여기에는 정답이 없습니다. 이는 회사의 성장 단계와 경영 철학이 반영된 매우 중요한 전략적 의사결정입니다.

일반적으로 아마존이나 테슬라 같은 고성장 기술 기업들은 이익을 대부분 재투자하기 때문에 배당을 거의 하지 않습니다('선택 B'). 반면, 은행이나 통신사처럼 안정적인 성숙기에 접어든 기업들은 꾸준히 높은 배당을 지급하여 주주들에게 안정적인 현금 흐름을 제공합니다('선택 A').

나사장은 '신촌 빵집'이 현재 어떤 성장 단계에 있는지, 그리고 주주들이 단기적인 현금 수익과 장기적인 가치 성장 중 무엇을 더 원하는지를 종합적으로 고려하여 합리적인 배당정책을 결정해야 합니다.

04 기타자본구성요소

CHECK POINT

- 자기주식
- 원가법, 액면금액법
- 기타포괄손익누계액

K-IFRS에서는 납입자본, 적립금으로 분류되는 항목 이외에 자본에 대하여 가감을 해야 할 항목들을 기타자본구성요소로 분류하고 있다. 기타자본구성요소항목에 속하는 항목들은 주식할인발행차금, 감자차손 배당건설이자, 자기주식, 미교부주식배당금 등이다. 발행가액이 액면금액을 초과할 때 발생하는 주식발행초과금은 납입자본에 포함되는 반면 액면금액이 발행가액을 초과할 때 발생하는 주식할인발행차금은 기타자본구성요소로 분류된다. 여기서 배당건설이자란 회사를 설립한 후에 사업의 특성상 정상적인 영업을 통해서 이익을 얻는 데에 장시간이 걸리기 때문에 주주들에게 이익배당을 할 수 없을 경우에 일정한 법정절차에 따라 일정한 이자를 주주들에게 배당할 수 있도록 한 것을 말한다.

1. 자기주식

(1) 자기주식의 성격

자기주식
이미 발행되어 유통되고 있는 주식 중에서 주식의 발행회사가 매입하였거나 또는 증여에 의하여 취득한 주식

자기주식(treasury stock)이란 이미 발행되어 유통되고 있는 주식 중에서 주식의 발행회사가 매입하였거나, 또는 증여에 의하여 취득한 주식을 말한다. 자기주식은 아직 소각되지 않고 미래에 다시 판매될 수 있다. 그리고 이미 발행되어 유통되고 있는 주식을 취득하였다는 점에서 미발행주식과도 다른 성격을 갖는다. 반면, 아직 소각되지 않았고 재발행될 가능성이 있으므로 소각된 주식과도 다르다. 따라서 자기주식수는 유통주식수에는 포함되지 않으나 발행주식수에는 포함된다. 하지만 자기주식은 의결권이나 배당을 받을 권리 그리고 기업의 청산시에 재산을 배분받을 수 있는 권리가 없다는 점에서 경제적으로는 미발행된 주식과도 유사하다고 볼 수 있다.

비유로 이해하기 **자기주식은 자산이 아니라 '환불'이다!**

회사가 이미 발행했던 자기 회사의 주식을 다시 사들이는 것을 '자기주식'이라고 합니다. 많은 학생이 자기주식을 '투자자산'으로 오해하지만, 이는 자산이 아니라 자본의 차감 항목입니다.

왜 그럴까요? 회사가 자기주식을 사는 것은 다른 회사에 투자하는 것과 근본적으로 다릅니다. 이는 마치 주주에게 투자금을 '환불'해주는 행위와 같습니다. 주주에게서 주식을 되사오면서 현금을 내주었으니, 그만큼 회사의 자산과 자본이 동시에 감소하는 것이죠. 내가 나 자신에게 투자할 수 없듯, 회사는 자기 자신의 주주가 될 수 없기 때문입니다.

회사가 자기주식을 취득하는 이유는 ① 주식을 소각하려 할 때, ② 주식수를 감소시켜 주당이익을 증가시키려 할 때, ③ 상여계획 또는 타회사와의 합병과 관련하여 필요한 주식을 보유하여 경영권을 보호하려 할 때, ④ 일정 배당률을 유지하기 어려울 경우 배당률의 저하를 방지하고자 할 때 등으로 볼 수 있다.

(2) 자기주식의 회계처리

회사가 주식을 발행하면 자산과 자본이 같은 금액만큼 증가한다. 반대로 회사가 자기주식을 취득하면 자산과 자본이 같은 금액만큼 감소하는 것은 물론이다. 회사가 취득한 자기주식은 자산이라고 할 수 없다. 왜냐하면 기업은 그 자신이 그 회사의 주주가 될 수 없기 때문이다. 그리고 자기주식이 경제적인 측면에서 미발행주식과 유사하기 때

문에 미발행주식이 회사의 자산이 될 수 없다는 점에서 자기주식은 자산이 될 수 없다고 하는 것이 명확하다. 자기주식은 자본의 차감적인 성격을 갖는다고 볼 수 있으며 과거에는 자본조정으로 분류되었다. 자기주식의 회계처리방법에는 **원가법**(cost method)과 **액면금액법**(par or stated value method)이 있으나 K-IFRS에서는 **원가법만을 인정**하고 있다.

이하 원가법에 대해 자세하게 살펴보자.

원가법
자기주식을 취득할 때 그 액면금액에 관계없이 취득원가로 자기주식계정에 차기하는 방법
(한국채택국제회계기준에서는 원가법만을 인정)

원가법은 자기주식을 취득할 때 그 액면금액에 관계없이 취득원가로 자기주식계정에 차기하는 방법이다. 이 자기주식계정은 재무상태표에서 자본을 차감하는 자본조정의 형태로 표시된다. 그리고 자기주식을 재판매하는 경우에도 자기주식계정에 **취득원가**로 대기한다.

자기주식을 재판매하는 경우에 대개는 재판매가격과 취득원가와는 차이가 있게 되는데, 만일 재판매가격이 취득원가보다 클 경우에는 그 차액은 자기주식거래로 인한 처분이익에 대기된다. 그리고 취득원가 이하로 자기주식을 매각하는 경우에 그 차액은 자기주식거래로 인한 처분이익에 잔액이 있다면 우선 **자기주식처분이익**에 차기하고, 그것으로도 부족하면 나머지는 **자기주식처분손실**에 차기하면 된다. 이때 중요한 점은 재판매가격과 취득원가와의 차액은 결코 이득이나 손실로 인식되어서는 안된다는 점이다. 이는 자기주식은 유가증권이나 투자유가증권과 같은 자산이 아니기 때문이다. 따라서, 자기주식처분이익계정은 주식발행초과금계정과 같이 재무상태표상의 기타자본구성요소에 속하며 당기순이익에는 전혀 영향을 미치지 않으면 이익잉여금도 아니다. 자기주식처분이익이라는 계정명칭 때문에 이익잉여금으로 혼동되는 경우가 있다.

비유로 이해하기 **자기주식 거래는 '헬스장 회원권' 재판매와 같다!**

자기주식을 처분할 때 이익이나 손실이 발생해도 이를 '당기손익'으로 처리하지 않고 '자본잉여금'이나 '자본조정'으로 처리하는 이유는 무엇일까요?

- 상황: 헬스장이 회원 1명에게 회원권(주식)을 100만원에 팔아 운영 자금을 마련했습니다(자본금). 그런데 이 회원이 이사를 가면서 헬스장은 90만원을 주고 회원권을 되샀습니다(자기주식 취득).
- 재판매: 새로운 회원이 나타나 이 회원권을 110만원에 다시 샀습니다(자기주식 처분).
- 회계 처리: 이때 헬스장이 20만원(110만원−90만원)의 '이익'을 봤다고 할 수 있을까요? 아닙니다. 이는 영업활동이 아니라 회원(주주)과의 자본거래입니다. 새로 온 회원이 헬스장의 가치를 인정해 추가 자본(자본잉여금)을

더 납입한 것으로 봅니다. 반대로 더 싸게 팔았다면, 그 차액은 자본의 감소로 처리합니다.

이처럼 주주와의 거래에서 발생한 손익은 회사의 경영 성과가 아니므로, 손익계산서가 아닌 자본 항목에서 직접 조정합니다.

예제 10

자기주식 취득과 처분

① (주)한국은 보통주 1,000주를 @₩10,000(액면 @₩5,000)에 발행하다.

(차) 현 금	10,000,000	(대) 보통주자본금	5,000,000
		주식발행초과금-보통주	5,000,000

② 위의 주식 중 100주를 주당 ₩15,000에 취득하다.

(차) 자 기 주 식	1,500,000	(대) 현 금	1,500,000

③ 자기주식 중 50주를 주당 ₩20,000에 매각하다. 자기주식의 주당 원가가 ₩15,000이며 50주를 매각하므로 ₩15,000×50주=₩750,000이다.

(차) 현 금	1,000,000	(대) 자 기 주 식	750,000
		자기주식처분이익	250,000

④ 자기주식 중 40주를 주당 ₩8,000에 매각하다.

(차) 현 금	320,000	(대) 자 기 주 식	600,000
자기주식처분이익	250,000		
자기주식처분손실	30,000		

자기주식 중 50주를 주당 ₩20,000에 매각한 경우에는 이 주식을 ₩15,000에 자기주식으로 취득하였으므로 주당 ₩5,000의 차이가 발생한다. 이는 자기주식으로부터의 자본의 증가이지 경영활동으로부터의 이익은 아니므로 자기주식처분이익으로 계상된다. 자기주식을 주당 ₩8,000에 40주를 매각한 경우는 이 주식을 ₩15,000에 자기주식으로 취득하였으므로 주당 ₩7,000만큼 자본의 감소가 발생하며 이는 ₩280,000 (₩7,000×40주)의 자본의 감소를 유발시킨다. 그러나 자기주식거래로 인한 자기주식처분이익이 존재하므로 이 금액을 우선 소진시킨 후에 자기주식처분손실이 인식된다. 위의 분개과정에서 보통주의 액면가 ₩5,000은 분석에 사용되지 않는다. 이는 원가법이 회계원칙이기 때문이다.

(3) 자기주식의 취득에 대한 제한

회사는 여러 이유로 인해 자기주식을 구입한다. 하지만 회사가 자기주식을 소유하게 되면 회사 자신이 그 회사의 주주가 되는 등의 모순이 발생하게 된다. 그리고 자기주식을 취득하면 자산이 감소하므로 결국 주주에게 납입자본을 환불한 것이 되어 자본유지의 원칙에 위배되고 이로 인해 채권자의 권익을 해칠 우려도 있다.

K-IFRS에서는 자기주식을 원가법으로 자본에서 차감하는 형식으로 기재하도록 하고 있다. 즉, 자기주식을 기타자본구성요소에 계상하고, 그 취득경위와 향후 처리계획 등을 주석으로 기재하도록 하고 있다. 또한, 자기주식처분이익을 기타자본구성요소로 분류하도록 규정하고 있으며, 자기주식처분손실은 자기주식처분이익과 우선적으로 상계하고 잔액은 이익잉여금에서 직접 차감하지 않는다. 자기주식처분손실은 결손금처리순서에 준하여 처리하도록 규정하고 있다.

2. 기타포괄손익누계액

포괄손익
주주에 의한 투자/분배가 아닌 거래나 회계사건으로 인하여 일정회계기간 동안 발생한 순자산의 변동액

기타포괄손익누계액(accumulated other comprehensive income)에는 재무상태표일 현재의 기타포괄손익 잔액이 표기된다. 포괄손익은 주주에 의한 투자 및 주주에 대한 분배가 아닌 거래나 회계사건으로 인하여 일정 회계기간 동안 발생한 순자산의 변동액을 의미한다. 포괄손익은 K-IFRS에서 기타자본구성요소 중 한 과목이 되었다.

기타포괄손익의 항목은 관련 법인세비용을 차감한 순액으로 표시하거나 법인세비용 차감전 금액으로 표시하고 주석에 관련 법인세효과를 공시하는 방법 중 하나를 선택하여 공시한다.

비유로 이해하기 **기타포괄손익누계액: 자본의 '보류' 서랍**

기타포괄손익누계액은 자본 안의 특별한 '보류 서랍'이라고 생각할 수 있습니다. 회사의 순자산을 변동시키는 거래이지만, 당장 올해의 성적표(당기순이익)에 포함시키기에는 너무 변동성이 크거나 아직 완전히 실현되지 않은 손익들을 이 서랍에 잠시 보관하는 것입니다.

예를 들어, 장기 투자 목적으로 보유한 FVOCI금융자산(채권)의 평가이익은 아직 팔아서 현금화한 것이 아니므로, 이 서랍에 넣어두었다가 나중에 진짜 팔 때 꺼내서 손익을 최종 정산합니다. 이는 일시적인 자산 가격 변동이 회사의 매년 경영 성과를 크게 흔드는 것을 막기 위한 회계의 지혜입니다.

[포괄손익계산서의 예시]

과 목	제 ×(당)기	
당기순이익		×××
기타포괄손익		×××
자산재평가이익	×××	
확정급여제도의 재측정요소	×××	
관계기업의 기타포괄손익에 대한 지분	×××	
해외사업장 환산외화차이	×××	
FVOCI금융자산평가손익	×××	
현금흐름위험회피파생상품평가손익	×××	
총포괄손익		×××

기타포괄손익에 보고되는 계정과목으로는 FVOCI금융자산의 재측정손익, 해외사업장의 재무제표 재평가잉여금, 외화환산으로 인한 차익, 현금흐름위험회피파생상품평가손익으로 구분하여 표시한다.

05 주당이익

CHECK POINT

- 기본주당이익
- 희석주당이익

주당이익(EPS)

1주당 이익이 얼마인가를 나타내는 것으로서 기업의 수익력을 측정하는 지표

1. 주당이익의 의의

주당이익(earnings per share: EPS)이란 1주당 이익이 얼마인가를 나타내는 것으로서 기업의 수익력을 측정하는 지표의 하나이다. 주당이익은 미래의 주가 또는 배당금을 예측하기 위한 기초자료가 되며, 기업의 경영성과를 평가하고 기간별 경영성과를 비교하는 데 유용하다. 또한 주당이익은 주식투자 의사결정에 있어서 가장 빈번하게 사용되는

주가수익비율(PER)

$$PER = \frac{현재시장주가}{주당이익}$$

변수인 주가수익비율(price earnings ratio: PER)을 구함에 있어 분모로 사용되므로 측정이 정확하게 수행되어야 한다. 이 비율을 구함에 있어서 분자는 시장에서 결정되는 객관적인 가액인 주가가 사용되므로 측정상의 문제는 발생하지 않는다.

주당이익은 기업의 배당정책을 위한 기본자료로 사용되기도 하며, 1주당 손익을 표시하므로 기업의 자본금의 크기, 자본구조 또는 기업규모(자산총액, 매출액 등)에 관계없이 기간별뿐만 아니라 기업 간 수익성의 비교에 유용한 정보를 제공한다. 회계기준에 의하면 주당이익을 손익계산서의 본문에 표시하고 그 산출근거를 주석으로 기재하도록 하고 있다. 실제로 주당이익을 구함에 있어서 희석화를 가정하지 않은 경우(기본주당이익)와 희석화를 가정한 경우(희석주당이익)에 있어서 주당이익 수치에 많은 차이가 있다.

2. 기본주당이익

기본주당순이익(Primary EPS)을 계산하기 위한 기본산식은 아래와 같다.

$$주당이익 = \frac{보통주\ 당기순이익(=당기순손익-우선주배당금)}{가중평균\ 유통보통주식수}$$

(1) 보통주 당기순이익

분자에 당기순손익에서 우선주배당금을 차감하는 것은 분모의 주식수가 보통주식수만을 포함하기 때문이다. 이때 사용되는 당기순이익은 세후 당기순이익이다.

주당순이익 계산시 배당금을 차감하는데 누적적(cumulative) 우선주는 배당을 지급하지 않은 과거의 배당까지를 배당하는 경우이므로 배당결의와 관계없이 당해 회계기간과 관련된 배당금을 조정한다. 비누적적(non-cumulative) 배당금은 배당을 지급하지 않은 과거의 배당은 배당하지 않으므로 당해 회계기간과 관련하여 결의된 배당금만을 조정한다.

보충설명

왜 당기순이익에서 우선주 배당금을 뺄까?

'파티 음식 정산' 비유를 다시 떠올려보자. 주당이익은 보통주 주주 한 명에게 돌아갈 피자 조각의 크기를 재는 것이다. 그런데 파티에 '무조건 한 조각을 먼저 줘야 하는 VIP 손님(우선주 주주)'이 있다면 어떻게 해야 할까? 전체 피자(당기순이익)에서 VIP의 몫(우선주 배당금)을 먼저 덜어낸 뒤, 남은 피자를 보통주 주주들끼리 나눠야 공평할 것이다. 이것이 바로 당기순이익에서 우선주 배당금을 차감하는 이유이다.

(2) 가중평균 유통보통주식수(발행보통주식수)

주당순이익의 기본산식에서 분모로 사용되는 가중평균 유통보통주식수는 다음과 같은 사항을 고려하여 산정된다.

① 우선주의 처리

당해 결산기말 현재 발행된 총주식수에서 우선주식수는 포함하지 않는다.

② 보통주인 자기주식의 처리

보통주인 자기주식은 취득시점 이후부터 매각시점까지의 기간동안 유통보통주식수에 포함시켜서는 안된다. 자기주식은 발행주식이기는 하지만 기업이 보유하고 있는 주식이므로 유통주식은 아니다.

③ 유상증자의 처리

당기 중에 유상증자가 실시된 경우에는 발행보통주식수를 납입일을 기준으로 기간경과에 따라 가중평균하여 조정한다.

④ 무상증자, 주식배당, 주식분할 및 주식병합의 처리

당기 중에 무상증자, 주식배당, 주식분할 및 주식병합이 실시된 경우에는 기초에 실시된 것으로 간주하여 유통보통주식수를 증가 또는 감소시킨다. 다만, 기중의 유상증자로 발행된 신주에 대한 무상증자, 주식분할 또는 주식병합은 당해 유상신주의 납입일에 실시된 것으로 간주하여 유통보통주식수를 조정한다.

⑤ 전환우선주 및 전환사채의 전환의 처리

당기 중에 전환우선주 또는 전환사채가 보통주로 전환된 경우에는 기초에 전환된 것으로 간주한다. 다만, 당해 전환우선주 또는 전환사채의 발행일이 당기 중인 경우에는 그 발행일을 기준으로 기간경과에 따라 가중평균하여 조정한다.

⑥ 신주인수권부사채의 신주인수권행사의 처리

신주인수권부사채의 신주인수권행사로 보통주가 발행된 경우에는 당해 주식의 납입일을 기준으로 기간경과에 따라 가중평균하여 조정한다. 가중평균 유통주식수의 가중평균이라는 수식어의 사용은 주당순이익을 구하는 회계연도 중에 증자 등으로 인하여 주식수가 지속적으로 변하기 때문에 기간에 비례하여 평균적으로 주식수를 구하여야 하기 때문이다.

비유로 이해하기 **주당이익(EPS) 계산은 '파티 음식 정산'과 같다!**

주당이익(EPS)은 "올해 번 순이익이라는 피자를 보통주 주주들에게 똑같이 나눠주면, 한 사람당 몇 조각이나 먹을 수 있을까?"를 계산하는 것입니다.

그런데 파티 중간에 친구가 새로 오거나(유상증자) 먼저 집에 가면(자기주식 취득), 음식 계산이 복잡해집니다. 1년 내내 파티에 있었던 친구와, 마지막 1시간만 있다가 간 친구에게 똑같이 음식 값을 내라고 할 수는 없겠죠?

가중평균 유통보통주식수는 바로 이 문제를 해결하기 위한 합리적인 방법입니다. 1년(12개월) 내내 보유된 주식은 '1주'로 계산하고, 7월 1일에 새로 발행된 주식은 6개월만 존재했으므로 '0.5주(1주×6/12)'로 계산하는 등, 주식이 실제로 유통된 기간을 고려하여 공평하게 주식 수를 세는 것입니다. 이렇게 해야만 주주 1명당 진짜 수익이 얼마인지 정확히 계산할 수 있습니다.

예제 11

주당이익계산

당기순손익과 자본금 변동상황이 다음과 같은 경우에 주당순이익을 구하라. 단 우선주는 비누적적·비참가적이고 배당금은 보통주식의 배당보다 액면금액을 기준으로 연 1%를 더 배당한다(주식배당의 경우에는 보통주식과 우선주식에 대하여 동일한 배당률을 적용한다). 현금배당으로는 보통주 4%, 우선주 5%로, 주식배당으로는 보통주나 우선주 모두 5%로 의결하였다.

• 당기순손익 ₩600,000,000
• 자본금 변동사항(액면금액 ₩5,000)

	보통주자본금		우선주자본금	
기 초	100,000주	₩500,000,000	20,000주	₩100,000,000
기 중	−	−	−	−
주식배당	5,000	25,000,000	1,000	5,000,000

주식배당의 주식수와 자본금은 기초 보통주와 우선주의 주식수와 자본금액에 의해서 결정된다. 주식배당 5,000주는 기초 100,000주의 주식배당률 5%를 곱한 결과이다.

(1) 발행보통주식수 100,000주+5,000주*=105,000주

* 기중에 실시된 주식배당은 실제로 주식이 발행된 날짜와는 상관없이 기초에 발행된 것으로 간주한다.

(2) 보통주 당기순손익

우선주배당금 ₩105,000,000×5%=₩5,250,000

우선주배당금은 우선주자본금 ₩105,000,000에 대해서 계산된다. 여기서 5%는 우선주 배당률이며 ₩105,000은 우선주 자본금 ₩100,000,000에 ₩5,000,000의 우선주 주식배당을 가상한 금액이다.

보통주 당기순손익 ₩600,000,000−₩5,250,000=₩594,750,000

(3) 주당순이익

₩594,750,000/105,000주=₩5,664

3. 희석주당이익(Diluted Earrings Per Share)

희석주당이익(DEPS)
희석효과가 모두 반영되었다고 가정할 경우 1주의 유통보통주에 귀속되는 한 회계기간 동안의 계속사업손익 또는 당기순손익을 측정

보통주로 전환할 수 있는 금융상품이나 계약 등을 잠재적 보통주라 하는데, 이들이 모두 보통주로 전환되었다 가정하면 유통보통주식수가 증가하여 일반적으로 주당이익이 감소하게 된다. 이를 희석효과라 하며, 희석주당이익은 이러한 희석성 잠재적 보통주가 모두 보통주로 전환되었을 경우를 가정하여 계산한 주당이익이다.

따라서 희석효과가 있다함은 희석주당순이익이 기본주당순이익보다 낮아질 경우를 일반적으로 지칭하며, 회계기준에서는 희석주당순이익이 더 높다면 희석효과가 없으므로 이를 보고하지 않도록 규정하고 있다.

비유로 이해하기 **희석주당이익은 최악의 경우 시뮬레이션!**

파티장 밖에 "언제든 파티에 참여할 수 있는 초대권(전환사채, 신주인수권 등)"을 가진 예비 손님들이 있다고 해봅시다. 희석주당이익은 "만약 이 초대권을 가진 사람들이 전부 파티에 들어온다면, 내 피자 조각은 얼마나 작아질까?"를 미리 계산해 보는 것입니다. 투자자들에게 주식의 가치가 최악의 경우 얼마나 희석될 수 있는지 잠재적 위험을 알려주는, 매우 보수적인 정보입니다.

06 자본변동표

자본변동표
한 회계기간 동안 발생한 소유주지분의 변동을 표시하는 재무제표

자본변동표(statement of changes in equity)는 한 회계기간 동안 발생한 소유주지분의 변동을 표시하는 재무제표이다. 자본변동표는 재무제표 간의 연계성을 제고시키며 재무제표 간의 이해가능성을 높인다. 재무상태표에 표시되어 있는 자본의 기초잔액과 기말잔액을 모두 제시함으로써 재무상태표와 연결할 수 있고, 자본의 변동 내용은 손익계산서와 현금흐름표에 나타난 정보와 연결할 수 있어 정보이용자들이 더욱 명확히 재무제표간의 관계를 파악할 수 있게 된다. 자본변동표에는 **납입자본**, **이익잉여금**, **해외사업장환산**, **FVOCI금융자산**, **현금흐름위험회피**, **재평가잉여금** 등의 사유로 인한 자본의 변동을 보고한다.

비유로 이해하기 **자본변동표는 나의 '순자산 변동 명세서'**

자본변동표는 왜 필요할까요? 연초에 나의 순자산이 1억이었는데, 연말에 1억 5천만원이 되었다고 해봅시다. "와, 5천만원 늘었네!"라고만 알고 있기에는 정보가 부족합니다. 이 5천만원이 월급을 받아 늘어난 것인지, 주식 투자 대박으로 늘어난 것인지, 아니면 부모님께 증여를 받은 것인지 그 과정을 알아야 제대로 된 분석이 가능하겠죠.

자본변동표가 바로 기업의 순자산(자본)이 1년 동안 어떤 이유로 어떻게 변했는지 그 여정을 상세하게 보여주는 보고서입니다. 기초자본에서 시작해 당기순이익(열심히 일해서 번 돈)은 더하고, 배당(주주에게 나눠준 돈)은 빼며, 유상증자(주주가 추가로 투자한 돈) 등을 모두 보여줌으로써, 자본 변동의 스토리를 명확하게 전달하는 역할을 합니다.

자본금은 유무상증자(또는 감자), 주식배당으로 증가(감소)되며 자본잉여금을 유무상증자(또는 감자), 결손금처리 등으로 인하여 증가(감소)된다. 이익잉여금은 회계정책변경누적효과, 전기오류수정손익, 이익잉여금의 처분 및 배당으로 인하여 변동한다. 기타포괄손익누계액은 기타포괄손익 항목인 FVOCI금융자산 평가손익 등으로 인하여 변동한다.

회계기준에서는 이익잉여금처분계산서(혹은 결손금처리계산서)는 별도의 재무제표로 보고하지 않지만, 상법은 이익잉여금처분계산서를 주된 재무제표의 하나로 규정하고 있어 회계기준에서는 이를 주석으로 공시하도록 요구하고 있다.

주석에 공시되는 이익잉여금처분계산서 예시는 다음과 같다.

과 목	제××(당)기		제××(전)기	
Ⅰ. 미처분이익잉여금		×××		×××
1. 전기이월이익잉여금	××		××	
2. 중간 배당액 당기-주당배당금(률): ××원(××%) 전기-주당배당금(률): ××원(××%)	(××)		(××)	
3. 당기순이익	××		××	
Ⅱ. 이익잉여금처분액		×××		×××
1. 기업합리화 적립금	××		××	
2. 배당금(률) 당기-보통주: ××원(××%) 전기-보통주: ××원(××%)	××		××	
3. 임의적립금	××		××	
Ⅲ. 차기이월미처분이익잉여금		×××		×××

자본변동표

20×1년 1월 1일부터 20×1년 12월 31일까지

신촌(주) (단위: 백만원)

구 분	납입자본		이익잉여금	해외사업장환산	FVOCI 금융자산	현금흐름위험회피	재평가잉여금	총계	자기주식	총자본
	자본금	자본잉여금								
20×1. 1. 1	×××	×××	××× (수정전 전기말 보고금액)	–	×××	×××	×××	×××		×××
회계정책변경 누적효과			×××					×××		×××
전기오류 수정이익			×××					×××		×××
수정후 이익잉여금			××× (수정후 전기말 보고금액)					×××		×××
기타이익 잉여금처분액			(×××)					×××		×××
처분후 이익잉여금			×××					×××		×××
중간배당			(×××)					×××		
유상증자	×××	×××						×××		
당기순이익			×××					×××		
자기주식취득									(×××)	
FVOCI금융자산 평가이익					×××			×××		
20×1. 12. 31	×××	×××	××× (당기말 재무상태표 보고금액)	×××	×××	×××	×××	×××	(×××)	×××

※ 재평가잉여금, 해외사업장의 재무제표 환산으로 인한 손익, FVOCI금융자산의 재측정손익, 현금흐름위험회피파생금융상품의 평가손익, 재평가잉여금은 기타포괄손익누계액으로 분류된다.

연습문제

01 자본거래의 분개

(1) 주식회사를 설립할 때 수권주식수 10,000주, 액면 1주당 ₩5,000을 정관에 규정하였다.

(2) 주당 ₩5,000으로 5,000주를 발행하여 현금으로 받아 당좌예금하였다.

(3) 결손금 ₩7,000,000을 보전하기 위하여 자본금 ₩50,000,000의 5분의 1을 감자하여 5주에 대하여 1주를 무상으로 소각하였다.

(4) 자본금 ₩30,000,000의 주식회사가 액면 ₩5,000의 주식을 주당 ₩4,500에 매입소각하여 자본금 ₩20,000,000으로 감자하였다.

(5) 충정주식회사의 이익은 ₩1,000,000이었다. 주주총회의 의견에 따라 다음과 같은 이익처분안이 확정되었으며 이월이익잉여금의 기초잔액은 ₩200,000이다.

별도적립금(임의적립금)	₩50,000	이익준비금	₩80,000
배 당 금	500,000	감채적립금(임의적립금)	50,000
사업확장적립금(임의적립금)	420,000	차 기 이 월	100,000

물음 위의 거래를 분개하라.

02 배당금의 계산

(주)기령은 20×3년 1월 1일 다음과 같이 주식을 발행하여 설립되었다.

(1) 보통주 액면금액 ₩5, 발행가액 ₩12, 200,000주 발행

(2) 우선주 액면금액 ₩10, 4% 참가 누적적 우선주, 발행가액 ₩25, 50,000주 발행

20×3년의 당기순이익은 ₩420,000이고 이 중 ₩72,000이 현금으로 배당되었다.

물음 우선주와 보통주에 지불된 배당금액을 계산하시오.

03 배당금의 계산: 우선주

다음의 자료를 이용하여 각 경우의 배당금지급액을 계산하시오.

자료 1: 20×3년 12월 31일 (주)신촌의 주주지분

(1) 자본금

보통주(액면 @₩50, 120주)		₩6,000
우선주(8%)(액면 @₩25, 100주)		2,500

(2) 이 익 잉 여 금

이월이익잉여금	₩2,000	
당 기 순 이 익	1,000	3,000

(3) 자본총계 ₩11,500

자료 2:

(1) 주주총회에서 ₩1,500의 배당금 지급결의

(2) 우선주에 대해서는 1년분의 배당금이 누적되어 있다.

물음 다음 각 상황에서 배당금지급액을 계산하시오.

(1) 비누적적, 비참가적 우선주

(2) 비누적적, 완전참가적 우선주

(3) 누적적, 비참가적 우선주

(4) 누적적, 완전참가적 우선주

04 주식배당과 주식분할

다음은 (주)기령의 20×3년초 자본계정이다.

자본금(액면 ₩100,000)	₩3,000,000
주식발행초과금	4,000,000
이 익 잉 여 금	3,000,000
	₩10,000,000

20×3년도 중에 다음과 같은 거래가 발생하였다.

① 당기순이익은 ₩2,000,000 발생하였다.

② 배당은 10월 1일에 결정 지급되었다. 현금배당, 주식배당 각각 10%

③ 당기 7월 중에 보통주 1주를 2주로 분할하였다. 분할후 주당 액면가액은 ₩50,000이다.

물음 (1) 배당 및 주식분할후 20×3년도말 재무상태표에 표시된 주주지분은 각각 얼마인가?

(2) 위의 거래를 분개하시오.

05 이익의 계산

다음 자료는 청송주식회사의 20×3년도와 20×4년도의 재무상태표 일부분이다.

	20×3.12.31	20×4.12.31
보 통 주	₩1,200,000	₩1,320,000
이익잉여금	460,000	400,000
주주지분총액	₩1,660,000	₩1,720,000

20×4년에 ₩50,000의 현금배당이 있었고 ₩120,000의 주식을 액면가로 발행하였다. 20×3년의 법인세에 대한 환수액 ₩30,000이 이익잉여금에 대기되었고, 유형자산처분손실 ₩56,000이 발생하였는데 잘못하여 이익잉여금에 기록하였다.

물음 20×4년에 이익으로 보고되어야 하는 금액은 얼마인가 계산과정을 표시하라.

06 자본거래의 분개와 자본의 계산

20×3.12.31 갑사의 자본은 다음과 같다.

보통주(액면 ₩1,000 발행주식수 3,200주)	₩3,200,000
이익잉여금	2,000,000

물음 (1) 20×3년 동안 발생된 다음 거래를 분개하라.

① 발행된 주식 160주를 ₩970에 재취득하였다.(원가법을 사용하라)
② 현금배당을 5%로 선언하였다.
③ ②에서 선언된 배당금을 지급하였다.
④ ①에 취득한 자기주식을 ₩1,010에 재판매하였다.
⑤ 발행주식 400주를 ₩1,030에 재취득하였다.
⑥ 발행주식 80주를 ₩1,040에 재취득하여 소각하였다.
⑦ ⑤에 취득한 주식 250주를 ₩1,000에 재판매하였다.

(2) 20×3년도 당기순이익이 ₩240,000일 경우 위의 거래로 인하여 갑사의 재무상태표에 표시될 자본은 얼마인가?

07 자기주식의 회계처리

하나회사가 아래에 열거된 자기주식거래를 하기 전에 당사의 총계정원장에는 다음과 같은 계정잔액이 있었다(주식의 액면금액은 주당 ₩100이다).

주식발행초과금	₩72,000
보통주자본금	240,000
이 익 잉 여 금	30,000

물음 원가법과 액면금액법을 사용하여 아래에 주어진 자기주식거래에 대한 분개를 하시오(취득 판매의 목적상 선입선출법을 사용하시오).

(1) 주당 ₩126으로 자기주식 300주를 매입
(2) 주당 ₩134으로 자기주식 150주를 매입
(3) 주당 ₩132으로 자기주식 225주를 매각
(4) 주당 ₩124으로 자기주식 120주를 매각
(5) 자기주식 잔여분을 소각

08 자기주식: 주식배당현금배당의 회계처리

다음은 기령상사의 재무상태표 자료 중 일부이다.

자 본 금	₩200,000(액면 ₩10) 수권주식수 20,000주
주식발행초과금	100,000
이 익 잉 여 금	50,000

⊙ 추가자료

20×3년 8월 15일 1,000주의 자기주식을 주당 ₩16에 매입하였는데 20×3년 9월 14일에 이 중 500주를 주당 ₩18에 매각하였다. 기령상사는 원가법으로 회계처리하고 있다.

20×3년 10월에 주식배당을 선언하고 이와 관련하여 20×3년 11월에 미발행주식중 2,000주를 발행하였는데 이때 보통주의 시가는 주당 ₩16이었다.

20×3년 12월에 주당 ₩1의 현금배당을 선언하였다. 20×4년 2월 주주총회시 이 배당금을 지불하였다(배당기산일은 배당선언일로 가정한다).

물음 (1) 기령상사의 자기주식과 관련된 회계처리를 거래일자 순으로 하시오. 또한 매각되지 않은 자기주식잔여분을 재무상태표에 보고하는 방법을 설명하시오.

(2) 기령상사가 주식배당과 관련하여 해야 할 분개를 하시오. 또한 이 주식배당이 20×3년 12월 31일 주주지분에 미치는 영향을 설명하시오.

(3) 기령상사가 현금배당과 관련하여 해야 할 분개를 하시오. 또한 이 현금배당이 기령상사의 재무상태표에 미치는 영향을 설명하시오.

09 **주당이익**

다음은 무악회사의 자본구조에 관한 자료이다.

	20×2.12.31	20×3.12.31
발행주식		
보 통 주	90,000주	90,000주
우 선 주	10,000주	10,000주

무악회사는 20×3년도에 우선주에 대해 주당 ₩2.50의 배당금을 지급했다. 20×3년 12월 31일로 종료되는 회계연도의 당기순이익은 ₩485,000이며, 법인세율은 50%라고 가정한다.

물음 20×3년 12월 31일 회계연도말의 기본주당순이익을 계산하라.

10 **주당이익**

다음은 (주)한국의 20×3년도 자료이다.

20×3년초 현재 유통보통주식수 20,000주

20×3년 중 주식변동내역

4.1	유상증자 25%	5,000주
6.1	1 : 2 주식분할	25,000주
10.1	자기주식 취득	10,000주

(주)한국의 20×3년도 당기순이익은 ₩900,000이다.

물음 (1) 가중평균 유통보통주식수를 계산하시오.

(2) 기본주당순이익을 계산하시오.

11 회계기준에 근거한 회계처리를 가정했을 때 다음 중 자본총액의 증가를 가져오는 경우를 모두 고르시오.

① 보통주를 할인발행한 경우

② 상환우선주를 상환하는 경우

③ 주식배당을 한 경우

④ 자기주식을 발행가액보다 높게 매입한 경우

⑤ 주식분할을 한 경우

12 (주)경영의 20×1년 동안 자기주식거래에 대한 자료는 다음과 같다. 아래의 거래를 회계기준에 따라 회계처리하시오.

(1) 20×1년초 주주지분은 다음과 같다.

보통주자본금	₩2,000,000(액면 ₩5,000)
주식발행초과금	1,000,000
이 익 잉 여 금	₩500,000
계	₩3,500,000

(2) 3월 9일 : 자기주식 5주를 ₩7,000에 취득하였다.

(3) 5월 7일 : 3월에 취득한 주식 중 1주를 ₩7,500에 처분하였다.

(4) 6월 4일 : 3월에 취득한 주식 중 1주를 ₩6,300에 처분하였다.

(5) 7월 6일 : 3월에 취득한 주식 중 1주를 소각하였다.

정답과 해설

01

(1) 분개없음

	차변	금액	대변	금액
(2)	당좌예금	25,000,000	자본금	25,000,000
(3)	(차) 자 본 금	10,000,000	(대) 미처리결손금	7,000,000
			감자차익	3,000,000
(4)	(차) 자 본 금	10,000,000	(대) 현 금	9,000,000
			감자차익	1,000,000
	또는			
	(차) 자기주식	9,000,000	(대) 현 금	9,000,000
	(차) 자본금	10,000,000	(대) 자기주식	9,000,000
			감자차익	1,000,000
(5)	(차) 당기순이익	1,000,000	(대) 미처분이익잉여금	1,000,000
	(차) 미처분이익잉여금	1,200,000	(대) 별도적립금	50,000
			이익준비금	80,000
			미지급배당금	500,000
			감채적립금	50,000
			사업확장적립금	420,000
			이월이익잉여금	100,000

02

	우선주	보통주	합계
당기배당액	₩10×50,000×4% =₩20,000	₩5×200,000×4% =₩40,000	₩60,000
잔여배당액	$(72{,}000-60{,}000)\times\dfrac{10\times50{,}000}{(10\times50{,}000+5\times200{,}000)}$ =4,000	$12{,}000\times\dfrac{1{,}000{,}000}{(500{,}000+1{,}000{,}000)}$ =8,000	12,000
	=₩24,000	=₩48,000	₩72,000

03 (1) 비누적적 · 비참가적 우선주

	우선주	보통주	합계
당기배당액	₩2,500×8%=₩200	1,500−200=₩1,300	₩1,500

(2) 비누적적 · 완전참가적 우선주

	우선주	보통주	합계
당기배당액	₩2,500×8%=₩200	₩6,000×8%=₩480	₩680
잔여배당액	$(₩1,500-₩680)\times\frac{2,500}{2,500+6,000}$ =241	$₩820\times\frac{6,000}{8,500}$ =579	820
	₩441	₩1,059	₩1,500

(3) 누적적 · 비참가적 우선주

	우선주	보통주	합계
전기누적액	₩2,500×8%= ₩200		₩200
당기배당액	2,500×8%= 200	(1,500−200−200)= ₩1,100	1,300
	₩400	₩1,100	₩1,500

(4) 누적적 · 완전참가적 우선주

	우선주	보통주	합계
전기누적액	₩2,500×8%=₩200		₩200
당기배당액	2,500×8%=200	₩6,000×8%=₩480	680
잔여배당액	$(1,500-200-680)\times\frac{2,500}{8,500}$ =182	$620\times\frac{6,000}{8,500}$ =438	620
	₩582	=₩918	₩1,500

04 (1) 자본금 3,300,000*
주식발행초과금 4,000,000
이익잉여금 4,400,000**
11,700,000

*3,000,000+300,000(주식배당)

**3,000,000−300,000(현금배당)−300,000(주식배당)+2,000,000(당기순이익)

(2) ① (차) 당기순이익 2,000,000 (대) 이익잉여금 2,000,000
② (차) 이익잉여금 600,000 (대) 현 금 300,000
자 본 금 300,000

05 손익계산서상 당기순이익＝(x)

20×3. 12. 31	이익잉여금	₩460,000
	현금배당	(50,000)
	법인세환급액	30,000
	유형자산처분손실	(56,000)
20×4.	당기순이익	x
20×4.12.31	이익잉여금	₩400,000

x ＝16,000

※ 20×4년에 당기순손익으로 보고되어야 하는 정확한 금액은 16,000＋(56,000)＋30,000 ＝－10,000으로 당기순손실 발생.

06 (1)

①	(차) 자기주식	155,200	(대) 현　　금	155,200
②	(차) 이익잉여금	152,000*	(대) 미지급배당금	152,000
	*(3,200－160)×1,000×5%＝152,000			
③	(차) 미지급배당금	152,000	(대) 현　　금	152,000
④	(차) 현　　금	161,600	(대) 자기주식	155,200
			자기주식처분이익 (기타자본잉여금)	6,400
⑤	(차) 자기주식	412,000	(대) 현　　금	412,000
⑥	(차) 자기주식	83,200	(대) 현　　금	83,200
	자 본 금	80,000	자기주식	83,200
	감자차손	3,200		
	또는			
	(차) 자 본 금	80,000	(대) 현　　금	83,200
	감자차손	3,200		
⑦	(차) 현　　금	250,000	(대) 자기주식	257,500
	자기주식처분이익	6,400		
	자기주식처분손실	1,100		

(2)

1. 보통주자본금(액면 ₩1,000, 발행주식수 3,120주)		₩3,120,000
2. 자본조정		
① 자기주식	(154,500)	
② 감자차손	(3,200)	(157,700)

3. 이익잉여금		
① 전기이월미처분이익잉여금	1,846,900	
② 당기순이익	240,000	2,086,900
4. 자본총계		₩5,049,200

07

	〈원가법〉			〈액면금액법〉		
(1)	(차) 자기주식	37,800		(차) 자기주식	30,000	
	(대) 현 금		37,800	주식발행초과금	9,000*	
				* $\frac{72{,}000}{2{,}400주} \times 300$		
				(대) 현 금		37,800
				기타자본잉여금		1,200
(2)	(차) 자기주식	20,100		(차) 자기주식	15,000	
	(대) 현 금		20,100	주식발행초과금	4,500	
				기타자본잉여금	600	
				(대) 현 금		20,100
(3)	(차) 현 금	29,700		(차) 현 금	29,700	
	(대) 자기주식		28,350*	(대) 자기주식		22,500*
	기타자본잉여금		1,350	주식발행초과금		7,200
	*126×225=28,350			*100×225=22,500		
(4)	(차) 현 금	14,880		(차) 현 금	14,880	
	기타자본잉여금	600		(대) 자기주식		12,000
	(대) 자기주식		15,480*	주식발행초과금		2,880
	*75×126+45×134=15,480					
(5)	(차) 자본금	10,500		(차) 자본금	10,500	
	감자차손	3,570		(대) 자기주식		10,500
	(대) 자기주식		14,070			

08

(1) 20×3.8.15 (차) 자기주식 16,000 (대) 현 금 16,000

9.14 (차) 현 금 9,000 (대) 자기주식 8,000

자기주식처분이익 1,000

(기타자본잉여금)

매각되지 않은 자기주식은 자본조정 항목으로 자기자본에서 취득원가로 차감표시하도록 되어 있다.

(2) 10월: (차) 미처분이익잉여금 20,000 (대) 미교부주식배당금 20,000

11월: (차) 미교부주식배당금 20,000 (대) 자본금 20,000

주식배당은 미처분이익잉여금을 감소시키고 동액만큼 자본금이 증가하게 된다. 따라서 주주들의 청구권에는 영향이 없다.

(3) 20×3년 12월 : (차) 미처분이익잉여금 21,500 (대) 미지급배당금 21,500

20×4년 2월 : (차) 미지급배당금 21,500 (대) 현 금 21,500

현금배당금은 이익잉여금을 감소시켜 현금이 사외유출된다. 따라서 주주지분총계가 감소하게 된다.

09

① 보통주당기순이익 $=485{,}000-10{,}000\times2.5=460{,}000$

② 유통보통주식수 $=90{,}000$

③ 주당손익(EPS) $=\dfrac{460{,}000}{90{,}000}\fallingdotseq$ ₩5.11

10

(1) 가중평균 사외유통보통주식수

	주식수	가중치	적 수
1. 1~ 3. 31	20,000×2	90	3,600,000
4. 1~ 9. 30	25,000×2	183	9,150,000
10. 1~12. 31	40,000	92	3,680,000
		365	16,430,000

가중평균 유통보통주식수 $=16{,}430{,}000\div365\fallingdotseq45{,}013$주

(2) 주당손익(EPS) $=900{,}000\div45{,}013\fallingdotseq20$

11 ①

(1) (차) 현 금 ××× (대) 보통주 자본금 ×××
주식할인발행차금 ×××

(2) 상환우선주는 자기주식 회계처리와 동일함
취득시 (차) 자기주식 ××× (대) 현 금 ×××
상환시 (차) 미처분이익잉여금 ××× (대) 자기주식 ×××

(3) 주식배당의 회계처리
배당결의 (차) 미처분이익잉여금 ××× (대) 미교부주식배당금 ×××
배당금지급시 (차) 미교부주식배당금 ××× (대) 현 금 ×××

(4) (차) 자기주식 ××× (대) 현 금 ×××

(5) 주식분할은 특별한 회계처리 없음

12 (2) 3월 9일 : (차) 자기주식 35,000 (대) 현 금 35,000

(3) 5월 7일 : (차) 현 금 7,500 (대) 자기주식 7,000
자기주식처분이익 500

(4) 6월 4일 : (차) 현 금 6,300 (대) 자기주식 7,000
자기주식처분이익 500
자기주식처분손실 200

(5) 7월 6일 : (차) 자본금 5,000 (대) 자기주식 7,000
감자차손 2,000

들어가며… '신촌 빵집'의 1년이 지났습니다. 장사도 하고, 오븐도 사고, 투자도 하고, 대출도 받았습니다. 이 모든 활동 속에서 '현금'은 과연 어떻게 움직였을까요? 이번 장에서는 이익 뒤에 가려진 현금의 진짜 흐름을 영업, 투자, 재무활동으로 나누어 추적하며 기업의 혈액순환 상태를 종합적으로 진단하는 현금흐름표를 완성해봅니다.

summary

현금흐름표는 회계기간 중에 기업에 중대한 영향을 주는 자본조달과 자본의 사용에 관한 정보를 요약해서 제공하는 보고서이다. 손익계산서와 재무상태표에서도 이에 관한 정보를 어느 정도는 제공하지만 충분하지는 못하다. 손익계산서는 특정 기간 동안의 경영성과를, 즉 이익잉여금계정에 영향을 미치는 경영활동에 관한 정보만을 제공한다. 그러나 경영의 성과에 대한 손익계산서가 발생주의에 의해서 보고되므로 현금의 흐름을 전달하지는 못한다. 재무상태표상의 현금계정의 초기금액과 기말금액이 변경된 요인이 결국은 기업의 경영활동의 결과이므로 경영활동을 종합하여 보고하는 포괄손익계산서에는 현금에 영향을 미치는 정보가 부분적으로 나타나는데 이를 좀더 체계적으로 현금의 유입과 유출에 중점을 두어 보고하는 재무제표가 현금흐름표이다.

C·H·A·P·T·E·R

14

현금흐름표

01 현금흐름표

CHECK POINT

- 현금흐름표
- 직접법
- 간접법
- 현금흐름의 구분
- 현금흐름표의 유용성

현금흐름표
현금및현금성자산으로 정의되는 기업자금을 경영자가 어떻게 조달하고 운용하였는지를 보여주는 재무보고서

1. 현금흐름표의 의의

현금흐름표(statement of cash flow)는 아주 단순하지만 중요한 질문에 답하는 재무보고서이다. "그래서, 올해 이 회사의 현금은 어디서 들어와서 어디로 나갔을까?" 현금흐름표는 기업의 현금이 1년 동안 ① 장사를 잘해서(영업활동), ② 건물이나 기계를 팔아서(투자활동), ③ 은행이나 주주에게서 빌리거나 출자받아서(재무활동) 늘었는지, 혹은 그 반대인지를 명확하게 보여주는 '기업의 가계부'이다.

현금은 영업활동의 유지를 위하여 매우 중요한 자산으로 정상적인 영업이 이루어지는 경우에 현금의 상당부분은 수익활동으로부터 조달되고 각종의 비용지출에 사용된다. 따라서 경영성과가 좋으면 현금의 상황이 좋아지고 경영성과가 나쁘면 현금의 상황이 나빠진다고 말할 수 있다. 현금흐름표는 현금의 변동 내역을 현금유입과 현금유출로 구분하고, 현금유입의 경우는 조달된 현금의 원천별로, 유출의 경우는 사용된 현금의 용도별로 세분하여 한 기간의 현금흐름을 표시한다.

손익계산서가 발생기준 관점에서 한 회계기간의 수익활동의 결과치로서 당기순이익(또는 당기순손실)을 보고하는 데에 비하여 현금흐름표는 현금주의로 측정한 경영성과(현금주의 순이익)를 표시한다. 따라서 손익계산서상의 당기순이익과 당년도 현금 증가액은 반드시 일치하는 것은 아니다. 손익계산서의 당기순이익과 실제 통장(현금)의 잔액 증감이 다른 이유는 크게 두 가지이다.

1. 가짜 돈의 문제(비현금 거래): 손익계산서에는 감가상각비처럼 실제 현금이 오가지 않은 비용이나 수익이 포함되어 있다. 또한, 외상판매처럼 수익은 발생했지만 현금은 아직 들어오지 않은 거래도 포함되어 있다.
   - 현금의 유출이 없는 비용
   - 현금의 유입이 없는 수익
   - 영업활동과 관련된 자산·부채의 변동

2. 다른 주머니의 문제(투자/재무활동): 기업은 장사(영업활동) 외에 다른 주머니를 통해 돈을 쓰거나 벌게 된다. 건물을 사는 '투자활동' 주머니나, 은행에서 돈을 빌리는 '재무활동' 주머니에서 큰 현금이 오가더라도, 이는 당기순이익에 직접적인 영향을 주지 않는다.
   - 투자활동: 유형자산이 구입이나 처분
   - 재무활동: 주식의 발행이나 소각, 사채의 발행이나 상환

현금흐름표는 이 두 가지 차이를 명확히 보여줌으로써, 당기순이익이라는 성적표 뒤에 숨겨진 기업의 진짜 현금 사정을 알려주는 역할을 한다. 이러한 현금흐름표는 손익계산서와 함께 기업의 미래 영업활동 수행능력에 관한 판단을 할 수 있도록 도움을 주는 유용한 재무보고서이다. 특히나 경제위기 시점에는 현금유동성이 기업의 생존에 가장 중요하며 흑자도산이라는 표현도 사용된다. 즉, 경영활동에는 문제가 없으나 현금유동성의 문제 때문에 부도가 발생하는 현상이 발생할 수 있다. 이러한 현상을 흑자도산이라고 한다.

비유로 이해하기 **흑자도산: 근육은 넘치는데 피가 돌지 않은 상태**

장부상 이익(당기순이익)은 넘치는데, 당장 쓸 현금이 없어 부도가 나는 것을 '흑자도산'이라고 합니다. 이는 우리 몸에 비유하면, 근육량은 보디빌더처럼 엄청나지만(높은 이익), 정작 혈액(현금)이 돌지 않아 쓰러지는 것과 같은 위험한 상태입니다. 현금흐름표는 바로 이 기업의 '혈액 순환'이 건강한지를 보여주는 필수 건강진단서입니다.

2. 현금흐름표의 유용성

현금흐름표의 유형별 구분
1. 영업활동으로 인한 현금흐름
2. 투자활동으로 인한 현금흐름
3. 재무활동으로 인한 현금흐름

현금흐름표는 기업의 현금흐름을 기업활동의 유형별로 구분하여 현금의 유입과 현금의 유출의 내용을 설명해 주는 보고서이다. 즉, 기업의 활동을 영업활동, 투자활동, 재무활동으로 구분하여 구체적으로 현금은 어느 활동을 통해 얼마만큼 조달되었으며, 어떤 활동을 위해 사용되었는지 그리고 그 결과 현금이 얼마나 증가 또는 감소되었는지에 대한 정보를 나타낸다.

현금흐름표는 정보이용자들의 다음과 같은 중요한 질문에 답을 준다.

① 이 회사는 장사만으로 월급 주고 빚을 갚을 수 있나? (자체 현금 창출 능력 평가)

영업활동 현금흐름이 꾸준히 플러스를 기록하는지 보며 기업의 핵심 체력을 평가할 수 있습니다.

② 이 회사는 미래를 위해 어디에 돈을 쓰고 있나? (미래 성장성 예측)

투자활동 현금흐름을 통해 회사가 공장을 짓거나 신기술을 사들이는 등 미래를 위한 투자를 활발히 하는지, 아니면 자산을 팔아 현금을 마련하는지를 파악할 수 있습니다.

③ 이익은 나는데 왜 현금은 없을까? (이익과 현금의 차이 설명)

당기순이익(발생주의)과 영업활동 현금흐름(현금주의)을 비교하며 흑자도산의 위험은 없는지, 이익의 질은 건강한지를 분석할 수 있습니다.

3. 현금의 범위

현금흐름표 작성의 기준이 되는 현금의 범위는 재무상태표상의 현금 및 현금성자산이다. 이때 현금성자산(cash equivalents)이란 유동성이 매우 높은 단기 투자자산으로서 ① 확정된 금액의 현금으로 전환이 용이하고 ② 가치변동의 위험이 경미한 자산으로 예를 들면 취득당시 만기 또는 상환기일이 3개월 이내에 도래하는 채권, 환매조건부채권(환매채), 상환우선주, 단기금융상품 등을 말한다. 이와 같이 현금기준으로 작성된 현금흐름표는 단기적인 미래현금흐름의 예측에 아주 유용하고 특히 기업의 부도에 관한 정보를 직접적으로 제공할 수 있다.

4. 현금흐름표의 기본양식

현금흐름표는 현금흐름을 영업활동으로 인한 현금흐름, 투자활동으로 인한 현금흐름, 재무활동으로 인한 현금흐름으로 구분하여 표시한 후 각 활동별 증감액을 고려하여 기중의 현금증가(감소)액을 결정한 후, 여기에 기초의 현금을 가산하여 기말의 현금을 산출하는 형식으로 표시한다.

표 14-1

현금흐름표 기본양식-직접법

현금흐름표 20×2.1.1~20×2.12.31 ○○주식회사		(단위: 원)
영업활동현금흐름		
고객으로부터의 유입된 현금	××,×××	
공급자와 종업원에 대한 현금 유출	(××,×××)	
영업으로부터 창출된 현금	×,×××	
이자지급	(×××)	
법인세의 납부	(×××)	
영업활동순현금흐름		××××
투자활동현금흐름		
이하 간접법과 동일		

직접법
영업활동으로 인한 현금흐름을 각 활동유형별로 구분하여 현금의 유입액과 유출액을 각각 계산하는 방법

간접법
손익계산서상의 법인세비용차감전순이익에서 출발하여 각 조정항목을 가감함으로써 영업활동으로 인한 현금흐름을 계산하는 방법

현금흐름표의 작성방법에는 직접법과 간접법의 두 가지 방법이 있다. 직접법이란 영업활동으로 인한 현금흐름을 각 활동유형별로 구분하여 현금의 유입액과 유출액을 각각 계산하는 방법을 말한다. 반면에 간접법이란 손익계산서상의 법인세비용 차감전순이익에서 출발하여 각 조정항목을 가감함으로써 영업활동으로 인한 현금흐름을 계산하는 방법이다. 즉, 간접법은 발생기준에 근거한 손익계산서의 이익에서 현금기준에 근거한 현금흐름표의 금액으로 조정하게 된다. 두 양식은 영업활동으로 인한 현금흐름을 표시하는 방법만 차이가 있고 나머지 활동(투자활동과 재무활동)으로부터의 현금흐름을 표시하는 방법은 동일하다.[1)]

비유로 이해하기 **오늘 하루를 보고하는 두 가지 방법**

영업활동 현금흐름을 보고하는 직접법과 간접법의 차이는, 친구에게 오늘 하루를 보고하는 두 가지 방식과 같습니다.

- **직접법**: '시간순 일기'처럼 보고하기
  "오늘 아침에 빵 사 먹느라 2천원 썼고(현금유출), 점심 때 단기 알바해서 3만원 벌었고(현금유입), 저녁에 영화

1) K-IFRS에서는 직접법의 경우 각 영업활동의 유형별로 현금 유입·유출액이 표시되므로 간접법에 비해 정보유용성이 높다고 보아 직접법의 사용을 권장하고 있다.

표 14-2

현금흐름표
기본양식-간접법

현금흐름표

20×1.1.1~20×1.12.31

ㅇㅇ주식회사		(단위: 원)
영업활동현금흐름		
법인세비용차감전순이익	×××	
조정		
감가상각비	×××	
외화환산손실	×××	
투자수익	(×××)	
이자비용	×××	
	×××	
매출채권 및 기타채권의 증가	(×××)	
재고자산의 감소	×××	
매입채무의 감소	(×××)	
영업에서 창출된 현금	×××	
이자지급	(×××)	
법인세의 납부	(×××)	
영업활동순현금흐름		×××
투자활동현금흐름		
유형자산의 취득	(×××)	
설비의 처분	×××	
이자수취[1]	×××	
배당금수취	×××	
투자활동순현금흐름		(×××)
재무활동현금흐름		
유상증자	×××	
장기차입금	×××	
금융리스부채의 상환	(××)	
배당금지급[2]	(×××)	
재무활동순현금흐름		(×××)
현금및현금성자산의 순증가		×××
기초 현금및현금성자산		×××
기말 현금및현금성자산		×××

(1) (2) 한국채택국제회계기준하에서는 영업활동현금흐름으로 분류도 가능

보느라 1만 5천원 썼어(현금유출).” 이처럼 현금이 들어오고 나간 내역을 있는 그대로 보여주는 방식이 직접법입니다. 이해하기 쉽다는 장점이 있죠.

• **간접법**: ‘최종 결과’부터 말하고 이유 설명하기

“나 오늘 좀 피곤한 하루였어(당기순이익). 왜냐하면, 뿌듯한 일도 있었지만(수익), 신경 쓸 일도 많았거든(비용). 게다가 딱히 돈 쓴 것도 없는데 괜히 마음이 허전하네(감가상각비).” 이처럼 최종 결과(당기순이익)에서 시작해서 그 원인을 조정해 나가는 방식이 간접법입니다. 당기순이익과 현금흐름의 차이를 명확히 보여준다는 장점이 있습니다.

02 현금에 영향을 미치는 거래의 분석

여기에서는 거래에 대한 분개를 수행하며 여러 가지 거래가 현금에 어떻게 영향을 미치고 있는지 살펴본다.

예제 1

거래의 현금흐름 분석

20×2년의 신촌주식회사의 거래는 다음과 같다.

① ₩70,000의 상품을 외상으로 매입하였다.
② 원가 ₩60,000의 상품을 고객에게 ₩125,000에 외상으로 판매하였다.
③ 급여 ₩19,000을 현금으로 지급하였다.
④ 기타의 비용 ₩13,000을 현금으로 지급하였다.
⑤ 고객으로부터 외상대금 ₩90,000을 회수하였다.
⑥ 12월 31일 현재 ₩1,000의 급여가 발생되었으나 아직 지급하지 못하였다.
⑦ 거래처에 외상대금 ₩50,000을 지급하였다.
⑧ 12월 31일 현재까지 지급하지 못한 기타의 비용은 ₩2,000이다.
⑨ 20×2년 중의 감가상각비는 ₩10,000이다.
⑩ 장기사채 ₩100,000을 발행하였다.
⑪ 배당금 ₩10,000을 선언하여 지급하였다.
⑫ 원가 ₩125,000의 비품을 현금으로 구입하였다.

위의 거래들의 분개는 아래와 같다.

① (차) 상품(또는 매입) 70,000 (대) 매 입 채 무 70,000

따라서 이 거래는 현금에는 영향을 미치지 않는다.

② (차) 매 출 채 권 125,000 (대) 매 출 125,000

이 거래에 대한 분개는 매출원가를 기록하는 방법에 따라 달라지지만 어떠한 방법을 사용하든지 현금에는 영향을 미치지 않는다. 즉, 매출원가의 인식에 따라 현금유출입이 영향을 받지 않는다.

③ (차) 급 여 19,000 (대) 현 금 19,000

현금이 유출된다.

④ (차) 비 용 13,000 (대) 현 금 13,000

현금이 유출된다.

⑤ (차) 현 금 90,000 (대) 매 출 채 권 90,000

현금이 유입된다.

⑥ (차) 급 여 1,000 (대) 미지급급여 1,000

비용은 발생하였으나 현금의 유출은 없다.

⑦ (차) 매 입 채 무 50,000 (대) 현 금 50,000

현금이 유출된다.

⑧ (차) 비 용 2,000 (대) 미지급비용 2,000

비용은 발생하였으나 현금의 유출은 없다.

⑨ (차) 감가상각비 10,000 (대) 감가상각누계액 10,000

비용은 발생하였으나 현금의 유출은 동반하지 않는다.

⑩ (차) 현 금 100,000 (대) 사 채 100,000

사채를 발행하여 현금을 조달하였다.

⑪ (차) 이익잉여금 10,000 (대) 현 금 10,000

배당금을 현금으로 지급하였다.

⑫ (차) 비 품 125,000 (대) 현 금 125,000

비품을 구입하기 위하여 현금이 지출된다.

다음의 매출원가를 인식하는 분개는 ②의 매출시의 분개와 동시에 수행되거나(계속기록법)회계기말 시점에 수행된다.(재고실사법)

(차) 매출원가	60,000	(대) 상　　품	60,000

위의 거래에서 현금에 영향을 미치는 현금유입과 현금유출일 경우를 분리하여 정리하면 다음과 같다.

현금의 유입: ⑤,⑩
현금유입의 총합=₩90,000+₩100,000=₩190,000
현금의 유출: ③,④,⑦,⑪,⑫
현금유출의 총합=₩19,000+₩13,000+₩50,000+₩10,000+₩125,000=₩217,000

위의 분석에서도 알 수 있듯이 20×2년도의 현금은 ₩27,000 감소되었다. 20×2년 중의 신촌주식회사의 현금감소액 ₩27,000은 다음과 같은 이유 때문에 발생된 것이다.

위의 ③,④,⑤,⑦,⑩,⑪,⑫의 분개를 분석하면 영업활동과 재무, 투자활동 등의 비영업활동으로 구분할 수 있다. 영업활동이 기업의 활동 중에서 가장 주된 활동이므로 현금의 증가와 감소를 구분할 때, 영업활동과 비영업활동을 분리하여 현금의 유출/유입을 보고한다.

영업활동으로부터의 현금의 유입:
현금의 유입: ₩90,000, ⑤거래
현금의 유출: ₩19,000+₩13,000+₩50,000=₩82,000, ③, ④, ⑦ 거래

따라서 영업활동으로부터의 현금의 순유입은 ₩8,000이며 기타 활동으로부터의 현금의 유입/유출을 그대로 나열하면 다음과 같다.

현금의 증가		
영업활동에서 조달된 현금	₩8,000	⑤, ③, ④, ⑦ 거래
사채의 발행으로부터 조달된 현금	100,000	⑩ 거래
현금의 총증가액	₩108,000	
현금의 감소		
배당금 지급을 위한 현금의 사용	₩10,000	⑪ 거래
비품 구입을 위한 현금의 사용	125,000	⑫ 거래
현금의 총감소액	₩135,000	
현금의 순감소액	₩27,000	

장기사채의 발생으로부터 조달된 현금은 영업활동이라기보다는 기업의 재무활동과 연관되며, 비품 구입을 위한 현금의 지급은 투자활동으로 분류된다. 배당금의 지급은 재무자원을 획득하는 비용이므로 재무활동 현금흐름으로 분류할 수 있다. 대체적인 방법으로, 재무제표이용자가 영업활동 현금흐름에서 배당금을 지급할 수 있는 기업의 능력을 판단하는 데 도움을 주기 위하여 영업활동 현금흐름의 구성요소로 분류할 수도 있다. 그러나 위에서는 영업활동 이외의 활동은 구분하지 않고 나열하였다. 위의 경우와 같이 현금흐름에 영향을 미치는 개별적인 사건의 파악이 가능하고 거래의 건수가 많지 않은 경우는 직접법에 의해 현금흐름표를 작성하는 것이 더욱 명확할 수 있다.

03 현금의 유입과 유출

CHECK POINT

- 영업활동
- 투자활동
- 재무활동

현금의 증가는 사채 등의 부채를 증가시켜 현금을 조달하거나, 주식발행 또는 영업활동을 통하여 보통주자본금 또는 이익잉여금을 증가시키는 거래와 비현금성 자산을 처분하여 현금을 조달하는 거래를 통해서 이루어진다.

너무 여러 가지의 거래가 존재하기 때문에 이를 체계적으로 구분하기 위해서 현금흐름은 ① 영업활동으로 인한 현금흐름, ② 투자활동으로 인한 현금흐름, ③ 재무활동으로 인한 현금흐름으로 구분된다. 현금흐름을 영업활동, 투자활동, 재무활동으로 인한 현금흐름으로 구분표시하기 위해서는 이 세 활동을 구분하기 위한 개념의 정의가 필요하다. 영업활동이라 함은 일반적으로 제품의 생산과 상품 및 용역의 판매·구매 활동을 말하며 투자활동과 재무활동에 속하지 아니하는 거래를 모두 포함한다.

비유로 이해하기 **카페 사장님의 하루로 배우는 세 가지 활동**

현금흐름표는 기업의 모든 현금 흐름을 성격에 따라 세 가지 활동으로 분류합니다. 동네 카페 사장님의 하루를 통해 이를 이해해 봅시다.

1. **영업활동**: 커피 팔고, 원두 사고, 알바비 주는 '일상적인 장사' 활동

가장 핵심적인 활동입니다. 커피를 팔아 현금이 들어오고(유입), 원두 값, 월세, 아르바이트생 급여로 현금이 나가는(유출) 등 주된 영업과 관련된 모든 현금흐름이 여기에 속합니다.

2. **투자활동**: 에스프레소 머신 사고, 낡은 배달 오토바이 파는 '시설 투자' 활동

장사를 더 잘하기 위해 장기적인 자산(유형자산, 투자자산 등)을 사거나 파는 활동입니다. 새로운 에스프레소 머신을 사거나(유출), 쓰던 오토바이를 중고로 팔 때(유입) 발생한 현금 흐름이 여기에 해당합니다.

3. **재무활동**: 은행에서 돈 빌리고, 동업자에게 투자받는 '자금 조달' 활동

사업에 필요한 돈을 외부에서 끌어오거나 갚는 활동입니다. 은행에서 대출을 받거나(유입), 주주(동업자)에게 투자를 받고(유입), 나중에 대출금을 갚거나(유출), 주주에게 배당금을 지급하는(유출) 현금 흐름이 여기에 속합니다.

1. 영업활동으로 인한 현금흐름

영업활동으로 인한 현금흐름은 일반적으로 제품의 생산과 상품 및 용역의 판매·구매활동과 투자활동과 재무활동에 속하지 않는 모든 거래로 인한 현금흐름을 포함한다.

현금의 유입 중 가장 주된 부분은 영업활동으로부터 현금이 조달된 경우이다. 이것은 자본 중에서 이익잉여금을 증가시킨다. 손익계산서는 기업의 영업활동결과를 요약하여 보고한 회계보고서이기 때문에 포괄손익계산서에 보고된 법인세비용차감전순이익을 이용하여 영업활동에서 유입된 현금액을 계산할 수 있다. 그러나 손익계산서에 보고되는 순이익이 항상 영업활동에서 유입된 현금액과 일치되지는 않는다. 당기순이익에는 영업외활동(투자, 재무)으로 인한 손익이 포함되어 있을 뿐 아니라 발생주의회계 수익 비용도 또한 포함되어 있기 때문이다. 발생주의회계에서는 순이익을 결정할 때 현금수입 또는 현금지출을 수반하지 않은 수익 또는 비용도 수익과 비용으로 인식한다.

간접법의 논리는 간단하다. '발생주의로 계산된 당기순이익'이라는 출발점에서, 현금과 관련 없는 것들을 하나씩 조정하여 '현금주의로 계산된 현금흐름'이라는 목적지에 도착하는 과정이다. 조정 항목은 크게 두 종류이다.

- 현금과 무관한 손익 항목 조정: 당기순이익 계산에 포함되었지만 실제 현금의 움직임은 없었던 항목(예: 감가상각비)을 가감한다.
- 자산·부채 변동 항목 조정: 외상 거래처럼, 수익·비용의 발생 시점과 현금의 유입·유출 시점이 달라 발생한 차이를 자산·부채의 변동을 통해 조정한다.

순이익을 계산할 때에는 포함되지만 현금에는 영향을 미치지 않는 수익과 비용항목의 예로 유형자산의 감가상각비, 무형자산의 상각비, 사채할인(증)발행차금상각 등을 들 수 있다.

예제 2

손익계산서를 이용한 현금흐름계산

아래의 손익계산서를 이용하여 영업활동에서 조달된 현금을 계산하라.

매 출		₩50,000
비용차감:		
급 여	₩35,000	
감가상각비	12,000	47,000
법인세비용차감전순이익		₩3,000

현금 유입/유출의 계상:	
손익계산서의 법인세비용차감전순이익	₩3,000
현금의 지출이 없는 비용의 가산(감가상각비)	12,000
영업활동에서 조달된 현금	₩15,000

영업활동에서 조달된 현금을 위의 방법에 의하지 않고, 현금을 증가시킨 수익에서 현금을 감소시킨 비용을 차감하여 계산할 수도 있다. 즉,

현금수입이 있는 수익	₩50,000
현금을 감소시킨 비용의 차감(급여)	35,000
영업활동에서 조달된 현금	₩15,000

매출수익으로 현금을 증가시켰는데 이는 매출수익이 현금으로 회수되었음을 가정하며, 급여로서 현금을 감소시킨 비용을 차감하였는데 이는 인식된 급여 비용이 현금으로 지급되었음을 가정한다. 매출수익이 현금으로 회수되지 않았고 급여가 현금으로 지출되지 않았다면 이 부분을 조정하여야 한다. 첫 번째 방법은 간접법이라고 하며 법인세비용차감전순이익을 이용하기 때문에 손익계산서와 현금흐름표를 연결시켜 준다는 이점이 있다. 간접법은 손익계산서에 보고된 이익으로부터 현금흐름을 추정하는 방법으로 현금흐름을 구함에 있어 조정하여야 할 대표적인 항목은 다음과 같다.

(1) 감가상각비

유형자산을 감가상각시킬 때에는 차변에 감가상각비를 기입하고, 유형자산계정의 차감계정인 감가상각누계액계정을 대기한다. 감가상각시킴으로써 감소되는 자산은 유형자산이기 때문에, 감가상각에 의하여 현금에는 아무런 영향도 받지 않는다. 즉, 유형자산의 기간배분에 의해서 비용화된다. 따라서 영업활동에 의해 조달된 현금을 계산할 때에는 감가상각비를 수익에서 차감해서는 안 된다. 만일 포괄손익계산서에서 보고된 법인세비용차감전순이익을 이용하여 현금유입액을 계산할 때에는 동 순이익에 감가상각비를 가산해야 한다.

무형자산의 상각도 역시 유형자산의 감가상각비와 유사하게 회계처리된다. 왜냐하면 상각이 발생되어도 현금에 영향을 미치지 않기 때문이다. 따라서 개발비의 상각액은 당기순이익에 가산하여야 한다.

(2) 유형자산의 처분손익

비유동자산을 처분할 때 자산의 장부금액과 처분한 대가로 받은 자산의 차액은 처분이익 또는 처분손실로 기입된다. 이익과 손실을 발생시키는 비유동자산으로는 투자자산과 유형자산이 포함된다.

유형자산의 매각을 현금의 증감이라는 측면에서 보았을 때 유형자산의 처분손실은 현금에 영향을 미치지 않고, 거래의 결과 회수된 현금만이 현금을 변동시킨다. 이 거래는 기업의 주요수익창출 활동인 영업활동에 포함되지는 않지만 거래의 결과 현금이 증가되기 때문에 투자활동으로 인한 현금의 유입액으로 보고된다. 따라서 유형자산의 처분손익은 영업활동으로 인한 현금증감에서 제외되어야 한다. 즉 유형자산의 처분손실이 손익계산서의 순이익에서 차감되었으면 이 금액을 순이익에 가산시켜야 하고, 유형자산의 처분이익이 손익계산서상의 순이익에 포함되었으면 이 금액을 차감시켜야 한다. 이와 같은 절차는 현금흐름이 이중가산되는 것을 방지하는 데에도 목적이 있다. 즉, 이 모두는 발생기준을 현금기준으로 조정하는 과정이다.

예제 3

유형자산처분이익과 현금흐름 분석

장부금액이 ₩10,000인 유형자산을 현금 ₩12,000에 처분하였다.

① 유형자산을 처분한 결과 얼마의 유형자산처분이익이 인식되는가?

② 거래의 결과 어떤 계정과목이 얼마만큼 증가되었나?

③ 영업활동에서 조달된 현금을 계산하기 위해서는 손익계산서에 보고된 법인세차감전순이익을 어떻게 조정해야 하나?

---

① 유형자산처분이익은 ₩2,000이다.

② 거래의 결과 현금이 ₩12,000만큼 증가되었다.

③ 유형자산처분이익 ₩2,000은 순이익에서 차감시켜야 한다. ₩2,000을 차감하지 않는다면 ₩14,000의 현금이 조달된 것처럼 보고되지만, 실제로 증가한 현금은 거래의 결과 회수된 현금 ₩12,000뿐이기 때문에 유형자산처분이익을 순이익에서 차감조정해야 한다. 회수된 현금 ₩12,000은 다음에 설명하는 투자활동으로 인한 현금유입액에 분류되어 보고된다. 따라서 ₩2,000의 처분이익이 손익계산서에서 이익에 포함되면 유형자산의 처분으로부터의 현금의 유입이 적절치 않게 보고된다.

위의 거래를 분개를 이용하여 설명하면 다음과 같다. 분개를 위해서는 장부금액 이외에 이 유형자산에 대한 감가상각누계액과 취득원가를 필요로 한다. 감가상각누계액을 ₩5,000이라고 가정한다. 장부금액이 ₩10,000이므로 취득원가는 ₩15,000이다. 이 유형자산의 처분은 다음과 같이 분개한다.

(차) 현 금	12,000	(대) 유 형 자 산	15,000
감가상각누계액	5,000	유형자산처분이익	2,000

유형자산의 처분으로 인한 현금유입액은 주어진 정보에 따라 ₩12,000이 투자활동으로 인한 현금의 흐름으로 적절하게 계상될 것이나 손익계산서에 처분이익 ₩2,000이 계상되므로 이 처분이익은 현금의 유출을 동반하지 않는 이익으로 이익에 가산되어있으므로 영업활동으로 인한 현금흐름에 이 금액이 차감되어야 한다.

예제 4

유형자산처분손실과 현금흐름 분석

장부금액이 ₩10,000인 유형자산을 현금 ₩8,000에 매각하였다.

① 유형자산을 처분한 결과 얼마의 유형자산처분손실이 인식되는가?

② 거래의 결과 어떤 계정과목이 얼마만큼 증가되었나?

③ 영업활동에서 조달된 현금을 계산하기 위해서는 손익계산서에 보고된 법인세비용차감전 순이익을 어떻게 조정해야 하나?

① 유형자산처분손실은 ₩2,000이다.

② 거래의 결과 현금이 ₩8,000 증가하였다.

③ 유형자산처분손실 ₩2,000은 현금흐름을 구함에 있어서 손익계산서상 순이익에 가산시켜야 한다. 만일 가산하지 않았을 경우에는 실제로는 현금이 유출되지 않았음에도 불구하고 손실이므로 이익의 계산에서 차감된다. 따라서 이익으로부터 유입/유출된 현금을 구할 때는 이 처분손실은 가산되어야 한다. 회수된 현금 ₩8,000은 투자활동으로 인한 현금유입액으로 분류되어 보고된다.

위의 거래를 분개를 이용하여 설명하면 다음과 같다. 분개를 위해서는 장부금액 이외에 이 유형자산에 대한 감가상각누계액이나 취득원가를 필요로 한다. 감가상각누계액을 ₩5,000이라고 가정한다. 장부금액이 ₩10,000이므로 취득원가는 ₩15,000이다. 이 유형자산의 처분은 다음과 같이 분개한다.

(차) 현 금	8,000	(대) 유 형 자 산	15,000
감가상각누계액	5,000		
유형자산처분손실	2,000		

유형자산의 처분으로 인한 현금유입액은 주어진 정보에 따라 ₩8,000이 투자활동으로 인한 현금의 유입으로 적절하게 계상될 것이나 손익계산서에 처분손실 ₩2,000이 계상되므로 이 처분손실은 현금의 유출을 동반하지 않는 손실로 이익에 차감되어 있으므로 이 금액이 영업활동으로 인한 현금흐름에 가산되어야 한다.

예를 들어 매출 ₩50,000, 감가상각비 ₩12,000, 기타비용 ₩28,000, 유형자산처분손실₩2,000이며, 이 결과 이익이 ₩8,000이라고 하면, 영업활동에서 조달된 현금을 다음과 같이 두 가지 방법으로 계산할 수 있다. 위의 가정대로 매출은 매출수익으로 인식된 전 금액이 현금으로 회수되었고 비용은 인식된 모든 금액이 현금으로 유출되었음을 가정한다.

〈간접법〉

손익계산서상의 법인세비용차감전순이익	₩8,000	
현금의 유출이 없는 비용 가산		
감 가 상 각 비	₩12,000	
유형자산처분손실	2,000	14,000
영업활동으로 인한 현금흐름	₩22,000	

〈직접법〉

매 출	₩50,000
차감: 현금이 유출된 비용	28,000
영업활동으로 인한 현금흐름	₩22,000

어느 방법을 사용하든지 동일한 금액이 계산된다. 첫 번째 방법은 간접법으로 손익계산서상의 이익으로부터 현금의 흐름을 역으로 추정하는 방법이며, 두 번째 방법은 현금의 유입/유출을 동반하는 수익과 비용만을 이용하여 현금흐름을 직접 계산하는 방식이다. 따라서 손익계산서의 형식에 현금의 유입과 유출을 동반하는 수익과 비용만이 보고된다.

(3) 사채할인(증)발행차금

액면금액 이하로 할인하여 발행하는 사채의 이자는 보통 다음과 같이 회계처리된다. 가상적인 수치로 설명을 수행한다.

(차) 이 자 비 용	40	(대) 사채할인발행차금	2
		현 금	38

위의 거래를 분석해 보면 순이익은 사채이자비용 ₩40만큼 차감되지만, 실질적으로 감소되는 현금은 ₩38밖에 되지 않는다. 대변에 기입된 사채할인발행차금 ₩2은 장기부채인 사채를 ₩2 증가시킨다. 결국 영업활동에서 조달된 현금으로 계산하기 위하여 포괄손익계산서의 순이익을 이용할 경우에는 순이익을 차감시킨 ₩40과 실제로 감소된 현금 ₩38과의 차액 ₩2을 조정해야 한다. 만일 조정하지 않을 경우에는 실제로 감소된 현금이 ₩38인데도 불구하고 마치 ₩40만큼 감소된 것처럼 계산되기 때문이다. 따라서 ₩40의 비용을 ₩38의 현금의 유출로 전환하기 위해서는 이익에서 사채할인발행차금상

각액 ₩2을 가산하여야 한다.

2. 투자활동으로 인한 현금흐름

투자활동으로 인한 현금흐름을 구분하여 공시하는 것은 중요하다. 왜냐하면 투자활동으로 인한 현금흐름은 기업의 주된 활동인 영업활동으로부터는 분리하여 보고되어야 하기 때문이다. 투자활동은 현금의 대여와 회수활동, 투자자산유형자산의 취득과 처분활동 등을 말한다.

투자활동으로 인한 현금흐름은 현금의 대여와 회수활동, 투자자산, 유형자산의 취득과 처분활동 등을 통한 현금흐름을 말한다.

투자활동으로 인한 현금의 유입은 대여금의 회수, 단기매매목적이 아닌 유가증권의 취득과 판매, 투자자산의 처분, 유형자산의 처분 등이며, 투자활동으로 인한 현금의 유출은 현금의 대여, 투자자산과 유형자산의 취득에 따른 현금의 유출로서 취득 직전 또는 직후의 지급액(자본화되는 이자비용 포함) 등 투자자산과 유형자산의 취득에 따른 현금유출 중 취득 직전 또는 직후의 지급액은 투자활동으로 분류한다.

3. 재무활동으로 인한 현금흐름

재무활동으로 인한 현금흐름을 구분하여 공시하는 것은 중요하다. 왜냐하면 기업에 자금을 제공하는 자가 미래현금흐름에 대한 청구권을 예측하는 데 유용하기 때문이다. 재무활동이란 현금의 차입 및 상환활동, 신주발행이나 배당금의 지급활동등과 같이 부채 및 자본계정에 영향을 미치는 거래를 말한다. 여기서 배당금의 지급은 영업활동 현금흐름으로도 분류가능하다.

재무활동으로 인한 현금흐름은 현금의 차입 및 상환활동, 신주발행이나 배당금의 지급활동 등과 같이 부채 및 자본계정에 영향을 미치는 거래로 인한 현금흐름을 말한다.

재무활동으로 인한 현금유입은 단기차입금의 차입, 장기차입금의 차입, 어음사채의 발행, 주식의 발행 등이 있으며, 재무활동으로 인한 현금유출은 배당금의 지급, 유상감자, 자기주식의 취득, 차입금의 상환, 자산의 취득에 따른 부채의 지급 등이다.

개념 더하기

현금 유출입 없는 중요한 거래는 어디에 기록될까?

만약 우리 회사가 10억원짜리 건물을 사면서, 현금 대신 우리 회사 주식 10억원어치를 발행해 주었다면 어떻게 될까요? 이는 매우 중요한 투자활동(건물 취득)과 재무활동(주식 발행)이지만, 단 1원의 현금도 움직이지 않았습니다.

현금흐름표는 말 그대로 '현금'의 흐름을 보여주는 보고서이므로, 이 거래는 현금흐름표 본문에 표시될 수 없습니다. 대신, 회계에서는 이처럼 중요하지만 현금이 오가지 않은 거래를 재무제표의 '주석'에 별도로 공시하도록 하고 있습니다. 이는 정보이용자에게 "올해 현금 흐름에는 영향을 주지 않았지만, 이렇게 중요한 거래가 있었습니다"라고 알려주는 중요한 소통 방식입니다.

Focus on Decision Making

[상 황]

'신촌 빵집'은 이제 동네의 명물을 넘어, 전 지역으로 사업을 확장할 준비를 하고 있습니다. 이를 위해 10억원 규모의 '중앙 제빵 공장(Central Kitchen)'을 짓기로 결정했습니다. 이제 나사장은 가장 중요한 문제에 직면했습니다.

"이 10억이라는 거대한 투자금을 어떻게 조달해야 할까? 우리 빵집의 '현금흐름표'가 그 답을 알고 있을까?"

[선택지 분석 (현금흐름표를 보며)]

1. 선택 A: '우리가 번 돈으로' 짓는다 (영업활동 현금흐름 활용)

- 방법: 지난 몇 년간 '신촌 빵집'이 빵을 팔아 꾸준히 벌어들인 영업활동 현금흐름(+)이 충분하고 안정적인지 확인합니다.
- 의사결정: 만약 영업활동으로 창출한 현금이 충분하다면, 빚이나 투자 없이도 자체적으로 공장을 지을 수 있습니다. 이는 가장 이상적이고 안정적인 '유기적 성장' 방식입니다. 하지만 이 경우, 비상시를 대비할 현금이 부족해질 위험은 없는지 신중히 검토해야 합니다.

2. 선택 B: '은행에서 빌려서' 짓는다 (재무활동 – 부채 조달)

- 방법: 은행에서 장기 대출을 받아 투자금을 마련합니다. 이는 현금흐름표에 재무활동으로 인한 현금 유입(+)으로 기록됩니다.
- 의사결정: 영업활동 현금흐름이 투자를 감당하기에 조금 부족할 때 선택할 수 있는 방법입니다. 단, 미래에 대출 원리금을 상환할 수 있을 만큼 우리의 영업활동 현금 창출 능력이 꾸준할 것인지 반드시 예측해야 합니다. 이자 부담이라는 새로운 비용이 생깁니다.

3. 선택 C: '새로운 동업자와 함께' 짓는다 (재무활동 – 자본 조달)

- 방법: 외부 투자자를 유치하여 투자금을 확보합니다. 이 역시 현금흐름표에 재무활동으로 인한 현금 유입(+)으로 기록됩니다.
- 의사결정: 빚을 지지 않아 안정적이지만, 미래에 빵집이 벌어들일 이익을 새로운 주주(동업자)와 나누어야 합니다. 회사의 성장 가능성을 믿는 외부 투자자가 있는지, 그리고 내 지분율을 희석시킬 가치가 있는지를 판단해야 합니다.

[나사장의 의사결정]

현금흐름표는 이 중요한 의사결정에 결정적인 단서를 제공합니다. 만약 '신촌 빵집'의 영업활동 현금흐름이 충분하다면 '선택 A'를 우선적으로 고려할 수 있습니다. 만약 그렇지 않다면, '선택 B(부채)'와 '선택 C(자본)'의 장단점을 비교하여 우리 빵집의 미래에 가장 유리한 자금 조달 방식을 선택해야 합니다.

이처럼 훌륭한 경영자는 손익계산서의 '당기순이익'뿐만 아니라, 현금흐름표에 나타난 '현금 창출 능력'을 보고 회사의 미래 투자 및 자금 조달 계획을 수립합니다.

04 현금흐름의 보고

CHECK POINT

- 직접법과 간접법
- 영업활동 현금흐름
- 간접법에 의한 현금흐름
- 직접법에 의한 현금흐름

1. 직접법과 간접법하의 영업활동 현금흐름

영업활동으로 인한 현금흐름을 보고하는 형태에 따라 직접법과 간접법으로 구분하고 있다. 현금흐름표의 작성에 있어서 직접법과 간접법의 차이는 영업활동으로 인한 현금흐름을 계산하는 방법에만 있고 투자활동으로 인한 현금흐름과 재무활동으로 인한 현금흐름을 계산하는 데에는 차이가 없다. 직접법이란 현금을 수반하여 발생한 수익 또는 비용항목을 총액으로 표시하되, 현금유입액은 원천별로 현금유출액은 용도별로 분류하여 표시하는 방법을 말한다. 중요한 항목으로는 매출 등 수익활동으로부터의 유입액, 매입 및 종업원에 대한 유출액, 이자수익유입액, 배당금수익유입액, 이자비용유출액, 법인세비용유출액 및 기타영업활동으로 인한 현금의 유출입 등으로 구분하여 표시한다.[2] 즉, 손익계산서와 같이 수익으로부터 비용을 차감하기는 하지만 현금의 유출을 동반하는 수익과 현금의 유출을 동반하는 비용만을 고려한다.

보충설명

이자와 배당금, 활동 구분이 헷갈린다면?

이자와 배당금의 현금흐름 분류는 손익계산서와의 관련성을 생각하면 쉽습니다.

- 이자/배당금 수취(수익): 이자수익과 배당금수익은 손익계산서에서 당기순이익을 구성하는 항목입니다. 따라서 이와 관련된 현금흐름은 '영업활동'으로 보는 것이 일반적입니다. (단, 기업의 선택에 따라 투자활동으로 볼 수도 있습니다.)
- 이자 지급(비용): 이자비용 역시 손익계산서에서 당기순이익을 구성하는 비용 항목이므로, 관련 현금흐름도 '영업활동'으로 분류하는 경우가 많습니다. (단, 기업의 선택에 따라 재무활동으로 볼 수도 있습니다.)
- 배당금 지급: 배당금 지급은 손익계산서의 비용 항목이 아닙니다. 이는 벌어들인 이익을 주인(주주)에게 나눠주는 행위이므로, 주주와의 거래인 '재무활동'으로 분류합니다.

간접법은 손익계산서상의 법인세비용차감전순이익에서 현금의 유출과 유입을 수반하지 않는 항목, 미래 또는 과거의 영업활동에서의 수입·지출의 이연 또는 조기 계상, 투자활동과 재무활동으로 인한 수익·비용 및 영업활동과 관련된 자산·부채의 증감을 조정하여 영업활동으로 인한 현금흐름을 산출하는 방법이다. 이는 법인세비용차감전순이익에 현금의 유출이 없는 비용 등을 가산하고 현금의 유입이 없는 수익 등을 차감하는 형식으로 표시한다. 간접법하에서는 영업활동에서 창출된 현금 아래에 실제법인세납부액을 차감하여 순현금흐름을 보고한다.

---

2) K-FIRS 제1007호 문단 5, 31~36 참조: 이자와 배당금의 수취 및 지급에 따른 현금흐름의 분류는 기업이 선택할 수 있으나 매 기간 일관성있게 각 현금흐름으로 분류한다. 법인세로 인한 현금흐름은 별도로 공시하며, 재무활동과 투자활동에 명백히 관련되지 않는 한 영업활동 현금흐름으로 분류한다.

비유로 이해하기 **내 친구의 스타트업, 이익은 100만원인데 통장은 왜 마이너스일까?**

현금흐름표의 간접법은 "왜 당기순이익과 실제 현금 증감이 다른가?"라는 질문에 답하는 과정입니다. 옆방에 사는 제 친구 '나사장'의 스타트업 이야기를 통해 간접법의 논리를 파헤쳐 봅시다.

나사장: (신나서) "나 이번 달에 드디어 당기순이익 100만원 달성했어! 나 완전 사업 천재인 듯!"

나(회계학도): "오, 축하해! 그럼 통장에 현금도 100만원 늘었겠네? 맛있는 것 좀 사 줘!"

나사장: "그게… 사실 통장을 보니 돈이 다 어디 갔는지 없고, 오히려 마이너스 통장 한도를 거의 다 썼어. 월세 낼 돈도 없어… 이게 어떻게 된 일이야?"

나: "그럴 수 있어. 그게 바로 발생기준의 함정이자, 많은 사장님이 빠지는 '흑자도산'의 위험이야. 너의 당기순이익 100만원에서부터 시작해서, 진짜 현금이 어떻게 움직였는지 같이 따져보자. 이게 바로 현금흐름표의 간접법이야."

[현금흐름 추적 시작]

나: "자, 일단 너의 당기순이익 100만원에서 출발해보자."

[조정 1] 현금 유출 없는 비용 더하기

나: "먼저, 네 장부에서 실제로 현금이 나가지 않은 비용부터 찾아내야 해. 감가상각비 같은 거 기록했지?"

나사장: "응, 이번 달에 산 비싼 장비가 닳는다고 생각해서 감가상각비 50만원을 비용으로 뺐어."

나: "바로 그거야! 그건 장부상 비용일 뿐, 네 통장에서 현금 50만원이 빠져나간 건 아니잖아. 그러니 진짜 현금을 계산하려면, 이 현금 유출 없는 비용은 다시 더해줘야 해. (+50만원)"

▶ 현재까지 조정된 현금흐름: 100만원+50만원=150만원

[조정 2] 영업활동 자산·부채 변동 조정하기

나: "다음은 외상 거래를 보자. 손익계산서의 매출액, 그거 전부 현금으로 받은 거야?"

나사장: "아니, 큰 기업이랑 계약해서 납품했는데, '대금은 3달 뒤에 줄게'라고 하더라고. 그래서 외상매출금(매출채권)이 300만원이나 쌓였어."

나: "그렇지! 넌 돈을 벌었다고(수익) 기록했지만, 실제 현금 300만원은 아직 안 들어온 거네. 그럼 이익에 비해 현금은 한참 부족한 상태니, 늘어난 매출채권은 통장에서 빼야지. (−300만원)"

나: "그 큰 주문을 맞추려고 재료도 많이 사뒀겠네?"

나사장: "응, 미리 사두느라 재고(재고자산)가 20만원어치 늘었어."

나: "재고가 늘었다는 건, 판 것보다 더 많이 샀다는 뜻이고, 그만큼 현금이 창고에 묶였다는 뜻이야. 그러니 늘어난 재고자산도 현금흐름에서 빼야 해. (−20만원)"

나: "혹시 재료 살 때 외상으로 산 건 없어?"

나사장: "아니, 이번엔 전부 현금으로 줬어. 대신 다른 운영비 낼 돈이 없어서, 사무실 비품을 외상(미지급금)으로 샀어. 10만원 정도."

나: "잘했네! 비용은 발생했지만, 실제 현금 10만원은 아직 네 통장에 있잖아. 이익에 비해 현금을 아낀 셈이니, 늘어난 미지급금은 다시 더해줘야지. (+10만원)"

[결론] 진짜 영업활동 현금흐름 계산하기

나: "자, 이제 최종 정산해보자."

₩1,000,000 (당기순이익)
+₩500,000 (감가상각비)
−₩3,000,000 (매출채권 증가)
−₩200,000 (재고자산 증가)
+₩100,000 (미지급금 증가)
=−₩1,600,000 (영업활동으로 인한 현금흐름)

"봐, 네가 장사해서 얻은 이익은 100만원이지만, 정작 영업활동으로는 현금이 160만원이나 부족했던 거야. 이게 바로 네 통장이 마이너스인 이유야. 이익만 보고 좋아할 게 아니라, 실제 현금이 어떻게 돌고 있는지를 꼭 확인해야 해."

이처럼 간접법은 당기순이익이라는 '발생기준 결과물'과 실제 현금흐름이라는 '현금기준 결과물' 사이의 차이를 논리적으로 설명해주는 매우 유용한 도구입니다.

영업활동으로 인한 현금흐름의 표시는 직접법과 간접법 중 선택하여 적용할 수 있지만 한번 선택한 방법은 매기 계속하여 적용하여야 한다.

영업활동으로 인한 현금흐름의 표시는 직접법과 간접법 중 선택하여 적용할 수 있지만 한번 선택한 방법은 기간별 비교가능성을 제고하기 위하여 매기 계속하여 적용하여야 할 것이다. 직접법과 간접법에 의한 영업활동으로 인한 현금흐름의 보고양식을 비교하여 표시하면 〈표 14-3〉과 같다.

직접법은 실제 현금의 유입과 유출의 원천을 기준으로 작성되기 때문에 재무정보의 이용자들이 과거의 현금흐름을 이해하고 미래의 현금흐름을 예측하는 데 보다 유용하며 법인세비용차감전순이익과 현금흐름의 관계를 보다 잘 나타낼 수 있다는 장점이 있지만 발생주의 손익계산서에 익숙한 재무제표 이용자를 혼동시킬 수 있고, 기업의 재무기록이 현금기준이 아닌 발생주의기준으로 유지되고 있기 때문에 직접법으로 작성하는 데에는 추가적인 비용이 소요된다는 단점이 있다. 모든 수익과 모든 비용이 발생주의에 기초하여 보고되고 있으므로 이 모든 항목에 대하여 현금주의에 기초한 정보를 구함이 매우 번거로운 작업이다.

표 14-3

영업활동으로 인한 현금흐름의 비교

직 접 법	간 접 법
Ⅰ. 영업활동으로 인한 현금흐름	Ⅰ. 영업활동으로 인한 현금흐름
가. 고객으로부터 유입된 현금	1. 법인세비용차감전순이익(손실)
나. 공급자에 대한 현금유출	2. 현금의 유출이 없는 비용 등의 가산
다. 종업원에 대한 현금유출	① 감가상각비
라. 기타 영업비 현금유출	② 무형자산상각
마. 이자수취	3. 현금의 유입이 없는 수익 등의 차감
바. 배당금수취	① 유형자산처분이익
사. 이자지급	4. 영업활동으로 인한 자산부채의 변동
아. 법인세납부	① 재고자산의 감소(증가)
	② 매출채권의 감소(증가)
	③ 이연법인세자산의 감소(증가)
	④ 매입채무의 증가(감소)
	⑤ 미지급법인세의 증가(감소)
	⑥ 이연법인세부채의 증가(감소)
	5. 영업에서 창출된 현금
	6. 이자비용 지급
	7. 법인세의 납부

간접법은 기존 발생주의회계에서 산출되는 법인세비용차감전순이익에서 출발하여 가감항목을 조정하여 영업활동으로 인한 현금흐름을 산출함으로써 이들 간의 차이내역을 명확하게 부각시킨다. 모든 투자자들이 익숙한 손익계산서에서 출발함이 간접법의 장점일 것이며 또한 조정항목이 많지 않다면 현금흐름표 작성이 간단할 수 있다.

간접법의 4. 영업활동으로 인한 자산, 부채의 변동은 다음과 관련된 내용이다. 유형자산의 처분손익에서 사용된 예를 이용하여 이를 설명한다. 매출이 ₩50,000, 감가상각비가 ₩12,000, 기타비용이 ₩28,000, 유형자산처분손실이 ₩2,000이며 법인세비용차감전순이익은 ₩8,000일 경우의 영업활동으로부터 조달된 현금은 매출수익이 모두 현금 매출수익이며 기타 비용이 모두 현금으로 지출되었다는 가정하에서는 영업활동으로부터의 순현금유입 ₩22,000이 예제 4에서 이미 계산되었다. 그러나 다음을 가정하면 영업활동으로 인한 현금유입이 달라진다.

매출수익 ₩50,000 중 현금매출은 ₩20,000이며 비용 인식액 ₩28,000 중 현금지출은 ₩10,000이라고 가정한다. 매출수익 중 현금매출에 대한 정보가 제공되지 않고 비용 인식액 중 현금지출액에 대한 정보가 제공되지 않는다고 가정하면 이를 재

무제표 정보 중에서 추적하여야 한다. 수익과 기타 비용에 대한 분개를 이용하며 이를 추적한다.

(차) 현금	20,000	(대) 매출	20,000
매출채권	30,000	매출	30,000
비용	10,000	현금	10,000
비용	18,000	미지급비용	18,000

매출수익으로 인하여 현금이 회수되지 않은 부분 ₩30,000에 대해서 조정이 수행되어야 한다. 이 부분은 매출채권의 증가로 측정된다. 즉, 발생주의에 의해서 매출수익이 인식된 부분 중에 현금이 회수되지 않아 매출채권이 증가한 부분이므로 영업활동으로 인한 현금의 유입을 구할 때 손익계산서에 보고된 매출로부터 차감하여야 한다.

비용 중 현금이 지출되지 않은 부분 ₩18,000에 대해서도 조정이 수행되어야 한다. 이 부분은 미지급비용의 증가로 측정된다. 즉, ₩18,000은 발생주의에 의해서 비용이 인식된 부분 중에 현금이 지급되지 않아 미지급비용이 증가한 부분이므로 영업활동으로 인한 현금의 유출을 구할 때, 손익계산서에 보고된 비용으로부터 차감하여야 한다.

위의 두 경우는 매출채권과 미지급비용에 대한 예만을 보인 것으로 대부분의 유동자산의 증가와 감소도 동일한 논리가 적용된다. 그러나 모든 유동자산과 유동부채의 증감이 조정의 대상은 아니다. 예를 들어 미지급배당금의 증감은 손익계산서에 영향을 미치는 비용항목이 아니므로 영업활동으로 인한 현금의 흐름을 구함에 있어서 조정하여서는 안된다. 즉, 이러한 조정은 손익계산서의 수익/비용 중에서 현금의 유입/유출을 동반하지 않은 금액을 조정하는 것인데 미지급배당금은 원천적으로 비용이 아니다.

따라서 기계적으로 유동자산과 유동부채의 증감이 이러한 조정의 대상이 되는 것이 아니라 계정의 성격을 파악해야 한다.

2. 간접법에 의한 현금흐름표의 작성

현금흐름표를 작성하기 위해서는 우선 아래와 같은 비교재무상태표를 입수해야 한다. 아래의 비교재무상태표는 20×2년과 20×3년 말 현재의 무악주식회사의 재무상태를 나타내고 있다.

재무상태표

제1기 20×2년 12월 31일 현재
제2기 20×3년 12월 31일 현재

무악주식회사 (단위: 원)

	제2기	제1기	증 감
유동자산			
현금 및 현금성자산	₩36,000	₩10,000	₩26,000
매 출 채 권	19,000	18,000	1,000
상 품	40,000	32,000	8,000
유형자산			
토 지	90,000	80,000	10,000
건 물	100,000	100,000	–
감가상각누계액	(50,000)	(40,000)	(10,000)
자산총계	₩235,000	₩200,000	₩35,000
유동부채			
매 입 채 무	₩10,000	₩15,000	₩(5,000)
미지급법인세	25,000	25,000	–
비유동부채			
사 채	₩60,000	₩40,000	₩20,000
자 본			
보통주자본금(액면가 ₩100)	₩100,000	₩90,000	₩10,000
주식발행초과금	15,000	10,000	5,000
이 익 잉 여 금	25,000	20,000	5,000
지분총계	₩235,000	₩200,000	₩35,000

무악주식회사의 비교재무상태표를 보면 20×3년 중에 ₩26,000의 현금 및 현금등가물이 증가하였다는 것을 알 수 있다. 그렇다면 어떤 이유 때문에 현금 및 현금등가물이 변동되었는지를 현금흐름표에서 보여야 한다.

무악주식회사의 회계자료를 검토한 결과 다음의 거래들이 현금 이외의 계정에 영향을 미쳤다는 것을 알게 되었다.

㉮ 토지 ₩10,000을 현금 구입하였다.

㉯ 사채 ₩20,000을 액면금액으로 발행하였다.

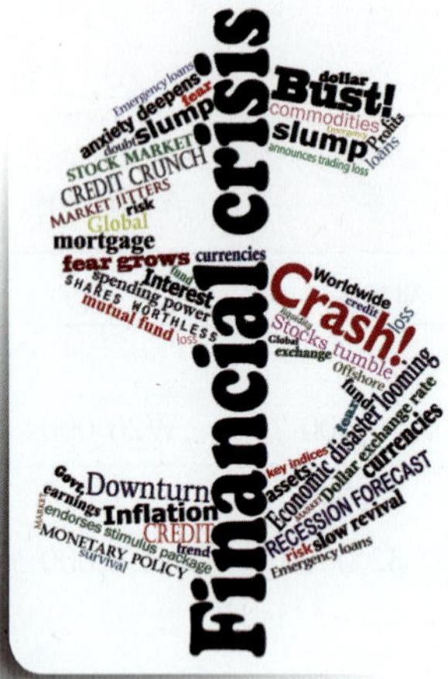

㉰ 액면금액이 ₩100인 보통주 100주를 주당 ₩150에 발행하였다.

㉱ 1년간의 법인세비용차감전순이익은 ₩5,000인데, 그 세부내역을 살펴보면 다음과 같다.

매출		₩95,000
차감: 매출원가	₩60,000	
감가상각비	10,000	
기타비용	20,000	90,000
법인세비용차감전순이익		₩5,000

위에 제시된 두 재무제표를 분석하면 한 회계연도 기간동안의 영업의 결과를 모두 이해할 수 있다. 재무상태표의 유동자산 계정은 나중에 설명하고 유형자산에 대하여 분석한다. 토지는 ₩10,000 증가하였는데 이 부분은 현금이 지급되었으므로 투자활동으로 보고한다. 건물계정은 변동이 없으며 건물에 대한 감가상각누계액은 손익계산서에 보고된 감가상각비 금액만큼 증가하였다. 건물이 회기 중에 처분되었을 경우는 이에 상응하는 감가상각누계액도 원장에서 제거되나 포괄손익계산서의 감가상각비가 재무상태표의 감가상각누계액의 증가분과 일치하므로 이러한 건물처분은 존재하지 않는다.

사채의 증가분은 모두 사채의 현금 발행이며 보통주자본금의 증가와 자본잉여금의 증가 또한 주식의 추가발행에 근거한다. 액면금액 ₩100의 주식 100주이므로 보통주자본금은 ₩10,000 증가하였으며 시장가액은 ₩150이므로 액면금액과 시장가액의 차이인 ₩50은 주식발생초과금의 증가를 가져온다. 이익잉여금의 증가는 ₩5,000으로 발생한 이익금액과 동일한 증가분을 보인다. 이 예제에서는 배당금의 선언과 관련된 정보가 포함되지 않으므로 배당은 없는 것으로 판단한다. 따라서 추가적으로 제공된 위의 정보와 비교 재무상태표의 정보는 일치한다. 이러한 분석과 같이 현금흐름표의 이해를 위해서는 회계정보를 종합적으로 이해함이 필수적이다. 즉, 재무상태표와 손익계산서를 비교하면서 이해할 수 있어야 한다.

간접법에 의한 표준양식에도 나열되었듯이 영업활동과 관련된 자산과 부채의 증감은 영업활동으로 인한 현금의 유입/유출을 계산함에 있어서 법인세비용차감전순이익으로부터 조정한다. 영업활동과 관련된 유동자산과 유동부채로는 매출채권, 상품, 매입채무 및 미지급법인세가 있는데 미지급법인세는 1년간 금액의 변동이 없으므로 조정할 필요가 없다.

매출의 증가가 모두 법인세비용차감전순이익에 반영되나 외상매출에 대해서 모두 현금이 회수된 것은 아니므로 이 부분에 대한 금액은 조정하여야 한다. 즉, 매출채권의 증가는 이 부분만큼 인식된 매출수익에 대해서 현금이 회수되지 않은 부분이므로 매출채권의 증가액은 영업활동으로부터의 현금의 유입을 구할 때 차감한다. 이 부분은 이미 예제와 분개를 이용하여 영업활동으로 인한 현금흐름의 표시방법에서 설명하였다.

상품과 관련해서 재고상품이 ₩8,000 증가되었고 매입채무가 ₩5,000만큼 감소되었다. 이것은 구입된 상품이 판매된 상품보다 ₩8,000만큼 더 많음을 의미하므로 이 부분이 추가적인 현금의 흐름으로 현금의 유입에서 차감된다. 매입채무가 ₩5,000 감소함은 현금지급액이 상품매입액보다 ₩5,000 만큼 더 많다는 것을 의미한다. 따라서 매입채무의 감소는 영업활동으로부터의 현금의 유입을 구함에 있어서 차감된다.

위의 내용은 다음의 식을 이용하여서도 설명할 수 있다.

1. 매입=매출원가+재고상품의 증가(또는−재고자산의 감소)
2. 매입을 위해서 지급한 현금=매입−매입채무의 증가(또는+매입채무의 감소)

1과 2의 식을 합하면

매입을 위해서 지급한 현금=매출원가+재고자산의 증가(또는−재고자산의 감소)
−매입채무의 증가(또는+매입채무의 감소)

따라서 상품의 증가는 매입을 위해서 지급한 현금의 증가를 유발시키며 매입채무의 감소는 매입을 위해서 지급한 현금의 증가를 유발시킨다. 따라서 이 두 계정의 변화는 모두 영업활동으로부터의 현금유입에서 차감하여야 한다. 상품매입을 위해서 지급한 현금은 손익계산서 항목인 매출원가에서 재무상태표의 두 항목인 매입채무와 재고자산의 증감을 조정하여야 한다는 점이 특이하다.

현금흐름표를 작성하면 다음과 같다. 현금흐름표는 회계기간 동안의 현금의 변화를 설명하므로 시점이 아니라 회계기간 동안의 현금의 변동을 설명한다.

현금흐름표(간접법)

20×2.1.1~20×2.12.31

무악주식회사		(단위: 원)
Ⅰ. 영업활동으로 인한 현금흐름		
1. 법인세비용차감전순이익	₩5,000	
2. 현금의 유출이 없는 비용등의 가산		
감가상각비	10,000	
3. 영업활동으로 인한 자산·부채의 변동		
매출채권 증가	(1,000)	
상품 증가	(8,000)	
매입채무 감소	(5,000)	₩1,000
Ⅱ. 투자활동으로 인한 현금흐름		
1. 투자활동으로 인한 현금유출액		
토지매입		(10,000)
Ⅲ. 재무활동으로 인한 현금흐름		
1. 재무활동으로 인한 현금유입액		
사채발행	₩20,000	
보통주발행	15,000	35,000
Ⅳ. 현금의 증가(Ⅰ+Ⅱ+Ⅲ)		₩26,000
Ⅴ. 기초의 현금		10,000
Ⅵ. 기말의 현금		₩36,000

3. 직접법에 의한 현금흐름표의 작성

영업활동으로 인한 현금흐름을 보고하는 형태에 따라 직접법과 간접법으로 구분된다고 앞에서 설명한 바 있다. 직접법이란 현금을 수반하여 발생한 수익 또는 비용 항목을 총액으로 표시하되, 현금유입액은 원천별로, 현금유출액은 용도별로 분류하여 표시하는 방법을 말한다.

직접법은 실제 현금의 유입과 유출의 원천을 기준으로 작성되기 때문에 재무정보의 이용자들이 과거의 현금흐름을 이해하고 미래의 현금흐름을 예측하는 데 보다 유용하며 법인세비용차감전순이익과 현금흐름의 관계를 잘 나타낸다. 그러나 발생주의 포괄손익계산서에 익숙한 재무제표 이용자를 혼동시킬 수 있고, 기업의 재무기록이 현금기준이 아닌 발생주의기준으로 유지되고 있기 때문에 직접법으로 작성하는 때에는 발생주의가 아닌 현금주의에 의해서 얼마의 현금이 유입/유출되는지를 파악하여야 하는 추가적인 비용이 소요될 수도 있다.

(1) 영업활동으로 인한 현금흐름

직접법에서는 영업활동으로 인한 현금흐름을 계산하기 위해서 영업활동과 관련된 거래의 기록을 발생주의에서 현금주의로 전환하여야 한다.

직접법에서는 영업활동으로 인한 현금흐름을 계산하기 위해서 영업활동과 관련된 거래의 기록을 발생주의에서 현금주의로 전환하여야 한다. 발생주의로 작성된 손익계산서를 현금주의로 전환하기 위해서 조정해야 할 항목 중 대표적인 것을 들면 다음과 같다. 영업활동과 관련된 모든 자산과 부채에 대해서 다음과 같은 식을 도출할 수 있다. 이와 같이 발생주의를 현금주의로 환원하는 방법은 간접법에서 영업활동으로 인한 자산과 부채의 변동을 조정하는 방법과 유사하다.

[발생주의를 현금주의로 환원시키기 위한 조정]

1. 거래처로부터 회수된 현금＝매출－매출채권의 증가
   (또는 ＋매출채권의 감소)
2. 매입＝매출원가＋상품의 증가
   (또는 －상품의 감소)
   매입을 위하여 지급한 현금＝매입－매입채무의 증가
   (또는 ＋매입채무의 감소)
   따라서
   매입을 위하여 지급된 현금＝매출원가＋상품의 증가
   (또는 －상품의 감소)
   매출원가－매입채무의 증가
   (또는 ＋매입채무의 감소)
3. 비용으로 지급된 현금지출액＝비용＋선급비용의 증가
   (또는 －선급비용의 감소)
   또는
   비용으로 지급된 현금지출액＝비용－미지급비용의 증가
   (또는 ＋미지급비용의 감소)

4. 수익으로 회수된 현금수입액=수익+선수수익의 증가
(또는 −선수수익의 감소)
또는
수익으로 회수된 현금수입액=수익−미수수익의 증가
(또는 +미수수익의 감소)

영업활동으로 인한 현금의 증가원인을 규명할 때에는 특히 현금 이외의 다른 자산과 부채를 분석해야 한다. 무악주식회사의 자산과 부채의 변동액은 비교재무상태표에 계산되었다. 이 중 매출채권은 ₩1,000 증가하였는데, 이것은 고객으로부터 받은 현금이 매출액 ₩95,000보다 ₩1,000 적다는 것을 의미한다. 결국 매출로 인하여 고객으로부터 회수한 현금은 ₩94,000(=₩95,000−₩1,000)이다.

보충설명

직접법 계산, 이렇게 생각하면 쉽다!

- 고객에게서 받은 현금=① 손익계산서상 매출액−② 매출채권의 증가액
"이번 달에 100만원어치를 팔았는데(매출액), 외상값이 30만원 늘었다면(매출채권 증가), 아직 30만원은 못 받았으니 실제 들어온 현금은 70만원이다"
- 공급자에게 지급한 현금=① 손익계산서상 매출원가+② 재고자산의 증가액−③ 매입채무의 증가액
"이번 달에 팔린 물건의 원가가 50만원인데(매출원가), 창고에 재고가 10만원 늘었다면(재고자산 증가) 일단 60만원어치를 사 왔다는 뜻이다. 그런데 외상값도 20만원 늘었다면(매입채무 증가), 20만원은 아직 안 줬으니 실제 지급한 현금은 40만원이다"

상품에 관련해서 재고상품이 ₩8,000 증가되었고 매입채무가 ₩5,000만큼 감소되었다는 것을 알 수 있다. 이에 대해서는 간접법에서 이미 자세히 설명되었다. 이것은 구입된 상품이 판매된 상품보다 ₩8,000만큼 더 많으며 현금지급액이 상품매입액보다 ₩5,000만큼 더 많다는 것을 의미한다. 따라서 상품을 매입하기 위하여 사용된 현금은 다음과 같이 계산된다.

매출원가	₩60,000
가산: 재고상품의 증가	8,000

매입된 상품	₩68,000
가산: 매입채무의 감소	5,000
상품매입을 위한 현금지출액	₩73,000

무악주식회사의 경우에 20×2년 중의 영업활동으로부터 조달된 현금은 다음과 같다.

고객으로부터 회수된 현금		₩94,000
현금지출액:		
상품매입	₩73,000	
기타비용	20,000	93,000
영업활동에서 조달된 현금		₩1,000

기타비용 ₩2,000은 요약 손익계산서에서 비용으로 차감된 금액으로 이와 관련된 자산과 부채 항목이 존재하지 않으므로 발생한 금액이 모두 지출되었다는 것을 알 수 있다. 이 비용지급과 관련될 수 있는 계정으로는 위의 식으로 제시된 선급비용과 미지급비용이 있다. 미지급비용계정이 변동되었다면 미지급비용의 증가는 비용으로 지급된 현금지출액에서 차감되어야 한다. 선급비용이 증가하였다면 이 증가는 비용으로 지급된 현금지출액에서 가산되어야 한다.

이 금액은 수익과 비용을 현금주의로 전환하여 계산한 것으로, 영업활동의 결과 조달된 현금은 ₩1,000이며 간접법에 의해서 산출된 영업활동으로부터의 순현금흐름과 동일한 금액이다.

영업활동 이외의 투자활동과 재무활동에 대한 현금흐름계산은 직접법과 간접법에 차이가 없다.

직접법에 의한 현금흐름표를 작성하기 위해서는 앞에서 설명한 바와 같이 **포괄손익계산서**의 수익과 비용에 이와 관련된 특정 자산과 부채를 일대일로 대응시켜서 영업활동으로 인한 현금흐름을 계산하는 방법과 기업의 회계장부로부터 직접 중요한 수익, 비용 항목의 **현금유입액**과 **현금유출액**을 계산하는 방법이 있다.

영업활동 이외의 투자활동과 재무활동에 대한 현금흐름계산은 직접법과 간접법간에 차이가 없다. 무악주식회사의 직접법에 의한 현금흐름표를 예시하면 다음과 같다.

현금흐름표(직접법)

20×2.1.1~20×2.12.31

무악주식회사 (단위: 원)

Ⅰ. 영업활동으로 인한 현금흐름		
1. 매출 등 수익활동으로부터의 유입액	₩94,000	
2. 매입에 대한 유출액	(73,000)	
3. 기타비용 유출액	(20,000)	₩1,000
Ⅱ. 투자활동으로 인한 현금흐름		
1. 투자활동으로 인한 현금유출액		
토지매입		(10,000)
Ⅲ. 재무활동으로 인한 현금흐름		
1. 재무활동으로 인한 현금유입액		
사채발행	₩20,000	
보통주발행	15,000	35,000
Ⅳ. 현금의 증가(Ⅰ+Ⅱ+Ⅲ)		₩26,000
Ⅴ. 기초의 현금		10,000
Ⅵ. 기말의 현금		₩36,000

위의 예제에서 보였듯이 현금흐름표의 작성은 재무상태표와 포괄손익계산서의 분석 능력을 필요로 한다. 따라서 현금흐름표의 작성과 관련된 여러 문제를 접해 보는 것이 회계의 순환과정을 포함한 재무제표를 총체적으로 이해하는 데 많은 도움이 된다.

국제회계기준은 세전이익에서 현금흐름을 조정한다. 이자와 배당금의 수취 및 지급에 따른 현금흐름은 각각 별도로 공시한다. 이자지급, 이자수입, 배당금수입은 일반적인 경우 영업활동인데, 단 재무자원 획득원가와 투자자산에 대한 수익은 재무 또는 투자활동으로 분류한다. 단기매매 목적으로 보유하는 계약에서 발생하는 현금유입과 현금유출은 영업활동 현금흐름으로 분류하며, 지분상품(보통주)은 현금성 자산에서 제외하는데, 단 상환일이 정해져 있고 취득일로부터 상환일까지의 기간이 단기인(3개월 이내) 우선주는 현금성 자산에 포함한다.

보충설명

〈실전! 현금흐름표 읽기〉
부호(+,−)로 알아보는 기업의 성장 단계

영업, 투자, 재무활동 현금흐름의 부호 조합을 보면 기업이 현재 어떤 성장 단계에 있는지, 건강 상태는 어떤지를 한눈에 파악할 수 있습니다.

① **성장기 유망 스타트업** (영업: −, 투자: −, 재무: +):
해석: "본업(영업)에선 아직 돈을 못 벌지만, 미래(공장, 설비)를 위해 과감히 투자하고 있으며, 외부에서 투자금(재무)이 잘 들어오는 건강한 성장기업!"

② **전성기 우량 대기업** (영업: +, 투자: −, 재무: −):
해석: "본업(영업)에서 벌어들인 현금으로, 꾸준히 재투자도 하고 남는 돈으로는 빚을 갚거나 주주에게 배당하는, 매우 안정적인 최우량 기업!"

③ **성숙기 안정적 기업** (영업: +, 투자: +, 재무: −):
해석: "본업(영업)에서 돈을 잘 벌고 있으며, 더 이상의 투자는 줄이고 과거에 투자했던 자산을 매각하며 현금을 확보하고, 이를 통해 부채를 상환하는 안정적인 성숙기 기업!"

④ **위기의 기업** (영업: −, 투자: +, 재무: +):
해석: "본업(영업)에서는 돈을 까먹고 있는데, 부족한 현금을 메우기 위해 어쩔 수 없이 자산을 팔고(투자), 빚을 내서(재무) 겨우 버티고 있는 위험한 상태!"

이처럼 현금흐름표의 부호 조합을 분석하면, 당기순이익 숫자만으로는 알 수 없는 기업의 생생한 스토리를 읽을 수 있습니다.

연습문제

01 현금유입 및 유출액계산

20×3년 중 목포회사는 매출수익으로 ₩91,000, 영업비로 ₩42,000이 발생되어 법인세비용차감전순이익 ₩49,000을 보고하였다. 이와 관련된 기초 및 기말잔액은 다음과 같다.

	1월 1일	12월 31일
매출채권	₩22,000	₩15,000
선수금	2,000	4,000
미지급비용	4,800	7,800
선급비용	3,000	4,000

물음 (1) 매출로 인한 현금유입액을 계산하시오.
(2) 영업비 지출로 인한 현금유출액을 계산하시오.

02 현금흐름표작성

다음은 목포회사의 재무상태표와 손익계산서이다. 이를 검토하여 아래 물음에 답하시오.

재무상태표

목포회사 20×3.12.31. 현재 (단위: 원)

	20×3.12.31	20×2.12.31
현금및현금성자산	₩13,000	₩11,000
당기손익인식금융자산	17,000	21,000
매출채권	23,500	14,000
선급비용(판매비와 관리비)	2,000	3,000
재고자산	13,500	13,000
설비자산	22,000	17,000
감가상각누계액	(5,000)	(4,000)
계	₩86,000	₩75,000
매입채무	₩14,500	₩18,500
선수금	6,500	1,000

미 지 급 법 인 세	5,000	2,000
미 지 급 배 당 금	1,500	3,500
사 채	5,000	10,000
자 본 금	30,000	25,000
이 익 잉 여 금	23,500	15,000
계	₩86,000	₩75,000

손익계산서

목포회사	20×3.1.1~12.31	(단위: 원)
매 출 액		₩68,500
매 출 원 가		30,000
매 출 총 이 익		₩38,500
판매비와 관리비		21,000
영 업 이 익		17,500
기 타 손 익		
당기손익인식금융자산처분이익	₩3,000	
유형자산(설비)처분이익	2,200	
사 채 상 환 이 익	800	
이 자 비 용	(1,000)	
법 인 세 비 용	(8,000)	(3,000)
당 기 순 이 익		₩14,500

⊙ 추가정보

(1) 당기 중 취득원가 ₩5,000, 장부금액 ₩2,000의 설비자산을 ₩4,200에 현금으로 처분하였다.

(2) 당기 중 지급하기로 결의한 배당금은 ₩6,000이다. 회사는 배당금지급을 재무활동으로 분류하기로 결정했다.

(3) 당기 중 취득원가 ₩4,000의 당기손익인식금융자산을 현금 ₩7,000을 받고 매각하였다.

(4) 당기 중 장부금액 ₩5,000의 사채를 현금 ₩4,200을 지급하여 상환하였다.

물음 (1) 다음 금액을 구하시오.

① 매출로 인한 현금유입액

② 매입대금 지급으로 인한 현금유출액

③ 판매비와 관리비 지출로 인한 현금유출액

④ 영업활동으로부터의 현금흐름액

(2) 직접법에 의한 현금흐름표를 작성하시오.

(3) 간접법에 의한 현금흐름표를 작성하시오.

03 현금흐름표 작성

안양중공업주식회사의 재무제표는 다음과 같다.

물음 다음의 자료를 이용하여 현금흐름표를 간접법으로 작성하시오.

재무상태표

안양중공업주식회사 20×3.12.31. 현재 (단위: 원)

	20×3.12.31	20×2.12.31
현금및현금성자산	₩40,000	₩43,000
매출채권	63,000	33,000
대손충당금	(2,000)	(1,000)
상품	175,000	100,000
선급비용	7,000	4,000
지분법적용투자주식	75,000	60,000
토지	70,000	40,000
건물	100,000	80,000
기계와비품	180,000	120,000
감가상각누계액	(55,000)	(35,000)
	₩653,000	₩444,000
매입채무	₩48,000	₩34,000
장기차입금	40,000	–
자본금	400,000	300,000
이익잉여금	165,000	110,000
	₩653,000	₩444,000

손익계산서

안양중공업주식회사	20×3.1.1~20×3.12.31	(단위: 원)
매출		₩300,000
판매비와관리비*		100,000
영업이익		₩200,000
유형자산(기계)처분이익**		500
법인세비용차감전순이익		₩200,500
법인세비용		25,500
당기순이익		₩175,000

* 건물에 대한 감가상각비 ₩11,500과 기계와 비품에 대한 감가상각비 ₩15,000이 포함되어 있다.

** 처분한 기계의 취득원가는 ₩8,000, 장부금액은 ₩1,500이었는데 현금을 받고 매각하였다.

자본변동표

안양중공업주식회사	20×3.1.1~20×3.12.31	(단위: 원)
전기말미처분이익잉여금		₩110,000
당기순이익		175,000
미처분이익잉여금		285,000
현금배당	₩20,000	
주식배당	100,000	120,000
차기이월미처분이익잉여금		₩165,000

04 현금흐름표작성

다음은 신촌주식회사의 재무제표이다.

재무상태표

신촌주식회사	20×3.12.31. 현재	(단위: 원)
	20×3.12.31	20×2.12.31
현금및현금성자산	₩42,600	₩7,900
당기손익인식금융자산	500	700
매출채권	12,800	17,000
대손충당금	(3,000)	(1,500)
토지	130,000	100,000
기계장치	296,700	313,000

감가상각누계액	(30,400)	(35,600)
특허권	40,000	50,000
	₩489,200	₩451,500
매입채무	₩9,100	₩9,000
미지급비용	1,300	3,700
미지급법인세	3,000	5,900
유동성장기차입금	4,000	–
사채	50,000	50,000
사채할인발행차금	(800)	(1,000)
장기차입금	16,000	–
자본금	355,000	325,000
주식발행초과금	10,500	10,500
이익잉여금	41,100	48,400
	₩489,200	₩451,500

손익계산서

신촌주식회사 20×3년 1월 1일~20×3년 12월 31일까지 (단위: 원)

매출액		
총매출액	₩300,100	
매출환입	(12,000)	₩288,100
매출원가		174,000
매출총이익		114,100
판매비와 관리비(대손상각 ₩3,800 포함)		70,200
영업이익		43,900
영업외수익		
유형자산(기계장치)처분이익		5,700
영업외비용		
이자비용	₩ 6,600	
무형자산(특허권)상각비	10,000	16,600
법인세비용차감전순이익		₩ 33,000
법인세비용		13,000
당기순이익		₩ 20,000

⊙ **추가자료**

(1) 취득원가가 ₩80,000인 기계장치를 매각하였는데 매각일 현재 장부금액은 ₩59,500이었다.

(2) 감가상각비는 판매비와 관리비에 포함되어 있다.

(3) ₩63,700의 기계장치를 구입하였는데 구입대금 중 ₩20,000은 20×3년초에 장기차입한 것이었다. 이 장기차입금은 5년 동안 균등액을 분할지급하기로 하였다.

(4) 배당금으로(재무활동으로 분류) ₩27,300을 현금으로 지급하였다.

(5) 손익계산서상 이자비용 중 ₩200은 사채할인발행차금상각액이다.

물음 (1) 간접법에 의한 현금흐름표를 작성하시오.
(2) 다음 금액을 구하고 직접법에 의한 현금흐름표를 작성하시오.
① 매출 및 기타수익으로 인한 현금유입액
② 매입대금 지급으로 인한 현금유출액
③ 영업비 지급으로 인한 현금유출액
④ 이자비용 지급으로 인한 현금유출액
⑤ 법인세비용 지급으로 인한 현금유출액
⑥ 영업활동으로부터의 현금흐름액

05 현금흐름표작성

울산주식회사의 20×3년, 12월 31일 현재와 20×2년 12월 31일 현재의 재무상태표와 20×3년의 손익계산서 및 자본변동표는 다음과 같다. 취득원가 ₩15,000의 기계장치가 20×3년 중에 현금으로 매각처분되었다.

물음 현금흐름표를 간접법에 의해 작성하시오.

비교재무상태표

울산주식회사	20×3.12.31	20×2.12.31
자 산		
현금및현금성자산	₩45,000	₩86,000
매 출 채 권	59,000	65,000
상 품	378,000	415,000
선 급 비 용	3,000	5,000
토 지	75,000	75,000
특 허 권	72,000	60,000
기 계 장 치	565,000	530,000

감가상각누계액	(154,000)	(125,000)
자 산 합 계	₩1,043,000	₩1,111,000
부채와 자본		
매 입 채 무	₩87,000	₩106,000
기 타 유 동 부 채	30,000	63,000
사 채	120,000	300,000
자 본 금	540,000	350,000
이 익 잉 여 금	266,000	292,000
부채와 자본합계	₩1,043,000	₩1,111,000

손익계산서 및 자본변동표

울산주식회사 20×3.1.1.~20×3.12.31. (단위: 원)

순매출액		₩2,736,000
차감: 매출원가	₩1,940,000	
영업비용*	800,000	
유형자산처분손실	2,000	
비용합계		(2,742,000)
순 손 실		₩6,000
가산: 기초이익잉여금		292,000
		₩286,000
차감: 배당금		20,000
기말이익잉여금		₩266,000

* 기계장치에 대한 감가상각비 ₩35,000, 특허권상각비 ₩6,000 포함. 배당금지급은 재무활동으로 분류

정답과 해설

01 (1) 매출로 인한 현금유입액

매출채권, 선수금

기초매출채권	22,000	기초선수금	2,000
매 출	91,000	현 금 유 입	100,000
기말선수금	4,000	기말매출채권	15,000

(2) 영업비 지출로 인한 현금유출액

선급비용증가 − 미지급비용증가 + 영업비(손익계산서상) = 영업비지급액

1,000 3,000 42,000 40,000

02 (1) ① 매출로 인한 현금유입액

매출채권, 선수금

기초매출채권	14,000	기초선수금	1,000
매 출	68,500	회 수	64,500
기말선수금	6,500	기말매출채권	23,500

② 매입대금지급으로 인한 현금유출액

매입채무

지 급	34,500	기초매입채무	18,500
기말매입채무	14,500	매 입	30,500

③ 판매비와 관리비 지출로 인한 현금유출액

(21,000 − 4,000) − 1,000 = 16,000

④ 영업활동으로부터의 현금흐름액

• 매출로 인한 유입	64,500
• 매입으로 인한 유출	(34,500)
• 판매비와 관리비 지출	(16,000)
• 이자지급	(1,000)
• 법인세지급	(5,000)
계	8,000

(2) 직접법에 의한 현금흐름표

추가정보 1)	① (차) 현　　금	4,200	(대) 설비자산	5,000
	감가상각누계액	3,000	유형자산(설비)처분이익	2,200
	② (차) 설비자산	10,000	(대) 현　　금	10,000
	③ (차) 감각상각비	4,000	(대) 감가상각누계액	4,000
추가정보 2)	① (차) 미지급배당금	3,500	(대) 현　　금	3,500
	② (차) 이익잉여금	6,000	(대) 미지급배당금	6,000
	③ (차) 미지급배당금	4,500	(대) 현　　금	4,500
추가정보 3)	(차) 현　　금	7,000	(대) FVPL인식금융자산	4,000
			FVPL금융자산처분이익	3,000
추가정보 4)	(차) 사　　채	5,000	(대) 현　　금	4,200
			사채상환이익	800
기타추정	① (차) 현　　금	5,000	(대) 자 본 금	5,000
	② (차) 당기순이익	14,500	(대) 이익잉여금	14,500

현금흐름표

목포회사	20×3년 1. 1~20×3. 12. 31	(단위: 원)
Ⅰ. 영업활동으로 인한 현금흐름		15,000
매출로 인한 유입	64,500	
매입으로 인한 유출	(34,500)	
FVPL금융자산처분으로 인한 유입	7,000	
판매비와 관리비 지출	(16,000)	
이자지급	(1,000)	
법인세비용지급	(5,000)	
Ⅱ. 투자활동으로 인한 현금흐름		(5,800)
1. 투자활동으로 인한 현금유입		
설비처분	4,200	
2. 투자활동으로 인한 현금유출		
설비구입	(10,000)	
Ⅲ. 재무활동으로 인한 현금흐름		(7,200)
1. 재무활동으로 인한 현금유입		
유상증자	5,000	
2. 재무활동으로 인한 현금유출		
배당금지급	(8,000)	
사채상환	(4,200)	
Ⅳ. 현금증가		2,000
Ⅴ. 기초현금		11,000
Ⅵ. 기말현금		13,000

(3) 간접법에 의한 현금흐름표

법인세차감전순이익에 가감할 항목

가산		차감	
선급비용	1,000	매출채권	9,500
선수금	5,500	재고자산	500
미지급법인세	3,000	매입채무	4,000
감가상각비	4,000	FVPL금융자산처분이익	3,000
		유형자산처분이익	2,200
		사채상환이익	800
	13,500		20,000

현금흐름표

목포회사	20×3년 1. 1~20×3. 12. 31	(단위: 원)
Ⅰ. 영업활동으로 인한 현금흐름		15,000
1. 법인세비용차감전 순이익	22,500	
2. 현금의 유출이 없는 비용 등의 가산	13,500	
3. 현금의 유입이 없는 수익 등의 차감	(20,000)	
4. FVPL금융자산감소	7,000	
5. 법인세의 납부	(8,000)	
Ⅱ. 투자활동으로 인한 현금흐름		(5,800)
1. 투자활동으로 인한 현금유입		
① 설비처분	4,200	
2. 투자활동으로 인한 현금유출		
① 설비구입	(10,000)	
Ⅲ. 재무활동으로 인한 현금흐름		(7,200)
1. 재무활동으로 인한 현금유입		
① 유상증자	5,000	
2. 재무활동으로 인한 현금유출		
① 배당금지급	(8,000)	
② 사채상환	(4,200)	
Ⅳ. 현금증가		2,000
Ⅴ. 기초현금		11,000
Ⅵ. 기말현금		13,000

03

법인세차감전순이익에 가감할 항목

가산		차감	
매입채무 증가	14,000	매출채권(순액)증가	29,000
감가상각비	26,500	상품증가	75,000
		선급비용 증가	3,000
		유형자산(기계)처분이익	500
	40,500		107,500

〈추정분개〉

① (차)	감가상각비	26,500	(대) 감가상각누계액	26,500
② (차)	현 금	2,000	(대) 기계와 비품	8,000
	감가상각누계액	6,500	유형자산(기계)처분이익	500
③ (차)	건 물	20,000	(대) 현 금	20,000
④ (차)	기계와 비품	68,000	(대) 현 금	68,000
⑤ (차)	지분법적용투자주식	15,000	(대) 현 금	15,000
⑥ (차)	토 지	30,000	(대) 현 금	30,000
⑦ (차)	현 금	40,000	(대) 장기차입금	40,000
⑧ (차)	당기순이익	175,000	(대) 미처분이익잉여금	175,000
⑨ (차)	미처분이익잉여금	120,000	(대) 현 금	20,000
			자 본 금	100,000

현금흐름표

안양중공업주식회사 20×2. 1. 1~20×3. 12. 31 (단위: 원)

Ⅰ. 영업활동으로 인한 현금흐름		108,000
1. 법인세비용차감전 순이익	200,500	
2. 현금의 유출이 없는 비용 등의 가산	40,500	
3. 현금의 유입이 없는 수익 등의 차감	(107,500)	
4. 법인세의 납부	(25,500)	
Ⅱ. 투자활동으로 인한 현금흐름		(131,000)
1. 투자활동으로 인한 현금유입		
① 설비처분	2,000	
2. 투자활동으로 인한 현금유출		
① 건물구입	(20,000)	
② 기계구입	(68,000)	
③ 지분법적용투자주식구입	(15,000)	
④ 토지구입	(30,000)	
Ⅲ. 재무활동으로 인한 현금흐름		20,000
1. 재무활동으로 인한 현금유입		
① 장기차입금의 차입	40,000	
2. 재무활동으로 인한 현금유출		
① 배당금지급	(20,000)	
Ⅳ. 현금증가		(3,000)
Ⅴ. 기초현금		43,000
Ⅵ. 기말현금		40,000

04 (1) 간접법에 의한 현금흐름표 작성

〈추가자료〉

(1) (차) 현 금	65,200	(대) 기계장치	80,000
감가상각누계액	20,500	유형자산(기계장치)처분이익	5,700
(3) ① (차) 현 금	20,000	(대) 장기차입금	20,000
② (차) 기계장치	63,700	(대) 현 금	63,700
③ (차) 감가상각비	15,300	(대) 감가상각누계액	15,300
(4) (차) 미처분이익잉여금	27,300	(대) 현 금	27,300

〈기타추정〉

① (차) 현　　금	200	(대) FVPL금융자산	200
② (차) 토　　지	30,000	(대) 현　　금	30,000
③ (차) 무형자산(특허권)상각비	10,000	(대) 특허권	10,000
④ (차) 장기차입금	4,000	(대) 유동성장기차입금	4,000
⑤ (차) (사채)이자비용	200	(대) 사채할인발행차금	200
⑥ (차) 현　　금	30,000	(대) 자본금	30,000
⑦ (차) 당기순이익	20,000	(대) 미처분이익잉여금	20,000

현금흐름표

신촌주식회사　　20×3. 1. 1~20×3. 12. 31　　(단위: 원)

Ⅰ. 영업활동으로 인한 현금흐름		40,500
1. 법인세비용차감전 순이익	33,000	
2. 현금의 유출이 없는 비용 등의 가산	37,700	
3. 현금의 유입이 없는 수익 등의 차감	(8,100)	
4. 영업활동 현금창출		
① 이자비용지급	(6,400)	
② 법인세지급	(15,900)	
③ FVPL금융자산처분	200	
Ⅱ. 투자활동으로 인한 현금흐름		(28,500)
1. 투자활동으로 인한 현금유입		
① 기계처분	65,200	
2. 투자활동으로 인한 현금유출		
① 기계구입	(63,700)	
② 토지구입	(30,000)	
Ⅲ. 재무활동으로 인한 현금흐름		22,700
1. 재무활동으로 인한 현금유입		
① 장기차입금 차입	20,000	
② 유상증자	30,000	
2. 재무활동으로 인한 현금유출		
① 배당금지급	(27,300)	
Ⅳ. 현금증가		34,700
Ⅴ. 기초현금		7,900
Ⅵ. 기말현금		42,600

〈주석〉

법인세차감전순이익에 가감할 항목

가산		차감	
매출채권(순액)감소	5,700	미지급비용	2,400
매입채무증가	100	기계장치처분이익	5,700
이자비용	6,600		
감가상각비	15,300		
특허권상각비	10,000		
계	37,700	계	8,100

(2) 직접법에 의한 현금흐름표 작성

① 매출 및 기타수익

매출채권

기 초	17,000	회 수	290,000
매 출	300,100	대손발생	2,300
		매출환입	12,000
		기 말	12,800

대손충당금

2,300	1,500
3,000	3,800

② 매입대금 지급

매입채무

지 급	173,900	기 초	9,000
기 말	9,100	매 입	174,000

③ 영업비 지급

₩53,500＝판관비(70,200)－대손상각(3,800)－감가상각비(15,300)
＋미지급비용감소(2,400)

④ 지급이자 지급

지급이자	(6,400)

⑤ 법인세 지급

미지급법인세 감소	(2,900)
법인세	(13,400)
	(15,900)

⑥ 영업활동으로 인한 현금흐름

290,000－173,900－53,500－6,400－15,900＋200＝40,500

05

법인세차감전순이익에 가감할 항목

가산		차감	
매출채권	6,000	매입채무	19,000
상 품	37,000		
선급비용	2,000		
무형자산(특허권)상각비	6,000		
감가상각비	35,000		
유형자산처분손실	2,000		
	88,000		19,000

〈추정분개〉

		차변	금액		대변	금액
①	(차)	무형자산(특허권)상각비	6,000	(대)	특허권	6,000
②	(차)	특허권	18,000	(대)	현 금	18,000
③	(차)	감가상각비	35,000	(대)	감가상각누계액	35,000
④	(차)	현 금	7,000	(대)	기계장치	15,000
		유형자산처분손실	2,000			
		감가상각누계액	6,000			
		기계장치	50,00		현 금	50,000
⑤	(차)	기타유동부채	63,000	(대)	현 금	63,000
		현 금	30,000		기타유동부채	30,000
⑥	(차)	사 채	180,000	(대)	현 금	180,000
⑦	(차)	현 금	190,000	(대)	자 본 금	190,000
⑧	(차)	미처분이익잉여금	20,000	(대)	현 금	20,000
⑨	(차)	미처분이익잉여금	6,000	(대)	당기순손실	6,000

현금흐름표

울산주식회사	20×3. 1. 1~20×3. 12. 31	(단위: 원)
Ⅰ. 영업활동으로 인한 현금흐름		63,000
1. 당기순손실	(6,000)	
2. 현금의 유출이 없는 비용 등의 가산	88,000	
3. 현금의 유입이 없는 수익 등의 차감	(19,000)	
Ⅱ. 투자활동으로 인한 현금흐름		(61,000)
1. 투자활동으로 인한 현금유입		
① 기계장치 처분	7,000	
2. 투자활동으로 인한 현금유출		
① 특허권취득	(18,000)	
② 기계장치 구입	(50,000)	
Ⅲ. 재무활동으로 인한 현금흐름		(43,000)
1. 재무활동으로 인한 현금유입		
① 유동부채차입	30,000	
② 유상증자	190,000	
2. 재무활동으로 인한 현금유출		
① 유동부채상환	(63,000)	
② 사채상환	(180,000)	
③ 배당금지급	(20,000)	
Ⅳ. 현금증가		(41,000)
Ⅴ. 기초현금		86,000
Ⅵ. 기말현금		45,000

들어가며… 드디어 '신촌 빵집'의 1년 치 재무제표가 모두 완성되었습니다! 이제 회계 공부의 화룡점정, '분석'의 시간입니다. 우리 빵집의 부채비율은 안전한 수준일까요? 작년보다 얼마나 성장했을까요? 옆 동네 경쟁 빵집보다 이익을 더 많이 내고 있을까요? 이번 장에서는 재무비율 분석을 통해 숫자를 넘어, 기업의 스토리를 읽고 미래를 예측하는 금융 탐정이 되어 봅니다.

summary

회계의 중요한 목적 중의 하나는 투자결정을 하는 데 유용한 정보를 제공하는 것이다. 재무제표의 분석은 투자자의 투자결정에 유용한 정보를 제공하기 위하여 과거 활동의 결과와 현재의 재무상태를 평가하고 해석하는 모든 방법을 말한다. 은행, 신용평가회사 등의 금융기관에서는 대출의사결정시에 기업의 재무제표에 근거하여 기업의 건전성, 대출금 회수가능성을 평가하게 된다. 따라서 재무제표분석은 회계관련자뿐만 아니라 기업의 재무담당자, 경제연구소, 증권회사·금융회사의 투자분석부서에서 광범위하게 사용된다. 이제까지의 내용은 정보이용자라기보다는 회계정보를 제공하는 기업, 회계담당자의 입장에서 재무제표를 작성하는 방법을 설명하였는데 본장에서 회계정보이용자의 측면에서 회계정보를 설명하고 재무제표분석의 기초개념과 방법에 대하여 설명하기로 한다.

C·H·A·P·T·E·R

15

재무제표의 분석

01 재무제표의 이용

CHECK POINT

- 재무제표이용의 의의
- 기업경영의 결합

1. 재무제표이용의 의의

지금까지 우리는 회계라는 언어의 문법과 단어를 배워 재무제표라는 긴 문장을 만드는 법을 익혔다. 이제, 그 문장을 '해석'하고 숨겨진 의미를 파헤치는, 회계 공부의 가장 흥미로운 여정을 시작해 보자.

재무제표 분석은 단순한 숫자 읽기를 넘어, 기업의 과거를 진단하고 미래를 예측하는 '금융 탐정'이 되는 과정입이다. 이 마지막 장을 통해 여러분은 숫자를 넘어 기업의 진짜 스토리를 읽는 눈을 갖게 될 것이다.

이와 같은 재무제표의 광범위한 이용은 미국에서 금융기관이 대출처의 신용상태를 판단하기 위하여 거래처의 재무상태표를 분석하기 시작한 것에서부터 발달하였다. 초기의 재무제표 분석은 재무상태표분석이 중심이었다. 그러나 점차로 경영자 자신이 재무제표를 분석하여 자본과 자산의 구성 또는 이익구성의 분석 등을 통하여 기업의 수익성을 밝히려는 분석으로 변화발전하여 왔다. 즉, 신용분석(credit analysis)에서 경영분석(business analysis)으로 변천됨에 따라 재무제표를 분석하는 목적과 이용하는 자료도 달라지게 된 것이다. 이러한 맥락에서 기업 내부의 재무제표분석은 관리회계에서의 내부정보도 많이 사용한다.

또한 분석관찰은 한 기업만으로 또는 한 기간의 재무제표의 분석만으로 충분한 효과를 거둘 수는 없다. 그러므로 한 기업에 대해서도 수기간에 걸쳐서 재무제표를 분석하여 재무상태와 경영성과의 변화를 연구하거나, 동종기업 또는 표준적인 기업과 비교연구하면 더욱 효과가 클 것이다. 여기서 특정기업의 재무제표를 연속되는 수기간에 걸쳐 비교분석하는 것을 시계열적 분석(time-series analysis, 수평적 분석(horizontal analysis), 추세분석)이라고 하며, 한 기간에 대하여 특정기업의 재무제표를 동종기업, 동일한 산업분야나 산업평균과 비교분석하는 것을 횡단면적 분석(cross-sectional analysis, 수직적 분석(vertical analysis), 정태적 분석)이라고 한다. 물론 시계열적인 분석에는 거시경제적인 경제 상황의 변경을 감안하여야 하며, 횡단면적 비교에는 각 기업의 특성이 고려되어야 한다.

비유로 이해하기 **나의 건강검진 결과표 분석하기**

재무제표를 분석하는 방법은 크게 두 가지입니다. 이는 나의 건강검진 결과표를 분석하는 것과 같습니다.

- 시계열적 분석(나의 과거와 비교): 올해의 건강검진 결과를 작년, 재작년의 내 결과와 비교하는 것입니다. "내 콜레스테롤 수치가 작년보다 좋아졌나, 나빠졌나?"를 보며 시간의 흐름에 따른 변화 추세를 파악하는 것이죠.
- 횡단면적 분석(남들과 비교): 내 건강검진 결과를 나와 같은 나이, 같은 성별의 '평균 수치' 또는 '경쟁자 철수'의 결과와 비교하는 것입니다. "내 체지방률은 평균보다 높은가, 낮은가?"를 보며 특정 시점의 상대적인 위치를 파악하는 것이죠.

2. 기업경영의 결함

재무제표를 분석연구하는 목적은 기업의 재무상태의 건전성과 수익성을 판단함으로써 경영이 잘 되어 가고 있는가를 알고자 하는 것이다.

재무제표를 분석연구하는 목적은 그 내용을 검토하여 기업의 재무상태의 건전성과 수익성을 판단함으로써 경영이 잘 되어 가고 있는가를 알고자 하는 것이다. 즉, 기업의 경영자와 이해관계자들은 그들 스스로의 입장에서 기업의 결함 유무를 파악하여 의사결정에 사용한다. 중요한 경영의 결함으로는 다음의 몇 가지 예를 들 수 있다.

(1) 순이익의 부족

기업의 목적은 경영활동에 의하여 투하자본을 증식시키면서 이익을 올리는 데 있는 것은 물론이다. 따라서 결손상태가 계속되거나 순이익액이 불충분한 것은 경영능력이 부족하거나 다른 중대한 결함이 있다는 것이다.

(2) 매출채권에의 과대투자

외상판매를 너무 많이 하였거나 매출채권의 회수가 원활하지 않으면 매출채권에 과대투자한 것이 된다. 이것은 자금이 매출채권에 고정된 것이 되며 대손의 위험까지도 커질 것이므로 매출채권의 회수상태를 주시하는 것은 재고자산에의 초과투자와 더불어 중요한 문제이다. 또한 매출채권이 너무 낮은 수준을 보이는 것도 기업의 판매담당자가 구매자의 신용도 조사를 엄격하게 수행하여 잠정적인 구매자를 잃는 결과의 산물일 수도 있다.

(3) 재고자산에의 과대투자

각 기업이 처한 경영환경에 따라서 가장 적절한 재고자산의 보유량을 확보하면 경영활동을 원활하게 지속할 수 있다. 적정량 이상의 상품, 제품, 원재료를 보유함에 따른 재고자산에 대한 초과투자는 자금을 고정시켜서 기회비용을 발생시키고 이익률을 저하시킬 뿐 아니라 재고자산을 관리하기 위한 필요없는 경비를 지출하게 한다. 따라서 재고자산의 적정화는 중대한 문제이다. 따라서 기업은 Just-In-Time(JIT) 등의 재고자산 관리 기법을 사용하기도 한다. 생산관리에서는 적정 주문량 등을 계량화하기도 한다. 단, 재고수준을 적정수준에 미달하여 유지함은 수요를 제때 공급할 수 없는 문제가 초래될 수 있다.

(4) 유형자산에의 초과투자

영업용 유형자산에 필요 이상으로 투자하면 그곳에 고정된 자금은 회전이 느리므로 지급능력의 약화와 수익력의 저하를 초래할 것이다. 이는 재고자산에의 과대투자와 유사한 결과를 초래할 것이며 기회비용의 문제를 유발시킨다.

(5) 자본의 부족

기업경영에 필요한 자금의 일부는 외부에서 조달하여야 하나 이에 대하여는 이자를 지급하여야 하며 또 원금을 상환할 때는 운전자본에 영향을 주어 원활한 운영에 지장을 줄 우려가 많다. 반면에 자기자본만으로 자본조달을 한다면 자본조달에 한계가 있을 수 있다. 또한 부채를 이용한 자본조달은 법인세차감전순이익을 구함에 있어 이자가 차감되므로 법인세차감전순이익을 줄일 수 있으나 자기자본의 조달에 따른 배당금지급은 비용이 아니므로 법인세차감전순이익을 감소시키지 않는다. 자기자본에 대한 비용은 배당금의 형태를 띤다고 할 수 있는데 이는 반드시 지급하여야 하는 이자비용과는 다르다. 배당이 사전적으로 확정된 우선주의 경우는 배당이 반드시 지급되어야 하므로 이러한 측면에서는 부채의 성격도 갖는다. 또한 채무에 대한 원금의 상환도 자기자본에는 존재하지 않는다. 따라서 자기자본과 타인자본에는 각기 장단점이 있다.

02 재무제표분석의 방법

CHECK POINT

- 비율분석법
- 유동성비율, 안정성비율, 수익성비율, 활동성비율, 배당성과 관련된 비율

재무제표분석이란 재무제표와 기타 자료를 이용하여, 기업의 재무상태와 경영성과를 평가·분석함으로써 경영자와 이해관계자의 의사결정에 유용한 정보를 제공하는 것이다. 재무제표분석방법으로 가장 많이 사용되는 방법이 비율분석이다. 따라서 여기에서는 비율분석에 관한 내용만을 설명하고 다음 절에서는 비율분석에서 사용되는 재무비율들에 대해서 설명하기로 한다.

1. 비율분석

비율분석은 서로 관련되는 항목간의 관계를 비율로 산정하고 그 비율을 분석함으로써 기업의 재무상태와 영업실적을 평가하는 기법이다.

비율분석(ratio analysis)이란 서로 관련되는 항목간의 관계를 비율로 산정하고 그 비율을 분석함으로써 기업의 재무상태와 영업실적을 평가하는 기법이다. 이 비율분석은 구성비율법, 추세비율법, 관계비율법 등으로 세분되기도 한다.

비유로 이해하기 **비율분석은 자동차의 '연비'를 계산하는 것**

재무제표 분석에서 왜 '비율'을 사용할까요? "삼성전자의 순이익은 50조원이다"라는 정보만으로는 그 의미를 알기 어렵습니다. 이는 마치 "내 차는 기름 50리터를 썼어"라고 말하는 것과 같습니다. 좋은 건가요, 나쁜 건가요?

여기에 "그 기름으로 500km를 달렸어"라는 정보가 추가되면, 우리는 "아, 연비가 10km/L구나!" 라는 의미 있는 비율을 계산할 수 있습니다. 이 '연비'라는 비율이 있어야 비로소 다른 차종이나 작년의 내 차 연비와 비교하며 성능을 평가할 수 있죠. 비율분석은 이처럼 재무제표의 숫자들을 의미 있는 정보로 바꿔주는 강력한 도구입니다.

(1) 구성비율법

구성비율법
재무제표 각 항목의 중요도를 총액에 대한 구성비로 표시하여 재무제표와 영업실적을 분석하는 방법

구성비율법이란 재무제표 각 항목의 중요도를 총액에 대한 구성비로 표시하여 재무제표와 영업실적을 분석하는 방법이다. 재무상태표인 경우에는 총자산액을 총액으로 삼고, 손익계산서인 경우에는 매출액을 총액으로 하여 각 항목의 비중을 백분율로 나타낸다. 이 방법은 재무제표의 각 항목의 상호관계를 총액에 대한 백분율로 표시함으로써

각 항목의 상대적 중요도를 파악하는 데 편리하며, 재무구조와 수익비용의 구조를 파악하는 데에도 용이하다. 또한 기업간의 영업실적을 비교하거나 특정기업의 기간별 영업실적을 비교하는 데에도 유용한 분석방법이다. 구성비율로 표시한 재무제표를 백분율재무제표라고 한다.

비유로 이해하기 **기업의 '체성분 분석표'**

- **구성비율법**(체성분 분석표): 이 방법은 재무제표의 모든 항목을 총자산 또는 총매출액에 대한 '백분율(%)'로 바꿔보는 것입니다. 이는 마치 기업의 '체성분 분석표'를 만드는 것과 같습니다. 키가 2미터인 농구선수와 1미터 50센티미터인 체조선수를 몸무게만으로 비교할 수는 없겠죠. 하지만 '체지방률'이나 '근육량 비율'로 바꾸어 보면, 누가 더 건강한 신체 구성을 가졌는지 비교할 수 있습니다. 이처럼 구성비율법은 기업의 규모 차이를 제거하고 내부 구조의 건전성을 비교할 수 있게 해줍니다.

구성비율법에 대해서 구체적으로 알아보기 위해서 다음의 인천주식회사의 백분율재무상태표와 백분율손익계산서를 예로 제시하였다. 비유동자산이 많아야 하는 철도, 광산, 자동차산업 등과 같은 전통적인 제조업과 유동자산이 많아야 하는 금융업, 유통기업과는 자산구성비율이 다를 것이다. 그러나 어느 경우든 비유동자산의 비율이 너무 과대해지면 유동성이 약화된 것을 의미하기 때문에 재무상태가 안전하다고 볼 수 없다.

백분율재무상태표

제5기: 20×2.1.1.~20×2.12.31

ㅇㅇ주식회사 (단위: 원, %)

자 산	금 액	%	부채·자본	금 액	%
현 금	1,690,000	33.8	유 동 부 채	1,200,000	24.0
재 고 자 산	2,160,000	43.2	비 유 동 부 채	1,300,000	26.0
유 동 자 산	3,850,000	77.0	부 채 합 계	2,500,000	50.0
비 유 동 자 산	1,150,000	23.0	자 본 금	2,500,000	50.0
자 산 총 액	5,000,000	100.0	부채와 자본총액	5,000,000	100.0

자산 또는 부채의 구성 비율이 어느 정도가 되어야 한다는 적절한 수준은 존재할 수 없다. 이는 각 기업이 처한 경제상황에 따라 가변적이다. 다만, 동일한 산업내의 유사한 기업들의 구성비율을 비교기준으로 사용할 수는 있다. 어느 계정의 백분율이 동종산업간에 일반적으로 인식되는 정상적인 수준에서 크게 벗어날 경우는 이 항목에 대해서 주의깊게 검토하여야 한다.

백분율손익계산서

제5기: 20×2.1.1.~20×2.12.31

○○주식회사 (단위: 원, %)

	금 액	구성비율
매 출 액	3,500,000	100.0
매 출 원 가	3,000,000	85.7
매 출 총 이 익	500,000	14.3
판매비와 관리비	200,000	5.7
영 업 이 익	300,000	8.6

위의 백분율손익계산서는 매출원가비율이 85.7%, 매출총이익률이 14.3 %임을 보인다. 매출원가 비율을 이용하여서는 판매가격의 결정에 대한 분석을 수행할 수 있다. 위의 비율이 매출을 기준하여 결정되었기 때문에 매출원가 비율의 역수를 취하면 매출은 매출원가의 116%로 설정되었다. 즉, 가격이 원가의 116%로 설정되었음을 의미한다. 기업에 있어서의 상품 또는 제품의 가격결정은 매우 중요한 의사결정이다. 이 가격결정에 의해서 수요가 큰 영향을 받게 된다. 가격이 너무 높게 책정되었다면 잠정적인 고객을 잃을 것이며 가격이 너무 낮게 결정되었다면 많은 상품, 제품을 판매할 수는 있어도 단위당 이익은 낮을 것이다. 따라서 위와 같은 비율을 구하여 이를 경쟁기업의 가격 결정 행태와 비교할 수도 있다.

(2) 추세비율법

추세비율법

기간비교의 방법으로서 여러 기간에 걸친 재무제표 각 항목의 변화추세를 분석하는 방법

추세비율법이란 기간비교의 방법으로서 여러 기간에 걸친 재무제표 각 항목의 변화추세를 분석하는 방법이다. 비교의 기준으로 삼는 기준연도의 재무제표 각 항목의 수치를 기준(100)으로 하여 비교연도의 각 항목의 수치의 비중을 백분율로 표시함으로써 각

항목의 변화추세를 분석하는 방법이다. 이 방법을 적용하여 작성되는 재무제표를 추세재무제표라고 한다.

재무상태표

제1기: 20×0년 12월 31일 현재 제2기: 20×1년 12월 31일 현재
제3기: 20×2년 12월 31일 현재 제4기: 20×3년 12월 31일 현재
제5기: 20×4년 12월 31일 현재

ㅇㅇ주식회사 (단위: 원)

	제1기	제2기	제3기	제4기	제5기
현금및현금성자산	600,000	900,000	550,000	450,000	600,000
단기매매금융자산	150,000	150,000	140,000	150,000	160,000
매출채권	550,000	500,000	530,000	620,000	720,000
상품	1,700,000	1,500,000	1,550,000	1,600,000	1,650,000
유동자산계	3,000,000	3,050,000	2,770,000	2,820,000	3,130,000
토지	200,000	200,000	200,000	200,000	200,000
건물	650,000	620,000	760,000	720,000	680,000
비품	150,000	180,000	160,000	140,000	150,000
비유동자산계	1,000,000	1,000,000	1,120,000	1,060,000	1,030,000
자산총계	4,000,000	4,050,000	3,890,000	3,880,000	4,160,000
매입채무	500,000	550,000	360,000	430,000	530,000
단기차입금	250,000	370,000	280,000	300,000	400,000
유동부채계	750,000	920,000	640,000	730,000	930,000
사채	1,000,000	1,000,000	1,000,000	800,000	800,000
비유동부채계	1,000,000	1,000,000	1,000,000	800,000	800,000
자본금	1,800,000	1,800,000	1,800,000	1,800,000	1,800,000
주식발행초과금	50,000	80,000	150,000	200,000	250,000
이익잉여금	400,000	250,000	300,000	350,000	380,000
자본계	2,250,000	2,130,000	2,250,000	2,350,000	2,430,000
부채와 자본총계	4,000,000	4,050,000	3,890,000	3,880,000	4,160,000

비유로 이해하기 **추세비율법 (성장 곡선)**

이 방법은 특정 연도(기준연도)를 100으로 놓고, 다른 연도의 수치가 어떻게 변했는지를 추적하는 것입니다. 이는 아이의 '성장 곡선'을 그리는 것과 같습니다. "키는 30% 자랐는데, 몸무게는 50%나 늘었네?"처럼, 매출의 성장 속도와 이익의 성장 속도를 비교하며 기업이 건강하게 성장하고 있는지, 아니면 어딘가 불균형이 있는지 파악할 수 있습니다.

앞의 ○○주식회사의 5개년도 재무상태표를 제1기를 기준으로 한 추세재무상태표로 작성하면 다음과 같다.

추세재무상태표

(단위: 원, %)

	제1기	제2기	제3기	제4기	제5기
유 동 자 산	100	102	92	94	104
당 좌 자 산	100	119	94	94	114
상 품	100	88	91	94	97
비 유 동 자 산	100	100	112	106	103
유 동 부 채	100	123	85	97	124
비 유 동 부 채	100	100	100	80	80
부 채 합 계	100	110	94	87	99
자 본	100	95	100	104	108

감사보고서에 나타나는 재무상태표, 포괄손익계산서도 당해연도와 그 전년도 2년간의 비교재무제표가 보고되어 2년간의 추세를 비교할 수 있게 하였다. 이와 같이 최소 2년 동안의 재무제표가 주어지는 것을 비교 목적으로 제시된다고 한다. 추세비율법은 추세에 근거하여 미래의 재무상태나 경영성과를 예측하는 데 유용한 재무비율분석방법이다. 이 기업의 경우 5년 동안 큰 변화는 발견할 수 없으나 비유동부채가 최근에 와서 눈에 띄게 감소한 변화는 감지할 수 있다. 이와 같은 시계열자료에 의해서 미래 회계정보 수치를 예측할 때는 계량경제학에서 사용되는 시계열분석기법이 사용될 수도 있다.

(3) 비율분석법(ratio analysis)

비율분석법
재무제표의 한 항목과 서로 관련되어 있는 다른 항목과의 상호관계를 비율로 표시하여 기업의 재무상태와 영업성과를 분석평가하는 방법

비율분석법은 재무제표의 한 항목과 서로 관련되어 있는 다른 항목과의 상호관계를 비율로 표시하여, 즉 관련된 변수로 표준화하여 기업의 재무상태와 영업성과를 분석평가하는 방법이다. 이와 같은 비율들을 재무비율이라고도 부른다. 재무비율을 분류하기 위한 기준들이 여러 가지가 있다. 이들 중에서 재무비율이 전달하고자 하는 정보의 내용에 따라 분류하는 것이 가장 일반적인 재무비율분류체계라고 할 수 있다. 즉 기업의 유동성(단기지급능력), 안정성(장기지급능력), 수익성, 활동성(자산효율성)을 각각 의미하는 재무비율들을 유동성비율, 안정성비율, 수익성비율, 활동성비율 등으로 분류하는 것이다. 이러한 각 비율분류에 대해서 많은 비율이 포함되어 있어서 여기에서는 각 분류별로 몇개의 대표적인 비율만을 소개한다. 또한 한 재무비율을 구하는 방식에도 여러 가지의 변형된 형태가 있다. 계정과목의 측정은 기업회계기준에 의해서 일률적이지만 재무비율을 구하는 방식은 기업회계기준이 아니라서 이들을 구하는 기관마다 달리 비율이 구해질 수 있다. 재무비율을 개괄적으로 분류할 때는 위의 네 가지로 분류되나 배당과 관련된 비율도 빈번하게 사용되는 비율이므로 본장에 기술된다.

비유로 이해하기 | **기업 건강검진의 네 가지 핵심 검사**

수많은 재무비율은 결국 기업의 건강 상태를 여러 각도에서 살펴보는 것입니다. 우리는 이를 크게 네 가지 핵심 검사에 비유할 수 있습니다.

1. **유동성 비율**(단기 생존력 검사): "이 환자, 응급상황을 버틸 수 있나?"를 보는 응급실 검사입니다. 당장 다음 달 카드값, 단기 대출금 등 급한 불을 끌 현금 동원 능력이 충분한지를 측정합니다.
2. **안정성 비율**(장기 체력 검사): "만성질환 위험은 없나?"를 보는 정밀 건강검진입니다. 빚(부채)에 얼마나 의존하고 있는지, 장기적인 관점에서 회사가 튼튼하고 안정적인지를 측정합니다.
3. **수익성 비율**(운동 능력 검사): "얼마나 효율적으로 이익을 만들어내나?"를 보는 운동 능력 테스트입니다. 매출이나 자산을 얼마나 효율적으로 순이익으로 전환시키는지를 측정합니다.
4. **활동성 비율**(신진대사 검사): "몸이 얼마나 빠릿빠릿하게 움직이나?"를 보는 신진대사율 검사입니다. 자산을 얼마나 빨리 회전시켜 매출을 일으키는지를 측정합니다. 재고가 창고에서 잠자고 있는지, 외상값이 빨리 회수되는지를 보는 것입니다.

1) 유동성비율

유동성비율
기업의 단기지급능력을 평가하기 위한 비율

유동성비율(liquidity ratio)은 기업의 단기지급능력을 평가하기 위한 비율로써 유동비율과 당좌비율이 대표적인 유동성비율이다.

① 유동비율(current ratio): 유동자산과 유동부채를 비교하는 비율이다.

$$\text{유동비율} = \frac{\text{유동자산}}{\text{유동부채}} \times 100$$

이 비율의 핵심 질문: "1년 안에 갚아야 할 빚(유동부채) 1원에 대해, 1년 안에 현금화할 수 있는 재산(유동자산)이 몇 원이나 준비되어 있는가?"

이 비율이 높을수록 단기 지급능력이 양호함을 의미하지만, 너무 높으면 현금 등 자산을 비효율적으로 운용하고 있다는 신호일 수도 있다. 일반적으로 200% 이상을 양호하다고 보나, 산업별 특성에 따라 다르다.

② 당좌비율(quick ratio): 유동자산 중에서 재고자산을 차감한 당좌자산(quick assets)과 유동부채와의 비율이다.

$$\text{당좌비율} = \frac{\text{당좌자산}}{\text{유동부채}} \times 100$$

이 비율의 핵심 질문: "잘 안 팔릴 수도 있는 재고를 제외하고, 정말 빨리 현금화할 수 있는 자산만으로 단기 빚을 얼마나 갚을 수 있는가?"

이 비율은 지급능력을 판단할 때 유동비율보다 더욱 엄격한 평가방법이다. 유동자산에는 재고자산이 포함되는데 재고자산은 당좌자산에 비하여는 현금화시킬 수 있는 유동성이 떨어진다. 즉, 유동비율보다도 더 유동적인 자산의 비중을 측정한다.

2) 안정성비율

안정성비율
기업의 장기지급능력을 측정하는 데 사용되는 비율

안정성비율(stability ratio)이란 레버리지비율(leverage ratio)이라고도 부르는 비율로써 기업의 장기지급능력을 측정하는 데 사용되는 비율이다. 기업이 조달한 자본 중에서 타인자본에 대한 의존도를 나타내는 비율로써 부채비율, 이자보상비율 등이 이에 속

한다.

① **부채비율**(debt to equity ratio): 부채액과 자기자본의 비율이다.

$$부채비율 = \frac{부채총액}{자기자본} \times 100$$

이 비율의 핵심 질문: "이 회사의 주인은 누구인가? 순수한 내 돈(자본) 1원에 대해, 남의 돈(부채)이 몇 원이나 있는가?"

기업의 자본 구조가 타인자본(부채)에 얼마나 의존하는지를 보여주는 대표적인 안정성 지표이다. 이 비율이 낮을수록 장기적인 지급능력이 튼튼하다고 평가받으며, 채권자들이 가장 중요하게 보는 비율 중 하나이다.

② 이자보상비율(interest coverage ratio): **이자보상비율**은 이자 및 법인세비용차감전이익인 영업이익을 이자비용으로 나누어 계산한다. 이 비율은 채권자에게 지급해야 할 고정비용인 이자비용의 안전도를 나타내며 이 비율이 높을수록 안전도가 높다고 본다. 부채비율의 계산에 포함되는 부채는 현금을 제 때에 지급해야 하는 부채 이외에도 여러 가지 형태의 부채가 모두 포함되므로 이자보상비율이 더 적절하게 안정성을 측정할 수 있다. 예를 들어, 매입채무가 많다는 것은 현금지급을 늦추는 것이니 부정적인 것도 아닐 것인데 부채비율을 구할 때는 부정적인 것으로 측정된다.

$$이자보상비율 = \frac{영업이익}{이자비용} \times 100$$

이 비율의 핵심 질문: "이 회사는 장사해서 번 돈(영업이익)으로 이자를 몇 번이나 낼 수 있을 만큼 넉넉하게 버는가?"

3) 수익성비율

수익성비율
기업이 특정기간 동안 어느 정도의 영업실적을 올렸는가를 측정하는 비율

수익성비율(profitability ratio)은 기업이 특정기간 동안 어느 정도의 영업실적을 올렸는가를 측정하는 비율이다. 총자산순이익률, 자기자본순이익률, 매출액총이익률, 매출액순이익률 등이 이에 속한다. 여기서 총자산순이익률, 자기자본순이익률의 경우 분

자는 한 기간의 흐름(flow)을 나타내며 분모는 특정시점의 가치를 나타낸다. 이런 경우 분모는 분석하고자 하는 기간의 평균치를 사용한다.

① 총자산순이익률(rate of return on assets: ROA): 순이익과 총자산과의 비율이다.

$$총자산순이익률=\frac{순이익}{평균총자산}\times 100$$

이 비율의 핵심 질문: "회사가 가진 모든 재산(총자산) 1원어치를 굴려서, 최종적으로 순이익을 몇 원이나 만들어냈는가?"

기업이 자산을 얼마나 효율적으로 사용하여 이익을 창출했는지를 보여주는 대표적인 수익성 지표이다. 이 비율이 높을수록 '자산 활용 능력'이 뛰어나다고 평가할 수 있다.

② 자기자본순이익률(return on equity: ROE): 자기자본과 순이익과의 비율이다.

$$자기자본순이익률=\frac{순이익}{평균자기자본}\times 100$$

이 비율의 핵심 질문: "주주의 순수한 내 돈(자기자본) 1원어치가, 올해 순이익을 몇 원이나 벌어왔는가?"

주주의 투자금 대비 얼마나 많은 이익을 거두었는지를 나타내는 비율로, 주주의 관점에서 기업의 수익성을 판단하는 가장 중요한 지표 중 하나이다. 이 비율이 높을수록 주주를 위한 가치 창출 능력이 뛰어나다고 본다.

보충설명

수익성과 활동성의 만남: 총자산이익률(ROA)의 비밀

회사가 자산을 얼마나 잘 활용해 이익을 내는지를 보는 총자산순이익률(ROA)은 사실 두 가지 비율의 합작품이다.

- 총자산순이익률(ROA)=매출액순이익률×총자산회전율

이 공식은 기업이 이익을 내는 두 가지 핵심 전략을 보여준다.

1. 비싸게 판다 (높은 이익률): 명품 매장처럼 물건 하나하나에 높은 마진을 붙여 이익을 남기는 전략이다. (매출액순이익률 ↑)
2. 많이, 그리고 빨리 판다 (높은 회전율): 대형 할인점처럼 낮은 마진으로 물건을 대량으로, 그리고 빠르게 판매하여 이익을 남기는 전략이다. (총자산회전율 ↑)

이처럼 서로 다른 두 기업이 완전히 다른 전략을 사용하더라도, 결과적으로는 비슷한 수준의 총자산순이익률(ROA)을 달성할 수 있다.

③ 매출액이익률(return on sales): 매출액과 이익의 비율로 분자로서 매출총이익, 영업이익 또는 당기순이익을 이용할 수 있다. 이 비율은 판매활동의 수익력을 표시한다.

$$매출총이익률=\frac{매출총이익}{매출액}\times 100$$

$$매출액영업이익률=\frac{영업이익}{매출액}\times 100$$

$$매출액순이익률=\frac{당기순이익}{매출액}\times 100$$

이 비율의 핵심 질문: "1,000원짜리 물건을 팔면, 모든 비용과 세금을 다 떼고 나서, 내 주머니에 최종적으로 남는 순이익은 얼마인가?" (매출액순이익률)

4) 활동성비율

활동성비율

기업이 소유하고 있는 자산을 얼마나 효율적으로 활용하고 있는가를 측정하는 비율

활동성비율(activity ratio 또는 turnover ratio)은 기업이 소유하고 있는 자산을 얼마나 효율적으로 활용하고 있는가를 측정하는 비율이다. 자본회전율, 매출채권회전율, 상품회전율, 유형자산회전율 등이 이에 속한다. 이 비율은 특정 자산항목과 관련하여 측정할 수도 있고 총자본이나 자기자본 같이 자산전체에 관련하여 계산할 수도 있다.

① 자본회전율(capital turnover): 자기자본 또는 총자본(=자기자본+타인자본=총자산)과 매출액과의 비율이다.

$$\text{자기자본회전율} = \frac{\text{매출액}}{\text{평균자기자본}} \times 100 \text{ 또는 총자본회전율} = \frac{\text{매출액}}{\text{평균총자산}} \times 100$$
(=총자산회전율)

이 비율의 핵심 질문: "주주가 투자한 돈(자기자본) 1원당, 몇 원의 매출을 일으켰는가?" (자본의 효율성)

부채도 자기자본과 같이 경영활동에 공헌하므로 자본회전율을 계산할 때는 자기자본과의 비율과 더불어 총자산과의 비율도 산출할 수 있다. 이 비율은 자기자본 또는 총자본이 어떻게 유효하게 활용되고 있는가를 표시하므로 높을수록 좋다. 이는 적은 자본(총자본 또는 자기자본)을 이용하여 높은 매출을 올릴 수 있음을 나타낸다.

② 매출채권회전율(accounts receivable turnover): 매출채권과 매출액과의 비율이다.

$$\text{매출채권회전율} = \frac{\text{매출액}}{\text{평균매출채권}} \times 100$$

이 비율의 핵심 질문: "올해 외상값이 몇 번이나 들어오고 새로 생기는 과정이 반복되었는가?" (외상값 회수 속도)

외상대금이 얼마나 빨리 현금으로 회수되는지를 나타내는 속도계이다. 이 비율이 높을수록 외상대금 회수가 원활하다는 의미이며, 낮을 경우 대손의 위험이 커질 수 있음을 시사한다.

$$\text{매출채권평균회수일수} = 365\text{일} \div \text{매출채권회전율}$$

만일 매출채권회전율이 800%라면 매출채권의 회전속도는 연 8회이며, 상품이 판매되어 그 대금이 회수되기까지 평균 45.6일이 걸린다는 것을 알 수 있다.

③ 재고자산회전율(inventory turnover): 매출원가를 평균재고자산으로 나누어 백분율로서 표시한 것이다.

$$재고자산회전율 = \frac{매출원가}{평균재고자산} \times 100$$

이 비율의 핵심 질문: "올해 창고에 있는 상품이 몇 번이나 전부 팔리고 새로 채워지는 과정이 반복되었는가?" (재고 판매 속도)

상품이 창고에 들어와서 팔려나가기까지 얼마나 시간이 걸리는지를 보여주는 속도계이다. 이 비율이 높을수록 재고가 빠르게 판매된다는 의미이며, 낮을 경우 재고가 창고에 너무 오래 묶여 있어 관리 비용과 진부화의 위험이 커짐을 의미한다.

아래는 S전자와 L전자의 재무상태표와 손익계산서의 항목 중 재고자산회전율을 구하기 위한 자료이다. 아래의 자료를 통하여 두 회사를 비교해 보도록 하자.

(단위: 백만원)

회사명	계정과목	20×5년	20×4년
S전자	매출원가	99,659,336	99,188,713
	평균재고자산	6,065,973	5,717,148
	재고자산회전율	16.42	17.34
L전자	매출원가	22,368,428	29,556,368
	평균재고자산	1,087,045	1,016,352
	재고자산회전율	20.57	29.08

20×5년의 자료를 보면 S전자의 재고자산회전율은 16.42이며 L전자의 재고자산회전율은 20.57이다. 따라서 L전자가 S전자에 비해서 재고자산의 관리가 더 효율적으로 이루어지고 있는 것을 자료를 통해서 살펴볼 수 있다. 하지만 두 회사의 재고자산 회전율은 20×4년(S전자가 17.34, L전자가 29.08)에 비해 20×5년에 둘 다 감소했다는 것을 확인할 수 있다.

$$재고자산평균회수일수 = 365일 \div 재고자산회전율$$

위에서도 기술하였듯이 상품을 지나치게 많이 보유하고 있다면 기회비용의 개념으로 자본이 이 재고자산에 많이 묶이게 되는 결과를 초래할 것이며 많은 재고유지비가 발생할 수 있다. 반면에 충분하지 않은 재고를 유지할 경우는 재고부족으로 인해서 재고를 적시에 공급하지 못하여 상품을 제때 제공할 수 없는 위험도 존재한다.

5) 배당금과 관련된 비율

배당성향
전체 이익 중에 얼마가 현금으로 배당되는지를 나타내는 비율

① 배당성향(dividend payout ratio): 배당성향이란 전체이익 중에 얼마가 현금으로 배당되는지를 나타내는 비율이다. 즉, 기업 내부에 유보되지 않고 주주에게 유출되는 여유 자금의 정도를 표시한다. 배당금은 주주총회에서 확정된다. 이 비율은 기업의 앞으로의 투자전망, 성장가능성 등에 의해서 결정되며 또한 주주들이 여유 자금을 기업에 재투자하기를 원하는지 아니면 가용할 수 있는 소득으로 사용하기를 원하는지에 따라 달라진다.

배당성향＝배당액÷당기순이익

이 비율의 핵심 질문: "회사가 올해 번 순이익 중에서, 몇 퍼센트를 주주들에게 현금으로 돌려주고, 몇 퍼센트를 내년 사업을 위해 회사에 쌓아두었는가?"

② 배당수익률(dividend yield): 배당수익률은 주당배당액을 주당주식시가로 나눈 비율이다. 이 수익률은 다른 대안적인 수익률과도 비교될 수 있는 수익률이다. 즉, 주주가 주식에 투자하지 않고 다른 금융상품에 투자한다면 얻을 수 있는 수익률과 대안적인 수익률이다. 그러나 주주는 단순히 배당만을 위하여 주식에 투자하는 것이 아니라 주식투자의 또 하나의 목적은 시세차익에 있으므로 배당수익률과 다른 금융상품의 수익률을 일대일로 비교할 수도 없다. 단, 주식을 계속 보유한다는 가정하에서는 실현하지 않은 시세차손익은 고려하지 않는다.

배당수익률＝주당배당액÷주당주식시가

이 비율의 핵심 질문: "내가 지금 이 주식을 시장 가격으로 샀을 때, 투자 원금 대비 몇 퍼센트를 현금 배당으로 돌려받을 수 있는가?" (은행 예금 이자율과 비교 가능)

그러나 위와 같이 시세차익인지 시세차손이 발생할 것인지에 따른 가정이 필요한 것과 같이 주식투자에는 확정된 금리가 보장되는 금융상품과 비교해서는 위험이 동반된

다. 따라서 이를 보상하기 위해서는 주식의 배당수익률이 일반 금융상품의 수익률보다 높아야 한다고도 생각할 수 있다. 재무관리에서의 risk(위험)/return(수익률)의 상호작용이다. 이와 같이 수익률을 비교하기 위해서는 위와 같이 여러 가지 변수가 존재한다. 이러한 수익률의 비교는 재무관리에서 심층적으로 연구된다.

위의 수익률의 비교는 주식투자의 기간과도 연관된다. 예를 들어 우리나라의 많은 투자자들은 단/중기적인 투자자이며 미국의 투자자는 장기투자자이다. 따라서 배당금으로 인한 수익률이 중요하다기보다는 미국의 투자자에 비하여 시세차익이 또는 시세차익으로 인한 수익률이 상대적으로 더 중요하다. 그러나 주식투자가 지나치게 단기적인 시세차익 위주의 투자자에 의해서 주도됨이 주식시장의 안정성을 저해하는 한 요인으로 작용할 수 있기 때문에 정부 관련 기관에서는 모든 기업이 배당을 어느 정도 유지하게끔 강제하는 규정을 과거에 시행한 경우도 있다.

결국 배당 관련 비율들은 투자자가 "이 회사는 앞으로 폭발적으로 성장할 '성장주'인가, 아니면 안정적으로 현금을 나눠주는 '가치주(배당주)'인가?"를 판단하는 데 중요한 단서를 제공한다. 배당성향이 낮은 회사는 이익을 재투자하여 미래 성장을 도모하는 회사일 가능성이 높고, 배당수익률이 높은 회사는 성장은 더디지만 안정적인 현금 수익을 기대할 수 있는 회사일 가능성이 높다.

분석가의 함정

재무비율, 맹신은 금물!

재무비율은 기업을 분석하는 강력한 도구이지만, 다음과 같은 중요한 한계를 가지고 있어 맹신해서는 안 됩니다.

1. **과거의 데이터일 뿐이다**: 재무비율은 과거의 성과를 보여줄 뿐, 미래를 보장하지는 않습니다. 갑작스러운 기술 변화나 시장 위기는 과거 데이터에 나타나지 않을 수 있습니다.
2. **회계정책에 따라 달라질 수 있다**: 같은 회사라도 감가상각 방법(정액법 vs. 정률법) 등 어떤 회계정책을 선택하느냐에 따라 비율이 달라 보일 수 있습니다. 따라서 분석 시에는 해당 기업이 어떤 회계정책을 사용하는지 주석을 통해 반드시 확인해야 합니다.
3. **질적인 요소를 보여주지 못한다**: 재무비율은 '숫자'만 말해줍니다. 뛰어난 경영진의 리더십, 혁신적인 기업 문화, 강력한 브랜드 가치 등 숫자로 표현할 수 없는 중요한 질적 요소는 반영하지 못합니다.

4. **산업 평균의 함정**: 특정 회사의 비율이 산업 평균과 다르다고 해서 무조건 나쁘다고 할 수는 없습니다. 그 회사가 특별한 틈새시장을 공략하거나 독보적인 전략을 가지고 있을 수도 있기 때문입니다.

따라서 훌륭한 분석가는 재무비율을 '정답'이 아닌 '대화를 시작하는 질문'으로 사용하며, 항상 그 숫자 뒤에 숨겨진 질적인 맥락을 함께 파악하려 노력합니다.

Focus on Decision Making

[상 황]

신촌 빵집'의 2년차 결산이 끝났습니다. 나사장은 회계사와 함께 우리 빵집의 '건강검진 결과표(재무비율)'를 받아보았는데, 결과가 다소 혼란스럽습니다.

재무비율	신촌 빵집	동종업계 평균	평가
유동비율 (유동성)	100%	180%	나쁨 (Warning!)
부채비율 (안정성)	80%	150%	좋음
매출액순이익률 (수익성)	15%	10%	매우 좋음
재고자산회전율 (활동성)	5회	12회	나쁨 (Warning!)

"사장님, 이상합니다. 빵이 비싸게 잘 팔려서 이익은 많이 남는데(수익성↑), 당장 빚 갚을 현금은 부족하고(유동성↓), 재고는 창고에 쌓여만 가네요(활동성↓). 우리 빵집, 도대체 뭐가 문제일까요? 내년에 무엇부터 개선해야 할까요?"

[선택지 분석]

1. **선택 A: '수익성 강화' 전략 (강점 극대화)**
   - 방법: "우리는 이익률이 높은 게 강점이야. 더 비싼 프리미엄 유기농 케이크를 출시해서 이익을 더 늘리자!"
   - 예상 결과: 매출액순이익률은 더 높아질 수 있습니다. 하지만 현금 부족과 재고 문제를 해결하지 못하면, 아무리 이익이 많아도 '흑자도산'의 위험에 빠질 수 있습니다.

2. **선택 B: '현금흐름 및 효율성' 개선 전략 (약점 보완)**

- 방법: "지금 가장 시급한 건 '현금 확보'와 '재고 관리'야. 잘 팔리지 않는 빵은 과감히 단종시키고, 재고가 쌓이지 않도록 밀가루 주문량을 더 정밀하게 예측하자. 그리고 단체 주문 고객에게는 선결제 시 할인 혜택을 줘서 외상대금을 빨리 회수하자."
- 예상 결과: 단기적으로 매출이나 이익이 조금 줄어들 수 있습니다. 하지만 현금흐름이 원활해지고 재고 관리 비용이 줄어들어, 회사의 기초 체력이 훨씬 튼튼해집니다.

[나사장의 의사결정]

두 가지 선택 모두 일리가 있지만, 현명한 경영자라면 기업의 생존에 직결되는 문제를 먼저 해결해야 합니다. 아무리 수익성이 좋아도, 현금이 돌지 않으면 기업은 무너집니다. 현재 '신촌 빵집'의 가장 큰 문제는 낮은 유동성과 비효율적인 재고 관리입니다.

따라서 나사장은 단기적인 이익 확대 전략('선택 A')보다, 기업의 약점을 보완하고 기초 체력을 다지는 '선택 B'에 자원과 노력을 집중해야 합니다.

이처럼, 재무제표 분석의 진정한 목적은 단지 좋은 숫자를 확인하고 안심하는 것이 아니라, 서로 다른 신호를 보내는 비율들을 종합적으로 해석하여 우리 기업의 가장 시급한 문제가 무엇인지 우선순위를 정하고, 구체적인 개선 행동으로 나아가는 데 있습니다.

연습문제

01 **기본적인 재무비율**

다음은 (주)신촌에 관한 자료이다. 발행주식주는 50,000주이며, 주식발행초과금은 영(0)으로 가정한다.

재무상태표

(주)신촌 20×3.12.31. 현재 (단위: 원)

자산	금액	부채 및 자본	금액
현금	₩40,000	매입채무	₩50,000
매출채권	100,000	단기차입금	26,000
대손충당금	(10,000)	미지급비용	5,000
재고자산	130,000	자본금(액면 ₩5)	250,000
선급보험료	3,000	이익잉여금	112,000
토지	20,000		
설비(순액)	160,000		
	₩443,000		₩443,000

손익계산서

(주)신촌 20×3.1.1~20×3.12.31 (단위: 원)

과목	금액	금액
매출	₩1,000,000	
매출원가		
기초재고자산	₩100,000	
매입	790,000	
계	890,000	
기말재고자산	130,000	760,000
매출총이익		240,000
영업비용		170,000
당기순이익		₩70,000

물음 다음의 비율을 계산하라.

(1) 유동비율
(2) 재고자산회전율
(3) 매출채권회전율
(4) 주당순이익
(5) 매출액순이익률
(6) 20×3.12.31 보통주자본이익률

02 재무비율을 이용한 계정금액 추정

강릉회사의 20×3년도 매출액은 ₩3,000,000이다. 기말재무상태표계정을 이용하여 다음과 같이 재무비율을 계산하였다고 하자.

부 채 비 율	$66\frac{2}{3}\%$	법 인 세 율	40%
매출액이익률	12%		
자기자본이익률	10%		
총자산이익률	6%		

물음 위의 자료로 다음 항목을 계산하라.

(1) 자기자본　(2) 법인세　(3) 총비용
(4) 당기순이익　(5) 총자산　(6) 총부채

03 비율분석재고자산

다음 (주)대한의 20×3년 12월 31일자 재무상태표가 있다.

재무상태표

(주)대한　20×3.12.31. 현재　(단위: 원)

자 산		부채와 자본	
현 금	₩25,000	매 입 채 무	(　)
매출채권(순액)	(①)	미지급법인세	25,000
재고자산	(　)	비 유 동 부 채	(②)
유형자산(순액)	294,000	자 본 금	300,000
		이 익 잉 여 금	(　)
	₩432,000		₩432,000

⊙ **추가자료**

유동비율(유동자산÷유동부채)	1.5
부채비율(총부채÷자기자본)	0.8
매출액과 기말재고액으로 계산된 재고자산회전율	15회
매출원가와 기말재고액으로 계산된 재고자산회전율(매출원가÷평균재고자산)	10.5회
20×3년의 매출총이익	₩315,000

물음 (1) (주)대한의 20×3년도말 현재 재고자산, 매입채무 및 이익잉여금을 구하시오.
(2) ①과 ②에 들어갈 금액은 얼마인가?

04 매출액 추세분석

다음 자료는 (주)한국의 20×2년과 20×3년의 백분율 손익계산서이다.

	20×2년	20×3년
매 출 액	100%	100%
매 출 원 가	70	55
매출총이익	30%	45%
영 업 비 용	20	18
당기순이익	25%	12%

매출액 증가추세는 다음과 같다.

20×2년	100%
20×3년	130%

물음 위의 자료를 근거로 20×3년도의 매출총이익 증가율을 구하시오.

05 재무제표를 이용한 비율분석

(주)한국의 요약재무제표는 다음과 같다.

재무상태표

	20×3.12.31	20×2.12.31
현금	₩600,000	₩500,000
매출채권(순액)	2,200,000	2,000,000
재고자산	2,600,000	2,300,000
비유동자산	7,300,000	6,500,000
감가상각누계액	(3,300,000)	(2,600,000)
자산총계	₩9,400,000	₩8,700,000
유동부채	₩2,700,000	₩3,300,000
자본	6,700,000	5,400,000
부채와 자본총계	₩9,400,000	₩8,700,000

손익계산서

20×3.1.1~20×3.12.31

매출	₩12,000,000
매출원가	7,800,000
매출총이익	4,200,000
기타비용	2,400,000
당기순이익	₩1,800,000

물음 (1) (주)한국의 20×3년 중 재고자산회전율은 얼마인가?

(2) 만약 모든 매출이 외상매출이라면 (주)한국의 20×3년 중 매출채권 회전율은 얼마인가?

(3) (주)한국의 20×3년 중 총자산순이익률(ROA)을 계산하시오.

06 여러 가지 비율분석

(주)대한에 관한 정보는 다음과 같다.

당기매출액	₩440,000,000
당기순이익	22,000,000
평균자산총계	220,000,000
평균자본총계	50,000,000
주식의 연말시장가치: 주당 ₩25,000	
현금배당액: 주당 ₩500	
주당순이익(EPS): 주당 ₩1,000	

물음 다음에 제시된 비율들을 계산하시오.

(1) PER(주식시장가치/EPS)
(2) 배당수익률
(3) 매출액순이익률
(4) 총자산회전율

07 재무비율을 이용한 매출총이익의 계산

(주)대한의 회계기록에서 얻어진 자료는 다음과 같다.

20×2. 12.31. 순매출채권	₩25,000,000
20×3. 12.31. 순매출채권	28,000,000
매출채권회전율	4.5회
20×2. 12.31. 재고자산	₩34,000,000
20×3. 12.31. 재고자산	₩32,000,000
재고자산회전율	3회

물음 (주)대한의 20×3년 매출총이익은 얼마인가?

08 여러 가지 재무비율의 계산재무제표 이용

(주)한국의 재무상태표는 다음과 같다.

물음 20×3년 말 현재 당좌비율, 유동비율, 총자산순이익률(ROA), 자기자본순이익률(ROE)을 계산하라.

비교재무상태표

20×2년 12월 31일 현재

(주)한국 20×3년 12월 31일 현재 (단위: 원)

과 목	20×2		20×3	
현금및현금성자산		₩41,000		₩38,000
당기손익인식금융자산		60,000		–
매출채권	₩35,000		₩65,000	
대손충당금	(1,000)	34,000	(2,000)	63,000
상품		100,000		175,000
선급비용		4,000		7,000
토지		40,000		70,000
건물	₩80,000		₩160,000	
감가상각누계액	(15,000)	65,000	(25,000)	135,000
기계장치	₩120,000		₩180,000	
감가상각누계액	(20,000)	100,000	(30,000)	150,000
		₩444,000		₩638,000
매입채무		₩34,000		₩88,000
자본금		300,000		400,000
이익잉여금		110,000		150,000
		₩444,000		₩638,000

이익과 이익잉여금

(주)한국 20×3년 1월 1일 부터 20×3년 12월 1일까지 (단위: 원)

순매출액		₩200,000
차감:		
판매비와 관리비*	₩104,000	
기계처분손실**	1,000	
법인세비용	35,000	140,000
당기순이익		₩60,000
차감: 배당금		20,000
이월이익잉여금		₩40,000

* 감가상각비 ₩25,000이 포함되어 있다.

** 취득원가 ₩8,000, 장부금액 ₩3,000의 기계를 현금을 받고 처분하였다.

정답과 해설

01

(1) $\text{유동비율}=\frac{\text{유동자산}}{\text{유동부채}}=\frac{40,000+90,000+130,000+3,000}{50,000+26,000+5,000}=\frac{263,000}{81,000}\fallingdotseq 3.247$

(2) $\text{재고자산회전율}=\frac{\text{매출원가}}{\text{평균재고자산}}=\left(\frac{760,000}{\frac{100,000+130,000}{2}}\right)\fallingdotseq 6.609$

(3) $\text{매출채권회전율}=\frac{1,000,000}{90,000}=11.11$

(4) $\text{주당순이익}=\frac{70,000}{50,000}=1.4$

(5) $\text{매출액순이익률}=\frac{70,000}{1,000,000}=7\%$

(6) $\text{보통주자본이익률}=\frac{70,000}{362,000}=19.3\%$

02

(1) 자기자본 $=360,000\div 0.1=3,600,000$

(2) $\text{세전이익}=\frac{360,000}{1-0.4}=600,000$ $600,000\times 0.4=240,000$

(3) 총비용 $=3,000,000-360,000=2,640,000$

(4) 당기순이익 $=3,000,000\times 0.12=360,000$

(5) 총자산 $=360,000\div 0.06=6,000,000$

(6) 총부채 $=3,600,000\times 66\frac{2}{3}\%=2,400,000$
(or 총자산−자기자본 $=6,000,000-3,600,000=2,400,000$)

03

매출액 x, 매출원가 y, 재고자산 z라 하면

① $x-y=315,000$, ② $x=15z$, ③ $y=10.5z$

①, ②, ③을 연립하여 풀면 $x=1,050,000$, $y=735,000$, $z=70,000$

또는 432,000=(25,000현금+43,000매출채권+재고자산+294,000) ∴ 재고자산=70,000

매출채권 $=438,000-(25,000+70,000+294,000)=43,000$

유동비율 $1.5=\dfrac{432,000-294,000}{25,000+\text{매입채무}}$ 매입채무=67,000

또는 1.5(25,000+매입채무)=138,000

1.5×매입채무=138,000−(25,000×1.5)=100,500 ∴ 매입채무는=67,000

비유동부채를 a, 이익잉여금을 b라 하면

i) $a+b=432,000-(67,000+25,000+300,000)=40,000$

ii) $\dfrac{92,000+a}{300,000+b}=0.8$

i)과 ii)를 연립하면 $a=100,000$ $b=-60,000$

(1) 재고자산 70,000, 매입채무 67,000, 이익잉여금−60,000(누적적자)

(2) ① 43,000 ② 100,000

04 $\dfrac{0.45}{0.3}=1.5(150\%)$

05 (1) 재고자산회전율$=\dfrac{7,800,000}{\left(\dfrac{2,300,000+2,600,000}{2}\right)}\fallingdotseq 3.18$

(2) 매출채권회전율$=\dfrac{12,000,000}{\left(\dfrac{2,200,000+2,000,000}{2}\right)}=5.71$

(3) 총자산순이익률(ROA)$=\dfrac{1,800,000}{\left(\dfrac{9,400,000+8,700,000}{2}\right)}\fallingdotseq 0.2(20\%)$

06 (1) PER$=\dfrac{25,000}{1,000}=25$

(2) 500÷25,000=2%

(3) 매출액순이익률=22,000,000÷440,000,000=5%

(4) 총자산회전율=440,000,000÷220,000,000=2회

07 매출액$=4.5\times\dfrac{25,000,000+28,000,000}{2}=119,250,000$

매출원가$=3\times\dfrac{34,000,000+32,000,000}{2}=99,000,000$

매출총이익=119,250,000−99,000,000=20,250,000

08

$$당좌비율 = \frac{38,000 + 63,000}{88,000} = 1.148$$

$$유동비율 = \frac{283,000}{88,000} = 3.216$$

$$총자산순이익률(ROA) = \frac{60,000}{541,000} = 0.111$$

$$자기자본순이익률(ROE) = \frac{60,000}{480,000} = 0.125$$

찾아보기

ㄱ

ㅅ

ㅇ

ㅈ

저자약력

이 호 영

[학력]

University of Oregon, 회계학박사
University of Wisconsin, Madison, 회계학석사
동국대학교 경영대학, 회계학학사/석사

[경력]

現, 연세대학교 경영대학 교수
現, 연세대학교 ESG/기업윤리연구센터장
現, GS건설(주) 감사위원장, 한국앤김퍼니 감시위원장
現, 대신경제연구소, 한국무역보험공사 자문교수
前, University of Nebraska, Omaha 조교수
前, University of Oregon 강사
前, (사)한국회계정보학회 회장
前, (사)한국윤리경영학회 회장
前, (사)한국회계학회, (사)한국글로벌경영학회, (사)한국경영교육학회 부회장
前, 국민권익위원회 민관협의회 경제분과 위원장
前, University of Washington, Seattle 객원교수

[저서 및 연구]

ESG편람, 물류산업진흥재단
기업지배구조의 모든 것, 클라우드나인
기업지배구조 이해관계의 대립과 일치, 역서, 석정
사례로 배우는 IFRS, 삼일인포마인
학술저널 게재: Auditing: A Journal of Practice & Theory, Accounting & Finance, Journal of International Financial Management & Accounting, ABACUS, 회계학연구, 경영학연구 등 다수

[업무 이력]

기업 및 공공기관 자문활동, 금융기업 ESG가치평가 및 전략 수립, 비영리기관 경영평가, 비영리기관 공시제도 평가 및 개선, 상장기업 지분법 유가증권 가치평가, IFRS 연결재무제표 분석, IFRS 비교가능성 분석, 외부감사 품질지표 평가 및 개발, 정부기관 보유 재고자산평가, 정부기관 조달평가제도 개발 등 다수, 한진투자증권(현, Meritz증권) 경제연구실 근무, 공군 작전사령부 및 기획관리참모부, 예산 및 관리회계 담당 장교 근무

오 명 전

[학력]

연세대학교, 회계학박사
연세대학교, 경영학석사
연세대학교 경영학과, 경영학사

[경력]

現, 숙명여자대학교 경영학부 교수
現, 한국공인회계사회 회계연구위원회 위원
現, 대성홀딩스 사외이사/감사위원장
現, 카카오게임즈 사외이사/감사위원장
現, 한국회계기준원 회계자문위원회 위원
現, 한국회계학회 상임이사
現, 공인회계사, 세무사
前, 금융감독원 회계관리국 자문교수

[저서 및 연구]

중급회계, 한빛아카데미
Libby의 회계원리, 역서, 경문사
CPA 정부회계, 상경사
학술저널 게재: Australian Accounting Review, 회계학연구, 회계저널, 회계세무와 감사연구, 경영학연구 외 다수

[업무 이력]

금융감독원 · 한국회계기준원 K-IFRS 질의회신연석회의 위원, 한국공인회계사회 윤리조사심의위원회 위원, 한국대학농구연맹 감사, 건강보험공단 급여평가위원회 위원, 용산구 공유촉진위원회 위원, 각종 국가고시(공무원 5급/7급, 입법고시, 공인회계사 등) 출제 위원 및 선정위원, 딜로이트 안진회계법인 감사본부 근무, 숙명여자대학교 교수학습센터장, 평가실장, 사무처장, 기획처장

윤 인 경

[학력]

연세대학교 경영대학, 회계학박사
연세대학교 경영대학, 회계학석사
연세대학교 경영대학, 경영학학사

[경력]

現, 가천대학교 경영대학 회계세무학과 교수
現, (사)한국회계학회 이사
現, (사)한국윤리경영학회 이사
前, KDI 공공투자관리센터 전문연구원
前, 딜로이트안진 회계법인 감사본부 Senior CPA

[저서 및 연구]

학술저널 게재: Business Horizons, Emerging Markets Finance and Trade, Global Business and Finance Review, Investment Management and Financial Innovations, 회계학연구, 경영학연구 등 다수

[업무 이력]

금융감독원 연구용역, 신한금융그룹 연구용역, 주식회사 KT 연구용역, 민간투자사업 자금 재조달 및 사업 재구조화, 민간투자사업 실시협약 검토 및 분쟁조정, 재정투자사업 타당성 조사, 공공기관투자사업 타당성 조사, 상장기업 감사 및 검토, 해외채권 발행, 워크아웃 실사 및 인수합병 실사, 공공기관 경영진단 외 다수

IFRS 회계원리 [제17개정판]

1985년 3월 1일 초판 발행
1987년 2월 28일 개정판 발행
1990년 8월 20일 제2개정판 발행
1995년 3월 10일 제3개정판 발행
1996년 8월 25일 제4개정판 발행
1999년 7월 20일 제5개정판 발행
2003년 2월 20일 제6개정판 발행
2006년 9월 10일 제7개정판 발행
2009년 3월 10일 제8개정판 발행
2010년 8월 25일 제9개정판 발행
2011년 8월 25일 제10개정판 발행
2012년 8월 20일 제11개정판 발행
2014년 8월 5일 제12개정판 발행
2017년 2월 23일 제13개정판 발행
2019년 2월 15일 제14개정판 발행
2020년 9월 10일 제15개정판 발행
2023년 2월 28일 제16개정판 발행
2025년 9월 5일 제17개정판 발행

저 자 이호영 · 오명전 · 윤인경
발행인 배 효 선
발행처 도서출판 法 文 社

주소 10881 경기도 파주시 회동길 37-29
등록 1957년 12월 12 일 / 제2-76호(윤)
전화 (031)955-6500~6 Fax (031)955-6525
e-mail(영업): bms@bobmunsa.co.kr
(편집): edit66@bobmunsa.co.kr
홈페이지 http : //www.bobmunsa.co.kr
조 판 광 진 사

검인 BUM MOON SA

정가 43,000원 ISBN 978-89-18-91623-1